Per Leo
Der Wille zum Wesen

Per Leo

Der Wille zum Wesen

Weltanschauungskultur,
charakterologisches Denken
und Judenfeindschaft in
Deutschland 1890 - 1940

Matthes & Seitz Berlin

Wir sehen in den verifizierbaren unter den graphologischen Funden ein beziehungsreiches Psychologieproblem und wir unternehmen seine Lösung mit dem Entwurf einer Morphologie der Charaktere.
Ludwig Klages

Von Goethe habe ich die Methode, von Nietzsche habe ich die Fragestellung.
Oswald Spengler

Inhalt

Horizonte der Tätergesellschaft:
Deutsche Weltanschauungskultur im frühen
20. Jahrhundert. 13

Teil 1
Fremdheit als Problem der Hochmoderne   38

1. Inszenierter Schein: Der ›fremde Andere‹ im
   Großstadtdiskurs. 39
   1.1. Flackern und Fluten 43
   1.2. Distanzorgan Auge. 48
   1.3. Strategien der Beobachtung 52
   1.4. Techniken der Betrachtung. 59
   1.5. Ordnungen des Sichtbaren 66

2. Umkämpftes Sein: ›Persönlichkeit‹ um 1930 79
   2.1. Eine Idee, zwei Welten: Jaspers und Arendt 80
   2.2. Zwei Ideen, eine Welt: Jaspers und Benn 88
       a) Medizinische Visionen 88
       b) Ärztliche Selbstgespräche 95

3. Akademische Aporien: Fachwissenschaftler als
   Charakterologen 103
   3.1. Sammelpunkte 103
   3.2. Architekten des Unendlichen 108
       a) Die aporetische Natur des charakterologischen Problems 109
       b) »Unangenehm bunt«: Utitz und Ziehen .116
   3.3. Spezialisten für das Unteilbare 125
       a) Universitätscharakterologie 130
       b) ... zwischen Disziplin und Denkstil. 135

Teil 2
Die Unschärfe der Welt: Freies Denken über
Ungleichheit   140

1. Der charakterologische Denkstil: Umrisse eines
   Idealtypus 141

1.1.	Carl und Max	147
1.2.	Ähnlichkeiten und Gegensätze	155
1.3.	Charakterologisches Denken und praktische Logik	164
2.	**Goethes Wissenschaft und die charakterologische Methode**	170
2.1.	Späte Ankunft beim Leser: Goethes Naturwissenschaft um 1890	173
2.2.	Erleben statt Experimentieren	178
2.3.	Symbolisches Denken I: Anschaulichkeit	187
a)	Mit Wörtern bauen	188
b)	Mit Ansichten argumentierten: Carl Gustav Carus' vergleichende Physiognomik	194
2.4.	Symbolisches Denken II: Grenzenlosigkeit	203
a)	Polarität und Antinomie	203
b)	Gegensätze ausschöpfen: Bachofens Universalgeschichte	207
2.5.	Charakterologische Methodik und praktische Logik	212
3.	**Schopenhauers Willensphilosophie und die charakterologische Fragestellung**	219
3.1.	Nach der Freiheit	221
3.2.	Wesen und Gesetz: Der Charakter	222
a)	Machbar: praktische Charaktererkenntnis	228
b)	Schwierig: empirische Charaktererkenntnis	234
c)	Unmöglich: Metaphysik des Individuellen	239
3.3.	Der Wille als Vorstellung: charakterologisches Problembewusstsein	246
4.	**Zwischen den Genies: Bahnsens Taxonomien**	249
4.1.	Systematisierung des Menschlichen	250
4.2.	Ordnung der Substanzen: eine »Chemie« vom Menschen?	251
a)	Eindeutige Vielfalt: Materie um 1860	255
b)	Vieldeutige Vielfalt: Menschen um 1860	261
5.	**Psychologische Weltanschauung**	266
5.1.	Triumph der Perspektive: Nietzsches Lösung	266
a)	Charakterologische Fragestellung und typisierende Methode	267

	b)	Erzählen: *Die Geburt der Tragödie*	271
	c)	Interpretieren: *Zur Genealogie der Moral*	277
	d)	Entlarven: Richard Wagner als »Schauspieler«	282
	e)	Ordnen: Entwürfe zu einer Morphologie des Typischen	285
	f)	Ordnung als Rangordnung	296
	g)	Der große Verdacht: Nietzsches ambivalentes Vermächtnis	300
5.2.		Triumph des Dilettantismus: Weiningers Lösung	304
	a)	Die zweite Hälfte des Titels	305
	b)	Zwei Gesten, ein Stil: Weininger und Nietzsche	307
	c)	Drei Analogien	309
	d)	Dammbruch des symbolischen Denkens	318
	e)	Hysterie, Emanzipation und – Judentum	325

Teil 3

Echt unecht: Die Charakterologie des ›jüdischen Wesens‹   332

1.		Ambivalente Nähe: Judenfeindschaft in der deutschen Bildungskultur	333
1.1.		Eine nüchterne Feststellung	334
1.2.		Irrationalität und Sachlichkeit	338
	a)	Romantische Sachlichkeit	341
	b)	Das Spiel mit dem Sagbaren	350
	c)	Das ›Jüdische‹ als Symbol	359
1.3.		Charakterologischer Antisemitismus um 1900	363
	a)	Psychologie des Unbestimmten	365
		»Geborene Schauspieler«: Nietzsche	365
		»Innerliche Vieldeutigkeit«: Weininger	371
	b)	Historische Schau mit Goethe	380
		Der Dilettant: Chamberlain	380
		Der Seher: Spengler	395
2.		Black Box Romantik: Im Inneren des biologischen Antisemitismus	404
2.1.		Rassismus als »Biologisierung des Sozialen«	404
2.2.		Ordnungen natürlicher Ungleichheit: Rassismus und Charakterologie	409

2.3.		Schmuggel mit Sinn: Charakterologie im Rassenantisemitismus 413
	a)	Dilettantischer Rassenantisemitismus: Hans F. K. Günther 414
	b)	Professioneller Rassenantisemitismus I: Erbbiologie 419
	c)	Exkurs über heikle Importe: Werner Sombart 432
	d)	Professioneller Rassenantisemitismus II: Bevölkerungspolitik 444
3.		Überleitung: Rasse und Individuum im Ausdrucksparadigma 452
3.1.		Fotos vom Schauplatz: Ludwig Ferdinand Clauß' Rassenseelenkunde 453
3.2.		Vorbild Kunstwissenschaft: Rasse als Stiltypus 454

Teil 4
Lebensdeutungen: Ludwig Klages und die Graphologie 474

1.		Weltanschauliches Denken im Nationalsozialismus: Klages und Clauß 475
2.		Forschung und Leben: Graphologische Weltdeutung um 1900 478
2.1.		Grenzen der Willkür, Ränder der Disziplinen 479
2.2.		Medienhistorischer Exkurs: Handschrift im 19. Jahrhundert 481
	a)	Vom Speicher- zum Ausdrucksmedium 482
	b)	Vom Aufschreibesystem zum epistemischen Ding 486
2.3.		Rhythmen des Leibes, Formen der Seele 494
3.		Psychopathologie des Ausdrucks: Hysterie und Judentum 508
3.1.		Signatur der Uneigentlichkeit: Handschrift und jüdischer Charakter 515
3.2.		Praktische Theorie, theoretisierte Praxis: Antisemitismus *in action* 519
4.		Vermeidung von Vieldeutigkeit: Graphologie in der Praxis 537

	4.1.	Deduktionen und Gespräche: Zur Pragmatik graphologischer Urteile	537
	4.2.	Grenzen und Kontingenzen: Praxisfelder der Graphologie	547

5. Ausblick: Individualität im Nationalsozialismus? 561

Weltanschauliche Brücken in den NS-Staat: sozialmorphologisches Paradigma und charakterologischer Denkstil 571

Anmerkungen 586

Abkürzungen 664

Quellen- und Literaturverzeichnis 665

1.		Quellen	665
	1.1.	Unveröffentlichte Quellen	665
	1.2.	Veröffentlichte Quellen	666
2.		Literatur	686

Personenregister 720

Dank 734

Horizonte der Tätergesellschaft: Deutsche Weltanschauungskultur im frühen 20. Jahrhundert

Ein kluger Kollege bemerkte einmal, keine noch so große Faszination könne ein Problem ersetzen. Aber, so fügte er hinzu, wohl jede wissenschaftliche Frage setze ein Faszinosum voraus. Bevor ich also die Fragestellung dieser Arbeit entwickeln werde, möchte ich die Szene schildern, ohne die sie nicht geschrieben worden wäre. Das ist nicht als Geständnis gemeint, noch soll es auf einen Ursprung verweisen, den es ohnehin nie gibt. Vielmehr hoffe ich, dass sich der folgende Text leichter verstehen lässt, wenn man beim Lesen das gleiche Bild vor Augen hat wie der Autor beim Schreiben.

Als ich Anfang 1995 half, die von meinem Großvater bewohnten Räume von den Dingen zu trennen, die er benutzt hatte, fielen mir wie von selbst lauter Bücher in die Hand. Darunter fanden sich Bände von Luther, Ranke, Goethe, Schopenhauer und Hölderlin, das war in einem Bildungsbürgerhaushalt nicht anders zu erwarten. Dass sich darunter auch Bände von de Lagarde, Chamberlain, Rosenberg, Darré, Günther und Clauß fanden, konnte im Haushalt eines Sturmbannführers zumindest nicht überraschen: Tatsächlich trugen einige von ihnen auf dem Vorsatzblatt eine persönliche Widmung des Rasseforschers Bruno K. Schultz, der von 1940 bis 1943 Großvaters Chef gewesen war.[1] Beim Sortieren wuchsen beide Stapel nahezu gleich schnell. Neben sogenannter Kultur stand bald eben so viel sogenannte Barbarei. Das allein wäre kaum der Rede wert. Faszinierend machte dieses Nebeneinander erst ein Band, der derart »zwischen« den anderen stand, dass ich nicht recht wusste, auf welchen der beiden Stapel er zu legen sei: Ludwig Klages' *Handschrift und Charakter*, ein 1917 erschienenes Standardwerk der Graphologie.[2] Schon beim flüchtigen Durchblättern löste dieses Buch Assoziationen in die eine wie in die andere Richtung aus. Der apodiktische Ton, in dem mit deutlicher Werttendenz Menschen nach ihrem Erscheinungsbild – hier: ihrer Handschrift – charakterisiert wurden, der Wille, aus der Ungleichheit der Menschen eine Wissenschaft zu machen, der Gestus kriminologischer Entlarvung, der vor bestimmten Typen warnte – all dies erinnerte an die ebenfalls suggestiv bebilderten Klassiker des Rassismus. Andererseits unterschied es sich von diesen durch die Betonung menschlicher Vielfalt, die Subtilität der Wahrnehmung, den Willen zur individuellen Nuance und die methodische Sorgfalt, aus der ernstzunehmendes Erkenntnisinteresse sprach – all dies Anklänge an eine Physiognomik, der es um die feinen seelischen Unterschiede zwischen den Menschen ging; an eine Art des anschaulichen Denkens, dem – so zeigte sich später – zwei Freunde Goethes, Johann Caspar Lavater und Carl Gustav Carus, die stärksten Impulse gegeben hatten.[3]

Wenige Fragen genügten, um diesen oberflächlichen Befund aus anderer Perspektive zu bestätigen. Wie das Buch schienen sich auch seine Leser zwischen den Polen zu bewegen, um deren Trennung sich der nachgeborene Enkel zu Ordnungszwecken bemüht hatte. Großvater hatte in Graphologie dilettiert, offenkundig um Menschen, von denen er nicht mehr kennen musste als ihre Handschrift, mit Hilfe eines Arkanwissens in wertvolle und minderwertige Exemplare unterteilen zu können. Regelmäßig konsultierte er zu diesem Zweck auch einen befreundeten Berufsgraphologen. Dessen Expertisen halfen ihm, sich gegen seine soziale Umwelt zu verpanzern und sanfte Machtansprüche geltend zu machen. In Anbetracht des sehr ungünstigen graphologischen Gutachtens, schreibt er etwa einem Neffen, sei von einer Heirat seiner Freundin unbedingt abzuraten.[4] Ganz anders hatte sein ältester Bruder das Buch gelesen. 1921, so schreibt er in seinen Lebenserinnerungen, habe eine junge Lehrerin im Haus der Familie gewohnt, deren Kultiviertheit ihm, während er sich auf das Abitur vorbereitete, immer wieder zu geistiger Entspannung verhalf. »Mich regte sie dazu an, von Zeit zu Zeit ihr Geigenspiel auf dem Klavier zu begleiten und mich für Handschriften-Analyse nach dem Buche von Ludwig Klages ›Handschrift und Charakter‹ zu interessieren, was ihrem Wesen sehr entsprach und oft Gelegenheit zu Aussprachen über die Verschiedenheit von menschlichen Charakteren gab.«[5] Hier spricht der Humanist und Goetheverehrer, der sein bürgerliches Erbe anders interpretierte als der jüngere Bruder und sich schon früh der Anthroposophie zuwandte. Wenn Handschriften und Charaktere ihn faszinierten, dann stand dahinter ein kontemplatives Interesse, die Überempfindlichkeit eines hoch Begabten, der schon als Kind Synästhesieerlebnisse hatte und später in der Mannigfaltigkeit der Erscheinungswelt ein Lebensthema finden sollte.

Auch ein erster Blick auf das Buch und seinen Autor machten die Einordnung nicht leichter. Für seine über fünf Jahrzehnte währende Erfolgsgeschichte spielten politische Zäsuren keine Rolle, was aber auch hieß, dass es im Dritten Reich überaus erfolgreich war. 1917 erstmals erschienen, verkaufte sich *Handschrift und Charakter* bis 1931 in 13 Auflagen über 20.000 mal; 1943 erschien die 22. und 1968 schließlich die 26. und bisher letzte Auflage.[6] Einen noch größeren Absatz erzielte die allgemeinverständliche Einführung in die Graphologie, die Klages 1932 im Publikumsverlag Quelle & Meyer veröffentlichte: Schon nach zwei Jahren waren alle 5.000 Exemplare der ersten Auflage verkauft, weitere 5.000 erschienen jeweils 1935 und 1941.[7] Und auch Klages' Platz in der deutschen Geistesgeschichte war, soviel erschloss sich schnell, äußerst umstritten: Sahen die einen in ihm den Anhänger des Irrationalismus, »Präfaschisten« und intellektuellen Wegbereiter des Dritten Reichs, so die anderen den Pazifisten, Machtkritiker, Vorreiter der Ökologiebewegung und Bewahrer des geistigen Erbes des 19. Jahrhunderts.[8]

Ludwig Klages und seine Graphologie werden im Folgenden als eine Art Leitmotiv dienen. Es soll zunächst durch die ersten Kapitel führen, um dann in einer längeren Fallstudie voll entfaltet zu werden. Bevor ich jedoch auf die Gegenstände dieser Arbeit zu sprechen komme, möchte ich mein Forschungsinteresse klären.

Die eingangs geschilderte Szene ist symptomatisch. Je länger man sich nämlich mit der Frage beschäftigt, ob Klages und seine Graphologie dem Nationalsozialismus »zuzuordnen« seien, desto mehr drängen sich zwei Einsichten auf. Erstens ist, um es vorsichtig zu sagen, die Frage ungenau gestellt. Denn was soll gemeint sein, wenn man nach dem Verhältnis eines Buchs ohne explizit politischen Inhalt zum Nationalsozialismus fragt? Aber dennoch stellen wir diese Frage ständig; und zwar nicht nur als naive Halbwüchsige oder halbgebildete Privatpersonen, sondern auch als Historiker. Die Frage, wie sich eine nach 1933 in Deutschland lebende Person oder ein in dieser Zeit in Deutschland publizierter Text zu »den Nazis« verhielt, ist schlechterdings unvermeidlich. In ihrer ganzen Naivität ist diese Frage Teil unseres historischen Apriori.[9] Sie ist so mächtig, dass man sich ihr nicht entziehen kann. Die Aufgabe der Wissenschaft kann jedoch nicht darin bestehen, sich von derart unreflektierten, moralisierenden Fragen des Alltagsverstandes durch eigene – vermeintlich wertneutrale – Fragen abzugrenzen.[10] Eine wissenschaftliche Frage, die nicht auch dem Laien einleuchtet, verdient ihren Namen nicht. Wissenschaft kann nur versuchen, eine für jedermann plausible Frage, die bisher keine befriedigende Antwort gefunden hat, so zu stellen, dass Antworten möglich werden.

Die erste Aufgabe eines Historikers, so er sich denn als Wissenschaftler versteht, liegt also darin, das *Problem* zu identifizieren, das sich in der ebenso zwingenden wie schwer zu beantwortenden Frage äußert. Oder anders gesagt: Er muss die Antworten auf falsch gestellte Fragen als Aporien enttarnen. In unserem Fall liegt die gängigste Aporie in der geschilderten »Stapel«-Methode. Wer ordnen will, muss unterscheiden. Wer Personen oder Bücher im Hinblick auf den Nationalsozialismus ordnen will, braucht ein Kriterium, das unterscheidet, ob ein Inhalt oder eine Gesinnung »nationalsozialistisch« ist oder nicht. Aber ein solches Kriterium gibt es nicht.[11] Greifbar ist der Nationalsozialismus nur als politische Bewegung. Doch einen inhaltlichen Kern, ohne den sich von solchen Bewegungen normalerweise gar nicht sprechen lässt, hatte er nicht.[12] Zur Geschichte der westlichen Demokratien wird man keinen Zugang finden ohne Kenntnis der politischen Philosophie und des Liberalismus; genauso wenig ist die Geschichte der Arbeiterbewegung, von den englischen Genossenschaftlern über die deutsche Sozialdemokratie bis hin zur sowjetischen Parteiendiktatur, zu trennen von der Dogmengeschichte sozialistischer Ideen. Die NSDAP dagegen schwamm so tief im Strom des nationalradikalen Zeitgeistes, dass sich eine eigenständige programmatische Identität schlechterdings nicht ausmachen lässt.[13]

Über »den« Nationalsozialismus lässt sich daher nur im Modus des Faktischen sprechen. Er »war« nichts anderes als das Ereignis Hitler und die Zeitspanne, in der die von ihm geschaffene Partei herrschte. Seine gültigste Verwendung hat das Wort »nationalsozialistisch« denn auch als Epitheton für den politischen Zustand der deutschen Gesellschaft zwischen 1933 und 1945 gefunden. Gerade in seiner Verfassungslosigkeit, in der Selbstbehauptung als Daseinszweck, in der ungehemmten Gewalt, dem Zuständigkeitschaos, dem ästhetischen Trommelfeuer der Propaganda, kurz: in einer historisch beispiellosen Faktizität von Macht besaß der »NS-Staat« sein Alleinstellungsmerkmal.[14] Auch wenn die Aufgabe komplex ist: Das Herrschaftssystem des Dritten Reichs kann beschrieben und von anderen Staatszuständen unterschieden werden. Dagegen ist die Frage, ob eine Person ihrer Überzeugung oder ein Buch seinem Inhalt nach »nationalsozialistisch« ist, nur schwer, wenn überhaupt zu beantworten. Eine beiläufige Beobachtung mag das verdeutlichen. Im Moment der historischen Niederlage verhielten sich die Anhänger der beiden großen totalitären Bewegungen des 20. Jahrhunderts frappant unterschiedlich. Etwas überspitzt formuliert, wollte 1945 praktisch niemand Nationalsozialist gewesen sein, während es nach 1989 / 91 weiterhin viele bekennende Kommunisten gab. Selbst NSDAP-Funktionären scheint es leicht gefallen zu sein, nach Kriegsende die eigenen Überzeugungen als »idealistisch«, »national«, »antikommunistisch« oder schlicht »anständig« auszuweisen und damit von den »verbrecherischen« Absichten der Hitler-Clique zu unterscheiden. Zum Teil lässt sich dieser Unterschied wohl mit den gravierenden Konsequenzen erklären, die den Funktionsträgern einer militärisch besiegten Gewaltherrschaft drohten; doch die christlichen Stoßgebete, die sich vielen »überzeugten Nationalsozialisten« kurz vor ihrer Hinrichtung entrangen, in einer existentiellen Situation ohne Zwang zur Taktik also, sprechen eher dafür, dass sie für politische Verbrechen getötet wurden, ohne für eine politische Idee zu sterben.[15] Dagegen hat man es beim Kommunismus mit einem System von Überzeugungen, ja mit einem Glauben in einem so starken Sinn zu tun, dass er sich offenbar nur unter Gewissensnöten verleugnen lässt.[16] Die Schlussfolgerung aus dieser Beobachtung lautet allerdings nicht:

Nazis hat es nicht oder nur ausnahmsweise gegeben. Sondern: Der Name »Nazi« hat seine volle Berechtigung zur Bezeichnung – und auch Herabwürdigung – von Trägern, Anhängern und Apologeten des NS-Staates. Aber zur semantischen Determinierung von Sachverhalten ist das Adjektiv »nationalsozialistisch« zu schwach.

Wenn sich, mit anderen Worten, vom Nationalsozialismus also kein Begriff bilden lässt, dann folgt daraus, dass auch die Suche nach einer genuin nationalsozialistischen Ideologie in die Irre führt. Diese Erkenntnis ist nicht neu. War in der unmittelbaren Nachkriegszeit die Frage, wer die »Nazis« waren und was sie wollten, eine unvermeidliche Begleiterscheinung der »Entnazifizierung«, so wies Karl-Dietrich Bracher schon 1960 ihre wissenschaftliche Unbrauchbarkeit nach.[17] Brachers immer noch gültiger Einsicht nach ist die Rede von der »nationalsozialistischen Weltanschauung« insofern eine Leerformel, als es sich dabei um ein »philosophisch kaum erfassbares Gebilde« handelte. Vielmehr habe ein »heterogenes Konglomerat« von Ideen den Durchbruch der NSDAP zur Massenpartei gerade deshalb ermöglicht, weil es »vielen vieles zu geben, die verschiedensten Instinkte, Bedürfnisse, Vorstellungen, Sehnsüchte zu befriedigen« schien.[18] Die NS-Ideologie, so ließe sich pointiert sagen, konnte also nur wirken, weil es sie als solche gar nicht gab.[19] Nur weil weit verbreitete Ideen und Deutungsmuster auf rhetorische Schlagwörter reduziert und zur Munition des propagandistischen Trommelfeuers gemacht wurden, so das elegante Argument, konnten sie zur Projektionsfläche für »viele« Wünsche werden.[20]

Diese scharfsichtige Erkenntnis wies der Forschung prinzipiell drei Wege. Erstens ließ sich der bei Bracher nur skizzierte Befund empirisch vertiefen. Besonders überzeugend waren in dieser Hinsicht etwa die Forschungen Ian Kershaws, die zeigten, wie stark Hitlers Herrschaft von den Projektionen der Beherrschten getragen wurde: von weit verbreiteten Idealvorstellungen über den Charakter des »Führers« ebenso wie vom vorauseilenden Gehorsam gegenüber einem bloß unterstelltem Führerwillen, dem es »entgegenzuarbeiten« gelte.[21] Zweitens legte der Befund der »geistigen Leere« des Dritten Reichs nahe, den gesamten Komplex der Ideologie zu ignorieren und stattdessen nach »härteren« Gründen für die Stabilität des Regimes und die Tatbereitschaft so vieler Deutscher zu suchen. Bracher selbst schlug diesen Weg zunächst ein. Denn auf die ideologiekritische Analyse folgte eine umfassende Beschreibung des Dritten Reichs als reinem Macht- und totalitärem Herrschaftssystem.[22] Vor allem aber bereitete sie die bis heute andauernde Konjunktur funktionalistischer Ansätze vor, die nicht im weltanschaulichen Überbau, sondern in handfesten Interessen, Machtkämpfen, technokratischem Machbarkeitswahn und sozialpsychologischen Mechanismen den Motor für die fatale Dynamik des Dritten Reichs erkannten.[23] Der dritte Weg bestand darin, die Frage nach der Weltanschauung präziser zu stellen. Da sich die vorliegende Arbeit diesem Weg verpflichtet fühlt, soll er etwas ausführlicher dargestellt werden.

Es ist kein Zufall, dass die erfolgreichsten Ansätze dieser Richtung von einem Standpunkt formuliert wurden, der denkbar wenig mit Ideengeschichte zu tun hatte. Es waren Alltagshistoriker des Dritten Reichs, die das Phänomen der Weltanschauung handhabbar machten, indem sie es handlungstheoretisch umformulierten. Statt weiter nach einer Chimäre namens »NS-Ideologie«, die sich als haltlose Abstraktion erwiesen hatte, zu suchen, fragten sie nach den Deutungsmustern, an denen sich konkrete Personen in der Praxis orientiert hatten. Insbesondere die Erforschung der nationalsozialistischen Verfolgungs- und Vernichtungspraxis erhielt von diesem Ansatz neue Impulse. So erwuchs etwa das Verständnis für die überragende Bedeutung des gesellschaftsbiologischen Denkens aus Fallstudien zur Frauenpolitik oder Jugendfürsorge.[24] Erst die Entdeckung, dass eine erbbiologische Konzeption von ›Rasse‹ auch die Gesundheits- und Sozialpolitik leitete, führte zu der Erkenntnis, dass es eine innere Einheit von »aufbauendem« und »vernichtendem« Rassismus gab.[25] Wenn nun auch in diesen Fällen von »Weltbild« oder »Weltanschauung« geredet wurde, dann waren keine politischen Ideen gemeint, sondern kollektive Deutungsmuster, an denen sich das Handeln im politischen System des Nationalsozialismus orientieren konnte. Ob und wenn ja, aus welchen Gründen die Akteure diese Weltanschauungen »nationalsozialistisch« nannten, war demgegenüber ein rein terminologisches Problem, oder anders gesagt: eine Frage der Taktik. Das lässt sich gut an Werner Best, dem führenden Programmatiker des Reichssicherheitshauptamtes der SS, veranschaulichen, dessen Fall durch die Studie Ulrich Herberts paradigmatischen Charakter bekam.[26] Best gehörte zu den wenigen Intellektuellen, die sich auch nach 1945 weiterhin zu einer »nationalsozialistischen« Überzeugung bekannten.[27] Das hing damit zusammen, dass er zu den wenigen Intellektuellen gehörte, die sich schon vor 1933 um eine theoretische Fundierung der Nazibewegung bemüht hatten. Doch gerade diese Ausnahme erweist sich als stärkste Bestätigung der eben entwickelten Regel. Als Best 1930 in die NSDAP eintrat, tat er das nicht, weil er von ihrem Programm überzeugt war, sondern weil sie unwahrscheinlicher Weise drei Eigenschaften in sich vereinte: sie kam aus der richtigen Richtung, das heißt eher von »rechts« als von »links«; das Parteienspektrum hatte sich soeben dramatisch zu ihren Gunsten verschoben; und sie war intellektuell so dürftig besetzt, dass ein windiger Literat wie Alfred Rosenberg als ihr »Philosoph« gelten konnte.[28] Im Gegensatz zu politischen Desperados wie Hitler, Goebbels oder Rosenberg hatte der junge Verwaltungsjurist Best in den rechtsradikalen Zirkeln der Weimarer Republik eine intellektuelle Formung im vollen Sinn des Wortes erfahren. Sein politischer Habitus, der völkisches Bewusstsein, gesellschaftsbiologisches Denken, kühlen Antisemitismus und »soldatische« Tatbereitschaft vereinte, verdiente den Titel einer »Weltanschauung« viel eher als die eklektisch zusammengeschriebenen Traktate der Freikorpsgeister.[29] Doch anders als die »alten Kämpfer«, die sich zuerst Nationalsozialisten nannten und dann fragten, was dieser Name denn eigentlich zu bedeuten habe, gab Best seinem bereits bestehenden Weltanschauungskomplex in genau dem Moment das Attribut »nationalsozialistisch«, als er in die Nazipartei eintrat. Junge rechtsradikale »Geistige« seines Schlags erkannten die Chance, die ihnen die in bürgerlichen Kreisen als »pöbelhaft« verschriene NSDAP zur Verwirklichung ihrer Ziele bot.[30] Für sie war die nationalsozialistische Bewegung nicht Zweck, sondern Mittel zum Zweck. Nicht umsonst entwickelten sie innerhalb dieser Bewegung ein elitäres Sonderbewusstsein, das sie innerlich mehr mit dem Polizeiapparat von SS und SD als mit den Organisationen der Mutterpartei verband.[31] Wenn dem politischen Programm, das eine junge, akademische gebildete »Weltanschauungselite« (M. Wildt) unterhalb der Staats- und Parteiführung entwickelt und »nationalsozialistisch« genannt hatte, nach 1933 eine schreckliche Erfolgsgeschichte beschieden war, dann darf das jedoch nicht zu der Annahme verleiten, hier endlich sei die »NS-Ideologie« empirisch zu greifen.[32] Der Erfolg der NSDAP verdankte sich ja nicht ihren Ideen; im Gegenteil, Wahlen und breite Zustimmung gewann Hitler ja erst, als er sich volksparteilich, staatsmännisch und feldherrlich gab. Es verhält sich vielmehr umgekehrt: Dass die Nazibewegung überhaupt eine intellektuelle Geschichte hat, ist ein Effekt ihres Erfolgs.

Wollte man diese Geschichte schreiben, böte sich als Leitbegriff »Vergeistigung« an. Mir scheint ein bisher viel zu wenig gewürdigter Grund für die Unterstützung, die den Nationalsozialisten nach der »Machtergreifung« seitens der Bildungselite zuteil wurde, ein rückblickend geradezu lächerliches Fürsorglichkeitsempfinden gewesen zu sein. So unterschiedliche Intellektuelle wie Martin Heidegger, Carl Schmitt, Gottfried Benn oder Ludwig Klages meinten 1933, es sei nun an ihnen, der »nationalen Revolution« die noch fehlende geistige Führung zu geben.[33] Hitler samt seiner Anhänger, bezeichnenderweise gerne unter der Metonymie »deutsche Jugend« zusammengefasst, erschien diesen Meisterdenkern wie ein vielversprechendes, aber schlecht erzogenes Kind. Seltsame Wiedergänger der Ideengeber von »1914«, konnten auch diese deutschen Intellektuellen ein mächtiges historisches Geschehen nur begreifen, indem sie ihm seinen Sinn hinterhertrugen. Als sie den illusorischen Charakter dieser Projektion erkannten, hatten Intellektuelle wie Best, die einen weniger sentimentalen Begriff von Vernunft besaßen, bereits Fakten geschaffen. Dass die behäbigere Generation der Älteren, deren Ideale noch aus der Vorkriegszeit stammten, mit ihrem Vergeistigungsanspruch ins Leere lief, die radikale Kriegsjugendgeneration hingegen nicht, ist an dieser Stelle ohne Belang. Entscheidend ist, dass man offenbar mit ganz unterschiedlichen Zielen – sei es die Prätention einer pädagogischen Philosophenherrschaft, das Projekt einer rechtsförmigen Diktatur oder die Vision einer Polizeiherrschaft auf rassenbiologischer Grundlage – den Versuch wagen konnte, auf den nationalsozialistischen Hochgeschwindigkeitszug aufzuspringen. Nicht zufällig waren es jedenfalls die Momente des politischen Durchbruchs, 1930 und 1933, in denen rechtskonservative Intellektuelle sich plötzlich befleißigt fühlten, den Nazis die Portion Geist zu verpassen, die ihnen ganz offensichtlich fehlte.

Diese kursorischen Bemerkungen weisen in die Richtung, in der sich das Weltanschauungsproblem vertiefen lässt. Ihr ganzes heuristisches Potential erschließt Brachers Einsicht in den Projektionscharakter des Nationalsozialismus nämlich erst, wenn man erkennt, dass diese einschlägig bekannten Fälle nur die Spitze eines Eisbergs darstellen. Tatsächlich zeigten mehrere im Laufe der 1990er Jahren publizierte Arbeiten, wie selbstbewusst die Funktionseliten in Wissenschaft, Militär und Verwaltung das Herrschaftssystem des Dritten Reichs und die Freiräume eines Eroberungskrieges genutzt hatten, um ihre eigenen gesellschaftspolitischen Visionen zu forcieren.[34] 2001 verband Lutz Raphael die Summe dieser Fallstudien zu einer brillanten Synthese.[35] Ausdrücklich griff er dabei das obsolet erscheinende Problem der nationalsozialistischen Weltanschauung wieder auf. Anders als Bracher, der deren Unschärfe herrschaftstechnologisch interpretiert hatte, gelang es Raphael nun, den Befund analytisch zu vertiefen. Auf Grundlage der reichen Empirie konnte er plausibel machen, dass die diffuse Parteiideologie keineswegs einer machiavellistischen Manipulation »von oben nach unten« diente. Im Gegenteil, gerade weil der Nationalsozialismus »an sich« nichts als ein »Sammelbecken« war, konnten die ideologischen »Worthülsen« als Einladung an das gesamte nationale Spektrum verstanden werden, sich aktiv »von unten« an der Umgestaltung der deutschen Gesellschaft zu beteiligen.[36] Die Pointe dieser Gesamtsicht auf die weltanschauliche Lage des Dritten Reichs bestand in der Einsicht, dass es zur Organisation dieser totalitären Gesellschaft – neben der gewaltsamen Unterdrückung widerständiger Ideen – gerade keiner totalitären Doktrin, sondern ideologischer Pluralität bedurfte. Raphael kleidete diese Einsicht in die prägnante Formel vom »politisch kontrollierten, aber intellektuell offenen Weltanschauungsfeld«, in dem sich nach 1933 alle national Gesinnten aufgefordert fühlen durften, der mehrdeutigen Propaganda einen konkreten Sinn zu geben und der eigenen Ausdeutung des Vagen Geltung zu verschaffen.[37] Mit dieser Einsicht kann das Problem der Weltanschauungsforschung nun auf eine Formel gebracht werden, mit der sich arbeiten lässt: Nicht um »die« nationalsozialistische Weltanschauung kann es dieser Forschung gehen, sondern um *Weltanschauung im Nationalsozialismus*. Die erste forschungspraktische Schwierigkeit bestünde also darin, das Überangebot an weltanschaulichen Deutungsmustern zu bewältigen, die unter der nationalsozialistischen Herrschaft wirken konnten, weil sie im weitesten Sinn anschlussfähig waren.[38] Ein nahe liegender Ansatz, dieser Vielfalt Herr zu werden, liegt in der Klassifikation weltanschaulicher Kreise, Schulen und Strömungen. Doch überzeugt er aus zwei Gründen nicht. Zum einen lassen sich mit ihm ganz offensichtlich apologetische Bedürfnisse befriedigen. Zieht man nämlich allzu scharfe Grenzen um bestimmte rechte Weltanschauungen, waren »die Nazis« immer nur die anderen – eine Verteidigungsstrategie, derer sich das gesamte nationale Spektrum nach 1945 bedienen konnte, bis hin zu Überzeugungstätern aus den Reihen der SS, die Unterschiede zwischen den eigenen »geistigen« Zielen und den verbrecherischen Absichten »Hitlers« markierten.[39] Doch auch alle analytischen Ansätze der Klassifikation warfen mindestens so viele Fragen auf wie sie beantworten konnten. Indem man etwa bestimmte Varianten des Konservativismus, des Nationalismus, des Antisemitismus oder der völkischen Weltanschauung auseinander zu halten versuchte, stellte sich umso nachdrücklicher die Frage, in welcher Beziehung diese offenbar verwandten Phänomene denn untereinander standen. Von historisch-soziologischer Seite wurde der Versuch unternommen, dem Problem dieser unüberschaubaren Vielfalt des Ähnlichen typologisch beizukommen.[40] Dabei erwies sich insbesondere Stefan Breuers stark strapazierter Begriff des Fundamentalismus als terminologische Scheinlösung. Schließlich mussten sich nahezu alle Ausprägungen »rechter« Weltanschauung als Varianten eines Phänomens beschreiben lassen, dem – unter anderem – auch das gesamte Spektrum des gegenwärtigen Terrorismus zugerechnet wird.[41] Wie differenziert die Lektüren im Einzelnen auch immer ausfallen mochten, dieser rubrizierende Ansatz führte in die gleiche Aporie wie zuvor schon der allzu abstrakte Begriff des Faschismus: Wer nach Fundamentalismus sucht, wird nichts als Fundamentalismus finden.[42]

Die Alternative zum Klassifizieren heißt Verstehen. Weltanschauungen verstehen zu wollen aber heißt, sich in die Perspektive der weltanschaulich involvierten Zeitgenossen zu versetzen. Denn für sie stiftete ja das, was uns in seiner Vielfalt verwirrt, einen unmittelbaren Sinn, und was uns in der Form fertiger Gedanken erscheint, war für sie ein Denken, mit dem sich die Gegenwart begreifen und das Leben handhaben ließen. Mit anderen Worten: Das Problem kann nur gelöst werden, wenn man sich die Mühe macht, mehr als »Inhalte« sehen zu wollen, nämlich praktische Denkformen, Deutungsmuster und Ideen, die eine *Richtung* wiesen. Es gilt also, der historischen Vielfalt Sinn abzugewinnen, indem man die praktische Relevanz von Sinn*zusammenhängen* nachweist.[43] Alle oben genannten Arbeiten der neueren Ideologieforschung sind stillschweigend dieser hermeneutischen Maxime gefolgt. Doch fällt auf, dass sie sich allesamt vor einem stark eingeschränkten Fragehorizont bewegten. Denn letztlich interessierte sich diese Forschung für die Weltanschauungen bestimmter Akteure und Gruppen nur im Hinblick auf die völkermörderische Praxis während des Krieges. Ob es dabei um rassebiologische Deutungsmuster oder »soldatische« Sachlichkeit ging, um völkische Ideale oder bevölkerungspolitische Pläne – in der kriminalistischen Frage nach den Motiven, deren letzte Konsequenz der vielfache Genozid war, hatte diese Forschung ihr Motiv. Damit ist kein Mangel benannt; im Gegenteil war die Beschränkung auf eine kriminalistische Fragestellung gerade die Bedingung für reiche Erkenntnisbeute auf einem Gebiet, in dem Luftschüsse zuvor die Regel waren. Doch verschwand, wie sollte es anders sein, mit dieser Beschränkung eine andere Möglichkeit der verstehenden Forschung aus dem Blick.[44] Wenn ich diese Möglichkeit hier behelfsweise »geistesgeschichtlich« nenne, so im vollen Bewusstsein der damit verbundenen Schwierigkeiten. Begriffspolitisch hat diese Bezeichnung allerdings zwei Vorteile. Erstens ermöglicht sie den Brückenschlag zu den älteren Arbeiten, die sich letztmalig dem hier gemeinten Gegenstand widmeten; und zweitens trifft die Notation »Geist« die im Folgenden behandelten Fragen besser als Begriffe wie »Diskurs«, »Deutungsmuster« oder »Semantik«. Was heißt es, das Problem der Weltanschauung im Nationalsozialismus aus geistesgeschichtlicher Perspektive zu behandeln? Ich möchte zum Gegenstand dieser Arbeit hinführen, indem ich diese Frage in drei Schritten beantworte. Als Variante der Philosophie fordert die Geistesgeschichte *erstens* eine genauere Bestimmung des Begriffs Weltanschauung; als Variante der historischen Forschung kann sich diese Bestimmung allerdings an der zeitgenössischen Verwendungsweise des Begriffs orientieren. Eine Andeutung, wie sich präziser von Weltanschauung sprechen lässt, hatte bereits der erwähnte Aufsatz Lutz Raphaels enthalten. Der Forschungslage entsprechend hatte er sich zunächst auf die Kreise akademisch gebildeter »Sozialexperten« beschränkt und deren Sinnressourcen »Weltanschauung« genannt. In dieser Form ist der Begriff allerdings zu unklar, könnte er doch für jede soziologische Gruppenanalyse verwendet werden. Und auch der Begriff des »radikalen Ordnungsdenkens«, unter den Raphael die Vielfalt rassistischer, völkischer und raumpolitischer »Weltanschauungen« zusammenfasste, erscheint in seiner Allgemeinheit etwas unspezifisch. Dabei wies Raphael selbst auf eine Besonderheit der deutschen Bildungskultur hin, die dem Begriff der Weltanschauung tatsächlich eine spezifische Qualität verleiht: jenes Bedürfnis nach einer *individuell verfügbaren Gesamtsicht* auf die soziale und historische Welt, das nach 1900 seine stärkste Ausprägung erfahren hatte.[45] Und er betonte zu Recht, dass *diese* weltanschauliche Dimension des Dritten Reichs bisher kaum erforscht wurde. Im Sinne größerer Genauigkeit halte ich es daher für angebracht, die von Raphael analysierten Deutungsmuster der Funktionseliten unter den Begriff des *Wissens* zu fassen.[46] Dagegen sollen hier *Weltanschauung* nur jene »philosophischen« Ressourcen heißen, mit deren Hilfe alltägliche und politische Situationen als Teil eines umfassenden Sinnganzen gedeutet werden können.[47] Auf eine Formel gebracht: Wissen leitet zum Handeln an, während Weltanschauung einen nicht-religiösen Horizont bereitstellt, vor dem jedes spezielle Wissen einen *»höheren«* Sinn, subjektive Wahrnehmungen eine einheitliche Perspektive und Handlungen einen moralischen Wert erhalten – eine Funktion, die weder aus anthropologischer noch aus soziologischer Sicht zwingend ist, sondern auf ein historisch gewachsenes Bedürfnis reagiert. Ein Bedürnis, wie es insbesondere für die deutsche Geistesgeschichte des 19. und frühen 20. Jahrhunderts charakteristisch ist.[48] Darum muss der entsprechende Leitbegriff genau genommen nicht Weltanschauung lauten, sondern: *deutsche Weltanschauungskultur*.

Auch dieser Begriff ist nicht neu. Er stammt aus einem der frühesten Versuche, die Erfolgsbedingungen des Nationalsozialismus aus der deutschen Geistesgeschichte herzuleiten: Helmuth Plessners Studie *Die verspätete Nation*[49]. Das Spezifikum dieser Geschichte sah Plessner in der kompensatorischen Funktion der Philosophie, die einem doppelten Mangel begegnen musste: zum einen an der ironisch-distanzierten Geistigkeit einer starken Adelskultur; zum anderen an einer politischen Laienkultur, aus der eine zivile Staatsidee hätte hervorgehen können.[50] Derart von den Problemen des gesellschaftlichen und politischen Lebens abgekoppelt, sei der deutsche Geist vor allem von protestantischer »Weltfrömmigkeit« geformt worden. Das Denken habe seine Aufgaben in der umfassenden Weltdeutung und in der individuellen Lebensorientierung gesehen. Zunächst noch eingebunden in religiöse Diskurse, habe seit dem späten 18. Jahrhundert die humanistisch-idealistische Philosophie eine ersatzreligiöse Rolle übernommen.[51] Im vollen Sinn weltanschaulichen Charakter habe diese Art des Philosophierens aber erst angenommen, als ihre fundamentalen Kritiker – Plessner nennt Marx, Kierkegaard und Nietzsche – sie als »Instanz« zerstört hätten. Seitdem habe sich das philosophische Denken in zwei Richtungen aufgespalten: während die einen das religiöse Erbe konsequent abschüttelten, steigerten es die anderen in einen offenen Weltanschauungsglauben.[52] Es mag noch andere Herleitungen des Weltanschauungsbedürfnisses der deutschen Bildungsschicht vor und nach 1900 geben; aber das Ergebnis dieser Studie scheint mir über jeden Zweifel erhaben zu sein: die Hypothese nämlich, dass ein ganzheitliches Sinnbedürfnis nur in Deutschland so stark ausgeprägt war, dass sich eine eigene Kultur des weltanschaulichen Denkens entwickeln konnte.[53]

Zweitens strebt jede Geistesgeschichte nach historischer Tiefe. Die »kriminalistische« Ideologieforschung hatte sich auf die biographie- und diskurshistorisch überschaubare Zeit seit der Epochenschwelle um 1890 beschränkt. Die Frage nach der langfristigen Überlieferung von Problemen, Denkmustern und geistigen Dispositionen wurde in diesem Rahmen gar nicht mehr gestellt. Dieser Verzicht fiel allerdings insofern nicht schwer, als alle bisherigen Versuche einer Geistesgeschichte des Nationalsozialismus unbefriedigend geblieben waren. In gewisser Weise kam in deren Schwäche das gleiche Problem zum Ausdruck, das sich auch bei der Suche nach einer genuin nationalsozialistischen Ideologie gezeigt hatte: dass nämlich der NS-Staat sich aus keiner philosophischen oder politischen Idee ableiten ließ. Gerade die geistreichsten Autoren wie Plessner, Horkheimer und Adorno oder Georg Lukács erkannten dies – und machten den Negativbefund zu ihrem Ausgangsproblem. Die philosophische Suche nach Gründen der Geistesabwesenheit führte so zwangsläufig zur deutschen Tradition philosophischer Geistesfeindschaft: zur Gegenaufklärung, zur Romantik, zu Schopenhauer, Nietzsche, der Lebensphilosophie und nicht zuletzt zu Klages. Dem Befund einer deutungsmächtigen Tradition von »rationalen Philosophien des Irrationalen« (so Thomas Manns treffendes Urteil über Schopenhauer) kann man nur schwer widersprechen; und auch diese Arbeit wird sich mit besagter Tradition beschäftigen.[54] Doch die Verbindungslinie, die vom Höhenkamm des philosophischen Diskurses in die Niederungen der Gewaltherrschaft gezogen wurde, war allzu kurzschlüssig. Dabei lässt sie sich ziehen; und gerade der Fall Klages liefert dazu mehr als nur einen Schlüssel.

Es ist keinem Mangel an Interesse geschuldet, wenn das bisher nicht bemerkt wurde. Im Gegenteil ist Klages insbesondere im Hinblick auf den Nationalsozialismus sattsam beforscht worden.[55] Dass das so ist und dass die Versuche dazu so wenig ergiebig waren, hat ein und denselben Grund. Von allen einflussreichen Denkern, denen eine Affinität zum Dritten Reich nachgesagt werden konnte, ist neben Heidegger vor allem Klages als »Philosoph« ernst genommen worden. Heideggers Verstrickung wurde aber in erster Linie an seinem persönlichen Verhalten festgemacht, während sein Denken zu vieldeutig und zu anspruchsvoll war, als dass sich von dort direkte Linien zum Nationalsozialismus hätten ziehen lassen.[56] Bei Klages verhält es sich umgekehrt. Erst allmählich enthüllt das Archiv, in welchem Umfang Klages vom NS-Regime profitierte.[57] Dagegen wurde sein Hauptwerk schon zum Zeitpunkt seiner Veröffentlichung politisch gelesen. Erschienen zwischen 1929 und 1933, trafen die drei Bände von Klages' kritischer Universalgeschichte des Denkens auf ein derart politisiertes Diskursklima, dass man rückblickend den Eindruck gewinnen kann, der Titel habe nicht *Der Geist als Widersacher der Seele*, sondern »Die Republik als Widersacher des Deutschtums« gelautet.[58] Nicht ohne Wonne wurde jedenfalls schon um 1930 von seinen Anhängern ein regelrechter »Kampf um Klages« ausgemacht.[59] Während die einen ihn als weitsichtigen Kritiker der Naturzerstörung aufs Podest hoben, schossen sich die anderen auf Klages als Vernunftzerstörer ein. An diesem Deutungsschema hat sich bis heute wenig geändert.[60] Dabei ist und bleibt es eine reine Bewertungsfrage, ob man in Klages den radikalen Gegenaufklärer und Präfaschisten sehen will oder den besonnenen Machtkritiker, Pazifisten und Ökologen, der für eine »andere Moderne« plädierte; ob man eher betont, dass Klages' im Dritten Reich ein erfolgreicher und durchaus hofierter Autor war oder eher, dass die Parteiideologen Bäumler und Rosenberg seinen weltanschaulichen Einfluss mit einigem Erfolg klein hielten.[61]

Will man diesen Deutungszirkel, dessen Reflexionsniveau sich gegenüber dem der Zeitgenossen kaum erhöht hat, durchbrechen, muss man die Fragerichtung ändern. Als Philosoph mit weltanschaulicher Schlagseite ist Klages zur Genüge erforscht worden. Wenn seine zeitgenössische Wirkung trotzdem noch immer weitgehend unverstanden ist, so liegt das daran, dass bisher niemand gefragt hat, wo denn diese Philosophie ihren Ausgangspunkt hat. Durchgängig wird übersehen, dass Klages zum Zeitpunkt seines ersten Auftritts als »Philosoph« und Weltanschauungsautor bereits auf ein langjähriges Schaffen als wissenschaftlicher Autor und Privatgelehrter zurückblicken konnte.[62] Dabei zeigt sich das Grundmuster seiner philosophischen Schriften bereits in seiner ersten Veröffentlichung von Rang – einem 1904 verfassten Standardwerk der Graphologie. Dieser Grundgedanke, eine Variante des zeitgenössischen Gegensatzes von Geist und Leben, reagierte wiederum auf zwei spezifische, eng miteinander verwobene *Probleme*. Erstens: Wie können Menschen sinnvoll voneinander unterschieden werden? Zweitens: Woran erkennt man die Echtheit einer Identität? Oder in einer Frage zusammengefasst: Wie lässt sich die *natürliche Ungleichheit* der Menschen gedanklich erfassen?[63]

Diese Fragen sind grundsätzlicher Natur, doch werden sie nur zu manchen Zeiten und in manchen Kulturen mit besonderem Nachdruck gestellt.[64] Ich möchte im Folgenden zeigen, dass sie im deutschen Sprachraum in der zweiten Hälfte des 19. und in der ersten Hälfte des 20. Jahrhunderts so nachdrücklich gestellt wurden, dass man mit vollem Recht von einem Denkproblem sprechen kann. Die Schlüsselbegriffe, unter denen es verhandelt wurde, lauteten »Wesen«, »Persönlichkeit« und »Charakter«. Wie virulent es am Vorabend des Dritten Reichs geworden war, mag fürs Erste eine Aussage Gottfried Benns andeuten, der zufolge alles was gegenwärtig – 1930 – »im Geistigen erregend« sei, um das »Problem der Persönlichkeit« kreise.[65] Da sich zur Bezeichnung dieses Problems nach 1900 der Terminus »charakterologisch« durchsetzte, soll es auch im Folgenden so genannt werden.

In ihrer allgemeinsten Fassung besteht die These dieser Arbeit in zwei unmittelbar miteinander verbundenen Annahmen. Die eine betrifft unser historisches Bewusstsein, die andere das Bewusstsein der damaligen Zeitgenossen. Die erste Annahme lautet, dass im Schatten der zeitgenössischen Diskurse um »Volk« und »Rasse« die Wirkmächtigkeit des charakterologischen Denkens vollständig in Vergessenheit geraten ist.[66] Doch, und das wäre die zweite Annahme, ohne Verständnis für die geistesgeschichtliche Relevanz des charakterologischen Problems kann man auch die spezifisch deutsche Variante des Rassismus nicht verstehen. Denn nicht nur gewann das gesellschaftsbiologische Denken erst vor dem Horizont eines weithin geteilten charakterologischen Problembewusstseins seine historische Plausibilität (die ihm eben heute fehlt) – auch inhaltlich war es schlechterdings nicht denkbar ohne unmittelbare Anleihen beim charakterologischen Denken. Ohne die Topoi und Deutungsmuster des charakterologischen

Diskurses wäre es zu einem naturwissenschaftlichen Formalismus erstarrt. Und erst vor dem Hintergrund einer über Jahrzehnte gewachsenen Kultur des Ungleichheitsdenkens ließ sich der Wille zum Unterschied zuerst verwissenschaftlichen und dann politisieren.

Die Analysen dieser Arbeit unterscheiden sich demnach von der jüngeren Ideologiegeschichte durch ihre größere historische Brennweite; insofern versteht sie sich als Beitrag zur Geistesgeschichte des Nationalsozialismus.[67] Von den Arbeiten, die für dieses Genre stilbildend geworden sind, unterscheidet sie sich jedoch durch ihren problemgeschichtlichen Ansatz. Es geht ihr nicht, wie sonst in gut hegelianischer Manier üblich, um die geistigen Verbindungslinien zwischen Kopfgeburten wie »Irrationalismus«, »Gegenaufklärung«, »Romantik«, »Lebensphilosophie«, »Nietzsche«, »Klages« und »dem« Nationalsozialismus; sondern darum, die historische Route zu rekonstruieren, auf der ein benennbares Problem und die zu seiner Lösung aufgebotenen Mittel ihren Weg aus dem 19. Jahrhundert in die Gesellschaft des Dritten Reichs gefunden haben. Diese Aufgabenstellung soll vor dem Kardinalfehler aller von Philosophen verfassten Denkgeschichten schützen, deren Sinne in berufsspezifischer Beschränktheit immer nur für Philosophen geschärft waren: die voreilige Beschränkung auf »höhere« Textgattungen.

Wenig überraschend werden wir im Folgenden auf alte Bekannte aus der Geistesgeschichte des Nationalsozialismus treffen, auf »Irrationalisten« wie Schopenhauer, auf »romantische« Geister wie Bachofen, auf »Lebensphilosophen« wie Nietzsche, Spengler und Klages. Da es hier aber nicht um Philosophie-, sondern um Denkgeschichte geht, werden sie mit Denkern und Autoren zusammengeführt, die man in diesem Zusammenhang zunächst nicht erwarten würde. Sei es, weil sie »zu weit weg« vom Dritten Reich erscheinen, wie etwa Goethe, Carl Gustav Carus, Julius Bahnsen oder Otto Weininger; oder weil sie »zu nah dran« – und daher einer Geistesgeschichte unwürdig – sind wie Houston Steward Chamberlain, Hans F. K. Günther, Ludwig Ferdinand Clauß oder Fritz Lenz. Für die Auswahl gab es letztlich zwei Kriterien. Denker des 19. Jahrhunderts wurden berücksichtigt, sofern sie sich mit dem charakterologischen Problem auseinandergesetzt haben. Dagegen galt für die zeitgenössischen Denker des frühen 20. Jahrhunderts neben diesem ersten noch ein zweites Kriterium: ihr Erfolg beim Publikum. Den Analysen dieser Arbeit geht nämlich die Hypothese voraus, dass man mit dem charakterologischen Denkstil eine Matrix zum Verständnis der deutschen Bildungsschicht im Dritten Reich besitzt.[68] Wenn im Folgenden also von »Denkern« die Rede ist, dann müsste es genauer heißen: im Bildungsmilieu populäre Autoren von Weltanschauungsliteratur.[69]

Das *dritte Merkmal* der hier angestrebten Geistesgeschichte liegt in ihrem erkenntnistheoretischen Anliegen. Das charakterologische Denken, so lautet die besondere These dieser Arbeit, war deswegen so wirkmächtig und anschlussfähig an andere Diskursformen wie den Rassismus, weil es ab etwa 1900 in weltanschaulicher Form auftrat. Im Sinne des oben geprägten Begriffs soll das heißen, dass über menschliche Ungleichheit ganzheitlich, also im Rahmen von gegenwartsdiagnostischen und welthistorischen Fragen, nachgedacht wurde. Es wird zu zeigen sein, wie das funktionierte. An dieser Stelle genügt es festzustellen, dass es überhaupt funktionierte. Denn diese Feststellung hat Konsequenzen für die Methode. Es ist durchaus nicht üblich, Weltanschauung als eine Form des *Denkens* anzusprechen. Gemeinhin konstituiert sich die Rede von »Weltanschauung« oder »Ideologie« durch Gegenbegriffe wie »Wissenschaft« oder »Vernunft«, bei gleichzeitiger Nähe zur Semantik des religiösen Glaubens, wenn nicht gar des psychopathologischen Wahns.[70] Doch gerade im Fall Deutschlands muss dann rätselhaft bleiben, warum ausgerechnet die Bildungselite der führenden Wissenschaftsnation derart »anfällig« für das Gegenteil dessen, worauf sich die eigene Identität gründete, gewesen sein sollte. Die jüngere Ideologieforschung hat daher mit guten Gründen auf die spezifische »Rationalität« oder »Vernunft« weltanschaulicher Deutungsmuster hingewiesen.[71] Doch fragt sich, ob dabei der Rationalitätsbegriff nicht etwas überdehnt wurde. Denn unter Weltanschauung wurde einerseits nicht mehr verstanden als ein bestimmtes Set an Überzeugungen – eine Auffassung, die mit einem soziologischen Begriff von »Wissen« oder einem anthropologischen Begriff von »Kultur« wohl treffender bezeichnet wäre.[72]

Andererseits wurde gerade das voluntaristische Moment weltanschaulicher Überzeugen betont, was wiederum Fragen aufwarf: zum einen, wie sich die tendenziell irrationale Entscheidung für eine Weltanschauung mit deren rationalem Gehalt vereinbaren ließ; zum anderen, wie weit sich solche Überzeugungen vom Alltagsverstand entfernt hatten, wie plausibel sie also für Zeitgenossen sein konnten, die sich nicht offen zu ihnen bekannten.

Diese Arbeit wird daher versuchen, die Weltanschauungsanalyse vom Kopf auf die Füße zu stellen. Sie zielt nicht auf das Innere der Täter, sondern auf die Kultur, die solche Täter in großer Zahl hervorbringen konnte. Erst diese Perspektivumkehr erlaubt es, in einem starken und spezifischen Sinn von »Vernunft« zu sprechen: nämlich als *Common Sense* der deutschen Bildungsschicht im frühen 20. Jahrhundert. Dies zu betonen, heißt aber auch, vor den Inhalten nach dem Modus dieser Rationalität zu fragen.[73] Denn auch der Alltagsverstand besitzt ja Logik und Methode. Aber man hat es mit einer Denkform zu tun, die weder so streng und operativ geschlossen funktioniert wie eine Wissenschaft, noch so unflexibel wie ein Wahnsystem. Da ich mit Plessner das gebildete Deutschland im frühen 20. Jahrhundert als Weltanschauungskultur begreife, lautet also die theoretische Leitfrage dieser Arbeit, wie sich weltanschauliches Denken als eine als Form »mittlerer« – also weder exakter, noch ungenügender – Rationalität überhaupt beschreiben lässt. Doch steht diese erkenntnistheoretische Frage nicht für sich. Da sie anhand eines überschaubaren Diskurszusammenhangs untersucht wird, ist sie nicht zu trennen von der im engeren Sinn historischen Frage, was und wie in Deutschland im Vorfeld des Dritten Reichs über menschliche Ungleichheit gedacht wurde. Für die Einheit dieser beiden Aspekte, von kollektivem Denkzwang und spezifischem Gegenstand, hat Ludwik Fleck den Begriff des Denkstils geprägt.[74] In diesem Sinne lautet der thematische Leitbegriff dieser Arbeit daher: *charakterologischer Denkstil*.

Auf der Suche nach Vorbildern für die Analyse nicht-wissenschaftlicher Denkformen bin ich zweifach fündig geworden. Ihrem Geist nach ist diese Arbeit Ernst Cassirer verpflichtet. Als vorbildlich habe ich Cassirer vor allem dann empfunden, wenn er in historischer Perspektive den inneren Zusammenhang eines Problems mit den zu seiner Lösung verwendeten »Denkmitteln« rekonstruiert. Das gilt insbesondere für Arbeiten, in denen Cassirer vormoderne und im heutigen Sinne vorwissenschaftliche Denkformen als erkenntnistheoretisches Problem überhaupt erschlossen hat, so etwa das Denken des Mythos und der Renaissance.[75] Darüber hinaus waren mir bei der Beschreibung des Problems, mit dem es das charakterologische Denken zu tun hatte – das Problem einer Mannigfaltigkeit aktiver »Potenzen« –, Cassirers historische Analysen zur Chemie überaus hilfreich.[76] Theoretische Anleihen im eigentlichen Sinn nimmt die Arbeit dagegen beim frühen – dem »ethnologischen« – Pierre Bourdieu. Gerade um eine Denkform zu erschließen, die ausdrücklich mit den Regeln disziplinärer Wissenschaft brach und daher schnell als irrational oder pseudowissenschaftlich kategorisiert wurde und wird, war mir Bourdieus *logische* Strukturanalyse der mythisch-rituellen Weltsicht von unschätzbarem Wert.[77] Dass deren Pointe in einem scharfen Denken über unscharfes Denken besteht und in welcher Weise diese Pointe mir nützlich war, soll jedoch nicht dogmatisch geklärt werden. Denn theoretische Reflexion, die mehr sein will als Verkündigung von Axiomen und Allgemeinplätzen, kann ihren Platz nur in der laufenden Argumentation haben. Also: kein Theoriekapitel, sondern einige Seiten Theorie am Anfang des zweiten Teils der Arbeit.[78]

Nach diesen allgemeinen Ausführungen soll *last but not least* auf einen weiteren Zentralschlüssel hingewiesen werden, den der Fall Klages zu einer geistesgeschichtlichen Annäherung an den Nationalsozialismus bietet. Klages hatte nicht nur sein Lebensthema im Problem der menschlichen Ungleichheit gefunden, eine der wichtigsten Manifestationen dieser Ungleichheit war für ihn der Unterschied zwischen Juden und – man kann es an dieser Stelle nicht genauer sagen – Nicht-Juden. Diese Arbeit versteht sich daher nicht zuletzt als Beitrag zu einer *Problem- und Denkgeschichte* des Antisemitismus.[79] Das mag überraschen, wenn nicht gar irritieren. Gemeinhin wird jeglicher Antisemitismus als irrationale Leidenschaft betrachtet, nicht als Ausdruck von Geistestätigkeit.[80] Zwar hatte bereits Ulrich Herbert darauf hingewiesen, dass geistige Wegbereiter des Holocaust wie Werner Best von einem »Antisemitismus der Vernunft« sprachen.[81] Doch war damit keine intellektuelle Anstrengung gemeint. Das »Problem«, das Antisemiten wie Best »vernünftig« lösen wollten, war praktischer Natur. Es ging ihnen darum, die Ergebnisse eines über anderthalb Jahrhunderte andauernden Emanzipations- und Akkulturationsprozesses rückgängig zu machen. Dieses Ziel, so die betont »sachliche« Annahme, ließ sich nicht durch Gewaltakte gegen einzelne Juden erreichen, sondern nur durch planmäßige »Entfernung« aller Juden aus dem deutschen Volkskörper. Ausgehend von einem Diktum Sartres stellte Herbert zudem klar, dass auch ein theoretisch argumentierender Antisemitismus im Kern nichts anderes als eine Leidenschaft sei – man also statt von Rationalität eher von Rationalisierung sprechen müsste.[82] Dem ist kaum zu widersprechen.

Doch zeigt sich an Klages eine spezifische, keineswegs individuelle Weise, den antijüdischen Affekt zu theoretisieren, die sich nicht angemessen erfassen lässt, wenn man sie nur als ein geistiges Feigenblatt ansieht. Sie verdient es, als Denkanstrengung ernst genommen zu werden – ganz gleich, wie unangenehm ihre Ergebnisse berühren. Gerade wenn man, was bis heute nicht wirklich gelungen ist, verstehen will, wie der Antisemitismus im deutschen Bildungsbürgertum derart gedeihen konnte, darf man die Augen nicht davor verschließen, dass er mehr als nur ein Phantasma war. Klages befand sich im Einklang mit praktisch allen charakterologischen Denkern (und nicht nur mit diesen), wenn er »dem« Juden zwei Grundeigenschaften zuschrieb: dass er erstens »ganz anders« sei als man selbst und zweitens seine wahre Natur verberge. Man hat es also mit einem fundamental Anderen zu tun, das als solches nur schwer zu erkennen ist. Es verwundert daher nicht, dass die charakterologische Denkbewegung zwei Paradigmata hatte, auf die sie immer wieder zurückkam. Zum einen, wenig überraschend, auf den Unterschied zwischen den Geschlechtern: eine Ungleichheit von untrüglicher Evidenz. Zum anderen auf das »jüdische Wesen«. Und auch das leuchtet ein, denn erst hier wird die Ungleichheit zum *Problem* – zur Differenz, die zu erkennen es intellektueller Anstrengung bedarf, kurz: zu einem Denkanlass.

Mit Klages stellt sich eine Variante des Antisemitismus vor, die anders als etwa der traditionell-christliche, der politische oder

der rassistische Antisemitismus analytisch schwer zu fassen ist.[83] Ihre – fast immer hoch gebildeten – Vertreter lehnten das Etikett des »Antisemiten« ebenso entschieden ab wie sie auf ihren freundschaftlichen Verkehr mit einzelnen Juden verwiesen, während ihr Denken gleichzeitig um einen negativen Topos des »Jüdischen« kreiste. Dürfte es sich bei der vermeintlichen Leidenschaftslosigkeit dieser Judenfeindschaft um ein Phänomen von universaler Reichweite gehandelt haben (und handeln), erscheint mir die geistesgeschichtliche Dimension des philosophischen und wissenschaftlichen *Nachdenkens* über das ›jüdische Wesen‹ als deutsches Spezifikum.[84] Soweit ich sehe, ist bisher noch überhaupt kein Versuch unternommen worden, diese ambivalente Form eines intellektuellen Antisemitismus als solche zu beschreiben und in ihrer diskursiven und sozialen Logik verständlich zu machen.[85] Wenn sie doch thematisiert wurde, so zumeist im Rahmen monographischer Arbeiten über einzelne konservative Meisterdenker des späten 19. und frühen 20. Jahrhunderts.[86] Besonders große Aufmerksamkeit wurde in dieser Hinsicht Friedrich Nietzsche und Carl Schmitt geschenkt.[87] Abhängig von der Grundhaltung, die ein Forscher gegenüber dem betreffenden Denker einnimmt, liegt der Schwerpunkt dann entweder auf dem Nachweis bestimmter judenfeindlicher »Stellen« und deren Einordnung in die Geschichte des Antisemitismus oder aber es wird umgekehrt auf den erklärten Anti-Antisemitismus des Betreffenden und auf dessen freundschaftlichen Umgang mit einzelnen Juden verwiesen. Oder das Nebeneinander wird bemerkt, aber nicht als analytisches Problem aufgefasst, sondern als Kuriosum abgetan: So etwa von Reinhard Mehring, wenn er Carl Schmitt in einer symptomatischen Formulierung eine »wilde Melange von philosemitischen und antisemitischen Strebungen« attestiert.[88] Ähnlich ambivalente Befunde ließen sich problemlos auch über andere konservative Intellektuelle der Zeit wie Stefan George, Oswald Spengler oder Ernst Jünger aufstellen. Und nicht zuletzt stehen sich im Hinblick auf Klages' Antisemitismus apologetische und kritische Position bisher beziehungslos gegenüber.[89]

Die Arbeit ist in vier Kapitel unterteilt. Das *erste Kapitel* soll zeigen, dass die Konjunktur der charakterologische Denkbewegung von einem modernen Allerweltsproblem getragen wurde: dem Gefühl, sich unter »fremden Anderen« zu bewegen. Als Material zu dieser Phänomenologie einer Alltagsempfindung habe ich den Großstadtdiskurs gewählt, und zwar aus zwei Gründen. Zum einen findet sich die Thematisierung spezifisch moderner Phänomene dort in höchster Verdichtung. Zum anderen machte dieser Diskurs das Problem an der Oberfläche des »fremden Anderen« fest, an seiner Erscheinung – ein Aspekt, der sowohl für den charakterologischen Antisemitismus als auch für die Graphologie zentrale Bedeutung hatte. Im *zweiten Kapitel* soll der charakterologische Denkstil als Produkt der deutschen Weltanschauungskultur rekonstruiert werden. Besondere Aufmerksamkeit wird dabei dem Umstand geschenkt, dass sich das charakterologische Denken in den Freiräumen jenseits der disziplinären Forschungswissenschaften entwickelte. Das *dritte Kapitel*, das sich mit der charakterologischen Konstruktion des »jüdischen Charakters« beschäftigt, schlägt schließlich Brücke von der Geistesgeschichte zur Geschichte des Nationalsozialismus. Dort soll zum einen gezeigt werden, dass der charakterologische Antisemitismus, der die Natur des »jüdischen Wesens« als schwieriges Deutungsproblem erachtete, sich in einem gut hundertjährigen Prozess herausgebildet hatte; zum anderen, dass auch der vermeintlich naturwissenschaftliche Rassenantisemitismus elementar auf die hermeneutischen Deutungen des charakterologischen Denkens angewiesen war. Am Schluss der Arbeit kommen dann endlich Ludwig Klages und die Graphologie zu ihrem Recht. Das *vierte Kapitel* ist als Fallbeispiel angelegt, an dem sich noch einmal eindringlich die weltanschauliche Qualität des charakterologischen Denkens zeigen lässt. Gelehrte Spezialprobleme, biographische Situation und ganzheitliches Sinnstiftungsbedürfnis sind in Klages' Denken nicht auseinanderzuhalten. Das zeigt sich nirgendwo so deutlich wie im Entwurf einer Graphologie, die ebenso Ausdruck eines subtilen wissenschaftlichen Problembewusstseins wie subtilster Ausdruck des antijüdischen Affekts ist. Schließlich schlägt dieses Kapitel noch einmal den Bogen zum Anfang. Die Korrespondenz, die Klages zwischen 1914 und 1955 mit den Auftraggebern graphologischer Gutachten führte, bestätigt auf erschütternde Weise, dass die Frage nach der

»echten« Identität eines Menschen und der unsichere Umgang mit Fremdheit ein wahres Epochensignum war. Wenn aber, wie die Aufträge an den Graphologen Klages belegen, diese Unsicherheit nicht zuletzt auch den Umgang mit den allervertrautesten Menschen – mit Freunden, Familienmitgliedern, ja mit sich selbst – betraf, dann bedeutet das auch: Im Nationalsozialismus konnte nicht nur der Andersheit fremder Kollektive, sondern auch der Individualität des fremden Eigenen mit weltanschaulichen Mitteln begegnet werden.

Teil 1
Fremdheit als Problem der Hochmoderne

1. Inszenierter Schein: Der ›fremde Andere‹ im Großstadtdiskurs

Trotz aller Unterschiede: Die Theoretiker der Graphologie stimmten um 1900 darin überein, dass die Handschrift als *Spur* der Persönlichkeit aufzufassen sei.[1] Der Sinn der Metapher soll an anderer Stelle geklärt werden.[2] Zum Einstieg genügt aber schon diese allgemeine Form, um der Graphologie ihren historischen Ort anzuweisen. Spuren verweisen auf ein Abwesendes, mithin verweist die Handschrift auf eine abwesende Persönlichkeit. Wie Walter Benjamin deutlich gemacht hat, bezeichnet der Spurbegriff aber eine Paradoxie, denn das Abwesende hat seine Erscheinung zurückgelassen und ist damit zugleich nah.[3] Eine Wissenschaft, die es im Sinne dieser Definition mit der »Erscheinung einer Nähe« aufnimmt und sich zugleich nicht darum kümmert, »wie fern das sein mag, was sie hinterließ«, stellt sich einem spezifisch modernen Problem. Ein Blick auf die große Rolle, die der *Erscheinung der Person* in den diskursiven Inszenierungen der modernen Großstadt zugewiesen wurde, soll das belegen.

Aus Sicht des Historikers besitzt das Sprechen über die Großstadt den Vorteil, Modernität konkret fassen zu können: als Erfahrung, die sich auch in ihrer körperlichen Dimension beschreiben und mit andern historischen Erfahrungen vergleichen lässt.[4] Lange Zeit erschien Modernität nur als das Gegenteil dessen, was vorher war – und das hieß auch: als quasi körperloser Zustand. So hat es etwa nach Jürgen Habermas nur die »repräsentative« Öffentlichkeit der Vormoderne mit konkreten Individuen zu tun, die in realen Räumen über Körpergesten und Rangabzeichen interagieren; die »diskursive« Öffentlichkeit des bürgerlichen Zeitalters ist dagegen von rationalen Subjekten bevölkert, die einander vor allem im Medium der Sprache begegnen und zunehmend schriftlich miteinander verkehren.[5] Die implizite These vom Funktionsverlust der real-räumlichen Öffentlichkeit findet ihre Ergänzung in einem Krisendiskurs, der vom »Verfall« des öffentlichen Raumes spricht. Einen solchen beschreibt etwa Richard Sennett, wenn er behauptet, in den modernen Großstädten habe sich das Ideal der antiken Polis in sein Gegenteil verkehrt: Sei dort auch das Private von Belangen des Gemeinwohls durchdrungen gewesen, so übe hier die Intimität des Privaten eine »Tyrannei« über die Öffentlichkeit aus.[6] Man muss diesen Befunden gar nicht widersprechen. Dass der Körper einmal als Repräsentationsmedium fungiert hat und dass er dies in der Moderne nur noch ausnahmsweise tut, steht außer Frage. Doch die normativen Schlüsse sind voreilig. Denn weder haben Individuen je aufgehört, einander zu erscheinen und diesen Erscheinungen Sinn zuzuschreiben; noch hörte der Raum, in dem dies geschieht, je auf, öffentlich zu sein. Dabei ist die Krise des Körpers als sozialem Zeichensystem von den Beteiligten selbst durchaus registriert worden – nur eben nicht als Verfall, sondern als Problem. Auch die gängige Rede von moderner »Entfremdung« bekommt einen präziseren Sinn, wenn man sie der Kulturkritik entwendet und erst einmal wörtlich nimmt: Dass sie einander – und auch sich selbst – oft verstörend »fremd« waren, ist eine fundamentale Zeiterfahrung des frühen 20. Jahrhunderts, über die sich die Zeitgenossen auf vielfältige Weise geäußert haben.

Der Umgang mit unbekannten Personen dürfte ein Problem von anthropologischer Reichweite sein. Solange die Idee einer sozialen Ordnung, die in Gesten, Abzeichen und Kleidung Sichtbarkeit erlangt, verbindlich war, konnte Anonymität über das Medium des menschlichen Körpers reguliert werden. Historisch verbürgt ist dieser soziale Gebrauch des Körpers von der Antike bis in die Neuzeit.[7] Fremdheit konnte in diese Art des Ordnungsdenkens durchaus integriert werden, nämlich als Ausnahme, die an ihren eigenen Zeichen oder am – wiederum auffälligen – Fehlen von Körperzeichen erkennbar war.[8] Erst moderne Bedingungen verschärften das Problem so stark, dass es nicht mehr sozial verbindlich gelöst werden konnte, sondern als individuelle Herausforderung erfahren wurde. Die Verschärfung hatte zwei Dimensionen. Zum einen steigerte der Niedergang repräsentativer Zeichensysteme die Anonymität der Interaktionen unter Unbekannten. Personale Fremdheit wurde so von einer Ausnahme zum Regelfall des sozialen Lebens, die Oberfläche des Körpers vom Paradigma der Ordnung zum Paradigma der Täuschung. Zum anderen steigerte gerade das moderne Leben die räumliche Nähe unter Fremden in einem ungekannten Ausmaß. Die Aufhebung sozialer Schranken und technische Mobilität schafften Räume, in denen Fremdheit und Anonymität mit einer intimen körperlichen Nähe einhergingen: öffentliche Verkehrsmittel, Badeanstalten, Hotelhallen, Stadien.[9] In der deutschen Gesellschaft dürfte als weiteres Moment der Verschärfung hinzu gekommen sein, dass ihr »ständischer Überhang« die Erwartung lesbarer Körperoberflächen unverhältnismäßig lange aufrecht erhielt, und die Enttäuschung, die diese Erwartung im Zuge der rapiden Modernisierung um 1900 immer häufiger erfuhr, als umso problematischer empfunden wurde.[10]

Die spezifisch moderne Fremdheitserfahrung verdichtete sich im Sozialraum der Großstadt. Die mit ihr verbundenen Probleme samt den Möglichkeiten, auf sie zu reagieren, haben denn auch nirgends prägnanteren Niederschlag gefunden als in den Inszenierungen dieses Raumes. Als Topos umfasste die Großstadt dabei mehr als nur die Topographie des urbanen Raumes. Vielmehr muss sie als Knotenpunkt begriffen werden, an dem die gesamten Fäden der modernen Welt zusammenlaufen. Funktional, im Sinne Georg Simmels, der die Grenze der Großstadt als die Grenze ihrer Wirkungen definierte: Schließlich riefen die Eisenbahn auch eine veränderte Wahrnehmung der Landschaft oder die Großindustrie eine Spezialisierung der ländlichen Produktion hervor.[11] Aber auch semantisch, denn der beschleunigte Wandel schien sich in der Großstadt so zu verdichten, dass ihr bloßer Name zur Metonymie für Modernität schlechthin avancierte.

In der zweiten Hälfte des 19. Jahrhunderts wuchsen die deutschen Städte in einem ungekannten Ausmaß. Im Verlauf weniger Jahrzehnte vertauschten Stadt und Land ihre Anteile an der Gesamtbevölkerung. Lebten 1871 noch zwei Drittel aller Staatsbürger in Landgemeinden, waren 1910 schon über 60 % der deutschen Bevölkerung Stadtbewohner. Besonders signifikant verlief das Wachstum der Großstädte. Wurden noch Mitte des 19. Jahrhunderts nur Berlin, Wien, Hamburg und Breslau mit über 200.000 Einwohnern zu dieser Kategorie gezählt, so gab es 1913 bereits neun deutsche Städte mit mehr als einer halben Million Einwohner. Um 1900 hatte Berlin, dessen Einwohnerzahl sich zwischen 1871 und 1914 auf über zwei Millionen fast verdreifachte, auch zu den alten Metropolen London und Paris aufgeschlossen.[12] Neben dem Wachstum waren es aber vor allem qualitative Aspekte, die den Prozess der Urbanisierung für die Zeitgenossen so bemerkenswert machten. Die Großstädte brachten eigene Verhaltensstile mit sich und veränderten das Miteinander der Menschen. Dies betraf nicht zuletzt den Umgang mit Flüchtigkeit und Anonymität. Der Verkehr unter Unbekannten wurde durch eine Beschleunigung des innerstädtischen Tempos immer unübersichtlicher und zugleich immer weniger durch repräsentative Erscheinungsbilder der Personen reguliert.[13] Erziehungsbücher der Renaissance etwa hatten der *urbanitas*, dem angemessenen Verhalten in den Interaktionen des öffentlichen Lebens, viel Platz eingeräumt; wer wen zuerst grüßt, mit welcher Formel oder Geste der Ehrerbietung, war leicht zu beantworten, da die Insignien von Beruf und Status bestimmte Umgangsformen diktierten.[14] Doch mit dem Niedergang ständischer Repräsentation und der Befreiung der Körperzeichen im endlosen Spiel der Mode erschien die Erkennbarkeit des Anderen prinzipiell problematisch.

Als der Philosoph Alexander Pfänder 1924 den Bedarf einer wissenschaftlichen Charakterologie zu begründen versuchte, stellte er an den Anfang seines Grundrisses eine kleine Phänomenologie der modernen Fremdheitserfahrung.[15] »Massen von unbekannten Menschen« würden heutzutage in Wirtschaft und Technik gebraucht, es sei aber keine Zeit gegeben, sie in Ruhe kennen zu lernen; ebenso träfen Lehrer in großer Zahl auf »unbekannte Menschenkinder«, die sich nur dann erfolgreich erziehen ließen, wenn man schnell verfügbares Wissen über ihre Eigenart besäße. Die Aufzählung lief auf den Ort zu, an dem sich diese Erfahrungen symbolisch verdichten ließen: »Schließlich bringt das Leben in den Großstädten, die Loslösung von der Heimat und die Aufhebung aller Verkehrsschranken den einzelnen Menschen immer von neuem mit wildfremden Menschen in Berührung und zwingt ihn, mit ihnen in nähere Beziehung zu treten. Wie würde es ihn beruhigen und sichern, wenn er ihre Charaktere von vornherein richtig erkennen könnte!«

1.1 Flackern und Fluten

Der moderne Großstadtdiskurs bündelt Texte, die aus verschiedenen Perspektiven um das Thema der *Instabilität des Individuums* in einer flüchtigen und unübersichtlichen Welt kreisen. Um 1900 findet es besonders prägnanten Ausdruck in den Diskursen der ›Nervosität‹ und der ›Masse‹. Die Ursachen des von Georg M. Beard zum Krankheitsbild der ›American Nervousness‹ vereinheitlichten Leidens waren alles andere als spezifisch. Er zählte dazu ebenso die Erfindungen von Dampfkraft, Telegraphen, strenge Zeitpläne, übermäßigen Lärm, Spekulationen an der Börse, erzwungene Pünktlichkeit, die Naturwissenschaften oder geistige Betätigung der Frauen.[16] Der gemeinsame Nenner, auf den Beard dieses Sammelsurium von Ursachen bringen konnte, hieß schlicht »die moderne Zivilisation«.[17] Beards Konzept der Neurasthenie fand auch in Europa unter Ärzten und Patienten breite Aufnahme, und speziell ihre Ätiologie als typisch modernes Leiden wurde schnell zum Gemeinplatz. Dass die in allen Industriestaaten grassierenden nervösen Beschwerden eine Folge des beschleunigten Lebenswandels waren, wurde so wenig angezweifelt, dass eine »hygienische Flugschrift« 1901 lakonisch behaupten konnte: »Großstadtleben und Nervosität sind gleichbedeutend.«[18] Der »sinnenkitzelnde, sinnenbetäubende Charakter der Großstadt«, die dem Stadtbewohner als Geldverdiener, Verkehrsteilnehmer und Konsument zugemutete »Reizüberflutung« wurde dafür verantwortlich gemacht, dass »der Städter [den] typische[n] Repräsentant[en] der Nervosität« darstelle.[19] Ebenso unspezifisch wie die Ursachen waren die Symptome der Neurasthenie, sie reichten von Abgeschlagenheit, Schwindel und sexueller Impotenz bis zu Schlaflosigkeit und Verdauungsproblemen.

Der durchschlagende Erfolg des Neurastheniekonzepts scheint aber gerade darin eine seiner wichtigsten Voraussetzungen gehabt zu haben, dass sich Mediziner und Patienten trotz höchst unspezifischer Beschwerden durch einen kleinen Bestand leicht verständlicher Metaphern über die »nervöse« Qualität des Leidens verständigen konnten. Kern dieser Metaphorik war das Bild einer *unkontrollierbaren Beweglichkeit*, die der Betroffene als Selbstverlust erlebt. Diese Vorstellung war stark geprägt von mechanistischer und vor allem elektromagnetischer Theorie; eines der am häufigsten bemühten Bilder für den Zustand des Patienten war das eines instabilen Stromkreises: »Der Neurastheniker gleicht einer schlecht isolierten, flackernden, zittrigen elektrischen Lampe«, schrieb der Berliner Arzt Carl Ludwig Schleich.[20] Schon Beard hatte zur Veranschaulichung seines Krankheitsmodells Anleihen bei Edisons Experimenten genommen. Das elektrische Licht gebe insofern »die bestmögliche Illustration der Wirkungen der modernen Zivilisation auf das Nervensystem«, als dieses durch den Anschluss immer »neuer Funktionen« ebenso zu »flackern« beginne wie bei konstanter Gesamtenergie schwächere Glühbirnen.[21] Dieses Bild konnte aber auch in Naturmetaphern übersetzt werden: Krankenakten dokumentieren, dass Patienten ihr Leiden als »Nervensturm« und sich selbst als »Zitterpappel« beschrieben, deren Blätter vom leisesten Windhauch in heftige Bewegung versetzt werden.[22] Der neurologische Befund leichter und heftiger Erregbarkeit ging subjektiv einher mit dem Gefühl, die Souveränität über das eigene Leben zu verlieren. »Der Geist wandert in alle Richtungen und verliert sich trotz aller Willensanstrengung in Träumereien«, beschrieb ein populärer Ratgeber ein Symptom, das Patienten bereitwillig in ihre Zustandsbeschreibungen aufnahmen.[23] »Als willensschwacher Mensch geriet ich dann im Innern in die heftigsten Widersprüche«, teilte 1905 ein 21jähriger Patient der Frankfurter Nervenklinik im Rahmen seiner Anamnese mit, und weiter: »Dieser Umstand rief Exzesse hervor, die meine Nerven der Vernichtung preisgeben mussten.« Der junge Mann inszenierte das Phantasma seines Niedergangs als neuro-physiologisches Drama, dem er selbst als Zuschauer beiwohnt: »Seitdem konnte ich ganz genau wahrnehmen, wie die einzelnen Nervenstränge sich loslösten und teils ins Rückenmark und in den Magen flossen. Heute lebe ich nur noch mit dem Nerv, der das Bewußtsein bzw. den Verstand von der Seele zum Gehirn vermittelt.« So bleibe ihm nichts anderes übrig, als »mit vollem Bewußtsein meine Auflösung abzuwarten«.[24] Der Neurologe Albert Eulenburg behauptete in diesem Sinn, grundsätzlich sei besonders derjenige prädisponiert zur Neurasthenie, der den »Glauben an sich und seine Zukunft verloren hat«.[25]

Eine abstrakte Fassung des Zusammenhangs von nervöser Erregbarkeit und Identitätsverlust stammt von Willy Hellpach. Im Anschluss an Karl Lamprechts Konzept einer modernen »Reizsamkeit« bestimmte er den nervösen Menschen anhand seiner die Unfähigkeit, gleichsam »von innen heraus« stabile Gefühle mit nachhaltiger Wirkung zu erzeugen und stattdessen an der »Sprunghaftigkeit eines unaufhörliches Gefühlswechsels« zu leiden.[26] Die »Irritabilität des sinnlichen Empfindens« und die »Labilität des Gefühlslebens« seien lediglich zwei Seiten einer allgemeinen »Lenksamkeit« des betreffenden Menschen und diese gleichbedeutend mit dem »Mangel an eigengearteter Persönlichkeit«.[27] Hellpach konzipiert die Ich-Schwäche mithin als Passivität, die sich nicht in Tatenlosigkeit – wie es der ältere und vormedizinische Begriff der »Nervenschwäche« noch gefasst hatte – ausdrückt, sondern in einer chaotischen Beweglichkeit: »[Durch sie] wird alles Klare und Gewisse unsicher; Begriffe und Prinzipien bröckeln sozusagen ab, sind tausend Strömungen und Durchkreuzungen ausgesetzt, das Ich, die Persönlichkeit fühlt sich unberechenbaren Einflüssen preisgegeben.«[28] Wenn der Architekturkritiker Karl Scheffler 1910 schrieb, die Großstadt Berlin sei ein »riesiges Notgebilde und schwerer als andere Städte als Einheit zu begreifen«, da es sein Schicksal sei, »immerfort zu werden und niemals zu sein«, so wurde zur gleichen Zeit das Schicksal des nervösen Großstädters darin gesehen, keine Subjektivität mit stabiler Wahrnehmung der Außenwelt, festem Willen und nachhaltigem Gefühlsleben ausbilden zu können.[29]

Die Auflösung subjektiver Autonomie war auch ein zentraler Topos des Massendiskurses um 1900. Paradigmatisch lässt sich dies an Gustave Le Bons Konzeption einer Massenpsychologie ablesen, die in Deutschland ähnlich schnellen und umfassenden Erfolg hatte wie Beards Nervositätskonzept.[30] Wie Beard bei der Neurasthenie sah auch Le Bon das wesentliche Merkmal der großstädtischen Masse in ihrer leichten Erregbarkeit, der Unzugänglichkeit für rationale Argumentation und der Unfähigkeit zu interessegeleitetem Handeln.[31] Über die psychische Integrität und die rationale Selbstherrschaft der Person hinaus akzentuierte das Konzept der Masse aber noch einen weiteren Aspekt: die Nivellierung individueller

Unterschiede. Le Bon fasste diesen Befund noch im Rahmen einer moralphilosophisch geprägten Psychologie, wenn er behauptete, dass Menschen in der Masse unabhängig von ihren intellektuellen Fähigkeiten und ihrer sozialen Herkunft urteilten.[32] Sobald die Masse aber als solche beschrieben wurde, wurde der Befund der Nivellierung konkreter. Der Auftritt der städtischen Masse wurde oft aus der Perspektive eines Zuschauers dargestellt, den vor allem die Ununterscheidbarkeit der Individuen ängstigt. In Deutschland nahm dieser Blick auf die Masse in der Vor- und Frühphase der Weimarer Republik, als die Konfrontation mit tatsächlich bedrohlichen Menschenansammlungen eine Alltagserfahrung war, besonders panische und aggressive Züge an. Der Ekel findet sich in klassischer Formulierung bei Werner Sombart: »[Die Masse ist] ein zusammenhangloser, amorpher Bevölkerungshaufen namentlich in den modernen Großstädten, die, aller inneren Gliederung bar, vom Geist, das heißt, von Gott verlassen, eine tote Menge von lauter Einsen bilden.«[33] Oswald Spengler brachte die Angst vor der Masse auf den Punkt, wenn er ihr einen Willen zur Nivellierung unterstellt. Die Massen als das »neue Nomadentum der Weltstädte« seien »das absolut Formlose, das jede Art von Form, alle Rangunterschiede [...] mit Haß verfolgt.«[34] Während dies in distanziertem Ton distanzierter Sachlichkeit verfasst sind, inszeniert der Bürgerkriegsteilnehmer Ernst von Salomon die Masse als unmittelbar gefährliche Begegnung:

> So zogen sie, die Streiter der Revolution. Aus diesem schwärzlichen Gewusel da sollte also die glühende Flamme springen, sollte der Traum von Blut und Barrikaden sich verwirklichen? Unmöglich, vor denen zu kapitulieren. Hohn über ihren Anspruch [...]. Gelächter über ihre Drohung [...]. Trotz über die Gefahr, denn sie trug ein gestaltloses Antlitz, das Gesicht der Masse, die sich breiig heranwälzt, bereit, alles in ihren seimigen Strudel aufzunehmen, was sich nicht widersetzt. Ich aber wollte nicht dem Strudel verfallen. Ich steifte mich und dachte »Kanaille« und »Pack« und »Mob« und »Pöbel« und kniff die Augen zusammen und besah diese dumpfen, ausgemergelten Gestalten; wie Ratten, dachte ich, die den Staub der Gosse auf

dem Rücken tragen, sind sie, trippelnd und grau mit kleinen rotgeränderten Augen.³⁵

Wie im Nervositätsdiskurs findet sich auch hier der enge Zusammenhang zwischen einer chaotischen Umwelt und der Angst vor dem Selbstverlust. Doch die zersetzenden Umwelteinflüsse der Großstadt tragen keine physikalischen, sondern soziale Züge. Die Gefahr schildert von Salomon in einer Metaphorik der Vermischung: kein »Sturm« oder »elektrischer Strom«, sondern »sich heranwälzender Brei«, »Strudel« und das »Gewusel« aus »trippelnden Ratten«. Klaus Theweleit hat das ganze Arsenal der pejorativen Symbolik von »Flut«, »Brei«, »Schmutz«, »Schlamm« und »Schleim«, vermittels derer die Angehörigen der Freikorps die »rote Masse« als Feind entwarfen, mit geradezu exzessiver Akribie dokumentiert.³⁶ Im Sinne dieser Bilder des Vermischten hat die drohende Vernichtung des Selbst auch weniger den Charakter des allmählichen »Zerfalls« oder der »Zerrüttung« durch die tausend kleinen Nadelstiche des modernen Alltags, als vielmehr den des Einswerdens mit der feindlichen Umwelt, des »Ertrinkens« oder »Verschlucktwerdens«. Bildsprachlich wird damit neben dem Souveränitätsverlust des Subjekts auch die Auflösung der Konturen der äußeren Person akzentuiert. Durch die dramatische Inszenierung macht von Salomon die Konfrontation zwischen dem Individuum als einem von seiner Umwelt unterscheidbaren Erscheinung und der Masse als Negierung dieser Unterscheidbarkeit besonders konkret: »seimiger Strudel« hier, »sich steif machen« dort. Im Prinzip ist dieser Gegensatz aber konstitutiver Bestandteil jeder Rede von der Masse, die gar nicht anders als polemisch vorstellbar ist.³⁷ Im Zeichen der Masse steht die Dynamik der Großstadt für die Verwischung aller sichtbaren Unterschiede zwischen den Menschen. Ein »Gesicht«, seit jeher Signum des Individuellen, hat bei von Salomon nur noch die Individuen verschlingende Masse selbst: Das Oxymoron eines »gestaltlosen Antlitz'«, das sich »breiig heranwälzt«, reduziert die Eigenart der Masse auf das Moment der unkontrollierten, bedrohlichen Bewegung.

1.2. Distanzorgan Auge

Die vorgestellten Diskurse inszenieren die Großstadt als Zumutung einer chaotischen Dynamik, die eine stabile Position des Menschen gegenüber Welt auf zweifache Weise untergräbt: durch den Verlust eines archimedischen Punktes im Innern des Subjekts, von dem aus das Ich eine verlässliche Beziehung zur Außenwelt aufbaut; und durch den Verlust einer Zuschauerperspektive, von der aus das Ich, wie eine *camera obscura*, die soziale Welt als Bild in sich aufnimmt und betrachtet.[38] Neben dieser dramatischen Erzählung setzte sich aber auch eine nüchternere Haltung zur Großstadt durch. Statt zu alarmieren, fragte sie, warum viele Menschen mit der permanenten Bewegung und dem dauernden Wechsel der Eindrücke offensichtlich zurechtkamen.[39] Man kann ihre Vertreter insofern als Ökologen *avant la lettre* bezeichnen, als sie den Fokus auf das Überleben des Menschen unter extremen Umweltbedingungen richteten. Die Zumutungen der Großstadt erschienen ihnen als Herausforderungen, auf die der Großstädter durch spezifische Anpassung reagiert. Auch in der Darstellungsperspektive unterscheidet sich dieser Ansatz von den Gefährdungsdiskursen: Der Standpunkt des Autors befindet sich nicht mehr im Inneren des Subjekts, sondern im Inneren der Stadt, die aus der Sicht eines ihrer Bewohner erlebt wird. Ein anschauliches Beispiel für diese Perspektive liefert folgende wahrnehmungspsychologische Miniatur:

> Das schnelle Leben des Großstädters bedingt die Schlagfertigkeit, die Fähigkeit, schnell und auf bloße Andeutungen, Fragmente einer Erscheinung hin sich vorteilhaft zu verhalten. In Deutschland gilt der Berliner als besonders schlagfertig, und in der Tat, um nur an etwas Äußerliches zu erinnern, so erfordert das Überschreiten des Potsdamer Platzes oder auch nur ein Gang durch die Friedrichstraße zu belebter Zeit jene Gegenwart des Geistes, die auch mit den Winken undeutlicher Art, ganz indirekt gesehener Bilder sich begnügt und den Willen danach dirigiert. Wer das Bedürfnis hat, sich in jedem Fall erst umzusehen, die Andeutung zu vervollständigen, würde in diesem Trubel verloren sein. Entgegnung auf minimale Reize und Wechsel der

Entschlüsse in jedem Augenblick sind die Grundbedingungen eines Gangs durch eine belebte Großstadtstraße.[40]

Am Beispiel des Großstadtverkehrs demonstriert der Kunsthistoriker Richard Hamann die Antiquiertheit der Totale, des stetigen Blicks auf ein flächiges Bild, der ja auch als Modell für eine beschauliche Wirklichkeitsbetrachtung diente.[41] Wenn die Dinge der Umwelt sich in allen Richtungen des Raums bewegen, man sich aber trotzdem orientieren will, stellt das spezifische Anforderungen an die Wahrnehmung: Sie muss selber flexibel, schnell und äußerst aufmerksam sein, um auf »minimale Reize« reagieren zu können. Mit der Wahrnehmung verändert sich auch die Qualität ihrer Objekte. Genau genommen handelt es sich gar nicht mehr um Objekte, sondern nur noch um »Fragmente«. Die Szenerie einer gefährlichen Verkehrssituation auf einem großen Platz, in der man sich zurechtfinden kann und die man daher in der Regel überlebt, macht das Argument der Anpassungsfähigkeit sofort plausibel. Das Beispiel ist nicht nur anschaulich, sondern auch symptomatisch für den gesamten Diskurs. Es macht deutlich, welch überragende Bedeutung dem *Auge als Leitorgan* für die großstädtische Orientierung zugeschrieben wurde. Dies gilt in insbesondere für solche Inszenierungen, in denen es nicht nur um die unübersichtliche Nähe von Autos, Kutschen und Straßenbahnen ging, sondern um die anderer Menschen.

Georg Simmel sah in der optischen Bewältigung der unzähligen, flüchtigen Begegnungen mit Unbekannten ein wesentliches Moment des spezifisch großstädtischen Sozialverhaltens:

> Der Verkehr in ihr [der Großstadt], verglichen mit dem in der Kleinstadt, zeigt ein unermeßliches Übergewicht des Sehens über das Hören Anderer. […] Der moderne Verkehr gibt, was den weit überwiegenden Teil aller sinnlichen Relationen zwischen Mensch und Mensch betrifft, diese in noch immer wachsendem Maße dem bloßen Gesichtssinn anheim und muß damit die generellen soziologischen Gefühle auf ganz veränderte Voraussetzungen stellen.[42]

Simmel erklärte diese Verschiebung in seiner Reizschutztheorie. Würde der moderne Mensch allen Personen, denen er in der Großstadt zu begegnen gezwungen ist, mit kleinstädtischen Verkehrsformen begegnen, wäre er einem »Chok« von »sinnlich unaushaltbaren« Eindrücken ausgeliefert.[43] Die Großstädter schützen sich daher wechselseitig vor der sinnlichen Wahrnehmung ihrer Nähe, indem sie Haut, Nase und Ohren, die Organe des »Nahsinns«, durch körperliche Hygiene und seelische Gleichgültigkeit entlasten. Gleichzeitig muss das »Distanzorgan« Auge lernen, die dauernde Nähe ständig wechselnder Fremder ohne Überforderung zu ertragen.[44] Die seelische Unempfänglichkeit des Großstädters für andere Menschen, seine sprichwörtliche »Blasiertheit«, stellt gleichsam das psycho-soziale Pendant zur physiologischen »Reaktionsschnelligkeit« dar.[45] In den Theorien der optischen Anpassung schlägt das physiologische Modell einer subjektiven Bedrohung um in eine relationale Soziologie, die sich einerseits auf die Wechselwirkung zwischen Individuum und Lebensraum, andererseits auf die Interaktionen *zwischen* den Individuen bezieht. Autoren wie Hamann und Simmel beschrieben die Großstadt aus einer *Binnenperspektive reziproker Blicke*[46]. Der von nahen Fahrzeugen und Personen Bedrängte steht zur seiner Außenwelt in keinem Verhältnis der Konfrontation, vielmehr ist er selber Verkehrsteilnehmer und damit immer auch zugleich ein Bedränger.

Die soziologische Funktion des Sehsinns besteht für Simmel aber nicht nur in der Distanzierung, das Auge ist auch das Organ einer unkommunikativen Aneignung des Anderen. In der Tradition lichtenbergscher Pathognomik nimmt Simmel an, dass sich im »Antlitz« eines Menschen seine Lebensgeschichte offenbare: »[Es zeigt] das Dauernde seines Wesens, den Niederschlag seiner Vergangenheit in der substantiellen Form seiner Züge, so daß wir das Nacheinander seines Lebens in einem Zugleich vor uns sehen.«[47] Die fast punktförmige Gleichzeitigkeit des komplexen »Inhalts« einer Persönlichkeit ermöglicht ein »meist nicht bewußtes, unmittelbares Begreifen«. In der Großstadt ergänzt das Ausdrucksverstehen daher die »blasierte« Strategie, den Anderen durch Blicke auf Distanz zu halten. Im raschen Wechsel der Eindrücke lassen sich dem Gesicht allerdings nur grobe Züge des »übersingulären Wesens eines Individuums« abgewinnen, etwa ob es gutartig oder bösartig, klug oder dumm sei, sehr allgemeine Informationen also.[48] Damit forciert das moderne Leben das sozial unverzichtbare Moment der Typisierung des Anderen. Als Kind einer liberalen, bildungsbürgerlichen Familie des 19. Jahrhunderts lässt Simmel keinen Zweifel an seiner Ehrfurcht vor der menschlichen Persönlichkeit.[49] Doch als Soziologe sieht er sich gezwungen, die Einzigartigkeit eines jeden Menschen als eine Art Residualkategorie des Unergründlichen zu behandeln, die außerhalb des Zuständigkeitsbereichs seiner Wissenschaft liegt. Gesellschaft ist nach Simmel gerade dadurch möglich, dass wir im sozialen Umgang von der »Imponderabilität« des Anderen abstrahieren und ihn stattdessen »unter einer allgemeinen Kategorie« denken, mag es sich dabei um den moralischen Charakter, das Aussehen, die Anlagen, den Beruf oder den Stand einer Person handeln.[50] Indem wir den Anderen derart versachlichen, machen wir ihn uns gleichsam zum sozialen Gebrauch zurecht. Das Moment der vorstellenden Ergänzung dessen, was wir voneinander wissen, drückt Simmel durch eine optische Metapher aus: »Um den Menschen zu erkennen, sehen wir ihn getragen, erhoben oder auch erniedrigt durch den allgemeinen Typus, unter den wir ihn rechnen. [...] Wir sind alle Fragmente, nicht nur des allgemeinen Menschen, sondern auch unserer selbst. [...] Dieses Fragmentarische aber ergänzt *der Blick des Andern* zu dem, was wir niemals ganz und rein sind.«[51] Neben diesem Axiom gibt es bei Simmel auch eine Urszene, in der er das vorkommunikative Anblicken des Anderen nicht nur metaphorisch, sondern real als Ausgangspunkt des Sozialen darstellt: »In dem Blick, der den anderen in sich aufnimmt, offenbart man sich selbst; mit demselben Akt, in dem das Subjekt sein Objekt zu erkennen sucht, gibt er sich hier dem Objekte preis. [...] Das Sichanblicken stellt die vollkommenste Gegenseitigkeit im ganzen Bereich menschlicher Beziehung dar.«[52] Bei dieser Formulierung mag man noch an einen Ballsaal denken, in dessen Gewimmel sich zwei einander unbekannte Menschen aus dem fragmentarischen Eindruck des je anderen die Vorstellung eines begehrenswerten Wesens modellieren. Gerade dieser spontanen Form des Sichanblickens als Ausgangspunkt sozialer Interaktionen sieht Simmel jedoch unter urbanen Bedingungen enge Grenzen gesetzt. Nicht nur reduzieren Flüchtigkeit und die tendenziell zudringliche Nähe des Anderen die Möglichkeiten der Fremderkenntnis auf allgemeine Informationen. Auch »zwingt das Tempo [den Großstädter] dazu, sich pointiert, zusammengedrängt, möglichst charakteristisch zu geben«.[53] Die Selbstinszenierung als möglichst »aparter« Typ ist ein Mittel, um die notwendig abgestumpfte »Unterschiedsempfindlichkeit« der anderen überhaupt noch zu erregen. Der Anblick einer sich offen darbietenden, »modischen« Oberfläche läuft aber dem Erkennen selbst allgemeinster »echter« Wesenszüge zuwider. Wie die Geldwirtschaft befördert auch die Mode eine Typisierung, die nicht auf mehr auf Inhaltsreduktion hinausläuft, sondern auf Inhaltsverschleierung.[54] Am Ende einer subtilen Argumentation zieht Simmel ein ambivalentes Fazit mit einen leicht negativen Saldo: Nicht zuletzt dank der Ausdifferenzierung eines quasi autonomen Sehsinns ist der Mensch in der Lage, sich an die Bedingungen der Großstadt anzupassen. Doch je mehr der Blick seine Objekte »bewältigen« muss, desto weniger begreift er – der Andere ist sichtbarer denn je und zugleich entzieht sich sein Anblick dem tieferen Verständnis.

1.3. Strategien der Beobachtung

Es ist der Logik seines Fachs geschuldet, dass Simmel diejenige Blickstrategie überging, die wie kaum ein anderes Motiv die Inszenierungen der Großstadt als visuellen Raum beherrschte: das nicht-reziproke *Beobachten eines Anderen*[55]. Gerade weil in der realen Wahrnehmung die Grenze zwischen beiden Blickstrategien fließend ist, kann diese Vernachlässigung nur aus theoretischer Räson erklärt werden. Der Blick eines Nichtsoziologen macht das deutlich:

Augen in der Gross-Stadt

Wenn du zur Arbeit gehst
am frühen Morgen,
wenn du am Bahnhof stehst
mit deinen Sorgen:
da zeigt die Stadt

dir asphaltglatt
im Menschentrichter
Millionen Gesichter:
Zwei fremde Augen, ein kurzer Blick,
die Braue, Pupillen, die Lider –
Was war das? vielleicht dein Lebensglück ...
vorbei, verweht, nie wieder.

Du gehst dein Leben lang
auf tausend Straßen;
du siehst auf deinem Gang, die
dich vergaßen.
Ein Auge winkt,
die Seele klingt;
du hast's gefunden,
nur für Sekunden ...
Zwei fremde Augen, ein kurzer Blick,
die Braue, Pupillen, die Lider –
Was war das? Kein Mensch dreht die Zeit zurück ...
Vorbei, verweht, nie wieder.

Du mußt auf deinem Gang
durch Städte wandern;
siehst einen Pulsschlag lang
den fremden Andern.
Es kann ein Feind sein,
es kann ein Freund sein,
es kann im Kampfe dein
Genosse sein.
Er sieht hinüber
und zieht vorüber ...
Zwei fremde Augen, ein kurzer Blick,
die Braue, Pupillen, die Lider –
Was war das?
Von der großen Menschheit ein Stück!
Vorbei, verweht, nie wieder.[56]

Kurt Tucholskys Großstadtszene von 1930 liest sich zunächst wie ein poetischer Kommentar zu Simmel. Auch hier findet sich der Umschlag des Massendiskurses in die Binnenperspektive reziproker Blicke: Aus dem »Menschentrichter« lösen sich »zwei fremde Augen«, die den Augen des Betrachters begegnen; auch hier ist die Großstadt der Ort der flüchtigen Erscheinung, sie dauert kaum »einen Pulsschlag lang«; und auch Tucholskys führt leise Klage über den Verlust des Anderen als menschliches Gegenüber: »Ein Auge winkt / die Seele klingt; / du hast's gefunden, / nur für Sekunden …«. Und doch stellt sich das Phänomen aus der Sicht des lyrischen Ich ganz anders dar als aus der Sicht des Sozialwissenschaftlers. Das Hauptaugenmerk Tucholskys gilt dem Moment *nach* dem Blickwechsel, der Frage »Was *war* das?«. Damit spricht der Dichter die Haltung gegenüber dem »fremden Anderen« in der Großstadt an, die der Theoretiker der Systemräson opfern musste: die einseitige Neugier. Tucholsky zeigt die Ambivalenz dieses Interesses. Gerade dadurch, dass sich der Andere dem befragenden Blick entzieht, wird es weiter entfacht, denn so muss offen bleiben, was der andere ist: »es kann ein Freund sein, / es kann ein Feind sein, / es kann im Kampfe dein / Genosse sein«, ja sogar das »Lebensglück«. Die unbefriedigte Neugier hinterlässt ein Spektrum widersprüchlicher Gefühle: Faszination, Angst, Begehren, Sehnsucht. Der Blickende würde gerne zum dauerhaften Betrachter seines Gegenübers werden, nur die Umstände lassen es nicht zu. »Was war das?« – am Ende jeder Strophe fokussiert der lyrische Blick auf die Leerstelle einer vereitelten Beobachtung.

Der Urtext dieses Motivs wurde fast hundert Jahre früher geschriebenen, als London schon war, was Berlin erst um 1900 werden sollte – ein literarischer Topos des Urbanen. In *The Man of the Crowd* (1840) schildert Edgar Allan Poe die vergebliche Verfolgung eines fremden Anderen in der Großstadt. Die Erzählung nimmt ihren Ausgang in klassischer *camera-obscura*-Perspektive, beim Blick aus dem Fenster. Der Protagonist sitzt in einem Café und betrachtet zunächst die anderen Gäste, um sich aber nach kurzer Zeit vom feierabendlichen Verkehr auf der Straße fesseln zu lassen: »I gave up, at length, all care of things within the hotel, and became absorbed in contemplation of the scene without.«[57] Das visuelle Arrangement gleicht prinzipiell dem des pejorativen Massendiskurses. Doch das Subjekt wird hier noch nicht von der Masse gefährdet, es befindet sich in einem getrennten Raum und kann zum ungestörten Betrachter werden. Als Beobachter versenkt sich der Erzähler in den Anblick der Masse wie in eine pittoreske Landschaft. Von seinem Posten stellt sich die Masse als reichhaltiges, in sich gegliedertes Objekt dar: »At first my observations took an abstract and generalizing turn. I looked at the passengers in masses, and thought of them in their aggregate relations. Soon, however, I descended to details, and regarded with minute interest the innumerable varieties of detail, dress, air, gait, visage, and expression of countenance.«[58] Die vorbeiströmenden Menschen erscheinen wie ein Paradeumzug, in dem alle Gruppen an spezifischen Merkmalen erkennbar sind.

Erst nachdem der Erzähler den Schutz des Fensterblicks aufgegeben hat und selber zu einem Teil des Menschenstroms geworden ist, verliert er die Übersicht. Ausgangspunkt des Aufbruchs in die Masse ist ein plötzliches Gefühl rasender Neugier, ausgelöst durch den Anblick eines einzelnen Passanten: »Anything even remotely resembling that expression I had never seen before. [...] I felt singularily aroused, startled, fascinated. ›How wild a history‹, I said to myself, ›is written within that bosom!‹ Then came a craving desire to keep the man in view – to know more about him.«[59] Die zweite Hälfte der Erzählung widmet Poe ausschließlich der überstürzten Verfolgung des Fremden, die bis zum Schluss ergebnislos bleibt. Der Andere in der Masse bleibt ungreifbar, sein Weg hat kein Ziel, sein Verhalten folgt keinem Muster, und die einzelnen Wahrnehmungen von Statur und Kleidung ergeben kein schlüssiges Gesamtbild, im Gegenteil: »These observations heightened my curiosity, and I resolved to follow the stranger whithersoever he should go.«[60] Eine ganze Nacht und einen ganzen Tag lässt Poe seinen Erzähler hinter dem geheimnisvollen Mann herhetzten, ohne dass sich etwas von Belang ereignete. Indem er die Ereignislosigkeit andauern lässt, wird der Ich-Erzähler gleichsam dazu gezwungen, seine eigene Situation darzustellen. Diese ist durch drei immer wiederkehrende Leitmotive gekennzeichnet. Erstens die Anstrengung, die erforderlich ist, um den Fremden in der unübersichtlichen Stadtszenerie nicht aus dem Blick zu verlieren. Poe macht die Flüchtigkeit des Anderen dadurch noch prägnanter, dass er die Verfolgung nicht nur nachts, sondern auch im Nebel stattfinden lässt und den Verfolgten mit großer Beweglichkeit ausstattet: »He rushed with an activity I could not have dreamed of seeing in one so aged, and which put me to much trouble in pursuit.«[61] Zweitens die Achtsamkeit, mit der der Protagonist sich darum bemüht, nicht bemerkt zu werden und so die einseitige Beobachtungssituation aufrecht zu erhalten: »It required much caution on my part to keep him within reach without attracting his observation.«[62] Und drittens die starken Gefühle, die der Fremde dadurch auslöst, dass er trotz aller Bemühungen seinem Verfolger fremd bleibt: die anfängliche Erregung (»fascination«, »curiosity«) wird abgelöst von Erstaunen (»utterly amazed«), haltloser Besessenheit (»interest allabsorbing«), Orientierungslosigkeit (»increasing confusion«) und schließlich blankem Entsetzen (»wearied unto death«).

Die bei Tucholsky lakonisch konstatierte Ungreifbarkeit des fremden Anderen buchstabiert Poe minutiös aus, indem er den sinnlosen Versuch protokolliert, *eine unkontrollierbare Bewegung zu beobachten*. Zwar kann der Beobachter durch dauernde Anpassung und Repositionierung die Bewegung seines Objektes quasi verdoppeln, aber das damit verbundene Begehren bleibt unerfüllt. Das Fazit ist aporetisch gestimmt: »It was well said of a certain German book that ›*es lässt sich nicht lesen*‹ – it does not permit itself to be read. There are some secrets which do not permit themselves to be read.«[63] Es liegt nahe, den expliziten Gegensatz der beiden Teile der Erzählung, der unproblematischen Entzifferung der vielen Passanten auf der einen und der »Unlesbarkeit« des *man of the crowd* auf der anderen Seite, zum Ausgangspunkt der Interpretation zu machen, wie der Literaturwissenschaftler Michael Gamper dies getan hat.[64] Gamper verortet Poes Text im Spektrum der literarischen Großstadtinszenierungen zwischen 1800 und 1930 und weist ihn überzeugend als symptomatisches Beispiel eines Perspektivwechsels aus. Bis etwa 1830 habe man auf die natürliche Semiotik der menschlichen Erscheinung vertraut, die ein unproblematisches Entsprechungsverhältnis von Körperoberfläche und innerem Wesen behauptet habe. Lavaters enzyklopädische

Sammlung physiognomischer Zeichen habe das epistemologische Modell auch für die Fremderkenntnis in der Großstadt geliefert.⁶⁵ Die Beliebtheit der so genannten »Taschenlavaters« – typologische Handbücher in Sachen Menschenkenntnis – habe ihre literarische Entsprechung im Topos des großstädtischen Gesichtelesers gefunden.⁶⁶ Durch die dynamische Entwicklung der Großstadt, die nun als eine historische Kraft den Menschen prägt und verändert, sei das Modell einer natürlichen Semiotik bis zur Jahrhundertmitte aber desavouiert worden. An die Stelle des Glaubens an katalogisierbare Korrespondenzen von Wesen und Erscheinung sei ein semiotisches Problembewusstsein getreten, das zwischen Zeichen und Referent unterscheidet. Die ergebnislose Verfolgung eines Unbekannten erscheint in dieser Lesart als eine Art Urszene moderner Semiotik. Der epistemologische Bruch, so Gampers Argument, wird dadurch anschaulich, dass das Versagen der Dechiffriertechnik »als Erkenntnisschub des Erzählers im Verlauf des Textes inszeniert« wird.⁶⁷

Im Rahmen eines diskursanalytischen Verfahrens ist diese Argumentation überzeugend; doch sie übersieht die Fährte, die der Autor zu einem immanenten Verständnis legt. Poe bezieht nämlich den *subjektiven Zustand* des Beobachters in seine Darstellung ein. Er schildert ihn als prekär, auf der Schwelle zwischen Krankheit und Gesundheit, und im Verlauf der Erzählung verändert er sich. In der Ausgangsszene am Fenster des Cafés fühlt sich der Protagonist das erste mal nach längerer Zeit wieder bei Kräften, was sich in gesteigerter Aufmerksamkeit äußert: »For some month I had been ill in health, but was now convalescent, and with returning strenght, found myself in one of these happy moods which are so precisely the converse of *ennui* […] and the intellect, electrified, surpasses its everyday condition […]. I felt a calm but inquisititve interest in everything.«⁶⁸ Erst diese alerte Stimmung versetzt den Erzähler in die Lage, unter großstädtischen Bedingungen »innumerable varieties of details« zu bemerken und richtig zu deuten: »although the rapidity with which the world of light flitted before the window, prevented me from casting more than a glance upon each visage, still it seemed that, in my then peculiar mental state, I could frequently read, even in that brief interval of glances, the history of long years.«⁶⁹ Die Semiotik der menschlichen Erscheinung erschließt sich hier also keineswegs einem unbedarften Handbuchleser, der schematisch physiognomische Typen wiederzuerkennen sucht, sondern dem *peculiar mental state* eines Betrachters, der sich jenseits seiner »everyday condition« befindet. Wie sehr die Lesbarkeit der anderen von einem körperlichen und mentalen Zustand des Subjekts abhängig ist, der Züge des Rausches trägt, zeigt der Kontrast zur zweiten Hälfte des Textes. Die Verfolgung des Fremden schildert Poe als körperlich anstrengend und riskant, denn die Euphorie über die einsetzende Genesung wird nun abgelöst von der Angst vor einem Rückfall in die Krankheit: »The waver, the jostle, and the hum increased in a tenfold degree. For my own part I did not much regard the rain – the lurking of an old fever in my system rendering the moisture somewhat too dangerously pleasant.«⁷⁰ Inszenatorisch korrespondiert der Verfall des eigenen mentalen Zustandes mit einer geringeren Lesbarkeit der anderen: »This change of weather had an odd effect upon the crowd, the whole of which was at once put into new commotion, and overshadowed by a world of umbrellas.«⁷¹

Diese Interpretation läuft der Gampers nicht grundsätzlich zuwider; nur mahnt sie Zurückhaltung gegenüber einer historischen Großerzählung an, die voreilig in »epistemischen Brüchen« und »Paradigmenwechseln« denkt. Poe inszeniert die Großstadt tatsächlich als einen visuellen Raum, in dem der Andere seine selbstverständliche Lesbarkeit verloren hat. Doch erteilt er nicht dem Paradigma einer natürlichen Semiotik als solcher eine Absage, sondern nur dem naiven Glauben an sie; die Erzählung ist mithin weniger epistemologisch im Sinne Foucaults angelegt als kritisch im Sinne Kants. Sie zeigt die Grenzen und Möglichkeitsbedingungen einer Semiotik des Menschlichen auf. Auf der Ebene des Betrachters ist dies ein Zustand gesteigerter *Aufmerksamkeit*, in dem er selbst unter ungünstigen Bedingungen auf kleinste Details fokussieren kann.⁷² Das kritische Moment des Textes erhält bei Poe zudem eine medientheoretische Dimension: Die Beobachtung der anderen ist an ein räumliches Setting gebunden, in dem der Beobachter seine Objekte in den Blick nehmen kann, in diesem Fall ein nach außen exponiertes, aber von außen unbeachtetes Fenster.⁷³

Auf der Objektseite sind die beobachteten Menschen durchaus bestimmbar, aber nur eingeschränkt hinsichtlich allgemeiner Gruppenmerkmale; ihre Grenze erreicht die Lesbarkeit des Anderen, sobald sich seine Erscheinung in ihrer »idiosyncrasy« wahrgenommen wird. In dieser Hinsicht gleichen Poes Befunde denen Simmels, nur geht es ihm um den einseitigen Blick auf den Anderen und nicht um reziproke Blickwechsel. Dagegen korrespondiert der Status der Unlesbarkeit in der literarischen Symbolisierung objektiv mit einer nicht zu bannenden Beweglichkeit des Beobachteten, subjektiv mit Überforderung und zunehmender Erschöpfung des Beobachters – beides Folgen der Aufgabe des Beobachtungssettings. Insgesamt erscheint die Großstadt in Poes Inszenierung als *ambivalenter und optisch unstetiger Raum*: als unmittelbares Neben- und Nacheinander von Aufmerksamkeit und Überforderung, von Faszination und Entsetzen, von stabiler Blickführung und unübersichtlicher Bewegung, von der Verfügbarkeit des Typischen und der Unverfügbarkeit des Individuellen.

1.4. Techniken der Betrachtung

Poes Erzählung entwirft einen visuellen Raum, der für den literarischen Großstadtdiskurs fast hundert Jahre Gültigkeit besitzt. Vor allem zwei paradigmatische Beobachtertypen besiedeln ihn: der *Flaneur* und der *Detektiv*. Bei beiden Figuren handelt es sich erfahrene Stadtbenutzer, die wissen, dass man eine fragmentarisch verfügbare Umwelt nur beobachten kann, wenn man eine *Technik der Betrachtung* beherrscht.[74] Wie Walter Benjamin gezeigt hat, liegt das Ziel des Flanierens in einem rauschähnlichen Zustand, der die Sinne nicht betäubt, sondern derart schärft, dass auch Ephemeres prägnant erscheint. Zur Verdeutlichung dieses Zustandes wählt er daher nicht das euphorisierende Morphium oder das enthemmende Kokain, sondern das leicht halluzinogene Haschisch: »Die Kategorie der Ähnlichkeit, die für das wache Bewußtsein nur eine sehr eingeschränkte Bedeutung hat, bekommt in der Welt des Haschisch eine uneingeschränkte. In ihr ist alles: Gesicht, hat alles den Grad leibhafter Präsenz, der es erlaubt, in ihm wie in einem Gesicht nach erscheinenden Zügen zu fahnden.«[75] Wie jedem Konversationslexikon zu entnehmen ist, ruft der Wirkstoff Tetrahydrocannabinol einen Verlust des Zeitgefühls und eine erhöhte Rezeptivität für visuelle Eindrücke hervor – eine Art der Aufmerksamkeitssteigerung, die sich ideal für intensive Wahrnehmung flüchtiger Oberflächeneindrücke eignet.[76] Die »Gesichter«, die der Flaneur sucht, stehen bei Benjamin metonymisch für das optisch Prägnante als solches. Für die »konventionelle« und »fadenscheinige« These, die »das Ablesen des Berufs, der Herkunft, des Charakters von den Gesichtern« zum Wesen der Flanerie erklärt, hat er nur Spott übrig.[77] Auch Franz Hessel, der flanierende Zeitgenosse Benjamins, sieht das Ziel der planlosen Stadtwanderung eher in der Fähigkeit des Spaziergängers, einer sich wandelnden materiellen Stadtoberfläche Bilder von dauerhafter Prägnanz abzuringen.[78] Doch der Spott betrifft nur die »Phantasmagorie« der Kontrollierbarkeit des Anderen, nicht aber der Möglichkeit der großstädtischen Menschenbeobachtung als solcher.

Eine der eindringlichsten Evokationen der großstädtischen Suche nach Anblicken vom Menschen bietet Ernst Jüngers *Der Arbeiter* (1932). Anders als dem nostalgischen Blick Hessels geht es Jünger um die Vision einer nahen Zukunft, die sich in prägnanten Menschentypen wie dem »Arbeiter« ankündigen: »Wir verstehen uns […] darin, daß die Beobachtung des Menschen, die höchste Form der Jagd, gerade in unserer Zeit besondere Beute verspricht.«[79] Diese Beobachtungen lassen sich vor allem in der Großstadt machen, dem Ort, an dem das Neue schon sichtbar ist, bevor es der reflektierenden Analyse zu Bewusstsein kommt. In dem szenisch angelegten Essay stellt Jünger seine Gegenwart immer wieder aus der Perspektive einer imaginierten Ahasverfigur dar, die, um eine ihm fremde und unübersichtliche Welt zu verstehen, »durch Städte wandern« muss:

> Um Ahasver aufzuwarten, wird man ihn nicht in die Bibliotheken führen […]. Man wird ihn besser auf Straßen und Plätze, in Häuser und Höfe, in Flugzeuge und Untergrundbahnen führen – dorthin, wo der Mensch lebt, kämpft oder sich vergnügt […]. Die Geste, mit der der Einzelne seine Zeitung aufschlägt

und überfliegt, ist aufschlußreicher als alle Leitartikel der Welt, und nichts ist lehrreicher als eine Viertelstunde an einer Straßenkreuzung zu stehen.[80]

Um in den Schemen, Gesten und Bewegungen der Großstädter gleich einem Traumdeuter »Zeichen und Bilder« zu sehen, um den kommenden Menschen in dem zu erkennen, was heute abseitig erscheint, muss Ahasver »über *neue Augen* verfügen«. Denn: »Wir leben in einem Zustande, in dem [...] man zunächst *sehen lernen* will.«[81] Durch das Oszillieren zwischen der prophetischen Sicht des Autors und dem ungeübten Blick Ahasvers wird die Anstrengung des Sehens in einer von rasantem Wandel ergriffenen Welt vorstellbar. Die Gegenwart ist absolut, sie ist ein rein transitorischer Zustand, nichts in ihr hat Bestand, alles ist in Zersetzung und Werden begriffen. Gerade das macht es so schwierig, zwischen Vergehendem und Kommendem zu unterscheiden: »Der neue Stil als Niederschlag eines veränderten Bewußtseins ist noch nicht erkennbar, sondern nur zu ahnen [...]. Der veränderte Strom fließt noch eine Zeitlang zwischen den gewohnten Ufern dahin [...]. Aber es sind neue Spannungen, neue Geheimnisse, die der Strom in sich verbirgt und für die es *die Augen zu stählen* gilt.«[82] Es gehört auch deshalb »eine besondere Anstrengung dazu, den Menschen überhaupt zu sehen«, weil der historische Trend in der Angleichung der Individuen zu bestehen scheint. Doch handelt es sich dabei um eine kulturpessimistische Illusion, denn »es zeigt sich bei *schärferem Sehen*, daß diese Gleichheit durchaus ihre Grenzen besitzt«.[83] Allein der visionäre Blick des Propheten erkennt, dass die Verschiedenheit der Menschen zukünftig nicht mehr zwischen Individuen, sondern zwischen Typen bestehen wird. Der Appell, seine Augen für die Zeichen des Zukünftigen zu schärfen, enthält somit immer schon die Warnung, sich nicht von Trugbildern des Vergehenden täuschen zu lassen. Mit dem ununterbrochenen Wechsel der Perspektiven auf eine Vergangenheit, deren Oberfläche noch da ist, und auf eine Zukunft, die sich erst schemenhaft abzeichnet, verdoppelt Jünger das Sichtbare in einen »ersten Blick«, der täuscht, und ein »schärferes Sehen«, das richtig ahnt. Nichts ist wirklich, nichts ist wie es scheint, alles ist Bild, und die Bilder können ebenso verweisen wie verführen. Das gilt auch für das Ziel der Jüngerschen Jagd – den Arbeiter. Als Gestalt ist dieser ein reales und zugleich typisches Bild, keine soziologische Größe. Da eine Welt im Entstehen sei, die sich durch ihren »totalen Arbeitscharakter« auszeichne, könne nur ein »getrübter Blick« den »Arbeiter schlechthin mit der Klasse der Industriearbeiter identifizieren«. Vielmehr müsse der Typus des Arbeiters heute an den Maschinen des Krieges ebenso erkannt werden wie an den Fließbändern, im Flugzeug und hinter der Zeitung, alles andere hieße, »statt die Gestalt zu sehen, sich mit Erscheinungen zu begnügen«.[84] In der Gestaltwahrnehmung wird Sehen und Erkennen identisch, denn sie bietet sich »dem Auge, das begreift«, dar. Dies geschieht aber entweder ganz oder gar nicht, alles hängt von einer radikalen Veränderung des Sehens ab: »Von einem neuen Aufschlag des Auges an erscheint die Welt als ein Schauplatz der Gestalten und ihrer Beziehungen.«[85]

Jüngers Szenerie fügt sich in das skizzierte optische Tableau der Großstadt: auch hier das Nebeneinander von Aufmerksamkeit und Überforderung, von visionärer Klarsicht und Chaos der Erscheinungen, sowie in äußerster Zuspitzung von Erkennbarkeit des Typischen und Unverfügbarkeit des Individuellen. Darüber hinaus findet sich hier aber ein Moment, das seit dem späten 19. Jahrhundert zunehmend ins Zentrum des Großstadtdiskurses rückte: die Differenz zwischen der Oberfläche der vielfältigen »Erscheinungen« und den Wesen der »Gestalten«. Die Sichtbarkeit eines Phänomens wird in diesem Differenzschema ganz zur Funktion des betrachtenden Subjekts. Etwas ist nicht mehr an sich sichtbar oder unsichtbar, sondern es ist sichtbar, sobald der Betrachter »zu sehen gelernt« hat. Das Subjekt ist also nicht automatischer »Empfänger« von Sinnesdaten, sondern wird erst dadurch zum Betrachter, dass es durch selektive Akte die Kontingenz des Sichtbaren aufhebt, indem es Relevantes von Irrelevantem unterscheidet. In diesem Arrangement totaler Immanenz gibt es keine »Schau« ewigen Seins mehr, sondern nur noch das richtige Sehen von historischen Gestalten. Wer »geschärfte Augen« hat, sieht das Wesentliche, wem sie fehlen, sieht auch – nur das Falsche. Ohne Jüngers prophetische Standpunktsicherheit hatte Franz Hessel die Idee der subjektiven Kontingenz des Sichtbaren besonders markant auf den Punkt gebracht, wenn er angesichts der sich laufend verändernden Oberfläche seiner Stadt bemerkt: »Noch fühlt man in vielen Teilen Berlins, sie sind noch nicht genug angesehen worden, um wirklich sichtbar zu sein.«[86]

Grundsätzlich sind zwei *modi operandi* der visuellen Aufmerksamkeit für das Wesentliche vorstellbar. Bei Jünger ist es der *physiognomische Blick*, der nach »Gestalten« sucht, in denen sich größere Zusammenhänge prägnant verdichten. Da es sich hierbei um Phänomene handelt, die nicht an der Summe der einzelnen Merkmale, sondern über einem typischen Gesamteindruck unmittelbar und intuitiv erkannt werden, wird dieser Aufmerksamkeitsmodus gerne dem Flaneur inmitten einer temporeichen Verkehrssituation zugeschrieben. Es ist symptomatisch, wenn Jünger davon spricht, dass sich dem Betrachter die neue Gestalt des Arbeiters »in Bändern, in Geflechten, in Ketten und Streifen von Gesichtern, die blitzartig vorüberhuschen, der Wahrnehmung darbietet«.[87] Dagegen repräsentiert die urbane Figur des Detektivs eine andere Betrachtungstechnik.[88] Auch der Privatdetektiv traut in erster Linie seinen Augen (anders als der beamtete Kommissar, der sich zu sehr auf die trügerischen Aussagen im Verhör verlässt). Er beherrscht die Kunst, in abseitigen Details die Indices bestimmter Ursachen erkennt, kurz: Spuren zu lesen.[89] Die Kratzer auf einem Gehstock zeigen dem *indexikalischen Blick* die Existenz eines Haustieres und die Besonderheiten der Kleidung, der Körperhaltung und der Mimik die Vergangenheit einer Person an.[90] Während der urbane Verkehrsteilnehmer im Gewühl der Eindrücke blitzschnell auf einzelne Wahrnehmungsfragmente anspricht, legt der detektivische Blick ein Raster über das Feld des Sichtbaren und trennt so Wesentliches von Zufälligem: »Nicht unsichtbar, du hast es nur nicht bemerkt, Watson«, belehrt Sherlock Holmes seinen Compagnon, »du wußtest nicht, wo du hinschauen mußtest, und hast all das übersehen, was wichtig ist. Ich kann dich offenbar nicht dahin bringen, dir die Bedeutung von Ärmeln klarzumachen, den Aussage-Reichtum von Daumennägeln oder die wichtigen Hinweise, die von einem Schnürsenkel ausgehen.«[91] Charles S. Peirce, der Großstädter und Detektiv unter den Philosophen der Moderne, hat diese Art des begreifenden Sehens theoretisch als Abduktion oder als »spekulatives Modellieren« bezeichnet.[92] Darunter verstand er Schlüsse, die auf der Basis von Erfahrungswissen und Vorstellungsvermögen zustande kommen und daher eher begründete Vermutungen als wahre Sätze darstellen. Da die einzelnen Befunde sich erst bei genauerem Hinsehen ergeben und sich ihr Sinn erst durch logische Operationen erschließt, ist für diesen Aufmerksamkeitsmodus mehr Ruhe erforderlich als für die blitzartige Gestaltwahrnehmung. Inmitten der tosenden Großstadt ist er daher auf Inseln der Überschaubarkeit angewiesen, Orte, an denen man in der Nähe fremder Anderer verweilen kann. Ein Musterbeispiel für das Training dieses Vermögens siedelt Peirce an einem typischen Ort anonymer Intimität an:

> Trambahnen sind berühmte Werkstätten für das spekulative Modellieren. Wenn man sich dort so ohne jede Beschäftigung festgehalten sieht, beginnt man oft, sein Gegenüber prüfend zu betrachten und ihm eine passende Biographie zu erdenken. Da sehe ich eine Frau von vierzig. Ihr Gesichtsausdruck ist so finster, daß sich unter tausenden kaum seinesgleichen findet; dabei haftet ihm etwas beinahe Wahnsinniges an, zumal ihm gleichzeitig eine Grimasse von Freundlichkeit innewohnt, deren Beherrschung nur wenige Angehörige ihres eigenen Geschlechts je gelernt haben; – daneben zeugen jene zwei häßliche Linien zu beiden Seiten ihrer zusammengepressten Lippen von Jahren strenger Disziplin. Der Ausdruck von Unterwürfigkeit und Heuchelei ist für eine gewöhnliche Dienstperson zu kriecherisch; während eine gewisse niedere, jedoch nicht ausgesprochen vulgäre Art von Bildung, zusammen mit einem Geschmack in der Kleidung, der weder unfein noch unzüchtig, jedoch auch in keinster Weise vornehm wirkt, auf die Verbindung mit etwas Höherem hinweist, die über den bloßen Kontakt zwischen Herrin und Dienerin hinausgeht. Die ganze Kombination, die auf den ersten Blick nicht im mindesten auffallend anmutet, erweist sich bei genauer Betrachtung als äußerst ungewöhnlich. [...] Ich kann ohne langes Bedenken erraten, daß es sich bei dieser Frau um eine ehemalige Nonne handelt.[93]

Dieses Beispiel ist symptomatisch für die detektivische Utopie, die Persönlichkeit eines fremden Anderen aus dessen Anblick entziffern zu können. Es macht aber auch klar, welch komplexen Voraussetzungen eine *individualisierende* Lektüre des Anderen erfordert.[94] Peirce verdeutlicht, dass es dabei gerade nicht um das simple Wiedererkennen bestimmter Typen geht, sondern um eine auf Einzelbeobachtungen basierende Kombinatorik, die die Möglichkeiten eines klassifikatorischen Schemas weit übertrifft. Um die Befunde zu einem Gesamtbild modellieren zu können, ist neben der visuellen Aufmerksamkeit und einem ungestörten Beobachtungssetting vor allem Wissen erforderlich. Der Körper des Menschen ist für Peirce ein Sammelpunkt vielfältiger Spuren, die man nicht wie ein Exeget auf ihren Sinn, sondern wie ein Fährtenleser auf ihre Ursachen hin befragen muss. Das prägnante Detail verbindet den Einzelnen mit einer komplexen Taxinomie des Sozialen, deren implizite Kenntnis erst die Voraussetzung für die Interpretation des Beobachteten schafft. Sie umfasst biologisches Wissen um Alter und Geschlecht, medizinisches Wissen um Krankheitsbilder, psychologisches Wissen um bestimmte Verhaltensweisen, soziales Wissen um Berufe und Statussymbole. Die Summe aller Einzelbeobachtungen führt zu einem Ergebnis, das die Möglichkeit einer überschaubaren Klassifikation des Sozialen geradezu verhöhnt. Im Dickicht der Städte, in der unwahrscheinliche Lebensläufe normal sind, wirkt die Erkennbarkeit einer *ehemaligen* Nonne wie eine Verheißung. Peirce verkehrt den naiven Glauben an die natürliche Semiotik in sein Gegenteil. Wenn so viel Können erforderlich ist, um den Anblick des fremden Anderen zu deuten, heißt das auch, dass der Normalfall in der modernen Großstadt eher darin besteht, dem Erscheinungsbild eines Fremden nichts oder das Falsche zu entnehmen.

Das Risiko der Täuschung durch falsches Sehen verdichtete sich in verschiedenen Figuren des betrügerischen Großstadtkriminellen. Betrüger und Detektiv agieren unter gegensätzlichen Vorzeichen mit den gleichen Methoden: Als erfahrene Großstadtakteure profitieren sie von Situationen anonymer Intimität. Es ist das gleiche Szenario wie bei Peirce, in dem der Neustädter Musterknabe Emil Tischbein in Erich Kästners Kinderkriminalroman

Emil und die Detektive von 1929 einem Dieb in die Falle geht.[95] An kleinstädtische Verkehrsformen gewöhnt, stellt sich Emil im Abteil des Zuges von Neustadt nach Berlin den anderen Insassen vor und gibt bereitwillig Auskunft über Ziel und Zweck seiner Reise. Er schöpft Vertrauen, weil er so naiv ist, an die Übereinstimmung von Person und *persona* zu glauben: »Die Mitreisenden sahen soweit ganz vertrauenserweckend und nicht gerade wie Räuber und Mörder aus. Neben dem schrecklich schnaufenden Mann saß eine Frau, die an einem Schal häkelte. Und am Fenster neben Emil las ein Herr im steifen Hut die Zeitung.«[96] Durch die Insignien bürgerlicher Seriösität und die Nennung seines – falschen – Namens unverdächtig, nutzt der Dieb seinerseits die Gelegenheit Emil genau zu beobachten. Im zwanglosen Gespräch entlockt er ihm Informationen, da er explizite Aussagen mit abseitigen Details zu einem treffenden Gesamturteil verbinden kann. Dass es sich bei Emil um ein lohnendes Opfer handelt, weiß er spätestens, als dieser unwillkürlich seine Westentasche abtastet, um sich zu vergewissern, dass sich das Kuvert mit dem zu überbringenden Geld noch an seinem Platz befindet. Emil schläft ein, der Dieb stellt sich schlafend, bestiehlt den Jungen und taucht in der Menschenmenge am Bahnhof Zoologischer Garten unter, wo ein Hut dem anderen gleicht (*Abb. 23*).

1.5. Ordnungen des Sichtbaren

»Kein Mensch dreht die Zeit zurück ... / Vorbei, verweht, nie wieder«, lautete Kurt Tucholskys melancholisches Fazit angesichts der flüchtigen Präsenz des fremden Anderen.[97] Doch wie gesehen steht dem unübersichtlichen Bahnsteig das Bahnabteil gegenüber, ein in sich geschlossener Raum, der die optische Unverfügbarkeit des Anderen aufhebt. Werden die großstädtischen Interaktionen nicht mehr in textlichen, sondern in optischen Medien inszeniert, tritt eine andere Betrachtungstechnik an die Stelle der lokalen Verstetigung des Objekts: die *Fixierung*, die dem Anblick des Anderen Dauer verleiht, indem sie ihn seiner zeitlichen und räumlichen Bezüge enthebt. Paradigmatisch wird der Akt der Fixierung in Robert Siodmaks semidokumentarischem Stummfilm *Menschen am Sonntag* von 1929 gezeigt.[98]

Ohne dramatische Handlung und an Originalschauplätzen gedreht, folgt die Kamera den namenlosen Akteuren zunächst durch Berlin, dann auf einem Ausflug ins Umland. In den ersten beiden Sequenzen werden Großstadt und Natur miteinander konfrontiert: Während die vier Hauptfiguren in der Dichte des Berliner Verkehrs durch totale Einstellungen marginalisiert und mit geringen Brennweiten auf Distanz gehalten werden, lässt eine nahe Kamera sie in der Dichte von Schilf und Kiefernwald zu sich selbst und zueinander finden (*Abb. 1, 2*). Die Sonntagsfahrt endet schließlich in einer Schwellenzone zwischen den Extremen: dem Strandbad Wannsee. Hier treffen Menschen auf engsten Raum aufeinander, doch die Gegenwart des anderen ist weder so flüchtig wie im Berufsverkehr, noch so vertraut wie unter Freunden. Dazwischen, in einer Situation intimer Anonymität, in der man in der Nähe anderer Menschen verweilt, ohne mit ihnen interagieren zu müssen, kann der »fremde Andere« *aus mittlerer Distanz* am besten optisch fixiert werden.[99]

Abb. 1   *Abb. 2*

Abb. 3

Siodmak symbolisiert diesen Gewinn an Präsenz, indem er in der Badeanstalt einen Porträtfotografen positioniert: Aus dem unüberschaubaren Gewimmel des Wassers und der Liegewiese treten in einer mehrminütigen Sequenz nacheinander eine Vielzahl von Badenden vor dessen Kamera. (Zufälligerweise machte die Fotografin Bettina Flitner siebzig Jahre später, unter dem Titel »Arbeitsfoto im Strandbad Wannsee«, exakt dieses Beobachtungsetting zum Gegenstand eines Selbstporträts *in action* [*Abb. 3*]). In dem Moment, in dem der Fotograf den Auslöser drückt, hält Siodmak die Filmzeit an und zeigt einige Sekunden lang das entstandene Porträt, bevor nach einem Schnitt der Nächste vor die Kamera tritt. In dem effektvollen Wechsel von bewegten und stillen Bildern werden aus der bewegten Masse Gestalten isoliert. Die vielen Anderen bleiben fremd, aber an Stelle ihrer »Augen-Blicke« auf dem belebten Bahnsteig erhalten sie am Strand Gesichter. Alte, junge, nachdenkliche, erschöpfte, muntere, weiche, verhärmte, verschmitzte, verschämte Gesichter – es entsteht eine Serie anonymer Porträts, deren Prägnanz durch das Fehlen von repräsentativer Kleidung und jedweder Betitelung noch gesteigert wird.

Die fotografische Fixierung ermöglicht Bestandsaufnahme, Vergleich und Ordnung der Erscheinungsformen des fremden Anderen. Die bedeutendste Realisierung dieser Möglichkeit dürfte August Sanders Projekt *Menschen des 20. Jahrhunderts* dargestellt haben.[100] Auch Sander begab sich ab 1925 auf die Jagd nach Anblicken vom zeitgenössischen Menschen. Die Durchwanderung der Großstadt war für ihn allerdings nur ein Abschnitt seiner Bestandsaufnahme; weite Strecken seiner Beobachtungstour unternahm er mit dem Fahrrad übers Land. Bis Anfang der 1940er Jahre entstanden so tausende Porträts, von denen Sander über 700 auswählte, sie in 47 thematischen Mappen ordnete und diese wiederum auf sieben Obergruppen verteilte. Alfred Döblin widmete dieser Sammlung 1929 einen aufschlussreichen Essay, in dem er die Distanziertheit von Sanders fotografischem Blick hervorhebt. Wie in Siodmaks Inszenierung des Anblicks vom fremden Anderen nimmt auch Sander eine Betrachterposition zwischen intimer Vertraulichkeit und entrückter Ferne ein. Mit den Sehgewohnheiten der Vergangenheiten, so Döblin, bekomme man die Eigenarten der gegenwärtigen Menschen nicht mehr zu fassen. Fokussiere man nach alter Gewohnheit aus der Nähe auf die Gesichter, müsse man feststellen, dass die jüngste Vergangenheit deren »Gleichmachung, die Verwischung persönlicher Unterschiede« mit sich gebracht habe; sie erinnerten an »Steine, die vom Meer in jahrzehntelanger Arbeit gerollt und abgeschliffen sind«.[101] Und ebenso wenig könne der Blick identifizieren, der aus großer Entfernung gar keine Individuen mehr sieht, sondern nur noch »Kollektive«; wie bei einem Ameisenhaufen könne man dann über »gewisse Artmerkmale und unbedeutende Differenzen« hinaus nichts erkennen, da sich die tatsächlichen Unterschiede unterhalb der Wahrnehmungsschwelle befinden. Sanders Bedeutung liege darin, dass er zu den Fotografen gehöre, die »uns wie Maler lehren, Bestimmtes zu sehen oder in bestimmter Weise zu sehen«.[102] Dass dies an der richtigen Distanz liege, die es Sander ermögliche, am zeitgenössischen Menschen das Wesentliche zu erkennen, veranschaulicht Döblin durch zwei Analogien. Sander, stellt er zunächst fest, blicke auf die Menschen wie ein Tier im Zoo. Räumlich nah, doch durch das Gitter getrennt, werde es nicht nur von den Besuchern betrachtet, sondern könne diese auch seinerseits betrachten und sie in verschiedene »Spezies« einteilen. Und auch der Blick des Wissenschaftlers zeichne sich dadurch aus, dass er seinem Gegenstand nahe kommt und doch eine bestimmte Distanz wahrt, um es zu objektivieren. In diesem Sinn habe Sander die Photographie auf einen »wissenschaftlichen Standpunkt« gehoben, der »oberhalb der Detailphotographen« liege. Der »Blick dieses Photographen, sein Geist, seine Beobachtung, sein Wissen und nicht zuletzt sein enormes photographisches Können« hätten so eine »vergleichende Photographie« des Menschlichen geschaffen, eine »Soziologie der Bilder«.[103]

Durch das, was Döblin als »wissenschaftlich«, »vergleichend« und »soziologisch« apostrophiert, geht Sanders Blick auf den fremden Anderen über den Poes, Jüngers oder Peirces hinaus. Ging es diesen darum, in der Erscheinung des Anderen bestimmte Typen zu erkennen oder ein Individuum zu identifizieren, so behandelt Sander die Anblicke des Menschen als Rohmaterial, das erst der Auswahl und Sortierung bedarf, um aussagekräftig zu werden. Und, so behauptet Döblin, durch diese Arbeit des Fotografen würden die Bilder selbst zu Worten, »die man schreibt ohne zu schreiben«.[104]

Döblin hat zweifellos Recht, wenn er unterstellt, Sanders Bilder verdankten ihre Entstehung einem visuellen Eindruck und keinem vorgefassten sprachlichem Ordnungsschema; doch er unterschlägt, dass Sanders Arrangement der Bilder auf die Kategorisierung durch Worte angewiesen ist. Und erst recht übersieht er die

Haltlosigkeit des Versuchs, Bilder, die nach einer visuellen Logik entstanden sind, nach einer sprachlichen Logik überhaupt ordnen zu wollen. Man erkennt dies, sobald man nach Sanders Ordnungsprinzip fragt. Der Wille zur Klassifikation und die altmodische Inszenierungsform legen es nahe, Sanders Ansatz mit dem Ideal einer erneuerten Ständegesellschaft in Verbindung zu bringen, mit dem in der Weimarer Republik etwa konservative Soziologen liebäugelten.[105] Formal stehen diese Fotografien tatsächlich in der Tradition ständischer Repräsentation. Sander vermied jeden Eindruck des Spontanen; er fotografierte die Personen in klassischer Porträtpose an Orten und mit Insignien, die Hinweise auf ihre soziale Identität geben. Ebenso erinnern die Titel der sieben Obergruppen, auf die Sander seine 47 thematischen Mappen verteilte, an ein Ständeschema: I. Der Bauer, II. Der Handwerker, III. Die Frau, IV. Die [Berufs-]Stände, V. Die Künstler, VI. Die Großstadt, VII. Die letzten Menschen.[106] Die Titel I, II, IV und V fassen im weitesten Sinne noch eingrenzbare Erwerbsgruppen zusammen, von denen in einem konservativen Weltbild zudem »die Frau« als solche unterschieden werden kann. Eindeutige Beispiele für Statusporträts sind etwa die Bilder »II/8/19 Konditor«, »IV/23/5 Leutnant« oder »IV/26/6 Volksschullehrer«, in denen kodifizierte Kleidung, körperliche Haltung und Dingsymbole (Werkzeug, Buch, Falke) berufliches Standesbewusstsein bezeugen (*Abb. 4 - 6*).

Abb. 4 *Abb. 5* *Abb. 6*

Schon diese Sammlungen enthalten daneben allerdings Fälle, die sich durch ihre Exzentrik einer sozialen Einordnung entziehen, wie etwa das Bild »IV/28/8 Mitglied einer Splitterpartei« oder »V/32/12 Vertreter einer Baugewerbeschule«. Doch vollends gesprengt wird die ständische Klassifikationslogik durch die Gruppe VI. Der Titel der »Großstadt« fungiert hier als Rubrum für das, was gerade nicht mehr geordnet werden kann. Neben mehreren Sammlungen genreartiger Szenen aus dem städtischen Leben finden sich hier acht Mappen zu folgenden Personengruppen: »Fahrendes Volk – Jahrmarkt und Zirkus«, »Fahrendes Volk – Zigeuner und Landstreicher«, »Jugend in der Großstadt«, »Dienende«, »Typen und Gestalten der Großstadt«, »Menschen, die an meine Tür kamen«, »Verfolgte«, »Politische Gefangene«. Einzelne Bilder tragen Titel wie »VI/36/6 Bärentreiber in Köln«, »VI/38/1 Türkischer Mausfallenverkäufer«, »VI/41/1 Conférencier«, »VI/42/5 Abgebauter Seemann«, »VI/42/6 Panoptikumsdirektor«, »VI/43/3 Invalider Fuhrmann« oder »VI/44b/3 Fremdarbeiter« (Abb. 7 - 14). Die hier versammelten Menschen verbindet nichts, außer dass sie nichts verbindet.[107]

Dass schließlich das wilde Sortieren von Menschenbildern nichts mehr mit der Art ständischer Ordnung gemein hat, die sich in Europa im Mittelalter ausbildete und in Deutschland noch um 1900 eine gewisse Orientierung bot, veranschaulicht der unterschiedliche Status des sichtbaren Todes. Im *Totentanz zu St. Marien* (Berlin), einer typischen Darstellung ständischer Gesellschaftsordnung um 1500, sind Vertreter aller Stände in ihrer durch Kleidung sichtbar gemachten Verschiedenheit zu sehen (Abb. 17).[108] Doch dem Prinzip der Unterscheidung ist eines der Gleichheit zur Seite gestellt: Neben jedem Standesvertreter steht eine Allegorie des nackten Todes im Leinentuch. Er verbindet ebenso den Papst mit dem Kardinal wie den Narren mit dem einfachen Stadtbewohner und symbolisiert damit eine höhere Macht, von der alle sichtbaren Unterschiede nur abgeleitet sind. Auch Sander zeigte den Tod, doch in denkbar anderer Intention. Die letzte Mappe der *Menschen des 20. Jahrhunderts* trägt den Titel »VII/45 Idioten, Kranke, Irre und Materie«. Auf »VII/45/13 Alter Bauer« (Abb. 15) folgen die Bilder »VII/45/14 Materie« und »VII/45/15 Materie« (Abb. 16), sie zeigen die Gesichter eines toten Mannes und einer toten Frau. Leben und Tod sind hier nur noch Erscheinungsformen des Menschlichen, darin gleichen sie Kleidung, Hautfarbe und Gesichtsausdruck.

Abb. 7

Abb. 8

Abb. 9

Abb. 10

Abb. 11

Abb. 12

Abb. 13

Abb. 14

Eine solche Ordnung hat keine Grenzen mehr und läuft gerade dadurch der Intention des Ordnens zuwider. Die regulative Idee einer Gleichheit vor dem Gesetz oder dem unendlichen Tod ist der Utopie einer endlosen Analytik sichtbarer Idiosynkrasien gewichen, die den politischen Außenseiter ebenso zu beachten hat wie den physisch Deformierten, den wandernden Hausierer fremder Herkunft ebenso wie den Toten. Zeitgenössische Beobachter wie Döblin hatten zu Recht festgestellt, dass Sanders Bilder keine Individuen, sondern Typen zeigen.[109] Doch bildet die Summe dieser Typen gerade keine abgeschlossene Typologie menschlicher Erscheinungen. Sie stellt vielmehr eine Sammlung von als »typisch« wahrgenommenen Einzelfällen dar, die beliebig erweitert werden kann. Einer Aussage Sanders zufolge genügte es ihm als Auswahlkriterium für ein Porträtmotiv, dass ihm der Anblick eines Menschen »bedeutend« vorkam.[110] Es ist also bloßer Zufall, dass sich unter den Porträts keine mit den Titeln »Ehemalige Nonne« und »Kleinstädtischer Musterknabe« befinden. Sicher kein Zufall ist es hingegen, dass erst Sanders Nachwelt seine Bilder in Form einer abgeschlossenen Synopse präsentiert hat, als innerlich gegliederte Sammlung mit Anfang und Ende. Sander selbst hatte stets nur Zwischenstände seiner Arbeit veröffentlicht und nach seinem Tod das reiche Material einer unvollendeten Arbeit, des Sammelns und des Sortierens von Anblicken hinterlassen.[111]

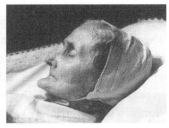

Abb. 15   *Abb. 16*

Abb. 17

Sieht man von der Widersprüchlichkeit einer solchen »Ordnung ohne Grenzen« ab, so ist es aufschlussreich zu fragen, warum man sie überhaupt für möglich hielt. Sander teilte mit vielen deutschen Intellektuellen seiner Zeit den Glauben an eine historische Instanz namens ›Leben‹.*¹¹²* Der Begriff musste nicht zwangsläufig biologisch aufgefasst werden, er bezeichnete im weitesten Sinn überindividuelle Wirkmächte, die das Schicksal des Einzelnen prägten – sei es die Industriegesellschaft, der moderne Krieg, die Gesetze der Vererbung oder die Abgründe der menschlichen Triebe. Zur »Ideologie« (Martin Lindner) machte diese Auffassung nun die Überzeugung, einer krisenhaften Epoche anzugehören, in der sich die Dynamik des Lebens gegen die Einengungen der in der Vergangenheit geschaffenen sozialen und ideellen Formen durchsetzt.*¹¹³* Da die Gegenwart als Übergangszeit wahrgenommen wurde, finden sich in ihr unmittelbar nebeneinander Zeichen der vergehenden, künstlich geschaffenen Ordnungen und der, wie Ernst Jünger es nennt, »neuen Ordnungen, die durch eine Vermählung des Lebens mit der Gefahr erzeugt worden« seien.*¹¹⁴* In der Zeit des Übergangs bestehen die Ordnungen des Lebens und der Gesellschaft nebeneinander, erst nach vollzogener Umwälzung kommen sie wieder zur Deckung. Bis dahin haben sie ihre je eigene Sichtbarkeit. Insofern sie eine gedachte Ordnung darstellen, sind die symbolischen Repräsentationen Elemente *sichtbarer Ordnungen*. So verweisen etwa Kleidung und andere konventionelle Hoheitszeichen auf eine durch Institutionen und Recht abgesicherte Ordnung sozialer Ungleichheit.*¹¹⁵* Die Prozesse des Lebens hingegen drängen von selbst an die Oberfläche, sobald sie mächtig genug geworden sind, um in Erscheinung zu treten. Ihre Zeichen verweisen direkt auf ihren Ursprung in der ›Wirklichkeit‹. Zu ihrer Entschlüsselung vermag der Verstand nichts beizutragen. Ihr Zusammenhang muss zuerst geahnt, gefühlt, erlebt und »geschaut« werden, damit man ihn dann interpretieren kann. Die Sichtbarkeit des Lebensprozesses wird zumeist durch Metaphern der Naturgeschichte bezeichnet: Die Formen des Lebens bilden sich aus wie die Struktur von »Kristallen«, drängen durch die Kruste der Zivilisation wie die Lava eines »Vulkans« oder sie weisen, im Sinne Goethescher Morphologie, eine »Gestalt« auf wie etwa Jüngers Arbeiter.*¹¹⁶* Die Ordnungen des Lebens werden, so unterstellte man, nicht hergestellt, sondern in der Wirklichkeit aufgefunden, und zwar in erster Linie mit dem Auge. Sie stellen mit den Worten Jüngers »organische Konstruktionen« dar, die schon da sind bevor sie erkannt werden: »Wir sehen die Feilspäne, aber wir sehen nicht das magnetische Feld, das seine Ordnung bestimmt. So treten neue Menschen auf, und mit ihnen ändert sich die Bühne, wie durch eine zauberhafte Regie bewegt.«[117] Aus menschlicher Perspektive sind die Ordnungen des Lebens daher *Ordnungen des Sichtbaren*.[118] Sanders Typensammlung stellt nur einen herausragenden Versuch dar, in einer unübersichtlichen Wirklichkeit Menschen im Hinblick auf ihre Sichtbarkeit zu ordnen.

Ernst Jünger, an dessen *Arbeiter* man die Relevanz der Lebensideologie gut demonstrieren kann, lässt alte und neue Ordnungszeichen gegeneinander antreten. Es handelt sich dabei um kodifizierte Statussymbole und repräsentative Insignien auf der einen, und um Ausdruck und Bewegungen auf der anderen Seite. Die »Kennzeichen« der kommenden Zeit sieht Jünger vor allem in den leiblichen Erscheinungen – »der Geste, mit der der Einzelne seine Zeitung aufschlägt«, den immer schärferen und bestimmteren Gesichtern, der »Urbewegung« der totalen Arbeit. Dagegen sind alle Formen ständischer Repräsentation Kennzeichen der untergehenden Epoche, ein »festlicher Atavismus«, der nur noch auf »künstlichen Inseln« und in »Provinzen des 19. Jahrhunderts« anzutreffen ist.[119] Unter der leiblichen Erscheinung darf dabei keineswegs nur der physiologische Körper verstanden werden, ebenso wenig wie die Kleidung als solche schon zur Welt der Insignien gehörte. Ein »Atavismus« ist diese nur als ständisches Symbol, als Element einer sichtbaren Ordnung. Zur Gestalt des Arbeiters gehörten dagegen nicht nur der maskenhafte Gesichtsausdruck und die maschinenartigen Bewegungen, sondern auch die moderne Uniform, die sich durch den technologischen Charakter des Produktionsprozesses und der Kriegführung von einem Symbol des Rangunterschieds zur einheitlichen »Arbeitsuniform« gewandelt hat.[120] »Wir beobachten, daß die Tracht [...] in Verbindung mit der Verwendung technischer Mittel primitiver wird – primitiver im Sinne eines rassemäßigen Kennzeichens.«[121] Die gleiche Verschmelzung von Leiblichkeit und Kleidung im Gesamtanblick zeichnet auch Sanders Porträts aus. Sander polemisiert zwar nicht gegen die Statusinsignien wie Jünger das tut, doch er relativiert ihre Bedeutung. Sie werden zurückgestuft zu einem kontingenten Erscheinungsmerkmal, das nicht mehr zum Gesamtanblick des Einzelnen beiträgt als seine Körpersprache und die Gegenstände, die ihn umgeben. Das stolz zur Schau getragene Standesornat von »IV/23/2 Oberst« hat die gleiche Aussagekraft wie seine gerade Haltung, wie die gebeugte Haltung von »VI/43/4 Almosenempfänger« oder der debil wirkende Gesichtsausdruck von »VII/45/12 Explosionsopfer« (*Abb. 18 - 20*). Was Jünger und Sander verbindet, ist der Glaube, dass in einer Ordnung des Sichtbaren die heterogenen Elemente einer menschlichen Erscheinung *stimmig* zueinander passen müssen.

Wie verbreitet das Ideal einer stimmigen Gesamterscheinung im Großstadtdiskurs war, lässt sich *ex negativo* an der Aufmerksamkeit ablesen, die der Figur des *Hochstaplers* geschenkt wurde. Grundsätzlich konnte der Hochstapler aus zwei Perspektiven thematisiert werden: einmal aus der des naiven Opfers, das an der Erscheinung nicht das Wesen, sondern nur den Schein wahrnimmt; viele Klassiker der Hochstaplerliteratur, von Thomas Mann über Vicky Baum bis zu Walter Serner, favorisieren diese Sicht.[122] Die andere Perspektive ist die des aufmerksamen Betrachters, der den Hochstapler daran erkennt, dass die angemaßten Statuszeichen nicht zum Rest der Erscheinung passen. Dieser innere Bruch in der Erscheinung des Hochstaplers wurde als Gegensatz von Körpersprache und Kleidung symbolisiert. So etwa im kriminalistischen Diskurs, wo sich an die Entlarvung des Hochstaplers weitgehende Hoffnungen auf die generelle Erkennbarkeit des Kriminellen knüpften.[123] Ein besonders prägnantes Beispiel dieser Sicht ist Carl Zuckmayers *Hauptmann von Köpenick*. Nachdem der arbeits- und wohnungslose Carl Voigt seine Umgebung lange erfolgreich getäuscht hat, erkennt er schließlich seine Selbsttäuschung, als er sich selbst im Spiegel erblickt: »Unmöglich!!« findet er seinen Schusterleib in der Hauptmannsuniform und bricht in Gelächter aus, in das die anderen erleichtert einfallen (*Abb. 21*).[124] In dem Augenblick, in dem er sich selbst wie einen Fremden ansieht, akzeptiert Carl Voigt den Einspruch seines Leibes; und man darf unterstellen, dass Zuckmayers Leser und Zuschauer das 1931 verstanden haben. Ebenso wie die Betrachter von Sanders Porträt IV/23/4 wohl fanden, dass ein typischer Hauptmann so nun mal aussehe (*Abb. 22*).

Abb. 18

Abb. 19

Abb. 20

Abb. 21

Abb. 22

Abb. 23

Wie unterschiedlich die einzelnen Autoren und Gattungen und Medien das Thema auch akzentuieren, sie alle tragen zur Konstruktion der Großstadt als visuellem Raum bei, dessen Hauptmerkmale die *Ambivalenz* und die *Unstetigkeit* des Sichtbaren sind. In ihm erscheint der Mensch als »fremder Anderer«, der physisch ebenso nah wie persönlich unnahbar ist, ebenso zudringlich wie flüchtig, ebenso faszinierend wie gefährlich. Je nach Vermögen, nach subjektiver Verfassung und objektiven Bedingungen schwankt die Erscheinung des Anderen zwischen uneinholbarer Beweglichkeit und beobachtbarer Dinglichkeit, zwischen Flackern und Fixierung, zwischen allgemeinem Typus und individueller Biographie, zwischen stimmiger Gesamterscheinung und Täuschung.

Alle hier entfalteten Motive werden im Zusammenhang mit der Graphologie wieder auftauchen. Als Brückenschlag zum letzten Kapitel mag es hilfreich sein, sich die Praxis des berühmtesten Graphologen einmal konkret vorzustellen. Dazu ist ein Ortswechsel nötig. Aus fast allen Städten Europas wurden Ludwig Klages zur Begutachtung Schriftproben in seinen Wohnort Kilchberg, einer kleinen Gemeinde oberhalb des Zürichsees, geschickt. Wenn Klages sich nun über die Handschrift einer ihm unbekannten Person beugte, ihre Gestalt erst eine Weile auf sich wirken ließ, danach die Lupe zur Hand nahm und begann, die Gesamterscheinung nach ihrer Stimmigkeit, ihrer Komplexität, dem Grad ihrer Eigenart zu untersuchen, um schließlich die sublimsten Details des Schriftbildes zu analysieren, so haben wir es – im dreifachen Wortsinn – mit einer *Aufhebung der Großstadt* zu tun. Damit ist zuerst die Wiedereinrichtung eines privilegierten, gleichsam *erhöhten*, seinerseits nicht einsehbaren Beobachterpostens außerhalb des unübersichtlichen Großstadtdschungels gemeint. Gleichzeitig werden mit dieser Erhöhung alle Wahrnehmungshindernisse des visuellen Raums der Großstadt *beseitigt*. Als fixierte Bewegungsspur verliert der Anblick des »fremden Anderen« seine Unkontrollierbarkeit, Flüchtigkeit und potentielle Zudringlichkeit, er ist dauerhaft verfügbar und kann auf die mittlere Distanz entfernt werden, in der sein Eindruck am gehaltsvollsten erscheint. Schließlich bleiben aber alle Merkmale der modernen Phänomenologie des »fremden Anderen« *erhalten*.[125] Trotz seiner privilegierten Position blickt auch der Graphologe auf sein Objekt aus der gleichen Binnenperspektive wie der Flaneur oder der Detektiv. Doch die beobachtete Bewegung ist so komplex, dass sie – so die graphologische Unterstellung – das Wesen einer ganzen Persönlichkeit enthält, und genau deshalb in Echtzeit nicht wahrnehmbar ist. Wo also der Verfolger, so ließe sich mit Blick auf Poe sagen, an der Undurchdringlichkeit der fremden Bewegung verzweifelt, kann der Graphologe ihre Spur wie ein Protokoll studieren. Und auch die Ambivalenzen des großstädtischen Blicks auf den Menschen gehen beim Blick auf die Handschrift nicht verloren. Wie zu zeigen sein wird, finden die Unterschiede zwischen Individuellem und Typischem, zwischen morphologischer Ganzheitswahrnehmung und Entzifferung des Details, zwischen stimmigem und täuschendem Eindruck als Differenzschemata Eingang in die Analyse. Die Graphologie versprach die Verfügbarkeit und Verstehbarkeit des »fremden Anderen« ohne zu leugnen, dass man unter Bedingungen lebte, in denen er uns real nur als ephemere, fremde, potentiell gefährliche, bestenfalls typische, zuweilen aber auch gänzlich verschlossene Erscheinung begegnet. Insofern haben wir es bei der Graphologie mit einer modernen Utopie zu tun.

2. Umkämpftes Sein: ›Persönlichkeit‹ um 1930

Die Graphologie behauptet, Aussagen über die Beziehungen zwischen einer Handschrift und der Persönlichkeit ihres Hervorbringers machen zu können. Niemand hat so nachdrücklich wie Klages darauf bestanden, dass ein solches Unterfangen überhaupt erst möglich wird, wenn zuvor zwei grundsätzliche Fragen befriedigend beantwortet sind. Erstens: Wie erklärt sich die Eigenart einer Handschrift? Zweitens: Mit welchen Mitteln bestimmen und beschreiben wir die Eigenart menschlicher Individuen und die Unterschiede zwischen ihnen?[126] Ist die erste Frage speziell graphologischer Natur, so trifft die zweite den Nerv einer ganzen Epoche.[127] 1930, auf ihrem Höhepunkt, machte Gottfried Benn »das Problem der Persönlichkeit« als Brennpunkt der gegenwärtigen Wissenschaften vom Menschen aus. Im Umkreis dieses Problems, so Benn, spiele »sich wohl alles ab, was heute im Geistigen erregend« sei.[128] Aus unserer Sicht mag das überraschen. ›Persönlichkeit‹ zählt nicht zu den Schlüsselwörtern, die wir mit der hochpolitisierten Spätphase der Weimarer Republik verbinden. Es klingt nach beschaulichem 19. Jahrhundert, nach einem der vielen Phänomene einer Kultur, welche die Zeitgenossen – je nach Perspektive – für obsolet oder in der Krise befindlich betrachteten.[129] Ein Blick auf einen prominenten Antipoden Benns hilft beides zu begreifen: dass Benn mit seiner Einschätzung richtig lag und dass wir gute Gründe hatten, das zu vergessen.

2.1. Eine Idee, zwei Welten: Jaspers und Arendt

Vertrauter als Gottfried Benns Standortbestimmung erscheint unserem historischen Bewusstsein die zeitgleiche Klage Karl Jaspers': »Das Individuum ist aufgelöst in Funktion. Sein ist sachlich sein; wo Persönlichkeit fühlbar wäre, wäre Sachlichkeit durchbrochen. Der einzelne lebt als soziales Daseinsbewußtsein. So hat er im Grenzfall Arbeitsfreude ohne Selbstgefühl; das Kollektiv lebt.«[130] In wenigen Sätzen formuliert Jaspers hier eine Blaupause unseres historischen Wissens über die erste Hälfte des 20. Jahrhunderts. Dieses Wissen ist fundamental geprägt von einer starken Gegenüberstellung von Individualität und Kollektivität. Dabei ist mit »Persönlichkeit« das Gefühl und das Bewusstsein des Individuums für sich selbst gemeint, und das heißt auch: für seine Autonomie gegenüber der Natur und den Anderen.[131] Zum Element eines historischen Wissens wird dieses Persönlichkeitskonzept durch das Moment seiner Bedrohung. Die Dynamik der Geschichte hat dieser Sichtweise zufolge Zustände heraufbeschworen, in denen das Für-sich-Sein nicht länger aufrechterhalten werden kann.[132] Es ist, in Jaspers Worten, »aufgelöst« in funktionalen Zusammenhängen; statt die Natur mit Hilfe von Technik zu Sachen zu machen, ist das Individuum in einer von Technik beherrschten Welt selbst »sachlich« geworden; statt mit anderen zu interagieren, ist es in der anonymen »Herrschaft der Masse« nichts als »soziales Daseinsbewusstsein«. Die so verstandene Gegenwart stellt sich für ihn als Gipfel- und Wendepunkt des abendländischen Rationalismus dar, dessen Prinzip der »Weltorientierung« (im Gegensatz zur orientalischen »Weltentsagung«) sich nun gegen den Menschen selbst richtet. Mit der fortschreitenden »Entfaltung der technischen Welt« sei er aus dem Subjekt der Weltaneignung zum Objekt der entfesselten Technik geworden. Der einzelne habe kein unmittelbares Verhältnis mehr zur Welt, er sei »entwurzelt« und gefangen in den »Apparaten« von Arbeit, Erholung und Daseinsfürsorge. Das »Situationsbewusstsein« sei daher geprägt von einem umfassenden Gefühl der Ohnmacht.[133]

Der eigentliche Gegenstand, der Ausgangs- und Endpunkt dieses menschheitsgeschichtlichen Prozesses, ist für Jaspers das

»Persönlichkeit« genannte Prinzip des »Selbstseins«. Es ist Agens *und* Opfer der abendländischen Geschichte, und zugleich liegt ihre Zukunft in der Rettung dieses Prinzips. In den souveränen Gestalten der »jüdischen Propheten, der griechischen Philosophen und der römischen Staatsmänner« sei es in die Geschichte getreten, in seiner von Beginn an gegebenen Verknüpfung mit der rationalistischen Weltorientierung habe es sich seiner eigenen Möglichkeitsbedingungen beraubt, und als »Haltung des Seins als Selbstsein, das *sich* orientiert«, soll es sich erneuern.[134] Die Persönlichkeit, so ließe sich dieses Narrativ auf eine Formel bringen, hat sich selbst den Boden unter den Füßen weggezogen, nun muss sie untergehen – oder ins Nichts springen. Jaspers optierte bekanntlich für den Sprung und nannte die Anleitung dazu Existenzphilosophie.[135]

Dass dieses menschheitsgeschichtliche Narrativ der bedrohten Persönlichkeit auch für unser historisches Bewusstsein noch plausibel ist, liegt nun weniger an dem, was Jaspers 1932 selbst im Sinn hatte, nämlich eine Analyse seiner Gegenwart. Es ist vielmehr unsere retrospektive Wahrnehmung, aus der man geneigt ist, Jaspers eine gewisse Immunität gegen den Nationalsozialismus zu attestieren. Was ihn zu einem der geistigen Gründerväter der Bundesrepublik und damit letztlich zu unserem Zeitgenossen machen konnte, ist nicht der Umstand, dass er seine existentialistische Persönlichkeitsidee in der Auseinandersetzung mit »der« Technik und »der« Gesellschaft entwickelt, kurz: nicht seine Kulturkritik. Die Ablehnung gilt vielmehr einer durch den gegenwärtigen Zustand möglich gewordenen geistigen Haltung, durch welche die Idee der Persönlichkeit vernichtet wird, weil sie den Menschen »technisch« und »sozial« betrachtet. In dieser Hinsicht, der Befürchtung nämlich, die Menschen könnten durch eine zum »Apparat« gewordene Gesellschaft ihrer Subjektivität und Persönlichkeit beraubt werden, liest sich Jaspers' Zeitdiagnose wie ein philosophisches Komplementärstück zu Hannah Arendts Theorie des Totalitarismus.[136]

Das ist kein Zufall. In seiner Architektur ist Arendts Modell der totalitären Herrschaft der deutschen Existenzphilosophie, nicht zuletzt der jasperscher Prägung, stärker verpflichtet als den empirisch angelegten Theorien amerikanischer Wissenschaftler, die in den 1940er und 1950er Jahren die Karriere des Totalitarismuskonzepts begründeten.¹³⁷ Ausgangspunkt beider Denkbewegungen, der Analyse der »geistigen Situation« von 1931 und der retrospektiven Deutung des Nationalsozialismus, ist die Frage nach dem Schicksal des Individuums in der »Massengesellschaft«. Wo Jaspers aber die Auflösung der Individualität als »Grenzsituation« deutet, die eine neue Form der Selbst-Orientierung geradezu erzwingt, sieht Arendt in der »Vermassung« der Individuen die Voraussetzung der totalitären Herrschaft. Nicht umsonst ist der historischen Genese des »Massenzeitalters« das erste Kapitel von *Ursprünge und Elemente totalitärer Herrschaft* gewidmet.¹³⁸ Während in der bürgerlichen Klassengesellschaft auch die Angehörigen der beherrschten Schichten »als Individuen intakte Personen« und »im Vollbesitz ihrer personalen Qualitäten« blieben, zeichneten sich die Individuen nach dem Zerfall der alten Klassen- und Parteistrukturen durch ihre »Entwurzelung«, die »Kontaktlosigkeit« untereinander und »radikalen Selbstverlust« aus. Genau diese Zurichtung durch die Massengesellschaft disponiere nun die »atomisierten« Individuen psychisch dazu, sich von totalitären Führern in Massenbewegungen organisieren zu lassen, die sich von allen bisherigen sozialen Organisationsformen fundamental unterscheiden:

> Insofern die totalitären Bewegungen, ungeachtet der Herkunft ihrer Führer, den Individualismus sowohl der Bourgeoisie wie des von ihr erzeugten Mobs liquidieren, können sie mit Recht behaupten, daß sie die ersten wirklich antibürgerlichen Parteien in Europa darstellen. Keine ihrer Vorgänger [...] haben je ihre Mitglieder so »total« erfassen können, daß individuelle Ansprüche und Ehrgeize wirklich abstarben, noch haben sie geahnt, daß es Organisationsformen geben könne, welche die individuelle Identität des einzelnen für die Dauer seines Lebens, und nicht nur für die Dauer einer einzigen heroischen Aktion, auslöschten.¹³⁹

Mit der Wendung ins Politische verliert die Konzeption der Massengesellschaft bei Arendt jene ambivalente Offenheit, die sie bei Jaspers noch hatte. Zwischen der Möglichkeit des »Selbstseins« und der totalitären Massengesellschaft besteht ein strikter Antagonismus.¹⁴⁰ Wo sich bei Jaspers die Ohnmacht des Orientierungsverlustes zur paradoxen Möglichkeit des »Freiseins« steigert, radikalisiert sie sich bei Arendt zum absoluten »Verlassensein«.

Die Betonung der unterschiedlichen Rahmung eines gemeinsamen Grundgedankens dient hier nicht der ideengeschichtlichen Akribie. Mir geht es vielmehr darum, bei voller Anerkennung der intellektuellen Nähe zwischen Jaspers und Arendt die Unterscheidung der Perspektiven, aus denen in *Die geistige Situation der Zeit* und in *Ursprünge und Elemente totalitärer Herrschaft* geschrieben sind, bis zu dem Punkt voranzutreiben, an dem Licht auf einen blinden Fleck unseres historischen Bewusstseins fällt: nämlich die Bedeutung von Individualität und Persönlichkeit im Deutschland der ersten Hälfte des 20. Jahrhunderts – und das heißt auch im Dritten Reich. Der Gedanke, dass Individualität und Persönlichkeit im Nationalsozialismus überhaupt eine Rolle gespielt haben könnten, mutet uns fremd an. Wenn Historiker davon sprechen, das Dritte Reich habe »a radical break from the process of individualization« bedeutet, dann scheint das keiner weiteren Erläuterung zu bedürfen.¹⁴¹ Die fehlende Plausibilität dieses Gedankens hat nun aber ihre Ursache gerade darin, dass unsere Perspektive auf die erste Hälfte des 20. Jahrhunderts praktisch identisch ist mit der Hannah Arendts. Erhellen lässt sich der blinde Fleck dagegen, wenn wir versuchen, uns den Unterschied dieser Perspektive zu der Jaspers' – und das heißt: der Perspektive der Zeitgenossenschaft – klar zu machen.

Was genau gilt es nun zu verstehen, wenn wir uns die Mühe machen, Jaspers' vergessene Perspektive auf die Persönlichkeitsidee von Anfang der 1930er Jahre zu rekonstruieren? Nach meiner These geht es dabei um die Einsicht, dass weder die »Massengesellschaft« noch das Dritte Reich in dem Sinne als soziale und politische Kollektivzustände missverstanden werden dürfen, dass in ihnen kein Raum für emphatische Ideen von Individualität, personaler Identität und Persönlichkeit gewesen wäre. Das Gegenteil ist der Fall. Zwischen 1900 und 1950 wurde in Deutschland über diese Ideen so viel und vielseitig kommuniziert wie nie zuvor, und in gewisser Hinsicht intensivierte sich diese Kommunikation nach 1933 sogar noch – die Frage nach der Persönlichkeit des einzelnen war eines der hellsten Leuchtfeuer am Sinnhorizont des Dritten Reichs. Doch wie verhält sich diese These zu den unbestreitbaren Tatsachen der Anonymisierung der Großstädte, der Arbeitsorganisation in Großbetrieben, die Zunahme von Massenverbänden, Massenparteien und Massenaufmärschen, gipfelnd in den nationalsozialistischen Inszenierungen einer gleichgeschalteten Masse, der staatlichen Sanktionierung rassistischen Denkens, das den Einzelnen nur als Teil biologischer Arten begriff und, zum politischen Programm erhoben, zur unterschiedslosen Ermordung von Millionen Menschen führte? Wie passt sie zu den symptomatischen Worten, die Joseph Goebbels im März 1933 in sein Tagebuch notierte: »Wenn ich den politischen Umbruch auf einen einfachsten Nenner bringe, dann möchte ich sagen: Am 30. Januar ist endgültig die Zeit des Individualismus gestorben. Die neue Zeit nennt sich nicht umsonst Völkisches Zeitalter. Das Einzelindividuum wird ersetzt durch die Gemeinschaft des Volkes.«[142]

Das Fundament, ohne das die These einer Konjunktur des Persönlichkeitsdenkens im Dritten Reich haltlos bleibt, besteht in der Einsicht, dass in Deutschland seit Beginn des 19. Jahrhunderts zwei Konzeptionen von Persönlichkeit existierten, die ab etwa 1900 zunehmend in Konkurrenz zueinander traten. Nur die eine ist anschlussfähig an die rassistische Weltsicht, während die andere zum Kernbestand des antitotalitären Grundkonsenses unserer Gegenwart gehört. Die Rekonstruktion von Jaspers' Weltsicht ist nun deshalb so aufschlussreich, weil er – vor allem als Wissenschaftler – zunächst zwischen den beiden Konzeptionen schwankt, ohne sie begrifflich zu unterscheiden. Erst im Laufe der 1920er Jahre, angesichts der zunehmenden Dominanz der einen Konzeption, zwingt er sich selbst mit dezisionistischer Gewalt dazu, die andere zu verteidigen und sie zeitgemäß neu zu formulieren. Damit lässt sich über Jaspers' Persönlichkeitsdenken eine für das historische Verstehen äußerst ergiebige Position markieren, die unsere Ferne zum Nationalsozialismus überbrückt – denn er steht der Welt des Dritten Reichs ebenso nah wie der unsrigen (und befindet sich damit gleichsam in der Mitte zwischen den beiden anderen Protagonisten, die in dieser geistesgeschichtlichen Szene die uns vertrauten Positionen der unüberbrückbaren Ferne und der befremdlichen Nähe zum Nationalsozialismus repräsentieren: Hannah Arendt und Gottfried Benn). In idealtypischer Zuspitzung lassen sich die beiden Konzeptionen wie folgt unterscheiden.[143] Das ältere Persönlichkeitskonzept, das seine Wurzeln im deutschen Idealismus hat, wird um 1800 zum Angelpunkt der philosophischen Reflexion.[144] In ihm konvergiert das transzendentaltheoretische Konzept der Subjektivität mit dem Begriff des Individuums als konkreter Einzelperson.[145] In der generalisierten pädagogischen Form, die der deutsche Neuhumanismus diesem Konzept gibt, wird die Persönlichkeitsidee zu einem Fixstern am bürgerlichen Wertehimmel.[146] Dabei bezeichnen die oft synonym verwendeten Begriffe von ›Persönlichkeit‹ und ›Individualität‹ das Entwicklungsziel des Individuums, das sich selbst als Subjekt von Vernunft, natürlichen Rechten und sittlichen Pflichten anerkennt und auf dieser Grundlage ein souveränes Verhältnis zu sich selbst, zur Natur und zu anderen Individuen aufbaut. Unter dem Schlüsselbegriff der ›Bildung‹ wird dabei der Prozess der Persönlichkeitsformung gefasst, in dessen Verlauf sich das Individuum selber findet, und zwar nicht durch Rückzug auf sich selbst, sondern indem es in die ›Welt‹ geht, das Gesehene und Erlebte verinnerlicht und eine »Welt für sich« wird.[147] Nur der menschlichen Natur ist es nach Wilhelm von Humboldt gegeben, die Individualität zur »persönlichen Idealität« zu erheben, also in sich selbst die Möglichkeiten der Menschheit zu verwirklichen.[148] Im Individuum berühren sich Allgemeines und Besonderes: Vernunft und natürliche Rechte machen es qua Geburt zu einem Teil der Menschheit, durch die Möglichkeit, sich zur Persönlichkeit zu bilden, hat es Anteil an der Welt.[149] Als Individualismus ist dieses Persönlichkeitsmodell zudem anschlussfähig an die politische Ideologie des Liberalismus.[150]

Die zweite Persönlichkeitskonzeption, die, in früher Form von Herder und Schleiermacher formuliert, vor allem von Schopenhauer und der Romantik getragen wird, kann in mehrerer Hinsicht als Gegenmodell – oder vorsichtiger gesagt: als Ergänzung – zu diesem Paradigma beschrieben werden.[151] Ihr Ausgangspunkt ist nicht die formal gleiche Menschlichkeit aller Individuen, sondern ihre materiale Verschiedenheit. Das individuelle Entwicklungspotential durch Erziehung und Reflexion wird, wo nicht ganz geleugnet, eher gering veranschlagt und auf die Erkenntnis und Förderung natürlicher Anlagen beschränkt. Im Zentrum dieses Modells steht nicht die Subjektivität des individuellen Bewusstseins, sondern der *wesenhafte Kern* eines individuellen Seins, das ebenfalls als ›Individualität‹, ›Persönlichkeit‹, oder terminologisch exklusiver als ›Charakter‹ bezeichnet wird. Insofern die Persönlichkeit als Charakter ein objektivierbarer Sachverhalt ist, stellt ihre angemessene Erfassung und differentielle Beschreibung ein mögliches Problem der Wissenschaft dar. Ein Ziel, das den Bildungstheoretikern als ohnehin unerreichbar erschienen war: »Über das Geheimnis der Individualität«, schrieb etwa Wilhelm von Humboldt, »in welchem das Wesen und das Schicksal der menschlichen Natur verborgen liegt, ist in den Schranken der irdischen Natur kein Aufschluss zu erwarten.«[152] Die Möglichkeit einer Wissenschaft, die eben jenes »Geheimnis der Individualität« lüften will, wird erstmals vom älteren Schopenhauer und Spätromantikern wie Carl Gustav Carus in den Raum gestellt. 1867 gibt Schopenhauers Schüler Julius Bahnsen der Wissenschaft den Namen »Charakterologie«.[153] Um 1910 hat sich dieses Persönlichkeitsmodell in Deutschland so weit verbreitet, dass sich in den gebildeten Schichten ein *charakterologischer Denkstil* und nach 1918 in der Wissenschaft das Bemühen um ein *charakterologisches Paradigma* ausmachen lässt.

Persönlichkeit als Bildungsziel, so ließe sich der Unterschied der beiden Modelle zusammenfassen, ist ein möglicher Zustand des subjektiven Bewusstseins, Persönlichkeit als Charakter dagegen ein mögliches Objekt des Wissens.

An dieser Stelle muss betont werden, dass es sich bei den beiden Konzeptskizzen um Idealtypen handelt, die in der Praxis sich ebenso vermischen und ergänzen wie miteinander konkurrieren können. Schon Herder unterschied zwischen *dem* Menschen und *den* Menschen in ihrer je konkreten Eigenart.[154] Der Transzendentalphilosoph Kant war es, der als Anthropologe den »empirischen Charakter« als erster für philosophiewürdig befand.[155] Goethe bediente mit seinem Konzept der Bildungspersönlichkeit ebenso die Neuhumanisten wie Schopenhauer und die Spätromantiker mit ihrem Interesse an der Eigenart bestimmter Charaktere.[156] Auch Georg Simmel hatte, wenn er von »Individualismus« sprach, immer zwei parallele Phänomene der Moderne im Blick: zum einen die Annahme der prinzipellen Gleichheit aller Individuen, zum anderen die Tendenz zur »Besonderung«.[157] Zwischen dem »formalen« und dem »qualitativen« Individualismus besteht nach Simmel ein unaufhebbares Spannungsverhältnis, beide gehören historisch ebenso notwendig zusammen wie sie begrifflich differenziert werden müssen.[158] Was für Simmel nur theoretisch unterscheidbar ist, tritt in den Jahrzehnten um 1900 aber zunehmend in tatsächliche Konkurrenz zueinander. Es sind vor allem Vertreter eines »qualitativen« Individualismus, die aus der Unterscheidung zwischen zwei Aspekten der Persönlichkeitssemantik eine Alternative machen. Aus der Spannung beider Konzepte wird ein ideologischer Antagonismus, der sich durch die Übertragung des Gegensatzes formal / qualitativ auf die Gegensätze links / rechts, westlich / deutsch, Geist / Leben zudem problemlos politisieren lässt.[159]

In den folgenden Kapiteln sollen die Wurzeln der charakterologischen Persönlichkeitskonzeption in Deutschland freigelegt werden. Denn ohne ihren diskursiven Erfolg wären weder die Konjunkturen des klagesschen Denkens und der Graphologie noch der deutschen Variante des Rassismus erklärbar. Dabei lasse ich mich von folgender Hypothese leiten: Zusammen mit dem Rassismus erfuhr in Deutschland jede Form essentialistischer Anthropologie einen so dramatischen Ansehensverlust, dass die zeitgenössische Bedeutung des charakterologischen Denkens heute vergessen ist. Diese Bedeutung liegt jedoch nicht zuletzt in dem komplexen Verhältnis dieses Denkens zum deutschen Rassismus, insbesondere zum rassistischen Antisemitismus.[160] Zur ersten Orientierung mag die Formel dienen, dass in Deutschland in der ersten Hälfte des 20. Jahrhunderts Rassismus ohne Charakterologie nicht denkbar ist, Charakterologie ohne Rassismus hingegen schon. In diesem Sinn ließe sich das charakterologische Denken als zeitgenössisch vorhandener, in unserem historischen Bewusstsein aber abgespaltener Horizont des Rassismus begreifen. Auch die Romantik, die Lebensphilosophie und das Werk Nietzsches waren solche Denkhorizonte des Dritten Reichs: Sie stellten kulturelle Ressourcen bereit, mit denen über die Gegenwart kommuniziert wurde.¹⁶¹ Im Gegensatz zu diesen vielfach thematisierten Horizonten stellt die Charakterologie insofern einen *abgespaltenen* Horizont dar, als es sich um ein Denken handelt, das um die Begriffe von Persönlichkeit und Individualität kreist. Begriffe also, die für uns das Gegenteil dessen markieren, was wir als »nationalsozialistisch« begreifen. Um das Dritte Reich möglichst weit von unserer »individualisierten« Welt zu distanzieren, betonen wir den Gegensatz: den »Rassestaat« als formierte »Massengesellschaft«, in dem das Kollektivgefühl zur Verwischung individueller Unterschiede führt. Ein totalitarismustheoretischer Deutungsbestand, der sich so verselbständigt hat, dass er kaum noch ausgesprochen werden muss.¹⁶² Daher gleicht unser Begriff des Rassismus einem Bild ohne Hintergrund. Oder mit einer geschichtstheoretischen Metapher Paul Veynes: Er gleicht der Spitze eines Eisbergs, dessen verborgenen Teil es für den Historiker zu erforschen gilt.¹⁶³ Dessen Aufgabe besteht demnach nicht darin, eine aus der Distanz der Gegenwart klar wahrgenommene Gestalt in ihren Einzelheiten zu beschreiben, sondern den Schemen, die sich im dunklen Wasser abzeichnen, auf den Grund zu gehen.

2.2. Zwei Ideen, eine Welt: Jaspers und Benn

Als Ausgangspunkt dieser historischen Tauchexpedition bietet sich die Frage an, wovon genau eigentlich Jaspers 1931 seine Idee der Persönlichkeit bedroht sah. Nach dem Gesagten kann es kaum noch überraschen: von einer anderen Persönlichkeitsidee. Auch wenn es ihm seine Begriffspolitik verbot, dies so auszudrücken – dass es der Sache nach genau darauf hinauslief, zeigt sich, wenn wir nun den Bogen zurück zum Anfang dieses Kapitels schlagen: zu Gottfried Benn.

a) Medizinische Visionen

Wollte man eine Liste von Texten erstellen, in denen sich zentrale Wissensbestände des Jahres 1930 in Deutschland bündeln ließe,

Texten, die in symptomatischer Verdichtung weithin geteilte Fragen und Probleme, Verwerfungen von Vergangenem und Prognosen auf Zukünftiges, kurz: Zeitgenossenschaft enthalten, so dürfte Gottfried Benns Essay *Der Aufbau der Persönlichkeit* nicht fehlen. Auf knappem Raum findet sich hier der Grundriss des Persönlichkeitskonzepts, gegen dessen diskursive Hegemonie Jaspers streitet und dem er als zeitgenössischer Intellektueller zugleich nahe steht. Benn schreibt als profund informierter Arzt, der die wissenschaftliche Entwicklung seiner Disziplin aus der Distanz aufmerksam verfolgt, um die von ihr aufgeworfenen Fragen im zeitgenössischen Zusammenhang zu betrachten. Das medizinische Interesse wird getragen von der paradoxen Haltung einer antibürgerlichen Bürgerlichkeit, die einen »physiologischen« Blick auf die Metaphysik des Individuums wirft, ohne aber die Idee der Persönlichkeit über Bord zu werfen.[164]

Schon der Titel zeigt, worum es Benn geht, wenn er von der »neuen Idee« spricht, »unter der wir beim folgenden Versuch die menschliche Persönlichkeit sehen wollen«.[165] Wer sich die Persönlichkeit als einen »Bau« vorstellt, überträgt das anatomische Konzept des menschlichen Körpers auf die menschliche Psyche. Die Metapher ist aber nicht anatomisch gemeint. Mit souveräner Ironie reiht Benn den psychologischen Positivismus unter die Irrtümer der Wissenschaftsgeschichte ein: »In der Zelle saß das Leben, im Organ saß die Krankheit, und die Persönlichkeit, als eine gefährliche ideologische Krankheit, einen mittelalterlichen Dämon, legte man auf die Großhirnrinde fest, begegnete ihr mit der Elektrode, desillusionierte sie mittels des Zuckerstichs und löste sie in Assoziationen auf, die durch anatomische Leitungsbahnen verliefen.«[166] Seine Kritik richtet sich hier gegen die naturwissenschaftlichen Persönlichkeitstheorien des 19. Jahrhunderts, die von einer körperlichen Lokalisierbarkeit psychischer Phänomene ausgingen. Insbesondere betraf dies jene Hirnforscher, die anatomische Beschreibung mit funktionalen Deutungen verbanden.[167] Ausgehend von Franz Joseph Gall, der im frühen 19. Jahrhundert im Gehirn 27 »Organe« identifiziert hatte, erlebte die Gehirnanatomie seit den 1880er Jahren eine wissenschaftliche Hochkonjunktur.[168] Wenn Benn in diesem Zusammenhang vom »Zeitalter einer konstruktiven mathematischen Seelehre« spricht, das »klinisch das Zeitalter Flechsigs und Wernickes« gewesen sei, dann stehen diese Namen für die zeitgenössische Variante einer Hirnforschung, die anatomische Beschreibung mit funktionaler Deutung verband.[169] Dieser Kritik stellt Benn die wissenschaftliche Strömung gegenüber, um deren Schilderung es ihm geht. Auch diese Grundrichtung hat ihre Repräsentanten, doch bezeichnenderweise findet sich darunter kein Name eines disziplinären Wissenschaftlers: »[U]m 1900 begann eine Gegenströmung, die schon das ganze Jahrhundert bereitgelegen hatte, den lokalisatorischen Neigungen zu begegnen, eine totalistische Strömung, uralt, in der Antike wurzelnd, von Kant belebt, wachgehalten von Carus, Goethe und der idealistischen Philosophie, die nun dazu vordrang, die zerebrale Hypothese der Persönlichkeit zu verändern.«[170] Das »neue« Konzept der Persönlichkeit ist eine »biologische Idee« – eine Zäsur, die nicht weniger als den Beginn einer neuen »Weltanschauungsepoche« markiert.[171] Der Begriff des Biologischen ist von zwei Seiten durch die Semantik des ›Lebens‹ verbunden. Zum einen erscheint Leben in seiner konkreten Form immer als physiologischer Körper. Aber erst als Wissenschaft vom ganzen Körper, die den Organismus als Zusammenspiel aller Funktionssysteme in den Blick nimmt, wird die Physiologie zur biologischen Grundlagenwissenschaft. Erst in dieser Form kann sie das ganzheitliche Phänomen der Persönlichkeit angemessen erfassen: »Man sah nun nicht mehr das zerebrale, sondern das *körperliche Gepräge* der Persönlichkeit, man sah sie als eine über den ganzen Körper verteilte komplexe Einheit vor sich, als eine nur vom gesamten Organismus zusammenfaßbare und dirigierbare Totalität«.[172] Den Grundgedanken einer »diätetischen Psychologie« setzte Benn allerdings als schon so anerkannt voraus, dass er zu seiner Begründung lediglich drei Aphorismen Nietzsches anführte: »Schreibe mit Blut und du wirst sehen, daß Blut Geist ist«; »Einige Stunden Bergsteigens machen aus einem Schuft und einem Heiligen zwei ziemlich gleiche Geschöpfe. Die Ermüdung ist der kürzeste Weg zur Gleichheit und Brüderlichkeit«; »Seit ich den Leib besser kenne, ist mir der Geist nur noch gleichsam Geist«.[173] Neu und revolutionär erschien Benn dagegen die Ausweitung des Gedankens einer leiblichen Fundierung psychischer Zustände auf die dauerhaften Dispositionen eines Individuums. Dabei bezog er sich auf drei jüngere Entdeckungen der medizinischen Wissenschaften, die es ermöglichten, den Körper als variables Medium zu begreifen, das ständig neue Formen ausbildet: die entwicklungsgeschichtliche Deutung der Hirnregionen, die Beschreibung des vegetativen Nervensystems und die Entdeckung des Hormonkreislaufs.[174]

Die Unterscheidung zwischen Großhirn und Stammhirn zeige, dass das menschliche Schlüsselorgan nicht einfach als Ort von Vernunft und Bewusstsein gelten könne, sondern als spezifisches Verhältnis von intellektuellen Fähigkeiten auf der einen, Trieb- und Instinktleben auf der anderen Seite begriffen werden müsse. Dabei sei es die dem Stammhirn zugewiesene Triebseite, welche »primär die psychische Persönlichkeit ausmacht«. Auch das Vegetative Nervensystem zeichne sich dadurch aus, dass es die physiologischen Korrelate emotioneller Vorgänge, also vor allem die spontane Veränderung von Atmung und Blutdruck und die Temperaturregulierung, ganz unabhängig von einer Kontrolle durch das Großhirn reguliere. Für das Verständnis der Persönlichkeitsentwicklung und damit der Unterschiede zwischen den Menschen führt Benn schließlich und besonders den Hormonkreislauf des Blutdrüsensystems an.

Als Beispiele nennt Benn die Sekretion der Keimdrüse, die in der Pubertät die typisch adoleszente Persönlichkeitsveränderung hervorrufe, sowie die Abhängigkeit der allgemeinen affektiven Spannung, der seelischen Erregbarkeit und des Tatendrangs von der Aktivität der Schilddrüse. Durch das spezifische Verhältnis der einzelnen Drüsentätigkeiten habe man einen der wichtigsten Schlüssel für die Unterschiede zwischen den Menschen an der Hand. Benn erwähnt in diesem Zusammenhang den englischen Mediziner Raphael Berman: »Als Erster [hat er] Biographien auf Grund der individuellen Drüsenformel versucht, zum Beispiel Napoleon: ›seine Schilddrüse war glänzend, daher die unersättliche Energie; seine Streitlust, Animalität und praktisches Genie sind Zeichen seiner tadellosen Nebenniere.‹ Austerlitz, Jena, Friedland – alles Drüsenhintergrund.«[175] Doch auch Gattungsunterschiede zwischen den Menschen, wie die zwischen »Mongolentypus« und »Negertyps«, seien durch Besonderheiten der Schilddrüse bedingt. Geradezu paradigmatisch steht das Hormonsystem für die allgemeine Feststellung einer körperlichen Fundierung des Psychischen:

»Es liegen also ganz unlösliche Bindungen zwischen diesem Blutdrüsensystem und der Persönlichkeit vor, so daß es falsch wäre zu sagen, daß es Elemente zur Persönlichkeit beisteuerte oder die etwa anderweitig schon gegebene Persönlichkeit nuancierte, es ist vielmehr so, daß dieses Blutdrüsensystem grundsätzlich die Persönlichkeit trägt, die Persönlichkeit ist: als die ins Biologische gewendete Seite einer Anlage, die ins Psychische gewendet den *charakterologischen Tatbestand* abgibt.«[176]

Im Hinblick auf das konkrete Individuum liegt der epistemologische Ort der Persönlichkeit demnach an der Schnittstelle von Biologie und Psychologie. Organismus und Charakter sind zwei Seiten derselben Sache. Benns verbürgte Begeisterung für die Konstitutionslehre Ernst Kretschmers findet hier ihren theoretischen Ausdruck.[177]

Aus dem Axiom der körperlichen Bedingtheit der Seele folgt für Benn aber zudem, dass wie die Erscheinung eines Menschen auch dessen Persönlichkeit »in ihrer Wurzel, als charakterologisches Radikal«, erblich festgelegt ist und durch Außenreize lediglich modifiziert werden kann. Mit der Frage der Vererbung ist die zweite Seite berührt, von der die Persönlichkeit als Phänomen des »Lebens« erscheint. Biologisch ist der Mensch ebenso ein Individuum wie ein Gattungswesen – doch auch als solches besitze er »Persönlichkeit«. Dieser Gedanke erschließt sich allerdings erst, wenn man berücksichtigt, dass Benn im Menschen in einem viel radikaleren Sinn, als Darwin es tat, ein Produkt der Naturgeschichte sieht. Im Kampf ums Überleben das Prinzip zu erkennen, das die Entwicklung des Lebens in der menschlichen Art gipfeln lässt, sei ein theoretisch völlig unangemessener »Anthropomorphismus«. Vielmehr unterliege das »Menschengeschlecht« selbst einer andauernden Wandlung, es besitze eine »sich ins Millionenjährige verlierende Vergangenheit«, während derer es sich immer wieder von Neuem habe »ummodellieren« lassen müssen. Bürge dieser Art von Naturgeschichte ist denn auch nicht Darwin, sondern Goethe.[178] Der gegenwärtige sei daher nicht »der« Mensch, sondern der »vierte« Mensch: »Heißt vielleicht die neue Wahrheit, daß [...] auch unsere – quartäre – Persönlichkeit noch einmal als Sage aufsteigen wird in das große Gesetz, unter dem alles geschah: das Gesetz einer unausdenkbaren Verwandlung?«[179]

Das »geologische Prinzip« dient Benn aber nicht nur als Metapher, sondern auch als Modell der modernen Psychologie, als deren größte Entdeckung er den »Schichtungscharakter des Psychischen« nennt. Wie die Erdoberfläche nur durch wenige Meter von den Ablagerungen einer millionenjährigen Vergangenheit getrennt ist, so bewahre auch die moderne Persönlichkeit in den tieferen Schichten ihrer Seele Spuren der gesamten Menschheitsgeschichte auf, nur notdürftig verborgen durch die oberste Schicht des Bewusstseins:

> Wir tragen die frühen Völker in unserer Seele, und wenn die späte Ratio sich lockert, in Traum und Rausch, steigen sie empor mit ihren Riten, ihrer prälogischen Geistesart und vergeben eine Stunde der mystischen Partizipation. Wenn der logische Oberbau sich löst, die Rinde, müde des Ansturms der vormondalten Bestände, die ewig umkämpfte Grenze des Bewusstseins öffnet, ist es, daß das Alte, das Unbewusste, erscheint in der magischen Ichumwandlung und Identifizierung, im frühen Erlebnis des Überall und des Ewigseins.[180]

Ob in Traum und Geisteskrankheit menschheitsgeschichtlich weit zurückliegende Zustände wiederkehren oder ob sich im Heranwachsenden die gesamte »Stammesgeschichte« wiederholt – greifbar wird das Übereinander von »logischem« Oberbau und »primitivem« Unterbau immer nur als spezifisches Verhältnis innerhalb einer konkreten leibseelischen Einheit. Sei es als entwicklungspsychologisches Stadium eines Kindes, in dem sich bildliches Sehen und verstandesmäßige Abstraktion gerade die Waage halten, sei es als psychiatrischer Fall, in dem ein bestimmter Trieb von der Vorstellungswelt Besitz ergriffen hat, sei es als Verhaltensmuster eines Analysanden, das sich der Kontrolle des Bewusstseins entzieht.

Der zweite epistemologische Ort dieses Persönlichkeitskonzepts liegt mithin an der Schnittstelle von historischer und naturgeschichtlicher Zeit. Es fungiert dabei im doppelten Sinn als Medium menschlicher Differenz: Im Rahmen der Naturgeschichte ist sie die Substanz, die sich nach lang andauernden Phasen relativer Stabilität durch Veränderung alter und Hinzufügung neuer Elemente immer wieder erneuert und verwandelt. In den historischen Phasen zwischen den Verwandlungen stellt die Persönlichkeit dagegen eine stabile Gesamtheit variabler Elemente dar, deren unendliche Kombinierbarkeit die mannigfaltigen Unterschiede zwischen den Menschen ermöglicht, wie eine abstrakte Formel, die eine Vielzahl konkreter Ergebnisse zulässt. Benn selber erfasst diese beiden Aspekte der Persönlichkeit durch die Differenz von Genotyp und Phänotyp, oder sprachlich geläufiger: von Art und Individuum, wobei der Art »Präpotenz und Dauer«, dem Individuum »Labilität und Variabilität« zukommt.[181] Napoleon, so ließe sich das komplexe Modell in dieser Terminologie beispielhaft verdichten, ist eine der unendlich vielen Formen, in der sich das Medium des quartären Menschen manifestieren kann.[182]

Dieses Konzept der Persönlichkeit ist so prägnant und überdeterminiert, dass es als *Paradigma* taugt, durch das sich unterschiedliche Disziplinen in den gleichen Frageraum stellen lassen. Schon in wenigen Andeutungen zeigt sich die zeitgenössische Relevanz des Persönlichkeitsproblems. Benn zählt eine ganze Reihe von Wissenschaften auf, die sich alle dadurch auszeichnen, dass sie den Menschen erstens als Einheit aus *Soma* und *Psyche,* zweitens als innere Beziehung von Bewusstsein und Trieben und drittens im Hinblick auf die Verschiedenheit seiner Erscheinungsformen betrachten. Erbforschung und der Embryologie erscheinen als Wissenschaften von der Variabilität des gattungsmäßig Gleichen; Prähistorie und Ethnologie als Wissenschaften vom »primitiven« Menschen; Psychiatrie und Kriminologie als die Wissenschaft der Spannungen zwischen den Gehirnregionen; die Konstitutionsmedizin als die Wissenschaft der leibseelischen Typen; die Psychoanalyse als die Wissenschaft von den körperlichen und seelischen Erscheinungsformen des Unterbewussten; die Psychologie als Wissenschaft des leiblichen Ausdrucks seelischer Zustände; die Philosophie schließlich als Ontologie der Persönlichkeitsunterschiede und als Metaphysik der Beziehung von Bewusstsein und Leben.

b) Ärztliche Selbstgespräche

In *Die geistige Situation der Zeit* streitet Jaspers nun zwar nicht direkt mit Benn, wohl aber mit der von ihm vertretenen Position. Auf den ersten Blick tut er dies mit bedingungsloser Schärfe. Es besteht kein Zweifel, dass er besonders die wissenschaftliche Bewegung, deren epistemologischen Rahmen Benn skizziert, im Blick hat, wenn er die »Versachlichung« des Menschen kritisiert. Dies wird vor allem an Jaspers' ausführlicher Auseinandersetzung mit den zeitgenössischen Wissenschaften vom Menschen deutlich. Soziologie, experimenteller Psychologie, Psychoanalyse und Anthropologie hält er vor, das Wesen des Menschen auf ein materielles Sein zu reduzieren, seien es die Produktionsverhältnisse, Laborbefunde, die Sexualität oder die Beschaffenheit des Körpers.[183] Jede dieser Wissenschaften kranke daran, dass sie ihre je spezifischen Erkenntnisse zu einem »zwingenden Wissen« verabsolutiere, statt anzuerkennen, dass das Sein des Menschen immer nur aus »partikularen Perspektiven« erfasst werden könne. Bewusstes »Selbstsein« in der »unaufhebbaren Spannung« und »zwingendes Wissen« über den Menschen stehen sich hier unversöhnlich gegenüber. Diese Konfrontation zementiert Jaspers auch terminologisch. Den Gegenstand der kritisierten Wissenschaften nennt er schlicht »Mensch«. Der Fokus seiner Auseinandersetzung liegt daher folgerichtig auf dem »anthropologischen« Wissen. Dagegen bleibt der Begriff der Persönlichkeit, der die »objektiv unangreifbare, stets einzige Art des Selbstseins« meint, für die Existenzphilosophie reserviert. Weil Jaspers' zentrale Einsicht lautet, dass der Mensch nur als »Unvollendetes und Unvollendbares« gedacht werden kann, kommt er als Schlüsselbegriff nicht in Frage: »Die Existenzphilosophie ist die Philosophie des Menschseins, welche wieder über den Menschen hinauskommt.«[184]

Sieht man sich die Auseinandersetzung mit der Anthropologie jedoch genauer an, zeigt sich, dass Jaspers nicht ihre Inhalte, sondern allein ihren Geltungsanspruch bekämpft. Die legitime Aufgabe der Anthropologie liege in der begrifflichen Durchdringung der Unterschiede zwischen den Menschen: »Nicht eine allgemeinmenschliche Psychologie ist ihr Ziel, sondern ein typisches Sein des Menschen als das zugleich Spezifische eines individuellen Charakters. Psychologie wird zu einem der Mittel, um das Einmalige zu ergreifen in seiner Vitalität als Körperbautypus, Rasse, Charakter, Kulturseele.«[185] Greifbar würden die Unterschiede zwischen den Menschen aber nicht zuletzt in der leiblichen Erscheinung, daher ziele die Anthropologie »auf den sichtbaren Menschen in seinem ursprünglichen Wesen«.[186] Dieses Anliegen bringe einen methodischen Dualismus mit sich, da sich die sichtbaren Eigenschaften des Menschen auf zwei verschiedene Weisen erfassen ließen: Sie könnten einerseits als anatomische Merkmale gemessen, andererseits als physiognomischer Ausdruck verstanden werden. Jaspers steht weder dem Ziel einer so verstandenen Anthropologie noch ihren Methoden grundsätzlich ablehnend gegenüber. Gerade das Ausdrucksverstehen würdigt er als »eigentliche Quelle der Anthropologie«, als besonders geeigneten Weg, »das Menschsein ins Auge« zu fassen.[187] Kritik ruft bei Jaspers allein das fehlende Bewusstsein der »Anthropologen« für die Heterogenität ihrer Methoden und damit die Grenzen ihrer Erkenntnis hervor:

> In den zum Teil bedeutenden Werken, in denen dieses anthropologische Sehen zu konkreter Mitteilung geschritten ist, geht zwingendes objektives Wissen und mögliches intuitives Ausdrucksverstehen so durcheinander, daß die Geltung des Einen die Art der Geltung des Anderen für den Leser suggeriert. Es wird gemessen, aber was eigentlich gesehen wird, entzieht sich aller Meßbarkeit und zahlenmäßigen Fixierung. Es werden Tatsachen mitgeteilt, aber sie sind nicht schon der Sinn, der wie selbstverständlich mit ihnen identisch gesetzt wird. Denn Ausdrucksverstehen wird nicht zu zwingendem Wissen, sondern bleibt Möglichkeit und ist, wie es geschieht, wieder selber Ausdruck für das Wesen des so Sehenden. Ihm erscheint im Ausdruck nicht bloße Naturgegebenheit, sondern das Sein der Freiheit. Die anthropologische Auffassung nimmt

die Möglichkeiten geistigen Sehens in sich auf, um das von ihnen Ergriffene sogleich zu einem naturalistischen Sein zu degradieren.[188]

Aus diesen Äußerungen klingt Bedauern. Der Methode des »intuitiv verstehenden« – oder »geistigen« – Sehens bescheinigt Jaspers ja, »bedeutende Werke« hervorgebracht zu haben. Doch indem ihre Autoren den Ausdruck über das »Verstehen« hinaus als »naturalistisches Sein« behandeln und ihn in »zwingendes Wissen« verwandeln, verfehlen sie seine Natur. Das »anthropologische« Ausdrucksverstehen dient Jaspers hier als Chiffre und Exempel für die Anmaßung einer in ihrer Reichweite beschränkten Methode. Die volle Bedeutung des ebenso scharfen wie sublimen Gegensatzes von Wissen und Möglichkeit, von Tatsachen und Sinn, erschließt sich jedoch erst, wenn man ihn bis zu seinem Anfang zurückverfolgt.

Bereits im Vorwort der ersten Ausgabe seiner *Allgemeinen Psychopathologie* von 1913 schlägt Jaspers einen philosophischen Grundton an. Denn über das Ziel, der bisher nur klinisch betriebenen Psychiatrie ein theoretisches und begriffliches Fundament zu geben, hinaus besteht sein Anliegen auch darin, ein Bewusstsein für die Beschränktheit psychopathologischer Erkenntnis zu wecken:

[Die] *Grenze* [des Psychopathologen] liegt darin, daß er, wenn er dem einzelnen Menschen gegenübertritt, diesen niemals *ganz* in seine psychologischen Begriffe auflösen kann. Je mehr er auf Begriffe bringt, als typisch, als regelmäßig erkennt und charakterisiert, desto mehr erkennt er, daß sich ihm etwas Unerkennbares verbirgt, das er erfassen, fühlen, ahnen, das er aber nicht greifen und einfangen kann. Für ihn als *Psychopathologen* ist es genug, wenn er von der *Unendlichkeit* jedes Individuums weiß, die er nicht ausschöpfen kann; als *Mensch* mag er, davon unabhängig, noch mehr sehen; oder, wenn andere dieses Mehr, das etwas Unvergleichliches ist, sehen, soll er ihnen nicht mit Psychopathologie darein reden. Zumal ethische, ästhetische, metaphysische Wertungen sind völlig unabhängig von psychopathologischer Wertung und Zergliederung.[189]

In dieser Ermahnung wird deutlich, wie viel Jaspers Selbstverständnis Max Weber verdankt, und zugleich, wie sehr sein Gegenstand ihn zwingt, über Weber hinauszugehen.[190] Hat es die Wissenschaft wie im Fall der Psychiatrie nicht mehr mit sozialen Formationen zu tun, sondern mit dem konkreten Menschen, hört die Forderung nach Wertfreiheit auf, ein methodologisches Anfangspostulat aller Wissenschaft zu sein. In Konfrontation mit einem Patienten, der »seelisch«, also als »Ganzes«, erkrankt ist, bleibt der Arzt zwangsläufig immer zugleich Wissenschaftler und Person. Er muss lernen, sich gleichsam in sich selbst zu unterscheiden: er muss den einen Wissenschaftler, der Regelmäßiges »erkennt«, unterscheiden von dem anderen, der etwas an sich Ungreifbares doch »erfasst, ahnt, fühlt« und beide wiederum vom Menschen, der »wertet«.

Die Geste des »ja, aber« zieht sich durch das gesamte Buch. Es gibt keine Methode im breiten Spektrum der psychiatrischen und psychologischen Diagnostik, der Jaspers nicht gerecht zu werden versucht: objektive Symptome stehen neben der Selbstbeschreibung des Patienten, die verstehbaren Zusammenhänge neben den atiölogischen, Analyse, Erklärung und Korrelationsstatistik neben Intuition und Beschreibung, typisierende Theorie neben individualisierender Praxis – kaum ein Begriff, der nicht durch einen Gegenbegriff in kontrapunktischer Spannung gehalten würde. Zusammengehalten wird diese epistemologische Spannung letztlich nur durch den Appell an den Wissenschaftler und den Arzt, sich der asketischen Übung eines permanenten Selbstgesprächs zu unterziehen: Alles wissen zu wollen und zugleich skeptisch gegenüber allem Wissen zu bleiben.

Ist das Konzept des »Menschseins« insofern moralisch bestimmt, als es zur Achtung vor dem Unergründlichen mahnt, so übersetzt der Persönlichkeitsbegriff das Postulat der Unerreichbarkeit ins Methodische. Unter Persönlichkeit versteht Jaspers eine Vielfalt, die zwar empirisch einholbar ist, sich aber aufgrund ihrer inneren Heterogenität nie als Ganzes objektivieren lässt. Da jede seelische Erkrankung ein bestimmtes Individuum betreffe, habe die Psychopathologie ihren Ausgang in einer Psychologie der individuellen Differenzen zu nehmen; kein Krankheitsbild komme ohne

Rückbezug auf die Persönlichkeit des Erkrankten aus.[191] Als Persönlichkeit fasst Jaspers nun aber Verschiedenes. Zum einen die *verstehbaren* Erscheinungsweisen des Seelenlebens, so etwa: »[die] Art, in der sich das Trieb- und Gefühlsleben eines Menschen äußert, in seiner Weise, wie er liebt, wie er eifersüchtig wird, wie er sein Leben führt, welche Bedürfnisse er hat, welche Sehnsucht ihm eigen ist, welche Ziele er sich steckt, wie er Ideale und welche Ideale er bildet, welche Wertungen ihn lenken usw.«[192] Grundlage des Persönlichkeitsverstehens können verschiedene Formen des Sinns sein: die Selbstauskunft einer Person, Handlungs- und Reaktionsmuster, Ausdrucksphänomene wie Mimik, Physiognomik oder Handschrift. Doch könne andererseits das konkrete Erleben und Verstehen der Individualität eines Menschen nicht stattfinden, wenn man sich nicht zugleich eine »individuell spezifische« *Anlage* vorstelle, die ihn zu diesem Verhalten disponiert. Insofern die Anlage selbst nicht erscheint, kann sie nicht verstanden, wohl aber erklärt werden, etwa durch die Regeln der biologischen Vererbung. Im Begriff der Persönlichkeit fallen demnach materielles »Dasein« und phänomenale »Erscheinung« zusammen. Beide Aspekte bleiben jedoch durch eine fundamentale Differenz unterscheidbar. Eine Persönlichkeit stellt der »verständliche Zusammenhang des Seelenlebens« nur insofern dar, als er von einem »Ichgefühl« begleitet ist, »das sich seiner selbst als eines besonderen Ich bewusst ist«.[193] Durch dieses *bewusste* »Gefühl seiner selbst« zeichne sich die Persönlichkeit gegenüber allen niedrigeren Formen des Seelenlebens aus. Dagegen bleibt die Persönlichkeit als Anlage immer »außerbewußt«, sie erschließt sich nur der systematischen Forschung, wird also nicht als Gefühl, sondern als Wissen offenbar.

Diese weit gefasste Konzeption der Persönlichkeit, an der Jaspers im Wesentlichen in allen weiteren Auflagen seiner *Allgemeinen Psychopathologie* bis 1946 festhält, ermöglicht nun eine genauere Abgrenzung der Positionen von Jaspers und Benn. Um es formelhaft zu sagen: Die Haltungen, die beide zum »Problem der Persönlichkeit« einnehmen, sind sich inhaltlich so nah wie philosophisch fern. Es ist offensichtlich, dass sich Jaspers wie Benn das Thema der menschlichen Verschiedenheit über ihre Rolle als Arzt aufdrängt. Ihr Blick ist der des Diagnostikers, der wissen will, welche Gründe diese Verschiedenheit hervorrufen, in welchen Dimensionen sie sich manifestiert und in welchen Zeichen sie sich darstellt. Die Frage nach der Persönlichkeit wird von beiden daher in engster Verbindung mit körperlichen Sachverhalten behandelt. Die Topoi und Themen sind die gleichen: Axiom des Leib-Seele-Monismus, Verankerung des persönlich Spezifischen in den Willens- und Triebsphären, Ausdruck als leibseelisches Phänomen, körperliche Vererbung seelischer Eigenschaften. Zwar sind die Schwerpunkte innerhalb dieses Spektrums unterschiedlich gelagert: Benn interessiert sich eher für die materielle, Jaspers eher für die hermeneutische Dimension; doch sind diese Unterschiede persönlichen Vorlieben geschuldet und keineswegs wesentlich.

Will man die Schärfe verstehen, mit der Jaspers 1931 Benns Lager angreift, muss man sehen, dass Jaspers Persönlichkeitsbegriff in *Die geistige Situation unserer Zeit* eine auf ein einziges Merkmal reduzierte Variante des Persönlichkeitsbegriffs der *Psychopathologie* darstellt. Allein das »Ichgefühl« bleibt nämlich 1931 noch als Bestimmungsgrund der Persönlichkeit. Alle vom Wissenschaftler Jaspers noch gewürdigten objektiven Momente des Begriffs werden zugunsten des subjektiven Bewusstseins für die eigene Person unterschlagen. Jaspers sprengt seinen komplexen Persönlichkeitsbegriff und bringt gleichsam die wissenschaftlichen gegen die philosophischen Trümmer in Stellung: Alle Methoden der diagnostischen Objektivierung menschlicher Eigenart werden nur noch im Hinblick auf ihre Gefährlichkeit für das Selbstsein betrachtet.[194] In dieser polemischen Variante tut sich der Unterschied zwischen Jaspers und Benn in seiner ganzen Weite auf. Erst jetzt wird sichtbar, dass es sich bei der Frage nach dem Selbstbewusstsein nicht um ein semantisches Detail handelt, sondern um das spezifische Kriterium, das die beiden Persönlichkeitskonzepte bei aller sonstigen Nähe unüberwindbar trennt.

Bei Jaspers ist die Vorstellung der persönlichen Eigenart an ein philosophisches Konzept von Personalität gebunden. So sehr diese Eigenart auch durch objektive Determinanten wie die Beschaffenheit des Organismus oder erbliche Eigenschaften bedingt sein mag, bleibt sie damit vor vollständiger Objektivierung geschützt. Real gegeben ist die Persönlichkeit dem anderen immer nur im Modus des »Erlebens«, nie aber im Modus des Wissens. Die tatsächlich materiell objektivierbaren Anteile der Persönlichkeit, von Jaspers unter dem Begriff der »Anlage« gefasst, bleiben durch die Differenzen Erklären / Verstehen und bewusst / unbewusst kategorial von der Persönlichkeit als konkreter »Erscheinung« getrennt. Da nun Benn genau diese Unterscheidungen nicht macht, kann er die gleichen Kategorien deutlich weniger komplex arrangieren. Für ihn sind Erscheinung und Organismus, Individuum und Art schlicht zwei Pole der leibseelischen Einheit, zwei Ansichten einer *in sich selbst identischen* Sache. So wird der Kurzschluss zwischen Körper und Wissen möglich, der bei Jaspers durch den erkenntnistheoretischen Vorbehalt ausgeschlossen ist. In diesem Sinne kann Benn sagen, daß das Blutdrüsensystem eines Menschen dessen »Persönlichkeit *ist*«, nämlich »als die ins Biologische gewendete Seite einer Anlage, die ins Psychische gewendet den charakterologischen Tatbestand abgibt«.[195]

Dieser fundamentale Unterschied im Arrangement der Leib-Seele-Beziehung öffnet nun zwei gänzlich verschiedene Horizonte, vor denen die Persönlichkeit als Problem des Denkens erscheint. Jaspers orientiert sich am Individuum, das dem Seelenarzt als Patient gegenübertritt; die Erkenntnis der objektiven Persönlichkeitsdeterminanten dient lediglich einem besseren Verständnis des Einzelfalls und damit letztlich immer der Hilfestellung beim Zu-sich-selber-Finden. Der Sichtweise des Arztes bleibt er auch als Philosoph treu: Die ultimative Grenze jeder Betrachtung eines Menschen ist der individuelle Tod. Insofern Jaspers die Möglichkeit des Selbstverlustes im Angesicht des Todes zum Angelpunkt seines Persönlichkeitskonzeptes macht, kann man es als individualistisch bezeichnen. Doch es wäre ein Irrtum, den Unterschied zu Benns Persönlichkeitskonzept in dessen vermeintlichem Anti-Individualismus zu sehen. Vielmehr degradiert Benn, indem er das Bewusstsein gedanklich suspendiert, Individualität lediglich von einem absoluten zu einem kontingenten Aspekt der Persönlichkeit. Ohne die subjektphilosophischen Stachel des Bewusstseins und des Todes kann die Einheit aus Leib und Seele ganz dem Bereich des Objektiven zugeschlagen werden, sie wird zur »biologischen

Idee«. Als solche wird die Persönlichkeit letztlich zu einem Erkenntnisgegenstand der Morphologie. Die unterschiedlichen Erscheinungsweisen des Menschlichen können nun als Varianten und Veränderungen einer metaphysischen Substanz namens ›Leben‹ begriffen werden. Die einzigartige Persönlichkeit (»Napoleon«) ist ebenso eine mögliche Erscheinungsform des Lebens wie das Typische (»Neger«). Individualitäten wie Typen besitzen wie Landschaften unverwechselbare Gestalten, und wie diese unterliegen sie dem Kreislauf von Sein und Werden: als Formen sind sie von verschwindend kurzer Dauer gegenüber den ewigen Verwandlungen des Mediums »Leben« – was einst Meeresgrund war, ist heute Berggipfel und wird morgen Steppe sein.

Im Folgenden wird fast nur vom morphologischen Persönlichkeitskonzept die Rede sein. Daher soll hier zumindest darauf hingewiesen werden, dass auch Jaspers in eine Tradition des Persönlichkeitsdenkens eingebunden war. Die intellektuelle Nähe zu Kant und Max Weber wurde schon erwähnt; auch könnte man auf die Nähe zu Plessner und einer existentialistischen Lesart Nietzsches hinweisen. Doch der unmittelbarste Anknüpfungspunkt für Jaspers dürfte im sozialphilosophischen Modernismus Georg Simmels gelegen haben. Wenn Jaspers kategorisch zwischen unerreichbarem Selbstbewusstsein und objektivierbarem Sein eines anderen unterschied, dann übersetzte er damit Simmels Idee von der psychisch-sozialen Doppelnatur für seine Zwecke.[196] Für Simmel war kein Individuum je ganz gegeben, weder als Sache noch als Ausdruck, weder sich selbst noch den anderen. Als Teil des »Lebens« ist es eine unergründliche »Totalität« für sich und für die ihn Liebenden, nur diesen Aspekt nannte er Persönlichkeit; und zugleich ist es ein »Fragment« für alle anderen.[197] Um ihr Verhalten aufeinander abzustimmen, müssen die Individuen ihre fragmentarische Natur aber ignorieren: Gesellschaft ist nur möglich, indem man sich ein »Bild« vom Anderen macht.[198] Um zu überleben, muss der Mensch sich selbst zur Illusion werden – das ist die Pointe einer Persönlichkeitsemphase, die das bürgerliche Zeitalter hinter sich gelassen hatte.[199]

3. Akademische Aporien: Fachwissenschaftler als Charakterologen

Ab etwa 1920 setzte sich für die Behandlung des Persönlichkeitsproblems der Oberbegriff »Charakterologie« durch. Die Zahl der Publikationen charakterologischen Inhalts hatte seit der Jahrhundertwende kontinuierlich zugenommen.[200] War der charakterologische Diskurs vor dem Ersten Weltkrieg aber vom publizistischen Erfolg akademischer Außenseiter wie Otto Weininger und Ludwig Klages getragen worden, so stellten Beobachter um 1930 fest, dass er nun auch die wissenschaftliche Öffentlichkeit erreicht habe.[201] Die Ankunft im wissenschaftlichen Diskurs markierte den Karrierehöhepunkt der essentialistischen Charaktersemantik.[202]

3.1. Sammelpunkte

Das Bestreben, charakterologisches Wissen zu sammeln, wird im Erscheinen zweier Periodika greifbar: dem *Jahrbuch der Charakterologie*, seit 1924 herausgegeben vom Hallenser Philosophieprofessor Emil Utitz, und der 1925 vom Heidelberger Verleger Niels Kampmann gegründeten *Zeitschrift für Menschenkunde* (Untertitel: *Blätter für Charakterologie und angewandte Psychologie*).[203] In der Ausrichtung der beiden Organe zeigten sich die große Spannweite und die Heterogenität der charakterologischen Denkbewegung.

Utitz vereinte in den *Jahrbüchern* ein breites Spektrum von Autoren und Themen, das zusammengehalten wurde von einem dezidiert akademischen Anspruch. Als langfristiges Ziel des Unternehmens gab Utitz »systematische Vollständigkeit« aus: Es sei die »Einheit des großen charakterologischen Problems in der ganzen Fülle und dem ganzen Ausmaß seiner Möglichkeiten«, die Vertreter ganz unterschiedlicher Fächer zur Mitarbeit motiviert habe.[204] Unter den Beiträgern fanden sich vor allem universitäre Fachwissenschaftler, darunter die Psychologen William Stern, Otto Lipmann, Theodor Erismann, David Katz und Franziska Baumgarten, der Zoologe Friedrich Schwangart, der Endokrinologe Alexander Lipschütz, die Juristen Robert Heindl, Hans Schneickert und Oskar Kraus, die Philosophen Ludwig Marcuse, Arthur Liebert und Alexander Pfänder, sowie, besonders zahlreich, Psychiater und Neurologen wie Ernst Kretschmer, Arthur Kronfeld, Karl Birnbaum, Robert Gaupp, Kurt Schneider und Theodor Ziehen.[205] Entsprechend groß war die Bandbreite der behandelten Themen. Sie umfasste historische Beiträge zu den Vorläufern der Charakterologie; theoretische Beiträge zu Charakteraufbau und Charaktergenese; philosophische Beiträge zum Verhältnis von Sein und Erscheinen oder von Geist und Leben; monographische Beiträge zu den Charakteren bestimmter Völker oder charakterologischer Typen wie dem »Verbrecher«, dem »Künstler« oder dem »Massenmenschen«; exemplarische Charakterbeschreibungen bekannter Figuren der Kulturgeschichte, etwa Stendhal, Tolstoj oder Kant; Beiträge zu methodologischen und diagnostischen Fragen, etwa zur Phänomenologie, zur Physiognomik, zum heuristischen Wert von Typologien, zum Vergleich von verstehender und Testpsychologie, zum Verhältnis von Charakterologie und Psychoanalyse; Beiträge zur praktischen Relevanz der Charakterologie, etwa in der Psychiatrie, im Strafrecht, in der Kriminologie, in der Pädagogik oder bei der Berufsberatung. Es war genau diese Fächer übergreifende wissenschaftliche Goldgräberstimmung, die Gottfried Benn für das Projekt begeisterte – sein eingangs zitiertes Lob, dass sich »in diesem Milieu wohl alles [abspielt], was heute im Geistigen erregend ist«, hatte namentlich dem »literarischen Sammelpunkt« der *Jahrbücher* gegolten.[206]

Verglichen mit deren universitärem Zuschnitt war die *Zeitschrift für Menschenkunde* eher bildungsbürgerlich-literarischen Charakters. Neben einigen Professoren aus geisteswissenschaftlichen Disziplinen, etwa Theodor Lessing oder Emil Preetorius, waren die meisten Beiträger außerhalb der Universität tätige Akademiker, Privatgelehrte wie C. G. Jung, Graf Hermann Keyserling, Rudolf Bode und Emil Ludwig oder Schriftsteller wie Thomas Mann, Stefan Zweig und Oscar H. Schmitz. Doch niemand prägte die Gestaltung der Zeitschrift so sehr wie Ludwig Klages. Für den Verleger Kampmann war Klages der Name, der seinem Anliegen Autorität verschaffte.[207] Ein thematischer Schwerpunkt des Verlagsprogramms waren Fragen der Menschenkenntnis, eines psychologischen Wissens also, das der Erfahrung mehr verdankt als der disziplinären Forschung; unter anderem war im Anthropos-Verlag, der auch Kampmann gehörte, Reinhold Gerlings populäres Buch *Der Menschenkenner* erschienen.[208] Zu Kampmanns praktisch-psychologischem Interessen gehörte auch das Gebiet der Graphologie. Als einer der ersten hatte er ihr kommerzielles Potential erkannt und nach dem Ersten Weltkrieg ein Institut gegründet, in dem er Graphologen auf Honorarbasis Persönlichkeitsgutachten erstellen ließ. Der Kampmann-Verlag hatte sich daher bereits früh auf graphologische Fachliteratur spezialisiert.[209] Doch dem außerakademischen Charakter ihres Wissens gemäß besaßen Autoren wie Gerling nur den Status interessierter Laien, so dass man mit ihren Büchern bestenfalls ökonomisch reüssieren konnte. Mit Klages gewann Kampmann dagegen einen Autor, der es geschafft hatte, sich durch seine graphologischen und charakterologischen Publikationen im gebildeten Milieu Prestige zu erarbeiten. Umgekehrt war dem Privatgelehrten Klages daran gelegen, eine Plattform für seine Positionen zu gewinnen, deren Wissenschaftlichkeit er durch nichts so gefährdet sah wie die kommerziellen Erfolge, die viele »Pfuscher« auf seinen Fachgebieten erzielten. Da er kein Mitspracherecht bei der redaktionellen Gestaltung der Zeitschrift besaß, machte Klages seinen Einfluss zunehmend dadurch geltend, dass er Beiträge seiner Schüler und Vertrauten lancierte. Bis 1930 können knapp ein Viertel aller Beiträger dem Kreis um Klages zugerechnet werden, zumeist Graphologen, die Klages ausgebildet hatte.[210] Inhaltlich war die *Zeitschrift* daher insgesamt eingeschränkter als die *Jahrbücher*; es dominierten physiognomische, ausdruckstheoretische und graphologische Themen. Zusammengehalten wurde das Unternehmen von der Idee, den gesamten Bestand psychologischen Erfahrungswissens, zu dem neben den Zeitgenossen vor allem die Antike, die Renaissance, die Romantik und die literarische Tradition beigetragen hatten, zu sichten und zu bewerten. Viel Platz wurde einer regelmäßig erweiterten »Charakterologischen Bibliographie« eingeräumt, sowie Überblicksreferaten zu psychologischen Denkern, Werken und Methoden und Richtungen, auch solchen, gegenüber denen man auf Abgrenzung bedacht war, wie etwa der Psychoanalyse oder dem Behaviourismus. Gleichwohl darf die Unterschiedlichkeit der beiden Sammlungsorgane nicht überbetont werden, es handelte sich eher um Tendenzen als um Gegensätze. Das gesamte Gebiet der Charakterologie befand sich Mitte der 1920er Jahre so sehr im Fluss, dass es zu vielen thematischen und personellen Überschneidungen kam. So steuerten nicht nur Stefan Zweig, Ernst Kretschmer, Theodor Erismann oder Hans Schneickert, sondern auch Klages Aufsätze zu beiden Periodika bei. Utitz hatte Klages deutlich gemacht, dass er auf dessen Präsenz in den *Jahrbüchern* besonderen Wert legte, sowohl als Autor wie als Thema: Hans Prinzhorn betreute er mit einer Würdigung Klages' als »Begründer einer reinen Charakterologie«, während dieser selbst einen Doppelaufsatz über die »psychologischen Errungenschaften Nietzsches« beisteuern durfte, bei dessen Gestaltung Utitz ihm »so viele Freiheiten wie sonst keinem anderen Autoren« einräumte.[211] Doch schon nach der Publikation des ersten Bandes der *Jahrbücher* schloss Klages jede weitere Zusammenarbeit mit Utitz kategorisch aus. Die Gründe waren prinzipieller Natur. Utitz ging von einer unvermeidlichen Pluralität der bisherigen charakterologischen Ansätze aus. Die Aufgabe einer systematischen Charakterologie bestand für ihn daher in der möglichst breiten Sichtung der Methoden und Wissensbestände und ihrer anschließenden Instrumentierung zu einem organischen »Bau«.[212] Gerade weil sie ihr Wissen aus so heterogenen Quellen wie der Philosophie, den Traditionen der praktischen Menschenkenntnis, der Psychiatrie, der Physiognomie, der Psychoanalyse, der Geschichte großer Männer und der Weltliteratur bezog, verglich er den gegenwärtigen Zustand der Charakterologie mit einem Berg, in den von verschiedenen Seiten »tiefe Stollen« gegraben worden seien, die es nun zu einem »System« zu verbinden gelte. Erst nach einer solchen theoretischen Grundlegung könne die eigentliche Forschung aufgenommen werden.[213]

Ein derart pluralistisches Vorgehen lief Klages' Vorstellung von Charakterologie vollständig zuwider. Er fühlte sich dabei, kurz gesagt, um den Lohn seiner Arbeit gebracht. Mitte der 1920er

Jahre sah Klages bereits auf ein Lebenswerk als theoretischer und praktischer Charakterologe zurück. Seine schon vor dem Beginn des Ersten Weltkriegs veröffentlichten Hauptwerke *Prinzipien der Charakterologie* (1910), *Probleme der Graphologie* (1910) und *Grundlegung einer Wissenschaft vom Ausdruck* (1913) verstand er als theoretische Einheit, mit der er die Begründung einer wissenschaftlichen Charakterologie, die Utitz erst synthetisch herstellen wollte, bereits vollzogen zu haben meinte. Aus seiner Sicht stellte der allgemeine Aufschwung der Charakterologie weniger eine Anerkennung seines wissenschaftlichen Anliegens dar – was er tatsächlich war, denn es wurde anerkannt, dass Klages sich als erster um eine Fundierung der Charakterologie bemüht hatte[214] –, als vielmehr eine Missachtung seiner wissenschaftlichen Leistung. Dabei war die zwar ehrerbietige, gegenüber seinem Prioritätsanspruch aber reservierte Haltung, die Utitz Klages' entgegenbrachte, keineswegs verwunderlich. Denn in seiner monistischen Geschlossenheit hatten Klages' Werk eher den Charakter einer dogmatischen Lehre als eines Beitrags zu arbeitsteiliger Forschung. Grundlegend für die Persönlichkeitsunterschiede erachtete Klages das Axiom der leibseelischen Einheit: »Der Leib ist die Erscheinung der Seele, die Seele der Sinn der Leiberscheinung«.[215] Charakterologie war für ihn daher nur denkbar in enger Verbindung mit einer neu begründeten Physiognomik als Ausdruckswissenschaft, und der besondere Stellenwert der Graphologie erklärte sich daraus, dass in der Handschrift die beiden Pole – Charakter und Erscheinung – zusammenfallen. Damit gab es klare Kriterien für die Anschlussfähigkeit an den eigenen Entwurf. So würdigte Klages Jaspers' Bemühen um eine »verstehende Psychologie« grundsätzlich ebenso wie die – auch von Benn geschätzte – Konstitutionsforschung Kretschmers.[216] Dagegen ließ sich die Psychoanalyse zwar, wie Utitz das tat, als Beitrag zu einer allgemeinen Charakterologie ausdeuten, mit Klages' physiognomischer Doktrin aber war sie nicht vereinbar.[217]

Wie im Folgenden gezeigt werden soll, konnte Klages gerade deshalb eine in sich schlüssige und praxistaugliche Charakterologie schaffen, weil er seinen Anspruch auf Wissenschaftlichkeit nicht mit Blick auf die akademische Fachöffentlichkeit erhob, während Utitz' Versuch der akademischen Disziplinbildung schon in den Ansätzen stecken blieb.

Die Unterscheidung zwischen unmöglicher Disziplin und produktivem Denkstil lässt sich gut am Beispiel von vier Monographien entwickeln, die in der zweiten Hälfte der 1920er Jahre versuchten, die Charakterologie angesichts der ins Kraut geschossenen Einzelpublikationen theoretisch zu fundieren. Auf der einen Seite Emil Utitz' – im Geist der *Jahrbücher* verfasste – *Charakterologie* (1925) und *Die Grundlagen der Charakterologie* (1930), eine auf 15 Vorlesungen basierende Einführung des Berliner Psychiatrieprofessors Theodor Ziehen; auf der anderen die von Klages' engstem Jugendfreund Theodor Lessing verfassten *Prinzipien der Charakterologie* (1926) und der – ebenfalls *Charakterologie* (1929) betitelte – ideengeschichtliche Abriss des Münchener Philosophie- und Psychologieprofessors Friedrich Seifert.[218]

3.2. Architekten des Unendlichen

So hell das charakterologische Problem bei Gottfried Benn strahlte, so blass blieben die Versuche, es zum Ausgangspunkt akademischer Wissenschaft zu machen. Benn konnte es sich leisten, das Thema visionär zu behandeln. Um gegen die beschauliche Persönlichkeitsidee des Neuhumanismus zu revoltieren, genügte es, den Körper zum Sitz der Seele zu erklären und mithin Psychologie und Biologie als zwei Seiten einer Sache. Die entscheidende Frage, ob und wie die empirischen Unterschiede zwischen den Menschen methodisch in den Griff zu bekommen seien, ließ sich im essayistischen Format bequem umschiffen. Dagegen verdeutlichen die Monographien von Emil Utitz und Theodor Ziehen, wie sehr man die Möglichkeiten der disziplinären Wissenschaft mit dem Versuch überforderte, die Vielfalt der Menschen systematisch zu ordnen.[219] Der bissige Fritz Mauthner traf den Kern des Problems, wenn er 1923 in seinem *Wörterbuch der Philosophie* spottete: »Die Charakterologie macht Ansätze dazu, eine Wissenschaft zu heißen. Eine ganz neue Disziplin, die nur selbst noch nicht weiß, ob sie sich als Individualpsychologie der Völkerpsychologie gegenüberstellen soll, oder als Typenpsychologie der Individualpsychologie.«[220] Nicht nur in dieser Frage sollten sich die akademischen Charakterologen nie entscheiden können.

a) Die aporetische Natur des charakterologischen Problems

Die Versuche, die Theodor Ziehen und Emil Utitz zur Fundierung der wissenschaftlichen Charakterologie unternahmen, sind aufschlussreich. Allein ihre Existenz legt nahe, dass die Gründung charakterologischer Fachzeitschriften Ausdruck eines Problems war, das nicht nur diffus empfunden wurde, sondern auch akademische Wissenschaftler zu Lösungsversuchen reizte. Zudem gibt gerade das Misslingen der akademischen Versuche Hinweise auf die Struktur des charakterologischen Problems. Ein Schlaglicht auf dieses Scheitern kann daher auch die Gründe für das Gelingen der außerakademischen Ansätze erhellen. Doch nach welchen Kriterien kann hier überhaupt von Scheitern und Gelingen die Rede sein, ohne damit zugleich eine äußerst problematische Unterscheidung zwischen »echter« und »Pseudowissenschaft« zu treffen?[221] In unserem Fall hat die Unterscheidung zwei Kriterien: ein pragmatisches und ein sachliches. Dagegen bleibt die wie auch immer gefasste normative Dimension zunächst unberücksichtigt.

Das *pragmatische Kriterium* heißt Erfolg. Es steht außer Frage, dass charakterologische Freidenker wie Nietzsche, Weininger, Klages, Chamberlain, Clauß oder Spengler nachhaltige Wirkung auf das gebildete Publikum ausübten. Und ebenso fraglos war die von Fachwissenschaftlern betriebene Charakterologie nie mehr als ein akademisches Randphänomen, das wissenschaftshistorisch allenfalls im Hinblick auf die Umstände, unter denen sich die Psychologie in Deutschland professionalisiert hat, von Belang ist: nämlich als kriegsrelevante Disziplin.[222] Ihre Vertreter stifteten keine psychologische Forschungstradition. Den Nachfolgern vererbten sie Anfang der 1960er Jahre ihre Lehrstühle, nicht ihre Probleme.[223] Der Mediziner Ziehen und der Philosoph Utitz waren als Theoretiker der Charakterologie sogar noch bedeutungsloser als ihre Kollegen in der Psychologie. Ihre Wirkungen verlieren sich in feinstofflichen Spuren, von denen Gottfried Benns Reverenzen noch zu den sichtbarsten gehören. Doch ist ihr Scheitern in anderer Hinsicht umso bemerkenswerter: Gerade weil sie es *in toto* betrachten, führen sie mustergültig vor, wie man das charakterologische Problem von Grund auf verfehlen kann.

Das *sachliche Kriterium* setzt an der Natur eben dieses Problems an. Welches Ziel verfolgt die Charakterologie und warum führt zu ihm kein Weg über die wissenschaftlichen Institutionen? Charakterologie will Wissenschaft von den Unterschieden zwischen den Menschen sein oder, was das gleiche Vorhaben anders benennt, von der theoretischen Ordnung der menschlichen Vielfalt. Schon eine kurze Reflexion kann erweisen, dass man damit Unmögliches will, wenn man dieses Anliegen allzu wörtlich nimmt. Die grundsätzliche Schwierigkeit betrifft weniger die Totalität des Gegenstandes, denn die liegt in der Natur der Sache: Wer unterscheiden will, braucht eine Ordnung. Wie keine Zoologie sich vornehmen kann, nur ein paar Tiere zu ordnen, so kann die Charakterologie auch nicht sagen: Wenn wir die Hälfte aller Menschen geordnet hätten, wären wir schon einen guten Schritt weiter. Ordnung als Totalität von Unterschieden meint ja nicht: alle denkbaren Unterschiede. Schon die Unterscheidung von Luft- und Bodentieren würde ausreichen, um Zoologie zu betreiben, denn *jedes* Tier könnte danach bestimmt werden, ob es fliegen kann oder nicht. Das eigentliche Problem der Charakterologie besteht in der Selbstreferenz des Gegenstandes.[224] Zwar ist es richtig, dass schon die Aussage »das ist eine Ameise« auch eine Aussage über mich selbst impliziert, nämlich: ich bin keine Ameise. Da aber mit guten Gründen unterstellt wird, dass zum einen nur Menschen das sagen können und zum anderen jeder zurechnungsfähige Mensch eine Ameise für nichts anderes als eine Ameise hält, kann man so tun, als wäre die Ameise für sich da. Die Selbstreferenz lässt sich nicht leugnen, wohl aber suspendieren, und darum ist Naturwissenschaft möglich.

Dagegen ist schlechterdings kein Sprechen über Menschen vorstellbar, das davon absehen könnte, dass auch der Sprecher ein Mensch ist. Was immer ich über Menschen aussage – ich mache damit zugleich eine Aussage über mich selbst. Im Fall anthropologischer Aussagen ist diese Feststellung von tautologischer Banalität. Schon seiner Form nach impliziert der Satz »Der Mensch ist ein Mängelwesen«, dass ich selbst ein solches bin. Doch auch bei Aussagen über empirische Menschen lässt sich der Fremdbezug nie vom Selbstbezug trennen. Nur hat diese Einheit hier eine andere Form. Das Verhältnis des Anderen zum Selbst wird *asymmetrisch*. Die Aussage über »dich« impliziert nämlich keine Aussage über mich, sondern eine Frage. Wenn ich sage »du bist eine Frau«, dann bedeutet das nicht, dass ich selbst auch eine Frau bin, sondern dass ich entweder eine Frau oder ein Mann bin. Nur in Ausnahmefällen wie diesem nimmt die Frage allerdings die Form einer formal-logischen Alternative an. In der Regel wirft jede Aussage über einen Anderen die logisch schwächere Alternative von *Ähnlichkeit* und Unähnlichkeit auf. Wenn ich Sternzeichen für relevant halte, kann ich sagen »du bist ein Fisch«, was bedeutet, dass ich selbst, der ich ja auch ein Sternzeichen habe, dir mehr oder weniger ähnlich bin: z. B. auch ein »Fisch« *wie du*, oder *fast wie du* immerhin ein »Wasserzeichen«, z. B. ein »Krebs«, oder eben *anders als du*, z. B. ein »Löwe«, also ein »Feuerzeichen« usw.

Problematisch wird der nicht suspendierbare Selbstbezug allerdings erst, wenn man nicht mehr nur praktisch unterscheiden, sondern auch theoretisch ordnen will. Da man ohne Ordnung nicht unterscheiden kann, heißt das nichts anderes als: eine Totalität von benutzbaren Unterschiede zu explizieren; oder, wenn das Vorhaben »philosophischer« ansetzt, so wie die Charakterologie, die *echten* Unterschiede überhaupt erst auffinden und sie an die Stelle der bloß konventionellen Unterschiede setzten. Der Minimalfall einer solchen Ordnung verdeutlicht, wie das zu verstehen ist. Wenn ich frage, warum es überhaupt möglich ist, einen anderen Menschen als Frau wahrzunehmen, dann lautet die Antwort: weil sich die Menschen in zwei große Gruppen unterteilen lassen. Die Geschlechterordnung konstituiert also eine Totalität des Unterscheidbaren, denn jeder Mensch ist entweder eine Frau oder ein Mann. Das klingt unproblematisch, ist es aber in doppelter Hinsicht nicht.

Das erste Problem liegt in der *Vielfalt der Perspektiven*. Der Ordnende ist immer schon Teil der Ordnung. Auch der andere ist ein Selbst: Sogar wenn unterstellt werden könnte, dass alle

»Männer« das gleiche meinen, wenn sie »Frau« sagen, wäre es eine offene Frage, ob »Frauen« an »Frauen« das gleiche beobachten wie »Männer«. Sobald ich einen anderen beobachte, muss ich unterstellen, dass er nicht nur mich ebenso beobachtet wie ich ihn, sondern auch, dass er beobachtet, wie ich ihn beobachte usw. Beobachtet man Menschen, setzt jeder Beobachterstandpunkt die Existenz eines anderen Beobachterstandpunktes geradezu voraus. Als »Gegenstand« kann es den Anderen gar nicht geben, denn dazu müsste sich eine Position denken lassen, von der alle das gleiche sehen.

Das zweite Problem liegt in der *Vielfalt der Aspekte*. Das Geschlechterschema wurde hier ja nur exemplarisch herangezogen, weil es ebenso einfach zu gebrauchen wie zu begreifen ist. Doch schon im alltäglichen Umgang mit Menschen greifen wir auf eine kaum überschaubare Zahl von Unterscheidungen zurück. Anders als »die Tiere« der Zoologie lassen sich »die Menschen« eben nicht allein über biologische Schemata unterscheiden. Die große Mehrheit aller auf den Menschen anwendbaren Unterscheidungsschemata ist historisch und kulturell kontingent. Und die meisten davon besitzen mehr Positionen als das zweiwertige Geschlechterschema: man denke nur an die Gesamtheit aller Berufe, Stände, Völker, Nationen, Religionen, Epochen, Temperamente, Sternzeichen oder Tugenden. Weil wir einander immer gegenseitig beobachten und weil sich unsere Welt andauernd verändert, ersinnen wir zudem ständig neue Formen des Unterscheidens. Undurchdringlich komplex wird dieses Nebeneinander von Aspekten aber nicht allein wegen ihrer großen Zahl, sondern vor allem weil Menschen die Andersheit des anderen nicht nur bezeichnen, sondern auch deuten. Der Gehalt der Aussage »das ist eine Frau« erschöpft sich daher nie in der Information, dass es sich nicht um einen Mann handelt; sie ist immer schon mit wiederum kontingenten Annahmen über die »weiblichen« Eigenschaften des anderen verbunden. Der Charakterologe muss also nicht nur Unterscheidungen auffinden, gruppieren und dabei »echte« von bloß konventionellen trennen – er muss das Unterschiedene auch richtig deuten, sonst erschöpft sich sein Geschäft in nominalistischer Etikettenkleberei.

Handhabbar ist die Charakterisierung eines anderen aber nur, wenn sie ihn nicht »an sich« betrachtet, also als Summe aller möglichen Unterscheidungen, sondern in einem bestimmten Schema. Die gleichzeitige Anwendung mehrerer Schemata verdunkelt mindestens so viel wie sie erhellt: Jeder versteht, was die Aussage »das ist eine Frau« oder »das ist eine Französin« bedeutet, doch schon die Aussage »diese Frau ist eine Französin« enthält einen Bedeutungsüberschuss, der nach Interpretation verlangt, und die Aussage »sie war eine französische Katholikin des 18. Jahrhunderts« ist kaum mehr als eine grammatische Form. Wir erfassen andere Menschen also nicht nur zwangsläufig *perspektivisch*, sondern immer auch unter einem *spezifischen* Gesichtspunkt.

Zusammengefasst: Anders als der Zoologe, Botaniker oder Mineraloge kann der Charakterologe, der es mit der menschlichen Vielfalt zu tun hat, seinen Gegenstand nicht ohne weiteres als Fremdreferenz ausweisen. Ein Standpunkt, von dem aus alle das gleiche beobachten, lässt sich nicht mal fingieren.[225] Zudem sind die Unterschiede heterogen: Die biologischen Schemata von Geschlecht, Alter und Rasse lassen sich noch zusammen denken, aber in welcher Beziehung steht das Alter eines Menschen zu seinem Temperament und zu seiner Religion? Wer sinnvoll Charakterologie betreiben möchte, muss daher eine Entscheidung treffen.

Er muss sich entweder auf einen Aspekt und damit ein Bezugssystem festlegen oder auf einen streng subjektiven Standpunkt. Beide Alternativen haben ihren Preis. Klassische Vorbilder der ersten Möglichkeit wären etwa die typologischen Schemata der vier Temperamente oder der zwölf Sternkreiszeichen der Astrologie. Der Vorteil der typologischen Methode liegt darin, dass sich die Selbstreferenz weitgehend ausblenden lässt, da man sich auf überprüfbare Kriterien zur Typenbestimmung einigen kann (z. B. Ort und Datum der Geburt). Dieser Vorteil hat seinen Preis allerdings in der Willkür des gewählten Schemas, das vom Charakterologen ja nicht mehr in technischer – wie etwa die Feststellung des Temperaments ursprünglich Teil der ärztlichen Kunst war –, sondern in ontologischer Absicht verwendet wird. Die Kontingenz des gewählten Unterscheidungsschemas steht in krassem Missverhältnis zur charakterologischen Vision, die Vielfalt aller Menschen ordnen zu wollen.

Wollte man an dieser Vision, die zu Beginn des 20. Jahrhunderts so viele deutsche Intellektuelle faszinierte, festhalten, musste man die andere Möglichkeit wählen und sich auf eine *Subjektperspektive* festlegen. Betrachte ich die Gesamtheit der Menschen nämlich *für mich*, enthält sie alle Unterscheidungen, die mir zur Verfügung stehen. Und allein der Umstand, dass ich es bin, der alle anderen unterscheidet, stiftet ein Prinzip der Ordnung zwischen den heterogenen Unterscheidungen. Jeder Bezug auf einen anderen Menschen impliziert ein selbstbezügliches Urteil darüber, ob der Beobachtete mir ähnlich oder unähnlich ist. Da ich selbst »viele« – männlich, deutsch, Akademiker usw. – bin, kann ich andere unter vielen Gesichtspunkten beobachten. Unterscheidungen, die unmittelbar in keinem Verhältnis zueinander stehen, können nun quasi »über Bande«, nämlich meine Beobachtung, aufeinander bezogen werden. In welcher Hinsicht auch immer ich einen Anderen beobachte: Sobald er die Bande meines Urteils berührt, wird er mir selbst ähnlich oder unähnlich. Derart qualifiziert lassen sich nun *alle möglichen* Unterscheidungen über den Gegensatz von »ähnlichem Anderen« und »unähnlichem Anderen« ordnen. Um das an einem einschlägigen Beispiel anschaulich zu machen: Wenn jemand um 1930 für sich selbst die Beschreibung »gebildeter deutscher Mann protestantischer Herkunft« akzeptierte, dann war es denkbar, dass die ihm allesamt unähnlichen Fremdreferenzen »Massenmensch«, »Jude« und »Frau« ihrerseits einander ähnlich waren.

Die Willkür gehört zum Wesen der Subjektperspektive. Gerade das genannte Beispiel lässt daran keinen Zweifel. Das Beispiel zeigt aber auch, dass man es mit einer anderen Art von Willkür zu tun hat als bei der Beschränkung auf eines von unendlich vielen Unterscheidungsschemata. Die Reduktion der Aspekte steht in Konflikt mit dem charakterologischen Anliegen, ein Mannigfaltiges zu ordnen. Dagegen kann die Subjektperspektive genau dies leisten. Und auch wenn die charakterologische Perspektive die anderen zunächst *für jemanden* erfasst, so ist damit nicht gesagt, dass *nur* dieser Jemand diese Perspektive einnehmen kann. Wer sich um 1930 ebenfalls für einen gebildeten deutschen Mann christlicher Herkunft hielt, konnte sich auf ähnliche Weise von den anderen unterscheiden wie das eben gegebene Beispiel-Ich. Zudem können fremde Perspektiven auch übernommen werden, etwa von den Lesern eines perspektivisch geschriebenen Buchs. Auf der Grundlage einer Subjektperspektive ist ein sinnvolles charakterologisches Sprechen über »alle Menschen« also durchaus möglich. Nur hat auch diese Möglichkeit ihren Preis. Wer von seiner Perspektive aus denkt, kann nur Weltanschauung betreiben, nie Wissenschaft.[226] Auch wenn es merkwürdig klingt: Diese Feststellung impliziert kein Werturteil. Wissenschaft und Weltanschauung schließen einander nicht aus, weil, wie es die Selbstmystifikation der Wissenschaft will, nur jene »methodisch« vorgeht, sondern weil es sich um zwei inkommensurable Denkformen handelt. Wissenschaftliches Denken ist institutionalisiertes Denken. Das bedeutet zunächst nichts anderes, als dass es jeden Wissenschaftler zwingt, mit Blick auf andere Wissenschaftler zu denken. Damit ist allerdings nicht der Zwang gemeint, gemeinsam nach Lösungen zu suchen und einen Konsens darüber herzustellen, welche Aussagen als wahr und welche als falsch anzusehen sind. Im Gegenteil konstituiert die Institutionalisierung einen Schutzraum, der all seinen Insassen etwas höchst Unwahrscheinliches garantiert: Jeder von ihnen kann ohne Rücksichtnahme auf andere denken und sagen, was er will. Selbstverständlich kann man beobachten, dass Wissenschaftler einander zustimmen oder widersprechen. Folgen hat das aber höchstens für die Karriere des Wissenschaftlers, nicht aber für den Status seiner Aussagen. *Scientific communities* konstituieren gleichsam paradoxe Gemeinschaften, die bestehen können, weil sich ihre Mitglieder darauf verständigt haben, einander im Zweifelsfall gleichgültig zu sein.[227] Korporatives Agieren gilt in erster Linie dem Schutz dieser institutionalisierten Gleichgültigkeit gegenüber externen, z. B. politischen Ansprüchen. Neben gewissen Tabus, die in der Regel von der außerinstitutionellen Umwelt übernommen sind und daher nur dem Bestandsschutz dienen (kein Wissenschaftler könnte zum Gesetzesbruch aufrufen, ohne von anderen *Wissenschaftlern* sanktioniert zu werden), gibt es nur eine verbindliche Regel: Du kannst sprechen, worüber du willst, solange klar ist, worüber du nicht sprichst. Denn nur dann kannst du mir gleichgültig sein, wenn ich jederzeit unterstellen könnte, dass wir nicht über das gleiche sprechen.

Man kann das Gleichgültigkeitsgebot auch anders formulieren: Niemand kann über alles sprechen. Genau dies ist aber wesentlich für die Subjektperspektive im hier verstandenen Sinn: dass aus ihr nichts prinzipiell ausgeschlossen ist. Perspektivisch wird Welt zu allem, was ein *Ich* sehen kann. Eben weil ein »Ich« nur als Gesamtheit aller ihm möglichen Gesichtspunkte denkbar ist, kann es *alles Mögliche* sehen. Ein alternativer *Denk*modus mit entsprechenden Problemen wird aus dieser »multiplen« Verfassung des Bewusstseins aber erst, wenn ein »Ich« sich entschließt, seine Welt für andere sichtbar zu machen. Das Ergebnis solcher Versuche heißt mit guten Gründen: Weltanschauung. Ein großer Teil des Folgenden wird sich mit der Frage beschäftigen: Wie ist Weltanschauung möglich? Welchen Grenzen unterliegt weltanschauliches Denken, welche Möglichkeiten erschließt es? Bevor die Arbeit sich diesen Fragen widmet, soll am komplementären Fall verdeutlicht werden, warum eine nicht-weltanschauliche Charakterologie sinnlos ist.

b) »Unangenehm bunt«: Utitz und Ziehen

Einen Hinweis auf die Problematik des charakterologischen Problems gibt bereits der Umstand, dass es keinem disziplinären Gegenstandsbereich zuzuordnen ist. Am Nachhaltigsten etablierte sich die Charakterologie in der Psychologie, nachdem sie sich von ihren philosophischen Ursprüngen emanzipiert und disziplinär organisiert hatte. Genauso gut ließ sich die Frage nach den Unterschieden zwischen den Menschen aber von einem medizinischen bzw. einem philosophisch-anthropologischen Standpunkt aus stellen. Die erste Möglichkeit wählte Theodor Ziehen, die zweite Emil Utitz.[228]

Beider Grundlegungen kamen aber über das kompilatorische Anfangsstadium nie hinaus. Der heterogenen Natur des Materials entsprechend sind sie kaum lesbar. Die Analyse muss sich daher damit begnügen, das Misslingen zu verstehen. Was man dabei entdeckt, ist ein gedankliches Chaos, zu dessen Bezeichnung sich heutzutage der Euphemismus »interdisziplinär« eingebürgert hat.

An seinem Anfang steht die Weigerung, das Denken durch die Wahl eines Standpunktes spezifisch zu beschränken. Auf den ersten Blick erscheint allerdings gerade dies geboten, denn Menschen lassen sich offenkundig von sehr unterschiedlichen Standpunkten aus unterschieden. Entsprechend vollmundig bemühen sich beide Autoren daher, die Standpunktverweigerung als unvermeidlich auszuweisen. Ziehen nennt die werdende Charakterologie einleitend eine »Konfluxionswissenschaft«, an der mehrere Einzelwissenschaften »nicht nur helfend, sondern integrierend beteiligt« werden müssten. Gerade für die praxisnahen Disziplinen sei dies »oft viel wichtiger als die scharf abgegrenzten, nur auf ihrer eigenen Gesetzmäßigkeit aufgebauten, oft aber künstlich isolierten ›autonomen‹ Wissenschaften«.[229] Die Charakterologie müsse gerade darin als moderne Wissenschaft angesehen werden, dass sie sich den Unterscheidungen zwischen Idiographik und Nomothetik ebenso entziehe wie der zwischen Geistes- und Naturwissenschaft oder analytischer und synthetischer Methode.[230] Programmatisch bekennt Ziehen am Anfang des ersten Methodenkapitels, es gelte »das Entweder-Oder durch das Sowohl-als-auch zu ersetzen«.[231] Auf den ersten Blick scheint die Möglichkeit einer solchen Wissenschaft durch Ziehens eigenes Fach, die Medizin, verbürgt zu sein. Doch wenn deren Einheit tatsächlich als »Konfluxionswissenschaft« titulierbar ist, so existiert diese Einheit ja immer nur in der ärztlichen Praxis. Theoretisch könnten die medizinischen Grundlagendisziplinen unabhängig voneinander bestehen, genauso wie die medizinischen Fachgebiete. Im Übrigen dürfte das mit wenigen Ausnahmen für nahezu jede Disziplin gelten. Hier ist aber etwas anderes gemeint: nicht das faktische Nebeneinander innerhalb eines lockeren Fachverbundes, sondern das konstitutive Moment der Einheit eines Fachs. Um die Aussichtslosigkeit eines solchen Unterfangens zu erahnen, muss man nur einen Blick auf die physikalischen Disziplinen werfen. Diese besitzen in der Mathematisierbarkeit ihrer Daten tatsächlich einen starken Zusammenhalt, der es erlaubt, von einem gemeinsamen Fundament von Astronomie, Atomphysik und Chemie zu sprechen. Dagegen proklamiert Ziehen genau das Gegenteil: *Eine* Wissenschaft soll entstehen, indem viele andere in ihr »zusammenfließen«. Das klingt irgendwie gut, konfrontiert aber den Wissenschaftler mit der Frage, wie man von vielen Standpunkten aus auch nur eine Beobachtung machen kann. Dass dieses Dilemma nicht lösbar ist, dokumentieren Utitz und Ziehen auf jeder Seite. Der innere Widerspruch manifestiert sich auf zwei Weisen: als *Vervielfältigung des Elementaren* und als *Verschmelzung der Paradigmata*.

Die meisten Schemata, die menschliche Individuen unterscheidbar machen, sind praktischen Ursprungs. Menschen ordnen nicht sich selbst, sondern organisieren ihre Interaktionen: für Metöken gelten andere Gesetze als für Bürger, ein Sanguiniker muss anders therapiert werden als ein Phlegmatiker, eine harmonische Seele verdient mehr Respekt als eine leidenschaftliche usw. Entkleidet man diese Unterschiede nun ihrer sozialen Bedeutung, werden sie kontingent. Erst die Einheit eines Systems könnte diesen »freischwebenden« Unterscheidungen einen neuen Sinn verleihen. Diesen einfachen Grundsatz ignorierend nahmen Utitz und Ziehen dagegen an, Unterschiede könnten als solche beobachtet werden, also weder mit Bezug zu einem Beobachter, der sie benutzt, noch mit Bezug auf ein Ordnungssystem, das ein Prinzip ihrer Zusammengehörigkeit stiftet. Der Anfang dieser Wissenschaft konnte denn auch nur im Aufzählen aller möglicher Formen des Unterscheidens liegen. So benennt Utitz zu Beginn seiner Grundlegung nicht weniger als 33 »Leitlinien« zur Charakterbeschreibung. Immerhin legt er dieser Vielfalt zumindest ein rhetorisches Prinzip zugrunde, wenn er nämlich den Charakter als spezifische »Strebung« eines Menschen definiert, z. B. das Streben nach Anerkennung, nach Wissen, nach Sicherheit usw. Die Leitlinien sollen nun erkennen helfen, wie ein einzelner Mensch die für ihn charakteristische Strebung zum »individuellen Gesetz« modifiziert. So etwa durch allgemeine »Determinanten« wie Geschlecht, Temperament und Konstitution; durch entweder »formale« und »inhaltliche« Zielbestimmung; durch die Einflüsse von Wille, Intelligenz, Gefühl, Intensität, Spontaneität, Ich-Bezogenheit usw.

Ziehen dagegen ersparte sich fast jede Mühe, ein Kategoriengerüst zu entwerfen. Als allgemeine Charakterdeterminanten, die bei jedem Einzelfall zu berücksichtigen seien, widmet auch er dem

Geschlecht, dem Temperament und der körperlichen Konstitution noch jeweils ein Kapitel. Im Zentrum seiner Systematik steht jedoch eine »heuristische Tabelle«. Mit dem Hinweis, diese sei ohne jede theoretische Absicht aus der ärztlichen Praxis heraus entstanden und habe sich dort über viele Jahre bewährt, listet Ziehen dort insgesamt 62 Charaktereigenschaften auf, die sich auf folgende fünf Gruppen verteilen: »Bezüglich Stimmungen und Affekten« (Gefühlsstumpfheit, Reizbarkeit usw.), »Bezüglich des Handelns« (energisch, geduldig usw.), »Bezüglich spezieller Einstellung gegenüber Werten« (radikal, tolerant usw.), »Bezüglich Einstellung zum eigenen Ich« (eitel, würdevoll usw.) und »Bezüglich Einstellung gegenüber anderen« (eigennützig, mitleidig, misstrauisch usw.).[232]

Doch Charaktere lassen sich nicht nur intrinsisch erfassen, sondern auch über die Zugehörigkeit zu bestimmten Gruppen, also Typen oder »Kollektivindividuen«, die sich ihrerseits durch bestimmte charakterologische Merkmale auszeichnen. Ziehen behandelt den Gruppencharakter von Rassen, Stämmen, Völkern, Sekten und Berufen, jeweils ein eigenes Kapitel widmet er zudem der Charakterologie des Verbrechers und der Charakterologie hervorstechender Einzelpersönlichkeiten, unter die er sowohl das Genie, die großen Männer der Geschichte und Geisteskranke fasst. Utitz widmet insgesamt 16 Gruppencharakteren ein eigenes Kapitel, darunter ebenfalls den Berufen, Völkern, Verbrechern und Psychopathen, außerdem den Charakteren von Kulturen, Epochen, aber auch von ihm selbst entworfenen Typen wie den »Schicksalscharakteren«, den »eindimensionalen und mehrdimensionalen« oder den »erfüllten oder leeren« Charakteren. Damit sind die Unterscheidungsformen, die Denker aller Zeiten entworfen haben, noch gar nicht angesprochen: 36 davon weist Utitz eigens als »Forschungswege in die Charakterologie« aus, darunter die differentiellen Anthropologien Platons, Aristoteles', Theophrasts und Kants ebenso wie C. G. Jungs Typenlehre, Eduard Sprangers Lebensformen oder die zeitgenössische Berufspsychologie. Indem er diese Schemata von den bisher genannten dadurch unterscheidet, dass er sie nun nicht mehr als existierende Unterschiede, sondern als »Methoden« der Unterscheidung ausweist, tut Utitz so, als wäre der von ihm selbst aufgebrachte Unterschied zwischen »ein-« und »mehrdimensionalen« Charakteren etwas Reales, dagegen z. B. Kants Lehre von den Temperamenten ein heuristisches Hilfsmittel. Ein Gefühl des Unbehagens über die unsortierte Heterogenität dieser Kompilationen konnten beide Autoren nicht verbergen. So mussten sie zugeben, dass die von ihnen genannten Möglichkeiten des Unterscheidens nicht mehr war als eine Aufzählung, die sich beliebig verlängern ließe: »Jede ›vollständige‹ Liste«, stellte Utitz fest, »könnte sogleich Lügen gestraft werden durch neue auftauchende wissenschaftliche Ziele. Die Frage nach dem idealen Charakter des Automobilisten oder des Flugzeugführers ist sicherlich nicht möglich vor der Erfindung des Automobils oder des Flugzeugs. [...] [Und] wenn wir die große Klasse der Berufscharaktere haben, so bleiben natürlich die Möglichkeiten für neue Berufe offen.«[233] Dabei lag das größte Problem gar nicht in der prinzipiellen Unabgeschlossenheit des Schemas, sondern in der Weigerung, ein Prinzip anzugeben, nach dem sich relevante von irrelevanten Unterscheidungen trennen ließen. Beiden Autoren war dieses Problem nicht ganz entgangen. Ziehen nannte seine eigene heuristische Tabelle »bis zu einem gewissen Grade willkürlich«.[234] Und Utitz gab unumwunden zu: »Unsere Einteilung ist unangenehm bunt«.[235]

Zumindest bei Utitz lässt sich aber noch ein zweites Prinzip der Unentschiedenheit feststellen. Anders als Ziehen unterzieht er bestimmten Einzelfragen tatsächlich einer methodischen Diskussion. Die Ergebnisse laufen aber allesamt ins Leere, weil sie erst durch die Einnahme spezifischer Standpunkte möglich werden, die sich zueinander oft widersprüchlich verhalten. Indem er diese einander fremden Standpunkte alle als »charakterologisch« ausweist, beraubt Utitz sie ihrer jeweiligen Eigenlogik. Mustergültig lässt sich das an einem neuralgischen Punkt jeder charakterologischen Theorie zeigen: der Diskussion des Eigenschaftsbegriffs. Was ist eine Eigenschaft im Hinblick auf den durch sie bezeichneten Charakter? Diese Frage lässt grundsätzlich zwei Antworten zu: Die einzelne Eigenschaft kann als *Element* oder als *Zeichen* behandelt werden. Beide Alternativen ermöglichen bestimmte Aussagen und schließen andere aus.

Utitz wählt die eine, wenn er davon spricht, dass sich die Ganzheit eines Charakters nur als »Korrelation« oder »Komplex« von Teilen fassen ließe. Wie verhält sich z. B. die »Kreativität« eines Künstlers zu seiner »Sittlichkeit«? Fragen wie diese gehen davon aus, dass Charaktere sich in ihre Bestandteile zerlegen lassen; sie unterstellen zudem, dass die dabei zutage tretenden Elemente nicht in beliebiger Kombination auftreten können. Zu einer wissenschaftlichen Methode hatte William Stern, auf dessen Bedeutung für die Charakterologie Utitz mehrfach hinweist, diesen analytischen Zugang ausgebaut. Stern hatte die Ergebnisse, die einzelne Personen in unterschiedlichen psychotechnischen Leistungstests erzielten, mit Mitteln der Korrelationsstatistik aufeinander bezogen. Er konnte so zeigen, mit welcher Wahrscheinlichkeit Eigenschaften miteinander korrespondieren. Die Bedeutung einer einzelnen Eigenschaft konnte so nur »differentiell«, als Wahrscheinlichkeit ihres Zusammentreffens mit anderen Eigenschaften benannt werden. Bis zu der Frage, inwiefern ein im Test ermittelter »Intelligenzquotient« in gleicher Weise als Eigenschaft behandelt werden kann wie der einer historischen Persönlichkeit unterstellte »Mut«, dringt Utitz allerdings gar nicht vor. Denn statt von einem Standpunkt aus sukzessive Probleme aufzuwerfen und diese nacheinander zu lösen, wechselt er den Standpunkt und schiebt der Charakterologie einen zweiten Eigenschaftsbegriff unter.

In einer subtilen Diskussion zeigt Utitz nämlich anderen Orts, dass ein zentrales Ausgangsproblem jeder Charakterologie in der prinzipiellen Vieldeutigkeit aller Eigenschaften besteht. Definiert man den Charakter als spezifische »Strebung«, bekommt eine konkrete Eigenschaft nämlich erst durch die Gesamtrichtung ihren Sinn. Zur Veranschaulichung dieses Axioms nennt Utitz allein sechs Gründe an, aus denen man »hilfsbereit« sein kann: »aus schlauer Berechnung; weil man nicht ›nein‹ sagen kann, obgleich man sich heftig darüber ärgert; aus Güte und innerer Kraft; aus langer Weile, um sich zerstreuende Beschäftigung zu verschaffen; aus Neugier, um in fremde Verhältnisse zu schielen; aus innerer Genugtuung, daß auch andere leiden und weil diese Einsicht Befriedigung gewährt«.[236] Pointiert fasst er den Befund so zusammen, dass man zwar »Symptome« sehe, ihr Sinn aber »völlig ungelöst« sei. Damit stellte Utitz die Charakterologie aber auf ein theoretisches Fundament, das mit dem Verfahren der Merkmalskorrelation nicht mehr vereinbar ist. Denn im Bestehen auf den »Sinn« einer einzelnen Eigenschaft, die sich »immer nur im Hinblick auf den Charakter« ermitteln lasse, argumentiert er *hermeneutisch*: Das Einzelne wird nicht als Element eines zerlegten Ganzen bestimmt, sondern als Zeichen eines immer schon vorausgesetzten Ganzen interpretiert.

Um diesen Ansatz, der vor den Eigenschaften einen Wesenskern des Charakters identifiziert, zu begründen, konnte Utitz sich auf mehrere Forschungstraditionen berufen. So etwa auf die phänomenologische Psychologie Moritz Geigers, eines Schülers Theodor Lipps. Das Wesen eines Charakters, so Geiger, ließe sich »schauen«, indem man prüfe, ob die Handlungsmotive in der Willensschicht gründeten oder ob deren Schwäche durch ein bewusstes »Wollen« kompensiert werde: Der Heilige etwa wähle nicht das Gute, sondern ergreife es aus seinem inneren Sinn.[237] Da so aber nur sehr allgemeine Typen erfasst werden können, mahnte Utitz eine »Ergänzung« der Wesensschau um die »Individualität« der gemeinten Person an. Damit war eine andere Schule der Psychologie angesprochen, für die der Name Wilhelm Diltheys steht.

In seinem Entwurf zu einer »beschreibenden Psychologie« fasst Dilthey die innere Vielfalt der Menschennatur als »Formen der Besonderen« auf. In aufsteigender Folge zählen dazu die Geschlechter, Naturelle, Temperamente, Rassen, Nationen, Klassen und Berufe.[238] Die Individualität eines Menschen lässt sich nun als »Struktur« begreifen, die in spezifischer Mischung die allgemeineren Menschenformen vereint. Darüber hinaus ist sie aber nicht denkbar ohne eine »eigene Atmosphäre von Lebens- und Weltsicht um die einzelnen Person«, die den Gipfelpunkt des historischen Prozesses der menschlichen »Besonderung« darstellt. Wenn Utitz nun die phänomenologische Schau des Typischen um die so verstandene Dimension individueller Besonderung »ergänzen« möchte, wird er Diltheys Individualitätsbegriff nicht gerecht. Als historisch-teleologischer Grenzbegriff hat er nämlich transzendentale Qualität. Er ist daher nur der philosophischen Reflexion zugänglich, nicht aber der empirischen Wissenschaft. So sind alle Versuche, Diltheys

Programm umzusetzen, von typischen Formen des Menschlichen ausgegangen: seien es Eduard Sprangers Typologie der »Lebensformen« oder Karl Jaspers' »Psychologie der Weltanschauungen«.[239] Die Kluft zwischen geisteswissenschaftlicher und phänomenologischer Methode kann Utitz also nur rhetorisch überbrücken. Hart geschmiedet wird diese Brücke durch die Hinzuziehung des psychologischen Gestaltbegriffs, der zwar einer wiederum anderen Logik gehorchte, doch nach beiden Seiten hin Verbindungen aufwies.[240] Wie Dilthey den Begriff Individualität fassten auch Psychologen wie Kurt Koffka oder Max Wertheimer den Begriff der Gestalt als »Struktur« auf, jedoch in einem anderen Sinn.[241] Im Gegensatz zur kantischen Ästhetik gingen sie davon aus, dass die Objekte der Erfahrung nicht durch das Aufeinandertreffen des »gegebenen« sinnlichen Materials mit den »Formen« des Verstandes entstehen, sondern immer schon als Ganzes wahrgenommen werden. Die Erkenntnis einer Gestalt ist mithin ein reiner Wahrnehmungsvorgang, sei es beim Anblick eines Baumes, von dem man sofort »weiß«, dass es eine Eiche ist, oder beim Hören einer Melodie.[242] Diese Aktualität der Gestaltwahrnehmung bringt es mit sich, dass ihre Struktur nicht analysiert werden kann – sobald man eine Melodie in ihre tonalen Einzelteile zerlegt, hört sie auf Melodie zu sein. Zwar begreift auch Dilthey Individualität als Struktur, anders als eine Gestalt ist sie aber nur innerhalb eines hermeneutischen Zirkels, in dem die Analyse der Teile und das intuitive Erleben des Ganzen sich wechselseitig tragen, verstehbar. Im einen Fall ist also ein Wahrnehmungsobjekt, im anderen ein Verstandesobjekt gemeint. Mit der Phänomenologie teilt die Gestaltpsychologie wiederum das Interesse am Konkreten. Der Unterschied besteht aber auch hier darin, dass es der Gestaltpsychologie um konkrete Wahrnehmungsprozesse geht, während die Phänomenologie das Konkrete nur als Ausgangspunkt nimmt, um Erkenntnisprozesse ohne Rückgriff auf Abstrakta erfassen zu können. Doch auch diesen Unterschied kocht Utitz' transdisziplinärer Schmelztiegel ein.

Das Verschmelzen heterogener Eigenlogiken, wie man es bei Utitz mustergültig beobachten kann, ist symptomatisch für alle Formen des charakterologischen Denkens. Als Problem erfahrbar wird das Verfahren aber nur, wenn die Charakterologie mit einem systematischen Anspruch auftritt. Differentielle Psychologie, beschreibende Psychologie, Phänomenologie und Gestaltpsychologie konstituieren sich durch je spezifische Beschränkungen in Theorie und Methode, wodurch sie ebenso anschlussfähig wie kritisierbar werden; dagegen zeichnen sich die Ansätze Utitz' und Ziehens durch die Maßlosigkeit ihres Erklärungsanspruchs und grenzenlose Inklusivität aus. Zu welchen rhetorischen Verrenkungen die innere Heterogenität einer solchen Wissenschaft führen konnte, soll abschließend die Passage verdeutlichen, in der Utitz möglichem Widerspruch prophylaktisch begegnet:

> Ich bin gegenüber der erklärten Vorliebe für einzelne polare Gegensätze auf den entrüsteten Einwand gefaßt: wie unpraktisch und unhandlich ist diese Fülle von Leitlinien! [...] Darauf möchte ich nur bescheiden erwidern: das entspricht ja meiner Absicht. Ich lehne doch gerade die von einer umfassenden Problematik unangekränkelte Leichtigkeit einer fliegenden Charakterologie ab und glaube, daß eine wissenschafliche Charakterologie durchdrungen sein muß von der ganzen Schwierigkeit ihrer Aufgabe [...]. Aber ich muß auch bekennen, daß diese Fülle nichts Erschreckendes und wahrlich nichts Überraschendes hat. Glaubt man denn mit einer farbenarmen Palette das Gemälde des Lebens zwingen zu dürfen? Und geht denn nicht bei einer Umsetzung in Schwarz-Weiß-Technik schon vieles verloren? Muß aber nicht jede Wissenschaft vieles ›verlieren‹, um gerade als Wissenschaft zu gewinnen? Ist nicht vielmehr der Versuch, alles festzuhalten das tauglichste Mittel, jede Wissenschaft aufzulösen und einzubüßen? den Wald vor lauter Bäumen nicht mehr zu sehen? Sicherlich, man darf aber auch in der Reduktion nicht so weit gehen, daß an Stelle eines Waldes nur ein grüner Klecks bleibt. Ein grüner Klecks ist noch lange kein Wald. Und wie ungeheuer scharfer Beobachtung bedarf es, um einen grünen Klecks so zu formen, daß er zwingend einen Wald darstellt. Das Grüne ist kinderleicht zu bemerken, aber das Gesetz jener Formung ist schon sehr erheblich komplizierter.«[243]

Der performative Selbstwiderspruch kommt in aller Deutlichkeit zum Ausdruck, wenn Utitz mitten im Crescendo seiner Rede eine argumentative Volte vollzieht. Von den fünf aneinander gereihten rhetorischen Fragen vertreten die ersten beiden eine andere These als die letzten drei. Auf der einen Seite steht die plausible Behauptung, dass die auf Eindeutigkeit zielenden Wissenschaften keine Mittel zur Erfassung der konkreten Vielfalt besäßen: Die »farbenarme Palette« reicht für ein »Gemälde des Lebens« nicht aus. Das ist die Sprache der Lebensphilosophie, die das Eigenrecht der Kunst gegen den Geltungsbereich der Wissenschaften verteidigt. Auf der anderen Seite steht die ebenso plausible Behauptung, dass erst die spezifische Selbstbegrenzung den Wissenschaftler überhaupt in die Lage versetzt, die Komplexität der Umwelt begrifflich zu bewältigen. Das ist die Sprache einer bis heute gültigen Wissenschaftstheorie.[244] Werden diese beiden Sprachen nun aber in eine rhetorische Reihe gestellt, kann als Klimax nur ein müdes »sicherlich, aber« stehen. Statt anzuerkennen, dass das Erleben der Vielfalt und die Reduktion der Vielfalt zwei inkommensurable Modi der Weltaneignung sind, will Utitz beides verschmelzen. Prägnanter als mit den Worten ihres ambitioniertesten Verfechters lässt sich das Dilemma einer systematischen Charakterologie jedenfalls kaum auf den Punkt bringen: Nicht nur soll der Charakterologe über die »ungeheure scharfe Beobachtung« eines Künstlers verfügen, seine Arbeit soll auch noch Magisches vollbringen, nämlich »einen grünen Klecks so zu formen, daß er zwingend einen Wald darstellt«.

3.3. Spezialisten für das Unteilbare

Es mag überraschen, dass sich die Charakterologie in den 1930er Jahren dennoch an den deutschen Universitäten etablierte. Anders als die Ansätze Ziehens oder Utitz' es vorgesehen hatten, geschah dies aber nicht durch die Etablierung einer eigenständigen Metadisziplin, sondern in Anbindung an die Entwicklung der akademischen Psychologie in Deutschland.[245] Der beschränkte Erfolg der akademischen Charakterologie war daher nur in einer Form möglich, die weit hinter den Ansprüchen einer transdisziplinären »Konfluxionswissenschaft« (Ziehen) zurück blieb. Und die »Einheit des großen charakterologischen Problems in der ganzen Fülle und dem ganzen Ausmaß seiner Möglichkeiten« (Utitz) hatten sich die Psychologen nicht auf ihre Fahnen geschrieben. Vielmehr waren die charakterologische Hinwendung zur ganzen Person und zum Unterschied geeignet, den institutionellen Emanzipationsprozess der Psychologie zu flankieren. Ihre volle fachliche Selbständigkeit hatten die akademischen Psychologen durch eine Doppelstrategie gewonnen, die einerseits auf eine Ablösung des bisherigen Forschungsparadigmas abzielte, andererseits auf die Betonung des praktischen Nutzens der Disziplin. Schon im späten 19. Jahrhundert war die naturwissenschaftliche Ausrichtung der Psychologie kritisiert worden. Institutionell an die philosophischen Lehrstühle gebunden, hatte sich die psychologische Forschung auch an philosophischen Fragestellungen orientiert.[246] In der Hochzeit des Positivismus, in der Naturwissenschaftler wie Ernst Mach oder Hermann Helmholtz den philosophischen Diskurs prägten, waren dies in erster Linie Fragen gewesen, die sich im Labor behandeln ließen.[247] Im Zuge der Verwissenschaftlichung der Psychologie wurde das Bewusstsein zunehmend zum Schlüsselbegriff. Wundt definierte die Psychologie als »Lehre von den Thatsachen des Bewusstseins«, die fragen müsse, wie sich die »unzerlegbare Bestandteile des psychischen Geschehens« im Bewusstsein zu »psychischen Gebilden« verbinden.[248] In dem Maße, wie sich die Psychologie mit den »Elementen«, »Kräften« und »Vorgängen« und deren »Assoziationen« beschäftigte, wurden die ontologischen Konzepte personaler Einheit aus dem Arsenal der Wissenschaft entsorgt. »Das Ich ist unrettbar«, befand Ernst Mach lakonisch.[249] Und die ›Seele‹ wurde, mit einem Wort Rudolf Hermann Lotzes, nur noch als »Titel« beibehalten, der die theoretische Fiktion einer »Ganzheit des geistigen Lebens« aufrechterhalten soll.[250] Wundt bezeichnet die Seele im gleichen Sinne als »Hülfskraft der Psychologie«, die »nur insofern unentbehrlich [ist], als wir durchaus eines die Gesamtheit der psychischen Erfahrungen eines individuellen Bewusstseins zusammenfassenden Begriffs bedürfen«.[251] Als bloße »Summe« trivialisiert und als »Einheit« zugleich überlastet, wurde die Seele zur semantischen Abraumhalde der naturwissenschaftlichen Psychologie.[252] Das Anwachsen dieser Halde verschärft die Diskrepanz zwischen dem zerklüfteten Wissen über allgemeine psychische Leistungen auf der einen und der alltäglich erfahrbaren Einheit und Eigenart fühlender, wollender und handelnder Personen auf der anderen Seite.

Es war genau diese Einheit und Eigenart des Denkens, Wollens und Fühlens, die von den Kritikern des naturwissenschaftlichen Paradigmas wieder in den Mittelpunkt der Psychologie gerückt wurde. Schon Wundt hatte gesehen, dass sich komplexere psychische Phänomene nicht mehr experimentell, sondern nur noch hermeneutisch erfassen ließen; doch hatte er dabei vornehmlich die »Kollektivpsychen« der Völker im Sinn. Dagegen hatte Wilhelm Dilthey gefordert, auch den einzelnen Menschen wieder als Ganzheit, also gerade auch in seinen nicht bewussten Handlungsantrieben, in den Blick zu nehmen.[253] Ebenso hatte Eduard von Hartmann ein integratives Konzept des Psychischen propagiert, wenn er die »Beziehungen zwischen einem gegebenen Bewusstpsychischem und einem supponierten Unbewusstpsychischen« als Aufgabenbereich der Psychologie bestimmte.[254] Obwohl damit der gesamte Abraum der experimentellen Psychologie wieder für wissenschaftsfähig erklärt wurde, verzichteten die Vertreter dieser Psychologie auf den Seelenbegriff. Dies geschah allerdings vornehmlich aus begriffspolitischen Erwägungen, denn es ging ihnen ja durchaus um eine Erfassung jener Einheit des Mannigfaltigen, die von der experimentellen Psychologie unter dem »Hilfsbegriff« der Seele zu einer wissenschaftlich nicht einholbaren Fiktion degradiert worden war. Stattdessen wurden Begriffe gewählt, die jene Einheit des Mannigfaltigen zum Ausdruck brachten und sie zugleich beschreibbar machen sollten: etwa ein als »Struktur« neu gefasster Individualitätsbegriff; oder die Metaphern von »Aufbau« und »Schicht« zur Beschreibung des Psychischen. Bis Mitte der 1920er Jahre setzen sich schließlich die Begriffe ›Persönlichkeit‹ und ›Charakter‹ zur Vereinheitlichung aller psychologischen Ansätze durch, die sich um eine Erfassung der ganzen Person bemühen.

Der zweite Impuls für eine disziplinäre Verselbständigung der Psychologie ging von der Praxis aus.[255] In der entfesselten Industriegesellschaft avancierte der physikalische Begriff der ›Arbeit‹ zum universellen Deutungsmuster.[256] Vor allem die Tätigkeit von Schülern und Fabrikarbeitern gab nun Anlass zu wissenschaftlicher Problematisierung. Man begann sich für die Bedingungen zu interessieren, unter denen Menschen optimale Leistung erbringen. Ausgangspunkt dieser Frage war die Feststellung, dass der *human motor* (Rabinbach) störungsanfällig ist: Die »Überbürdung« mit Lerninhalten wird in der Schule, die »Ermüdung« in der Fabrik als zentrales Leistungshemmnis ausgemacht.[257] Schon seine natürliche Schwächeanfälligkeit macht deutlich, dass es sich bei der menschlichen Leistung um ein komplexes Phänomen handelt, das mit physiologischen Methoden allein kaum in den Griff zu bekommen ist. Ein beeindruckendes Dokument dieser Komplexität ist Max Webers Abhandlung *Zur Psychophysik der industriellen Arbeit*, die sich mit der ganzen Bandbreite der vornehmlich physiologisch ausgerichteten Methoden der Arbeitswissenschaft auseinandersetzt, nur um letztlich deren Mangelhaftigkeit zu konstatieren.[258] Gegen die objektivierenden Verfahren brachte Weber eine Vielzahl subjektiver Faktoren ins Spiel, die von offensichtlicher Relevanz für die Arbeitsleistung sind, beispielsweise die Lebensführung oder die Weltanschauung des Arbeiters.[259]

Das arbeitswissenschaftliche Angebot der Psychologie setzte an genau diesem Punkt an. Nicht der zeitliche Verlauf des Arbeitsprozesses, in dem sich Ermüdung einstellt, sondern die subjektiven Dispositionen, die einen bestimmten Arbeitserfolg wahrscheinlich machen, sollten durch praxisnahe Methoden ermittelt werden.[260] Für diese Wende von der experimentellen Psychophysik zu genuin »psychologischen« Ansätzen stehen zum einen die diagnostischen Verfahren, für die sich vor dem Ersten Weltkrieg die Bezeichnung Psychotechnik durchsetzte.[261] Dabei standen zunächst elementare individuelle Fähigkeiten im Vordergrund, die sich über standardisierte Tests ermitteln ließen, wie etwa die Intelligenz oder Reaktionsschnelligkeit eines Probanden. Seinen theoretischen Niederschlag findet dieser *practical turn* der Psychologie in William Sterns Differentieller Psychologie.[262] Doch erst der Erste Weltkrieg, der neue »technische« Anforderungen an die Kombattanten stellte, führte zur massenhaften Verbreitung psychotechnischer Eignungstests. Die sprunghaft gestiegene Nachfrage nach angewandter Psychologie brachte Experten hervor, die ihr Wissen nach dem Krieg in den Dienst ziviler Zwecke stellten und etwa dazu beitrugen, dass die psychologische Diagnostik zu einem normalen Bestandteil der rationalisierten Arbeitswelt wurde.[263] Neben der Testmethodik etablierten sich zeitgleich aber auch Ansätze einer »verstehenden« Diagnostik, die in die gleiche Richtung zielten wie Webers Kritik und Ergänzung von Kraepelins Arbeitskurve.[264] Hierbei ging es nicht um die isolierte Erfassung einzelner Leistungen der »Arbeitsperson«, sondern um die »inneren« Gründe, die einen Menschen zu bestimmtem Handeln motivieren, wie Ehrgeiz, Idealismus oder Sachlichkeit, sowie um »höhere« geistige und moralische Fähigkeiten wie Verantwortungsbewusstsein, Ehrlichkeit oder Durchsetzungsvermögen. Im Mittelpunkt stand immer die Frage nach dem Kern eines Individuums, der es als Ganzes begreifbar machte, kurz: sein Charakter oder seine Persönlichkeit. Ausgehend von Impulsen benachbarter Disziplinen wie der Psychiatrie und der Philosophie, Außenseitern wie Klages sowie wegen der großen Nachfrage aus der Wirtschaft begann sich in den 1920er Jahren auch die disziplinäre Psychologie der Frage zu widmen, wie Charaktere beschreib- und diagnostizierbar sind.[265]

Die hier skizzierten Verselbständigungstendenzen der Psychologie kulminierten im Nationalsozialismus.[266] Erst nach 1933 entwickelten die deutschen Psychologen eine eigene disziplinäre Identität, die sich vollständig von den naturwissenschaftlichen Ursprüngen des Fachs emanzipierte. Ulfried Geuter hat gezeigt, dass ein wesentliches Moment hierfür die Ausbildung eines psychologischen Berufsbildes als eignungsdiagnostischer Experte lag.[267] Wiederum waren es die organisatorischen Bedürfnisse der Wehrmacht, die ab Mitte der 1930er Jahre die Nachfrage nach psychologischer Diagnostik drastisch erhöhten und zum entscheidenden Katalysator der Professionalisierung der deutschen Psychologen wurden.[268] So ist es kein Zufall, dass die erste Diplom-Prüfungsordnung, durch die die Psychologie zum akademischen Beruf avancierte, auf dem Höhepunkt der allgemeinen Mobilmachung 1941 erlassen wurde. Konzeptionell wie praktisch stand die Auswahl des Offiziersnachwuchses im Zentrum der Wehrmachtpsychologie. Schon der immense Bedarf an militärischen Führungskräften hatte die Mechanismen der ständischen Selbstrekrutierung außer Kraft gesetzt; doch auch der moderne Anspruch des Regimes, seine Elite nach »Rasse und Leistung« auszuwählen, förderte den eignungsdiagnostischen Ansatz.

Schon 1933 hatten sich namhafte Lehrstuhlinhaber und die *Deutsche Gesellschaft für Psychologie* dem neuen Regime ideologisch angedient, indem sie holistische Ansätze als spezifisch »deutsche« Antwort auf den wissenschaftlichen Positivismus stilisierten.[269] Wie so viele andere hatte sich auch die von Karl Bühler konstatierte »Krise der Psychologie« durch den Willen zur Selbstgleichschaltung erledigt.[270] Im Zuge dieser Politisierung erhielten nun auch die charakterologischen Ansätze akademische Weihen, und dies nicht zuletzt deshalb, weil sich charakterologische und rassebiologische Fragen leicht als zwei Seiten derselben Medaille ausweisen ließen – schon der Weg weisende Leipziger Psychologenkongress hatte unter dem Thema »Charakter und Rasse« gestanden. Praktisch über Nacht war die Charakterologie vom Diskursschlager zu einer psychologischen Leitdisziplin avanciert.[271]

a) Universitätscharakterologie ...

Im universitären und professionellen Kontext wurde Charakterologie nach 1933 nun genau entlang dieser beiden Entwicklungslinien betrieben, in Form holistischer Theoriebildung und in Form persönlichkeitsdiagnostischer Praxis.[272] Zwar kam es zwischen universitärer Theorie und praktischer Diagnostik inhaltlich wie personell zu vielfältigen Austauschprozessen, doch letztlich unterschied sich das in der Forschung von dem in der Praxis hervorgebrachte Wissen erheblich. Da die Universitätspsychologen zudem nicht mehr als einige allgemeine Grundannahmen teilten und ansonsten isoliert voneinander forschten, geriet die von Utitz avisierte »Einheit des großen charakterologischen Problems in der ganzen Fülle seiner Möglichkeiten« vollständig aus dem Blick. Augenfällig wurde dies sowohl am Nebeneinander typologischer

Ansätze als auch an der prinzipiellen Kritik der Charakterdiagnostiker an der typologischen Methode.²⁷³ Die Typologien hatten sich als probates Mittel erwiesen, das charakterologische Problem auf ein im akademischen Normalbetrieb vermittelbares Maß zu stutzen. Vor allem der große Erfolg von Ernst Kretschmers konstitutionsmedizinischem Modell, das einen statistischen Zusammenhang zwischen Körpertypus und psychiatrischen Krankheitsbildern behauptete, hatte der typologischen Methode wissenschaftliches Ansehen verschafft.²⁷⁴

In der Psychologie hatte Erich Robert Jaensch die Methode der Typenbildung prominent gemacht.²⁷⁵ Seine »Eidetik« kann als symptomatisches Beispiel für die Überführung einer physiologischen in eine ganzheitlich orientierte Psychologie gelten. Jaenschs Ansatz war gerade in der Stimmungslage der Weimarer Jahre attraktiv, weil er eine »Verbindung der experimentellen mit den [...] geisteswissenschaftlichen Verfahrensweisen« versprach.²⁷⁶ Was Jaensch an seinen Probanden untersuchte, war deren Fähigkeit, »Anschauungsbilder« zu erzeugen. Darunter verstand er, vereinfacht gesagt, die visuellen Inhalte, die eine Person bei geschlossenen Augen von einem Wahrnehmungsobjekt hervorrufen kann.²⁷⁷ Jaensch ging es bei seinen Experimenten jedoch nicht um allgemeine Gesetze der Sinnesphysiologie, sondern um die individuell unterschiedliche Begabung zum »eidetischen« Sehen. An die Stelle einer allgemeinpsychologischen Funktion trat bei Jaensch die Unterscheidung zwischen dem eidetisch fähigen »B-Typus« und dem »T-Typus«, der nur »nachbildnahe Anschauungsbilder« erzeugen kann.²⁷⁸ Die differentielle Behandlung eines psychischen Vermögens allein hätte jedoch nicht gerechtfertigt, von einer »geisteswissenschaftlichen« Erweiterung der experimentellen Methode zu sprechen. Erst die Eingliederung in ein menschheitsgeschichtliches Verfallsmodell sprengte den positivistischen Rahmen.²⁷⁹ Unter modernen Lebensumständen sei der reine »eidetische« oder »J-Typus« nur noch bei Kindern anzutreffen. Daher müsse gefragt werden, in welchem Maße ein Mensch in der Lage ist, in seinem »Welterleben« sinnliche Wahrnehmung und geistige Vorstellungen in »Kohärenz« zu bringen und wieder zu einem Ganzen zu »integrieren«. Für Jaensch konstituierten die Grade des eidetischen

Vermögens also keine Eigenschaften, sondern »Grundformen des menschlichen Seins«. Ihre Fundierung als quasi-anthropologisches Kategoriengerüst machte die Typologien jedoch angreifbar. Sollten bestimmte Fähigkeiten über ihre jeweilige Spezifik hinaus auf menschliche »Grundformen« verweisen, stellte sich die Frage nach dem Auswahlkriterium. Warum gerade die eidetische Fähigkeit, Anschauungsbilder zu integrieren? Andere Vertreter der typologischen Methode wählten mit dem gleichen Anspruch andere Unterscheidungsprinzipien. So hatten etwa die Vertreter der »Leipziger Schule« um Felix Krueger ihren Ansatz der Ganzheitspsychologie typologisch ausgeweitet. Im Gegensatz zur »Berliner« Gestaltpsychologie, die zwar gegen die Assoziationspsychologie argumentierte, aber der sinnespsychologischen Fragestellung verbunden blieb, vertraten die Leipziger die viel weitergehende Ansicht, dass sich nicht nur einzelne Wahrnehmungsinhalte, sondern auch objektive Strukturen der Wirklichkeit als Ganzheiten erfahren ließen.[280] Auf dieser Grundlage entwickelten Krueger und sein Schüler Friedrich Sander eine Typologie, die Menschen nach ihrer Befähigung zu ganzheitlichem Fühlen und Handeln unterschied: Dem nur »analytisch« begabten A-Typus stand der »synthetisch-gefühlsganzheitliche« GG-Typus gegenüber.[281] Der Krueger-Schüler Albert Wellek bemühte sich in den späten 1930er Jahren um die experimentelle Bestätigung dieser Typenreihe.[282]

Schließlich waren typologische Ansätze auch solchen Psychologen nützlich, die für ihre experimentellen Forschungen ein differentielles Kategoriengerüst benötigten. So entwickelte etwa Gerhard Pfahler für seine »Erbcharakterologie« eine sechswertige Typologie, die Individuen danach unterschied, ob sie erstens eher feste oder fließende »Gehalte« wahrnehmen kann, zweitens über starke oder schwache »vitale Energie« verfügen, und drittens stark oder schwach »gefühlsansprechbar« sind.[283] Viele experimentelle Psychologen bedienten sich zudem außerhalb der Disziplin entwickelter Typologien, so etwa Carl Gustav Jungs Unterscheidung zwischen »extravertiertem« und »intravertiertem« Typus oder wissenschaftlichen Neufassungen der antiken Temperamentenlehre wie Ernst Kretschmers Konstitutionstypologie.[284]

Da sich mit Hilfe der Typologien Aussagen von mittlerer Allgemeinheit treffen ließen, kamen sie vor allem den universitären Anforderungen der Grundlagenforschung und der experimentellen Psychologie entgegen.[285] Dagegen wurden sie von den charakterologischen Diagnostikern als unpraktisch kritisiert. Es ist bezeichnend, dass es mit Philipp Lersch und Max Simoneit zwei Heerespsychologen waren, die auf der Grundlage ihrer Erfahrungen in der Eignungsdiagnostik dezidiert nicht-typologische Modelle des Charakters entwarfen. Lersch, der sich schon in der Weimarer Republik mit seinen Forschungen zum mimischen Ausdruck einen Namen gemacht hatte, beklagte das »archaische Vielerlei der Typen« und forderte, sie innerhalb einer anthropologischen Charaktertheorie zu vereinheitlichen.[286] Lerschs Grundgedanke war der schichtförmige »Aufbau des Charakters« – so der Titel seines Hauptwerkes, das bis zum akademischen Bedeutungsverlust der Charakterologie in den 1960er Jahren zum Kanon der Universitätspsychologie zählte.

Einen zentralen Topos der Lebensphilosophie aufgreifend unterscheidet Lersch den »endothymen Grund« vom »Oberbau« des Charakters.[287] Vom Grund her wird der Mensch von Gefühlen und Trieben seelisch »ergriffen«, während sich der Oberbau zu diesen unwillkürlichen Regungen denkend und wollend verhält. Besonders der Aufbau der Gefühlssphäre wird von Lersch detailliert differenziert, er unterscheidet vier Schichten: das elementare Triebe und Affekte umfassende »Lebensgefühl«; das »Selbstgefühl«, durch das der einzelne Mensch sich als abgehoben von anderen empfindet; die umweltbezogenen Gefühle wie Mitleid, Sorge oder Trauer; und die zielgerichteten Handlungsantriebe. Der Oberbau wird dagegen nicht mehr nach Schichten unterschieden, sondern nur nach den verschiedenen Arten, in denen die endothymen Regungen zu einem in sich gegliederten Handeln integriert werden.

Auch Max Simoneit, von 1931 bis 1942 wissenschaftlicher Leiter der deutschen Heeres- bzw. Wehrmachtpsychologie, setzte sich kritisch mit dem typologischen Ansatz auseinander. Zwar würdigte er die Typologien als »Beispiele praktisch verwertbarer charakterologischer Systeme«. Doch könnten diese Systeme nicht mehr sein als eine »Basis, von der aus der untersuchende Psychologe [...] seinen Weg zur individuellen Nuance des einzelnen Falles finden kann«. Der »Sinn für diese Nuancen« sei wichtiger als das »Wissen um Typen«; wenn dieses auch nicht fehlen dürfe, so müsse es doch »von Einseitigkeiten gereinigt werden, es gelte, daß die wirkliche Individualität eher einem Mosaik typischer Einzelzüge [...] gleicht«.[288] Sowohl in der Verwendung des Individualitätsbegriffs als »Mosaik typischer Einzelbezüge« als auch in der erkenntnistheoretischen Aufwertung der »allgemeinen Menschenkenntnis« steht Simoneit auf dem Boden des diltheyschen Programms einer verstehenden Psychologie.[289] Das Ziel der Charakterdiagnostik ist für Simoneit theoretischer Natur: Erst durch die Auswertung der »reichen kasuistischen Materialsammlung« könne der »wissenschaftliche Aufbau einer empirischen Charakterologie als dem Kernstück der Psychologie überhaupt« in Angriff genommen werden.[290] Anders als Lersch gibt er dem praktischen Diagnostiker nur eine heuristische Sammlung an die Hand: so etwa die Symptome des individuellen Ausdrucks; die objektivierten Symptome wie Bekenntnisse, Weltanschauung oder Handlungen; die sechs Ebenen des »Sich-selber-Symbolisierens«, nämlich Ausdrucksbedürfnis, Gestaltungs-, Spiel- und Schmucktrieb sowie Ordnungs- und Abbildungstendenz.[291] Erst auf Grundlage von Einzelfalldiagnosen, die mit Hilfe dieser Ordnungsschemata erstellt werden, hofft Simoneit induktiv zu typischen Strukturzusammenhängen und den Aufbauprinzipien des menschlichen Charakters vorzustoßen. So schließt sich der Kreis eines wissenschaftlichen Programms, das ganz im Zeichen einer kritischen Diskussion des Typusbegriffs steht: Statt von einer willkürlichen Typologie auszugehen, stellt der Nachweis »echter« Typen den Endpunkt charakterologischer Forschung dar.[292]

Mit dieser »konstruktiven« Methode befindet sich der praktische Charakterologe Simoneit bereits nah an den »freien« Theoretikern der Charakterologie. Deren Spezifik lässt sich durch die Unterscheidung von typologischem und typisierendem Verfahren auf den Punkt bringen. Typologien, das wichtigste Denkmittel der akademischen Charakterologen, beschränken die Möglichkeiten, empirische Phänomene einem Allgemeinbegriff zuzuordnen, *a priori* auf eine kleine Zahl. Dagegen geht das Verfahren der Typisierung von der Empirie aus; es ist induktiv, aber in dem sehr speziellen Sinn, den Goethes Morphologie ihm gegeben hat. Ausgehend von einer umfangreichen Materialsammlung »baut« das »geistige Auge« im Wechselspiel von Intuition, Vergleich und Idealisierung die typischen Phänomene der Erfahrungswirklichkeit gleichsam nach: Mögen sie dann Gestalt, Typus, Idee oder Charakter heißen.[293] Die Zahl solcher Typen ist nicht beschränkt, da ihnen der morphologische Grundgedanke des Formenwandels zugrunde liegt.[294]

b)   ... zwischen Disziplin und Denkstil

Zwar erlebte die Charakterologie nach 1933 einen immensen Bedeutungsgewinn. Doch die »Einheit des großen charakterologischen Problems in der ganzen Fülle und dem ganzen Ausmaß seiner Möglichkeiten«, die Utitz als Disziplingründer in den Blick nahm, eignete sich nicht als Leitidee für die Universitätspsychologie. Im Labyrinth arbeitsteiliger Forschung und akademischer Konkurrenzen dominierten stattdessen einerseits abstrakte theoretische Modelle, die dem eigenen Ansatz mittels weniger Typen ein griffiges Profil gaben; andererseits Kategoriengerüste und Symptomsammlungen, mit deren Hilfe die Diagnostiker dann Einzelfälle in ihrer jeweiligen Charakterstruktur relativ frei begutachten konnten. Letztlich stellte die Charakterologie in ihrer akademischen Variante nicht mehr dar als ein holistisches Intermezzo der Persönlichkeitspsychologie. Diese hatte sich außerhalb Deutschlands in erster Linie an dem Paradigma einer auf Tests und Statistik basierenden Wissenschaft orientiert, das auf den von Francis Galton und William Stern entwickelten Ansätzen beruhte.[295]

Das charakterologische Paradigma wurde von der Generation der zwischen 1890 und 1900 geborenen Psychologen getragen, die in den weltanschaulich aufgeladenen Zwischenkriegsjahren wissenschaftlich sozialisiert wurden und vom professionellen Aufschwung der Psychologie im Nationalsozialismus profitierten.[296] Die nachfolgende Generation, die in den 1960er Jahren die psychologischen Lehrstühle übernahm, orientierte sich dagegen vor allem an den differentiell-psychologischen Ansätze der amerikanischen Psychologie.²⁹⁷ Das Wissen ihrer Lehrer hatte für sie nur noch anekdotischen Wert, wenn man Eckart Scheerer Glauben schenken darf:

> Der Verfasser dieses Beitrags wurde 1964 in Tübingen im Vordiplom-Fach »Erbcharakterologie« geprüft, und zwar durch ihren Urheber: Gerhard Pfahler. Der Prüfling lernte, die klassischen deutschen Dichter – Heinrich Heine war nicht darunter – auf feste oder fließende Gehalte, gemütliche Ansprechbarkeit und vitale Energie zu diagnostizieren; er lernte den nordischen Menschen als »Leistungsmenschen«, den westischen als »Darstellungsmenschen«, den ostischen als »Enthebungsmenschen« (Clauß) kennen. Das charakterologische Hauptschema war als bewegliche Feinwaage anzuwenden. »Ene mene tekel upharsim« (»Gewogen, gewogen und zu leicht befunden«) – so hätte der Kandidat seinem Prüfer gerne geantwortet, aber das wäre nicht ratsam gewesen.²⁹⁸

Das Beispiel eignet sich gut für die Überleitung zum charakterologischen Denkstil. Ulfried Geuter zufolge waren die typologischen Systeme für die Zwecke der praktischen Psychologie so gut wie unbrauchbar; ihre Hauptfunktion habe in der ideologischen Legitimierung der Psychologie im Nationalsozialismus bestanden.²⁹⁹ Man mag dieses Urteil dahingehend erweitern, dass der typologische Reduktionismus auch den Zwecken der experimentellen Forschung zugute kam.³⁰⁰ Doch mit der Ideologisierbarkeit ist in der Tat ein wichtiges Merkmal charakterologischen Denkens angesprochen, das sich nirgendwo so deutlich zeigt wie in der Analogisierung heterogener, aber *ähnlicher* Typen. Da fast alle psychologischen Typologien auf einem maximal vierwertigen Grundschema aufbauten und in ihrem Kern oft auf ein binäres Oppositionspaar reduziert werden konnten, waren sie über Analogien so leicht miteinander wie mit anderen ähnlich einfach strukturierten Sinnsystemen zu verknüpfen. Einer treffenden Beobachtung Scheerers zufolge hatte die willkürliche Auswahl der Gesichtspunkte bei gleichzeitig hohem anthropologischem Erklärungsanspruch dazu geführt, dass der typologische Wildwuchs in der Regel auf ein generalisiertes zweipoliges Schema zurückgestutzt wurde. Die aus einer jeweils eigenen Logik entstandenen Schemata konnten so als Varianten eines einzigen Grundgegensatzes interpretiert werden, auf dessen einer Seite Zyklothymie (Kretschmer), Desintegration (Jaensch), Einzelheitlichkeit (Krueger / Sander), fließende Gehalte (Pfahler), Extraversion (Jung) standen, auf der anderen die jeweiligen Entsprechungen Schizothymie, Integration, Ganzheitlichkeit, feste Gehalte, Introversion.[301] Damit erwiesen sich die Typologien formal aber auch als äußerst anschlussfähig an konservative Weltentwürfe.[302] Am weitesten ging dabei Jaensch, der sein Typensystem nach 1933 bis zu einem gewissen Grade »gleichschaltete«. Er behauptete, der eidetisch begabte J-Typus käme in Deutschland besonders häufig vor, während seine Konstruktion eines »Gegentypus« sich zentraler antisemitischer Stereotype bediente.[303] Semantisch plausibel wurde diese Gegenüberstellung durch eine Differenzierung verschiedener J-Typen, die er und sein Schüler Friedrich Becker mit dem Rasseschema Hans F. K. Günthers identifizierten: So entsprächen etwa die sogenannten J_1- und J_2-»Legierungen« dem »nordischen Typus«, während der J_3-Typus zugleich der »fälische Mensch« sei.[304] Wie Scheerers Bericht zeigt, ließ sich auch Gerhard Pfahlers »rein« charakterologisches »Hauptschema« problemlos mit diesem Rasseschema verknüpfen.[305]

Doch auch an der praktischen Charakterologie der Heerespsychologen lassen sich für den charakterologischen Denkstil typische Operationen beobachten. Auf das morphologische Verfahren der Typisierung wurde bereits hingewiesen. Geuter kommt auf Grundlage der relativ kleinen Zahl archivalisch verfügbarer Gutachten zu dem Schluss, dass die Psychologen zur Beschreibung eines Heeresanwärters tatsächlich nicht auf enge typologische Raster zurückgriffen, sondern sich bemühten, dem Einzelfall durch ein differenziertes Bild des charakterlichen »Gesamtgefüges« gerecht zu werden.[306] Worüber sich die Theoretiker des charakterologischen Denkens aber keine Rechenschaft ablegten, war der Umstand, dass die »echten« und »ausgeprägten« Typen, denen sie die Würde eines Allgemeinbegriffs verliehen, auf normativen Setzungen beruhten. So orientierten sich etwa die heerespsychologischen Gutachten am Ideal des preußischen Offiziers. Die Differenziertheit der Beschreibungen ging also vornehmlich darauf zurück, dass möglichst viele Eigenschaften eines »typischen« Offiziers abgefragt wurden. So wurde der Anwärter daraufhin geprüft, ob sich in seinem Verhalten Selbstbeherrschung, persönliche Genügsamkeit, moralische Vorbildlichkeit, Standhaftigkeit und Mut zeige; oder es wurden in ausdrucksdiagnostischen Verfahren verschiedene Formen der leiblichen Erscheinung auf ihre Offiziersfähigkeit untersucht – angefangen von der Körperhaltung bis zur Appelltauglichkeit der Stimme. Was sich an diesem Beispiel symptomatisch zeigt, ist die Abhängigkeit einer praxistauglichen Charakterologie von kulturell verfügbaren Leitbildern. Der ›Offizier‹ ist dafür nur ein besonders markantes Beispiel, andere wären, wie zu zeigen sein wird, etwa der ›Schauspieler‹, der ›Künstler‹, die ›Frau‹ und nicht zuletzt: der ›Jude‹. In dieser Spielart macht Charakterologie etwas explizit, was man implizit immer schon wusste. In der Bindung an ein wissenschaftsförmiges Verfahren werden so alltagsspezifische Wissensbestände einerseits rationalisiert, andererseits von ihren alltäglichen Routinen gelöst und zur Sache von charakterologischen Diskursen gemacht. Das Wissen des Alltags wird so übersetzt in ein frei verfügbares Wissen, das ebenso praktisch »angewendet« wie theoretisch »gedacht«, also diskursiv mit anderem Wissen verknüpft, werden kann. Derart objektiviert steht prinzipiell jede Kategorie des Sozialen unter dem Vorbehalt einer wissenschaftlichen Kontrolle. Die Frage, ob jemand sich durch Herkunft, Satisfaktionsfähigkeit, Uniform und Patent als Offizier ausweisen kann, wird überlagert durch die Frage, ob es sich bei jemandem um einen *echten* bzw. einen potentiellen Offizier handelt. Diese Frage rechnet immer schon mit einer prinzipiellen Differenz zwischen einem durch Titel, Stand und sozialer Rolle bezeugten äußeren Schein und dem nur methodisch erschließbaren Wesen einer Person. Insofern sie Titel und Bezeichnungen, die soziale Gruppenzugehörigkeiten anzeigen, als Äußerlichkeiten behandelt, und stattdessen nach den inneren Gründen einer solchen Bezeichnung fragt, handelt es sich bei der Charakterologie um ein Verfahren zur *Psychologisierung des Sozialen*. Nicht ob jemand sich als Offizier ausweisen kann, ist aus charakterologischer Sicht entscheidend, sondern ob er sich »offiziersmäßig« verhält, nicht das

Patent also, sondern die »Offiziershaftigkeit«. In der Konsequenz ist die Psychologisierung sozialer Kategorien gleichbedeutend mit ihrer Verselbständigung zu symbolischen Zeichen. Wenn aus charakterologischer Perspektive das Offizier-Sein darin besteht, die Eigenschaften eines Offiziers zu besitzen, also so zu sein *wie ein Offizier*, dann wird aus dem Titel eine Metapher. Die Psychologisierung stellt also mehr dar als eine einfache Explikation des Impliziten oder eine Kolonialisierung der Lebenswelt durch wissenschaftliche Experten. Ihr wichtigster Effekt besteht vielmehr darin, soziale Begriffe von ihren ursprünglichen Kontexten zu lösen, ihnen einen spezifischen, oft formelhaften Sinn zu verleihen und sie so zu einer *Symbolik des Sozialen* zu verselbständigen.

Mit den beiden letzten Analyseschritten ist die Brücke von der akademischen Charakterologie zum charakterologischen Denkstil geschlagen. Sowohl die Analogisierung verschiedener Typen als auch die Verselbständigung sozialer Kategorien zu Realsymbolen verweist auf eine Art des Denkens, der im Laufe des 19. Jahrhunderts jedweder Anspruch auf Wissenschaftlichkeit aberkannt wurde. Auf diesem Anspruch wieder zu bestehen, wie das die konsequentesten Theoretiker der Charakterologie taten, ging weit über eine im Namen der Geisteswissenschaften vorgetragene Methodenkritik hinaus – nämlich bis zum ausgeschlossenen Anderen der disziplinären Wissenschaften, zum symbolischen Denken Goethes, der Romantik, des Mythos.

Teil 2
Die Unschärfe der Welt: Freies Denken über Ungleichheit

1. Der charakterologische Denkstil: Umrisse eines Idealtypus

Als Ludwig Klages 1910 seine *Prinzipien der Charakterologie* vorlegte, tat er das mit gehörigem Selbstbewusstsein. Er wusste, dass er sich einem psychologischen Problem gewidmet hatte, zu dessen Lösung von der akademischen Psychologie keine Hilfe zu erwarten war. Nachdem er einleitend dargelegt hatte, warum sich seelische Eigenart weder klassifizierend noch experimentell erfassen lasse, nannte Klages die Referenzpunkte *seines* wissenschaftlichen Denkens, dessen epistemologisches Kernstück der Symbolbegriff war.

Erstens eine »ursprüngliche« Art der Welterfassung, die vom Anschaulichen ausgeht und in Bildern statt in Allgemeinbegriffen denkt:

> Bilder aber, ob geträumt oder wahrgenommen, sind raumzeitliche Wirklichkeiten. Darum treffen wir den Sachverhalt genauer, wenn wir umgekehrt sagen, daß die Begabung zur Seelenforschung ganz wesentlich auf dem Vermögen beruhe, in der Erscheinungswelt ihren Sinn zu sehen. Den »Sinn« in ihr sehen aber heißt nichts anderes als die Erscheinung *symbolisch* sehen. Und in der Tat ist es ein nicht wegzudenkender Zug im *pathos philósophon*[1] und überdies sein Treffpunkt mit dem des Künstlers und des Dichters, daß es die Dinge, einem unentrinnbaren Zwange folgend, symbolisch auffasst: darin bei aller Größe des Unterschieds der Geistesverfassung des »Wilden« ähnelnd.[2]

Zweitens eine eigensinnige, erkenntnistheoretische Lektüre Nietzsches:

> Es ist [...] das wesentlich Wahre Nietzschescher Geisteshaltung, daß er [...] Einzelpersonen [wie auch] ganze Völker, Kulturen, Zeitabschnitte nach *Analogien* von Bildern sieht. Er spricht etwa vom »nordischen Grau« der »Begriffsgespensterei und Blutarmut«, nennt die Seele des Südländers eine »unbändige Sonnenfülle

und Sonnenverklärung«, findet am Engländer »Plumpheit und Bauernhaftigkeit«; kurz, er kennzeichnet jeden Charakter aus zwingenden Zügen seiner sinnlichen Erscheinung oder vielmehr er gewinnt den Schlüssel zur unsichtbaren aus der sichtbaren Welt und schöpft sein Gedankliches aus der *Wirklichkeit des Symbols*.[3]

Und drittens die romantische Wissenschaft, insbesondere die Physiognomik:

> Die Philosophie der Romantik ist völlig, wenn nicht vom Begriff des *Symbols*, so doch von der Sache beherrscht. Man nimmt die Welt als eine unermeßliche Zeichensprache, die es durch spekulative Versenkung zu enträtseln gelte, man beobachtet nicht sowohl die Dinge als vielmehr man blickt in ihr Angesicht und fragt, welcher Pulsschlag des Lebens, welche heimliche Bautrieb, welche Evolution der Seele aus diesen Zügen zu sprechen scheine. Man behandelt die Lehre vom Wachstum der Pflanzen, von den Kristallen, von den kosmischen Bewegungen in der Art einer *Physiognomik des Universums*, wie umgekehrt Carus z. B. die Physiognomik des Menschen in der Aufschrift seines Hauptwerkes darüber bezeichnenderweise »*Symbolik* der menschlichen Gestalt« betitelt.[4]

Ihrer Tendenz nach waren solche Aussagen 1910 keineswegs originell: Schon Otto Weiningers viel beachtete Dissertation von 1903 hatte alle Merkmale des von Klages skizzierten Denkstils aufgewiesen, auch wenn sein Autor alles andere als ein Nietzscheschüler oder ein Romantiker sein wollte. Neu waren der paradigmatische Anspruch, mit dem sie formuliert wurden, und die methodologische Reflexion über Denkmittel, die aus dem Kanon der disziplinären Wissenschaften schon lange ausgeschlossen waren.

Das Buch stellte nicht nur das erste Standardwerk der Charakterologie dar; es war zugleich der nahezu idealtypische Ausdruck einer intellektuellen Strömung, die seit den späten 1890er Jahren immer größere Resonanz gefunden hatte.[5] Um die Behauptung zu belegen, dass Klages' wissenschaftlichem Werk geistesgeschichtlich vor allem symptomatische Bedeutung zukommt, soll im Folgenden der Idealtyp des charakterologischen Denkens aus den Texten anderer Autoren rekonstruiert werden. Erst nach dieser Rekonstruktion kommt Klages dann wieder zu Wort, im Rahmen einer Fallstudie charakterologischen Denkens.[6] Bei der Idealtypenbildung bedingen analytisches und synthetisches Verfahren einander. Ohne eine Ahnung oder eine Intuition käme man nicht auf die Idee, im Besonderen etwas Typisches zu erkennen; doch erst im Laufe empirischer Untersuchungen gewinnt das Typische seine spezifische Bestimmung.[7] Wenn der Idealtyp des charakterologischen Denkens zunächst in seinen Grundzügen skizziert wird, so lässt sich das ebenso als hypothetische Setzung verstehen wie als Vorgriff auf die Ergebnisse der Untersuchung. So oder so soll es vor der Lektüre eines langen Kapitels zur Orientierung dienen.

Erstens hatte der charakterologische Begriff des Charakters *essentialistische* Qualität. Dadurch kann er von der bis Mitte des 19. Jahrhunderts ebenso gebräuchlichen pädagogischen Charaktersemantik abgegrenzt werden.[8] Es ging dem charakterologischen Denken nicht um das innerlich gefestigte Individuum als Ziel von Erziehung, sondern um die unveränderlichen Wesensunterschiede zwischen den Menschen.[9] Damit begriff sich das charakterologische Denken auch als Alternative zur akademischen Psychologie, der es um die allgemeinen Gesetze des Innenlebens geht. Sein Erkenntnisinteresse galt – genau umgekehrt – den Gründen, aus denen sich Menschen unter gleichen Bedingungen unterschiedlich verhalten.

Insofern es dabei um die Frage nach den nicht beeinflussbaren *inneren Antrieben* des Verhaltens ging, hatte der charakterologische Begriff des Charakters *zweitens* eine aufklärungs- und idealismuskritische Tendenz. Er bezeichnete ein »tiefes« und rätselhaftes Phänomen, das zu durchschauen, so die Annahme, eines illusionslosen Blicks bedarf. Die Möglichkeit, sich durch eigene Anstrengung zu bilden und zu verändern, wurde wo nicht geleugnet so doch gering veranschlagt; und dennoch hatte diese Konzeption des Charakters eine stark normative Komponente: Nur ging es dabei nicht um den Abgleich des Handelns mit einem moralischen Maß, sondern um die Forderung, seiner eigenen Natur gemäß zu handeln. Taten und

Verhalten wurden mithin nicht an Maximen gemessen, sondern an der Übereinstimmung mit dem eigenen Wesen.
Drittens handelte es sich um eine Form des *weltanschaulichen Ordnungsdenkens*.[10] Analysen besonderer Charakterformen wurden immer als Beiträge zu einer allgemeinen Charakterologie begriffen, die auf die Gesamtheit *aller* Wesensunterschiede zwischen den Menschen zielt. Dabei trat das charakterologische Denken aber nicht in Konkurrenz zu anderen Formen des Differenzdenkens. Vielmehr zeichnete es sich durch eine nahezu *grenzenlose Inklusivität* aus: Es griff bestehende Unterscheidungsschemata auf und beanspruchte, sie genauer und »tiefer« zu fassen und sie zu vereinheitlichen. Neben dem tradierten Wissen der alten Medizin, zu dem etwa die Unterscheidung der Temperamente gehörte, betraf dies vor allem drei weitere Wissensbestände: erstens im Alltag gebräuchliche Unterscheidungen, vor allem zwischen den Geschlechtern und Lebensaltern, Völkern und Rassen, Ständen und Berufen; zweitens das lebensnahe Wissen der Literatur, was die Texte der antiken Moralistik ebenso umfasste wie die »psychologischen« Gattungen der Tragödie und des Romans; und drittens die stetig wachsenden Bestände des differentiellen Wissens über den Menschen, das die Fachwissenschaften bereitstellten.

Gerade im Hinblick auf die alltagspraktisch etablierten Unterscheidungsraster ging mit dem charakterologischen Denken *viertens* eine *Psychologisierung des Sozialen* einher. Die Frage nach den Unterschieden zwischen Geschlechtern, Völkern, Rassen, Ständen und Berufen war gleichbedeutend mit der Frage nach dem typischen Wesen etwa »der« Frau, »des« Franzosen, »des« Juden, »des« Adligen, »des« Offiziers oder »des« Musikers. Effektiv bewirkte diese Typisierung eine Verdoppelung der personalen Identität in eine gleichsam offizielle, soziale und eine »wahre«, natürliche Dimension, die nur *hermeneutisch* erschlossen werden konnte. Die Frage nach der *Echtheit* eines Charakters war immer auch entlarvend und tendenziell anti-emanzipatorisch gemeint: Verhält sich diese Studentin wie eine »echte« Frau? Können eingebürgerte Juden »echte« Deutsche sein? Steckt in dieser Uniform ein »wahrer« Offizier? Beruht der Erfolg eines Komponisten »wirklich« auf seiner Musikalität? Über einen Menschen charakterologisch nachdenken hieß, sein Wesen unterhalb der sozialen »Maske« zu deuten.

Fünftens formulierte das charakterologische Denken die Frage nach den Unterschieden zwischen den Menschen als *qualitatives* Problem. Als Ganzheiten, die eine Vielzahl von Eigenschaften in sich vereinen, ließen sich Charaktere nicht auf einen Ordnungsaspekt reduzieren, wie ihn etwa die moderne Chemie in der atomaren Masse gefunden hatte; und für eine typologische Ordnung war die Zahl der Charakterformen viel zu groß. Die Lösung des Problems bestand darin, die immense Vielfalt der qualitativen Unterschiede nach *symbolischen* Ähnlichkeiten und Gegensätzen zu mustern und über Analogien Verbindungen zwischen Phänomenen herzustellen, die unter sachlichen Gesichtspunkten denkbar weit auseinander gelegen haben mochten: sei es die Ähnlichkeit zwischen ›Hysterikern‹ und ›Juden‹ oder der Gegensatz zwischen ›Rousseau‹ und ›Cäsar‹. In methodologischer Hinsicht stellt das charakterologische Denken damit eine moderne Variante des anschaulichen Denkens dar, das seinen letzten Höhepunkt in der Renaissance erfahren hatte.[11] Doch sein Ziel entlehnte es der Biologie des 19. Jahrhunderts: Sofern darüber reflektiert wurde, stellte man sich die Gesamtheit aller natürlichen Unterschiede als *Morphologie des Menschlichen* vor. Mit der damit verbundenen Anlehnung an die Entwicklungslehre, die sich sowohl auf Goethe als auch auf Haeckels Darwinismus berufen konnte, bestand die Zielidee mithin nicht in einem Klassifikationssystem aller Menschenarten, sondern im Gestaltwandel und der Formenvielfalt des Menschlichen, der methodische Schlüssel nicht in der Zuordnung, sondern im Vergleich.

Mit der Einordnung ihres Gegenstandes in die Naturgeschichte war die nicht-disziplinäre Charakterologie auch anschlussfähig an die Menschheitsgeschichte. Es konnte – *sechstens* – umso leichter Sinn stiften, je enger es mit historischem Wissen verbunden war. Besonders konsequent waren in dieser Hinsicht solche Denker, die ihre charakterologische Psychologie in eine *menschheitsgeschichtliche* Großerzählung einfügten. Dabei dominierte eine zirkuläre Konzeption historischer Zeit, die der liberalen Fortschrittserzählung diametral entgegenstand. Im Rückgriff auf die vorchristliche Antike, wenn nicht sogar auf die prähistorische Menschheit, wurde die Geschichte des Abendlandes als Verfallsgeschichte aufgefasst, in deren Verlauf sich bestimmte Menschentypen samt ihrer Varianten auf Kosten anderer durchgesetzt hätten: sei es die ›männlichen‹ Charaktere gegen die ›weiblichen‹, die ›jüdischen‹ und ›priesterlichen‹ gegen die ›natürlichen‹ und ›vornehmen‹, die ›modernen‹ gegen die ›tragischen‹, die ›massenhaften‹ gegen die ›besonderen‹ – Unterscheidungen, die einluden, Individuen daraufhin zu befragen, ob sie zu den ›zeitgemäßen‹ Vertretern einer ›kranken‹ Gesellschaft gehörten oder zu den ›Unzeitgemäßen‹, deren natürlicher Wert möglicherweise in der Zukunft wieder erkannt werden würde.

Schließlich und *siebtens* hatte das charakterologische Denken die Praxis im Blick. Es ging ihm um alltagstaugliches Orientierungswissen. Gerade die im Hinblick auf die Charakterdiagnostik wurde dabei auch der Frage Aufmerksamkeit geschenkt, wie sich *individuelle* Besonderheiten markieren ließen. Wie jedes Denken bewältigte auch das charakterologische Denken die Vielfalt der empirischen Welt, indem es verallgemeinert. Anders als das Denken zu theoretischen Erkenntniszwecken unterschied es aber weder kategorisch zwischen Wirklichkeit und Begriff, noch zwischen dem Individuellen und dem Typischen. In der diagnostischen Praxis fungierten die charakterologischen Typen nicht als – »idealtypische« – Allgemeinbegriffe, die das Besondere verständlich machen. Vielmehr wurden sie als qualitative Formen des Wirklichen angesehen und waren mithin vieldeutig: Als *reale Typen* konnten entweder besonders markante und »reine« Charaktere gelten – in diesem Sinn sprach etwa Nietzsche von »vornehmen Typen« oder Spengler vom »Typus des Arbeiters«. Es konnten aber auch umgekehrt gleichsam »gröbere« Formen des Menschlichen gemeint sein, die eine Vielzahl von Individuen auf ihren Durchschnitt reduzierten: etwa die »typische« Frau, der »typische« Jude oder der »Dutzendmensch«. Dementsprechend konnte auch die Rede von »Individualität« Unterschiedliches meinen: zum einen den Menschen, der es geschafft hatte, sich von der Masse und dem Zeitgeist zu »sondern« und ganz er selbst zu sein; aber auch den idiosynkratischen »Sonderling«, der sich nur um die eigene Person dreht und für die historischen und tragischen Dimensionen seines Lebens keinen Sinn hat.

Bevor die Strukturelemente dieses Denkstils rekonstruiert werden, wird zunächst ein Kapitel seine Funktionsweise veranschaulichen. Dabei soll gezeigt werden, dass es sich um eine Denkform handelt, die in erster Linie den Anforderungen der Praxis gerecht wird. Zu diesem Zweck werde ich zunächst zwei exemplarische Fälle aus den Jahren kurz vor dem Ersten Weltkrieg vorstellen, in denen charakterologisches Denken gleichsam »in Aktion« beobachtet werden kann. In Verbindung mit Bourdieus Theorie soll anhand dieser Fallbeispiele der eben skizzierte Idealtyp dann als Variante praktisch-logischen Denkens umrissen werden. Den Ausgangspunkt für die weitere Analyse bilden je eine Abhandlung Theodor Lessings und Friedrich Seiferts, die sich in der zweiten Hälfte der 1920er Jahre um eine erkenntnistheoretische Reflexion dieser praxisnahen Denkform bemühten – und sich dabei vor allem auf Goethe beriefen.

1.1. Carl und Max

Klages' *Prinzipien der Charakterologie* trafen auf ein breites, vornehmlich gebildetes Publikum, das seine Art des Fragens und Denkens bestens verstand, weil es selber schon so fragte und dachte. Rezensenten begrüßten das Buch mit der Begründung, es gebe dem vielerorts vorhandenen Bedürfnis nach charakterologischer Orientierung endlich klare Richtlinien an die Hand.[12]
Am 14.11.1912 notierte der Student Carl Schmitt in sein Tagebuch: »Ich bin charakterologisch ein Anwalt. Ich setze mich nur für fremde Sachen ein. Nur die kann ich ohne Gewissensbisse bearbeiten und durchführen.« Und weiter: »Alle meine Theorie von der Hingabe an eine Idee beruht auf dieser charakterologischen Eigenschaft der Hingabe an eine Sache, eine Idee, deren Anwalt man ist.«[13] Das gleiche Attribut, mit dem Schmitt seine Selbstfindung kennzeichnete, verwendete Max Weber 1905 auf der Jahrestagung des *Vereins für Socialpolitik*. Er leitete seinen Diskussionsbeitrag mit folgenden Worten ein:

> Wenn man sich über derartige sozialpolitische Dinge, wie sie heute hier zur Debatte stehen, verständigen will, so muß

der einzelne vor allen Dingen sich klar sein, welches denn der entscheidende Wertgesichtspunkt ist, von dem aus er persönlich die Entscheidung, um deren gesetzgeberische Behandlung es sich handelt, betrachtet. Ich konstatiere nun, daß für mich ausschließlich die Frage in Betracht kommt: Was wird ›charakterologisch‹ – um das modische Wort zu gebrauchen – aus den Menschen, die in jene rechtlichen und faktischen Existenzbedingungen hineingestellt sind, mit denen wir uns heute beschäftigen?[14]

Stellt man die Zitate in ihre jeweilige Kontext, besitzt man hinreichend Material, um den charakterologischen Denkstil in seinen Grundzügen zu skizzieren.

Nach den Tagebucheinträgen zu urteilen, befand sich Carl Schmitt um sein 25. Lebensjahr in einer Phase intensiver Selbstbefragung: »Warum ergreift es mich, wenn ich die Feuerwehr helfen sehe? Dann weine ich wie ein Kind. Ich habe eine besondere Beziehung zum Sozialen. Vielleicht gelingt es mir, noch dahinter zu kommen. Ich muss fleißig sein.«[15] Die Passage verdeutlicht die Art des Fragens. Ein beobachtetes Verhalten lässt sich offenbar nicht einfach mit einem nahe liegenden Adjektiv bezeichnen, etwa als »sentimental«. Vielmehr wird ihm der Wert eines Symptoms zugeschrieben. Die Frage zielt auf den tieferen Antrieb des Verhaltens, das dem eigenen Bewusstsein nicht ohne weiteres verfügbar ist. Schmitt selbst bringt im Tagebuch die Art dieses Fragens auf den Punkt: »Ich suche überall das System und die Einheit. Vor allem im Charakter eines Menschen. Alles, was man tut, muss sich restlos auf eine einzige Formel zurückführen lassen.«[16] Im gleichen Sinn spricht Schmitt auch vom »Wesen« oder der »Idee« eines Charakters.[17]

Mit welchen Mitteln er versucht, seiner eigenen Charakterformel auf die Spur zu kommen, deutet Schmitt in dieser Passage zumindest an. Er ahnt, dass die Tränen angesichts des Löschzugs mit seinem »besonderen Verhältnis zum Sozialen« zusammenhängen. In diesem Erklärungsansatz zeigt sich eine elementare Operationen des charakterologischen Denkens: die Zuspitzung individueller Eigenschaften und Verhaltensweisen auf das Allgemeine eines Typus. Indem er an der helfenden Feuerwehr etwas Typisches erkennt, kommt Schmitt dem »Charakter« seiner Tränen näher. Was ihn rührt, ist das »Soziale«, hier gemeint als »Sich für andere einsetzen«. In genau dieser »charakterologischen Eigenschaft der Hingabe«, meinte Schmitt auch das Wesen des Anwaltsberufs erkannt zu haben. Das charakterologische Allgemeine – hier: die Hingabe – dient als ein praktisches Vergleichsmaß, das die *Ähnlichkeit heterogener Phänomene* erkennbar macht, so dass diese einander als Symbole wechselseitig charakterisieren. Meine Tränen sind die Tränen eines typischen Anwalts, wäre eine mögliche Antwort auf Schmitts Frage nach dem Wesen seiner Affizierbarkeit gewesen. Die Suche nach charakterologischen Ähnlichkeiten wird noch deutlicher, wenn man sich den unmittelbaren Kontext der Anwalts-Passage ansieht. Um das Wesen des Anwaltsberufs zu erfassen, grenzt Schmitt seine eigene von anderen Weisen der sachlichen Hingabe ab. Er identifiziert den »Fanatismus und Enthusiasmus«, mit denen sich Anwälte in eine Sache »hineinwerfen«, als eine »ganz spezifische, charakterologische Gebärde, die nichts mit dem Funktionalismus des Beamten, nichts mit der Begeisterung des Künstlers zu tun hat«.[18] All diese beruflichen Sphären sind durch charakteristische Nuancen voneinander getrennt; dass sie einander aber dennoch ähnlich sind, macht Schmitt deutlich, wenn er sie alle einer Seite der fundamentalen sozialen Opposition zuschlägt, ohne die kaum eine Charakterologie auskommt, nämlich die der Geschlechter: »Der Mann sucht sich zu verlieren, wirft sich weg. Der Geschäftsmann, der Gelehrte, der Künstler hat eine Idee und eine Aufgabe, eine Sache. Das Weib hat keine Sache. Es ruht in sich.«[19]

In diesem kleinen Beispiel wird deutlich, was das Prinzip der charakterologischen Ähnlichkeit leistet. Zum einen lässt es Raum für feine Unterscheidungen. Ähnliches ist einander eben nicht gleich, daher kann es nuanciert werden: Es sind die Akzente des »Enthusiasmus«, des »Funktionalen«, der »Begeisterung«, durch die sich Anwälte, Beamte und Künstler voneinander unterscheiden lassen. Zum anderen lässt es die Möglichkeit der groben Zuspitzung jederzeit offen: Ähnliches liegt durch den verbindenden Gesichtspunkt so dicht beieinander, dass es unter Absehung aller

Nuancen gruppiert und von seinem Gegenteil unterschieden werden kann. Der Wert dieser Operation liegt darin, heterogene soziale Gruppen aufeinander zu beziehen, in diesem Fall Berufe und Geschlechter.

Und noch ein weiteres Merkmal charakterologischen Denkens findet sich bei Schmitt. »Wenn nun«, schreibt er anderer Stelle, »feminine Männer daraus einen Narzissmus und eine selbstgefällige Indolenz machen und auf ihre armselige Eitelkeit und ihr Selbstbehagen das von Männern gefundene Wort ›Sei du selbst‹ anwenden, so ist das abstoßend, lächerlich und verdient kein weiteres Wort. Die femininen Männer machen aus dem In-sich-selbst-ruhen eine wüste Wichtigmacherei.«[20] Was Schmitt an den »femininen Männern« abstößt, hat nichts mit Unsittlichkeit zu tun, es ist die innere Widersprüchlichkeit eines Menschen, oder um es mit einem Wort zu sagen: seine Wesensverfehlung. Nicht das Befolgen oder Missachten von Geboten ist die Grundlage eines Werturteils über Personen, sondern die Übereinstimmung mit dem eigenen Charakter, sei es der als ›Mann‹, als ›Anwalt‹, als ›Künstler‹. Männer, die sich *wie Frauen* verhalten, vergehen sich nicht gegen das Gesetz oder die Sitte, sondern gegen sich selbst. Umgekehrt kann jede noch so niedrige Tätigkeit dadurch geadelt werden, dass man sie ausführt *wie ein Anwalt,* nämlich durch enthusiastische Hingabe an eine fremde Sache. Das charakterologische Denken verdoppelt also soziale Klassifikationen, die als solche einen reinen Bezeichnungscharakter haben, um einen materialen Bestimmungsgrund. Es macht aus einem sozialen Zeichen einen psychologischen Begriff. Neben der Zuordnung zu einer Gruppe tritt die Charakterisierung dieser Gruppe als Typus, als psychologische »Idee«, wie Schmitt und andere es nennen: Neben das Anwaltspatent tritt die »Anwaltshaftigkeit«, neben die primären Geschlechtsmerkmale die »Männlichkeit«. Durch diese Verdoppelung des Sozialen in eine äußere und eine innere Seite kann das Verhältnis dieser beiden Seiten zum charakterologischen Beurteilungs- und die *Echtheit* einer Person zum Wertkriterium werden: Das geachtete Gegenteil des »femininen« ist der »echte Mann«, so wie man von einem eitlen, egoistischen Strafverteidiger abwertend sagen kann, er sei »kein echter Anwalt«.

Könnte der Kontext, in dem der rührige Student Schmitt sich selber sucht, nicht privater sein, so der, in dem Max Weber sich äußert, kaum öffentlicher. Doch die Art der Argumentation verläuft nach dem gleichen, von beiden als »charakterologisch« bezeichneten Muster. Worum geht es in der Rede? Die Debatte, in die Weber eingreift, behandelt das »Arbeitsverhältnis in den privaten Riesenbetrieben«. Verhandelt wird über die Arbeitsverfassung im Deutschen Reich, insbesondere das geltende Streikrecht.[21] Mit scharfen Worten kritisiert Weber die faktische Aushebelung des Koalitionsrechts durch die Besserstellung der arbeitswilligen gegenüber den streikenden Arbeitern. Während jede noch so geringfügige Sanktionsandrohung (»streikst du nicht mit, tanzt meine Auguste nicht mehr mit dir«) gegenüber den nicht streikenden Arbeitern strafrechtlich relevant sei, würden umgekehrt die Streikenden von den Gesetzen nicht einmal vor der Kündigung durch den bestreikten Arbeitgeber geschützt.[22] Rhetorische Schärfe bekommt die Argumentation aber vor allem durch den weiten Rahmen, in den Weber seine Rede einspannt. Weber benötigt nicht mehr als einen Satz, um einen Zusammenhang zwischen dem Kündigungsrecht gegenüber streikenden Arbeitern und der Stellung der Deutschen in der Welt herzustellen:

> Ich könnte Ihnen bei genügender Zeit im einzelnen analysieren, […] wie groß die Nachwirkung des autoritären Empfindens, des Reglementiert-, Kommandiert- und Eingeengtseins, welches der heutige Staat und das heutige System der Arbeitsverfassung im Deutschen erhält, und wie darin z. B. die Schwäche der Deutschen in Amerika, die geringe werbende Kraft unserer reichen Kultur mitbegründet liegt, wie die Verachtung des Deutschen in der ganzen Welt herrührt von den Charaktereigenschaften, die eine gedrückte Vergangenheit ihm aufgeprägt hat und der Druck des autoritären Systems in ihm verewigen möchte.[23]

Offenbar ist es nicht von Belang, dass es sich bei den Auslandsdeutschen um eine ganz andere Personengruppe handelte als bei den Opfern des herrschenden Streikrechts. Denn es geht Weber ja vielmehr um die Frage, was die einen mit den anderen verbindet. Und die Antwort lautet: ein »System«, das bestimmte typische »Charaktereigenschaften« hervorbringt, durch die sich offenbar die Deutschen im Allgemeinen auszeichnen.[24] Wie ein weiterer Vergleich verdeutlicht, betrachtet Weber als Kern dieses allgemeinen Systems eines als »autoritär« bezeichnetes Verhaltensmuster, dem es um das Machtgebaren als Selbstzweck geht:

> Wer die Wirkung unseres Gebarens auf die ausländischen Nationen, mit denen wir in der Politik zu rechnen haben, betrachtet, bemerkt leicht, wie unsere gegenwärtige Politik nicht selten den Eindruck erweckt und erwecken muß, daß sie nicht etwa die Macht, sondern den *Schein* der Macht, das Aufprotzen der Macht sucht. [...] So etwas steckt auch unseren Arbeitgebern im Blute, sie kommen über den Herrenkitzel nicht hinweg, sie wollen nicht bloß die Macht, die gewaltige, faktische Verantwortung und Macht, die in der Leitung jedes Großbetriebes liegt, allein – nein, es muß auch äußerlich die Unterwerfung des anderen dokumentiert werden. Bitte, sehen sie sich nur einmal den Dialekt einer deutschen Arbeitsordnung an! ›Wer das und das tut, der wird bestraft‹, ›wer das und das tut, bekommt erstmalig einen Verweis, zweitmalig eine Geldstrafe usw.‹; man kann nur sagen: es ist Schutzmannsjargon, der da in einem Kontraktverhältnis, als welches doch gerade die Herren Arbeitgeber die Beziehungen ansehen, geredet wird.[25]

Wie bei Schmitt sind es auch hier wenige Charakterzüge, die verschiedene soziale Gruppen miteinander verbinden, so dass das Verhalten der einen zum Verständnis der anderen herangezogen werden kann: Arbeitgeber sind wie Schutzleute und diese wie Politiker. Dabei handelt es sich um mehr als nur ein rhetorisches Mittel, die aufgewiesene Ähnlichkeit ist nicht metaphorisch gemeint. Der Polizist ist kein Bild zur Beschreibung deutscher Arbeitgeber, sondern man erkennt in den Arbeitgebern ein substanzielles *Wesen* wieder, das man in typischer Ausprägung von Schutzmännern kennt. »Diesen Herren steckt die Polizei *im Leibe*«, sagt Weber und meint damit ganz wörtlich den durch einen bestimmten »Tonfall« gebildeten »psychischen Reiz«, nicht nur wie ein Polizist zu wirken, sondern wie ein Polizist zu sein.²⁶ Aber auch die deutschen Politiker verkörpern diesen »Herrenkitzel«, das »Aufprotzen mit der Macht«, das man aus dem Alltag von den Schutzleuten kennt; daher kann Weber auch nach der Beschreibung der deutschen Politiker davon sprachen, dass »so etwas auch unseren Arbeitgebern *im Blute* steckt«.

»Charakterologisch« ist diese Argumentation in genau dem gleichen Sinn wie bei Carl Schmitt: sie sucht nach der »Formel«, die das Wesen einen Menschentyps prägnant erfasst. Bei Schmitt lautete die Formel zur Selbstcharakterisierung: Hingabe; bei Weber die zur Charakterisierung der Arbeitgeber: Herrenkitzel. Bei beiden wird sie herangezogen, um unterschiedliches Verhalten auf einen gemeinsamen Grund zu bringen, und beide bedienen sich eines aus dem Alltag vertrauten Falls – was dem einen die Feuerwehr, ist dem anderen die Polizei. Schmitt dient dieses Verfahren in erster Linie der Selbstanalyse.²⁷ Für Weber erfüllt die Formalisierung darüber hinaus noch einen weiteren Zweck. Anders als beim Tagebucheintrag, für den der Charakter des Schreibers einen naheliegenden Gegenstand darstellt, ist der »charakterologische« Ansatz für Weber ein Mittel, die Prägnanz seiner Rede zu erhöhen. Über das deutsche Streikrecht im Besonderen und die deutsche Arbeitsverfassung im Allgemeinen lässt es sich leichter sprechen, wenn man die Probleme *personalisiert*. Genau das tut Weber, wenn er die juristischen Sachfragen letztlich vom Charakter der deutschen Arbeitgeber ableitet, so wie sich dieser vom eigentlichen Primärphänomen ableiten lässt: dem »autoritären System« in Deutschland. Hier zeigt sich nun ein weiteres Merkmal des charakterologischen Denkstils, der bei Schmitt nur angedeutet ist: Gerade das Zusammenwirken von *Ähnlichkeits- und Gegensatzbeziehungen* erweist sich als produktiv für die Herstellung von Sinnzusammenhängen. Das bloße Aufweisen von Ähnlichkeiten kann nicht mehr leisten als die zirkuläre Charakterisierung eines Phänomens durch andere (A ist wie B ist wie C usw.). Erweitert man die Eigenschaften, mittels derer Ähnlichkeiten erzeugt werden, nun aber um ihre jeweiligen Gegensätze, lassen sich weitreichende Verknüpfungen herstellen, die letztlich alles mit allem in einen sinnvollen Zusammenhang stellen können.

In Webers Rede geschieht dies folgendermaßen: Letztlich verhalten sich nicht Personengruppen, sondern antagonistische Beziehungen zwischen je zwei Personengruppen ähnlich zueinander: Polizisten gegenüber Bürgern, deutsche Außenpolitiker gegenüber Deutschen im Ausland, Arbeitgeber gegenüber Arbeitern. Die Gesamtheit dieser antagonistischen Gegensätze stellt ein »System« von (Macht-)beziehungen dar, das sich unter anderem in der Arbeitsverfassung und im Recht ausdrückt. Als Totalitäten können nun bestimmte Systeme wie Rechtsordnungen ihrerseits charakterisiert werden und damit in Ähnlichkeits- und Gegensatzbeziehungen zu anderen Systemen treten. Das tut Weber, wenn er das beschriebene System als ›deutsch‹ und ›autoritär‹ charakterisiert. Mit Hilfe der ältesten charakterologischen Operationen, der Unterscheidung der Geschlechter, kann Weber in einem weiteren Denkschritt den behandelten Gegenstand nun in eine symbolische Ordnung von welthistorischer Reichweite stellen:

> Die Tatsache nun, dass es solches Recht in Deutschland gibt, ist nach meiner subjektiven Empfindung nichts anderes als eine Schande. Es ist ein Recht für alte Weiber. Es schützt die Feigheit. Denken sie zum Vergleich an die Umgrenzung, die das römische Recht, das Recht des männlichsten Volkes der Erde, der rechtlichen Wirkung der Bedrohung gegeben hatte: *metus qui in constantissimum virum cadere potest*, Drohungen, die auch den furchtlosesten und standhaftesten Mann beeinflussen können, gelten als rechtlich irrelevant.[28]

Da die Eigenschaft der Feigheit als ›weiblich‹ charakterisiert wird, bedarf es nur noch eines *Analogie*schlusses, um einen Gegensatz aus »(alt-)weibischem« deutschem Recht und ›männlichem‹ römischen Recht zu konstruieren. So wie in der ersten Reihe die Gegensätze Arbeitgeber : Arbeitnehmer, Polizist : Bürger, Politiker : Auslandsdeutsche sich homolog zueinander verhalten und somit einander wechselseitig Sinn verleihen, so nun in der zweiten Reihe die Gegensätze freiheitlich : autoritär, mutig : feige, männlich : weiblich, römisch : deutsch. Erst durch die Hinzufügung von Eigenschaftsbeziehungen können die Realsymbole über die einfachsten Ableitungen (etwa Mann : Frau, Tag : Nacht) hinaus miteinander verknüpft werden, so dass man mit vollem Recht von einer *Denkform* sprechen kann. Oder von einer Logik – so wie Pierre Bourdieu es tut.

1.2. Ähnlichkeiten und Gegensätze

Als Bourdieu die Mythen und Riten der nordafrikanischen Kabylen analysierte, tat er das nicht in rein ethnologischer, sondern auch in paradigmatischer Absicht.[29] Ihm ging es darum, die Befunde so weit zu generalisieren, dass das lokale Material nur noch als »Grundlage« einer allgemeinen »Theorie der Praxis« dient. Gerade von ihr erhoffte sich der Soziologe nämlich Aufschluss über moderne Sachverhalte. In unserem Zusammenhang sind dabei allein diejenigen Untersuchungen von Interesse, in denen Bourdieu das Modell einer *Logik* der Praxis entwirft.[30] Damit sind Operationen des Unterscheidens, Verknüpfens, Urteilens gemeint, die nicht zur selbstgenügsamen Objektivierung der Welt, zur Isolierung eines für sich bestehenden »reinen« Wissens – etwa in Form eines Klassifikationssystems oder einer Theorie – führen, sondern zur alltäglichen Sinnstiftung. Als »praktisch« erweist sich dieses Denken im doppelten Wortsinn. Zum einen findet es eingebettet in den konkreten Lebensvollzug statt, also ohne die quasi außerweltliche Distanz und die – relative – Zeitenthobenheit des theoretischen Denkens; zum anderen ist es leicht handhabbar und unmittelbar verständlich.

Bourdieus Analysen des mythisch-rituellen Systems der Kabylen ist für unsere Zwecke hilfreich, da sie zeigen, wie man Denkformen jenseits des nach aufgeklärten Maßstäben »Vernünftigen« untersuchen kann, ohne dabei auf die abgeschliffene Unterscheidung rational / irrational zurückzugreifen. Im Verzicht auf die Kategorie des Rationalen liegt der entscheidende Unterschied zur Ethnologie der ersten Hälfte des 20. Jahrhunderts. Das disziplinäre Selbstbewusstsein der ethnologischen Pioniere hatte seinen Grund in der Überzeugung, dass hinter dem »unzivilisierten« und scheinbar irrationalen Verhalten der »Wilden« unbewusste, jedoch nützliche Funktionen auszumachen sind.³¹ Claude Lévi-Strauss ging noch über die funktionalistische Kulturtheorie hinaus, wenn er im vollen Wortsinn von einem »wilden *Denken*« sprach.³² Nicht nur in der sozialen Organisation und in den Verhaltensmustern »primitiver« Stämme, auch in den symbolischen Deutungssystemen, die ihren Ausdruck im Mythos finden, sah er eine verborgene Rationalität am Werk. Ohne hinter diese grundsätzliche Einsicht zurückzugehen, hält Bourdieu Lévi-Strauss jedoch vor, die Spezifik der »primitiven« Weltaneignung zu verfehlen, wenn er sie in erster Linie in deren Regelhaftigkeit sieht.³³ Das wesentliche Moment ihrer Logik bestehe nämlich nicht in der Unbewusstheit, sondern in der *Unschärfe* ihrer Rationalität. Zur Verdeutlichung führt Bourdieu die – von Humboldts Sprachtheorie entlehnte – Unterscheidung zwischen *opus operatum* und *modus operandi* ein.³⁴ Es sei typisch für den Wissenschaftler, nur die »fertigen« Produkte des Sprechens und Handelns als analysetaugliche Objekte in den Blick zu nehmen. Eine Vielzahl von Texten, Sprechakten und Handlungen würden zu einer als Ganzheit überschaubaren Materialsammlung zurechtgestutzt, um auf Strukturen, Taxonomien und Funktionen untersucht werden zu können. Erst dieser synoptische Blick erlaube die Unterstellung, das Denken der Praxis folge ähnlich strengen Regeln wie die klassische Musik.³⁵ Doch in der Synopse, welche die gleichsam räumliche Anordnung aller untersuchten Texte und Praktiken zu einer Zeichenordnung ermöglicht, gehe das entscheidende Charakteristikum des Denkens, Sprechens und Handelns in praktischer Absicht, sein *modus operandi*, verloren: die durch Zeitlichkeit und Situationsabhängigkeit bedingte Ungenauigkeit.³⁶

Die Notwendigkeiten der Praxis erfordern Denkformen und Symbole, die vor allem schnell verfügbar und unmittelbar verständlich sind. Genau diese Bedingung aber erfüllt die Rationalität der theoretischen Vernunft nicht, da das logische Gebot der Widerspruchsfreiheit nur dann eingehalten werden kann, wenn die Elemente von Thesen, Klassifikationen und Gleichungen zuvor eindeutig bestimmt worden sind. Erst das aufwendige Verfahren der Abstraktion macht ja aus Dingen und Wörtern wissenschaftlich und technisch verwertbare Begriffe und Größen, die mit sich selbst *identisch* bleiben können: Wenn A = A, dann A ≠ B, C, D ... Die zahlreichen Erscheinungsqualitäten der Dinge und die Vieldeutigkeit der Wörter werden dabei irrelevant zugunsten des spezifischen Aspekts, der Dinge in Objekte, und der Bedeutungseinschränkung, die Wörter in Begriffe verwandelt.[37] Ihre Bedeutung erhalten die Objekte und Begriffe nun nicht mehr durch den alltäglichen Gebrauch, sondern durch Einbindung in ein System aus Regeln, Zeichen und theoretischen Modellen. Idealtypisch lässt sich das an der newtonschen Physik erläutern.[38] Der Beziehungsreichtum des Wortes und die Erscheinungsvielfalt des Gegenstands Sonne wird dort reduziert auf den einzig relevanten Aspekt des Gewichts, also der Kraftwirkung einer lokalisierbaren Masse, die nur noch aus konventioneller Pragmatik weiterhin »Sonne« genannt wird. Seine Bedeutung erhält der Begriff der Sonne als Himmelskörper durch ein System mathematischer Regeln und physikalischer Theoreme; außerhalb von Konzepten wie Maßgröße oder Anziehungskraft wäre er sinnlos.[39]

Die neuere Wissenschaftsgeschichte hat zudem gezeigt, dass die Konstruktion wissenschaftlicher Objekte nicht nur theoretische, sondern auch dingliche Voraussetzungen erfordert wie etwa die Erfindung bestimmter Instrumente; so im Fall der newtonschen Physik vor allem das Fernrohr.[40] Die Konstruktion einer Welt aus eindeutig bestimmten Objekten und Fakten ist so voraussetzungsreich, dass sie ein lange Phase der individuellen Einübung erfordert und daher soziologisch keineswegs als Regel betrachtet werden darf – ein Befund, den Wolfgang Bonß aus sozialgeschichtlicher Perspektive bestätigt hat. Er hat gezeigt, dass die Entstehung des »Tatsachensinns« auf die Durchsetzung neuer Rationalitätsformen in Forschung, Handel und Verwaltung zurückzuführen ist.[41]

Die Symbolisierung von Dingen und Sachverhalten ist natürlich eine unverzichtbare Voraussetzung jedes Denkens und Kommunizierens. Doch anders als in der wissenschaftlichen oder ökonomischen Objektkonstruktion sind die Gegenstände der Praxis nicht verbindlich symbolisiert; sie gewinnen ihre spezifische Bedeutung erst durch den situativen Kontext, in dem sie verwendet werden.[42] Sie sind, mit den Worten Bourdieus, unbestimmt und überdeterminiert. Innerhalb der praktischen Logik ist es daher unmöglich, ontologische oder im Sinne der Prädikatenlogik widerspruchsfreie Aussagen zu machen: Kein Ding »ist« etwas und kein Symbol »bezeichnet« etwas außerhalb eines Arrangements von Oppositionen und Ähnlichkeiten, in dem bestimmte seiner Eigenschaften *relational* akzentuiert werden. Für sich genommen sind alle Dinge der Welt vieldeutig und durch das Band einer »globalen Ähnlichkeit« verknüpft.[43] Da sich Bedeutungen erst *in actu* ergeben, bleiben sie den Dingen gleichsam verhaftet; sie verselbständigen sich nicht zu symbolischen Zeichen, die auf die Dinge verweisen, vielmehr haben die Dinge selbst den Rang von Zeichen: Sie sind *natürliche* oder *Realsymbole*, deren Bedeutung nicht konventionell festgelegt ist, sondern sich erst in einem situativen Verweisungszusammenhang ergibt. Um das paradigmatische Moment der Theorie zu betonen, wähle ich zur Veranschaulichung zunächst ein beliebiges Beispiel aus unserer Welt.

Seinem Zweck nach ist das Auto ein Fortbewegungsmittel, doch kann es ebenso als Statussymbol, als Repräsentant einer Nation oder als Ausdruck individueller Freiheit gelten. Abhängig von der jeweiligen Situation wird der Gegenstand Auto auf die eine oder andere Weise codiert. Welcher Code gemeint ist, wird spontan klar durch den Gegensatz, der immer, wenn auch meist unausgesprochen, mitgesagt ist. Wenn ich etwa frage: »Kommst du mit dem Auto?«, so ist damit das Fortbewegungsmittel gemeint, im Gegensatz etwa zum Fahrrad. Entscheidend ist aber, dass in der symbolischen Objektkonstruktion andere mögliche Codierungen nicht ausgeschlossen sind, sondern gleichsam »mitschwingen«. Lautet etwa die Antwort auf die gestellte Frage: »Ja, ich komme mit dem Chrysler«, so kann dies vieldeutig interpretiert werden. Erstens natürlich im Sinne der Frage als eine Bejahung, also »nicht mit dem Fahrrad«. Es kann aber auch bedeuten: »nicht mit dem Golf«, also mit viel Platz und geländetauglich. Darüber hinaus befindet sich der Gegenstand »Chrysler« in einem Netz aus kulturellen Alltagsbezügen: Er kann Bedeutung annehmen als »teures Auto« und stünde damit im Gegensatz etwa zu einem »Fiat«; ebenso aber ist er ein »amerikanisches Auto«, was etwa als Gegensatz zu »deutschem Auto« verstanden werden könnte, da es sich um ein Ressourcen verschwendendes Modell handelt, aber ebenso als »Auto aus Detroit«, also einer wirtschaftlichen Krisenregion, womit sich der Gegensatz beispielsweise zu »Shanghai« auftäte. Jede dieser über einen *Gegensatz* gewonnene Bedeutungsakzentuierungen öffnet über das Prinzip der *Ähnlichkeit* wiederum neue Bedeutungsräume, so dass die simple Auskunft über die Art einer Anreise nie für sich alleine steht, sondern immer eingebettet ist in ein Netz aus impliziten Bedeutungen, die jederzeit explizit gemacht werden können. Warum nicht dem Fahrer eines amerikanischen Benzinschluckers unterstellen, dass er seinem Auto ähnlich und selbst ein bisschen »amerikanisch« ist, also rücksichtslos, oberflächlich, egozentrisch? Doch ist das Symbol »Amerika« selbst so vieldeutig, dass man auch andere Codierungen vornehmen könnte: Ist man in den Fahrer verliebt, fände man es vielleicht bezeichnend, dass er ein Auto fährt, das ihn als selbstbewusst und erfolgreich ausweist. Die Operation einer spontanen Codierung, bei der alle anderen möglichen Codierungen nicht ausgeschlossen werden, sondern als Bedeutungspotentiale mitschwingen, nennt Bourdieu »unsichere Abstraktion«.[44] Denn einerseits muss ja abstrahiert werden, damit klar ist, dass jetzt gerade das Auto als Fortbewegungsmittel gemeint ist; andererseits kann schon der sich anschließende Satz oder Bewusstseinsinhalt einen anderen Aspekt akzentuieren, wenn ich zum Beispiel nach Bestätigung dafür suche, dass der Fahrer ein Depp ist.

Erst durch die Vertrautheit mit einer Welt kann sich bei den Akteuren ein Sinn – sprich: Instinkt – ausbilden, der ein spontanes Verständnis von Sinn – sprich: Bedeutung – ermöglicht.[45] Man mag den Sachverhalt nach seiner subjektiven Seite *Common Sense*, nach seiner objektiven Seite Alltagswissen oder Symbolsystem nennen, solange klar bleibt, dass damit nicht eine Summe verbindlicher Bedeutungen gemeint ist, sondern ein Pool verfügbarer Wörter und Dinge – also eher ein Alphabet der Sinnstiftung als eine Enzyklopädie des Wissens.[46]

In ihrer Allgemeinheit trifft diese Umschreibung allerdings eher auf moderne Gesellschaften zu, in denen das symbolische Denken der praktischen Logik immer eine Möglichkeiten neben den ausdifferenzieren Sachlogiken von Ökonomie und Technik, Politik und Verwaltung, Wissenschaft und Journalismus darstellt.

Praktisch-logische und sachlogische Denkweisen liegen dabei oft dicht nebeneinander oder gehen nahtlos ineinander über. Ob man, um in dem genannten Beispiel zu bleiben, über ein Auto als Mechaniker technisch spricht, indem man es »schrottreif« nennt, oder als Werbetexter symbolisch, indem man es mit einem »Tiger« vergleicht, ist oft nur eine Frage der Rolle, in der man sich gerade befindet; so wie es oft nur eine Frage des Mediums ist, ob man als Journalist einen Politiker in einem ausführlichen Porträt sachlich, also gleichsam »synoptisch«, darstellt oder ob man ihn durch einen Vergleich mit Goebbels symbolisch codiert.

In agrarischen und analphabetischen Gesellschaften wie der kabylischen besteht dieses Nebeneinander nicht. Da sich noch keine Formen des Denkens und Sprechens ausdifferenziert haben, die als solche von der Praxis unterschieden werden könnten, ist jede Situation des Lebens dem Zwang zur Symbolisierung unterworfen. Die wichtigste Funktion der praktischen Logik besteht darin, eine symbolische Verknüpfung zwischen den verschiedenen Bereichen des Lebens herzustellen und zugleich eine soziale Grundordnung zu reproduzieren. Beide Funktionen werden dadurch erfüllt, dass jedes mögliche Ereignis und jedes mögliche Phänomen über Gegensatzbeziehungen codiert wird und diese wiederum über Analogien auf einige wenige *fundamentale Oppositionsschemata*, die für Ordnung der Gesellschaft zentral sind, bezogen werden können. Im Fall der Kabylen handelt es sich dabei in erster Linie um den Gegensatz der Geschlechter, auf dem das gesamte soziale und ökonomische System aufbaut; eine ebenso zentrale Rolle spielt für eine Agrargesellschaft die Natursymbolik, besonders die Gegensätze von Sommer und Winter sowie von Himmel und Erde. In Verbindung mit einem ebenfalls einfachen System von Adjektiven lässt sich, ausgehend von den Gegensatzpaaren oben / unten, rund / gerade, kalt / warm, trocken / feucht, über Analogiebildungen jeder erdenkliche Sachverhalt mit diesen fundamentalen Schemata verknüpfen.

Noch die unscheinbarste praktische Situation erhält auf diese Weise eine sozusagen grundsätzliche Bedeutung. Beispielsweise stehen in der rituell aufgeladenen Praxis der kabylischen Olivenernte die Männer auf Leitern in den Bäumen, während die Frauen sich am Boden nach den heruntergefallenen Früchten bücken.[47] In der gemeinsam betriebenen Ernte ist die übliche sozialräumliche Segregation in eine männliche und eine weibliche Sphäre aufgehoben; um aber den Gegensatz zwischen den Geschlechtern und die mit ihm verbundene Arbeitsteilung nicht zu gefährden, muss er durch ein symbolisches Arrangement performativ bestätigt werden. Zu diesem Zweck wird der fundamentale Gegensatz durch sekundäre Gegensätze verdoppelt, die sich ähnlich zu ihm verhalten und somit wechselseitig aufeinander verweisen. Erst im Kontext einer praktischen Situation wird deutlich, dass das Verhältnis von Baum und Boden bzw. von Leiter und Tuch den Gegensatz von Himmel und Erde und damit die gegensätzlichen Eigenschaften von oben und unten bzw. von gerade und rund symbolisieren und diese wiederum den Gegensatz von männlich und weiblich. (In einem anderen Kontext kann aber beispielsweise die Fähigkeit des Baumes zu Wachstum und Fruchtbarkeit akzentuiert werden, was ihn zu einem Symbol des Weiblichen macht).

Bourdieus Beispiel verdeutlicht, dass in nichtschriftlichen Kulturen nicht nur die praktisch-logische Symbolisierung unverzichtbar ist, sondern auch der Einsatz des menschlichen Körpers. Etwas zugespitzt könnte man sagen, dass Riten nichts anderes sind als Sinnstiftungspraktiken, bei denen der Körper als logischer »Operator« die Dinge der Welt in Beziehungen zueinander setzt: So steht der gestreckte Körper in Verbindung mit dem Himmel, der gebeugte mit der Erde, die Bauchseite mit der Zukunft, die Rückenseite mit der Vergangenheit, eine halbe Drehung um die eigene Achse kann die Inversion eines Gegensatzes bedeuten oder die magische Reversion einer Handlung.[48] Im praktisch-logischen Weltvollzug, so machen diese Beispiele deutlich, ist »die« Ordnung in Form eines objektivierten Systems nicht vorstellbar; vielmehr wird sie immer wieder aufs Neue hergestellt. Es geht nicht um die Klassifizierung von Tatsachen, sondern um die symbolische Verarbeitung von Situationen. Diese Ordnungslogik ist zwangsläufig konservativ: die Idee des Neuen, für die erst ein Begriff und ein Platz in der Ordnung gesucht werden muss, existiert nicht. Noch die abseitigste Erscheinung kann nicht »Entdeckung« sein, denn sie muss sich dem Symbolschema beugen. In einem endlosen Zirkel bestätigt sich so die Natürlichkeit der Welt.

Nimmt man den universalen Geltungsanspruch von Bourdieus Theorie der Praxis ernst, so besteht ihre größte Schwäche in der unzureichenden Reflexion darüber, dass in alphabetisierten und erst recht in funktional ausdifferenzierten Gesellschaften die praktische Logik weder die einzige Form der Symbolisierung ist noch der Körper der einzige symbolische Operator. Nirgendwo ist diese Schwäche greifbarer als im Konzept des Habitus, dem vor allem Bourdieu seinen Erfolg in der Geschichtswissenschaft verdankt. Entwickelt hat Bourdieu den Habitusbegriff am Fall der kabylischen Kultur. Dort erfüllt er seinen vollen Bedeutungsumfang als Inkorporierung sozialer Strukturen, die erklären kann, warum sich eine Gesellschaftsform durch individuelles Handeln reproduziert. Zu Recht ist nun betont worden, dass auch in der Moderne Individuen durch die Einübung eines Verhältnisses zum eigenen Körper sozialisiert werden und der Habitusbegriff mithin ein wertvolles Analyseinstrument darstellt.[49] Allerdings muss man sich nach der Reichweite des Begriffs fragen. Nicht umsonst sind es vor allem Studien über Gruppen mit ausgeprägten Körpertechniken wie Handwerkergesellen, das gebildete Bürgertum, Studentenverbindungen, Turner, Freikorps und SA, in denen das Habituskonzept griffig angewendet wurde.[50] Doch erscheinen solche Gruppenstrukturen in ausdifferenzierten Gesellschaften eher als die Ausnahme, die die Regel bestätigt, dass der Körper in dem Maße weniger gesellschaftlich zugerichtet wird wie er als individuelles Ausdrucks- und Erfahrungsmedium fungiert. Die Reproduktion der sozialen Kerninstitutionen ist von den Körpern an selbstreferentielle Subsysteme delegiert worden. Auf ein »Bürgertum«, das Kurse besuchen muss, um das Decken eines Tischs zu lernen, wird sich schließlich keine Gesellschaft der Welt verlassen. Symptomatisch für das 20. und 21. Jahrhundert sind Hypochonder und Raver, nicht Mönche, höhere Töchter und Reserveoffiziere.

Will man also Bourdieus Konzept einer praktischen Logik auf das frühe 20. Jahrhundert übertragen, kann dies nur unter folgenden Einschränkungen geschehen. Erstens: Die praktisch-logische Symbolisierung besitzt einen *prekären Status*. Sie ist nicht so zwingend wie das etwa in der geschlossenen Gesellschaft der Kabylen der Fall ist; sie überlagert sich mit anderen Denkformen, konkurriert mit ihnen wie es sich mit ihnen verbindet. Zweitens: Auch im charakterologischen Denken dient die praktische Logik dem *Ordnungszweck*. Vermittelt über fundamentale Oppositionsschemata stiftet sie die Einheit der sozialen Welt – allerdings nur in Gedanken: Denn in der deutschen Weltanschauungskultur um 1900 ist es nicht mehr, wie in reinen Praxiskulturen, die Sache des Körpers, verschiedene Situationen miteinander zu verbinden, sondern vor allem die Sache von Texten, Zusammenhänge zwischen der Erfahrung und dem Wissen anderer Texte herzustellen. Und während der gesellschaftlich zugerichtete Körper eine soziale Ordnung reproduziert, dienen die Ordnungen der Texte vor allem der individuellen Orientierung. Zuerst stiften sie Sinn; zum Handeln leiten sie höchstens mittelbar an. Wenn der charakterologische Denkstil also im Folgenden als eine Spielart der praktischen Logik behandelt wird, dann geschieht dies ausdrücklich ohne Rückgriff auf den Habitusbegriff. Drittens: Mit der konzeptionellen Entkoppelung vom Körper wird die *Unschärfe* zum wichtigsten Kennzeichen des praktisch-logischen Denkens. Nur so lässt sich eine Theorie, die als Modell sozialen Handelns gemeint war, auf die Textanalyse übertragen. Das Attribut ›praktisch‹ hat hier also zunächst die erste der beiden Bedeutungen, die Bourdieu ihm gibt: Es ist eher im Sinne von ›leicht verwendbar‹ gemeint als im Sinne von ›in der Praxis‹. (Erst im Kapitel zur Graphologie wird sich zeigen, dass der charakterologische Denkstil auch ›praktisch‹ im zweiten Sinn ist.) Die Umstellung von der Zeitlichkeit auf die Unschärfe als dem spezifischen Merkmal der praktischen Logik erscheint mir nicht nur durch den sozialen Funktionsverlust gerechtfertigt, den der Körper in alphabetisierten Kulturen erfährt, sondern auch durch eine ganz andere Problemlage: In der kabylischen Gesellschaft ist die Einheit der Welt als Summe aller möglichen Situationen vorstellbar; in ausdifferenzierten Gesellschaften kann diese Einheit dagegen nur noch in Form von gespeichertem Wissen garantiert werden. Was man in den Texten der Weltanschauungsautoren in den Jahrzehnten um 1900 beobachten kann, ist der vielleicht letzte große Versuch, die Einheit der Welt in einem Speichermedium zu präsentieren, das individuell beherrschbar ist – dem Buch.[51] Sollten weiter Individuen die Fülle des Wissens über die Welt beherrschen, mussten die Unschärfe zum *Denkprinzip* werden.

Erst unter diesen einschränkenden Voraussetzungen kann der Körper wieder ins Spiel kommen. Dies soll geschehen, wenn im letzten Kapitel die Brücke vom charakterologischen Denkstil zur Körpertechnik des Schreibens geschlagen wird.

1.3. Charakterologisches Denken und praktische Logik

An den beiden oben entfalteten Beispielen kann man nun einerseits belegen, dass das charakterologische Denken tatsächlich nach den Prinzipien der praktischen Logik funktioniert, und andererseits begründete Vermutungen darüber anstellen, wie sich der charakterologische Denkstil zu den Sprachspielen von Wissenschaft und Politik verhält.

Erstens weisen Schmitt und Weber einem Menschentypus dadurch Bedeutung zu, dass er in *Ähnlichkeits- und Oppositionsverhältnisse* zu anderen Menschentypen gestellt wurde. So charakterisierte Schmitt sich selbst, indem er die Ähnlichkeit des Anwaltsberufs mit dem des Feuerwehrmanns betont. Weber wiederum stellt Verbindungen zwischen Industrieunternehmern, Polizisten, Politikern, Auslandsdeutschen und Römern her. In beiden Fällen wurden die jeweiligen Menschentypen durch »schwache« Abstraktion konstruiert und so für die symbolische Verknüpfung verfügbar gemacht: Es wurde jeweils die Eigenschaft ausgewählt, mit deren Hilfe sich die gewünschte Assoziation herstellen ließ, obwohl offensichtlich auch andere Codierungen möglich gewesen wären. So hätte mit gleicher Plausibilität statt der Selbstlosigkeit des Feuerwehrmanns auch betont werden können, dass es sich um einen Beruf handelt, der den Einsatz des gesamten Körpers oder gar des Lebens erfordert, und sofort hätten sich andere Ähnlichkeiten ergeben, etwa die zum ›Arbeiter‹ oder zum ›Soldaten‹. Weber wählte die Eigenschaft ›mutig‹, um aus dem vieldeutigen Wort ›Römer‹ ein Symbol zu machen, das die gegensätzliche Charakterisierung des deutschen Rechts als ›feige‹ ermöglicht. Ebenso verständlich wäre aber auch die Assoziation etwa mit »römischer Dekadenz« gewesen, wodurch sich sofort andere Möglichkeiten der Symbolisierung ergeben hätten.

Schon in diesen Fällen zeigte sich zudem – zweitens – die Fähigkeit des praktisch logischen Denkens, prinzipiell *alles mit allem in Verbindung zu bringen*. Verknüpfungen, die in sachlogischer Rationalität einigen Begründungsaufwand erforderten, können hier mühelos hergestellt werden: Ein einziger Satz genügt, um Berufe, Völker, moralische Qualitäten und Geschlechter aufeinander zu beziehen. Durch simple »ist-so-wie« bzw. »ist-anders-als«-Operationen kann ein Phänomen in potentiell endlose Symbolketten eingereiht werden. Die einzige Voraussetzung für dieses schrankenlose Denken ist die Codierung des fraglichen Phänomens als Menschentypus. Bei Schmitts Tagebucheintrag erscheint dies kaum bemerkenswert, schließlich geht es um ihn selbst. Doch bei Weber wird das Verfahren deutlich: Er öffnet ein juristisches Problem der Vielfalt charakterologischer Bezüge, indem er es personalisiert. Erst durch das Reden über das psychische Wesen von Arbeitgebern, Polizisten, Römern und Frauen bekommt die Argumentation Prägnanz und rhetorische Schärfe. Der Charakter ist der »Operator«, der die Verbindung zwischen sonst getrennten Diskurs- und Praxisfeldern herstellt und somit die symbolische Einheit der Welt garantiert – es geht um die eine »Formel« (Schmitt), in der sich das »individuell Spezifische« (Jaspers) eines ganzen Menschen, sein Wesen, erfassen lässt.[52]

Obwohl es um ganz unterschiedliche Sachverhalte ging, ist es symptomatisch, dass – drittens – in beiden Beispielen der *Gegensatz zwischen den Geschlechtern* eine zentrale Rolle spielte. Wie in der kabylischen Gesellschaft stellte dieser offenbar auch in Deutschland um 1900 eines der fundamentalen Schemata dar, das aufgrund seiner Universalität und Einfachheit andere Unterscheidungsprinzipien überlagert und somit zur symbolischen Codierung nahezu jedes Phänomens herangezogen werden konnte: Mag es sich dabei um einen ›männlichen‹ Beruf wie den des Anwalts handeln, um eine ›männliches‹ Volk wie das der Römer oder um ein Arbeitsrecht »für alte Weiber«. Welche Eigenschaften den Geschlechtern dabei zugewiesen werden, scheint aber stark zu variieren, und zwar nicht nur kulturabhängig. Dürfte Webers Zuschreibung männlichen Muts und weiblicher Feigheit noch universal verbreitet sein, so ist Schmitts Unterscheidung zwischen weiblichem »In-sich-Ruhen«

und männlichem »Sich-für-andere-Einsetzen« ein Musterbeispiel für die relative Beliebigkeit praktisch logischer Symbolisierung – man denke nur daran, dass die wilhelminische Frauenbewegung Emanzipation gerade im Namen einer ›mütterlichen‹ Hingabe an die Nation forderte.[53] Viertens verdeutlichen die beiden Beispiele den Unterschied zwischen der *Charakterologie als Gegenstand einer wissenschaftlichen Disziplin und als alltagstauglichem Denkstil*. Insofern er alle möglichen Formen menschlichen Verschiedenseins einschließt, ist der charakterologische Begriff des Charakters in sich vieldeutig; doch während diese Vieldeutigkeit den einen zum unlösbaren Problem wird, machen sie sich die anderen zunutze. Die systematischen Anstrengungen der Professoren Utitz und Ziehen zielen drauf ab, Gegenstände scharf und differenziert zu bestimmen und in synoptischer Übersicht zu ordnen. Doch die zu einer eindeutigen Objektkonstruktion erforderliche Perspektiveinschränkung ist bei einem weit gefassten Charakterbegriff gerade nicht möglich, ohne seinen semantischen Reichtum zu zerstören. Die theoretische Arbeit des Wissenschaftlers führte in diesem Fall nicht zu einer Komplexitätsreduktion, sondern zu einer – überkomplexen – Kakophonie aller möglichen Aspekte, die sich wechselseitig ihre Erklärungsansprüche streitig machen. Bei den Universitätspsychologen findet sich das gleiche Problem quasi spiegelverkehrt: Sie beschränkten zwar in der gebotenen Manier die Zahl der Aspekte, unter denen sie Menschen in ihrer Verschiedenheit erfassen wollten; doch führte genau diese Beschränkung bei gleichzeitiger Aufrechterhaltung eines anthropologischen Erklärungsanspruchs zu einem unüberschaubaren Nebeneinander von Typologien und Symptomkatalogen, deren Zusammenstellung immer der Makel der Willkür anhaftete. Der charakterologische Denkstil dagegen profitiert davon, dass praktisch alles als Charakterdimension gefasst werden kann – eine unverzichtbare Voraussetzung für die beliebige symbolische Verknüpfung. Wenn Carl Schmitt die charakterologische Ähnlichkeit von Anwälten, Feuerwehrleuten und Männern oder Max Weber die von deutschen Arbeitern und alten Frauen behauptet, so ist dies nur möglich, weil sie von den entsprechenden Personengruppen gerade *keinen Begriff* bildeten, sondern in Abhängigkeit vom Kontext aus der Gesamtheit ihrer Eigenschaften diejenige auswählten, die sie miteinander verbindet.

Fünftens machen die Beispiele zweier Wissenschaftler, deren Namen geradezu emblematisch für die Mühen der Begriffsarbeit stehen, deutlich, dass sich begriffliches und symbolisches Denken vor allem in *pragmatischer* Hinsicht voneinander unterscheiden. Nicht zufällig sind es ein Tagebucheintrag und ein politischer Debattenbeitrag, in denen die wissenschaftlichen Meisterdenker sich als begabte Symboliker erweisen. Zur Charakterisierung ihrer auf Begriffsschärfe bedachten Stile ist ja nicht umsonst gerne auf Schmitts Rolle als Jurist und auf Max Webers Beziehungen zum Neukantianismus hingewiesen worden.[54] Diese Zuschreibungen beziehen sich auf ein wissenschaftliches Arbeiten, das sich durch den Willen auszeichnet, die semantischen Höfe von Schlüsselwörtern so eng zu umgrenzen, dass möglichst wenig von ihrem konventionellen Bedeutungsreichtum an ihnen haften bleibt: Schmitts Definition des Politischen als Intensivierungsgrad der Freund / Feind-Unterscheidung taugt dafür als Beleg ebenso wie Webers säkularisierter Protestantismusbegriff.[55] Dagegen sind die Sprecher in den hier gewählten Fallbeispielen von derartigen Formzwängen entlastet. Das Operieren mit einfachen Ähnlichkeits- und Gegensatzbeziehungen, das gerade auf der Grundlage spontan verfügbarer *Common-Sense*-Assoziationen Plausibilität gewinnt, erscheint hier sogar geboten. Schließlich verlangen die Sprechsituationen weniger differenzierte Aussagen, deren Wahrheitsfähigkeit sich durch Widerspruchsfreiheit mit einer großen Zahl anderer Aussagen erweisen muss, als vielmehr prägnante Formeln, an denen man selbst oder ein politisches Lager sich orientieren kann.[56]

Doch ist es – sechstens – vielleicht ebenso wenig ein Zufall, dass ausgerechnet diese beiden Begriffsfetischisten in »praktischen« Situationen zum charakterologischen Denkstil neigten? Generell lässt sich diese Frage durchaus bejahen, denn in ihren Grundlagen basieren begriffliche und symbolische Prägnanz schließlich auf den gleichen Regeln. Auch ein Begriff ist umso schärfer, je klarer ist, was er nicht bezeichnet, und letztlich beruht jede Begriffsbildung auf einem binären Differenzschema (wie z. B. hier verwendete Unterscheidung von praktischer und Sachlogik zeigt).[57] Anders als beim symbolischen Denken bleiben in der Wissenschaft allerdings große Spielräume bei der Frage, in welchem Maße theoretische Modelle durch Gegensatzpaare strukturiert werden. Und wie unverzichtbar auch immer, kein ernst zu nehmendes theoretisches Modell darf sich zudem auf ein binäres Differenzschema reduzieren lassen, ohne damit seinen wissenschaftlichen Erklärungsanspruch einzubüßen.

Zweifellos stellt die Konstruktion von Gegensätzen ein typisches Stilmerkmal des Wissenschaftlers Max Weber dar: Man denke an zentrale, miteinander verwandte Begriffspaare wie die von Alltag und Charisma, Priester und Prophet, Gesellschaft und Gemeinschaft oder Klasse und Stand. Auch Webers Methode der Personalisierung und Typisierung sozialer Sachverhalte als subjektives Ethos erinnert an den hier gemeinten Denkstil. Wilhelm Hennis hat diesen Zug sogar zum Anlass genommen, Webers Denken insgesamt als »charakterologisch« zu bezeichnen.[58] Die Frage nach dem Verhältnis zwischen der Persönlichkeit eines Menschen und der »Lebensordnung« seiner Gruppe ziehe sich wie ein roter Faden durch Webers Gesamtwerk. Wenn Weber etwa die Volkswirtschaftslehre als »Wissenschaft vom Menschen« bezeichnet, die »vor allem nach der *Qualität der Menschen* fragt, welche durch jene ökonomischen und sozialen Daseinsbedingungen herangezüchtet werden«, so zeigt sich darin tatsächlich ein wesentliches Moment des charakterologischen Charakterbegriffs.[59] Ebenso schlägt sich die Frage nach der »Qualität« eines Menschen in dem typischen Zug des weberschen Denkens nieder, Verhaltensweisen und Institutionen mit den gleichen Eigenschaftswörtern zu belegen, diese als »Charakter« zu bezeichnen und so auf Ähnlichkeiten verweisen zu können. Dennoch erscheint es mir nicht ratsam, Webers Wissenschaftsstil insgesamt als »charakterologisch« zu klassifizieren. Nicht umsonst hat Weber selbst diese Kennzeichnung im Zusammenhang mit seiner wissenschaftlichen Arbeit nicht vorgenommen; dagegen verwendetet er sie explizit im Kontext einer sozialpolitischen Debatte, und selbst hier nur angeleint an das pejorative Attribut »modisch«. Mir scheint diese Zurückhaltung die gleichen begriffspolitischen Gründe zu haben, aus denen ich das Wort »charakterologisch« hier nur zur Bezeichnung eines zwar gebildeten, doch außerwissenschaftlichen Denkstils heranziehe. Weber muss sich darüber im Klaren gewesen sein, dass der charakterologische Diskurs letztlich den freieren Regeln nicht-wissenschaftlicher Sprechräume gehorchte. Was die Verwendung von Gegensatzbegriffen angeht, dürfte das Werk Carl Schmitts sogar einen Extremfall darstellen. Man denke nur an einen dezidierten Differenzbegriff wie den des Politischen als Unterscheidung zwischen Freund und Feind; oder an die Gegenüberstellung der Rechtsysteme von Land und Meer; oder an die Charakterisierung der katholischen Kirche als *complexio oppositorum*.[60] Ohne sie als »charakterologisch« zu bezeichnen, hat Raphael Gross seine Analyse von Schmitts Denken ganz auf dieses praktisch-logische Merkmal zugespitzt.[61] Indem er in einer Vielzahl von Argumentationen, vor allem aber im Gegensatzpaar Freund / Feind, implizit die Dichotomie jüdisch / nicht-jüdisch (katholisch, deutsch etc.) ausmacht, führt er Schmitts gesamtes Werk letztlich auf ein einziges dominantes Gegensatzschema zurück.[62] Doch allein mit dem Verweis auf den latenten Antisemitismus der Freund-Feind-Opposition wird man der Komplexität dieses Denkens nicht gerecht. Zu wenig berücksichtigt Gross die Eigenlogik des akademischen Sprachspiels, das ein Denken in Begriffen und Modellen fordert. Gegensatzpaare dienen hier zwar als unverzichtbare Ausgangs- und Ankerpunkte der Begriffsbildung, aber Theorien wollen nicht zuletzt deshalb mühevoll studiert werden, weil sie eben nicht in – immer leicht verständlichen – dichotomischen Strukturen aufgehen.[63] Ohne Zweifel stellt der antisemitische Code ein zentrales und konstantes Moment in Schmitts Denken und Schreiben dar. Doch die Frage, ob die berechtigte moralische Kritik sich auf das wissenschaftliche Gesamturteil erstrecken müsse, ist mit guten Gründen verneint worden.[64]

Die schwierige Abgrenzung vom disziplinär-wissenschaftlichen Denken verweist schließlich und siebtens auf eines der wichtigsten Merkmale des charakterologischen Denkstils, nämlich seine hohe Anschlussfähigkeit an Kommunikationsformen, in denen Oppositionen eine zentrale Rolle spielen. Vor allem gilt dies für die politische Kommunikation. In vieler Hinsicht bietet das politisch-weltanschauliche Sprachspiel dem charakterologischen Denkstil ideale

Bedingungen: Es erfordert große Prägnanz und daher einen hohen Einsatz an symbolischer Codierung; es zwingt in kaum steigerbarer Weise, Gegensätze und Nähe zu markieren; es legt die Personalisierung von Sachproblemen nahe; und es unterliegt keinem Formzwang wie das akademische Sprachspiel, das über den kommunikativen Anlass hinaus Kohärenz und Widerspruchsfreiheit fordert. Betrachtet man die Charakterologie als eine Variante praktisch-logischen Denkens unter diesem Gesichtspunkt, so fällt ein neues Licht auf ihre Konjunktur im Deutschland der ersten Hälfte des 20. Jahrhunderts. Die Jahrzehnte zwischen 1890 und 1950 sind stark geprägt von politischer und ideologischer Mobilisierung. Angefangen von der Kulmination der Arbeiter-, Frauen- und Judenemanzipation, über die kulturkritische Auseinandersetzung mit der Moderne und die Propagandaschlachten des Ersten Weltkrieg, bis hin zur politischen Polarisierung aller Lebensbereiche in Jahren der Weimarer Republik, des Dritten Reichs und der Frühphase des Kalten Krieges – das polemische Denken in Gegensätzen und Lagern ist ein zentrales Signum der Epoche. Doch man sollte die angemessene Rede von der »Politisierung« nicht allein im Sinne einer Einflussnahme der politischen Akteure auf andere Praxisfelder verstehen.[65] Mindestens ebenso wichtig scheint mir die Frage zu sein, wie Akteure, die an spezifische Systemlogiken und Sprachspiele gebunden waren, diese überhaupt transzendieren und sich beispielsweise als Wissenschaftler zu politischen, als Politiker zu kulturellen, als Musiker zu historischen Fragen oder – wie etwa Chamberlain, Weininger, Klages oder Spengler – zu fast allem äußern konnten.[66]

2. Goethes Wissenschaft und die charakterologische Methode

Die Unterscheidung des eigenen Denkens von etablierten wissenschaftlichen Stilen war ein zentrales Anliegen der charakterologischen Theoretiker. Den bedeutendsten Fall einer solchen erkenntnistheoretischen Reflexion stellte zweifellos Klages' Theorie einer »Wirklichkeit der Bilder« dar.[67] Um jedoch zu zeigen, dass die entscheidenden Grundannahmen weit verbreitet waren, sollen hier zunächst zwei randständige Akademiker die Theorie des charakterologischen Denkstils repräsentieren: Friedrich Seifert und Theodor Lessing.⁶⁸ Es mutet wie eine wissenschaftsgeschichtliche Ironie an, dass diese beiden Protagonisten einer Denkbewegung, die sich dezidiert von allen gängigen Formen der naturwissenschaftlichen Rationalität abwandte, Professoren Technischer Hochschulen waren.⁶⁹ Lässt man sich jedoch nicht von der Bezeichnung täuschen und betrachtet stattdessen die Lage der technischen Universitäten im Feld der Wissenschaften Mitte der 1920er Jahre, erscheint dies weniger verwunderlich.⁷⁰ Während nämlich die Ingenieurs- und Naturwissenschaften im neuen Universitätszweig einen quasi natürlichen Ort fanden, boten die geisteswissenschaftlichen Fakultäten gerade akademischen Außenseitern Chancen. Gerade hier konnte über Alternativen zu den etablierten Wissenschaftsstilen nachgedacht werden.

Die theoretischen Grundlegungen, die Theodor Lessing 1926 und Friedrich Seifert 1929 vorlegten, waren im Ton scharfer Abgrenzung gegenüber der akademischen Wissenschaft verfasst. Beide Autoren betonten, dass die Charakterologie kein neues Wissensgebiet, sondern eine alternative Wissensform darstelle, die mit den gängigen Vorstellungen von wissenschaftlicher Rationalität breche. Es ist dieser erkenntnistheoretische Rigorismus, durch den sich ihre Einführungen von den etwa zeitgleich erscheinenden Systematiken Emil Utitz' und Theodor Ziehens unterscheiden. »Bei der Charakterologie«, so Seifert, »handelt es sich nicht um die Erscheinung einer nach Aufgaben und Gegenstandsgebiet völlig unabhängigen Wissenschaft jenseits aller psychologischen Erkenntnisbetätigung. Es handelt sich vielmehr um einen – freilich höchst bedeutsamen – Impuls zur Neubesinnung und Neuorientierung, um eine Wandlung der Grundeinstellung, die sich [...] innerhalb des großen Gesamtgebiets, das im Dienst der Erforschung des ›inneren Menschen‹ steht, vollzieht.«⁷¹ Fast wortgleich stellte Lessing fest: »Es handelt sich nicht um eine Wissenschaft unter Wissenschaften. Eine Disziplin unter Disziplinen. Es handelt sich um nichts geringeres als um eine Neueinstellung und Neuorientierung des Wissens selber. Es handelt sich um eine neue Art des Forschens.«⁷² Der emphatischen

Verkündung eines Neuanfangs entspricht die durchgängig polemische Struktur der Texte. Mindestens ebensoviel Raum wie der Beschreibung der neuen »Denkhaltung« zum Menschen wird der Abgrenzung von der alten gewidmet, wobei Lessing vor allem die psychologische, Seifert die philosophische Tradition im Blick hat.[73] Doch im Kern kritisieren beide das gleiche, nämlich ein abstraktes Denken, das den Menschen darauf reduziere, ein Subjekt zu sein und ein Bewusstsein zu haben. So habe, stellte Seifert fest, der Idealismus zwar durchaus die prinzipielle Besonderheit und Individualität des Menschen gesehen, diese aber »nur *in abstracto* gezeichnet« und als rein formale Kategorie mit zudem starken moralischen Konnotationen behandelt.[74] Dagegen gelte es ein neues »Pathos zur Wirklichkeit« zu entwickeln, ein Denken, das den »ganzen, existentiellen Menschen« zu erfassen vermöge und »die grundsätzliche Trennung der geistigen Grundlagen von der natürlichen Vitalität, die Abschnürung des *cogitare* vom *vivere*« aufhebe.[75]

Diese Ausrufung eines »neuen« Wissens entsprach dem antirationalistischen Zeitgeist. Als solches wäre das kaum erwähnenswert. Doch gehen die Texte insofern über die zeitgenössischen Pathosformeln hinaus, als sie sich ernsthaft die Frage stellen, wie aus einer Kritik des rationalen Denkens ein *anderes Denken*, und ein anders strukturiertes Wissen, hervorgehen könne. Da das Konzept des »Charakters« sich von geläufigen philosophischen Konzepten wie »Existenz« oder »Dasein« unterschied, weil es etwas alltäglich Vertrautes bezeichnete, auf dessen Wirklichkeit nicht erst hingewiesen werden musste, war die theoretische Ausgangsfrage dieser Charakterologie nicht enzyklopädischer Art; sie lautete nicht: Was ist der Charakter oder Woraus besteht der Charakter? Vielmehr war sie um die erkenntniskritische Klärung einer spezifischen »methodischen Einstellung« bemüht und lautete: *Wie* muss man denken, wenn man der spezifischen Wirklichkeit und Vielfalt der Charaktere gerecht werden will?[76] Es war genau diese Volte zu den Grundfragen einer alternativen Methodik, die die Theoretiker der Charakterologie auf den Nebenpfaden der Wissenschaftsgeschichte nach Orientierungspunkten suchen und dort vor allem ein Vorbild finden ließ: Goethe.

2.1. Späte Ankunft beim Leser: Goethes Naturwissenschaft um 1890

Als Goethe seinem Brief an Carl Friedrich Zelter vom 11. April 1825 das letzte Heft *Zur Morphologie* beilegte, adressierte er die Sendung ausdrücklich an einen wissenschaftlichen Laien: »Analog Denkende verstehen sich, wenn auch dem einen oder dem anderen Teil der Gegenstand worüber gesprochen oder geurteilt wird fremd wäre; hab ich doch in meinen Heften manches vorgetragen was den Männern vom Fach selbst, eben weil sie *anders denken*, unfaßlich bleibt.«[77] In der Verständnislosigkeit der Fachgelehrten sah Goethe keinen Makel; er hielt sie, da er etwas anderes bieten wollte, für unvermeidlich. Sein »Anders-Denken« war als alternatives Angebot an die gebildete Welt gemeint – ein Angebot, das in vollem Umfang erst gut sechzig Jahre nach Goethes Tod angenommen werden sollte. Um 1820 war das Gespräch über die »Natur« immerhin noch so fest in philosophischer Hand, dass die Forschungen eines gelehrten Privatiers darauf hoffen durften, in der akademischen Öffentlichkeit wahrgenommen zu werden, zumal wenn sie so namhafter Herkunft waren. Hielten sich dabei zu Goethes Lebzeiten Gegner und Fürsprecher die Waage, wurde seine Wissenschaft im Laufe des 19. Jahrhunderts zunehmend als Kuriosität empfunden.[78] Je stärker die disziplinär organisierte Naturwissenschaft, die sich am Objektivitätsparadigma der Physik orientierte, über jegliche Naturphilosophie triumphierte, desto kategorischer fielen die Urteile aus.[79] In seiner Berliner Rektoratsrede konnte Emil Du Bois-Reymond 1882 etwa die *Farbenlehre* als »todtgeborene Spielerei eines autodidaktischen Dilettanten« bezeichnen, der vor allem eines fehle: »der Begriff der mechanischen Kausalität«.[80] Auf dem Höhepunkt naturwissenschaftlicher Deutungshoheit klangen diese Worte wie der Gnadenstoß für ein Werk, an dem Fachwissenschaftler schon bei seinem Erscheinen kaum ein gutes Haar gelassen hatten.[81]

Eine Geschichte der Goetherezeption im späten 19. und frühen 20. Jahrhundert steht noch aus. Doch viel spricht dafür, dass gerade in den Jahrzehnten, in denen der Goethekult in Deutschland seine stärkste Ausprägung erreichte, der Forscher den Dichter überragte.[82] Sollte das zutreffen, bedeutet das auch, dass die eigentliche Erfolgsgeschichte der goetheschen Wissenschaft in eben jenem Jahr begann, in dem Emil Du Bois-Reymond seine vernichtende Kritik äußerte. Auf Empfehlung des Literaturprofessors Karl Julius Schröer beauftragte der Verleger Kürschner 1882 den jungen Germanisten Rudolf Steiner mit der Herausgabe der naturwissenschaftlichen Schriften Goethes.[83] Den ersten der vier Bände, der 1884 in der Reihe »Kürschners National-Literatur« erschien, versah Steiner mit einer ausführlichen Einleitung: dem ersten – und bis heute instruktiven – Versuch, Goethes Naturforschungen als Ganzes verständlich zu machen. Es dürfte darüber hinaus aber ein weiteres Ereignis gewesen zu sein, das dieser Lesart, die sich an Goethes eigenen Absichten orientierte, in den gebildeten Kreisen zur Rezeption verhalf. Als sein ältester Enkel Walther 1885 kinderlos starb, fiel der gesamte schriftliche Nachlass seines Großvaters an die Großherzogin Sophie von Sachsen Weimar.[84] Im Zuge der Werkausgabe, die noch im gleichen Jahr auf den Weg gebracht wurde, erschienen zwischen 1892 und 1897 auch Goethes naturwissenschaftliche Schriften erstmals in einer textkritischen Fassung.[85] Auch an dieser Ausgabe arbeitete Steiner, der 1886 bereits eine erkenntnistheoretisch vertiefte Version seiner Einleitung in Buchform veröffentlicht hatte, mit.

Bis in die 1880er Jahre lagen Goethes naturwissenschaftliche Arbeiten nur in der Form vor, die der Autor selbst ihnen gegeben hatte: erratische Blöcke im Gesamtwerk des Nationaldichters. Dieser Zustand änderte sich nun innerhalb weniger Jahre. Goethes Naturwissenschaft erschien nicht nur, und das gleich doppelt, in einer geschlossenen, philologisch und ästhetisch ansprechenden Form. Sie wurde durch die Kommentare Steiners auch in ihrer Einheit und in ihrem überwissenschaftlichen Gehalt verständlich. Entscheidend dürfte dabei Steiners Hinweis gewesen sein, dass seine Sicht auf Goethe von einem populären Naturwissenschaftler geteilt wurde: Ernst Haeckel.[86] Wenn auch genauere Studien noch fehlen, so scheint mir außer Frage zu stehen, dass der Beginn einer gleichsam zweiten, nun affirmativen Rezeption der goetheschen Wissenschaft mit diesen beiden Neuausgaben zusammenfiel.

Indem Steiner Goethes Forschungen nicht, wie Du Bois-Reymond das noch getan hatte, als Beiträge zu bestimmten Spezialgebieten – wie etwa die Farbenlehre zur Physik, die morphologischen Studien zur Anatomie, Zoologie und Botanik usw. – betrachtete, sondern sie erkenntnistheoretisch auf ihre Möglichkeitsbedingungen befragte, konnte er ins Zentrum seiner Analyse stellen, was Goethe selbst immer nur beiläufig erwähnt hatte: Dass nämlich der Kern dieser Forschungen nicht in ihren Gegenständen lag, sondern in ihrer *Methode*.[87] »Nicht um Neues zu entdecken, sondern um das Entdeckte nach meiner Art anzusehen«, mit diesen Worten, die Steiner als Essenz seiner erkenntniskritischen Studien zitiert, hatte Goethe 1787 das Ziel einer Forschungsreise umrissen.[88] Auch Ernst Haeckel wies, wiederum 1882, in einem Vortrag ausdrücklich auf die »einheitliche Naturanschauung« Goethes hin und ihn zum geistigen Vater nicht nur der »Entwicklungsidee«, sondern auch seines Monismus erklärt.[89] Haeckels Zugriff auf Goethe war zwar insgesamt spezialistischer als der Steiners, denn er betraf vor allem die Arbeiten zur Morphologie. Doch zugleich zeichnete sich gerade die Deszendenztheorie ja durch einen starken Zug zur Vereinheitlichung aus. Wenn auch Darwin ganz anders argumentiert hatte als Goethe, so waren doch die Herangehensweisen grundsätzlich vereinbar, ein Umstand, den auch Steiner wiederholt herausstellte.[90]

Steiner und Haeckel betonten damit aus unterschiedlichen Perspektiven die monistische Methode als das Hauptmerkmal der goetheschen Naturwissenschaft: einen wissenschaftlichen Ansatz, der die Unterordnung der spezialistischen Einzelforschungen unter eine philosophische Leitidee verlangte, ohne deshalb Naturphilosophie im alten Sinne zu sein.[91] Haeckel weihte die Morphologie als nach-positivistische Methode, die über die Feststellung einzelner Tatsachen hinaus die Konstruktion eines »Zusammenhangs« anstrebe.[92] Vor allem Steiner sprach deutlich die Orientierungsfunktion einer Wissenschaft an, deren Ergebnissen auch überwissenschaftliche Bedeutung zukommt. Er konstatierte ein »Bedürfnis nach einer philosophischen Vertiefung unseres Wissens« und einer »philosophischen Gesamtauffassung der Dinge« – ein Bedürfnis, zu dessen Befriedigung Goethes »Naturanschauung« ein konkurrenzloses Angebot mache. Ebenso hätte Steiner auch ›Weltanschauung‹ sagen können, wie er es an anderer Stelle auch getan hat.[93]

Das in Deutschland besonders ausgeprägte Bedürfnis der gebildeten Schichten nach einer Philosophie, die die Welt als geistige Einheit anschaubar macht, war nach Hegels Tod ohne Bezug auf naturwissenschaftliches Wissen kaum mehr denkbar. Bis über die Jahrhundertmitte war dieses Bedürfnis vor allem durch Wissenspopularisierung zu befriedigen gewesen: Indem aktuelle Forschungen in allgemein verständlicher Form zugänglich gemacht wurden, konnten gebildete Bürger sich als Teil des »naturwissenschaftlichen Zeitalters« fühlen.[94] Doch das rasante Tempo, in dem sich im letzten Drittel des 19. Jahrhunderts nicht nur die Wissenschaften, sondern auch die politischen Verhältnisse entwickelten, rief ein weltanschauliches Bedürfnis auf den Plan, das mehr verlangte als einen bloßen Überblick über die stetig wachsende Fülle der Tatsachen: eine Zusammenschau, die wissenschaftliche Erkenntnisse nicht nur kompilierte und verständlich machte, sondern dadurch vereinheitlichte, dass sie ihnen *Sinn* verlieh.

Haeckels Monismus, der aus der Wissenschaft praktische und moralische Maximen ableitete, war durchaus nicht identisch mit dem kontemplativen Monismus Goethes.[95] Doch beide erfüllten das weltanschauliche Bedürfnis nach einer »Vergeistigung« des wissenschaftlichen Wissens optimal. Man kann allerdings nicht stark genug betonen, dass dieser Einspruch gegen den hegemonialen Deutungsanspruch der Naturwissenschaften etwas anderes intendierte als die ›Geisteswissenschaften‹ im Sinne Wilhelm Diltheys.[96] Dieser hatte die Sinndimension ja gerade als Spezifikum der historischen Welt aufgefasst und damit auf der Eigenständigkeit der verstehenden gegenüber den erklärenden Disziplinen bestanden.[97] Wenn dagegen Steiner betonte, welche überragende Bedeutung die ›geistige‹ Anschauung für Goethe gespielt habe, dann war damit eine *Natur*forschung gemeint, die *in* den sinnlich wahrnehmbaren Phänomenen nach ›Ideen‹ suchte. Diltheys Wissenschaftstheorie war als Einspruch gemeint, als innerakademische Differenzierung, die eine Zurückweisung des weltanschaulichen Anspruchs der physikalischen Wissenschaften enthielt. Dilthey hielt an der Idee einer systematischen Einheit aller Wissenschaften fest und bestimmte den Unterschied zwischen Geistes- und Naturwissenschaften als rein »inhaltlichen« Unterschied: nicht in der

Erkenntnisweise, sondern im Sachgebiet.[98] Steiners und Haeckels Goetheaneignung war dagegen genuin weltanschaulicher Natur: ein Einspruch gegen den Positivismus, der die Tatsachen- und Gesetzeswissenschaften nicht auf ihr Gebiet beschränken wollte, sondern von ihnen Unterordnung unter den vereinheitlichenden Gesichtspunkt einer Philosophie verlangte.[99] Kaum ein Deutungsangebot erfüllte diesen Zweck so gut wie Ernst Haeckels Monismus, dessen Verehrung in der deutschen Bildungsschicht durchaus säkularreligiöse Züge trug.[100] Es dürfte für die deutsche Weltanschauungskultur um 1900 daher von kaum zu überschätzender Bedeutung gewesen sein, dass auch Haeckel eine philosophische Lesart jener naturwissenschaftlichen Schriften anbot, die im Verlauf der 1890er Jahre den Subskribenten der großen Goethe-Werkausgaben zugesandt wurden. Es kann einstweilen nur als Hypothese ausgesprochen werden: In Verbindung mit den Schriften Haeckels und den betont philosophischen Kommentaren des Herausgebers Steiner dürfte Goethes Naturwissenschaft auf das gebildete Publikum eine vielleicht nicht so breite, aber ebenso nachhaltige Wirkung gehabt haben wie zeitgleich die Philosophie Nietzsches. Neben dem rapide anwachsenden Schrifttum über die goethesche Naturwissenschaft und ihrer Aufnahme durch so unterschiedlichen Wissenschaftler wie Georg Simmel, Ernst Cassirer, den Berliner Gestaltpsychologen oder Werner Heisenberg geben zu dieser Vermutung vor allem die freien Gelehrten Anlass, die seit der Jahrhundertwende eine Verbindung von Wissenschaft und Weltanschauung anstrebten und sich dabei auf Goethe als theoretischen Bürgen beriefen.[101] Unter ihnen befanden sich nicht zuletzt viele jener Autoren, um die es in dieser Arbeit geht: von Houston Steward Chamberlain über Ludwig Klages und andere charakterologische Theoretiker wie Theodor Lessing oder Friedrich Seifert bis hin zu Oswald Spengler.

1930 konnte Gottfried Benn den wissenschaftlichen Rang Goethes wie ein unbestreitbares Faktum darstellen. In der Rückschau werde deutlich, dass schon seit Beginn des 19. Jahrhunderts von zwei Typen des Denkens gesprochen werden müsse: dem »Goetheschen Typ«, dem es darum zu tun sei, das Denken nicht von den Gegenständen zu trennen; und dem »Typ der aufsteigenden Naturwissenschaft«, dessen Prinzip die »geistige Geburt« des Gegenstandes nach seiner vorherigen »Zertrümmerung« im Experiment sei.[102] Was Rudolf Steiner 1883 als Pionier der Goetheforschung erstmals betont hatte, war für Benn, den Repräsentanten konservativen Zeitgeistes um 1930, zur Selbstverständlichkeit geworden – der Name Goethes stand nicht für wissenschaftlichen Fortschritt, sondern für eine alternative Wissenschaft. Es sei sein »anschauliches Denken«, dem sich die »enorme Aktualität« des Denkers Goethe verdanke:

> [D]enn dies anschauliche Denken, ihm von Natur eingeboren, aber dann in einer sich durch das ganze Leben hinziehenden systematischen Arbeit als exakte Methode bewusst gemacht und dargestellt, als *heuristisches Prinzip* gegenübergestellt, es ist, auf eine kurze Formel gebracht, der uns heute so geläufige Gegensatz von Natur, Kosmos, Bild, Symbol oder Zahl, Begriff, Wissenschaft; von Zuordnung der Dinge zum Menschen und seinem natürlichen Raum oder Zuordnung der Begriffe in widerspruchslose mathematische Reihen; von Identität alles Seins oder Chaos zufälliger, korrigierbarer, wechselnder Ausdrucks- und Darstellungssysteme.[103]

Wenn Friedrich Seifert und Theodor Lessing sich Ende der 1920er Jahre also auf Goethe als wissenschaftliche Autorität beriefen, dann war das zwar nicht selbstverständlich. Doch sie standen auf dem Boden einer fast vierzigjährigen Denktradition, die sich immer dann auf Goethe berief, wenn es galt, jenseits der Grenzen disziplinärer Wissenschaft zu forschen.

2.2. Erleben statt Experimentieren

Friedrich Seifert entwickelte seine Abhandlung aus den »Gedanken des Naturforschers Goethe« heraus. Lessing bezeichnete die Charakterologie als »Bild- und Gestaltwissenschaft im Sinne Goethes«.[104] Diese Bestimmung implizierte gleich mehrere Abgrenzungen von den Gegenständen der akademischen Fachwissenschaften: Charaktere seien, so Lessing, keine raumzeitlichen Gegenstande, die auf der »äußeren Erfahrung« aufbauen; ebenso wenig stellten sie nur zeitlich gegebene Gegenstände der »inneren Erfahrung« dar, wie die Akte des Denkens und Fühlens für die Psychologie; noch glichen sie den raum- und zeitlosen Gegenständen einer »logomatischen« Wissenschaft wie der Geometrie. Vielmehr sei die Charakterologie eine »Essential- oder Wesenswissenschaft«, dies aber wiederum in einem anderen Sinn als die Phänomenologie, zu der sich die Charakterologie verhalte wie die Musik zur Mathematik. Während jene nämlich beanspruche, die empirischen Gegenstände auf ihren »reinen« Kern zu reduzieren, habe diese »überhaupt keinen Gegenstand«. Lessing: »Nicht das Objekt: Mensch hat uns zu beschäftigen. Sondern das Erlebnis Mensch, soweit es als Gestalt gelebt wird und nicht als Gegenstand vom Erlebnis abgestellt, vor-gestellt, gegenständlich gemacht wird. Wir können also sagen: Charakterologie ist objektfreies Wissen.«[105] Insofern sie das Wesen eines Menschen lediglich erleben will, ruht die Charakterologie auf dem Fundament einer naiven Weltwahrnehmung. Charakterologisch zu denken, so Lessing, bedeute ein »Festhalten an der Erfahrung genau in dem sehr einfachen Sinne, welchen einst Heraklit niederlegte in den lapidaren Satz: ›Die Sonne ist zwei Fuss breit!‹«. Dieser Haltung zur Wirklichkeit gehe es um die »sinnlich erfahrbare Gestalt [der Sonne], ohne sie umzudenken in die Sonne der Astronomie oder der Mathematik«.[106] Das Beispiel deutet darauf hin, dass Lessing gute Gründe besaß, sich auf Goethe zu berufen.

Für das methodologische Verständnis einer Charakterologie, wie sie Lessing und Seifert im Sinn hatten, ist ein Blick auf Goethes wissenschaftliches Hauptwerk äußerst hilfreich. Zwar spricht die erstaunliche Karriere des Typus- und Gestaltbegriffs im frühen 20. Jahrhundert für eine besonders intensive Rezeption der morphologischen Schriften. Doch in der Farbenlehre stellt Goethe die Prinzipien seines wissenschaftlichen Ansatzes besonders prägnant dar.[107] Wie auch die charakterologischen Theoretiker zielte Goethe polemisch und rigoros aufs Ganze einer Art des Denkens. Sein Geltungsanspruch bezog sich nicht auf einzelne Fragen der Optik, sondern auf die vollständige Ablösung der newtonschen

Theorie des Lichts durch seine Lehre von den Farben.[108] Und wie die Charakterologen hundert Jahre später tat auch Goethe dies im Namen der unmittelbaren Erfahrung von Mannigfaltigkeit. Als Theoretiker der Optik war Newton für Goethe mehr als nur ein intellektueller Gegner. Er diente ihm als Symbolfigur einer Wissenschaft, welche die Abspaltung des Menschen von der Natur betreibt, indem sie die anschauliche Welt für »oberflächlich« erklärt und die Gesetze der Natur für so verborgen, dass sie nur mit Hilfe apparativer Experimente und in der Sprache der Mathematik erschlossen werden können. Newtons These, das Sonnenlicht sei ein weißes »Strahlenbündel«, das alle Farben in sich enthalte, bekämpfte Goethe wie eine Ursünde der modernen Wissenschaft. Die Refraktionsphänomene, auf denen vor allem die Theorie des weißen Lichts beruhen, betrachtet er – mit einer Formulierung Carl Friedrich von Weizsäckers – als »vergewaltigte Natur«, da ihre Erscheinung durch eine komplizierte Versuchsanordnung gleichsam erzwungen wird.[109]

> Damit die Lichter zum Vorschein kommen, setzt er dem weißen Licht gar mancherlei Bedingungen entgegen, durchsichtige Körper, welche das Licht von seiner Bahn ablenken, undurchsichtige, die es zurückwerfen, andere, an denen es hergeht; aber die diese Bedingungen sind ihm nicht einmal genug. Er gibt den brechenden Mitteln allerlei Formen, den Raum, in dem er operiert, richtet er auf mannigfaltige Weise ein, er beschränkt das Licht durch kleine Öffnungen, durch winzige Spalten, und bringt es auf hundertelei Art in die Enge.[110]

Goethe kritisiert, dass man in einer derart künstlichen Anordnung von den ursprünglichen Phänomenen abstrahiere. Immer wieder weist er darauf hin, dass Begriffe wie etwa der des Strahlenbündels nur Vorstellungen seien und ihnen Wirklichkeit bestenfalls in der graphischen Darstellung zukäme.[111]
Die Klage über eine Enthumanisierung der Naturforschung verdichtet sich in Goethes Abneigung gegen die technischen Apparate der neuzeitlichen Naturwissenschaft.[112] Zwar nahm auch Goethe die Hilfe von Prismen und anderen Hilfsmitteln in An-

spruch, doch tat er dies auf ganz andere Weise als Newton. Wie Werner Heisenberg betont hat, erfüllt das Experiment in der modernen Physik den Zweck, die Fülle der natürlichen Erscheinungen so weit zu einzuschränken, dass nur noch einfache Sachverhalte übrig bleiben.[113] Erst in dieser elementaren Form kann die Natur in mathematische Symbole übersetzt werden, die über Kausalverbindungen miteinander verknüpfbar sind. Dieses je nach Blickwinkel als Isolierung, Reduktion oder Quantifizierung benennbare Verfahren wäre ohne die speziell für diesen Zweck entworfenen Apparaturen, die quasi als Wahrnehmungsfilter fungieren, unmöglich.[114] Ein wesentliches Kriterium für die Wissenschaftlichkeit eines Versuchs ist zudem dessen Wiederholbarkeit; sie erst gilt als Beweis dafür, dass ein Sachverhalt unabhängig von den zufälligen Umständen eines zufälligen Beobachters existiert.

Genau hier setzte Goethes Kritik an. Aus seiner Sicht löste sich mit der apparativ hergestellten Distanz zwischen dem beobachtenden Subjekt und der beobachteten Natur sowohl die Verbindung der Naturphänomene untereinander als auch die zwischen der Natur und dem Menschen. Doch die Polemik erschöpfte sich keineswegs in moralischer Verurteilung. Goethe lamentierte nicht; er widersprach. Eine Wissenschaft, die sich lieber auf Apparate verlässt als auf die unmittelbare Wahrnehmung, konnte seiner Auffassung nach nur irren. »Die Sinne trügen nicht« – in diesem lakonischen Satz lag eine Kampfansage an das Verborgenheitsparadigma der gesamten neuzeitlichen Naturforschung.[115] Wenn Goethe daher behauptete, der Mensch selber sei der »größte und genaueste physikalische Apparat«, dann sprachen daraus epistemologischer Optimismus und großes Vertrauen in die eigene Wissenschaft.[116]

Es war kein Zufall, dass Goethe die prinzipielle Auseinandersetzung mit der objektivierend-mathematischen Naturforschung auf dem Gebiet der chromatischen Optik suchte. Denn schon ihrer Natur nach lassen sich die Farberscheinungen nicht als eindeutig objektiver oder subjektiver Sachverhalt klassifizieren. Anders als etwa beim Eindruck der »aufsteigenden« Sonne, der sich als subjektive Verfälschung des objektiven Sachverhalts erweist, ist das Auge – besonders im geschlossenen Zustand – in der Lage, unabhängig von äußeren Sinnesreizen Farben zu sehen.[117] Wie zudem die Malerei zeigt, gehört auch die Wirkung auf den Betrachter zum Wesen der Farben – sie müssen also nicht nur in physiologischer, sondern auch in qualitativer Hinsicht erforscht werden. Statt diesen Befund aber zum Ausgangspunkt einer wissenschaftlichen Arbeitsteilung zwischen Physikern, Physiologen und Psychologen zu machen, nimmt Goethe ihn zum Anlass, den Sinn der epistemologischen Differenz von Subjekt und Objekt grundsätzlich zu bestreiten. Denn die Attacke der Farbenlehre galt nicht nur Newton, sondern mittelbar auch dem Philosophen, der die neuzeitliche Physik zum Ausgangspunkt der Erkenntnistheorie gemacht hatte.[118] Erst Kants transzendentale Ästhetik hatte ja Newtons Lehre eine Form gegeben, deren Allgemeinheit es Goethe erlaubte, über optische Phänomene in prinzipieller Absicht zu streiten. Alle Naturerkenntnis, so hatte Kant gelehrt, hat ihre Basis in dem Zusammentreffen der Anschauungsformen mit den Kategorien des Verstandes. Die Pointe dieser Auffassung lag in der Überwindung ontologischer Fragestellungen: »Was« die Natur »an sich« sei, muss ihr zufolge unbeantwortet bleiben, denn erst durch den Kontakt von Anschauung und Verstand konstituiert sich die Objektwelt, und zwar *im* Subjekt, also nicht als Sein, sondern als Erfahrung. An den Ergebnissen einer »objektiven« Naturforschung, wie Newton sie betrieben hatte, zweifelte Kant deswegen nicht im geringsten; im Gegenteil erlaubte es gerade deren vermeintlich unbestreitbare Wahrheit, an ihr die Prinzipien des »reinen« Denkens zu erforschen. Indem er ihr eine Theorie ihrer selbst lieferte, trieb der transzendentale Ansatz der Physik lediglich ihre metaphysischen Restbestände aus, was sich exemplarisch an Kants Haltung zu den drei Fundamentalkategorien der neuzeitlichen Physik festmachen lässt: Anders als Newton betrachtete Kant Zeit, Raum und Kausalität nicht als objektive Eigenschaften Gottes oder der Natur, sondern als objektivierende Formen des erkennenden Subjekts.[119]

Doch die Absage an die Metaphysik hatte darin ihren Preis, dass Kant alle unmittelbaren Erfahrungsqualitäten aus dem Begriff der Natur ausschloss und sie in einer *black box* namens »Ding an sich« verschloss. Auch Goethe wollte nicht zurück zur Metaphysik. Aber er wollte sich auch nicht damit abfinden, dass die erfahrbare Natur sich dem menschlichen Erkenntnisvermögen entziehen sollte. Wie auch andere Kritiker nach ihm identifizierte er als Schwachstelle der kantschen Philosophie die transzendentale Ästhetik. Tatsächlich bestand ein eklatanter Mangel in Kants System darin, dass seine Theorie der Wahrnehmung den Wahrnehmungsorganen keinen Platz einräumte.[120] Dagegen entwickelt Goethe seine Wissenschaft von genau diesem Punkt aus:

> Wir sagten, die ganze Natur offenbare sich durch die Farben dem Sinne des Auges. Nunmehr behaupten wir, wenn es auch einigermaßen sonderbar klingen mag, daß das Auge keine Form sehe, indem Hell, Dunkel und Farbe zusammen allein dasjenige ausmachen, was den Gegenstand vom Gegenstand von einander fürs Auge unterscheidet. Und so erbauen wir aus diesen dreien die sichtbare Welt und machen dadurch zugleich die Malerei möglich, welche auf der Tafel eine weit vollkommener sichtbare Welt, als die wirkliche sein kann, hervorzubringen vermag.[121]

Die Natur interessiert Goethe als Forschungsgegenstand insoweit, als sie Natur *für* den Menschen ist. Ihr Wesen liegt nicht in den »Formen« und verborgenen Gesetzen, die sich nur dem Verstand erschließen, vielmehr liegt es offen zutage. »Welches ist das wichtigste Geheimnis?«, hatte Goethe im ›Märchen‹ gefragt, und geantwortet: »Das offenbare«.[122] Der Aphorismus bringt Goethes Haltung als Naturforscher lakonisch auf den Punkt. Als »sichtbare Welt« zeigt sich die Natur dem Auge durch die Phänomene des Lichts, der Dunkelheit und der Farben. Diese jedoch sind keine Eigenschaften der materiellen Gegenstände, sie sind vielmehr das, was die Menschen mit der Natur verbindet. Denn weder affizieren uns die Farben nur von außen, noch stellen wir sie uns nur innerlich vor, sondern wir sind bei der Farbwahrnehmung zugleich aktiv und passiv. Wir »erbauen« aus ihnen das, was wir sehen. Dieser Auffassung liegt die Idee einer grundsätzlichen *Entsprechung* von Welt und Mensch zugrunde, bei der es sich letztlich um eine Variante der naturphilosophischen Konzeption von Mikrokosmos und Makrokosmos handelte. Da »Gleiches nur von Gleichem« erkannt werde, müssten Auge und Licht »unmittelbar verwandt« sein, ja letztlich »zugleich eins und dasselbe«. Fasslicher werde dieser schwer nachvollziehbare Gedanke, »wenn man behauptet, im Auge wohne ein ruhendes Licht, das bei der mindesten Veranlassung von innen oder von außen erregt werde«. Um die Natur zu verstehen, dürfen wir nicht die Erscheinungen der Außenwelt solange »in die Enge« treiben, bis sie die nur dem Verstand zugängliche Form einer abstrakten Vorstellung angenommen haben; vielmehr müssen wir uns auf die Art und Weise verlassen, in der die Natur sich uns von selbst preisgibt. Als »elementares Naturphänomen« gehört die Farbe zur Welt wie zum Menschen, und es ist diese verbindende Mittelstellung, die Goethe meint, wenn er sie als »gesetzmäßige Natur in bezug auf den Sinn des Auges« bestimmt.[123]

Der entscheidende Einspruch gegen Kant und Newton lag in Goethes Behauptung, die Wahrheit müsse statt in den intelligiblen Formen und Gesetzen hinter den Phänomenen dort gesucht werden, wo sie sich von selbst dem Menschen preisgebe – auf der sichtbaren Oberfläche der Natur.[124] Da somit das »vereinfachende« Experiment für Goethe schon aus weltanschaulichen Gründen als Methode ausschied, musste er einen anderen Weg einschlagen, um aus der anschaulichen Vielfalt die wissenschaftlich relevanten Sachverhalte zu finden. Diesen Weg und damit die Basis aller Forschung sah Goethe im *Erlebnis* von typischen Naturerscheinungen. Die reiche Materialsammlung der Farbenlehre umfasste daher, neben etlichen Versuchen, eine Vielzahl von Berichten über zufällige Ereignisse:

> Auf einer Harzreise im Winter stieg ich gegen Abend vom Brocken herunter; die weiten Flächen auf- und abwärts waren beschneit, die Heide von Schnee bedeckt, alle zerstreut stehenden Bäume und vorragenden Klippen, auch alle Baum- und Felsenmassen völlig bereift, die Sonne senkte sich eben gegen die Oderteiche hinunter. / Waren den Tag über, bei dem gelblichen Ton des Schnees schon leise violette Schatten bemerklich gewesen, so mußte man sie nun für hochblau ansprechen, als ein gesteigertes Gelb von den beleuchteten Teilen widerschien. / Als aber die Sonne sich endlich ihrem Niedergang näherte und ihr durch die stärkeren Dünste höchst gemäßigter Strahl die ganze

mich umgebende Welt mit der schönsten Purpurfarbe überzog, da verwandelte sich die Schattenfarbe in ein Grün, das nach seiner Klarheit einem Meergrün, nach seiner Schönheit einem Smaragdgrün verglichen werden konnte.[125]

Goethes Versuche unterschieden sich von den spontanen Naturerfahrungen nur dadurch, dass in ihnen ähnliche Beobachtungen absichtsvoll herbeigeführt wurden. Anders als im apparativen Experiment wird dabei der natürliche Kontext nicht ausgeblendet, sondern genau beachtet: »Man wähle in der Dämmerung den Zeitpunkt, wo das einfallende Himmelslicht noch einen Schatten zu werfen imstande ist, der von dem Kerzenlichte nicht ganz aufgehoben werden kann, so daß vielmehr ein doppelter fällt, einmal vom Kerzenlicht gegen das Himmelslicht, einmal vom Himmelslicht gegen das Kerzenlicht. Wenn der erstere blau ist, so wird der letztere hochgelb erscheinen.«[126]

Goethes Methode bestand darin, möglichst viele derartiger Erlebnisse zu sammeln, zu gruppieren und in einem letzten Schritt theoretisch zu fundieren.[127] Im Primat der Erfahrung stimmte diese Herangehensweise durchaus mit der neuzeitlichen Physik überein; doch anders als im newtonschen Experiment baute die ordnende und synthetisierende Leistung des Forschers nicht auf einer vereinfachenden, sondern einer *vervielfältigenden* Datensammlung auf. Statt das Mannigfaltige auf ein Einfaches zurückzuführen, ging es Goethes Wissenschaft darum, die inneren Gliederungsprinzipien der sichtbaren Wirklichkeit aufzufinden: »Jedes Ansehen geht über in ein Betrachten, jedes Betrachten in ein Sinnen, jedes Sinnen in ein Verknüpfen, und so kann man sagen, daß wir schon bei jedem aufmerksamen Blick in die Welt theoretisieren.«[128] Der Erkenntnisprozess hat seinen Ausgangspunkt immer in der sinnlichen Anschauung. Allerdings muss diese *aufmerksam* sein: Nur wer mit geübtem Auge im Feld des Sichtbaren *wesentliche* Erscheinungen bemerkt hat, kann darüber »sinnen« und »theoretisieren«, in welcher Verbindung sie zu anderen sichtbaren Erscheinungen stehen. Das vereinheitlichende Prinzip dieser Wissenschaft ist also kein Verfahren, sondern die persönliche Gabe der Aufmerksamkeit. Es ist keine terminologische Unschärfe, wenn Goethe Erscheinungen mal als »Phänomene« oder »Gestalten«, und mal als »Bilder« oder »Symbole« bezeichnet.[129] Wahrnehmung und Bedeutung sind nicht mal begrifflich zu unterscheiden, sie bilden zusammen eine »Urrelation« (Cassirer), die zum Wesen der Natur gehört.[130] Zur Verdeutlichung der Forschungsmethode Goethes hätte man ebenso die morphologischen oder geologische Arbeiten heranziehen können. Denn letztlich ging Goethe genauso wie von der Einheit der Natur auch von der Einheit der Naturforschung aus. Wo die vergleichende Morphologie es mit den relativ beständigen Gestalten von Tieren und Pflanzen zu tun hat, da die Farbenlehre mit ephemeren Lichtphänomenen, aber in beiden Seinsbereichen gilt das Erkenntnisinteresse den immergleichen Strukturprinzipien der Natur. Und auch die sichtbare Welt ist nur eine von vielen Erscheinungsweisen, in denen sich die Natur als »unendlich Lebendiges« dem Menschen symbolisch darstellt:

> Farben und Licht stehen zwar untereinander in dem genauesten Verhältnis, aber wir müssen uns beide als der ganzen Natur angehörig denken: denn sie ist es ganz, die sich dadurch dem Sinne des Auges besonders offenbaren will. Ebenso entdeckt sich die ganze Natur einem anderen Sinne. Man schließe das Auge, man öffne, man schärfe das Ohr, und vom leisesten Hauch bis zum wildesten Geräusch, vom einfachsten Klang bis zur höchsten Zusammenstimmung, von dem heftigsten leidenschaftlichen Schrei bis zum sanftesten Worte der Vernunft ist es die Natur, die spricht, ihr Dasein, ihre Kraft, ihr Leben und ihre Verhältnisse offenbart, so daß ein Blinder, dem das unendlich Sichtbare versagt ist, im Hörbaren ein unendlich Lebendiges fassen kann. So spricht die Natur hinabwärts zu anderen Sinnen, zu bekannten, unbekannten Sinnen, so spricht sie mit sich selbst und zu uns durch tausend Erscheinungen.[131]

Die Frage, welche Denkmittel eine solche »Sprache der Erscheinungen« erfordert, erlaubt nun den Brückenschlag zurück zu den charakterologischen Theoretikern.

2.3. Symbolisches Denken I: Anschaulichkeit

Theodor Lessing und Friedrich Seifert knüpften an zwei unterschiedliche Stränge der Goetheschen Naturforschung an. Für Lessing steht der ästhetische Aspekt der Sinneswahrnehmung im Vordergrund. Wie auch die Farbenlehre ist die Charakterologie eine Wissenschaft der Erscheinungen, die dem Forscher nur in »unmittelbaren Erlebensakten« zugänglich sind. Das gilt für die Erscheinung des Menschen ebenso wie für alle sichtbaren Gestaltbildungen der Natur: »Auch sämtliche Lebensgebilde außerhalb der menschlichen Gestaltenreihe können und müssen betrachtet werden auf ihre ›Charaktere‹ hin. Die Gestaltenwelt in einem Wassertropfen, [...] die ungeheuren und phantastischen Leiber in der Tiefsee und die lebenden Kristalle in der Tiefe der Erde; alle offenbaren der willig in sie versunkenen [...] Betrachtung ihre Freuden und Tränen.«[132]

Lessing versteht die Charakterologie als eine um die »menschliche Gestaltenreihe« erweiterte Naturwissenschaft im Sinne Goethes. Doch unterscheidet er von dieser allgemeinen »Gestaltenkunde« die »Formenkunde« und »Ideenkunde«. Während die Natur sich in »Gestalten« zeige, erschienen alle Produkte der Kultur als »Formen«, und nur in den »logomathischen« Gebieten, wie etwa der Mathematik, habe man es mit »Ideen« zu tun.[133] Lessing selbst interessierte sich, wie auch Goethe, fast ausschließlich für den Bereich der Gestalten, also für die sinnlich wahrnehmbaren »Charaktere«. Dass er die beiden anderen Bereiche streng von diesem abgrenzte, sie aber ebenfalls als Charakterologie bezeichnete, lässt sich nur durch begriffspolitische Gründe erklären. Zum einen ging es Lessing um den Schutz des Naturforschers Goethe vor falschen Nachahmern: Wenn man mit Bezug auf Goethe, wie etwa Oswald Spengler, von einer »Morphologie der Kulturen« spreche oder, wie Edmund Husserl, von einer hochabstrakten Philosophie als »Phänomenologie«, so würden diese Termini ihrer ursprünglichen Bedeutung beraubt.[134] Dass Lessing aber die Erforschung von Gestalten, Kulturformen und Ideen dennoch unter dem Oberbegriff der Charakterologie vereinte, lag am weltanschaulichen Anspruch seines Denkens. In der allgemeinen Bestimmung als »Wissenschaft vom Wesen« umfasse die Charakterologie das Wesen der lebendigen Natur ebenso wie das der gegenständlichen und geschichtlichen Wirklichkeit und das der reinen Vorstellung; jede Charakterologie habe daher von dieser »Dreisphärentheorie« auszugehen. So sehr der erste Grund im Sinne einer Begriffsklärung angezeigt erscheint, so verwirrend wirkt der zweite. Alle Kraft der Polemik gegen das abstrakte Denken und damit jede Schärfe eines goetheschen Wissenschaftsbegriffs geht verloren, wenn alle Formen des Denkens dem Begriff der Charakterologie zugeschlagen werden.[135]

Diese eigenwillige Ausweitung kann im Folgenden jedoch ausgeblendet werden, da sie rein theoretischer Natur ist und Lessing als Autor ganz um die Charakterologie im engeren Sinn kreist. Anders als bei allen anderen Charakterologen spielt für Lessing die Charakterologie des Menschen keine herausragende Rolle; sie steht gleichbedeutend neben der Charakterologie von Flora und Fauna. Gewohnt an den normalen Sprachgebrauch muss die Behauptung, auch Tiere und gar Pflanzen besäßen einen »Charakter«, überraschen. Doch gerade sie verweist auf ein elementares Merkmal des charakterologischen Denkstils: Jedes Ding, das auf einen Betrachter in Form eines Erlebnisses wirken kann, besitzt einen Charakter. Es ist genau diese konsequente Einschränkung des Charakterbegriffs auf das Kriterium der Erlebbarkeit, die es dem Charakterologen nicht nur erlaubt, sondern ihn dazu zwingt, Charaktere durch den Verweis auf andere Charaktere zu erfassen, kurz: symbolisch zu denken.

a) Mit Wörtern bauen

Die Aufgabe des Charakterologen besteht nach Lessing darin, das Erlebnis eines Charakters so zu versprachlichen, dass ein Dritter sie nachvollziehen kann. »Der Charakterologe«, schreibt Lessing, »kann *nicht* gleich der exakten Wirklichkeitswissenschaft, der Physik oder Psychologie, *in Begriffen* denken. Begriffe kann er nur verwenden so, wie der Maler die Farben, der Musiker die Töne verwendet, um mittels dieser Medien Erlebnisse auch anderen zugänglich zu machen und sie an gleiches Erleben zu erinnnern.«[136] An anderer Stelle umschreibt er die Methode des Charakterologen auch als Versuch, »aus Begriffen zu bauen«.[137] Präziser wäre allerdings die Unterscheidung zwischen einem Denken in Begriffen und einem *Denken in Dingen und Wörtern* gewesen.[138] Denn wo Begriffe dazu tendieren, die Sachen gegeneinander abzuschließen, da stehen die Dinge und Wörter zueinander in einem unbestimmten und endlosen Verweisungszusammenhang.[139] Nirgendwo wird dies deutlicher als an Lessings eigenen charakterologischen Versuchen. In ihnen erprobte er sich in der Methode, die als »Ahmungen« bezeichneten Charaktererlebnisse in eine »nach-ahmende« Sprache zu übersetzen. Zwar sind sie dem Erleben von Tieren und Blumen gewidmet, doch ist in ihnen auch von vielem anderen die Rede, nicht zuletzt vom Menschen.

Im ersten Kapitel seines Blumenbuchs charakterisiert Lessing in knappen Strichen das Schneeglöckchen – fünf Seiten, die eine randständige Naturerscheinung mit der ganzen Welt in Verbindung bringen. Das erste Prinzip, mit dessen Hilfe die Phänomene aufeinander bezogen werden, ist das Aufweisen von Ähnlichkeiten – das allgegenwärtige Zauberwort heißt »wie«. Damit bewegt sich Lessing zunächst weiter auf dem Weg einer anschaulichen Wissenschaft im Sinne Goethes. Besonders die Morphologie war nach Goethe vor allem darauf angewiesen, Ähnlichkeiten aufzufinden: Denn auf den Gestalttypus als Erscheinungsform, die nur dem »geistigen Auge« erkennbar sei, könne nur geschlossen werden, indem man im Mannigfaltigen ein Gleiches bemerke.[140] Auch bei Lessing steht der qualitative Vergleich zunächst im Dienst der morphologischen Beschreibung. Doch schon die Art des Vergleichens geht über Goethe hinaus; denn Lessing geht es nicht nur um naheliegende Ähnlichkeiten, etwa zweier Pflanzen- oder Tierarten, sondern um phänomenale Ähnlichkeiten schlechthin: Die Vorläuferblumen des Spätwinters sind »weniger farbenstark und minder duft- und lichtkräftig als die Blumen des Sommers«, ganz so »wie im Walde die hellen Pilze zeitiger kommen als die satten, wie die blassen Falter früher da sind als die vollen bunten«; der »rote Schimmer«, den die Vorfrühlingsblumen zuweilen tragen, erscheint »wie schamhaftes Erröten in einem Kinderantlitz«.[141]

Doch solche beschreibenden Sätze stehen unmittelbar neben Aussagesätzen wie »Darin schweigt die herbe Scham und keusche Kälte unserer nordischen Landschaft« oder »Der Schnee dämpft wie die Töne, so auch die Düfte und Farben«.[142] In ihnen ermöglicht das Prinzip der Ähnlichkeit die Herstellung von symbolischen Verknüpfungen zwischen dem sachlogisch Verschiedenen. Lessing bedient sich dabei typischer Mittel des Dichters, etwa der Synästhesie, wenn er den akustischen Eindruck des gedämpften Schalls auf Geruchs- und Farbwahrnehmungen überträgt, oder der Metapher, wenn er einer Landschaft die menschlichen Züge von Scham und Scheu zuschreibt. Wie lyrisch solche Beschreibungen auch immer wirken mögen, gemeint ist die Ähnlichkeit gerade nicht im Sinne einer Metapher, also eines beliebigen Vergleichs, sondern im Sinne einer Wesensverwandtschaft, also eines notwendigen Vergleichs, der in der Natur der Sache liegt. Explizit wird dies deutlich, wenn Lessing etwa die »wunderliche Ähnlichkeit« zwischen den lilienartigen Pflanzen, zu denen das Schneeglöckchen gehört, und den Formen der Schneekristalle und Eisblumen konstatiert oder die »Verwandtschaft« der Frühblumen mit den Wassergewächsen.[143]

In dem Verweis auf die Methoden des Malers und des Musikers sowie der Annäherung an die Sprache des Lyrikers geht Lessing über Goethe hinaus. Bei aller Nähe, die dieser zwischen Kunst und Naturforschung sah, bleiben bei ihm die Bereiche voneinander getrennt; und auch wenn Goethe letztlich in allen seinen wissenschaftlichen Arbeiten das gleiche Erkenntnisinteresse antrieb, stehen die Fachgebiete der Farbenlehre, der Morphologie und der Geologie erst einmal für sich.[144] Die Entschlüsselung einer allumfassenden Natursymbolik war für Goethe das letzte Ziel der wissenschaftlichen Arbeit, dem mühsames Sammeln und Ordnen vorauszugehen habe. Dagegen deutet Lessing die Erscheinungen von Anfang an symbolisch: Blumen verweisen immer schon auf andere Pflanzen, auf Tiere, auf Mineralien, auf Jahreszeiten und Landschaften, das gilt für ihre Beschreibung und erst recht gilt es für ihren Sinn. Im Gegensatz zu Goethe, dessen Einzelforschungen von der Idee einer Natursymbolik überwölbt waren, muss man bei Lessing von einem symbolischen Denken im vollen Wortsinn sprechen. Das wird besonders deutlich an der Leichtigkeit, mit der die Natursymbolik in eine Charakterologie im engeren Sinn übergeht, das Sprechen über Blumen in ein Sprechen über Menschen. Lessing beendet seine Miniatur über das Schneeglöckchen mit einem Gedicht, dessen letzte Strophe lautet: »Du läßt die Welt, die kaum erwachte, gehst / Wie Kinder gehen am Morgen und wissen's nicht. – / O leide meinen frommen Kuß, ich / Küßte ja niemals ein Kind, das schlummert.«[145] Das Gedicht stammt nicht von Lessing selbst, sondern von einer nicht namentlich genannten Autorin, die er mit folgenden Worten beschreibt: »Ihr Leben war wohl ein langes Entsagen, denn jene seltsame Knochenerkrankung und Kinderlähmung der Frühzeit bürdete auf sie das Los der vielen, die ahnen dürfen, aber nicht erfüllen.«[146] Für Lessing ist das Natursujet also mehr als nur ein Mittel, das die Dichterin zur symbolischen Umschreibung ihres subjektiven Schicksals wählt – es ist der symbolische Ausdruck einer wesensmäßigen Ähnlichkeit zwischen dem Charakter einer Blume und dem Charakter eines Menschen.

Die Notwendigkeit, die Eigenart eines Menschen durch eine qualitative Ähnlichkeit mit Phänomenen der Dingwelt zu erfassen, wurde gerade von methodologisch bewussten Theoretikern der Charakterologie hervorgehoben.[147] So sprach etwa Alexander Pfänder in seinem Grundriss von der »Stoffnatur« der Charaktermerkmale, zu deren Wahrnehmung man einen »Sinn haben« müsse.[148] Formulierungen wie die folgende sind demnach nicht als unangemessene Rhetorik, sondern als theoretisch fundierte Wahl aufzufassen: »Eine große knorrige Eichenholzseele mit einem konzentrierten warmen Lebensblut, das mit Stockungen und Stromschnellen wuchtig stoßend dahinströmt, [...] wird ein anderes Licht ausstrahlen, als eine mittelgroße seidige Seele mit spritzigem, elegant dahingleitendem Champagnerblut«.[149]

Neben den Künsten ist die Symbolsprache der Mythen, Märchen und Volkslieder Lessings zweites Argument für die Notwendigkeit bestimmter Dingbedeutungen. Nicht zuletzt ist es die weltweit anzutreffende Symbolik der Blumen, die Lessing für diese These als Beleg dient: »Wenn aber überall dort, wo Menschen wohnen, die Rose ausgedeutet wird als Liebes- und Todesblume, das Veilchen als Demut, die Myrte als Hochzeit, die Klette als Anhänglichkeit, das Moos als Alter, der Rosmarin als Träne, so kann das nicht Zufall sein. Es muß begründet sein aus der Wesensnatur der Blumen, daß aus Millionen Arten nur wenige Menschenblumen werden und zum Abbild des menschlichen Lebensspieles.«[150] In der Notwendigkeit ihrer Bezüge sind Symbole für Lessing Elemente eines objektiven Wissens. Doch im Unterschied zu allen objetivierenden Wissensformen unterscheidet das symbolische Denken nicht zwischen Zeichen und Referent. Da die Erscheinungen in einem endlosen Verweisungszusammenhang selber sprechen, gleicht das Sprechen des Charakterologen über seine »Ahmungen« der Arbeit eines Übersetzers, wie Lessing ganz im Sinne Goethes feststellt: »Man könnte die gesamte Natur als eine Sprache bezeichnen, welche auf Bildeinahmung hinauswill«[151] Die Prinzipien der Ordnung müssen also ein immanenter Bestandteil der Natur sein.

Wie im Mythos und in der Wissenschaft Goethes haben auch im charakterologischen Denkstil *Gegensatzpaare* die Funktion, ein Wissen zu produzieren, in dem Denken und Natur einander entsprechen können wie Bild und Spiegelbild. Zum einen haben alle Erscheinungen Anteil an einer Totalität von Gegensatzbeziehungen. So weist Lessing dem Schneeglöckchen Bedeutung nicht allein durch die Zugehörigkeit zur Gestaltenwelt des Winters und seiner Ableitungen zu, sondern auch durch das, was dieser entgegengesetzt ist, nämlich die Gestaltenwelt des Sommers mit all ihren Ableitungen. Über die Verortung in einer Gesamtheit von Gegensatzbeziehungen kann noch das unscheinbarste Ding symbolisch codiert werden und in Beziehung zu jedem anderen treten. Wie das Schneeglöckchen zur Rose: »Daher kann es nicht wundernehmen, daß die Blüten im Schnee ahnungsvoll an das Element der Seele gemahnen, so wie die Gestalten des Hochsommers, zumal die heißen Rosen, erinnern an die geistigere Glut der Sonne.«[152] In diesem kurzen Satz verweisen fünf Gegensatzpaare aufeinander: Winter / Sommer, Kälte / Wärme, Schnee / Sonne, Seele / Geist, Schneeglöckchen / Rose. Dieser symbolischen Logik folgt im Übrigen auch der Aufbau des Buchs: Es ist kein Zufall, wenn Lessing das zweite Kapitel nicht einer Frühjahrsblume widmet, sondern der hochsommerlichen Rose als symbolischem Gegenstück zum

Schneeglöckchen. Zum anderen stellt die Vereinigung der Gegensätze ein genealogisches Prinzip der vielfältigen Naturerscheinungen dar: »Zuweilen, da tragen die Vorfrühlingsblumen [...] einen roten Schimmer wie schamhaftes Erröten in einem Kindergesicht oder wie jener Schnee in den Polarländern, den man blutenden Schnee nennt. Das ist das Antlitz des Vaters, des siegenden Lichtes. Denn die Schneeglöckchen wie alle Narzissenblumen sind gemischt aus schmachtender Glut und ungelöster Kälte. Eis und Sonne kämpfen in ihnen schweigend.«[153]

Beide Arten der Gegensatzbeziehung finden sich auch in der *Farbenlehre*. Ein Haupteinwand Goethes gegen Newton hatte gelautet, dieser habe mit seiner Beschränkung auf einige wenige Lichtbrechungsphänomene eine vollständige »Zusammenstellung der Farberscheinungen« verhindert. Wolle man das Wesen der Farben verstehen, müsse man sich dagegen der »anhaltend anstrengenden Beschäftigung« unterziehen, die »große Mannigfaltigkeit, die uns als Menge entgegendrängt« solange »zu sondern, zu unterscheiden und wieder zusammenzustellen«, bis »zuletzt eine *Ordnung* entsteht«.[154] Im Fall der Farben kann die natürliche Ordnung nun kein Klassifikationssystem sein, das die Vielfalt unter das Allgemeine der Spezies subsumiert, sondern nur die Totalität eines Kreises, in dem alle Erscheinungen in Beziehung zueinander stehen.

> 706. Die mannigfaltigen Erscheinungen auf ihren verschiedenen Stufen fixiert und nebeneinander betrachtet bringen Totalität hervor. Diese Totalität ist Harmonie fürs Auge. /
> 707. Der Farbenkreis ist vor unseren Augen entstanden, die mannigfaltigen Verhältnisse des Werdens sind uns deutlich. Zwei reine ursprüngliche Gegensätze sind das Fundament des Ganzen. Es zeigt sich sodann eine Steigerung, wodurch sie sich beide einem Dritten nähern, dadurch entsteht auf jeder Seite ein Tiefstes und ein Höchstes, ein Einfachstes und ein Bedingtestes, ein Gemeinstes und ein Edelstes. Sodann kommen zwei Vereinigungen [...] zur Sprache, einmal der einfachen anfänglichen und sodann der gesteigerten Gegensätze.[155]

Der fundamentale Gegensatz ist der zwischen Gelb und Blau. Aus seinen Vereinigungen entstehen zwei weitere Farben: aus ihrer einfachen »Vermischung« das Grün, und am Punkt der »Verbindung« ihrer zu Orange und Violett »gesteigerten« Erscheinungen das Purpur genannte reine Rot.[156] Nach den gleichen Prinzipien lässt sich nun jede erdenkliche Farbe innerhalb des Farbkreises sowohl platzieren als auch herleiten. So liegt das Magenta etwa zwischen Purpur und Violett, deren Verbindung auch ihr Entstehen erklärt, und zugleich genau gegenüber dem Hellgrün. Den Gegensatz der einander im Farbkreis gegenüber liegenden Farben, den wir heute komplementär nennen, umschrieb Goethe damit, dass diese Farben einander »wechselseitig fordern«, und zwar nicht nur im ästhetischen Sinn, sondern mit physiologischer Notwendigkeit: So erscheint dem Auge nach einem bestimmten Farbeindruck immer zwangsläufig der diesem im Farbkreis entgegen gesetzte, etwa der violette Kreis nach einem Blick in die gelbe Sonne.

Wie fundamental das Denken in Gegensätzen für den Naturforscher Goethe ist, zeigt sich nicht zuletzt in der allgemeinsten Bestimmung seines Gegenstandes. Die Farbe als solche ist nämlich nichts anderes als die Verbindung von Licht und Finsternis. Da diese beiden »zueinander in Ewigkeit keinen Bezug haben« würden, bedarf es für dieses Aufeinandertreffen des Mediums der stofflichen Welt.[157] In ausgezeichneter Weise gilt des für solche Stoffe, die Goethe »trübe Mittel« nennt. Das Urphänomen des Trüben ist definiert durch die Mittelstellung zwischen dem Dunklen und dem Hellen, und seine Wirkung besteht darin, dass es das Licht verdunkelt und die Finsternis erhellt – und genau dabei entstehen die Farben.[158] Als Belegbeispiel dient Goethe die Erdatmosphäre, durch die uns die Helligkeit der Sonne gelb, orange oder rot erscheint und die Finsternis des Weltraums blau.[159]

b) Mit Ansichten argumentierten: Carl Gustav Carus' vergleichende Physiognomik

Das Gebiet des Menschen berührt der Wissenschaftler Goethe nur ganz am Rande.[160] Dennoch gibt es auch bei ihm Punkte, an denen die Erforschung der Naturphänomene den Bereich des Menschlichen berührt.

So etwa in dem Abschnitt der *Farbenlehre*, in dem Goethe die »sinnlich-sittliche« Wirkung der Farben auf das Gemüt behandelt. Vom reinen Purpurrot etwa stellt er fest, dass es einen »Eindruck sowohl von Ernst und Würde als von Huld und Anmut« gibt.[161] Ausgehend von derartigen Eindrücken unterscheidet Goethe den »symbolischen« vom »allegorischen« Gebrauch der Farbe. Während z. B. das Grün erst durch Konvention zur Allegorie der Hoffnung würde, sei das Purpur ein echtes Symbol der Majestät, da es ein »wahres Verhältnis« ausdrücke.[162] Eine vom Menschen gestaltete Symbolik könne also dann objektive Geltung beanspruchen, wenn sie »mit der Natur völlig übereinträfe«. Goethe ging aber nicht so weit, den Menschen selbst wie eine Naturerscheinung als sinnlich wahrnehmbares Symbol anzusehen. Dies zu tun, blieb einem seiner Freunde vorbehalten: Carl Gustav Carus.[163]

Carus' 1853 veröffentlichtes Hauptwerk *Die Symbolik der menschlichen Gestalt* ist das Glied, das die unmittelbarste konzeptionelle Verbindung zwischen der Naturforschung Goethes um 1800 und der charakterologischen Denkbewegung um 1900 herstellt.[164] Dass es sich bei dem Herausgeber der ersten kommentierten Ausgabe der *Symbolik* um Theodor Lessing handelte, war also kein Zufall.[165] In seiner Einleitung bezeichnet Lessing das Werk als »ein Stück Goethesche Naturwissenschaft«. Diese beschreibt er mit der gleichen polemischen Geste wie den Ansatz seiner Charakterologie: »Die lebendige Gestaltenwelt, das *brâhma-vidya* der Veden wird betrachtet genau so wie es den Sinnen erscheint, ohne das Bedürfnis, sie aus einer dahinter befindlichen zweiten Welt, etwa aus einer Welt bewegter Atome oder Energien kausal zu ›erklären‹ [...]. Goethe sieht das Licht; Newton führt hinter das Licht«[166] Hatte Goethe selbst, wie gesehen, das Verhältnis von Licht und Mensch noch als Analogie aufgefasst, deutet Lessings Aphorismus darauf hin, dass Carus keinen Unterschied mehr zwischen dinglicher und menschlicher Natur macht. Auch der menschliche Leib ist anschauliche ›Gestalt‹, dessen Merkmale als Symbole aufzufassen sind. Dazu muss Carus allerdings die Grenze aufheben, die Goethe noch zwischen den Bereichen der Kunst und der Wissenschaft gezogen hatte: Es ist kein Widerspruch, wenn Carus einerseits den Menschenkörper mit den Mitteln der vergleichenden Anatomie untersucht, während er anderseits die symbolische Konzeption der Leiberscheinung aus der Idee künstlerischer Harmonie ableitet und dabei auf die Proportionen der »idealen Mitte«, wie sie in der griechische Plastik oder den Menschdarstellungen Leonardo da Vincis zu finden sei, verweist.[167]

Die Symbolik des Menschen weist bei Carus immer in zwei Richtungen: auf die morphologische Gestaltreihe, auf der sich der Mensch als anschauliche ›Idee‹ von den Tieren unterscheiden lässt; und auf die leib-seelischen Unterschiede zwischen den menschlichen Individualitäten. Carus' Methode lässt sich exemplarisch an der Symbolik des Kinns verdeutlichen. Carus leitet dessen Anatomie aus der Metamorphose des Unterkieferknochens ab. Auf den unteren Stufen des Tierreichs, etwa bei Krebsen und Käfern, existiert dieser nur in Form eines Zangenpaares; erst bei den höheren Tieren verwächst er zu einem nur noch als Ganzem beweglichen Kopfgliedmaß. Während der Unterkiefer jedoch bei Amphibien und Säugetieren noch eine morphologische Ähnlichkeit mit der ursprünglichen Zangenform aufweist, wird er beim Menschen zum Alleinstellungsmerkmal. Der Unterkiefer hat sich im Verhältnis zur Kopfgröße stark verkleinert und zurückgezogen, während sich zugleich die beiden vorderen Enden zu einer relativ breiten, eigenständigen Form verbunden haben (*Abb. 24, 25*).

Abb. 24   *Abb. 25*

Die symbolische Deutung des Kinns beruht nun einmal mehr auf der Herstellung von Gegensatzbeziehungen. Die Methode besteht darin, zuerst subtile Gegensätze innerhalb des menschlichen Körpers und der tier-menschlichen Gestaltenreihe zu markieren, um sie dann als unmittelbares Abbild allgemeiner Gegensätze zwischen verschiedenen Menschengruppen zu interpretieren. Ausgehend von Lavaters Diktum »je mehr Kinn, desto mehr Mensch« stellt Carus die schiefen Linien (b, c), durch welche die zangenähnliche Form des vorderen Unterkiefers bei Amphibien und Säugetieren betont wird, der vertikalen Linie (a) des menschlichen Kopfprofils gegenüber (*Abb. 24, 25*).[168] Der morphologische Gegensatz zwischen vertikalem und schrägem Profil symbolisiert nun aber nicht nur den Unterschied von Mensch und Tier; er hat auch charakterologische Bedeutung, da er Unterschiede zwischen den Menschen zum Ausdruck bringt. »Abermals«, schreibt Carus, »zeigt sich daher, wie bei Nase und Lippen, in dem Gegensatz der beiden schärfsten Abteilungen der Völker, in denen der Tag- und Nachtseite der Menschheit, auch ein scharfer Gegensatz in der Bildung des Kinns, dessen Richtung in den erstern ganz die von a ist, während in den letzten sie mindestens gegen b sich neigt.«[169] Die charakterologischen Gegensätze spiegeln sich nicht nur im anatomischen Mikrokosmos, sondern auch im Makrokosmos der großen Natur, denn der Unterschied zwischen Tag und Nacht symbolisiert den zwischen den »Negern« und dem »kaukasischen Stamm«.[170] Da der rein formale Gegensatz zwischen schräger und vertikaler Linie ebenso dem zwischen Mensch und Tier wie dem zwischen Tag- und Nachtvölkern entspricht, lässt sich aus ihm also eine größere Nähe der »Neger« zur Tierwelt ableiten.

Dieses Prinzip der Entsprechung wendet Carus auch innerhalb des Körpers an. Der fundamentale Gegensatz, der die Gesamtgestalt des menschlichen Leibes strukturiert, ist der zwischen Oben und Unten. Mit seiner Hilfe lässt sich nahezu jeder körperlichen Einzelheit Bedeutung abgewinnen. So konstatiert Carus, dass »ebenso wie Stirn, Auge und Nase mehr auf das Theoretische und die Intelligenz sich beziehe, dagegen die untere Gesichtshälfte und namentlich der Mund mehr das Ethische, [...] namentlich in Hinsicht auf die Sinnlichkeit und das praktische Leben, andeute«.[171] Der Gegensatz findet sich aber auch innerhalb der einzelnen Organe des Gesichts, er »wiederholt« sich – wie Carus es formuliert – etwa am Mund »durch den Gegensatz von Ober- Unterlippe«:

> Die Oberlippe für sich, in ihrer feinen zartgeschwungenen Zeichnung und in ihrer genauen Zeichnung mit der Nase, hat

also offenbar mehr den Ausdruck höherer Sensibilität, [...]; die Unterlippe dagegen wird allemal mehr der Nahrungsaufnahme dienen und geringer in ihrem psychischen Ausdruck sich verhalten. Faßt man diese Bedeutung richtig auf, so versteht man sogleich, warum als Nötigung für jede edlere menschliche Gesichtsbildung erscheint, daß die obere die untere Lippe überrage und beherrsche. Es ist in Wahrheit ungeheuer, wie sehr es den gesamten Ausdruck des Menschenantlitzes herabsetzt, wenn dieses Verhältnis sich umkehrt! Man kann kaum einen stärkeren Gegensatz sehen, als den von Gesichtsformen edler, wie Fig. 96, und stumpfer roher oder fast blödsinniger Art, wie Fig. 97. und 98 [Abb. 26].[172]

Prinzipiell können alle geometrischen und qualitativen Oppositionen zur symbolischen Deutung der Anatomie herangezogen werden. So nennt Carus im Fall des Kinns noch den Gegensatz von »klein, rundlich, wenig vorragend« und »groß, mehr breit dem Quadrat sich nähernd, stark vorragend«. Diesem morphologischen entspricht der charakterologische Gegensatz der Geschlechter im Hinblick auf ein Mehr oder Weniger an »energischem Willen« und »Tatkraft«; woraus wiederum folgt, dass als »übles Zeichen« gilt, wenn sich diese Verhältnisse bei den Geschlechtern umkehren. Schließlich stellt Carus das fette und weiche Doppelkinn dem mageren und spitzen Knochenkinn entgegen, ein Gegensatz, der mit dem zwischen »weichlichen, phlegmatischen und böotischen Naturen« einerseits und einer »schon in jungen Jahren alten, trocknen, geizigen, habsüchtigen Individualität« korrespondiert.[173]

In ihrer Methode ist die *Symbolik der menschlichen Gestalt* – das ist besonders im Hinblick auf Klages' Graphologie von Bedeutung – Weg weisend für die Weiterentwicklung des physiognomischen Denkens im frühen 20. Jahrhundert. Fast alle Themen und Motive entnimmt Carus dem tradierten physiognomischen Diskurs: so das Axiom der Entsprechung von Seele und Leiberscheinung; so die vergleichende Darstellung von Tieren und Menschen; so die Nähe zur Malerei, als Quelle und Paradigma der physiognomischen Wahrnehmung.[174]

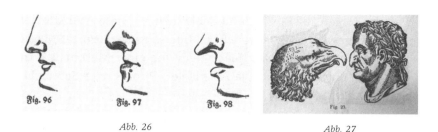

Abb. 26 Abb. 27

Sieht man sich jedoch klassische Beiträge zur Physiognomik im Einzelnen an, fällt ein gravierender Unterschied zwischen Carus und seinen Vorgängern auf. Diese hatten, angefangen von der antiken Tradition über die großen Physiognomen des 16. und 17. Jahrhunderts, wie Giambattista della Porta und Charles Le Brun, bis hin zu Lavater ihr Wissen fast ausschließlich über eine einwertige Semiotik gewonnen: Bestimmten Charaktereigenschaften wurden bestimmte körperliche Merkmale zugeordnet. Dem Vergleich zwischen Mensch und Tier kam dabei eine Schlüsselfunktion zu, da er die Zusammengehörigkeit von leiblichen und seelischen Eigenschaften plausibel machen konnte. Exemplarisch lässt sich dies bei della Porta zeigen. Das Kernstück seiner *De humana physiognomica* von 1591 besteht in einer Typologie menschlicher Charaktere, denen Tiere mit ähnlicher Physiognomie an die Seite gestellt werden: Der Gerechte, der Tapfere oder der Großmütige haben physiognomische Ähnlichkeit mit dem Löwen, der Dumme mit dem Esel, der Aufgeblasene mit dem Pferd, der Träge dem Ochsen.[175] In einem Analogiezirkel leitet della Porta von den Tieren, die schon die antike Moralistik zu Allegorien bestimmter Menschentypen gemacht hatte, die für diese Typen charakteristischen körperlichen Merkmale ab; physiognomische Doppelporträts, in denen die charakteristische Darstellung eines Menschen der eines Tieres entspricht, etwa dem hakennasigen Profil Cäsars ein Adlerkopf, verleiht dem Zirkel abschließend optische Evidenz (*Abb. 27*). Nach dem gleichen Prinzip verfährt diese Physiognomik auch im Detail. Mit kasuistischer Akribie weist della Porta körperliche Merkmale als Zeichen von Charaktereigenschaften aus: rote Haare verweisen auf Jähzorn, starke, dicht stehende Zähne auf Langlebigkeit, längs gestellte Augen auf Bosheit und Schlauheit.[176] Diese Auflistungen gleichen denen von Wörterbüchern, und so ist auch Portas Methode im Grunde scholastisch: Jeder Nennung eines Merkmals wird als Quelle eine Autorität wie Aristoteles, Plinius oder Scotus beigefügt.[177] Der Methode von Ähnlichkeitswahrnehmung und Analogieschluss entsprechend galt die Intuition immer schon als wichtigste Eigenschaften des Physiognomen.[178] Auch Goethe hatte die Physiognomik in erster Linie als Kunst betrachtet. Die Beiträge, die er etwa zu Lavaters *Fragmenten* beisteuerte, standen daher seiner Dichtung näher als seiner Wissenschaft.[179] Anders Carus: Bei aller Nähe zu den Methoden der Kunst betrachtet er die Physiognomik vor allem als Wissenschaft, der es um die Prinzipien geht, nach denen sich die Mannigfaltigkeit ordnen lässt. Entsprechend unterscheidet sich Carus' Konstruktion des Körpers von der seiner Vorgänger. Dieser ist nicht wie ein Buch konzipiert, in dem man Merkmal für Merkmal wie Seiten nacheinander lesen kann, sondern wie ein symbolisches Tableau – wie Goethes Farbkreis: eine Totalität, deren Mannigfaltigkeit eine Einheit bildet. Mit dieser Verschiebung geht die Umstellung von einer einwertigen auf eine *zweiwertige Semiotik* einher. Die Körperteile sind bei Carus immer Teil binärer Relationen: So wie bei Goethe das im Farbkreis rechts angesiedelte Blau nur über den Gegensatz zum links liegenden Gelb verständlich ist, so kann beispielsweise der Mund nur als Teil der unteren Gesichtshälfte und damit über den Gegensatz zur oberen symbolische Bedeutung gewinnen. Natürlich hat auch bei Carus die Analogie als Denkmittel nicht ausgedient – das Problem der Überbrückung von Sichtbarkeit und Semantik stellt sich schließlich jeder Physiognomik. Doch mit der Umstellung von einer Analogik, in der körperliche Eigenschaften direkt auf seelische verweisen, auf eine Analogik, in der körperlichen Gegensätzen seelische entsprechen, wird das physiognomische Denken erheblich variabler. Es macht zwar keinen inhaltlichen, aber einen entscheidenden formalen Unterschied, ob man sagt: Das Aussehen des »Negers« gleicht dem des Affen, also ist er auch so; oder ob man sagt: Der Gegensatz von Tag- und Nachtvölkern entspricht dem von oberer und unterer Gesichtshälfte, und deswegen sind »Neger« sinnlicher veranlagt als »Kaukasier«.[180] Der Wahrnehmung wird mit der Binarisierung ein formales Prinzip unterlegt, das sie anschlussfähig an alle Wissensformen macht, die ebenfalls binär codiert sind.

Das Verfahren der Formalisierung lässt sich gut an der Art veranschaulichen, in der Carus Menschen mit Tieren vergleicht. Niemals postuliert er einfache So-wie-Beziehungen. Carus' Ausgangspunkt liegt in einer empirischen Wissenschaft, der vergleichenden Anatomie.[181] Durch die Idee des anatomischen Gestaltwandels, der Metamorphose, verliert der Unterschied von Mensch und Tier seine ontologische Unbedingtheit; beide befinden sich auf der gleichen morphologischen Skala (*Abb. 24, 25*). Aus einem absoluten Unterschied wird so eine räumliche Distanz, eine Opposition zwischen zwei Punkten, die jeweils einen bestimmten Gestalttypus repräsentieren. Da jedes körperliche Merkmal seine eigene Gestaltreihe hat, bedarf es also immer anatomischen Wissens in Form einer spezifischen Gegensatzrelation, um überhaupt einen Vergleich zwischen Mensch und Tier anzustellen: Mal ist es der absolute Gegensatz zwischen schrägem und geradem Kopfwinkel, über den sich die Nähe oder Ferne eines Individuums zur Tierwelt bestimmen lässt; mal erklärt sich der »widerwärtigen Eindruck« sehr großer wie sehr kleiner Münder aus dem doppelten Gegensatz zur Mitte, dessen extreme Pole der Walfisch und der Ameisenbär repräsentieren.[182]

Die Anatomie muss ihre Gegenstände formalisieren, um sie vergleichbar zu machen. Ohne Maße und Winkel ließen sich Menschen und Tiere unterschiedlicher Arten nicht als Teil eines organischen Kontinuums denken. Anders als etwa in der Physik bedeutet die Formalisierung in der Anatomie aber keine vollständige Mathematisierung; vielmehr werden wissenschaftliche Daten erst dadurch erzeugt, dass auf einer empirischen Skala Positionen markiert werden. Um eine solche Position mit Inhalt zu füllen, müssen die Relationen, in denen sie zu anderen Positionen steht, in Sprache übersetzt werden. Die grammatikalische Form, die dies leistet, ist das einfache Adjektiv. Wie kein anderes Element der Sprache wirken Adjektive differenzierend und zugleich vereinheitlichend. Zum einen sind sie das Mittel zur Bezeichnung des Qualitativen, der vielen und feinen Unterschiede; wobei der Bereich des Qualitativen wiederum in sich heterogen ist, er umfasst ästhetische genauso wie moralische Qualitäten, und die ästhetische Erfahrung ist zudem noch in unterschiedliche Sinndimensionen gegliedert. Doch ebenso sind es vor allem Adjektive, die die sprachliche Einheit des Vielfältigen und Heterogenen garantieren, und zwar durch die innere Struktur der Qualitätswahrnehmung: Jedes elementare Adjektiv ist immer schon Teil eines Paares, es erhält Bedeutung erst durch sein implizites Gegenteil. Unterschiedliche Erfahrungsformen werden also in der gleichen binären Sprachform dargestellt. Besonders deutlich wird dies, wenn ein und dasselbe Adjektiv zur Bezeichnung von zwei heterogenen Phänomenen zur Verfügung steht: Erst über den spezifischen Gegensatz wird beispielsweise deutlich, ob das Wort »spitz« eine Tastqualität im Sinne von »nicht stumpf« meint oder eine optische Qualität im Sinne von »nicht rund«. Adjektive ermöglichen aber nicht nur die formale Vereinheitlichung heterogener Sinnesqualitäten, sie können über Analogien auch verschiedene Sphären des Seins und des Wissens sprachlich in Beziehung zueinander setzen, sofern diese ebenfalls binär codiert sind. Auch Carus verwendet Adjektivpaare, um die Beziehung zwischen zwei Messpunkten ins Anschauliche und vom Anschaulichen ins Charakterologische zu übersetzen. Größe a und Größe b – etwa zwei Munddurchmesser oder zwei Kopfwinkel – bilden zusammen keinen Quotienten, sondern eine qualitative Opposition (lang / kurz, dick / dünn). Größenverhältnisse, stoffliche Qualitäten (fett / mager, spitz / rund) und die Raumpositionen des Körpers (oben / unten, rechts / links) werden somit in das gleiche Sprachschema integriert. Nun es bedarf nur noch einer Analogiebildung, um die menschliche Erscheinung an einen der Gegensätze anzuschließen, die den Sozialraum strukturieren: sei es zwischen den Geschlechtern, zwischen Rassen wie »Negern« und »Kaukasiern«, zwischen »nordischen« und »romanischen« Völkern oder phlegmatischen und sanguinischen Temperamenten.

Carus' Bedeutung für die Charakterologie, und insbesondere für die Graphologie, des frühen 20. Jahrhunderts liegt mithin weniger in den einzelnen inhaltlichen Befunden seiner *Symbolik*, als vielmehr darin, dass er den menschlichen Körper als zweiwertiges Symbolschema codierte. Erst auf Grundlage einer solchen Formalisierung werden Morphologie und Charakterologie sowie Körperraum und Sozialraum füreinander anschlussfähig.

2.4. Symbolisches Denken II: Grenzenlosigkeit

Als Naturdenker zeichnet sich Goethe vor allem dadurch aus, dass er zwischen Phänomen und Idee nicht unterscheidet und stattdessen annimmt, es gebe innerhalb der anschaulichen Welt Phänomene höherer und niederer Allgemeinheit. So stellt etwa ein Farbeindruck im Schnee nur eine von unendlich vielen Erscheinungsformen der Farbe dar, wohingegen das Trübe ein »Urphänomen« ist. Es lässt sich – im Dunst etwa – anschauen, und doch ist es zugleich ein Allgemeines, von dem sich Besonderes – die Farben – ableiten lässt: »Wir nennen sie Urphänomene, weil nichts in der Erscheinung über ihnen liegt, sie aber dagegen völlig geeignet sind, daß man stufenweise, wie wir vorhin hinaufgestiegen, von ihnen herab bis zu dem gemeinsten Falle der täglichen Erfahrung niedersteigen kann.«[183] In einer Notiz sprach Goethe in diesem Zusammenhang von seiner Bewunderung für die »Gewandtheit« der Natur, durch die sie, »obgleich auf wenige Grundmaximen eingeschränkt, das Mannigfaltigste hervorzubringen weiß.«[184] Während Lessing sich auf ihre ästhetischen Aspekte konzentriert, zielt Seifert nun auf dieses »theoretische« Moment der Goetheschen Wissenschaft. Er liest Goethe als Erkenntnistheoretiker, den nichts so sehr beschäftigt wie die Fragen nach den »Grundmaximen der Natur«. Die Antwort, die Seifert auf diese Frage findet, lautet: Es sind polare Gegensätze.

a) Polarität und Antinomie

Was darunter zu verstehen ist, lässt sich gut an Goethes Bestimmung des Trüben zeigen: »Wir sehen auf der einen Seite das Licht, das Helle, auf der anderen die Finsternis, das Dunkle; wir bringen die Trübe zwischen beide, und aus diesen Gegensätzen, mit Hilfe gedachter Vermittlung, entwickeln sich, gleichfalls in einem Gegensatz, die Farben.«[185] Nicht nur dem Licht und der Finsternis als solchen kommt also die höchste Allgemeinheit eines Urphänomens zu, sondern auch ihrer Verbindung. Erst durch die Vermittlung gegensätzlicher Urphänomene entsteht die Welt der Erscheinungen. So bestimmt sich das Charakteristische einer Farbe dadurch, ob sich das Trübe im konkreten Fall eher dem dunklen (z. B. Violett) oder dem hellen (z. B. Orange) Pol zuneigt. Daneben nennt Goethe noch acht weitere »Polaritäten«, zwischen denen sich jede Farbe »entscheidet« und die zusammen erst den vollen Charakter einer Farbe ausmachen: Gelb – Blau, Wirkung – Beraubung, Licht – Schatten, Kraft – Schwäche, Wärme – Kälte, Nähe – Ferne, Abstoßen – Anziehen, Verwandtschaft mit Säuren – Verwandtschaft mit Alkalien. Beispiele außerhalb der Farbenwelt zeigen die Reichweite des Polaritätsprinzips an: Goethe nennt die zweipoligen Phänomene des Magnetismus ebenso wie die »ewige Systole und Diastole, die ewige Synkrisis und Diakrisis, das Ein- und Ausatmen der Welt«.[186] Doch vor allem ermöglicht das Denken in Polaritäten die Bildung von Analogien – so nicht zuletzt den Brückenschlag zwischen materieller Welt und menschlicher Natur.[187] In der schon erwähnten Notiz nennt Goethe als eine der »Grundmaximen«, nach denen die Natur Mannigfaltiges hervorbringe, die »Dualität der Erscheinungen als Gegensatz«. Die folgende Aufzählung nennt unter anderen: »Leib und Seele«, »Zwei Seelen«, »Sinnlichkeit und Vernunft«, »Phantasie und Verstand«, »Atemholen« und »Zwei Körperhälften«.[188]

Seifert stellt das Polaritätsprinzip ins theoretische Zentrum seiner Grundlegung. Damit beruft auch er sich an einem Punkt auf Goethe, an dem die Eigenart des symbolischen Denkens besonders greifbar wird:

> Die Auffassungen der Erscheinungen als Manifestation polarer Kräfte ist im Prinzip nur jenseits der Methoden der Kausalerklärung und des Gesetzesdenkens der mechanischen Naturwissenschaft möglich. Andererseits bedingt aber die Berufung auf Polarität als ursprüngliches Prinzip der

konkreten Wirklichkeit auch ein Heraustreten aus dem geschlossenen idealistischen Vernunftkosmos. An dem Prinzip der Polarität scheidet sich das realistische (und das romantische) Wirklichkeitsgefühl von dem idealistischen. Der Polaritätsgedanke ist Ausgangspunkt für das Vorstoßen in die Welt des unmittelbar Erfahrbaren, des sinnlich Wirklichen, des lebendig Anschaubaren. Er bezeichnet eine Wegscheide zwischen dem Gebiet des begrifflich-konstruktiven und dem des *symbolischen Erkennens*. [...] Das vergleichende Studium der verschiedenen Stellen in der Geschichte des Erkennens, an denen die Polarität zum Grundgesetz erhoben wird, führt zu der Einsicht, daß das Polaritätsdenken Möglichkeiten zu einem *erweiterten Begriff der Erfahrung* in sich birgt – einer Erfahrung, die [...] sich auf das Seinsgesetz einer durchgehenden lebendigen *Entsprechung* des Erscheinenden [...] aufbaut.[189]

Zwar basiere auch das das »abstrakt-vernünftige« Denken auf Gegensätzen, nur seien diese nicht polarer sondern antinomischer Art. Wo die »Trennung, das Sich-Ausschließen des Entgegengesetzten« zum Wesen der Antinomik gehöre, da habe die polare Gegensätzlichkeit »eine Gemeinsamkeit des Entgegengesetzten«; das Grundverhältnis sei nicht das »logisch starre« von Satz und Gegensatz, sondern das »organische rhythmische« von »Einatmen-Ausatmen, Systole-Diastole, Wellenberg-Wellental«.[190] So wie die gesamte anschauliche Welt in einem inneren Zusammenhang steht, so sind auch die beiden Elemente einer Polarität immer aufeinander bezogen; Seifert nennt sie mit Goethe eine »stete Koexistenz des Entzweiten«.[191] Für die Entdeckung des Polaritätsprinzips beanspruchte Goethe keinerlei Exklusivität.[192] Auch Seifert stellt Goethe nur in den Mittelpunkt eines ideengeschichtlichen Überblicks. So habe das Polaritätsmotiv besonders in der Naturphilosophie der Schellingschule und in der späten Romantik eine zentrale Rolle gespielt. Dagegen zeichne sich der Idealismus hegelscher Prägung durch eine permanentes »Vermengen der polaren mit der logischen Gegensätzlichkeit« aus.[193]

Im gegenwärtigen Denken nun macht Seifert die Tendenz aus, mit der Absage an das idealistisch-rationalistische »Abstrahieren von der Naturgrundlage« wieder auf die Idee der Polarität zurückzugreifen. Insbesondere gelte dies für alle Versuche, das Polaritätsprinzip zur Wesensbestimmung des menschlichen Charakters heranzuziehen. Exemplarisch nennt er einige Polaritätsformen, die im charakterologischen Denken besondere Bedeutung erlangt hätten, darunter die Paare aktiv-passiv, kontemplativ-willensmäßig, appolinisch-dionysisch, Trieb-Bewusstsein, Vitalität-Geistigkeit, Lebenstrieb-Todestrieb.[194] Bezeichnenderweise findet sich diese Andeutung in einer Fußnote. Denn der für die Charakterologie paradigmatische Gegensatz ist für Seifert die »Urpolarität« der Geschlechter. Wie kein anderer eigne sich dieser Gegensatz zur Begründung des charakterologischen Denkens: »Es gibt kaum ein stärkeres Zeugnis für das tiefe Bedürfnis nach Wirklichkeit, das die Erkenntniswelt des 19. und 20. Jahrhunderts als leidenschaftlich treibende zunächst, schließlich auch als gestaltende Kraft beherrscht, als die Ablösung der Antinomik Subjekt-Objekt, Vernunft-Sinnlichkeit, Geist-Stoff durch die Polarität der Urmächte des Männlichen und des Weiblichen.«[195] Nun erst erreicht die idealismuskritische Polemik das eigentliche Gebiet der Charakterologie. Dem Denken der Klassik und des Idealismus hält Seifert vor, statt vom konkreten Menschen von dessen »übergeschichtlich-allgemeiner Natur« ausgegangen zu sein, »die sich nur postulieren, nur in Gedanken vollziehen läßt«.[196] Als Kronzeugen zitiert Seifert Wilhelm von Humboldt: »Man abstrahiere nun entweder von dem Geschlechtscharakter oder man vereinige denselben, so erhält man in beiden Fällen ein Bild des Menschen in seiner allgemeinen Natur«.[197] Dagegen gehe die Charakterologie von der individuellen Existenz des Menschen aus, die immer schon geschlechtlich bestimmt sei. Für diese Position beruft sich Seifert auf die »Losung« Ludwig Feuerbachs: »In dem absoluten, d. h. abstrakten Ich abstrahiere ich von allen Unterschieden [...] Das wirkliche, existierende Ich ist nur ein weibliches oder männliches Ich, kein geschlechtsloses Das, denn der Geschlechtsunterschied ist ein Mark und Bein durchdringender, allgegenwärtiger, unendlicher, nicht da anfangender, dort endender Unterschied.«[198]

b) Gegensätze ausschöpfen: Bachofens Universalgeschichte

Die Geschlechterpolarität betrachtet Seifert aber nicht nur als Wesensunterschied, sondern auch als ein universales Symbolschema, mit dem sich andere Gegensätze deuten lassen.[199] Die konsequenteste Verwendung dieses Urgegensatzes findet er – wiederum – bei einem Wissenschaftler der Spätromantik, dem Basler Altertumsforscher Johann Jakob Bachofen. Dieser habe in seiner Abhandlung zum prähistorischen Mutterrecht im Unterschied der Geschlechter nicht nur ein biologisches oder soziales Ordnungsschema, sondern vor allem ein fundamentales historisches Prinzip erkannt.[200] Bachofen geht davon aus, dass »die Hebungen und Senkungen der menschlichen Geschichte in neuem Lichte erscheinen«, sobald man sie mit der Entwicklung des Geschlechterverhältnisses in Verbindung bringt.[201] Die Formulierung »Hebungen und Senkungen« mag unbewusst bei Goethe entlehnt sein – die Nähe zur Goetheschen Wissenschaft, die sie anzeigt, ist kein Zufall. Bachofen überträgt den symbolischen Denkstil von der Naturforschung auf die Historie. Und wie Goethe die newtonsche Physik, attackiert auch Bachofen damit ein herrschendes Paradigma: das der akademischen Geschichtsschreibung. Bachofen will eine Geschichte rekonstruieren, in der alle Epochen in ihrem »inneren« Zusammenhang erscheinen. Mit dieser Zielsetzung erhebt er sich nicht nur über den spezialistischen Zugriff der Zunfthistoriker auf die einzelnen Völker, Nationen und Zeitabschnitte, sondern auch über den fachwissenschaftlichen Begriff von Geschichte: Es sei die »scharfe Abtrennung der mythischen von der historischen Zeit«, die ein »tieferes und zusammenhängenderes Verständnis« der Geschichte unmöglich mache.[202] Damit gilt sein Angriff letztlich dem Fundament des fachhistorischen Selbstverständnisses: der Quellenkritik. Bachofen setzt dagegen auf das Material der mythischen Überlieferung. Sie erscheint ihm »als der getreue Ausdruck des Lebensgesetzes jener Zeiten, in welchen die geschichtliche Entwicklung der alten Welt ihre Grundlagen hat, als Manifestation der ursprünglichen Denkweise, als unmittelbare historische Offenbarung, folglich als wahre, durch hohe Zuverlässigkeit ausgezeichnete Geschichtsquelle«.[203] Bachofen stellt den Quellenstatus des Mythos sogar über den der historischen Überlieferung.[204] Die höhere Objektivität des Mythos führt er auf dessen »Echtheit« und diese auf die Unmittelbarkeit seiner »Offenbarung« zurück, die aus ihm einen »getreuen Ausdruck« historischer Zustände macht. Mit diesem Zugang verbietet sich allerdings jede Reflexion über den Status mythischer Aussagen; vielmehr wird der Mythos selbst zum epistemologischen Standard.[205] Die Allgegenwärtigkeit der Geschlechtssymbolik in der mythischen Überlieferung wertet Bachofen als Beleg dafür, dass jede Kultur durch die Organisation des Geschlechterverhältnisses determiniert ist. Was wie ein soziologischer Reduktionismus klingt, ist metaphysisch gemeint: Die Geschlechterpolarität stellt für Bachofen ein universales Prinzip dar, das die Geschichte ebenso wie die Natur durchwirkt. Wenn der Mythos etwa den Gegensatz von »links« und »rechts« mit dem von »leidend« und »tätig« gleichsetzt oder er vom Tag spricht, den »die Nacht aus dem Mutterschoß der Nacht hervorgebracht« hat, sieht Bachofen darin keine anthropomorphe Symbolisierung, sondern einen symbolischen Ausdruck der kosmischen Ordnung. Ist diese »Symbolschau« einmal eingeführt, gewinnen nicht nur die einzelnen Epochen und Kulturstufen Signifikanz durch den Bezug auf das Geschlechterverhältnis; zugleich lassen sich die Beziehungen zwischen ihnen als symbolischer Zusammenhang verstehen.

Der Gegensatz zwischen mutterrechtlicher Vorzeit und dem bis in die Gegenwart andauerndem Zeitalter der Paternität umspannt die gesamte Menschheitsgeschichte. Deren Verlauf deutet Bachofen als Prozess der Vermännlichung: als »Losmachung des Geistes von den Erscheinungen der Natur«, als »Erhebung des menschlichen Daseins über die Gesetze des stofflichen Lebens«.[206] Die gesamte Antike stellt sich ihm als fundamentales Umbruchsgeschehen dar, als Bühne des Kampfes der »hellenischen« gegen die »pelasgische« Kultur, der zur Ablösung aller mutterrechtlichen Lebensformen und Institutionen geführt habe. An die Stelle der »chthonischen« Kulte, in denen sich die »innige Verbindung der Gynaikokratie mit dem Religionscharakter des Weibes« gezeigt habe, seien Staat und Wissenschaft als Ausdruck des »männlichen« Individualismus getreten.

Aber auch alle Umbrüche der vorhistorischen Zeit lassen sich für Bachofen über die mythologische Symbolik nachvollziehen. Es sind die Kämpfe der weiblichen Götter untereinander, an denen man die feineren Gegensätze diesseits des fundamentalen Gegensatzes der Geschlechter ablesen kann. So symbolisieren Aphrodite und Demeter die einander entgegengesetzten Pole des Hetärismus und der ausgebildeten Gynaikokratie, ein Gegensatz, der identisch ist mit dem zwischen Regellosigkeit und Recht. Innerhalb der mutterrechtlichen Ära lassen sich zudem drei Phasen unterscheiden, die durch schwächere Gegensatzpaare symbolisiert werden: die »demetrische« Hochphase, in welcher der Übergang zum Ackerbau vollzogen ist, steht in einerseits im Gegensatz zur »tellurischen« Frühphase, in der die Tiere und Pflanzen der Feuchtgebiete kultisch verehrt werden, und andererseits zu der – nach der Zeusgattin benannten – »heräischen« Spätphase, in der die Einhegung der hetärischen Willkür durch die Institutionalisierung der Ehe in ihr Gegenteil gekippt ist. Den Sieg des Vaterprinzips schließlich symbolisiert der Gott Apoll, in dessen Zeichen die Menschheit seitdem stehe. Demeter, die als wichtigste Göttin der mutterrechtlichen Ära im Mittelpunkt von Bachofens Aufmerksamkeit steht, kann also insgesamt in vier unterschiedlich starke Gegensatzbeziehungen eintreten, die alle zugleich Beziehungen zwischen historischen Epochen symbolisieren: der stärkste Gegensatz besteht zu Apoll als Symbol reiner Männlichkeit, der zweitstärkste zu Aphrodite als Symbol ungezügelter Weiblichkeit, schwächer sind dagegen die zur »tellurischen« Wesenheit und zu Hera. Alle diese Götter können natürlich wiederum untereinander in Gegensatzbeziehungen treten, so etwa Hera und Aphrodite als äußerste Pole des Weiblichen.

Doch die Gegensätze zwischen den Göttern und Geschlechtern symbolisieren nicht nur die diachronen Beziehungen zwischen den Epochen, sondern auch die Beziehungen innerhalb der antiken Welt: wie die Opposition von Maternität und Paternität die historischen Zeit strukturiert, so die von »weiblichem« Orient und »männlichem« Okzident den geographischen Raum.[207] Das Zentrum einer solchen Historie, in dem alle symbolischen Gegensätze sich berühren, ist natürlich – Rom. Dort treffen sich ebenso

Osten und Westen wie alte und neue Zeit. Der Rom gewidmete Abschnitt gibt einen so anschaulichen Eindruck von Bachofens Denken in historischen Zusammenhängen, dass er hier vollständig zitiert werden soll:

> Die erste große Begegnung der asiatischen und der griechischen Welt wird als ein Kampf des aphroditisch-hetärischen mit dem heräisch-ehelichen Prinzip dargestellt, die Veranlassung des Troischen Krieges auf die Verletzung des Ehebettes zurückgeführt, und in der Fortsetzung desselben Gedankens die endliche vollständige Besiegung der Aeneadenmutter Aphrodite durch die matronale Juno in die Zeit des Zweiten Punischen Krieges, mithin in die Periode verlegt, in welcher die innere Größe des römischen Volkes auf ihrem Höhepunkt stand. Der Zusammenhang all dieser Erscheinungen ist nicht zu verkennen und jetzt völlig verständlich. Dem Occident hat die Geschichte die Aufgabe zugewiesen, durch die reinere und keuschere Naturanlage seiner Völker das höhere demetrische Lebensprinzip zum dauernden Siege hindurchzuführen und dadurch die Menschheit aus den Fesseln des tiefsten Tellurismus, in dem sie die Zauberkraft der orientalischen Natur festhielt, zu befreien. Rom verdankt es der politischen Idee des Imperium, mit welcher es in die Weltgeschichte eintritt, daß es diese Entwicklung der alten Menschheit zum Abschluß verbringen mochte. Gleich den epizephyrischen Lokrern dem hetärischen Muttertum der asiatischen Aphrodite von Hause aus angehörend, mit dem fernen Heimatland zu allen Zeiten, namentlich der Religion, in viel engerm Zusammenhang als die hellenische früher und vollständiger emanzipierte Welt, durch das tarquinische Königsgeschlecht mit den Anschauungen der ganz mütterlichen etruskischen Kultur in enge Verbindung gesetzt und in den Zeiten der Drangsal von dem Orakel darauf hingewiesen, es fehle ihr ja die Mutter, die nur Asien zu geben vermöge, hätte die zum Bindeglied der alten und neuen Welt bestimmte Stadt ohne die Stütze ihrer politischen Herrrscheridee dem stofflichen Muttertum und dessen asiatisch-natürlicher Auffassung nie siegreich gegenüberzutreten von dem ius naturale, von dem sie nur

noch den leeren Rahmen bewahrt, nie völlig sich loszumachen, niemals auch über die Verführung Ägyptens jenen Triumph zu feiern vermocht, der in dem Tod der letzten ganz aphroditisch-hetärischen Kandake des Orients und in Augustus' Betrachtung des entseelten Körpers seine Verherrlichung, gewissermaßen seine bildliche Darstellung erhalten hat.[208]

Das Denken in einem endlosen Verweisungszusammenhang schlägt sich bis in die Syntax nieder, die nichts so sehr scheut wie den Punkt zwischen zwei Aussagen. Über den Urgegensatz der Geschlechter verbindet das symbolische Denken Völker, Orte, Lebens-, Herrschafts- und Rechtsformen mit den Himmelsrichtungen, Tageszeiten und Elementen. In der Tendenz zur Formalisierung und Vereinheitlichung gleicht es der zweiwertigen Physiognomik Carus'. Viel stärker als das physiognomische Denken, das sich an die Phänomene der sinnlichen Anschauung hält, ist dieser kosmologische Ansatz jedoch auf das Verfahren der Typisierung angewiesen. Denn wo die Physiognomik mit einfachen qualitativen Gegensätzen wie dem zwischen Oben und Unten arbeiten kann, muss eine Ordnung des Historischen hochkomplexe Zusammenhänge erst symbolisch verdichten, um sie zueinander in Beziehung setzen zu können. Genau dies leisten polare Oppositionen wie die der Geschlechter.

Bachofens Geschlechtermetaphysik, die – wie später der Sozialdarwinismus – das Prinzip des sozialen Wandels in die Biologie verlegt, liefert eine geschichtsphilosophische Alternative zum Historischen Materialismus. Damit bediente auch Bachofen die Bedürfnisse eines konservativen Denkens, das sich über die Verteidigung der alteuropäischen Sozialordnung hinaus zu einer Kritik am gesamten Erbe des Abendlandes radikalisiert hatte. Doch anders als der Sozialdarwinismus legt das metaphysische Modell des historischen Wandels keine praktischen Schlüsse nahe: der Siegeszug des »männlichen Geistes« bleibt das Spektakel einer fatalistischen Weltanschauung. In der Verbindung von intellektueller Radikalität und Erhabenheit über politische Fragen steht Bachofen Nietzsche nahe; und auch das Geschichtsverständnis der beiden Basler »Unzeitgemäßen« berührt sich in einigen, entscheidenden Punkten, wie etwa dem Brückenschlag zur vorhomerischen Antike oder der typisierenden und polarisierenden Methode.[209] Dennoch bleibt als gravierender Unterschied, dass vor allem der späte Nietzsche die Geschichte als einen ewigen und zerstörerischen Gestaltwandel des »Lebens« begriff, der sich in kein lineares Verlaufsschema zwingen lässt, während Bachofen in ihr ein Offenbarungsgeschehen sah.[210] Klages hat sich bei beiden ausgiebig bedient, doch vor allem Bachofen hat er als historischen Denker ernst genommen. Sein Anspruch, Bachofen nach Jahrzehnten des Vergessens als erster wiederentdeckt zu haben, mochte von manchem bestritten worden sein; darüber, dass der metaphysische Grundgedanke von Klages' Hauptwerk *Der Geist als Widersacher der Seele* durch kaum ein anderes Buch so stark beeinflusst wurde wie das *Mutterrecht*, kann es jedoch keinen Zweifel geben.[211] Auch Seifert interpretiert die eigene Denkbewegung und den Aufschwung der Charakterologie im Sinne Bachofens: »Der tief in das Kulturbewusstsein der jüngsten Epoche eingreifende Wandel der Anschauungen – in dem zugleich die Opposition gegen die einseitig männliche Geistigkeit der rationalistischen Systeme zu Worte kommt – läßt sich auf eine übergreifend allgemeine Formel bringen: die Wiederentdeckung der metaphysischen Bedeutung des weiblichen Prinzips, die Hinwendung zum chthonisch-mütterlichen Pol des Lebens, zur hütenden Kraft der Erde.«[212]

2.5. Charakterologische Methodik und praktische Logik

Mit Theodor Lessing und Friedrich Seifert sind zwei Vertreter des charakterologischen Denkens vorgestellt worden, die sich in die Tradition Goethescher Naturforschung stellten. Neben Goethe selbst waren es vor allem die spätromantischen Wissenschaftler Carus und Bachofen, in deren Denkstil Lessing und Seifert Vorbilder für eine moderne Charakterologie erkannten. Ausgangspunkt beider ist die natürliche Verschiedenheit der Menschen. Der Physiognomiker Carus hält sich dabei an die anschauliche Gestalt des Körpers, er betont die Vielfalt und die Feinheit der Unterschiede; entsprechend subtil sind seine Mittel. Dagegen orientiert sich Bachofen am großen Ganzen der menschlichen Kultur und ihrer Geschichte; entsprechend verallgemeinernd ist seine Herangehensweise. Aufgrund dieser Differenzen bot es sich an, beide Denkformen getrennt darzustellen, zunächst die anschauliche Charakterologie Lessings und Carus', dann die metaphysische bei Seifert und Bachofen. Doch man sollte die hier idealtypisch isolierten Unterschiede keinesfalls im Sinne einer Unvereinbarkeit auffassen; es handelt sich eher um zwei Aspekte als um zwei Varianten des charakterologischen Denkstils. Tatsächlich sind sie in hohem Maße kompatibel.

Nicht umsonst habe ich bei den exemplarischen Analysen der Texte Lessings, Carus' und Bachofens betont, dass es sich um Formen des symbolischen Denkens handelt, dessen Kernmerkmal die exzessive Verwendung von Gegensatzpaaren ist. Zwar gibt es unterschiedliche Arten von Gegensätzen, logische neben polaren, qualitative neben moralischen, körperräumliche neben sinnesspezifischen; doch die Verschiedenheit der Gegensätze hindert nicht daran, sie miteinander zu verknüpfen. Bei Carus' Überblendung von körperräumlichen, qualitativen und moralischen Adjektivpaaren war das bereits deutlich geworden. Aber auch Seifert, der viel Mühe darauf verwendet hatte, die spezifischen Unterschiede zwischen polarem und logischem (oder antinomischen) Gegensatz herauszuarbeiten, muss letztlich eingestehen, dass eine grundlegende Untersuchung des Verhältnisses der beiden Gegensatzarten noch gar nicht vorliege.[213] Dies sei aber gerade deshalb ein so dringendes Desiderat, weil »die geistige Nachbarschaft zwischen der polaren und der logischen Entgegensetzung zu eigentümlichen Problemüberscheidungen« führe.[214] Die Kritik an Hegels Vermischung der beiden Gegensatzarten verliert mit diesem Eingeständnis an Unbedingtheit. Und so drängt sich die Frage auf, ob Seifert nicht an einer Stelle Präzision einfordert, wo sie gar nicht geboten erscheint.

Exaktheit ist schließlich nur im Rahmen eines binären Denkens zu gewinnen, das seine Elemente auf der Basis von Einschluss und Ausschluss definiert: 0 *oder* 1, ja *oder* nein, drinnen *oder* draußen – ein Satz ist entweder wahr oder falsch, eine Person Staatsbürger oder nicht. Dagegen fungieren in dem hier vorgestellten Denkstil Gegensätze nicht als Grundlage von Aussagen, vielmehr kommen Aussagen zustande, indem Gegensätze miteinander verknüpft werden: Tag- und Nachtvölker mit oben *und* unten, männlich *und* weiblich mit Abendland *und* Orient, Gelb *und* Blau mit Wärme *und* Kälte. Das oberste Prinzip eines solchen Denkens ist nicht der wechselseitige Ausschluss einwertiger Elemente (a oder b), sondern die *Entsprechung zweiwertiger Relationen* (a und b wie c und d). »Alle diese Gegensätze«, zitiert Seifert Schellings Beispiel der Paare aktiv-passiv, expansiv-retardierend, produktiv-rezeptiv, irritabel-sensibel, männlich-weiblich, »sind doch nur verschiedene Formen, in welche der eine, in unendlichen Verzweigungen über die ganze Natur sich ausbreitende Urgegensatz sich verwandelt.«[215] Insofern es also immer schon von einer *Ähnlichkeit des Verschiedenen* ausgeht, operiert das Denken in Ähnlichkeiten und Gegensätzen notwendigerweise *unscharf*. Warum dann aber auf einer scharfen Unterscheidung von Gegensatzarten bestehen? Naheliegender erscheint es mir, gerade in der Unschärfe das Prinzip zu erkennen, dem das Denken in Entsprechungen seine große Beweglichkeit und seine immense Reichweite verdankt; oder um es mit Bourdieu zu sagen: seine praktische Logik.

Bei Carus und Bachofen ließ sich beobachten, wie ein gelehrtes Wissen so modifiziert wird, dass es offen für einen grenzenlosen Gebrauch ist. In beiden Fällen bestand die Methode darin, ein empirisches Material zwar in »wissenschaftlicher« Manier zu analysieren, den Elementen der Analyse aber die überdeterminierte Form einer Gegensatzrelation zu geben. In dieser Form ließ sich das Material durch Verweise auf anderes, ebenfalls binär codiertes Material interpretieren. So konnten Carus und Bachofen zwei Grenzen unterlaufen, die bis Mitte des 19. Jahrhunderts für das Selbstverständnis des zunehmend disziplinär organisierten Wissenschaftsbetriebs immer wichtiger geworden waren. Zum einen die Grenze zwischen Wort und Bild. Erst die jüngere Wissenschaftsgeschichte hat zutage gefördert, in welchem Umfang visuelle Repräsentationen an der Konstitution wissenschaftlichen Wissens mitwirken.[216] Zugleich hat sie gezeigt, dass diese Einsicht sich im Widerspruch zur tradierten Selbsterzählung der disziplinären Wissenschaften befindet, die den Erkenntnisprozess als ein Vordringen von der Welt der sichtbaren Erscheinungen zu den verborgenen Gesetzen beschreibt.[217] Während Bildern in den disziplinären Wissenschaften also bestenfalls eine illustrative Funktion zugebilligt wurde, besaßen sie bei Carus insofern epistemologischen Status, als er die Geltung einer Aussage von der Evidenz einer Bildwirkung abhängig machte – eine Strategie, die treffend als »visuelle Argumentation« bezeichnet worden ist.[218] Carus setzte Bilder so ein, dass sie aus sich selbst heraus, also ohne explizites Vorwissen und unmittelbaren Kontext, nicht nur verständlich, sondern erhellend wirkten. Der einzige Weg, eine solche Evidenz zu erzielen, war die Gegenüberstellung zweier Bilder, die einen so starken Eindruck der Verschiedenheit machten, dass sie als *Bildgegensatz* wahrgenommen wurden. Das Verfahren lässt sich exemplarisch an einem Fall demonstrieren, in dem sich durch Worte allein keine Evidenz herstellen ließ.[219] Dass die Länge der Oberlippe psychologische Bedeutung besitzt, konnte Carus nur bedingt sprachlich belegen, da sich dieses anatomische Detail innerhalb der köperräumlichen Symbolstruktur schwer verorten ließ: Sie befindet sich in der Mitte zwischen der oberen und der unteren Kopfhälfte, und auch ihrer Definition nach ist sie eher ein Lückenfüller zwischen den eigenständigen Organen des Mundes und der Nase.[220] Die Behauptung, eine kurze Oberlippe zeige den edlen Charakter, weil sie »gleichsam andeutet, daß der Mund so der intelligenten Region näher gerückt sei«, stand also auf schwachen Füßen; mit dem gleichen Recht hätte sich ja sagen lassen, dass sie die Nase in die Nähe der sinnlichen Region rücke. Anders als in den meisten Fällen konnte man die Entsprechung des anatomischen Gegensatzes – von kurz und lang mit dem charakterologischen von edel und gemein – hier nicht abstrakt nachvollziehen. Dagegen lässt die Wirkung der Bilder am Vorhandensein eines Gegensatzes keinen Zweifel (*Abb. 28*).[221] In anderen Fällen, in denen die Adjektivpaare einander unproblematisch entsprachen, etwa bei der gleichsinnigen Behauptung, eine überragende obere Lippe zeige den edlen, das Gegenteil den rohen Charakter an, bestärken sprachliche und optische Evidenz einander spiegelbildlich (Abb. 26).²²²

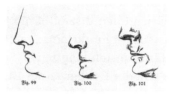

Abb. 28

Die zweite Grenze, die sowohl Carus als auch Bachofen unterliefen, war die zwischen natürlicher und historischer Welt. Korrespondierte die Ausgrenzung visueller Medien mit dem Ausdifferenzierungsprozess der Wissenschaft als gesellschaftlichem Subsystem, so strukturierte die Unterscheidung zwischen Natur und Geschichte die innerwissenschaftliche Organisation in Spezialgebiete. Wie bereits gesehen, hatte sich vor allem Wilhelm Dilthey auf die etablierte Leitdisziplin der Geschichte berufen, um die Eigengesetzlichkeit der psychischen und kulturellen Phänomene gegen die Deutungsanspruch der Naturwissenschaften zu verteidigen.²²³ Im Fokus der historischen Wissenschaften standen im 19. Jahrhundert vor allem die emphatischen Konzepte des Staats, der Persönlichkeit und der Kultur, Seinsformen, die als Ergebnis eines Emanzipierungsprozesses von der Natur verstanden werden konnten und sich daher gut eigneten, die Notwendigkeit nicht-naturwissenschaftlicher Methoden zu begründen. Die starre Grenze zwischen einem menschlichen Reich der Freiheit und einem natürlichen Reich der Notwendigkeit ließ sich aber nur im Rahmen einer Biologie aufrechterhalten, die von einer Konstanz der Arten und einer letztlich ontologischen Differenz zwischen Mensch und Tier ausging. Bekanntlich brachte Darwin diese Annahme ins Wanken. Doch hielt auch er an der Grenze zwischen den Arten fest, er lieferte lediglich ein naturimmanentes Prinzip ihrer Entstehung. Darwin erschütterte weniger die innerwissenschaftliche Grenze zwischen Kultur und Natur, als er die zwischen wissenschaftlicher und religiöser Weltanschauung befestigte. Dagegen integrierten Carus und Bachofen die Geschichte des Menschen in den Bereich der Naturgeschichte, so dass nicht mehr seine Konstanz als Art, sondern seine Wandelbarkeit und Vielgestaltigkeit als Medium des »Lebens« zur Leitidee wurde. So ging Carus von einem morphologischen Kontinuum zwischen Menschen und Tieren aus, das neben einer evolutionären auch eine charakterologische Dimension besaß, da angesichts der vielfältigen Unterschiede zwischen den Menschen die Übergänge zum Tierreich fließend bleiben.

Bachofen schrieb die Geschichte ebenfalls an den Bereich des Natürlichen heran, nur hatte er dabei nicht die Tierwelt im Blick, sondern Zustände, in denen die Menschen in enger Verbindung mit den »chthonischen« Naturgewalten lebten. Auch Bachofen machte einen Corpus wissenschaftlichen Materials durch unscharfe Bestimmung so zurecht, dass er anschlussfähig an einen anderen wurde. Die Deutung des antiken Mythenbestandes stellte eine genuine wissenschaftliche Leistung dar, die bis heute gewürdigt wird. Doch indem Bachofen die Allgegenwärtigkeit von natursymbolischen Gegensätzen nicht als spezifisches Strukturmerkmal des Mythos auffasste, sondern als Indizien eines metaphysisches Prinzips, konnte er die Quellen der historischen Überlieferung mit den Kategorien analysieren, die er erst der Analyse des Mythos entnommen hatte. Zu diesem Zweck musste er lediglich die Elemente des historischen Wissens – Staaten, Völker, Recht, den geopolitischen Raum – als Repräsentanten des symbolischen Gegensatzpaares von Männlichkeit und Weiblichkeit ausweisen.

In beiden Aspekten, der Integration visueller Repräsentationen und der transhistorischen Sicht auf den Menschen als Teil eines natürlichen Wandlungsgeschehens, wichen die Denker, an denen sich die charakterologischen Theoretiker orientierten, fundamental von den beiden großen Paradigmen der akademischen Wissenschaften im späten 19. Jahrhundert ab – vom naturwissenschaftlichen genau so wie vom geisteswissenschaftlichen. Es kann daher nicht überraschen, dass weder dem Privatgelehrten Bachofen, noch dem praktizierenden Arzt und Maler Carus fachwissenschaftliche Anerkennung zuteil wurde. Wenn also akademisch randständige oder freie Gelehrte wie Theodor Lessing, Friedrich Seifert und Ludwig Klages im ersten Drittel des 20. Jahrhunderts – zusammen mit der goetheschen Naturwissenschaft – Bachofen und Carus wiederentdeckten, ihre Werke neu herausgaben und als Vorbilder für die wissenschaftliche Charakterologie betrachteten, war dies kein Zeichen einer verspäteten fachlichen Anerkennung; vielmehr deutet es auf die Entstehung eines außerakademischen Denkstils hin, der verschiedene Formen wissenschaftlichen Wissens mit dem alltäglichen Wissen des *Common Sense* zu verbinden suchte.

Auch die Texte der charakterologischen Theoretiker folgten also den Regeln der praktischen Logik. Sie müssen als Variante »praktischen« Denkens angesehen werden, da es sich um ein Denken in symbolischen Entsprechungen handelt, das aufgrund der Unschärfe seiner Elemente über eine enorme, letztlich unbegrenzte Reichweite verfügt. Die dazu unabdingbaren Gegensatzrelationen müssen allerdings, zumindest teilweise, vom charakterologischen Forscher erst konstruiert und im Text objektiviert werden. Denn anders als bei der spontanen Symbolisierung, die auf alltagsweltlich verfügbare Oppositionen zurückgreifen kann, liegt wissenschaftliches Wissen in der Regel nicht in binärer Form vor. Einmal symbolisiert, kann aber Wissen jeden Ursprungs in eine unbegrenzte Zahl von praktisch-logischen Verbindungen eingehen – so bei Bachofen über den dominanten Gegensatz von männlich / weiblich, bei Carus von oberer und unterer Körperhälfte. Es handelt sich bei den theoretischen Texten des charakterologischen Denkstils mithin um eine quasi »gebundene« Form der praktischen Logik, denn sie setzen die Kenntnis der Gegensatzbeziehungen, die sie symbolisch strukturieren, zu ihrem Verständnis voraus. Abgesehen von den zahlreichen auch hier vorhandenen *Common-Sense*-Bezügen vermittelt sich diese Kenntnis einerseits implizit durch Lektüre, andererseits durch Definitionen des Autors. Hat sie sich der Leser aber einmal angeeignet, ist er prinzipiell in der Lage, mit ihrer und des Autors Hilfe Wissen über die ganze Welt zu erlangen.

3. Schopenhauers Willensphilosophie und die charakterologische Fragestellung

Geht die Methode des charakterologischen Denkstils vor allem auf Goethe zurück, so sind dessen Leitfragen ein geistiges Erbe Schopenhauers. Auch er nähert sich dem menschlichen Charakter in einer Denkbewegung, die gegen die Selbstbegrenzungen moderner Rationalität polemisiert. Was Newtons experimenteller Reduktionismus für Goethe in methodischer, ist Kants Transzendentalphilosophie für Schopenhauer in theoretischer Hinsicht. Das Verhältnis zwischen Goethe und Schopenhauer ist vielfach besprochen worden.[224] Mag es auch nicht frei von Kompliziertheiten gewesen sein – über den wechselseitigen intellektuellen Respekt besteht kein Zweifel. Goethe war die einzige Geistesgröße seiner Zeit, die Schopenhauer vorbehaltlos bewunderte. Neben vielen Reverenzen an das dichterische wie das naturwissenschaftliche Werk brachte er dies nicht zuletzt dadurch zum Ausdruck, dass er das Motto für sein Hauptwerk bei Goethe entlehnte: »Ob nicht Natur zuletzt sich doch ergründe?«[225] Es war nämlich vor allem der Naturforscher Goethe, dem Schopenhauer sich geistig nahe fühlte. Selbst mit Fragen der Optik beschäftigt, kam es mit Goethe zwar zu Unstimmigkeiten in Einzelfragen.[226] Was jedoch die Gesamteinschätzung gerade der Farbenlehre angeht, bezog Mitte des 19. Jahrhunderts niemand so rigoros Stellung für Goethe wie Schopenhauer. Bezeichnender Weise verband er dessen Lobpreis mit einer wüsten Polemik gegen die »Leute vom Fach«, deren Ablehnung nur daraus resultiere, dass ein »alter Poet« sie mit der Wahrheit konfrontiert habe.[227] Es ist somit nicht überraschend, dass es gerade diese beiden freien Gelehrten und großen Polemiker gegen den wissenschaftlichen Reduktionismus waren, von denen die entscheidenden Impulse für das charakterologische Denken ausgingen.

Anders als im Fall Goethes und der romantischen Wissenschaft, die beide um 1900 wiederentdeckt wurden, waren sich aber nur wenige Charakterologen des frühen 20. Jahrhunderts darüber im Klaren, wie viel ihre Art des Denkens und Fragens Schopenhauer verdankt. Deutlich erkennbar ist die Rezeption Schopenhauers etwa bei Otto Weininger. Ansonsten ist eher die Haltung Klages' typisch, der Schopenhauer als »Menschenkenner« lobt, bei ihm eine Reihe psychologischer Begriffe und Bonmots entlehnt, aber die metaphysische Generallinie ablehnt.[228] Erst eine von August Wellek betreute Dissertation, die Wolfram Bernhard 1961 an der psychologischen Fakultät der Universität Mainz einreicht, würdigt in vollem Umfang die Bedeutung Schopenhauers für das charakterologische Denken.[229] Bernhard bezeichnet Schopenhauer darin als »geistesgeschichtlichen Ausgangspunkt der modernen Charakterologie«.[230] Diesem Urteil ist ohne Einschränkung zuzustimmen. Wenn ich mich in meiner Rekonstruktion der schopenhauerschen Charakterologie *avant la lettre* dennoch nicht auf diese Vorarbeit stütze, so liegt das an einem anders akzentuierten Erkenntnisinteresse. Bernhard schreibt an der Geschichte seines eigenen Fachs, kurz bevor es vollständig aus dem akademischen Kanon verschwindet. Mit apologetischer Tendenz spricht er etwa davon, dass bei Schopenhauer »zum ersten Male die wissenschaftstheoretischen und allgemein-philosophischen Grundvoraussetzungen gegeben [sind], die [...] die Bedingungen der Möglichkeit der modernen Charakterologie darstellen«; zudem hätten einige empirische Analysen Schopenhauers auf den »Erkenntnisfortschritt« der Charakterologie »einen entscheidenden Einfluß« ausgeübt.[231] Dagegen möchte ich folgende These in den Raum stellen: Schopenhauer steckt weniger der Rahmen eines wissenschaftlichen Fachs ab, vielmehr weckt er ein Problembewusstsein, das um 1900 zu einem festen Bestandteil des gebildeten *Common Sense* geworden ist. Schopenhauer begründet eher das Dispositiv eines Denkstils als das Paradigma einer Disziplin.

Den Grund für die mangelnde Würdigung seitens der charakterologischen Theoretiker hatte Schopenhauer selbst hellsichtig vorweggenommen. Es sei das »Schicksal jeder Erkenntnis«, schreibt er am Ende der Einleitung zur ersten Auflage von *Die Welt als Wille und Vorstellung*, dass ihr »nur ein kurzes Siegesfest beschieden ist, zwischen den beiden langen Zeiträumen, wo sie als paradox verdammt und als trivial geringgeschätzt wird«.[232] Schuld ist also sein Erfolg. Im Hinblick auf den charakterologischen Denkstil hat dieser Erfolg, der Schopenhauer posthum zum wirkungsmächtigsten

Philosophen der zweiten Hälfte des 19. Jahrhunderts werden ließ, vor allem zwei Namen: Friedrich Nietzsche und Otto Weininger. Die Doktorarbeit des einen und das überschaubare Gesamtwerk des anderen, Texte, die in der gebildeten deutschsprachigen Welt um 1900 Diskursereignisse von erschütternder Wirkung waren, verdanken Schopenhauer mehr, als sich durch Referenzen belegen lässt: den Willen, in der menschlichen Ungleichheit ein Problem des Denkens zu sehen. Bei Weininger mündete dies in die exemplarische Behandlung eines Falls, den er in »principieller« Absicht zu lösen gedachte: die Verschiedenheit der Geschlechter. Bei Nietzsche ist die Frage danach, aus welchem »Holz« ein Mensch gemacht ist, zu mächtig, um noch eigens gestellt zu werden; sie ist auf praktisch jeder Seite zu greifen.[233] Dagegen zeigt das Beispiel von Schopenhauers unmittelbarem Schüler Julius Bahnsen, dass das von ihm gestellte Problem nicht nur dem charakterologischen Denkstil den Weg wies, sondern auch in das Labyrinth führte, in dem sich alle Versuche zu einer systematischen Charakterologie verirrten.

3.1. Nach der Freiheit

Schon Goethe hatte das »entschiedene Wollen« als »Hauptfundament des Charakters« vom Willen als »Hauptfundament des sittlichen Handelns« getrennt.[234] Mit der Unterscheidung von je besonderer Natur und universaler Freiheit des Menschen befand er sich damit im Einklang mit dem *Common Sense* der zeitgenössischen Moralphilosophie. Wenn nun bei Schopenhauer erstmals ein charakterologisches Problembewusstsein greifbar wird, dann entspringt es nicht diesem allgemeinen Charakterbegriff, der als anthropologische Ergänzung der Moralphilosophie gemeint ist. Sein Ausgangspunkt liegt vielmehr in der Bedingungslosigkeit, mit der Schopenhauer den Charakterbegriff verabsolutiert, indem er die Gleichursprünglichkeit von ›Wille‹ und ›Wollen‹ behauptet. »Du kannst tun, was du willst: aber du kannst in jedem gegebenen Augenblick deines Lebens nur ein Bestimmtes wollen und schlechterdings nichts anderes als dieses« – so lautet eine prägnante Fassung des Diktums, mit dem Schopenhauer die Moralphilosophie *de facto* zu einer Sache der Charakterologie macht.[235] Wie fast alle Grundgedanken seiner Philosophie entwickelt Schopenhauer auch seine Ethik in einer produktiven Auseinandersetzung mit Kant.[236] Während jedoch die allgemeine Metaphysik des Willens als komplementäre Ergänzung zur kritischen Philosophie verstanden werden kann, stellt Schopenhauers Ethik einen echten Gegenentwurf dar. Mag er auch beanspruchen, mit ihr bestimmte Widersprüche und Inkonsequenzen beseitigt zu haben – die Radikalität dieser Ethik schafft letztlich mehr Probleme als sie löst. Schopenhauer wirft Fragen auf, die er nur im Ansatz oder gar nicht beantworten kann. Sie werden in Deutschland für gut hundert Jahre zum philosophischen Problemhaushalt gehören. Schon 1867 prägt Schopenhauers Schüler und Verehrer Julius Bahnsen für die Gesamtheit dieser Fragen und der Mittel zu ihrer Lösung den Namen, unter dem sie bis in die 1960er Jahre verhandelt werden: Charakterologie.

3.2. Wesen und Gesetz: Der Charakter

Auch als Moralphilosoph ist Kant für Schopenhauer das Maß, an dem sich das eigene Denken messen lassen muss. Doch befindet er es hier, anders als in der Erkenntnistheorie, schnell für zu klein. So richtig es sei, nach den Prinzipien der Vernunft zu fragen und die Erscheinungen im Bewusstsein zu objektivieren, so unangemessen findet es Schopenhauer, auch das Handeln des Menschen auf die Möglichkeit einer vernünftigen Steuerung hin zu befragen. Schon eine Moralphilosophie unter dem Titel der praktischen *Vernunft* zu fassen, hält er für einen grundlegenden Irrtum, mit dem sich Kant nicht nur an einer *opinio communis* der gesamten abendländischen Philosophie, sondern auch am allgemeinen Sprachgebrauch versündigt habe. Zu offensichtlich handele es sich beim vernünftigen und beim tugendhaften Handeln um zwei gänzliche verschiedene Dinge: So verehre man zwar zu Recht das Verhalten eines Heiligen, der seinen Besitz an die Armen verschenkt, »aber«, fragt Schopenhauer, wer würde wagen, »es als Gipfel der Vernünftigkeit zu preisen?«[237] Zugleich lobt er den formalen Ansatz, die Unbedingtheit, mit der Kant das Problem der Moral angeht, also ohne die Tugend mit dem Glück zu verknüpfen: Soll es moralisch sein und nicht irgendeine andere Qualität besitzen, muss das Handeln seinen Zweck in sich selbst haben. Kant selber sah in der Gleichzeitigkeit von Vernünftigkeit und Unbedingtheit der Moral keinen Widerspruch. Denn auch in der Kritik der praktischen Vernunft ging es ihm ja nicht um empirische Inhalte oder Folgen, sondern allein um die Deduktion eines *a priori*; nur handelte es sich hier nicht um Prinzipien, auf die jedes denkende Subjekt angewiesen ist, sondern um Maximen, deren Allgemeingültigkeit jedes handelnde Subjekt einsehen kann. Die Formalisierung der Aufgabe und ihr formales Ergebnis – der Kategorische Imperativ – waren für Kant Folge einer reflexiv operierenden Vernunft. Wie aber löst Schopenhauer das Problem, eine unbedingte Moral ohne Rekurs auf vernunftgemäße Maximen zu begründen? Die Antwort lautet: Indem er die Moral zu einer Sache der Charakterologie macht.

Kant unterwirft den Willen der Vernunft. Der Kategorische Imperativ verlangt, sich von solchen Maximen leiten zu lassen, die zur Grundlage einer allgemeinen Gesetzgebung gemacht werden könnten. Indem er damit vom moralischen Menschen eine Überprüfung seines Wollens durch die Vernunft fordert, behauptet Kant implizit die Wählbarkeit der Motive des Handelns: Lehnt das »Gesetz in uns« eine Maxime ab, kann ihr eine andere vorgelegt werden. Für die Idee einer Aufhebung des Willens durch ein von der Vernunft approbiertes Sollen hat dagegen Schopenhauer nur Spott übrig – Kants »wollen sollen« sei »Szepter aus hölzernem Eisen«, also eine *contradictio in adiecto*.

Schopenhauer dagegen konzipiert die Moral vom Willen aus. Der Mensch, so lautet sein kategorisches Diktum, kann nur das tun, was er ohnehin will. Wenn er gut handelt, dann weil er Gutes will. Der Wille aber ist keine Sache der Entscheidung: Wenn jemand keine Neigung zum Guten besitzt, hilft auch moralische Reflexion nichts. Immer wieder beschwört Schopenhauer diese Unausweichlichkeit des Handelns: »Dem Boshaften ist seine Boshaftigkeit so angeboren wie der Schlange ihre Giftzähne und Giftblase; und so wenig wie sie kann er es ändern. *Velle non discitur*, hat der Erzieher des Nero gesagt.«[238] Dem stellt Schopenhauer noch eine weitere lateinische Sentenz als Motto voran, aus der sich die Architektur seines moralischen Determinismus besonders griffig erschließen lässt: *operari sequitur esse.*[239] Drei Wörter mit weitreichenden Konsequenzen. Was zunächst wie ein einfaches Begründungsverhältnis (*sequitur*) aussieht, stellt tatsächlich den Kontakt zwischen zwei Welten her. Nicht zufällig wählt Schopenhauer mit *operari* ein Verbum, das eine größere Nähe zur Mechanik aufweist als das geläufigere *agere*. Denn wie jede Erscheinung unterliegt auch das Handeln dem Satz vom Grunde. Gleich einem fallenden Stein oder einem Regenbogen hat auch sie eine bestimmte und vorstellbare Ursache, nämlich das bewusste Motiv des Handelnden. Vom Motiv unterscheidet Schopenhauer jedoch den einer Handlung zugrunde liegenden Willen. Als solcher ist dieser ohnehin nicht vorstellbar, aber auch in seinen objektivierten Formen als Naturkraft in der unorganischen oder als »blinder« Handlungsantrieb in der organischen Natur tritt der Wille nicht direkt in Erscheinung; er ist unverrückbar da und wird daher durch das *esse* bezeichnet. Nun gibt es Schopenhauers allgemeiner Philosophie zufolge kausale Notwendigkeit nur im Bereich der Erscheinungen, der Wille kann also nicht als Ursache eines Handlungsmotivs aufgefasst werden. Welche Bedeutung hat dann aber das *sequitur*, das *esse* und *operari* miteinander verknüpft? Systematisch markiert diese Frage *den* neuralgischen Punkt der schopenhauerschen Philosophie. Und genau hier kommt der Begriff des Charakters ins Spiel:

> Der Mensch ist, wie jeder andere Teil der Natur, Objektität des Willens: daher gilt alles Gesagte auch von ihm. Wie jedes Ding in der Natur seine Kräfte und Qualitäten hat, die auf bestimmte Einwirkungen bestimmt *reagieren* und seinen Charakter ausmachen, so hat auch er seinen <u>Charakter</u>, aus dem die Motive seine Handlungen *hervorrufen* mit Notwendigkeit. In dieser Handlungsweise *offenbart* sich sein empirischer Charakter, in diesem aber wieder sein intelligibler Charakter, der Wille an sich, dessen *determinierte* Erscheinung er ist.[240]

Stehen Wille und Vorstellung im Allgemeinen nebeneinander, so kommen sie einander im Besonderen so nahe, dass Schopenhauer sie nun nicht mehr kategorial, sondern nur noch durch sprachliche Nuancen auseinander halten kann. Jedes Ding der Natur, und dazu zählt auch der Mensch, kann nach zwei Seiten hin betrachtet werden: zum einen im Hinblick auf die äußeren Reaktionen oder Wirkungen, die bestimmte »Einwirkungen« in ihm »hervorrufen«, womit man sich die Erscheinung des Dings zur Vorstellung macht; zum anderen im Hinblick auf das Ding an sich: eine »Objektität des Willens«, dessen »Kräfte und Qualitäten« genau diese Reaktionen »determinieren«. Es ist diese Objektivierung des Willens als Gesamtheit konstanter Eigenschaften, die Schopenhauer »Charakter« nennt. Dabei macht er sich die Mehrdeutigkeit des Begriffs zunutze, da er sowohl gegenständliche Qualitäten im Allgemeinen als auch die konstante Eigenart eines Menschen im Besonderen umfasst. *Operari sequitur esse* ließe sich also übersetzen mit: Der Charakter determiniert, in welcher Weise ein Ding oder ein Mensch auf bestimmte Umstände oder Motive reagiert. Indem das *esse* beziehungsweise der Charakter also als Determinante – und nicht als Ursache – des Handelns gefasst wird, ist der Forderung genüge getan, dass der Wille niemals Teil einer Kausalkette sein kann. Im Gegensatz zum Kausalitätsverhältnis zeichnet sich das Determinationsverhältnis dadurch aus, dass man es in zwei Richtungen begreifen kann: Nicht nur »determiniert« der Charakter (*esse*) das Handeln (*operari*), sondern im Handeln »offenbart« sich auch der Charakter.

Trotz der Determiniertheit des Handelns kann Schopenhauer von einer Freiheit des Willens sprechen, indem er die Unterscheidung zwischen *operari* und *esse* zu einer Sache der Metaphysik macht: »Das ›operari‹ eines gegebenen Menschen ist von außen durch die Motive, von innen durch seinen Charakter notwendig bestimmt: daher alles, was er tut, notwendig eintritt. Aber in seinem ›esse‹, da liegt die Freiheit. Er hätte ein anderer sein können: Und in dem, was er ist, liegt Schuld und Verdienst.«[241] Wie dunkel auch immer dieser Gedanke anmuten mag, systematisch rettet er Schopenhauers Anspruch, tatsächlich moralisch und nicht anthropologisch zu argumentieren.

Geht es also um Besonderes, verhalten sich Wille und Vorstellung nicht mehr komplementär zueinander, sie berühren sich im Charakter eines Dings oder Menschen. Dieser systematischen Brückenposition gemäß spaltet Schopenhauer den Charakterbegriff – mit Kants Terminologie – in einen »empirischen« Teil, der das Handeln determiniert, und in einen »intelligiblen« Teil, der sich im Handeln offenbart.[242] Damit wiederholt der Charakterbegriff Schopenhauers Grundgedanke gleichsam im Kleinen: Der intelligible Charakter »erscheint« im empirischen Charakter, so wie in der Welt als Vorstellung das erscheint, was die Welt als Wille an sich ist.[243] Daraus folgt, dass der Charakterbegriff durch seine empirisch-intelligible Doppelnatur die philosophische Fundamentaldifferenz von übersinnlichem Sein und raum-zeitlichen Erscheinen in sich selbst vereint.

Für das Denken stellt dieser Umstand solange kein Problem dar, wie die Erscheinung eines Naturdings die ihm zugrunde liegende »Idee« unmittelbar zum Ausdruck bringt. Dies ist in der gesamten nicht-menschlichen Natur der Fall, am unmittelbarsten in der unorganischen. Hier »offenbart« sich die »als einziger Willensakt zu betrachtende Idee [...] in einer einzigen und immer gleichen Äußerung«; der empirische Charakter fällt hier vollständig mit dem intelligiblen zusammen.[244]

Ist in jedem Akt des Stürzens der Charakter der Schwerkraft sofort erkennbar, so objektiviert sich der Wille in der organischen Natur nicht mehr in einfachen Naturgesetzen, sondern morphologisch in Gestalten und teleologisch in der »inneren Zweckmäßigkeit« von Organismen. Doch auch diese komplexeren Objektivierungen des Willens lassen sich in der Regel unproblematisch erfassen, da der intelligible Charakter sich zwar nicht mehr in elementaren, wohl aber in deutlich konturierten und typischen Erscheinungen Ausdruck verschafft. In Anlehnung an Goethes Morphologie spricht Schopenhauer etwa von der »Naivität«, mit der »jede Pflanze ihren ganzen Charakter durch die bloße Gestalt ausspricht und offen darlegt, ihr ganzes Sein und Wollen offenbart, wodurch die Physiognomien der Pflanzen so interessant sind«.[245] Kann die Idee einer Pflanzenspezies – etwa ihre Angepasstheit an ein bestimmtes Klima – allein durch die aufmerksame Wahrnehmung ihrer Gestalt erkannt werden, so muss das Tier schon »in seinem Tun und Treiben beobachtet« werden. Doch allein beim Menschen stellt das Verhältnis von intelligiblem und empirischen Charakter ein echtes Problem dar:

> Das Tier ist um ebensoviel naiver als der Mensch, wie die Pflanze naiver ist als das Tier. Im Tiere sehen wir den Willen zum Leben gleichsam nackter als im Menschen, wo er mit so vieler Erkenntnis überkleidet und zudem durch die Fähigkeit zur Verstellung verhüllt ist, daß sein Wahres Wesen fast nur zufällig und stellenweise zum Vorschein kommt. Ganz nackt, aber auch viel schwächer, zeigt er sich in der Pflanze, als bloßer, blinder Drang zum Dasein, ohne Zweck und Ziel. Denn diese offenbar ihr ganzes Wesen auf den ersten Blick und mit vollkommener Unschuld [...]. Diese Unschuld der Pflanze beruht auf ihrer Erkenntnislosigkeit: nicht im Wollen, sondern im Wollen mit Erkenntnis liegt die Schuld.[246]

Im Denken liegt also gerade nicht die Möglichkeit moralischen Handelns, vielmehr begründet es eine »Schuld« des Menschen. Da das Handeln durch den Charakter determiniert ist, kann eine Tat durch vernünftige Reflexion nichts an moralischer Qualität hinzugewinnen. Im Gegenteil: Das »Wollen mit Erkenntnis« hat den hier gleichen Stellenwert wie die absichtsvolle Verstellung. Ob mit oder ohne Absicht – der Mensch ist das von Natur aus schuldige Tier, das sein »wahres Wesen« verbirgt, indem er es mit Behauptungen und Illusionen über sich selbst »überkleidet« und »verhüllt«. Und so ist es paradoxerweise nicht zuletzt seine Fähigkeit zum Denken, die den Menschen zu einem Problem für das Denken macht. Denn gegenüber den sich selbst »offenbarenden« Pflanzen und Tieren will allein der Mensch »erforscht und versucht werden, da *die Vernunft* ihn der Verstellung in hohem Grade fähig macht«.[247]

Die Betonung der Schwierigkeit der menschlichen Charaktererkenntnis zieht sich – neben der Unveränderbarkeit des Charakters – als zweiter roter Faden durch Schopenhauers gesamte Ethik. Und es ist genau diese Skepsis gegenüber der moralischen »Erscheinung« des Menschen, in dem sich bei Schopenhauer ein charakterologisches Problembewusstsein bildet. Dessen Ausgangspunkt ist die Frage, ob und wie man den Charakter eines Menschen überhaupt erkennen kann. Schopenhauers Antwort lautet: man kann, aber nur *a posteriori*. Als Willensakt ist der intelligible Charakter zwar nicht vorstellbar; da er den empirischen Charakter aber vollständig determiniert, kann von diesem auf jenen geschlossen werden. Die Schwierigkeit liegt also darin, den empirischen Charakter richtig zu bestimmen; und dies kann nur auf dem Weg der Erfahrung geschehen. Dieser Zugang öffnet das Charakterproblem nun in drei Richtungen: in eine praktische, in eine theoretische und in eine metaphysische.

a) Machbar: praktische Charaktererkenntnis

Sich über sein eigenes Wesen und das anderer ein zutreffendes Bild zu machen, ist für Schopenhauer zunächst ein Gebot der Lebensklugheit. In diesem Sinn meint »Erfahrung« einen Gewinn an Realismus und Menschenkenntnis, der sich bei besonnenen Naturen mit zunehmendem Alter von allein einstellt; sie schützt vor Täuschung und Enttäuschung. Im Mittelpunkt dieser praktischen Charakterologie *avant la lettre* steht die Desillusionierung der Motivgläubigkeit. Zwar ist beim Menschen das *operari* im Gegensatz zur restlichen Natur begleitet von Bewusstsein.[248] Aber wie jede Ursache einer Erscheinung ist auch das Motiv immer nur die »Gelegenheitsursache«, nicht der eigentliche Grund einer Tat. Welche konkreten Ziele sich ein bestimmter Wille sucht, liegt an den zufälligen äußeren Bedingungen, auf die ein bestimmter Charakter trifft; und welche es auch immer sein mögen, immer ist es erst der Charakter, der ihnen Sinn verleiht:

> Warum der eine boshaft, der andere gut ist, hängt nicht von Motiven und äußerer Einwirkung, etwa von Lehren und Predigten ab und ist schlechthin in diesem Sinne unerklärlich. Aber ob ein Böser seine Bosheit zeigt in kleinlichen Ungerechtigkeiten, feinen Ränken, niedrigen Schurkereien, die er im engen Kreise seiner Umgebungen ausübt, oder ob er als

Eroberer Völker unterdrückt, eine Welt in Jammer stürzt, das Blut von Millionen vergießt: dies ist die äußere Form seiner Erscheinung, das Unwesentliche derselben, und hängt ab von den Umständen, in die ihn das Schicksal setzte, von den Umgebungen, von den äußeren Einflüssen, von den Motiven; aber nie ist seine Entscheidung auf diese Motive aus ihnen erklärlich: sie geht hervor aus dem Willen, dessen Erscheinung dieser Mensch ist.[249]

Wenn dennoch allgemein geglaubt wird, das Handeln werde vom Motiv determiniert, so liegt das daran, dass dieses, wie jede Ursache einer raumzeitlichen Erscheinung, vom Intellekt wahrgenommen wird, der Wille jedoch unbewusst bleibt. Der Mensch beobachtet die Taten anderer, er weiß, dass man auch anders handeln könnte; und er kann bestimmte Motive gegeneinander abwägen. Doch er betrügt sich selbst, wenn er von der Motivwahl darauf schließt, dass diese Wahl ihren Grund in seiner Entscheidung hatte. Tatsächlich ist der Intellekt ist nichts als Zuschauer der Willensaktivität, nur ist ihm das meistens nicht bewusst. Zur Veranschaulichung vergleicht Schopenhauer ihn mit jemandem, der eine schwankende Stange beobachtet und feststellt, dass diese nach links oder rechts kippen kann, während die tatsächliche Richtung bereits zu Beginn des Schwankens feststeht.[250]

Es ist also das Wissen um die Vielfalt der Motive, das den Schein der Willensfreiheit und das irrige Gefühl der Verantwortlichkeit hervorruft.[251] Doch der Intellekt ist nicht nur eine Quelle der Täuschung und des Selbstbetrugs, er allein ist es auch, der den Schein durchschauen kann. Während der gemeine Mensch sich von seinem Bewusstsein in die Irre führen lässt, ist es die »psychologische« Aufgabe des Philosophen, die Täuschungen zu entlarven. Dies gilt besonders für die Fälle, in denen Wille und Motiv eklatant auseinanderklaffen. Zum Beispiel die Sexualität. In keiner Hinsicht ist der Mensch dem Tier so nahe wie in dem Willen, seine Gattung zu erhalten; und doch wird gerade dieser rohe Trieb mit besonders zarten Motiven garniert.[252] Neben solchen allzumenschlichen Beispielen gibt es auch Fälle, in denen Personen sich selbst und ihre Umwelt durch individuelle »Wahnmotive« in die Irre führen. Als solche bezeichnet Schopenhauer Handlungsursachen, die dem eigentlichen Willen genau entgegengesetzt sind: so etwa die Freigiebigkeit des Geizhalses, der zwar Almosen spendet, aber nur »aus reinem Egoismus, in der Hoffnung dereinstiger hundertfacher Wiedererstattung«. In allen Fällen des Selbstbetrugs kann allein der Intellekt erkennen, dass das Motiv nie die *causa prima*, sondern immer nur die *causa finalis* einer Handlung ist, die keinerlei Schlüsse auf das ihr zugrunde liegende *esse reale* zulässt, sondern nur auf ihr oberflächliches *esse cognitum*.[253]

Doch die Desillusionierung der Willensfreiheit ist nicht nur eine philosophische Aufgabe, sie ist auch von praktischem Nutzen, denn erst sie ermöglicht dem besonnenen Menschen eine angemessene Erfahrung des eigenen Charakters. Und erst diese ermöglicht wiederum ein gutes Leben. Es ist das Werben für einen stoischen Fatalismus, in dem sich auch in Schopenhauers strengem Determinismus Spielräume auftun. Wie die Entlarvung der menschlichen Selbsttäuschungen erfordert auch der Frieden mit sich selbst die Mühen intellektueller Arbeit:

> Jeder Mensch ist [...] das, was er ist; durch seinen Willen, und sein Charakter ist ursprünglich, da Wollen die Basis seines Wesens ist. Durch die hinzugekommene Erkenntnis erfährt er im Laufe der Erfahrung, *was* er ist, d. h. er lernt seinen Charakter kennen. Er *erkennt* sich also infolge und in Gemäßheit der Beschaffenheit seines Willens; statt daß er, nach der alten Ansicht, *will* infolge und in Gemäßheit seines Erkennens. Nach dieser dürfte er nur überlegen, *wie* er am liebsten sein möchte, und er wäre es: das ist ihre Willensfreiheit. Sie besteht also eigentlich darin, daß der Mensch sein eigenes Werk ist, im Lichte der Erkenntnis. Ich hingegen sage: er ist sein eigenes Werk vor aller Erkenntnis, und diese kommt bloß hinzu, es zu beleuchten. Darum kann er nicht beschließen, ein solcher oder solcher zu sein, noch kann er ein anderer werden; sondern er *ist*, ein für allemal, und erkennt sukezessive, *was* er ist. Bei jenen *will* er, was er erkennt; bei mir *erkennt* er, was er will.[254]

Das Ergebnis dieses Lernprozesses nennt Schopenhauer *erworbenen Charakter*.[255] Seine Möglichkeit gibt dem Menschen einen tatsächlichen Spielraum zur Veränderung, denn »wiewohl man immer derselbe ist, so versteht man jedoch sich selbst nicht jederzeit«.[256] Das erworbene Wissen um das, was man will und kann, stellt ein lebenspraktisch unverzichtbares Korrektiv zum empirischen Charakter dar.[257] Hat jemand aber eine Kenntnis seines Charakters erworben, ist er weder durch abstrakte Ideale noch durch zufällige Stimmungen und Reize irritierbar, sondern kann »ohne Zaudern, ohne Schwankungen, ohne Inkonsequenzen« Ziele ansteuern, die nur »ihm gemäß und ihm ausführbar« sind.[258]

Zwar räumt Schopenhauer ein, dass die Frage der Selbsterkenntnis nicht in das Gebiet der eigentlichen Ethik falle, sondern eher »für das Weltleben« wichtig sei. Doch schlägt er mit dem Begriff des erworbenen Charakters ein Brücke zur Alltagsmoral, denn er bezeichne genau das, »was man in der Welt Charakter nennt«.[259] In der Umgangssprache sei es ja, obwohl streng genommen jeder einen unveränderlichen Charakter besitzt, möglich, einem Menschen »Charakterlosigkeit« vorzuwerfen, nämlich dann, wenn sich sein Handeln durch einen Mangel an Zielstrebigkeit und Konstanz auszeichnet. Philosophisch hatte vor allem Kant diesen Aspekt des Charakterbegriffs betont, und zwar bezeichnender Weise in der ›Anthropologie‹. Einen »Charakter schlechthin haben« ist für ihn »die Eigenschaft des Willens, nach welcher das Subject sich selbst an bestimmte praktische Principien bindet, die es sich durch seine eigene Vernunft unabänderlich vorgeschrieben hat«.[260] Als Beispiel eines derart »bösen«, aber in seiner Prinzipentreue zugleich verehrungswürdigen Charakters nennt Kant den römischen Diktator Sulla.[261] Zwar hatte Kant im gleichen Kapitel neben dem moralischen auch den »physischen« Charakter samt seiner äußeren Zeichen abgehandelt, so vor allem die tradierten Begriffe des Naturells und des Temperaments. Doch gibt er ihm eine ganz andere Bedeutung als Schopenhauer: Er betont nicht die Unausweichlichkeit der Bestimmung durch den eigenen Charakter, sondern Grenzen und Möglichkeiten der Erziehbarkeit. So bleiben auch Naturell und Charakter an ein pädagogisches Ethos gebunden: Während diese festlegten, »was sich aus dem Menschen machen läßt«, zeige der Charakter schlechthin, »was er aus selbst zu machen bereit ist«.[262]

Die Karriere des deterministischen Charakterbegriffs setzt erst im späten 19. Jahrhundert ein; allgemeine Verbreitung findet er sogar erst nach dem Ersten Weltkrieg, als man ihn kaum noch mit Schopenhauers Namen in Verbindung bringt. Im gesamten 19. Jahrhundert wird dagegen die allgemein gebräuchliche Semantik des Charakterbegriffs noch in dem von Kant gesetzten Akzent dominiert, meistens versehen mit einem pädagogischen Einschlag. So heißt es etwa in der *Allgemeinen Encyklopädie der Wissenschaften und Künste* von 1827, dass neben allen anderen Bedeutungen »vorzugsweise« das »bestimmte und beharrliche Wollen« Charakter genannt und »zurecht geschätzt« werde, »weil auf Menschen, die, wie man zu sagen pflegt, selbst nicht wissen, was sie wollen, wenig zu rechnen ist«.[263] Im gleichen Sinn spricht auch der Brockhaus noch 1894 davon, dass eine Person dann Charakter besitze, wenn sie als richtig erkannte Gesinnungen »durch die Kraft des Willens auch unter widrigen Umständen zu behaupten« vermöge.[264]

Im Übrigen wird der Charakterbegriff im angelsächsischen Sprachraum seit dem späten 18. Jahrhundert bis heute durchgängig von der Standfestigkeitssemantik dominiert. Es sind vor allem militärische, pädagogische und – davon abgleitet – sportliche Kontexte, in denen er Verwendung findet.[265] Prägnant verdichtet findet sich diese Spielart des Begriffs in den Worten, mit denen der BBC-Reporter einen dramatischen Moment in der Geschichte des Tennisturniers von Wimbledon – den Beginn des fünften Satzes im Endspiel 1980 zwischen Björn Borg und John McEnroe – kommentierte: »Character will now win this match«.[266]

Für Schopenhauer hat diese Spielart des Charakters, für die eine Person verantwortlich gemacht werden kann, aber noch eine weitergehende Bedeutung als die weltliche Wertschätzung. Tatsächlich berührt die Frage der Selbsterkenntnis eine Grundkategorie seiner Anthropologie: den Schmerz.[267] Alle seine Stellungnahmen zu sozialen Fragen lassen sich aus dem Begriff des Schmerzes und dem Ideal seiner Vermeidung ableiten. So widerspricht Schopenhauer etwa solchen Theorien, die dem Staat die Aufgabe einer sittlichen Verbesserung des Menschen zumuten; vielmehr bestehe dessen Zweck allein darin, den »nachteiligen Folgen des Egoismus«, entgegen zu wirken.[268] Im gleichen Sinn hat auch seine Ethik darin einen materialen Kern, dass sie sich nicht an der Gesinnung, sondern an den Folgen des Handelns orientiert. So attestiert Schopenhauer allein dem zum Mitleid fähigen Charakter moralische Qualität, weil er den Schmerz eines anderen nachfühlen kann und daher sein Handeln an dem Ziel ausrichtet, niemanden zu verletzen.[269] Das Konzept des erworbenen Charakters wendet nun diesen moralischen Gedanken gleichsam ins Pragmatische, nämlich auf die Frage, wie man sein eigenes Leben so gestaltet, dass es möglichst frei von Schmerzen bleibt. Bezieht Schopenhauers Mitleidsethik wichtige Anregungen aus der fernöstlichen Philosophie, besonders der buddhistischen Lehre, so befindet sich die Frage nach der Vermeidung eigenen Schmerzes und der Vermehrung eigenen Genusses nah an den eudaimonistischen Verhaltenslehren der griechisch-römischen Antike.[270] Wer sich selbst kennt, kann die »Rolle der eigenen Person« nun so »besonnen und methodisch« ausfüllen, dass aus den vielen Gelegenheitsmotiven sich diejenigen zu dauerhaften »Maximen« entwickeln, können, die einem »gemäß und ausführbar« sind. Denn zur Durchsetzung seines Willens ist es unerlässlich, dass man sich nur solche Motive wählt, die auch »wirksam« sind. Dazu ist aber Erfahrungswissen nötig. Als Beispiel nimmt Schopenhauer einen Menschen, dessen Charakter sich sowohl durch Eigenschaften des Egoismus wie durch Mitleid auszeichnet:

> [Es ist] nicht hinreichend, daß derselbe etwa Reichtum besitze und fremdes Elend sehe; sondern er muss auch wissen, was sich mit dem Reichtum machen lässt, sowohl für sich als für andere; und nicht nur muß fremdes Leiden sich ihm darstellen, sondern er muß auch wissen, was Leiden, aber auch, was Genuß sei. Vielleicht wußte er bei einem ersten Anlaß dieses alles nicht so gut wie bei einem zweiten; und wenn er nun bei gleichem Anlaß verschieden handelt, so liegt dies nur daran, daß die Umstände eigentlich andere waren, nämlich dem Teil nach, der von seinem Erkennen derselben abhängt, wenn sie gleich dieselben zu sein schienen.[271]

Die Angemessenheit der Ziele an das eigene Vermögen ist nicht nur ein Gebot der Klugheit, es ist auch und vor allem ein Garant der Zufriedenheit und des Erfolgs: »Es gibt eigentlich gar keinen Genuß anders als im Gebrauch und Gefühl der eigenen Kräfte, und der größte Schmerz ist wahrgenommener Mangel an Kräften, wo man ihrer bedarf. [...] Nur wer dahin gelangt ist, wird stets mit voller Besonnenheit ganz er selbst sein [...].«[272] Auch darin zeigt Schopenhauers praktische Philosophie eine Nähe zum antiken Denken, dass sich das Pragmatische und das Gute als zwei Seiten der gleichen Sache erweisen, die Regeln eines Ethos mithin auch als moralisches Gebot formulierbar sind: »Sind wir nun also vollkommen bekannt mit unseren Stärken und Schwächen, so werden wir auch nicht versuchen, Kräfte zu zeigen, die wir nicht haben, werden nicht mit falscher Münze spielen.«[273] Im Zentrum dieser charakterologischen Moral stehen die Idee der *Echtheit* eines Menschen und das Ideal seiner Unverborgenheit: »Wo nichts ist, soll auch nichts scheinen.«[274]

b) Schwierig: empirische Charaktererkenntnis

Die Beschaffenheit des Charakters ist nicht nur im lebenspraktischen Sinn ein Problem für die Erfahrung, sondern auch im wissenschaftlichen. An vielen Stellen seines Werks macht sich Schopenhauers Interesse an den Unterschieden zwischen den Menschen und die Frage nach den Mitteln zu ihrer methodischen Unterscheidung bemerkbar. In den umfangreichen Ergänzungen, die Schopenhauer 1859 der dritten Auflage von *Die Welt als Wille und Vorstellung* hinzufügt, scheint es sogar auf fast jeder Seite durch. Wenn er sich zu diesem Thema zwar exzessiv, aber an keiner Stelle systematisch oder programmatisch äußerte, so dürfte dies zwei Gründe gehabt haben: erstens das Selbstverständnis als Philosoph, der zwar den Anspruch erhob, nah am »wirklichen« Leben zu denken, selbst aber nicht wie ein Wissenschaftler dachte; und zweitens die immensen methodischen Schwierigkeiten, die er für ein derartiges Unternehmen sah.

Der erste Ausgangspunkt ist die Analogie zwischen natürlichen und menschlichen Charakteren. Jedes Ding und jedes Lebewesen objektiviert in seiner Natur eine spezifische Variante des Willens: So wie jedes Material und jede Spezies sich durch bestimmte »Kräfte und Qualitäten« auszeichnet, die seine Reaktionsweisen determinieren, so auch jeder Mensch. Um das Moment der Unveränderbarkeit des Charakters hervorzuheben, bemüht Schopenhauer oft Tiervergleiche: Dem Boshaften etwa könne man seine Boshaftigkeit so wenig ausreden »wie der Katze ihre Neigung zum Mausen.«[275] Sobald aber diese essentialistische Perspektive auf den menschlichen Charakter vom differentiellen Moment dominiert wird, bedient sich Schopenhauer bevorzugt chemischer und mineralogischer Vergleiche. Etwa wenn er die unterschiedliche Ansprechbarkeit auf ethische Motive veranschaulicht: »Dieser unglaublich großen angeborenen und ursprünglichen Verschiedenheit gemäß werden jeden nur die Motive vorwaltend anregen, für welche er überwiegende Empfänglichkeit hat; so wie der eine Körper nur auf Säuren, der andere nur auf Alkalien reagiert.«[276] Besonders aussagekräftig sind aber die mineralogischen Vergleiche, denn sie verweisen auf die entscheidende Schwierigkeit bei der differentiellen Behandlung des Menschen: Es handelt sich bei ihnen um individuelle Charaktere. Im Reich der unorganischen Natur sei der Kristall »gewissermaßen als Individuum anzusehen: er ist die Einheit des Strebens nach bestimmten Richtungen, von der Erstarrung ergriffen, die dessen Spur bleibend macht: er ist zugleich Aggregat aus einer Kerngestalt, durch eine Idee zur Einheit verbunden«.[277] Im Gegensatz zu den tierischen oder pflanzlichen Gattungscharakteren will »in der Menschenspezies« aber »jedes Individuum für sich studiert und ergründet sein«; nimmt man auch noch die ja »erst mit der Vernunft eintretenden Möglichkeit der Verstellung« hinzu, wird deutlich, dass es sich bei der Erforschung eines menschlichen Charakters um eine Aufgabe »von der größten Schwierigkeit« handelt.[278] Um diese Kompliziertheit anschaulich zu machen, zieht Schopenhauer einen besonders heiklen Fall aus dem Bereich der Mineralogie heran – der empirische Charakter eines Menschen sei »schwerer zu erforschen als die Eigenschaften eines Mittelsalzes«.[279]

Die Ethik zwingt Schopenhauer, die Verschiedenheit zwischen den Menschen auch inhaltlich zu fassen. Denn wer das moralische Vermögen als angeboren betrachtet, muss – statt zwischen Handlungen – zwischen guten und bösen Menschen unterscheiden. Den Grundgedanken, dass man nur tun könne, was man auch wolle, führt Schopenhauer daher durch eine typologische Unterscheidung der ethischen »Triebfedern« aus. Der Begriff der Triebfeder erfasst den formalen Umstand, dass ein bestimmter Wille auf bestimmte Motive stärker anspricht ist als auf andere. Der materiale Kern des Begriffs, aus dem sich Unterschiede auch inhaltlich ableiten lassen, ist das Ideal der Schmerzvermeidung: Während der »boshafte« Charakter sich besonders leicht zu solchen Handlungen motivieren lässt, die anderen Menschen willentlich Schmerzen zufügen, nimmt der »Egoist« sie bei der Verfolgung seiner eigenen Ziele immerhin in Kauf; nur der »mitleidige Charakter« ist in der Lage, im Anderen ein »Ich noch ein Mal« zu sehen und bemüht sich daher, von diesem Schmerzen abzuwenden wie von sich selbst.[280] Schopenhauer gibt zu, dass es sich bei den moralischen Triebfedern um ein Unterscheidungsraster handelt, das lediglich die Hauptlinie einer ethischen Klassifikation der Menschen abgeben könne.[281] Genaugenommen durchkreuzt Schopenhauer schon diese Hauptlinie mit zwei ebenso fundamentalen Grundgedanken, die das Anliegen einer »charakterologischen« Ordnung äußerst komplex machen. Zum einen ist das System der Triebfedern idealtypisch gemeint. Jedes reale Individuum vereint in sich nämlich gute, menschenfreundliche, und böse, menschenverachtende, Anteile. Daher kann die große Verschiedenheit der Charaktere immer nur den »Grad« betreffen, in dem sich die moralischen Neigungen ausprägen und die Art, in der sich zueinander verhalten. Aus einem gattungsmäßigen wird so ein fließender Unterschied, der letztlich eine endlose Zahl von Abstufungen erlaubt.

En dètail ausbuchstabiert, läuft Schopenhauers allgemeines Axiom der Identität von Leib und Wille darauf hinaus, dass jeder Mensch quasi theoretisch verdoppelt wird, da sein *esse* einmal in metaphysischer und einmal in physiologischer Terminologie beschrieben werden kann. Sinnfällig wird dies an der Wiederholung der schopenhauerschen Grundunterscheidung von Wille und Intellekt. Sie lässt sich auf der Ebene des Körpers auch als

Verhältnis von Muskel- und Nerventätigkeit fassen. Den Willen bezeichnet Schopenhauer als das »metaphysische Substrat« der Irritabilität des Muskels, womit die Fähigkeit zur Muskelkontraktion gemeint ist.[282] Wie der Wille vermag auch der Muskel nichts ohne ein »Motiv« – und ein solches erhält er erst durch die Tätigkeit des Gehirns und die Vermittlung der Nerven. In der Nerventätigkeit, die immer vom Verstand begleitet wird, objektiviert sich wiederum das, was Schopenhauer Sensibilität nennt, nämlich die »Eigenschaft gewisser Körper, unmittelbar Objekt des Subjekts zu sein«, was sie zum »Hauptcharakter« des Menschen und dem »eigentlich Menschlichen im Menschen« macht.[283] Dass das Verhältnis von Wille und Intellekt und mit ihm der »Antagonismus« der beiden »physiologischen Grundkräfte« Sensibilität und Irritabilität für Schopenhauer die zentrale Determinante eines Menschen darstellt, lässt sich an seiner Theorie des Genies zeigen.

In den Höhenregionen des Geistes verkehrt sich Schopenhauers vernunftskeptische Psychologie in ihr Gegenteil: Was bei den meisten Menschen zu Selbstbetrug und Verstellung dient, kann durch seinen »Überfluss«, seine »unnatürliche und abusive Thätigkeit«, zum Medium der reinen Erkenntnis werden. Um im Bewusstsein den erkennenden ganz vom wollenden Anteil abzulösen und damit die Welt vollkommen objektiv auffassen zu können, ist das Genie auf eine extreme Physiologie angewiesen:

> Der Strenge nach könnte die Physiologie einen solchen Überschuß der Gehirntätigkeit und mit ihr des Gehirns selbst gewissermaßen den montris per excessum beizählen [...]. Das Genie besteht also in einem abnormen Übermaß des Intellekts, welches seine Benutzung nur dadurch finden kann, daß es auf das Allgemeine des Daseins verwendet wird; wodurch es alsdann dem Dienste des ganzen Menschengeschlechts obliegt, wie der normale Intellekt dem des einzelnen. Um die Sache recht fasslich zu machen, könnte man sagen: wenn der Normalmensch aus ⅔ Wille und ⅓ Intellekt besteht, so hat hingegen das Genie ⅔ Intellekt und ⅓ Wille.

Wiederum zieht Schopenhauer einen – schon erwähnten – chemischen Vergleich heran, um diesen fundamentalen Unterschied zwischen den Menschen anschaulich zu machen:

> Dies ließe sich dann noch durch ein chemisches Gleichnis erläutern: die Basis und die Säure eines Mittelsalzes unterscheiden sich dadurch, daß in jeder von beiden das Radikal zum Oxygen das umgekehrte Verhältnis von dem im andern hat. Die Basis nämlich oder das Alkali ist dies dadurch, daß in ihr das Radikal überwiegend ist gegen das Oxygen, und die Säure ist dies dadurch, daß in ihr das Oxygen das überwiegende ist. Daraus entspringt zwischen ihnen ein durchgreifender Unterschied, der schon in ihrem ganzen Wesen, Tun und Treiben sichtbar ist, recht eigentlich aber in ihren Leistungen an den Tag tritt.[284]

Weil es die Kraft zur Willensverneinung besitzt, verwirklicht nur das Genie die Möglichkeiten der menschlichen Gattung im vollen Umfang. So verwundert es nicht, wenn Schopenhauer ihm ein »abnormes Überwiegen der Sensibilität über die Irritabilität und die Reproduktionskraft« attestiert.[285] Aus diesem Grundbefund lassen sich weitere Besonderheiten ableiten:

> Imgleichen muß das Zerebralsystem vom Gangliensystem durch vollkommene Isolation rein geschieden sein, so daß es mit diesem in vollkommenem Gegensatz stehe, wodurch das Gehirn sein Parasitenleben auf dem Organismus recht entschieden, abgesondert, kräftig und unabhängig führt. [...] Hauptsächlich aber muß das Gehirn von ungewöhnlicher Größe, besonders breit und hoch sein: hingegen wird die Tiefendimension zurückstehen, und das große Gehirn im Verhältnis gegen das kleine abnorm überwiegen. [...]. Die Textur der Gehirnmasse muß von der äußersten Feinheit und Vollendung sein und aus der reinsten, ausgeschiedensten, zartesten und erregbarsten Nervensubstanz bestehen: gewiß hat auch das quantitative Verhältnis der weißen zur grauen Substanz entschiedenen Einfluß, den wir ebenfalls noch nicht anzugeben vermögen.[286]

Zudem sind mit dieser Grundbeschaffenheit des Genies Eigenschaften wie ein »leidenschaftliches Temperament« verbunden, was sich somatisch in der »ungewöhnliche Energie des Herzens und folglich des Blutumlaufs, zumal nach dem Kopfe hin« äußert; oder eine gesteigerte Empfindlichkeit für den Schmerz, die das Genie infolge seiner starken Nerventätigkeit besitzt – ein Befund, mit dem sich auch der Kreis zum moralischen Ausgangspunkt der schopenhauerschen »Charakterologie« schließt.[287]

c) Unmöglich: Metaphysik des Individuellen

Schopenhauer wäre kaum der Leib- und Magenphilosoph Adolf Hitlers geworden, hätte er nicht den Primat der Gattung über das Individuum zu einem seiner zentralen Axiome gemacht.[288] Betrachtet man das Leben »philosophisch«, gehört das Individuum für Schopenhauer nämlich zur Welt der Erscheinung. Das *principium individuationis* ist nichts als die notwendige Form, in der die im Satz vom Grunde »befangene« Erkenntnis die Welt wahrnimmt. Die Vorstellung erkennt in der Welt statt Objektivierungen eines ewigen und allumfassenden Willens nur isolierte Einzelerscheinungen, die zueinander in räumlichen, zeitlichen und kausalen Relationen stehen. Und auch der individuelle Organismus ist für Schopenhauer nichts als eine zufällige, mit dem Tod endende Erscheinungsweise des unsterblichen Willens. Sofern der Mensch sich aber selbst als den Teil der Natur begreifen kann, in dem sie den »höchsten Grad ihres Selbstbewusstseins« erreicht hat, kann er allerdings begreifen, dass er selbst wie jedes Individuum nichts ist als ein »Exempel oder Spezimen« des »Willens zum Leben«, dessen Tod objektiv betrachtet unbedeutend ist:

> Denn nicht dieses [das Individuum], sondern die Gattung allein ist es, woran der Natur gelegen ist und auf deren Erhaltung sie mit allem Ernst dringt, indem sie für dieselbe so verschwenderisch sorgt, durch die ungeheure Überzahl der Keime und die große Macht des Befruchtungstriebes. Hingegen hat das Individuum

für sie keinen Wert und kann ihn nicht haben, da unendliche Zeit, unendlicher Raum und in diese unendliche Zahl möglicher Individuen ihr Reich sind; daher sie stets bereit ist, das Individuum fallen zu lassen [...].[289]

Nur die Gattungen haben als Idee »eigentliche Realität«, nur sie sind »vollkommene Objektität des Willens«. Aus philosophischer Sicht ist der Glaube an die Macht der Individualität daher ein »Irrtum«, der die Beschränkung auf persönliche Motive mit sich bringt. In der Regel hebt erst der Tod diesen Irrtum auf, indem er das individuelle Bewusstsein »wie ein altes Kleid« vom Willen abstreift.[290] Insofern ist auch die Todesangst nur ein Effekt der individuell befangenen Sichtweise. Und während der moralische Mensch sich dadurch auszeichnet, Mitleid für die Schmerzen eines anderen empfinden zu können, sollte er sich zum Tod eines Individuums, einschließlich des eigenen, gleichgültig verhalten – *natura non contristatur*.[291]

Nur wenigen Menschen ist es vergönnt, sich der eigenen Beschränktheit bewusst zu werden und Trost aus der Einsicht zu empfangen, dass man selbst einer unsterblichen Natur angehört. Den meisten Menschen aber graut vor solchen Erfahrungen, in denen ihr persönlicher Horizont durch den Einbruch der Natur erschüttert wird, so etwa angesichts des Todes oder im sexuellen Begehren. Die im Individuellen begrenzte Existenzweise und die Bedrohlichkeit ihrer Entgrenzung umschreibt Schopenhauer in dramatischer Metaphorik:

> Wie auf einem tobenden Meere, das nach allen Seiten unbegrenzt, heulende Wasserberge erhebt und senkt, auf einem Kahn ein Schiffer sitzt, dem schwachen Fahrzeug vertrauend; so sitzt, mitten in einer Welt voll Qualen, ruhig der einzelne Mensch, gestützt und vertrauend auf das *principium individuationis* [...]. Die unbegrenzte Welt, voll Leiden überall, ist ihm fremd, ja sie ist ihm ein Märchen: seine verschwindende Person, seine ausdehnungslose Gegenwart, sein augenblickliches Behagen, dies allein hat Wirklichkeit für ihn [...]. Bis dahin lebt bloß in der innersten Tiefe seines Bewusstseins die ganz dunkle Ahnung, daß

ihm jenes alles doch wohl eigentlich nicht so fremd ist, sondern einen Zusammenhang mit ihm hat, vor welchem das *principium individuationis* ihn nicht schützen kann. Aus dieser Ahndung stammt jenes unvertilgbare [...] Grausen, das sie plötzlich ergreift, wenn sie, durch irgendeinen Zufall, irre werden am *principio individuationis*.[292]

Nach der Willensfreiheit entlarvt Schopenhauer mit der menschlichen Individualität einen weiteren Fixstern des bürgerlichen Wertehimmels als Trugbild. In beiden Fällen folgt diese Entlarvung aus einem metaphysischen Dualismus, der kategorisch zwischen Wesen und Erscheinung *innerhalb* der Welt unterscheidet.

Doch wie beim ethischen Determinismus ist es auch beim Antiindividualismus der Begriff des Charakters, der die theoretische Eindeutigkeit zerstört. Mündet dies im einen Fall in die lebenspraktische Relativierung eines rigorosen Gedankens, so im anderen in eine Aporie, aus der Schopenhauer keinen Ausweg findet. Der Ausgangspunkt des Dilemmas liegt darin, dass Schopenhauer Individualität in zwei unterschiedlichen Kontexten thematisiert. Beispielhaft zeigt sich dies wiederum in der Theorie des Genies. Zum einen zeichnet sich der geniale Mensch durch die »abusive« Tätigkeit seines Intellektes aus, der sich von seiner Aufgabe, dem Willen seine Motive zu liefern, emanzipiert hat. Bei den Normalmenschen sind Wille und Intellekt untrennbar aneinander gebunden. So wie der Kopf genauso genommen auch nur ein Teil des Körpers ist, so ist der Intellekt gleichsam das höchste Produkt des Willens. Je nach Perspektive vergleicht Schopenhauer daher den Intellekt daher mit einem »Licht«, das sich der Wille zur Erreichung seiner Ziele »angezündet« hat, oder den Willen als die »Wurzel«, aus der sich die Frucht des Intellekt letztlich speist.[293] Dagegen ist der Intellekt des Genies einer »rein objektiven und tiefen Auffassung der Außenwelt« deshalb fähig, weil er sich von eben dieser »Wurzel des Willens [...] abgelöst« hat.[294] Das Genie lebt nicht mehr für die »Tat«, sondern für das »Werk«; und in dem Maße, wie es die Welt nicht mehr aus der zweckrationalen Perspektive wahrnimmt, verlieren auch die individuellen Erscheinungsformen der Objekte ihre Bedeutung. »Der Grundzug des Genies ist, im Einzelnen stets das Allgemeine der Ideen zu sehen. Der Grad, in welchem jeder im einzelnen Dinge nur dieses, oder aber schon ein mehr oder minder Allgemeines, bis zum Allgemeinsten der Gattung hinauf, nicht etwa denkt, sondern geradezu erblickt, ist der Maßstab seiner Annäherung zum Genie.«[295] Die schon erwähnte praktische Untüchtigkeit lässt sich also auch als Unfähigkeit begreifen, die Welt nach dem *principium individuationis* zu erkennen. Paradoxerweise attestiert Schopenhauer aber gerade dem Genie eine besonders ausgeprägte Individualität. Schon der Begriff implizierte ja eine Abgrenzung von der »Fabrikware« der Normalmenschen. Es könne einen betrüben, heißt es in einer unveröffentlichten Notiz, »daß der unermeßliche Unterschied zwischen den Menschen höherer und niederer Art nicht hingereicht hat, zwei Species zu konstituieren«.[296] Der zoologische Gestus dieser Aussage ist bezeichnend für eine Anthropologie, deren Hauptanliegen darin besteht, »menschliche« von »tierähnlichen« Menschen zu unterscheiden. So wiederholt sich der Gegensatz zwischen Mensch und Tier in abgeschwächter Form in der Unterscheidung von Genie und Normalmensch. Während nämlich nur das Genie die spezifischen Gattungskriterien des Menschen voll erfülle, sei der Normalmensch nur »im weiteren Sinn ein denkendes Wesen zu nennen« – er stehe dem Tier daher viel näher als gemeinhin angenommen.[297] Und wie sich der Mensch gegenüber dem Tier durch größere individuelle Eigenart auszeichnet, so auch das Genie gegenüber dem Normalmenschen. Weit über die Hälfte des entsprechenden Kapitels in *Die Welt als Wille und Vorstellung* widmet Schopenhauer der »Individualität des Genies«: Darin finden sich anatomische, physiologische und psychologische Beschreibungen des Genies, die in ihrer Ausführlichkeit im gesamten Werk ihresgleichen suchen. Schließlich spricht Schopenhauer ganz ausdrücklich davon, dass in keinem Lebewesen die Individualität größer ausgeprägt sei als im Genie.[298] Und da individuelle Originalität das wesentliche Merkmal genialer Werke ist, können auch nur andere geniale Geister sie als solche wahrnehmen und genießen – für die »Majorität der Menschen« sind sie dagegen wie »verschlossene Bücher«.[299]

Hier offenbart sich nun in aller Deutlichkeit, dass Schopenhauer mit zwei verschiedenen Begriffen von Individualität operiert: Einerseits tut sich das Genie im Unterschied zum Normalmenschen schwer damit, individuelle Erscheinungsformen wahrzunehmen; andererseits unterscheidet es sich vom Normalmenschen gerade darin, dass es die Individualität eines Werkes erkennen kann und zu schätzen weiß. Die gegensätzlichen Bedeutungen des Individualitätsbegriffs erscheinen hier aber noch nicht als logisches Problem, denn beide haben ihre je eigene metaphysische Herleitung: Die Individualität der Vorstellungsobjekte, das *principium individuationis*, gehört zur Welt als Erscheinung; in der Individualität eines genialen Werkes dagegen spiegelt sich eine Objektität des Willens. An anderen Stellen stehen diese beiden Bedeutungen sogar so direkt nebeneinander, dass ihr Gegensatz unmittelbar zu greifen ist:

> Als solcher blinder Drang und erkenntnisloses Streben erscheint er [der Wille] aber noch in der ganzen unorganischen Natur, in allen den ursprünglichen Kräften, welche aufzusuchen und ihre Gesetze kennen zu lernen Physik und Chemie beschäftigt sind, und jede von welchen sich uns in Millionen ganz gleichartiger und gesetzmäßiger, keine Spur von *individuellem Charakter* ankündigender Erscheinungen darstellt, sondern bloß vervielfältigt durch Raum und Zeit, d. i. durch das *principium individuationis*, wie ein Bild durch die Fazetten eines Glases vervielfältigt wird.[300]

Die beiden Begriffe des Individuellen sind hier klar voneinander unterschieden. Das *principium individuationis* ist eben nur eine Form, also etwas, worin die mannigfaltigen Erscheinungen einander gleichen; dagegen zeichnet sich die Individualität eines Charakters dadurch aus, dass seine Eigenschaften sich von denen anderer Charaktere unterscheiden: Individuelles also einmal als Gleichheit, einmal als Eigenart.

Problematisch wird diese Doppelbedeutung erst, wenn sie sich nicht mehr auseinander halten lässt. Und genau dies ist wiederum beim Menschen der Fall. Bei der Konzeption menschlicher Individualität wiederholt sich das strukturelle Problem, das bereits bei der allgemeinen Konzeption des Charakters aufgetreten war. In der Materie treffen Wille und Erscheinung unmittelbar aufeinander. Dieser Doppelnatur des Seienden hatte Schopenhauer durch die innere Aufspaltung des Charakterbegriffs in einen intelligiblen und einen empirischen Anteil Rechnung getragen. Wie gezeigt, ergeben sich daraus besonders im Fall des menschlichen Charakters gewisse Probleme, die alle ihren Ursprung darin haben, dass der erscheinende Teil des Charakters nur mit viel Mühe als Spiegelung seines intelliglen Grundes zu erkennen ist. Doch handelt es sich dabei lediglich um erkenntnis- und lebenspraktische Probleme, die prinzipiell lösbar sind.

Dagegen ergibt sich aus der empirisch-intelligiblen Doppelnatur des Menschen ein echter Widerspruch, sobald man den menschlichen Charakter als Individualität auffasst, wie Schopenhauer das, ungeachtet seiner Häme gegenüber den »Dutzendmenschen«, tut: Die Natur hat es nicht geschafft, diese Menschen zu einer eigenen Spezies zusammenzufassen – mithin besitzen auch sie das Gattungsmerkmal der Individualität. Doch im Rahmen seiner allgemeinen Philosophie muss der Begriff eines »individuellen Charakters« als *contradictio in adiecto* gelten. Denn die individuelle Form kommt nur den Erscheinungen zu. Der Wille als solcher ist dagegen unteilbar und immer mit sich selbst identisch. Diesen Widerspruch kann Schopenhauer nun solange umgehen, wie es ihm gelingt, die beiden unterschiedlichen metaphysischen Prinzipien im Konkreten gleichsam zu überbrücken.

Schon die Frage, wie sich die Verschiedenheit seiner Objektitäten mit der unteilbaren Einheit des Willens verträgt, kann Schopenhauer nur im Rahmen einer »ziemlich schwierigen Erörterung« abhandeln, die, wie er zugibt, vom Leser großes Entgegenkommen verlangt, denn anders sei die »dem Stoffe anhängende Dunkelheit dieser Gedanken« nicht zu überwinden. An keiner Stelle kommt Schopenhauer der Naturwissenschaft Goethes und einer Naturphilosophie à la Schelling so nahe wie in diesen »dunklen« Passagen seines Werkes. Auch Schopenhauer führt die Frage nach der Mannigfaltigkeit in der Einheit zum Grundgedanken einer »allgemeinen Verwandtschaft und Familienähnlichkeit« innerhalb der Natur, so vor allem zum Polaritätsprinzip, das für fast alle Naturerscheinungen konstitutiv sei. Unvermeidlich führt dieser Ansatz auch ihn zum Denken in Analogien.[301] Aller Dunkelheit zum Trotz verhält es sich mit dem Auffinden der analogischen Prinzipien, durch die sich der Wille vielgestaltig objektivieren kann, ohne seine innere Einheit zu verlieren, wie mit der empirischen Analyse menschlicher Charaktere: Es stellt ein schwieriges, aber grundsätzlich lösbares Problem dar. Schelling und seine Schüler haben sich an ihm ebenso mit Gewinn versucht wie sich auch in der Kabbala, der phytagoreischen Mathematik und dem I-Ging eine »dunkle Erkenntnis« der richtigen Antworten gezeigt habe. Doch sei es an einem »genialen Kopf«, diese Bestrebungen »einmal« erschöpfend zu realisieren.[302]

Vollends auf die Spitze und damit in die Aporie getrieben wird das Problem aber erst in der Konzeption des Menschen als Willensobjektität. Im Gegensatz zu allen anderen Naturerscheinungen ist es eine Eigenschaft der menschlichen Gattung, Exemplare hervorzubringen, deren Charaktere sich individuell voneinander unterscheiden. Der Wille objektiviert sich mithin nicht nur in der Idee der Art, sondern in jedem einzelnen Menschen. Wie immer man es dreht, dieser Befund steht im Widerspruch zu den allgemeinen Axiomen von Schopenhauers Metaphysik: Es lässt sich nicht vermeiden, dem Willen die spezifische Eigenschaft der Erscheinung zuzuschreiben, nämlich dem *principium individuationis* zu genügen – sei es im Begriff der »individuellen Idee« oder des »individuellen Willens«. Nur noch die Macht seiner Sprache kann Schopenhauer davor bewahren, die Unauflösbarkeit dieses Widerspruchs einzugestehen. Es ist das Bild einer unauslotbaren Tiefe, das es ihm erlaubt, den Kontakt zweier Elemente, die einander logisch ausschließen, immerhin bis zur Unsichtbarkeit zu verschleiern: Beim Menschen sei die individuelle Erscheinung mit dem individuellen Willen durch »tiefe Wurzeln« verbunden. »Wie tief nun aber hier die Wurzeln gehen« und wie sich »bei der Identität und metaphysische Einheit des Willens, die große Verschiedenheit der menschlichen Charaktere« erklären lasse: dies, so Schopenhauer in einem unveröffentlichten Notat, sei das

»schwerste aller Probleme« und »ein Abgrund der Betrachtung, den vielleicht nach mir einer beleuchten wird«.[303]

3.3. Der Wille als Vorstellung: charakterologisches Problembewusstsein

Der Begriff des menschlichen Charakters stellt den neuralgischen Punkt der schopenhauerschen Philosophie dar, weil in ihm metaphysisch Verschiedenes, nämlich das Ding an sich und seine Erscheinung, zusammengedacht werden muss. Beim Kreisen um diesen Punkt gibt Schopenhauer Impulse, die Richtung und Problembewusstsein des charakterologischen Denkens in Deutschland für über hundert Jahre prägen werden. Es sind vor allem drei charakterologische Spuren, die Schopenhauer legt. Sie lassen sich durch folgende Leitbegriffe bezeichnen: Verborgenheit, Komplexität, Individualität. Bei aller Verschiedenheit haben sie einen gemeinsamen Brennpunkt in der Frage nach dem *Wert* eines Menschen.

Psychologie des Verborgenen. Indem Schopenhauer den Charakter in einen intelligiblen und einen empirischen Teil aufspaltet, verleiht er der Unterscheidung von Sein und Erscheinung eine »psychologische« Note. Denn nur für den Menschen gilt, dass seine Erscheinung sich in der Regel *in Widerspruch* zu seinem Sein befindet, also zum trügerischen Schein wird. Einen Charakter verstehen zu wollen, heißt also: durch den Schleier, den Bewusstsein und Tun um einen Menschen legen, zu seinem Wesenskern vorzudringen. Statt sich von den Handlungen und ihren Motiven – dem *operari* – täuschen zu lassen, muss man nach den unbewussten Antrieben im individuellen *esse* fragen. Die unbeabsichtigte Täuschung wird bei Schopenhauer somit zu einer anthropologischen Schlüsselkategorie, die Unterstellung verborgener Handlungsgründe zu einer allgemeinen Maxime der Lebensklugheit. Bezogen auf sich selbst folgt aus dieser Grundhaltung das Ideal eines reflexiven Ethos: Erkenne, wer du wirklich bist und richte dich nach deinen Möglichkeiten aus! Verstanden als Übereinstimmung von Handlungsgrund und individuellem Willen ist die

Echtheit eines Menschen der Schlüssel zur Achtung der Mitmenschen und zum Genuss des eigenen Lebens. Bezogen auf andere bringt das Verborgenheitsaxiom eine Psychologisierung der Moral mit sich: Misstraue den Motiven einer Handlung und frage stattdessen nach der Gesinnung, die sich in ihr ausdrückt! Nicht die Konformität einer Handlung mit dem moralischen Gesetz soll beurteilt werden, sondern der sich in ihr offenbarende, unveränderliche Wille – nicht die Form einer Tat, sondern der Wert eines Charakters.

Somatische Komplexität. Der einzige Weg zur Erkenntnis des intelligiblen Charakters liegt in der induktiven Erforschung des empirischen Charakters. Doch die Erfahrung zeigt, dass sich dies schwieriger ausnimmt als bei allen anderen Naturphänomenen. In der Botanik oder der Zoologie ist die Übereinstimmung einer Erscheinung mit der Gestalt einer Spezies Grundlage der Identifizierung. Dagegen ist die Bestimmung eines menschlichen Charakters – oder wie Schopenhauer in diesem Kontext meist sagt: einer Individualität – nur möglich durch die Unterscheidung zu anderen Exemplaren der gleichen Gattung. Insofern man es also mit einer inneren Verschiedenheit des Gleichen zu tun hat, ähnelt die Identifizierung eines Individuums der chemischen Analyse etwa eines Minerals, das sich nur beschreiben lässt als eine von vielen möglichen Verbindungen aus einer begrenzten Zahl von Elementen. Was die Sache beim Menschen jedoch erheblich verkompliziert, ist der Umstand, dass seine Elemente zugleich funktionale Variablen sind: Jeder Mensch hat Nerven, Muskeln, ein Gehirn, ein Herz, ein Temperament, aber die Anteile dieser Elemente und ihr Intensitätsgrad sind höchst verschieden. Ziel einer empirischen Charakterologie müsste es also sein, ein Kategoriengerüst dieser Variablen, eine Theorie ihrer möglichen Verbindungen und eine Methode zu ihrer Erfassung bereitzustellen. Eine Aufgabe, die Schopenhauer nur euphemistisch umschreibt, wenn er sie »schwieriger als die Bestimmung eines Mittelsalzes« nennt. Auch dieser Ansatz, der den Charakter analog zu einer stofflichen Substanz behandelt, berührt die Frage nach dem Wert eines Menschen. So wie die »Kräfte und Qualitäten« von stabilen Molekülverbindungen eine ökonomische Bewertung erfahren, so stellt Schopenhauer fest, dass sich »ein boshafter Charakter so wenig in einen menschenfreundlichen verwandeln« lasse »wie Blei in Gold«.[304]

Metaphysik der Individualität. Lässt sich Individualität empirisch noch als komplexer Körper verstehen, so führt ihr Begriff in metaphysischer Hinsicht in die Aporie. Der an sich freie, grenzenlose Wille »haftet« an einer determinierten, individuell begrenzten Erscheinung – aber wie? Schopenhauer kann dieses Problem nicht lösen. Wo seine allgemeine Philosophie der Welt als Wille und Vorstellung ein elegantes Komplementaritäts- und Bedingungsverhältnis konstruiert, oszilliert seine Metaphysik des Menschen permanent zwischen zwei Polen: dem Menschen als Individuum und als Gattung, der individuellen Erscheinung und dem individuellen Willen, zwischen einem exklusiven und einen inklusiven Individualitätsbegriff. Jede dieser systematischen Unentschiedenheiten gewinnt allerdings normative Eindeutigkeit, sobald sie auf die Unterscheidung zwischen besonderen und normalen Menschen bezogen wird. Sie ist das eigentliche Zentrum der schopenhauerschen Anthropologie. Der geniale Mensch verwirklicht die Möglichkeiten der Gattung, indem er sich voll individualisiert, die Normalmenschen bleiben darin dem Tier ähnlich, dass sie sich voneinander kaum unterscheiden; andererseits zeichnet sich das Genie dadurch aus, dass es die individuellen Grenzen transzendieren und den Blick auf das Objektive richten kann, während der Normalmensch ein Gefangener seiner Individualität bleibt. Da mithin auch dem Normalmenschen Individualität nicht abgesprochen werden kann, kann er sich nur graduell vom Genie unterscheiden. Letztlich liegt all diesen Schwankungen und Ungenauigkeiten das Nebeneinander von zwei verschiedenen Semantiken des Individuellen zugrunde. Das *principium individuationis* macht die Menschen einander in formaler Hinsicht gleich. Diese Individualität ist an das Bewusstsein gebunden, sie existiert nur in der Vorstellung und ist aus philosophischer Perspektive ein Irrtum. Dagegen ist die Individualität als psycho-somatische Beschaffenheit und mit ihr die Verschiedenheit der Menschen ein ontologisches Faktum. Diese beiden Semantiken verhalten sich nun in jeder Hinsicht spiegelverkehrt zueinander: Je ausgeprägter seine ontologische Individualität, desto leichter fällt es einem Menschen, die individuellen Erscheinungen zu transzendieren; je ängstlicher ein Mensch dagegen seinem individuellen Horizont verhaftet ist, desto tiefer sind Bewusstsein und Motive in seinem individuellen Willen verwurzelt und desto mehr gleicht er eben darin den anderen Menschen. Wir werden sehen: Die Verehrung der »Individualität« als das *sich qualitativ Unterscheidende* gehört ebenso zum charakterologischen Denkstil wie die Verachtung der »Individuen« als *einander formal Gleichende*.[305]

4. Zwischen den Genies: Bahnsens Taxonomien

Vornehmlich drei Autoren, allesamt selbst ernannte »Philosophen«, deren Wirkungskreis außerhalb der Universität lag, tradieren Schopenhauers charakterologische Fragestellung: Julius Bahnsen, Friedrich Nietzsche und Otto Weininger. Dass diese schnell berühmt wurden, während man jenen zunächst kaum wahrnahm, dann schnell vergaß und schließlich nur noch als Namensgeber der Charakterologie würdigte, lag nicht zuletzt daran, dass sich das Diskursklima Ende des 19. Jahrhunderts fundamental veränderte.[306] Bahnsen veröffentlichte seine *Beiträge zur Charakterologie* 1867. Wenn er dem Leser darin einführend mitteilt, dass seine Arbeiten »auf dem von Arthur Schopenhauer gelegten Fundament Fuß fassen« und daher »im ganzen eine Bekanntschaft mit dessen Lehre und Ausdrucksweise voraussetzen«, so kam er damit der wachsenden Schopenhauerbegeisterung sicher entgegen.[307] Doch von Schopenhauer war man begeistert, weil er »unerhört« war. Genau dem entsprach Bahnsen aber nicht – er las Schopenhauer nicht als Ideologen gegen einen »weltfernen« Idealismus oder einen »gott- und geistlosen« Materialismus, sondern in erster Linie als Psychologen, mit dem sich gegen das naturwissenschaftliche Paradigma antreten ließ. Seine Kritik an Johann Friedrich Herbart, Rudolf Herrmann Lotze und dem jungen Eduard v. Hartmann musste unzeitgemäß bleiben, weil sie zu einem Zeitpunkt auf dem Unbewussten, Individuellen und Wesenhaften der menschlichen Seele bestand, zu dem die Psychologie ihren Take-Off als experimentell gestützte Wissenschaft vom Bewusstsein erlebte.[308] Dreißig Jahre später war es dagegen gerade der vehemente Einspruch gegen die Bewusstseinspsychologie, der die weltanschauliche Deutungshoheit der Naturwissenschaften im Namen des »wirklichen« Menschen zum Einsturz brachte. Charakterologisch sensibilisierte Denker wie Nietzsche, Dilthey, Weininger und Klages wurden von der wachsenden Welle dieses Einspruchs zum publizistischen Erfolg getragen, während diese mit der Psychologie von gestern auch ihren frühen Kritiker Bahnsen überrollte.

4.1. Systematisierung des Menschlichen

Zwischen Julius Bahnsens und Carl Gustav Carus' psychologischen Werken bestehen auffällige Parallelen. Gegen eine Psychologie, die sich an erkenntnistheoretischen Fragestellungen und den experimentellen Methoden der Physiologie orientierte, sahen Bahnsen und Carus ihre Aufgabe darin, dem reichen und heterogenen Fundus an Menschenkenntnis eine wissenschaftliche Form zu geben. Dementsprechend orientierten sie sich an den beschreibenden und klassifizierenden Wissenschaften. Für Carus waren dabei, wie gesehen, vor allem die Wissensbestände und Darstellungsformen der vergleichenden Anatomie von Bedeutung. Bahnsen dagegen zielte nicht auf die menschlichen Erscheinungsformen, sondern auf die Verschiedenheit der menschlichen »Kräfte und Qualitäten«; seine Charakterologie kann in diesem Sinne als Versuch begriffen werden, eine »Chemie« des Menschen zu begründen. Zugleich verengte er damit aber das schopenhauersche Charakterproblem. Zwar verankert auch Bahnsen den Charakter im Willen eines Menschen, anders als Schopenhauer behandelt er dessen Individualität aber als etwas schlichtweg Gegebenes, als rein empirisches Phänomen; das Verhältnis des Willens als Sein und als Erscheinung birgt für ihn demnach keine metaphysischen Schwierigkeiten. Somit bleiben von den Problemdimensionen der schopenhauerschen Charakterologie nur zwei übrig: die Verborgenheit und die Komplexität des Charakters. Während Aufbau und Struktur der *Beiträge zur Charakterologie* durch den Komplexitätsaspekt geprägt sind, fragt Bahnsen in der *Wille und Motiv* betitelten »Voruntersuchung« vor allem nach Art und Erkennbarkeit des Charakters überhaupt.[309]

4.2. Ordnung der Substanzen: eine »Chemie« vom Menschen?

Die *Beiträge zur Charakterologie* sind in einen allgemeinen und einen besonderen Teil gegliedert. Während Bahnsen im ersten die Kategorien zur Charakteranalyse entwickelt, werden diese im zweiten an Fallbeispielen empirisch konkretisiert. Sein Ansatz verhält sich nun insofern homolog zu dem eines Chemikers, als er seine Ordnungskategorien als »Elemente« auffasst und die einzelnen Charaktere als deren spezifische Verbindungen.[310] »Es hat nämlich der besondere Theil«, schreibt Bahnsen in seiner Einleitung, »demgemäß wir constructiv verfahren, zu seinem Object die Mischungen und Mischungsverhältnisse, in und nach welchen jene formalen und materialen Elemente zu einer Individualität zusammentreten.«[311]

Besonders gut lässt sich der »chemische« Ansatz an der Theorie der Temperamente verdeutlichen, dem theoretischen Kernstück seiner Kategorienlehre. Zugleich verdeutlicht sie, wie Bahnsen Schopenhauers Axiome in wissenschaftliche Theorie übersetzt. Die Lehre von den Temperamenten ist ein naheliegender Ausgangspunkt für die charakterologische Systematik.[312] Gerade weil es sich dabei um den »bei Laien beliebtesten Teil der Psychologie« handelt, kann eine Charakterologie mit praktischem und wissenschaftlichem Anspruch hier ihr Profil schärfen. Der seit der Spätantike vielfach variierten Temperamentenlehre hält Bahnsen vor, einen richtigen Grundgedanken falsch ausgeführt zu haben. Er übernimmt die Vorstellung, dass sich menschliche Eigenart als Verbindung von Elementen beschreiben lässt. Doch erkennt er ein großes Problem in der fehlenden Nomenklatur – was genau sich in einem Temperament eigentlich miteinander verbinde, bleibe nämlich ungeklärt: »alle Grenzlinien sind verschüttet mit einem Wust bald hier- bald dorther aufgegriffener Merkmale, und die Confusion gipfelt in angeblichen Mischungen von Elementen, die ebenso unverträglich sind wie Feuer und Wasser«.[313]

Zunächst müssten qualitative und funktionale Eigenschaften auseinandergehalten werden. Bei den Temperamenten handle es sich nämlich um rein quantitativ-formale Unterschiede zwischen den Menschen. Aus diesem Grund sei es auch systematisch falsch, die Melancholie als Temperament aufzufassen: Sie bezeichne keine charakterologische Form, sondern eine substantielle Eigenschaft des Gemüts, nämlich eine bestimmte Art des Schmerzempfindens. Statt des Melancholikers nimmt Bahnsen daher als vierte Temperamentsart neben dem Sanguiniker, dem Choleriker und dem Phlegmatiker den »Anämatiker« an. Jeder der vier Typen stellt nun eine spezifische Kombination von Elementen dar, bei denen es sich jedoch – anders als bei den »Säften« der Humoralpathologie – nicht um Stoffe handelt, sondern um Wirkungseigenschaften. Seiner allgemeinsten Definition nach handelt es sich beim Temperament um den »Exponent für das rein formale Verhältnis zwischen Wille und Motiv«. Dieser Exponent bezeichnet die spezifische Art, in der ein Charakter auf Motive überhaupt reagiert. Bahnsen listet vier solcher *Reaktionsarten* auf, die sich jeweils über ein Gegensatzpaar erfassen lassen: starke oder schwache Spontaneität, rasche oder langsamen Rezeptivität, flache oder tiefe Impressionabilität und flüchtige oder nachhaltige Reagibilität. Zur Klärung zieht Bahnsen v. a. Vergleiche aus den Gebieten der Chemie und der Physik fester Körper heran.

Während ein untätiger Wille die starke Erregung durch ein Motiv benötigt, handeln andere Charaktere aus eigenem Antrieb, eine Eigenschaft, durch die sich auch viele unorganische Stoffe auszeichnen: »Schon die unbelebte Natur bietet ja Phänomene dar, in welchen wir ein ›spontanes‹ Verhalten wahrnehmen; dahin ist nicht nur die chemische Affinität, sondern bereits diejenige Qualität zu zählen, welche in der Lehre von Magnetismus und Electricität ihre Darstellung findet«.[314] Dass es sich bei der Unterscheidung nach starker und schwacher Spontaneität um einen begrifflichen Gegensatz handelt, während in der Natur die Abstufungen zwischen den unterschiedlichen Spontaneitäten eher graduell verlaufen, verdeutlicht Bahnsen am Bild der galvanischen Reihe, welche »die ganze Scala sämmtlicher Elemente in ähnlichem Verhalten« zeige. Als Rezeptivität definiert Bahnsen die Dauer zwischen der

Ankunft eines Motivs im Bewusstsein und dem Zeitpunkt seiner »Wirksamkeit« in einer Tat. Wie »einzelne Körper« die Fähigkeit besäßen, »gewisse sogenannte Aetherschwingungen rasch fortzupflanzen, oder das Licht durch sich hindurchzulassen«, so sei es auch eine formale Charaktereigenschaft, Motive unmittelbar als Handlungsantrieb aufzufassen.[315] Die Kategorie der Impressionabilität erfasst, wie tief sich Motive einem Willen einprägen können, wie nah sie »sozusagen bis ans Mark des Gesamtwillens der Individualität« herankommen und wie ausdauernd sie dort bleiben – so wie »Stahl und Eisen einander auch nicht gleich [sind] in der ›Treue‹, mit welcher sie den in sie übergeleiteten Magnetismus in sich aufbewahren«.[316] Komplementär zur Impressionabilität verhält sich die Reagibilität, die die Möglichkeit erfasst, dass auch tief und dauerhaft verankerte Motive ihre Wirkung auf den Willen verlieren können:

> Ein Mensch von tiefer Impressionabilität kann, wie ein Schwamm, sich sozusagen vollgesogen haben von Eindrücken, und seine ganze Reaction besteht nur darin, diesem gleich, zu sinken und fortan regungslos zu bleiben – oder nach einem anderen Bilde: was die Impressionabilität, der Capillarattraction mehr als der bloßen Porosität vergleichbar, in sich aufbewahrt, kann an den Wandungen dessen, was nunmehr sein Gefäß geworden, einen Stoff finden, zwischen welchem und ihm selber kein chemischer Proceß entsteht oder nur ein bald vorübergehender, infolge dessen eine Kruste sich bildet, die weitere Einwirkungen zwischen Wille und Motiv verhindert – dann ist keine nachhaltige Reagibilität vorhanden. [...] Rasches Aufsaugen und Tief-in-sich-einsickernlassen einer Flüssigkeit seitens eines festen Körpers sind also in der physischen Welt die Vorgänge, welche den charakterologischen Erscheinungen der Receptivität und Impressionabilität entsprechen.[317]

Da es sich bei den Reaktionsweisen um idealtypische Kategorien handelt, ergeben sich 16 mögliche Verbindungen. Das Kombinationsschema fügt also dem alten System zwölf weitere Temperamente hinzu. Allerdings werden, in Übereinstimmung mit der alten Nomenklatur, vier von ihnen als »reine« Typen ausgewiesen und durch die vertrauten Termini – mit dem Anämatiker anstelle des Melancholikers – bezeichnet (*Tab. 1*).

		Spontaneität	Rezeptivität	Impressionabilität	Reagibilität	Temperament
1	**I.**	stark	rasch	tief	nachhaltig	*cholerisch* a.
2	I - III.	stark	rasch	flach	nachhaltig	cholerisch b.
3	I - II.	stark	rasch	tief	flüchtig	cholerisch c
4	**II.**	stark	rasch	flach	flüchtig	*sanguinisch* a.
5	II - I.	schwach	rasch	flach	flüchtig	sanguinisch b.
6	II - III.	stark	langsam	flach	flüchtig	sanguinisch c.
7	**III.**	stark	langsam	flach	nachhaltig	*phlegmatisch* a.
8	III - IV.	schwach	langsam	flach	nachhaltig	phlegmatisch b.
9	III - I.	stark	langsam	tief	nachhaltig	phlegmatisch c.
10	**IV.**	schwach	rasch	tief	nachhaltig	*anämatisch* a.
11	IV - I.	schwach	rasch	tief	flüchtig	anämatisch b.
12	IV - III.	schwach	langsam	tief	nachhaltig	anämatisch c.
13	I - IV.	schwach	rasch	flach	nachhaltig	cholerisch d.
14	II - IV.	schwach	langsam	flach	flüchtig	sanguinisch d.
15	III - II.	stark	langsam	tief	flüchtig	phlegmatisch d.
16	IV - II.	schwach	langsam	tief	flüchtig	anämatisch d.

Tab. 1. Nomenklatur der Temperamente nach J. Bahnsen

Mit der Tabelle benutzt Bahnsen nicht nur eine typische Darstellungsform der chemischen Wissenschaft, auch zu ihrer Erläuterung zieht er Vergleiche aus dem Gebiet der anorganischen Chemie heran. Die vier Temperamente werden durch jeweils zwei dominante Eigenschaften determiniert (siehe Unterstreichungen). Die beiden je verbleibenden Kategorien verhalten sich dagegen variabel, sie bestimmen, inwieweit sich die gesamte Kombination »charakteristisch« für ein Temperament ausnimmt. Diese reinen Ausprägungen der vier Temperamente versieht Bahnsen mit dem Buchstaben a, während bei ihren Varianten die Buchstaben b, c und d »das Maß des Abstandes vom reinen Klassentypus« bezeichnen. In einer Fußnote weist Bahnsen auf die Parallelen zu den chemischen Strukturformeln hin:

> Dem Chemiker mögen dabei gewissen Formeln seiner Wissenschaft einfallen, wie unterchlorige Säure, chlorige Säure,

Unterchlorsäure, Chlorsäure und Ueberchlorsäure – Oxyd und Oxydul – Suboxyd und Hyperoxyd nebst weitern Combinationen: schwefelsaures Eisenoxyd, schwefligsaures Eisenoxydul – einfach, anderthalbfach, zweifach u.s.w. saure Salze – Mn O – Mn^2 O^3 – Mn O^2 – Mn O^3 – Mn^2 O^7 u.s.w.[318]

Wie auch schon in der Anspielung auf die galvanischen Experimente wählt Bahnsen hier die chemische Reihe als Matrix für eine differentielle Psychologie. Die genannten Beispiele beziehen sich auf die Sauerstoffhaltigkeit von Elementen bzw. einfachen Verbindungen. Die um 1860 vorherrschende Auffassung ging von einer dualen Struktur aller chemischen Verbindungen aus.[319] Nach genau diesem Schema konstituieren sich hier auch die Temperamente: Von den vier Elementen, aus denen sich jeder Typus zusammensetzt, ist die eine Hälfte konstant, die andere variabel. Und wie Chlor oder Mangan durch die Anreicherung mit Sauerstoff, wandeln auch die Temperamente ihren reinen Charakter durch die Veränderung ihrer variablen Anteile stufenweise ab: sangunisch-d (schwach – langsam – flach – flüchtig) markiert den weitesten Abstand von sanguinisch-a (stark – rasch – flach – flüchtig), die Unterchlorige Säure (ClO) den von der »idealen« Chlorsäure (ClO^5).[320] Bei den Mangan-Sauerstoffverbindungen zeigt sich zudem, dass die quantitativen Abstände im »Maß« auch in charakteristische Veränderungen in der »Art« einer Verbindung umschlagen können: Die schwachen Sauerstoffanteile führen bei MnO und Mn^{2}O^3 zu basischen, die hohen Sauerstoffanteile bei MnO^3 und Mn^{2}O^7 zu sauren Eigenschaften, während sich MnO^2 in dieser Hinsicht gleichgültig verhält. Mit dem MnO^2 sind die gesondert aufgeführten d-Varianten insofern vergleichbar, als ihre Kombinationen bereits so viele untypische Elemente enthalten, dass sie genau so gut einem anderen Typus zugeschlagen werden könnten.[321]

a) Eindeutige Vielfalt: Materie um 1860

Dass im 19. Jahrhundert für das Verständnis menschlichen Verhaltens die Chemie zum Vorbild diente, zeigt sich prägnant in Goethes

Wahlverwandtschaften. Waren im 17. und frühen 18. Jahrhundert allgemeine Handlungstheorien noch bevorzugt physikalischen Modellen entlehnt worden, so veränderte sich dies um 1800.[322] Statt der äußeren »Bewegungen«, der »Interessen« und der »mechanischen« Interaktionen zwischen Individuen standen nun die im Inneren verborgenen »Kräfte« eines Menschen und seine schwer prognostizierbaren »Reaktionen« im Zentrum des Interesses. Jeremy Adler hat gezeigt, in welchem Umfang Goethe chemisches Wissen in die Konstruktion seiner Handlung einbrachte.[323] Die komplexen und zugleich dynamischen Beziehungen zwischen Eduard (E), Charlotte (C), Ottilie (O) und dem Hauptmann (H) sind nach dem Muster chemischer Reaktionen gestaltet, in denen sich im Verlauft der Handlung unterschiedliche Formen der so genannten Wahlverwandtschaft einstellen: Die eheliche Verbindung von Eduard und Charlotte weicht durch die »Beimengung« des Hauptmanns einer »einfachen Wahlverwandtschaft« nach dem Schema CE + H → CH + C; diese wird durch das Auftreten Ottilies in eine »einfache Wahlverwandtschaft mit Ersatz« (EH + C + O) erweitert, die in eine »doppelte Wahlverwandtschaft« (EO + HC) übergeht, bevor sie sich schließlich wieder in die einfache Wahlverwandtschaft EO + C + H verwandelt.

Für knapp hundert Jahre hatte die Verwandtschaftstheorie das Paradigma der Chemie gestellt. Dieser Theorie zufolge ließen sich alle Substanzen nach Graden ihrer »Verwandtschaft« ordnen. Es wurde angenommen, dass sich die höhere Verwandtschaft einer Substanz mit einem Stoff A darin zeige, dass es eine andere Substanz aus einer bestehenden Verbindung mit A herauslöse, um selbst an ihre Stelle zu treten. Etienne François Geoffry hatte 1718 als erster den Versuch unternommen, eine Ordnung der chemischen Reaktionen in Verwandtschaftstafeln zu erstellen: 16 bekannten Stoffen ordnete er in bis zu achtzeiligen Spalten die mit ihnen verwandten Substanzen zu.[324] Eine theoretische Schlüsselstellung wurde dem Prinzip der Verwandtschaft gut dreißig Jahre später in Pierre Joseph Macqeurs *Elemens de Chymie-Theoretique* eingeräumt. Ende des 18. Jahrhunderts wandte Torbern Olof Bergman das Prinzip schließlich so umfassend an, dass seine Verwandtschaftstafeln nahezu alle

bekannten Fakten der anorganischen Chemie zur Darstellung brachten.[325]
Wie Adler zeigt, orientierte sich Goethes Romanidee noch an der Chemie des 18. Jahrhunderts. Dagegen hatten sich die theoretischen Grundlagen der Chemie um 1860 fundamental verändert. Schon 1801 hatte Claude Louis Berthollet das Verwandtschaftsparadigma dadurch erschüttert, dass er die vielen bisher als Anomalien betrachteten Fälle zur Regel erklärte und bestritt, dass es sich bei den stofflichen Verwandtschaften um konstante Beziehungen handelt. Um die Verbindungen und Trennungen von Substanzen zu verstehen, müssten zudem neben der »Affinität« eine Reihe weiterer Faktoren berücksichtigt werden, so besonders Temperatur, Mengenverhältnisse und physikalische Eigenschaften.[326] Mit dieser Absage an eine statische und monokausale Deutung chemischer Prozesse hatten die Verwandtschaftstafeln ihre epistemologische Grundlage verloren, und damit die Chemie ihr altes Paradigma.

Ernst Cassirer hat den Paradigmenwechsel der Chemie als klassischen Fall einer Ablösung von Substanzbegriffen durch Relationsbegriffe beschrieben.[327] Die Richtung dieses Prozesses lässt sich gut an der Entwicklung der chemischen Elementarlehre aufzeigen. Bis weit in das 18. Jahrhundert hinein seien die Elementbegriffe durch die »Hypostase der besonders hervorstechenden sinnlichen Qualitäten« gebildet worden: Härte und Glanz bestimmten die Metalle, Brennbarkeit den Schwefel, Löslichkeit die Salze. Analog zu biologischen Taxonomien wurden unterschiedliche Substanzen zu Gruppen zusammengefasst, indem man ihnen – etwa in den Verwandtschaftstafeln – gemeinsame Gattungseigenschaften zuschrieb. Solange die Chemie an dem Klassifikationsprinzip der wahrnehmbaren Ähnlichkeit festhielt, war sie in erster Linie eine beschreibende Wissenschaft. Eine neue Auffassung der Elemente, und mit ihr letztlich auch der Wandel zu einer nomothetischen Wissenschaft, ermöglichte erst der moderne Atombegriff, dessen Karriere im frühen 19. Jahrhundert einsetzte und im frühen 20. Jahrhundert schließlich zu einer vollständigen Vereinheitlichung der theoretischen Grundlagen von Chemie und Physik führte. Indem jedem Element durch sein Atomgewicht eine »charakteristische Zahl« zugewiesen wurde, ließen sich die Unterschiede zwischen ihnen auf ein quantitatives Prinzip zurückführen. Neben dieser seriellen Differenzierung beruhte aber auch die Zusammenstellung von Elementgruppen, die sich durch eine typische Ähnlichkeit ihrer Eigenschaften auszeichnen, auf einer mathematischen Idee: Die Neigung bestimmter Substanzen, sich miteinander zu verbinden, wurde nun nicht mehr auf ihre stoffliche Verwandtschaft zurückgeführt, sondern auf ihre »Valenz«, also ebenfalls eine Zahl, die angibt, wie viele Wasserstoffatome ein bestimmtes Element in einer Verbindung substituieren kann.

Dass mit den Austauschverhältnissen ein Gesichtspunkt der Gruppierung gefunden war, der vollständig davon abstrahierte, »was« die Elemente ihrer stofflichen Natur nach waren, zeigt sich paradoxerweise gerade daran, dass es keine befriedigende Theorie zu ihrer Erklärung gab. Dieser Mangel wurde erst im Zuge der Experimente behoben, in denen Henry Moseley 1913 das orbitale Atommodell in seinen Konsequenzen für die Chemie interpretierte.[328] Erst jetzt konnte die Valenz als Elektronenbeziehung zwischen den Elementen erklärt werden.[329] Umso aussagekräftiger, wenn Cassirer 1910 feststellte, dass die Valenz als *qualitas occulta* aufgefasst werden müsse: »Wir kennen die eigentümliche Beschaffenheit des Chloratoms nicht, kraft deren es sich nur mit einem Atom Wasserstoff zu verbinden vermag, wir wissen nicht, durch welchen Zwang getrieben das Sauerstoffatom mit 2, das Kohlenstoffatom mit 4 Atomen des Wasserstoffs zusammentritt.« Doch gerade das Fehlen einer Erklärung war für Cassirer Ausdruck theoretischer Räson: »Was [...] den Valenzbegriff der Chemie von allen scholastischen Qualitäten scheidet, ist eben der *gedankliche Verzicht*, den er in sich schließt. Er will nicht in die substantielle Natur der Verbindung von Atom zu Atom eindringen, sondern lediglich die Tatsachen dieser Verbindungen nach allgemeingültigen quantitativen Ordnungsprinzipien darstellen.«[330]

Einen ersten systematischen Abschluss erreichte die quantifizierende Betrachtungsweise 1869 mit der Aufstellung der periodischen Tabelle durch Lothar Meyer und Dmitri Mendeleev.[331] Die vertikale Anordnung fortlaufender Reihen brachte sowohl das serielle Moment der Massenunterschiede wie das periodische Moment sich wiederholender Eigenschaften zur Darstellung. Sinnlich wahrnehmbare Qualitäten wie Härte (Metalle) oder Dehnbarkeit (Gase) erschienen nun als tabellarische Funktion: »Der *Ort* jedes Elements in dieser systematischen Grundreihe ist es also, wovon sein physikalisch-chemisches ›Wesen‹, seine Beschaffenheit bis ins Einzelne abhängig ist.«[332] In welchem Maße sich die Chemie mit ihrer Mathematisierung von einer beschreibenden zu einer erklärenden Wissenschaft gewandelt hatte, zeigt sich nicht zuletzt daran, dass nun deduktive Aussagen gemacht werden konnten: Das periodische System leistete nämlich nicht nur eine vollständige Ordnung der bekannten chemischen Elemente; allein aufgrund tabellarischer Leerstellen prognostizierten Meyer und Mendeleev zudem die Entdeckung weiterer Elemente.[333]

Bahnsen schrieb seine *Beiträge zur Charakterologie* in den frühen 1860er Jahren, veröffentlicht wurden sie 1867, also zwei Jahre vor der Aufstellung des Periodensystems. Im Gegensatz zur Physik, die das Ideal einer Gesetze formulierenden Wissenschaft »von ihren ersten Anfängen an, schon in Galilei und Newton verwirklicht« habe, sei dies, so Cassirer, in der Chemie »nur allmählich und schrittweise erreicht« worden.[334] Mit Thomas S. Kuhn ließe sich der Zeitraum von um 1800 bis zum Ende der 1860er Jahre als »vorparadigmatisches« Stadium begreifen, in dem ein neues Paradigma bereits neues Wissen hervorbringt, aber noch nicht in der Lage ist, alte Wissensbestände zu eliminieren oder neu zu interpretieren.[335]

Der spezifische Ausgangspunkt, der auch die moderne Chemie von der Physik unterscheidet, ist nach Cassirer das »Problem des *Einzeldings*«: Es sind »die *besonderen* Stoffe der empirischen Wirklichkeit und ihre besonderen Eigenschaften [...], die hier den Gegenstand der Frage bilden«.[336] Dass sich die Chemie im Verlauf des 19. Jahrhunderts zu einer modernen Naturwissenschaft wandelt, lässt sich nicht zuletzt daran ablesen, dass sie die erkenntnistheoretische Frage nach dem Verhältnis des Individuell-Besonderen zum Allgemeinen neu formuliert. Im Widerspruch zu anderen Wissenschaftstheoretikern seiner Zeit verstand Cassirer das Allgemeine und das Besondere aber nicht als logischen Gegensatz, der im Prozess der Begriffsbildung zwangsläufig zu einer Eliminierung des Individuellen führt. Wenn etwa Heinrich Rickert behauptete: »Die Kluft zwischen den Begriffen und den Individuen, die durch die Naturwissenschaften hervorgebracht werden muß, ist also eine Kluft zwischen den Begriffen und der Wirklichkeit überhaupt«; dann setzte Cassirer dem die Auffassung entgegen, dass es auch den Wissenschaften nur um die gedankliche Erfassung der Wirklichkeit ginge.[337] Was sich im Prozess der wissenschaftlichen Theoriebildung gegenüber der alltäglichen Wahrnehmung verändere, sei nicht der Gehalt, sondern die Bedeutung des Besonderen. Dieser Wandel kann an der Chemie geradezu idealtypisch nachvollzogen werden, weil es ihr ja auch als Gesetzeswissenschaft um »das Besondere *als* Besonderes« geht, oder mit anderen Worten: das Besondere in der Vielfalt seiner Erscheinungsformen. Es ist genau dieses differentielle Moment, das der Stoff- oder Elementbegriff bezeichnet – nur wird er in der Verwandtschaftschemie substanziell aufgefasst, während das Periodensystem aus ihm einen Reihenbegriff macht: Die Natur eines Elements kann nur erfasst werden über einen *Gesichtspunkt*, der es mit anderen Elementen vergleichbar macht, hier etwa die atomare Masse. Die begriffliche Bestimmung »trennt« ein einzelnes Phänomen also nicht deshalb von seiner alltäglichen Wirklichkeit, weil sie sein Besonderes unter ein Allgemeines subsumiert, sondern weil sie ihn nicht mehr als Summe seiner wahrnehmbaren Merkmale betrachtet. Der wissenschaftliche Begriff konstituiert *spezifische* Besonderheiten, die erst durch ihre Beziehungen zu anderen, unter dem gleichen Aspekt gewonnenen Besonderheiten zur »Tatsache« werden. Was also verloren geht, ist die sinnliche Anschaulichkeit des Individuellen – nicht seine »Einzelheit«, sondern seine »Dinglichkeit«.[338] Je spezifischer ein Begriff aufgefasst wird, desto höher ist seine Fähigkeit zur Unterscheidung des Besonderen, während zugleich die Fähigkeit zur Erfassung seiner wahrnehmbaren Eigenschaften schwindet: Schwefel kann in der modernen Chemie von 117 statt – wie noch im frühen 18. Jahrhundert – von 14 anderen Elementen unterschieden werden, aber weder das spezifische Gewicht von 32,06 noch die Valenzzahl 4 geben unmittelbar Auskunft über seine wahrnehmbaren Qualitäten.

b) Vieldeutige Vielfalt: Menschen um 1860

Der epistemologische Ausgangspunkt der Charakterologie liegt also nahe an dem der Chemie. Auch sie steht vor dem Problem, wie sich das Besondere als Mannigfaltigkeit aktiver und interagierender »Stoffe« ordnen lässt. Und wie auch die Chemie in der Mitte des 19. Jahrhunderts schwankt der Lösungsansatz, mit dem Bahnsen die Charakterologie verwissenschaftlichen will, zwischen zwei Paradigmen: einem taxonomischen, das die Mannigfaltigkeit nach Gattungsmerkmalen gruppiert, und einem seriellen, das die Vielfalt als spezifische Variable interpretiert und von ihren dinglichen Eigenschaften abstrahiert. Wie einschlägige Lehrbücher, mit deren Inhalt Bahnsen als Gymnasiallehrer fraglos vertraut war, zeigen, befindet sich die Chemie um 1860 in einem Zustand, in dem das Moment der »Mannigfaltigkeit« noch dominiert, weil der »systematische« Gesichtspunkt zwar schon gefunden ist, aber nicht durchgängig angewendet wird. Husemanns *Grundriss der reinen Chemie* aus dem Jahr 1868 macht dieses Nebeneinander beispielhaft deutlich. Einerseits wirkt es ganz modern: Die bekannten chemischen Verbindungen werden präzise analysiert, die Strukturformeln besitzen die heute noch geläufige Zahlenform und Nomenklatur. Zugleich fehlt es aber an einem leitenden Gesichtspunkt, der die Teile des vielfältigen Ganzen unter dem Dach einer Theorie zusammenfasst. Neben anderen wird die Affinitätstheorie zur Erklärung der chemischen Reaktionen angeboten, die Atomtheorie als zur Erklärung von Maß- und Gewichtsverhältnisse der Verbindungen; dagegen präsentiert Husemann keine Theorie der Elemente.[339] Diese werden zwar quantitativ voneinander unterschieden, stehen darin aber noch beziehungslos nebeneinander. Bezeichnenderweise stellt die »Gruppe« das wichtigste Gliederungsprinzip des Buchs dar. Das Kriterium der Gruppierung ist die Ähnlichkeit, die verschiedene Elemente in ihren qualitativen Eigenschaften, ihren Reaktionsweisen und Verbindungsneigungen aufweisen: Die Sauerstoffgruppe umfasst die Elemente Sauerstoff, Schwefel, Selen und Tellur, die Chlorgruppe Chlor, Brom, Jod und Fluor usw. Im Rahmen dieser Gruppen handelt Husemann nun Element für Element nach den ihm möglichen Verbindungen mit anderen Elementen ab.[340]

Auch Bahnsens Charakterologie ist gekennzeichnet von paradigmatischer Unentschiedenheit. Sie zeigt sich gerade im theoretisch stringentesten Teil des Buchs, dem Modell der Temperamente. Einerseits ist mit dem Verhältnis von Wille und Motiv ein Aspekt gegeben, der es ermöglicht, das Besondere eines individuellen Charakters spezifisch zu fassen, also ohne Rekurs auf seine sonstigen Eigenschaften als »Ding«. Andererseits wird das System aber vom Moment der Mannigfaltigkeit dominiert – es gibt keine »Formel«, als deren Funktion die Elemente erscheinen. Die typologische Vierwertigkeit der Ordnung ist letztlich ebenso willkürlich wie die zweiwertige Unterscheidung von Stärkegraden. Trotz des »formalen« Ansatzes konstituieren die 16 Temperamente somit Verhältnisse der *qualitativen* Verwandtschaft, und zwar in doppelter Hinsicht: einerseits in einer gleichsam »patrilinearen« Linie, die – wie in den Tafeln der Chemie 18. Jahrhunderts – jeweils vier Mitglieder einer Temperamentsgruppen in abnehmender Stärke miteinander verbindet; andererseits in den »Kreuzungen«, welche – wie in den Zusammenstellungen chemischer Gruppen Mitte des 19. Jahrhunderts – die Temperamente miteinander eingehen können.

Da es der Charakterologie ebenso wie der Chemie um 1860 an einer befriedigenden Theorie der Elemente mangelt, wird der Gegenstand in der Form betrachtet, in der er natürlicherweise vorgefunden wird. Dabei verbleibt das Besondere dem Dingschema verhaftet, weil es als Summe seiner Bestandteile und Eigenschaften aufgefasst wird. Anders als die Charakterologie besitzt die zeitgenössische Chemie aber ein klar umgrenztes Ensemble von Verbindungen, die alle über die gleichen Grundbegriffe objektiviert und somit kategorial identisch sind. Genau diese Homogenität des Materials ist die Voraussetzung für den paradigmatischen Durchbruch zu einer rein physikalischen Chemie. Dagegen zeigt sich schon bei Bahnsen ein Grundproblem, an dem auch alle späteren Versuche einer systematischen Charakterologie scheiterten: die hoffnungslose Überdeterminiertheit des Materials.

Zum einen gibt es keine der chemischen Analyse vergleichbare Methodik, mit der sich das in Frage stehende empirische Material präzise umreißen ließe. In der Chemie legen eindeutige Kriterien fest, wann eine bestimmte Verbindung als wissenschaftliche Tatsache gelten kann. Wie wenig man dies von der Charakterologie sagen kann, verdeutlicht ein Vorgriff auf den besonderen Teil der *Beiträge* sehr anschaulich. In einer ausführlichen Fußnote führt Bahnsen für jedes Temperament einige typische Beispiele an (Ordnungsnummern nach *Tab. 1*):

1) Die großartige Heldennatur – man denke an einen Luther! 2) Der frische, tüchtige Mann, von straffer, leicht sogar etwas petulenter Haltung; nach Umständen also auch »der gesunde Junge«. 3) Der leichtentzündliche Charakter; vor allem der Ire als gutmütiger »Paddy«; dazu der Pole und Italiener. 4) Der leichtlebige »Mensch der Stunde«, das »muntere« Mädchen, die Französin und der »quecksilbrige« Gascogner der Anekdoten. 5) Der schnell Aufbrausende ohne Ausdauer; »das exaltirte Frauenzimmer«. 6) Der stupide Hitzkopf. 7) Der kaltblütige, bedächtige und allzeit nüchterne energische *Cunctator*; der Engländer. 8) Der saumselige, eigensinnige, »bequeme« Arbeiter – Holländer; die stillthätige Schäffnerin. 9) Der mit Nachdruck handelnde Gemütsmensch – Schwabe; aber auch der unerbittliche Fanatiker – Spanier. 10) Der empfindliche, nachträgerische Schwächling; aber auch eine leichtverletzliche edelgeartete, doch in sich selbst haltlose Natur wie Goethe's Tasso oder Werther. 11) Der bald erschlaffende Enthusiast; die im verächtlichen Sinne »sentimentale« Schwärmerin. 12) Die schwererregte, doch umso treuer ausharrende Frauennatur; aber auch der unversöhnlich Grollende, am leichtesten erkennbar am höhern Alter. 13) Der reizbare Griesgram, unlustig zur Initiative wie zur kräftigen Abwehr; der »Kriebelkopf« und die »Keiferin«. 14) Der stumpfsinnig alberne schlaffe Gesell; der Neger und der halbe Idiot. 15) Der launenhaft verdrossene, träge Starrkopf, »Böotier« und der »stolz verdrießlich schwere Narr«, wie Dunois den Connetable nennt (Schiller's »Jungfrau von Orleans« I, 2). 16) Der »ewige Krakeeler« voll verhaltenen Ingrimms; der äußerlich indolente und apathische Träumer, der, leicht gehänselt, alles, was ihn »wurmt«, in sich »hinuntewürgt« und beim Bewußtsein eigener Kraftlosigkeit innerlich »verbissen« wird.[341]

Offensichtlich verleiht allein der subjektive Eindruck bestimmten Individuen und Gruppen den Status einer charakterologischen Tatsache. Die gewählten Beispiele verbindet nichts miteinander, außer dass es sich bei ihnen um »typische« Menschen handelt. Völker- und Rassetypen stehen neben Konstitutions- und Geschlechtstypen, Typen nach Art der antiken Moralistik neben literarischen Figuren, historische Persönlichkeiten neben Typen, die dem Volksmund oder dem Lehreralltag entnommenen sind. Ein weiteres Moment, das der Homogenisierung des Materials entgegensteht, ist die implizit normative Beurteilung. Die kategorialen Unterscheidungen nach Spontaneität, Rezeptivität, Impressionabilität und Reagibilität enthalten ja zweifellos auch eine Wertdimension; und so verwundert es nicht, dass die »Heldennatur Luther« die Kombination stark – rasch – tief – nachhaltig verkörpert, der »Neger« zusammen mit dem »halben Idioten« und dem »stumpfsinnig, albernen, schlaffen Gesell« dagegen die Kombination schwach – langsam – flach – flüchtig. Gerade das Adjektivschema macht deutlich, wie sehr die Charakterologie die Besonderheit ihres Gegenstandes trotz aller Ansätze zur Formalisierung nicht spezifisch erfasst. In dem Maße, wie die tabellarischen Klassen qualitativ konstituiert sind, wird sie letztlich durch Ähnlichkeiten und Oppositionen strukturiert. Denn ob man nun, wie Max Weber das in der Debatte tat, »mutigen« Römern »feige« Weiber spontan entgegensetzt, oder ob der »bequeme« Arbeiter sich mit dem Holländer die achte Tabellenzeile teilt – jeweils wird ohne Angabe eines Auswahlkriteriums von allen dinglichen Eigenschaften gerade die verwendet, die das jeweilige Urteil stützt.

Wie weit die Charakterologie Bahnsens trotz aller Gemeinsamkeiten in der epistemologischen Ausgangslage von der Chemie entfernt blieb, zeigt sich vollends, wenn man ihren Gegenstand in seiner gesamten Weite berücksichtigt. Neben dem Temperament führt Bahnsen noch vier weitere Schlüsselkategorien in die allgemeine Charakterologie ein. So nennt er die qualitativen Unterschiede der »Gemütsart«, die außer der Schmerzempfindlichkeit noch die Begriffe des Naturells und der Konstitution umfasst, der »Intelligenz« und der »Ethik«. Dazu kommt die neben den Temperamenten wichtigste quantitative Dimension des »Energiegrads«, worunter Bahnsen die Willensstärke eines Charakters versteht, mit den extremen Polen des »Eigensinns« auf der starken und der »Charakterlosigkeit« auf der schwachen Seite. Geht man nun mit dem Autor davon aus, dass es sich bei diesen Kategorien um jeweils in sich vielschichtige und zugleich variable Elemente handelt, die untereinander beliebig kombiniert werden können, bekommt man eine Ahnung von der Komplexität der charakterologischen Empirie. So kann es nicht verwundern, dass die *Beiträge zur Charakterologie* insgesamt wie ein undurchdringliches Dickicht anmuten. In nicht weniger als 133 Kapiteln bemüht sich Bahnsen, die Wechselwirkungen der Elemente, ihre Kombinierbarkeit und typischen Ausprägungen zu erörtern, nur um zuzugeben, dass er alles in allem »keine geschlossene Systematik« konstruiert, sondern »nur das Baumaterial« dazu geliefert habe.[342]

Die Unentschiedenheit zwischen einer substanziellen und einer funktionalen Objektivierung, zwischen klassifikatorischer und serieller Unterscheidung des Mannigfaltigen bringt Bahnsen selbst auf eine Formel, wenn er der Charakterologie attestiert, »gewissermaßen zugleich morphologischer wie ätiologischer Natur« zu sein. Im gleichen Sinne heißt es, die Charakterologie sei einerseits als eine »Phänomenologie des Willens« anzusehen, die die individuellen Erscheinungsformen des Charakters beschreibe, andererseits aber auch als der »Teil der Anthropologie«, dessen Aufgabe in der »Analyse« der Persönlichkeitsunterschiede bestehe.[343] Ohne es als solches zu erkennen, benennt Bahnsen damit das Strukturproblem einer jeden systematischen Charakterologie: Die Mangelhaftigkeit der Objektkonstruktion produziert unter dem Titel der »Individualität« eine unüberschaubare Fülle überdeterminierten Materials, auf die der Forscher mit Methodenpluralität reagieren muss, will er das Dilemma nicht zugeben. Die gleiche Strategie, die Not der Vieldeutigkeit in die Tugend der Vielfalt umzudeuten, wandten später auch Theodor Ziehen und Emil Utitz an, wenn sie die Charakterologie eine »Konfluxionswissenschaft« nannten, die sich um geläufige Unterscheidungen wie die zwischen Geistes- und Naturwissenschaften nicht zu kümmern habe.[344]

5. Psychologische Weltanschauung

Wenn das von Schopenhauer gestellte Problem um 1900 zum Ausgangspunkt eines Denkstils wurde, dann nicht in der Form, die er selbst und Julius Bahnsen ihm gegeben hatten. Vielmehr waren es mit Friedrich Nietzsche und Otto Weininger zwei »freie« Philosophen, deren Denken auf je eigene Weise nachhaltig von der Lektüre Schopenhauers geprägt war.[345] Trotz aller sonstigen Unterschiede und ohne dass sich starke wechselseitige Rezeptionseinflüsse nachweisen ließen, kamen beide zu einer ähnlichen Lösung des Problems. Die Unüberschaubarkeit der menschlichen Vielfalt, an der Schopenhauer und Bahnsen noch verzweifelt waren, gab Nietzsche wie Weininger Anlass, das Mannigfaltigkeitsproblem neu zu formulieren: nämlich als Qualitätsproblem, dem mit den Mitteln der Typisierung, der psychologischen Hermeneutik und des symbolischen Denkens besser beizukommen ist als durch systematische Klassifikation. Die These, dass die beiden als wichtigste Wegebreiter des charakterologischen Denkstils gelten müssen, ist wirkungsgeschichtlich gemeint. Denn es kann kein Zufall sein, dass die beiden deutschen Denker, die um 1900 stärker als andere das Weltanschauungsbedürfnis der gebildeten Schichten befriedigten, sich auf eine Weise mit den Unterschieden zwischen den Menschen befasst hatten, die unmittelbar anschlussfähig an den Alltagsverstand war.[346]

5.1. Triumph der Perspektive: Nietzsches Lösung

Dass es bei der Analyse des charakterologischen Denkstils um Sinnstrukturen geht und nicht um die Semantik eines Begriffs, zeigt sich bei keinem anderen Autor so deutlich wie bei Friedrich Nietzsche. Das Wort »Charakter« findet sich in seinen Schriften nur beiläufig und dann in keineswegs einheitlicher Verwendung: so mal im Sinne der moralischen Konstanz; mal im Sinne der *persona*; mal als Synonym für das individuell Idiosynkratische; mal entgegengesetzt als Bezeichnung für einen Menschentypus.[347] Die eminente Bedeutung Nietzsches für das charakterologische Denken lässt sich also – anders als bei Schopenhauer – nicht aus seinem Begriff des Charakters herleiten.[348] Sie rührt vielmehr daher, dass er das bei Schopenhauer formulierte charakterologische Problem aufgreift, aber alle Schwierigkeiten, die sich aus dessen systematischer Bearbeitung ergeben, vermeidet, indem er es radikal zuspitzt und verallgemeinert – und zwar mit Mitteln einer symbolischen Denkweise. Nimmt man neben dem Zusammentreffen von »schopenhauerschem« Problem und »goethescher« Methode noch den gewaltigen Publikumserfolg hinzu, wird klar, wie wichtig Nietzsche für die Entstehung und Verbreitung des charakterologischen Denkstils in Deutschland war.

a) Charakterologische Fragestellung und typisierende Methode

Es verbietet sich, ein so vielschichtiges Werk wie das Nietzsches auf eine einzige Formel zu reduzieren. Doch wie Wilhelm Hennis am Beispiel Max Webers plausibel gezeigt hat, können inhaltlicher Reichtum und Vieldeutigkeit eines Werks ihren Ursprung darin haben, dass es beharrliche »Fragestellungen« gibt, auf die sich ein Denken in immer neuen Anläufen zu bewegt.[349] Nietzsche bietet den herausragenden Fall eines solchen »kreisenden« Denkens dar, das sich leichter über seine Brennpunkte erschließen lässt als über einzelne Thesen oder gar einen systematischen Zusammenhang. Einer dieser Brennpunkte ist ohne Zweifel das charakterologische Thema der qualitativen Verschiedenheit des Menschen.[350] »Welche *Gattung von Menschen*« ist in Deutschland zur Herrschaft gekommen? »Welche *Art Mensch*« kann nur an das Seiende, nicht aber an das Werdende glauben? Wie »müssen *Menschen beschaffen* sein«, die ihre modernen Eigenschaften »in lauter Gesundheit« umwandeln können? – Fragen wie diese ziehen sich durch das gesamte philosophische Werk, vom Tragödienbuch bis in die letzten Entwürfe von 1889.[351]

Der Haltung nach behandelt Nietzsche das Thema im Sinne Schopenhauers – naturalistisch, polemisch, wertend. In der Ausführung ist er jedoch ungleich schärfer und zielstrebiger. Vor allem das Problem der Verborgenheit und Unbewusstheit des menschlichen Wesens stimuliert Nietzsche.³⁵² So nimmt auch sein Weg in die menschliche Seele seinen Ausgang in einer Kritik des Handlungsbegriffs: »Ist es nicht gerade die ›schreckliche‹ Wahrheit«, heißt es etwa in *Morgenröte*, »daß, was man von einer Tat überhaupt wissen kann, niemals ausreicht, sie zu tun, daß die Brücke von der Erkenntnis zur Tat in keinem einzigen Falle bisher geschlagen worden ist? Die Handlungen sind niemals das, als was sie uns erscheinen!«³⁵³ Aber was sind sie dann? »Die moralischen Handlungen«, fährt er geheimnisvoll fort, »sind in Wahrheit ›etwas anderes‹.«³⁵⁴ Es ist wohl nicht zu viel behauptet, wenn man in diesem »etwas anderes« *das* zentrale Problem erkennt, um das Nietzsches Denken in den gesamten 1880er Jahren kreisen wird. In welche Richtung seine Antworten gehen werden, deutet sich an, wenn Nietzsche, wiederum ganz im Sinne Schopenhauers, auf das Problem des Motivs zu sprechen kommt. Und auch hier dominiert – 1881 – noch die skeptische Tonlage. Was man gemeinhin als »Kampf der Motive« bezeichne, sei tatsächlich nichts anderes als eine bewusste »Vergleichung der möglichen Folgen verschiedener Handlungen«, ein Vorgang, den man irrigerweise gewohnt sei, für die Ursache einer Tat zu halten. Tatsächlich bleibe das Kräftespiel der Motive »etwas für uns völlig Unsichtbares und Unbewusstes«, und nicht nur das, selbst das Motiv entziehe sich der Kenntnis des Handelnden: »Der Kampf selber ist mir verborgen, und der Sieg als Sieg ebenfalls; denn wohl erfahre ich, was ich schließlich tue, – aber welches Motiv damit eigentlich gesiegt hat, erfahre ich nicht.«³⁵⁵

Während Schopenhauer und Bahnsen das bewusste Motiv vom unbewussten Willen unterscheiden und ihr Verhältnis zu einem metaphysischen Problem erklären, schlägt Nietzsche es ganz der Willenssphäre zu – und macht es damit überflüssig. Die Psychologie des Verborgenen kann damit einen ganz neuen Weg einschlagen. Schopenhauer und Bahnsen hatten sich noch mit der Frage geplagt, wie der unbewusste Wille die bewussten Motive bestimmen könne, ohne zugleich deren Ursache zu sein. Der aporetischen Natur dieser Frage zufolge mussten die Antworten gleichnishaft ausfallen: Wo der eine von einer »unauslotbaren Tiefe« spricht, in der das Bewusstsein im Willen »verwurzelt«

sei, da der andere von einer langen »Motivkette«, die Wille und Tat miteinander »verbinde«.[356] Dagegen interessiert Nietzsche der Wille nicht mehr als Grund von Tat und Motiv, sondern allein als »Trieb«, der dem Leben eines Menschen die Richtung diktiert, sich aber – und das eben ist die »psychologische« Pointe – als solcher nicht zu erkennen gibt. Zwar hatte auch Schopenhauer dem individuellen Willen eine totale Herrschaft über den Menschen zugestanden, die möglichen Willensrichtungen aber noch im moralischen Paradigma der Tat eingehegt: Wer böse handelt, muss boshaft sein, hatte er argumentiert. Anders Nietzsche: Sein Paradigma ist nicht mehr die einzelne Handlung, von der auf den Menschen geschlossen wird, sondern umgekehrt das Ganze einer »Existenzform«, die sich in allem, was an einem Menschen in Erscheinung treten kann, ausdrückt.

Das Verhältnis des Sichtbaren zum Willen bekommt damit einen ganz neuen epistemologischen Status: die Erscheinung ist nicht mehr die Oberfläche eines unauslotbar tiefen Seins, sondern ein Symptom.[357] In genau diesem Sinne ist es aufzufassen, wenn Nietzsche das dritte Kapitel seiner *Genealogie der Moral* mit der Frage betitelt: »Was *bedeuten* asketische Ideale?« Wie ein Arzt, der erst den Gesamtzusammenhang einer Krankheit hypothetisch voraussetzen muss, um dem vieldeutigen Symptom Sinn zu geben, buchstabiert Nietzsche exemplarisch aus, dass so unterschiedliche Existenzformen wie der Gelehrte, der Priester und der Künstler jeweils etwas anderes meinen, wenn sie sich dem Ethos des weltlichen Verzichts unterwerfen.[358] Anders als in der Medizin ist die Deutung aber kein rein semiotischer Vorgang, da die psychologischen Zeichen nicht immer auf ihren Referenten verweisen, sondern im Gegenteil oft von ihm ablenken: Im Gegensatz zu einem Fieber, das sicher irgendeine Krankheit anzeigt, *verbergen* etwa die moralischen Ideale einen Machtinstinkt. Der Psychologe ist also wie der Arzt Hermeneutiker: Er *interpretiert* das Detail, um das Ganze zu verstehen. Zugleich ist er aber auch Detektiv, der die Kunst des »Um-die-Ecke-sehns« beherrscht.[359]

Einen griffigen Einstieg in das charakterologische Denken bei Nietzsche bietet einmal mehr die Metaphorik des Stofflichen. Er gebraucht sie in ganz anderer Absicht als Bahnsen, der den

Charakter als komplexe »Mischung« heterogener Komponenten bestimmte. Nietzsches Interesse gilt dagegen, genau umgekehrt, gerade dem Unvermischten, Typischen eines Menschen. Für das Verständnis dieser Art von Charakterologie liefert eine Deutung der Biographie Schopenhauers in der dritten *Unzeitgemäßen Betrachtung* ein aufschlussreiches Beispiel:

> Wenn jeder große Mensch auch am liebsten gerade als das echte Kind seiner Zeit angesehn wird [...], so ist der Kampf eines solchen Großen *gegen* seine Zeit scheinbar nur ein unsinniger und zerstörender Kampf gegen sich selbst. Aber eben nur scheinbar; denn in ihr bekämpft er das, was ihn hindert, groß zu sein, das bedeutet bei ihm nur: frei und ganz er selbst zu sein. Daraus folgt, daß seine Feindschaft im Grunde gerade gegen das gerichtet ist, was zwar an ihm selbst, was aber nicht eigentlich er selbst ist, nämlich gegen das unreine Durch- und Nebeneinander von Unmischbarem und ewig Unvereinbarem, gegen die falsche Anlötung des Zeitgemäßen an sein Unzeitgemäßes; und endlich erweist sich das angebliche Kind seiner Zeit nur als Stiefkind derselben. So strebte Schopenhauer schon von früher Jugend an, jener falschen, eitlen und unwürdigen Mutter, der Zeit, entgegen, und indem er sie gleichsam aus sich auswies, reinigte und heilte er sein Wesen und fand sich selbst in seiner ihm zugehörigen Gesundheit und Reinheit wieder.[360]

Will man die Natur eines Menschen wie einen Stoff betrachten, dann liegt das Erkenntnisproblem nicht in der »Construction« dieses Stoffes, sondern in seiner Verunreinigung. Wenn überhaupt, ist der Charakterologe also mit einem praktischen Chemiker zu vergleichen, der ein Stoffgemisch so lange filtert und erhitzt, bis es seinen rückstandsfreien Urzustand erreicht hat. Das Bild der »falschen Anlötung des Zeitgemäßen« zeigt zum einen, dass der Zustand der Verunreinigung sich nicht auf natürlichem Wege ereignet hat, sondern fabriziert ist, zum anderen, dass es sich bei dem verunreinigenden Element um nichts weniger als die Kultur der Gegenwart handelt. Ein stärkeres Konzept von individueller Eigenart lässt sich kaum denken als die Behauptung, ein Mensch müsse erst seine Zeit »aus sich ausgewiesen« haben, um er selbst zu sein. Damit steht Nietzsches Individualismus auf einem ganz anderen Fundament als der des deutschen Neuhumanismus um 1800. Zum einen ist er radikal elitär, da er sich nicht an der Idee »des« Menschen, sondern des »großen« Menschen orientiert; zum anderen findet der »Große« auf einem Weg zu sich selbst, der dem des Bildungsromans genau entgegen gesetzt ist – nicht durch Aufnahme der Welt in sich selbst, sondern durch Reinigung von der Zeit »an ihm selbst«. Was der Charakterologe *sans phrase* hier demonstriert, ist die Fähigkeit zur scharfen Trennung, zur Sichtbarmachung des im vermischten Zustand verborgenen Echten und seiner Unterscheidung vom Unechten. Insofern nun das Echte als Unzeitgemäßes ausgewiesen wird, benötigt eine solche Charakterologie immer auch eine Theorie der Geschichte.

b) Erzählen: *Die Geburt der Tragödie*

Zwei Jahre vor der ersten *Unzeitgemäßen Betrachtung* hatte Nietzsche die publizistische Bühne mit einem Entstehungsmythos der modernen Welt betreten: *Die Geburt der Tragödie*.[361] Der Text ist in unserem Zusammenhang bedeutsam, weil hier erstmals charakterologische Fragen und symbolische Methode zusammenkommen. Dabei entsteht gleichsam die Urform eines Denkstils, an dem sich der charakterologische Diskurs insgesamt orientieren wird.

Die Geburt der Tragödie ruinierte Nietzsches akademischen Ruf als aufstrebender Altphilologe nachhaltig.[362] Dem Titel nach scheint das Thema historisch und philologisch klar umgrenzt: die Entstehung einer quellenmäßig gut dokumentierten attischen Kunstform. Doch schon ein genauerer Blick auf den Titel zeigt, dass dieser Eindruck trügt. Nietzsche sagt eben nicht »Entstehung« oder »Anfänge«, sondern: Geburt. Tatsächlich macht er deutlich, dass es ihm um nichts weniger geht als um eine Theorie der Kunst als Schöpfungsakt. Er ordnet seine Abhandlung daher auch nicht der Altertumsforschung zu, sondern der »ästhetischen Wissenschaft«.[363] Doch verfehlt Nietzsche nicht einfach sein Spezialgebiet, indem er sich als Altphilologe in den Gefilden der Philosophie tummelt. Vielmehr unterläuft die Abhandlung die Logik akademischer Arbeitsteilung; sie ist schlicht keinem »Bereich« zuzuordnen: Nietzsche spannt um die Analyse einer Kunstform einen Rahmen welthistorischen Ausmaßes; und behauptet zugleich, die »erste Psychologie der Tragödie« vorgelegt zu haben.[364] In mehr als einer Hinsicht erinnert diese geschlossene Form an die Meistererzählung eines anderen »unzeitgemäßen« Baslers: Johann Jakob Bachofen.[365] Wie dieser behauptet auch Nietzsche die Existenz zweier metaphysischer Prinzipien, aus deren polaren Spannung sich das historische Geschehen erklären lässt. Auch Nietzsche erzählt dieses Geschehen als Verfallsgeschichte. Und wenn sich für Nietzsche in ganzen Epochenstilen nichts weiter als die seelische Verfassung eines Menschentypus ausdrückt, dann schafft auch er mit dieser Art der Weltdeutung ein Modell charakterologischen Denkens. Nietzsches Argumentation ist jedoch ungleich subtiler. Der polare Gegensatz von »Apollinischem« und »Dionysischem« wird nicht wie der Gegensatz von Männlichem und Weiblichen von zwei Menschentypen repräsentiert; vielmehr sind beide als »Triebe« innerhalb der menschlichen Natur verankert; ihre Dialektik ist immer auch ein Ringen des Menschen mit sich selbst.

Das Tragödienbuch ist wie ein Spiegelkabinett gebaut: Die historische Untersuchung der antiken Tragödie stellt ihrerseits eine tragödienartige Form von Geschichtsschreibung dar, die den tragischen Menschen als Protagonisten mit seinem historischen Antagonisten, dem theoretischen Menschen, konfrontiert. Dabei folgt die Struktur der historischen Erzählung dem hegelianischen Schema: Auf den archaischen Kampf von apollinischer und dionysischer Kunst folgt deren Synthese – Nietzsche nennt sie »Paarung« – in der attischen Tragödie, die wiederum durch den von Sokrates repräsentierten Logos gespalten und schließlich in Richard Wagners »Bühnensingspiel« in neuer Form wiederhergestellt wird.

Für den Menschen, so ließe sich Nietzsches Kunsttheorie pointieren, sind die Illusionen der Kunst überlebensnotwendig. Ohne den vermittelnden Schein wäre das Leben nicht zu ertragen. Die subtile Pointe dieser ästhetizistischen Volte gegen den Realismus liegt darin, dass für Nietzsche Schein nicht gleich Schein ist. Als *Kunst* ist die Illusion nicht die Erscheinung des Seins, sondern die Aneignung des Seins durch den Menschen, und in dieser Aneignung kann der Mensch sein eigenes Wesen treffen oder verfehlen. Anders als in seinen späteren Schriften lässt Nietzsche keinen Zweifel, dass dieses Wesen zuallererst im Leiden besteht, der Begegnung mit dem erbarmungslosen Werden und Vergehen des Lebens. Als Künstler ist der Mensch in diesem Sinne reaktiv und schöpferisch zugleich: Indem er Kunst schafft, verschafft er sich Distanz vom Leben in seiner nackten Unerträglichkeit. Die künstlerische Produktion beruht aber auf dem dialektischen Wechselspiel von »dionysischem« und »apollinischem« Trieb. Dionysisch will der Mensch das schöpferische Chaos, was seinen künstlerischen Ausdruck in der Musik findet; apollinisch will der Mensch die Klarheit der geschaffenen Ordnung, wie sie in der »Kunst des Bildners« erscheint.[366]

Aus dieser Dialektik entwickelt Nietzsche sein Panorama der abendländischen Geschichte. Dabei ist die Analyse einer epochenspezifischen Kunstform immer identisch mit der Psychologie eines historischen Menschentypus. Äußerst knapp skizziert Nietzsche die Vorläufer der Tragödie. In den Mythen und Kulten des »titanischen« Zeitalters hätten sich die Urgriechen an ihrer Kreatürlichkeit berauscht und so über ihr menschliches Schicksal getröstet. An den Rausch als Tröster gebunden, zeichnet sich der dionysische Mensch aber zugleich durch seinen Ekel vor der nüchternen Wirklichkeit des Alltags aus. In Auseinandersetzung mit dieser zwar lebensbejahenden, die Wirklichkeit aber verneinenden Grundhaltung seien im archaischen Griechenland die apollinischen Künste der epischen Dichtung und der dorischen Architektur zur Blüte gelangt: Ihre Vision von Klarheit und Maß interpretiert Nietzsche als »Bollwerk« gegen die ebenso mächtigen wie verführerischen Ausdrucksformen des Dionysischen.[367] Aber wie der Dionysiker ist auch der apollinische Mensch dieser Epoche mit sich selbst uneins: Indem er an sich nur das Erhabene sehen will, steht er in einem permanenten Abwehrkampf gegen die dunkle Seite der eigenen Natur. Die attische Tragödie verwirklicht die menschlichen Möglichkeiten, weil diese die beiden gegensätzlichen Kunsttriebe in sich vereint. Die polare Einheit dieses Gegensatzes besteht im Verhältnis von Chor und Szene. Der tragische Satyrchor, aus dem der Überlieferung zufolge die Tragödie historisch entstanden ist, versöhnt den Zuschauer mit einer schrecklichen Welt.[368] Er tröstet ihn über die das »furchtbare Vernichtungstreiben« der Geschichte ebenso hinweg wie über die »Grausamkeit der Natur«, indem er die Aufhebung der Grenzen zwischen den Individuen und zwischen Mensch und Natur besingt. Die dionysische »Musik« des Chores versetzt den Zuschauer in eine Erregung, in der er das Eintauchen in »ein ewiges Meer, ein wechselnd Weben, ein glühend Leben« als »Verzückung« erfährt. Dagegen objektiviert die historisch später entstandene dramatische Szene die vom Chor besungene Weisheit als sichtbare Vision: In der Darstellung der mythischen Charaktere »strahlt« der dionysische Urgrund eine apollinische Bilderwelt aus. In seiner Erhabenheit kann das Drama die Wirkung des Chores noch steigern. Das »tragische« Menschentum der klassischen Griechen, so Nietzsches psychologische Deutung, habe sich dadurch ausgezeichnet, dass es das Schreckliche weder abwehrte, noch ihm im Rausch verfiel. Indem er der Wirklichkeit des Lebens vielmehr in sublimierter Schönheit ins Gesicht sehen konnte, erreichte seine Lebenstüchtigkeit ein bis dahin ungekanntes Maß.

Diese ideale Einheit wird nun von dem Menschentypus zerstört, der auf dem Zenit der Tragödie mit aller Macht die historische Bühne betritt.[369] Der »sokratische« oder »theoretische« Mensch, der vom 5. vorchristlichen Jahrhundert bis in die Gegenwart die Geschichte geprägt habe, zeichnet sich durch den Glauben an die vernünftige Erkennbarkeit der Welt aus. Insofern er glaube, das Dunkel des Seins erhellen und dem Leben seinen Schrecken nehmen zu können, ist er seinem Wesen nach unkünstlerisch. Folgerichtig negiert er die Kunst – eine Deutung, die dem Wortlaut nach durchaus gedeckt ist durch die feindselige Haltung, die der platonische Sokrates gegenüber Mythos und Tragödie einnimmt.[370] Psychologisch zeichnet den theoretischen Menschen aus, dass er sich statt an der »visionären« Klarheit des Traumbewusstseins nun am mitteilbaren Wachbewusstsein orientiert: ein Paradigmenwechsel, der sich in der Ablösung des Bildes durch das Wort widerspiegelt. Dieser »Optimismus« ist aber nicht ohne den Preis einer tiefen Entfremdung des Menschen von seiner eigenen Natur zu haben. In Anspielung auf das *daimonion*, das Sokrates immer nur negative Gewissheit verschaffte, schreibt Nietzsche: »Während doch bei allen produktiven Menschen der Instinkt gerade die schöpferisch-affirmative Kraft ist, und das Bewußtsein kritisch und abmahnend sich gebärdet: wird bei Sokrates der Instinkt zum Kritiker, das Bewußtsein zum Schöpfer – eine wahre Monströsität *per defectum!*«[371] Die Kunstform dieses »monströsen« Menschen muss seinerseits ein Monstrum sein, eine Kunst, die sich selbst verneint. In einem gewaltigen historischen Sprung über zwei Jahrtausende macht Nietzsche als die volle Realisierung einer solchen Pseudokunst die Oper aus.[372] Diese fasst er als den stärkstmöglichen Gegensatz zur Tragödie auf, obwohl auch sie als Variante des musikalischen Dramas angesehen werden könnte. Damit verbindet sich die psychologische Analyse mit einer Methode, die den charakterologischen Denkstil wie kaum eine andere prägen sollte: die strenge hermeneutische Scheidung des Echten von dem ihm oberflächlich Ähnlichem. Wo in der Tragödie Chormusik und szenisches Bild zu einer Einheit verschmolzen seien, da sei für die Oper nichts so charakteristisch wie der Wechsel von gesprochenem Wort und »süßlicher« Schönheit, von Rezitativ und Arie. Wie in der Wissenschaft belüge sich der moderne Mensch auch in der Oper über sein eigenes Wesen. Wo jene Erlösung vom Leid verspreche, da beschwichtige diese durch die Beschwörung eines idyllischen Naturzustandes. Paradoxerweise werde nun ausgerechnet dieses urzeitliche Idyll von seinen Urhebern mit der griechischen Antike identifiziert und die Oper irrtümlich als eine Wiedergeburt der antiken Kunst angesehen.

Aus der Paraphrase der Argumentation geht hervor, wie ausgiebig Nietzsche sich der Mittel des symbolischen Denkens bedient. Trotz ihres komplexen Aufbaus ist *Die Geburt der Tragödie* in seiner Grundstruktur ein mythologischer Text. Eine kleine Zahl überdeterminierter, einander ähnlicher Gegensatzpaare wird in immer neuen Anläufen auf eine Vielzahl empirischer und historischer Sachverhalte bezogen, die über Entsprechungsverhältnisse in einen Sinnzusammenhang gebracht werden: so zum einen die polaren Gegensätze dionysisch / apollinisch, lyrisch / episch, Musik / Vision, zum anderen die antagonistischen Gegensätze Bild / Wort, pessimistisch / optimistisch, tragisch / heiter, ästhetisch / theoretisch. Die Gegensatzübertragung ermöglicht es Nietzsche, sich im direkten Anschluss an die historische Analyse den »analogen Erscheinungen der Gegenwart« zu widmen: Das Metathema, auf das sich die gesamte Argumentation zu bewegt, ist nämlich die *Wieder*geburt der Tragödie in der deutschen Kultur. Alles, was über die »dionysische Befähigung« der Griechen gesagt worden war, soll nun auch für das Wesen der Deutschen gelten. Wie in einem historischen Spiegel erkennt Nietzsche in der deutschen Gegenwart die griechische Vergangenheit.[373] Als die historische »Macht«, die im Begriff ist, sich auf dem Gebiet der Kunst gegen die Kultur der Oper durchzusetzen, erkennt Nietzsche die »deutsche Musik« in »ihrem mächtigen Sonnenlaufe von Bach zu Beethoven, von Beethoven zu Wagner«. Über das analogische Deutungsmuster verleiht dabei die Entwicklung von den rein musikalischen Kompositionen Bachs und Beethovens zum mythologischen »Bühnensingspiel« Wagners der These vom musikalischen Ursprung der Tragödie eine gleichsam retrospektive Plausibilität. Und wie das Griechentum durch die Kultur der »alexandrinischen« Epoche sich selbst entfremdet wurde, so bedeute umgekehrt der Siegeszug von Musik und Tragödie über die Oper für den deutschen Geist eine »Heimkehr zum Urquell seines Wesens«, die es ihm erlaube »ohne das Gängelband einer romanischen Zivilisation, einherzuschreiten«.[374]

Ist dieser symbolische Kreis erst geschlossen, können die manifesten Gegensatzschemata problemlos auf sekundäre Schemata übertragen werden: etwa auf die Gegensätze der Geschlechter oder der »arischen« und »semitischen« Kultur. So ist ein Rahmen geschaffen, in dem sachlich Verschiedenes – Epochen, Völkertypen, Geschlechter, eminente Individuen wie Sokrates oder Wagner, Praxisbereiche wie die Kunst und die Wissenschaft – in *logische* Beziehungen zueinander treten kann: Die heterogenen Eigenschaften »alexandrinisch«, »weiblich«, »semitisch«, »modern«, »theoretisch«, »sokratisch«, »passiv« sind einander ebenso ähnlich, wie sie in Gegensatz zu den ihrerseits heterogen-ähnlichen Eigenschaften »hellenisch«, »künstlerisch«, »männlich«, »deutsch«, »tragisch«, »aktiv« treten.

c) Interpretieren: *Zur Genealogie der Moral*

Erst im Spätwerk greift Nietzsche das charakterologische Thema wieder auf. Und im Laufe der späten 1880er Jahre rückt es sogar ins Zentrum seines Denkens. Dabei knüpft er in mehrerer Hinsicht an das Tragödienbuch an: so vor allem an das symbolische Denken in Gegensätzen und Entsprechungen und an die Methode der Entlarvung. Allerdings trifft Nietzsche selbst einen wichtigen Unterschied zu seinem frühen Philosophieren, wenn er die *Geburt der Tragödie* rückblickend als »anstößig Hegelisch« bezeichnet.[375] In der Tat hatte Nietzsche 1872 die eigene Gegenwart noch als Ziel- und Ankerpunkt seines historischen Denkens gedient, wenn er die Musik Wagners als Rückkehr des deutschen Geistes zu sich selbst und diese wiederum als Wiedergeburt der hellenischen Tragödie deutete. Doch zugleich enthielt die *Geburt* schon den Grundgedanken, mit deren Hilfe dieser geschichtsphilosophische Idealismus überwunden werden konnte. Wenn sich, wie Nietzsche es formulierte, »die Welt nur als ästhetisches Phänomen rechtfertigen« ließ, dann implizierte dies streng genommen das Verbot, die Geschichte teleologisch zu deuten.[376] Denn konsequent zu Ende gedacht, kann ein ästhetizistischer Ansatz Welt und Geschichte nicht mehr objektiv beschreiben, sondern nur so, wie sie von einem kontingenten Standpunkt aus erscheint.

Genau diesem Grundgedanken des Perspektivismus untersteht das gesamte Spätwerk. Im Tragödienbuch war die volle Entfaltung des perspektivischen Ansatzes noch durch einen Restbestand an Historismus blockiert worden. Dagegen lockert Nietzsche in den späten Schriften die Bindung der psychologischen Typen an die Kulturtypen und wertet damit den charakterologischen Aspekt seiner Philosophie erheblich auf: Statt eine Epoche zu repräsentieren, bewegen sich die Menschentypen nun gleichsam freier im historischen Raum. Nicht mehr die großen, objektiven Entitäten werden gegeneinander gestellt, sondern typische Existenzformen, die bei offenem Ausgang der Geschichte darum ringen, der eigenen Sichtweise Raum zu verschaffen. Mit der Marginalisierung des Kulturkonzepts gibt Nietzsche auch Deutschland als archimedischen Punkt seines historischen Denkens auf. Wo in der *Geburt* der *Tragödie* Bach, Beethoven, Wagner und nicht zuletzt er selbst als Agenten der Befreiung vom romanischen Wesen erschienen, da stehen in der *Genealogie der Moral* zwei Typen einander in offener Feldschlacht gegenüber: der »Priester« und der »Philosoph«. Wie sehr Nietzsches Perspektivismus charakterologisch argumentiert, zeigt sich prägnant im ersten Absatz der dritten Abhandlung der *Genealogie*:

> Was bedeuten asketische Ideale? – Bei den Künstlern nichts oder zu vielerlei; bei Philosophen und Gelehrten so etwas wie Witterung und Instinkt für die günstigsten Vorbedingungen hoher Geistigkeit; bei Frauen, bestenfalls, eine Liebenswürdigkeit der Verführung mehr, ein wenig *morbidezza* auf schönem Fleische, die Engelhaftigkeit eines hübschen fetten Tieres; bei physiologisch Verunglückten und Verstimmten (bei der Mehrzahl der Sterblichen) einen Versuch, sich ›zu gut‹ für diese Welt vorzukommen, eine heilige Form der Ausschweifung, ihr Hauptmittel im Kampf mit dem langsamen Schmerz und der Langenweile; bei Priestern den eigentlichen Priesterglauben, ihr bestes Werkzeug der Macht, auch die ›allerhöchste‹ Erlaubnis zur Macht; bei Heiligen endlich einen Vorwand zum Winterschlaf, ihre *novissima gloriae cupido*, ihre Ruhe im Nichts (›Gott‹), ihre Form des Irrsinns. *Daß* aber überhaupt das asketische Ideal dem Menschen so viel bedeutet hat, darin drückt sich die Grundtatsache des menschlichen Willens aus, sein *horror vacui*: er braucht ein Ziel – und eher will er noch das Nichts wollen als *nicht* wollen.[377]

In diesen Sätzen wird deutlich, dass Nietzsche das charakterologische Problem konzeptionell radikal vereinfacht hat. Ausgangspunkt seines Nachdenkens über die menschlichen Unterschiede ist der Begriff des Willens. Doch wo Bahnsen, der charakterologische Nachfolger Schopenhauers, ein kompliziertes Kategoriengerüst bastelte, das den Willensbegriff nach Richtung, Inhalt, Kern und Substanz unterschied, da fasst Nietzsche ihn auf elegante Weise anthropologisch auf: nämlich als »Grundtatsache« der menschlichen Orientierungsbedürftigkeit. Damit wird der Begriff von seinen metaphysischen Bezügen befreit. Für sich genommen sieht Nietzsche im Begriff »des« Menschen als transzendentales Subjekt ebenso eine falsche Abstraktion wie im Begriff »des« Willens als »An-Sich der Welt«. Als wollendes Wesen bildet der Mensch dagegen einen Differenzbegriff, der das Allgemeine des Mediums und das Besondere der Form als untrennbare Einheit fasst: Die Feststellung, dass der Mensch als solcher will, ist nicht zu haben ohne die Frage, was ein bestimmter Mensch will.[378] Das *tertium comparationis* der Askese ermöglicht den Vergleich unterschiedlicher Menschentypen im Hinblick auf das Verhältnis zum eigenen Körper. Es ist nötig, die Askese zu *interpretieren*, weil ein und dieselbe Praxis – Entsagung im Sinnlichen – abhängig vom Begehren eines Menschen perspektivisch unterschiedliche, ja gegensätzliche *Bedeutung* annehmen kann. Dass im Vergleich zum Frühwerk der Philosoph den Künstler als wichtigsten Identifikationstypus abgelöst hat, wird deutlich, wenn Nietzsche die Bedeutungslosigkeit der asketischen Ideale für den Künstler begründet. Diese seien nie mehr gewesen als »Kammerdiener einer Moral oder Philosophie oder Religion«; der »tiefste Instinkt« des Künstlers liege in der Suche nach »Rückhalt bei einer bereits begründeten Autorität«. Die Askese kann beim Künstler daher nie mehr sein als eine religiöse oder philosophische Pose. So etwa im Falle Richard Wagners, der Schopenhauers Theorie der Selbstaufgabe in der Musik als Apotheose des eigenen Werks begriffen habe. Künstler orientieren ihr Schaffen am Schaffen anderer. Echte Originalität im Geistigen setzt dagegen den Verzicht im Sinnlichen voraus – in diesem wiederum »instinktiven« Wissen um die Voraussetzungen der eigenen Arbeit gründet die typische »Herzlichkeit und Voreingenommenheit« des Philosophen gegen das asketische Ideal. So fürchtet dieser die Ehe, weil ihn die Gebundenheit des »Hauses« daran hindert, die für ihn anregende Umgebung der »Wüste« aufzusuchen. Keusch ist der Denker also nicht »aus irgendeinem asketischen Skrupel oder Sinnenhaß«, nicht »aus Tugend«, sondern weil sich sein »dominierender Instinkt« gegen allen anderen Instinkte durchsetzt. Bestenfalls macht sich der Philosoph die sinnlichen Kräfte sogar *zunutze*, indem er »zum Vorteil des werdenden Werkes rücksichtslos über alle sonstigen Vorräte und Zuschüsse von Kraft, von *vigor* des animalen Lebens verfügt: die größere Kraft verbraucht dann die kleinere.«[379] Der Philosoph verneint nicht »das Dasein« als solches, »er bejaht vielmehr *sein* Dasein und *nur* sein Dasein«.[380] Dagegen leitet das priesterliche Askeseideal nicht allein das eigene Leben an. Es beansprucht Gültigkeit für alle Menschen. Aus einem Ideal, das dem Erreichen spezifischer Ziele dient, macht der Priester somit einen allgemeinen Wert, einen Gegenstand der Moral. Demut, Bescheidenheit und Keuschheit sollen nicht die Beherrschung des eigenen Körpers *steigern*, sondern jeglichem sinnlichen Begehren *entgegenwirken*. Den Priester betrachtet Nietzsche als einen »furchtbaren Gegner«, weil er im Namen der Askese die Vielfalt der Perspektiven bekämpft: »Der Gedanke, um den hier gekämpft wird, ist die *Wertung* unseres Lebens seitens der asketischen Priester. [...] [D]enn er *fordert*, daß man mit ihm gehe, er erzwingt, wo er kann, *seine* Wertung des Daseins.«[381]

Neben der Anmaßung, über die Ziele fremder Lebensführung zu entscheiden, problematisiert Nietzsche besonders den Inhalt des priesterlichen Askeseideals. Wie alle Menschen orientiert sich auch der Priester instinktiv an dem Ideal, das ihm hilft, sein Leben zu »optimieren«; doch beruht dieses Ideal auf dem Glauben an den illusorischen Charakter des leiblichen gegenüber der Ewigkeit des seelischen Lebens nach dem Tod. Das asketische Leben ist also ein »Leben gegen das Leben« − ein Selbstwiderspruch: »Dies ist alles in höchsten Grade paradox: wir stehen hier vor einer Zwiespältigkeit, die sich selbst zwiespältig *will*, welche sich selbst in diesem Leiden *genießt* und in dem Maße sogar immer selbstgewisser und triumphierender wird, als ihre eigene Voraussetzung, die physiologische Lebensfähigkeit, *abnimmt*.«[382] Warum aber gedeiht das lebensfeindliche Leben des Priesters? Die Antwort auf diese Frage inszeniert Nietzsche als psychologisches Meisterstück, in dem es ihm gelingt, die sublimsten Täuschungsmanöver zu entlarven.

Als Selbstzweck ist die Askese nämlich nur »scheinbar« ein »physiologischer Unsinn«; man muss sie »tiefer« interpretieren, sonst sitzt man einem »psychologischen Missverständnis« auf. Denn der tatsächliche Sinn des priesterlichen Ideals ist das genaue Gegenteil dessen, was man auf den ersten Blick glaubt: Nicht mit einer Verneinung der leiblichen Existenz hat man es zu tun, sondern mit dem »Schutz- und Heilinstinkt eines degenerierenden Lebens«. Im Priester nämlich sucht sich der »krankhafte«, ermüdete und verdrossene Menschentypus, den die zweitausendjährige Geschichte der »Zivilisation und Zähmung des Menschen« hervorgebracht hat, seinen »Hirten«:

> Der asketische Priester ist der fleischgewordene Wunsch nach einem Anders-sein, Anderswo-sein, und zwar der höchste Grad dieses Wunsches, dessen eigentliche Inbrunst und Leidenschaft: aber eben die *Macht* seines Wünschens ist die Fessel, die ihn hier anbindet; eben damit wird er zum Werkzeug, das daran arbeiten muß, günstigere Bedingungen für das Hier-sein und Menschsein zu schaffen – eben mit dieser *Macht* hält er die ganze Herde der Missratnen, Verstimmten, Schlechtweggekommenen, Verunglückten, An-sich-Leidenden jeder Art am Dasein fest, indem er ihnen instinktiv als Hirt vorangeht.[383]

Nun erst bekommt die erste Entlarvung ihren vollen Sinn. Wenn es sich bei denen, die dem Priester willig folgen, um »schwache« Menschen handelt, dann bei denjenigen, denen er seine Wertung des Daseins aufzwingen muss, um die »starken« und »gesunden« Menschen.

Die Lebensformen der »Wohlgeratenen« und der »Degenerierten« schließen einander aus, deshalb versuchen beide, den jeweils anderen der eigenen Perspektive zu unterwerfen. Doch im Gegensatz zu den Menschen, die sich an ihrer eigenen Gesundheit und Stärke erfreuen und sie als solche auch benennen, können die »Lebensschwachen« ihre Perspektive nur durchsetzen, indem sie ihre Instinkte *maskieren*. Wo der Renaissancebegriff der *virtù* Stärke, Macht und tatsächliche Überlegenheit affirmativ zum Ausdruck bringt, da ist es der »Willen der Kranken, irgendeine Form der Überlegenheit *darzustellen*«. Mit dieser Darstellung täuschen sich nun die Kranken und Schwachen einerseits über die eigene Selbstverachtung hinweg, andererseits über ihre Haltung gegenüber den Starken und Gesunden. Diese ist geprägt von Hass, Neid und Rachebedürfnis. Den psychologischen Mechanismus, derartige »Nachgefühle« zu verleugnen, ihnen aber dennoch Ausdruck zu verleihen, nennt Nietzsche *Ressentiment*. Aus dieser Perspektive erscheinen nun alle »guten« Tugenden, die Ideale der Entsagung und die Mitleidsmoral als »*Maskeraden* der Rache«. Seitenlang ergeht sich Nietzsche in Invektiven gegen diese Taktiken der Täuschung: Von der »*Verlogenheit*«, die nötig ist, »um diesen Haß nicht als Haß einzugestehen«, ist die Rede; von der »*Falschmünzer*-Geschicklichkeit, mit der hier das Gepräge der Tugend [...] *nachgemacht* wird«; von den »zu Richtern *verkleideten* Rachsüchtigen, welche beständig das Wort ›Gerechtigkeit‹ wie einen giftigen Speichel im Munde führen«; von den »*Schleichwegen*, die zu einer Tyrannei über die Gesunden führt«; und schließlich von dem »letzten, feinsten, *sublimsten* Triumph der Rache«, der dann eintrete, wenn es den »physiologisch Verunglückten [...] gelänge, ihr eigenes Elend, alles Elend überhaupt den Glücklichen ins Gewissen zu schieben: so daß diese sich eines Tages ihres Glückes zu schämen begännen«. Dieser Möglichkeit hält Nietzsche den Schlachtruf entgegen: »Fort mit dieser ›verkehrten‹ Welt!«.[384]

d) Entlarven: Richard Wagner als »Schauspieler«

Dass es sich bei der Entlarvung des maskierten Willens um eine polemische Argumentationsfigur handelt, die Nietzsche auf unterschiedliche Gegner anwendet, zeigt sich nirgendwo so deutlich wie in den Polemiken gegen das einstige Idol Richard Wagner. Ist die eigene Perspektive in der Gegenüberstellung zwischen »Philosoph« und »Priester« noch geringfügig stilisiert, so erhält der Kampf ein unverstellt persönliches Gepräge, wenn es nun heißt: *Nietzsche contra Wagner*. Doch auch die Begleichung privater Rechnungen verfolgt prinzipielle Absichten.

Wie beim Priester handelt es sich auch bei Wagner um einen typischen Repräsentanten der *décadence*, dessen Erfolg auf seiner Fähigkeit beruht, »die Erschöpftesten wieder aufzustacheln, die Halbtoten ins Leben zu rufen«. Wagner habe bei den »Kranken« Erfolg, weil seine Kunst ein »Krankheitsbild« darstellt: »Die Probleme, die er auf die Bühne bringt – lauter Hysteriker-Probleme [...] die Wahl seiner Helden [...] – eine Kranken-Galerie!«.[385] Und wie auch dem Priester hält Nietzsche Wagner vor, seine Krankheit hinter dem Anschein des Gesunden zu verbergen: So ist etwa die Rede von Wagners »Instabilität, die er zu Prinzipien *verkleidete*«, oder vom »Proteus-Charakter der Degenereszenz, der sich hier als Kunst und Künstler *verpuppt*«.[386] Am deutlichsten bringt Nietzsche diese strukturelle Ähnlichkeit auf den Punkt, wenn er behauptet, in Wagners Kunst habe die »ganze *Falschmünzerei* der Transzendenz und des Jenseits [...] ihren sublimsten Fürsprecher«; sie schmeichle der Christlichkeit als »religiöser Ausdrucksform der *décadence*«. Wagner sei ein »Verführer großen Stils«, weil seine Musik »die Ungewissen überredet, ohne ihnen zu Bewusstsein zu bringen, wofür er sie überredet.« Den *Parsifal* nennt Nietzsche in diesem Sinn einen »Geniestreich der Verführung«.

Ein geradezu paradigmatisches, vielfach – v. a. von Weininger und Klages – übernommenes Muster charakterologischen Denkens liefert Nietzsche zudem, wenn er seinen Befund dahingehend zusammenfasst, dass es sich bei Wagner, dem sich selbst maskierenden Verführer, um einen typischen »Schauspieler« handle. Das Charakteristikum des Schauspielers sieht Nietzsche in dem Willen, etwas allein um seiner Wirkung willen darzustellen. Im Gegensatz zum Musiker, der seinen eigenen Überfluss gestaltet, stellt der Schauspieler etwas dar, was ihm selber fehlt. Die gesamte Psychologie des Schauspielers lasse sich auf den Satz reduzieren: »Was als wahr wirken soll, darf nicht wahr sein«.[387] Dass »wahr« hier im Sinne von »wahrhaftig« gemeint ist, als Übereinstimmung von Ausdruck und Wesen, zeigt sich an anderer Stelle, wenn Nietzsche – ebenso lakonisch – fragt: »Bist du echt? oder nur ein Schauspieler?«[388] Das Verdikt lautet dementsprechend: »Wagners Musik ist niemals wahr«. Was wiederum nichts anderes bedeutet als: Wagner ist *kein echter* Musiker:

> War Wagner überhaupt ein Musiker? Jedenfalls war er etwas anderes mehr: ein unvergleichlicher *histrio*, der größte Mime, das erstaunlichste Theater-Genie, das die Deutschen gehabt haben, unser Szeniker *par excellence*. Er gehört woandershin als in die Geschichte der Musik: mit deren großen Echten soll man ihn nicht verwechseln. Wagner *und* Beethoven – das ist eine Blasphemie

– und zuletzt ein Unrecht selbst gegen Wagner ... Er war auch als Musiker nur das, was er überhaupt war: er *wurde* Musiker, er *wurde* Dichter, weil der Tyrann in ihm, sein Schauspieler-Genie ihn dazu zwang. Man errät nichts von Wagner, solange man nicht seinen dominierenden Instinkt erriet. Wagner war *nicht* Musiker von Instinkt. Dies bewies er damit, daß er alle Gesetzlichkeit und, bestimmter geredet, allen Stil in der Musik preisgab, um aus ihr zu machen, was er nötig hatte, eine Theater-Rhetorik, ein Mittel des Ausdrucks, der Gebärden-Verstärkung, der Suggestion.[389]

In dieser Argumentation zeigt sich idealtypisch eine Schlüsseloperation des charakterologischen Denkstils, die uns erstmals in Carl Schmitts Befund, er sei »charakterologisch ein Anwalt« begegnet war: die Psychologisierung des Sozialen. Nicht was ein Mensch seiner Ausbildung nach ist, womit er sein Geld verdient, was sein Ausweis behauptet, wofür ihn die Gesellschaft ansieht, ist entscheidend, sondern aus welchem »Instinkt« heraus er etwas tut. Nicht nur wird zwischen sozialer Rolle und psychischem Wesen unterschieden, vielmehr werden die Kategorien zur Bestimmung des Seelischen dem Sozialen entnommen. ›Musiker‹ und ›Schauspieler‹ werden mithin als *psychologische Begriffe* aufgefasst. Als Folge dieser Psychologisierung wird die soziale Welt gleichsam verdoppelt und damit das Selbstverständliche als potentiell trügerischer Schein problematisiert. Die Frage: Was tut ein Musiker? wird ersetzt durch die Frage: Was will ein *echter* Musiker? Denn die Antwort lautet nicht: musizieren oder komponieren, sondern: seinen inneren Reichtum verschenken. Oder beim Schauspieler lautet sie nicht: auf dem Theater eine Rolle spielen, sondern: durch äußere Wirkung über die innere Armut hinwegtäuschen. Es ist – mit der Formulierung Schmitts – die psychologische »Formel«, die über die Identität eines Mensch entscheidet.[390] Ihr Paradigma hat die Psychologisierung des Sozialen daher in solchen Fällen, in denen, mit Nietzsches Worten, die »Verwechslung« droht. So bedarf es eines »geschärften Blicks«, um nicht dem Schein zu erliegen, es handle sich bei Wagner wie bei Beethoven um einen Musiker.

e) Ordnen: Entwürfe zu einer Morphologie des Typischen

Nietzsches Werk ist voll von derartigen Psychologisierungen: Über hunderte Stellen verteilt finden sich in seinem Werk Beiträge zur Psychologie der Frau, des Schauspielers, des Musikers, des Artisten, des Juden, des Buddhisten, des Priesters, des Philosophen, des wissenschaftlichen, des religiösen, des kriegerischen Menschen, des Erlösers, des Genies, des modernen Arbeiters, der Deutschen, der Franzosen usw. Spätestens ab Mitte der 1880er Jahre erscheint Nietzsche die von ihm selber produzierte psychologische Materialfülle als eine der größten Herausforderungen für sein weiteres Philosophieren. Sie zu ordnen, wird zum Leitgedanken eines geplanten Großwerks. Bekanntlich wurde dieses Werk, obwohl es über das Stadium fortgeschrittener Entwürfe nicht hinausgekommen ist, 1906 posthum und in deutlich tendenziöser Absicht von Nietzsches Schwester unter dem Titel *Der Wille zur Macht* herausgegeben.[391] Vor allem die Einleitung, aber auch Textarrangement und Titelüberschriften verdeutlichen, dass Elisabeth Förster-Nietzsche darauf bedacht war, ihren Bruder zum heroischen Hausphilosophen des aufstrebenden Deutschen Reiches zu stilisieren. Wie kaum ein anderes dürfte dieses von ihm selbst nicht autorisierte Buch für Nietzsches Ruf als Prediger der »blonden Bestie« verantwortlich sein. Erweitert man die zur Einheit gezwungenen Fragmente dieses Buchs aber um ihren Entstehungskontext, so wird sichtbar, dass der Brennpunkt der Entwürfe woanders lag als in einem nationalen Machtgebaren. Sowohl die beiden letzten von Nietzsche zur Veröffentlichung fertig gestellten Manuskripte, *Die Götzendämmerung* und *Der Antichrist*, als auch die Texte des philosophischen Nachlasses zeigen deutlich, dass der »Willen zur Macht« eine präzise theoretische Funktion erfüllt. Mit ihm reagiert Nietzsche auf eine Frage, die sich im Laufe der 1880er Jahre immer drängender gestellt hatte, nämlich wie sich die zahlreichen Analysen psychologischer Typen unter einem *philosophischen* Aspekt interpretieren ließen. An keiner Stelle seines Gesamtwerks ist Nietzsche so sehr Charakterologe wie in diesen letzten Schriften und Entwürfen.

Unter den Fragmenten des Frühjahrs 1888 findet sich folgende Notiz:

> Wille zur Macht psychologisch [/]
> Einheitsconception der Psychologie. [/]
> Wir sind gewöhnt daran, die Ausgestaltung einer ungeheuren Fülle von Formen verträglich zu halten mit einer Herkunft aus der Einheit. [/]
> Daß der Wille zur Macht die primitive Affekt-Form ist, daß alle anderen Affekte nur seine Ausgestaltungen sind

Einige Absätze später notiert Nietzsche auf die Frage, wie sich der Wille zur Macht zu Schopenhauers Willensbegriff verhalte: »[M]ein Satz ist: daß Wille [sic] der bisherigen Psychologie, [sic] eine ungerechtfertigte Verallgemeinerung ist, daß es diesen Willen gar nicht giebt, daß statt die Ausgestaltung Eines bestimmten Willens in vielen Formen zu fassen, man den *Charakter des Willens* weggestrichen hat, indem man den Inhalt, das Wohin? heraus substrahiert hat.«[392] In diesen Formulierungen greift Nietzsche den anthropologischen Grundgedanken aus der *Genealogie* auf, vertieft ihn – und verwendet dabei dank eines glücklichen terminologischen Zufalls auch den Begriff des Charakters. Im Zusammenhang mit der Askese hatte Nietzsche von der »Grundtatsache« menschlicher Orientierungsbedürftigkeit gesprochen: Lieber wolle der Mensch das Nichts als nichts zu wollen.[393] Dass er damit, wie ich unterstellt hatte, eine echte Lösung des charakterologischen Problems vorformulierte, bestätigt Nietzsche hier nun explizit, wenn er von einer »Ausgestaltung eines bestimmten Willens in vielen Formen« spricht.

Das entscheidende Detail, durch das sich Nietzsche mit dieser Formulierung von Schopenhauer absetzt, ist die Bestimmtheit des Allgemeinen. Schopenhauer hatte den Willen zwar immanent, aber metaphysisch als »An-Sich« der Welt aufgefasst, als Substanz, die erst dadurch Richtung und Inhalt bekommt, dass sie sich in den konkreten Dingen und Lebewesen »objektiviert«; für sich genommen ist der Wille nichts als »blinder Drang«. Das Verhältnis des Allgemeinen zum Besonderen folgte dabei letztlich der aristotelischen Unterscheidung von substanziellem Stoff und akzidenteller Bestimmung. Nietzsche dagegen erweitert dieses zweiwertige Schema um ein drittes Element, indem er nämlich noch Bestimmung und Form unterscheidet: Der Wille ist nicht »blind«, er ist mehr als ein »Drang«, als Wille *zur Macht* ist er ein immer schon spezifisches Begehren, und erst in dieser Bestimmung gestaltet er sich aus. Spitzt man diese beiden Ansätze formelhaft zu, wird der Unterschied in charakterologischer Hinsicht noch deutlicher: Für Schopenhauer »hat« der Wille unzählige Charaktere, für Nietzsche »bildet« der Charakter des Willens unzählige Formen aus. Während das Hilfsverb »haben« eine kontingente Beziehung ausdrückt, zeigt das Verb »bilden« eine formal notwendige Beziehung an. Als Charakterologe muss Schopenhauer wie ein Schüler fragen: *Was* ist der Inhalt dieses Menschen? Nietzsche kann dagegen wie ein Detektiv fragen: *Wie* strebt dieser Mensch nach Macht? Das Allgemeine wird also nicht als metaphysische Substanz, die sich zumindest denken lässt, konzipiert, sondern als Medium, das ohne seine Formen – sein »Wie« – überhaupt nicht gedacht werden kann: Der Gedanke, dass der Mensch zur Macht will, ist nicht zu haben ohne die Frage, welche Wege dorthin führen.

Insofern der Begriff des »Willens an sich« eine Existenzbehauptung enthält, muss eine Charakterologie, die allein auf Schopenhauers Metaphysik aufbaut, dem Inhalt nach ontologisch und in der Form systematisch ausfallen. Genau dies dokumentieren Bahnsens Versuche. Dagegen handelt es sich beim Willen zur Macht um einen Modalbegriff. Die Psychologie, die sich seinen zahlreichen Varianten widmet, nennt Nietzsche daher folgerichtig eine »*Morphologie* des Willens zur Macht«.[394] Betont man nun, mit Nietzsches eigenen Worten, die Bestimmtheit des Willens, indem man ihm einen »Charaker« attestiert, so könnte der Projekttitel des geplanten Großwerks sinngemäß auch lauten: Psychologie als Morphologie des menschlichen Charakters. Mit dieser »Einheitsconception« gibt Nietzsche der charakterologischen Fragestellung eine Fassung, die hinreichend spezifisch formuliert ist, um zum Paradigma zu werden. Das zeigt auch die Art, in der Nietzsche sich von der akademischen Psychologie abgrenzt. Im direkten Anschluss an die zuletzt zitierte Stelle notiert er:

Daß es eine bedeutende Aufklärung giebt, an Stelle des individuellen ›Glücks‹[,] nach dem jedes Lebende streben soll, zu setzten Macht: ›es strebt nach Macht, nach Mehr in der Macht‹ – Lust ist nur ein Symptom vom Gefühl der erreichten Macht, eine Differenz-Bewußtheit – [/] – es strebt nicht nach Lust, sondern Lust tritt ein, wenn es erreicht, wonach es strebt: Lust begleitet, Lust bewegt nicht ...[395]

Anders als sonst greift Nietzsche die akademische Wissenschaft an dieser Stelle nicht mit einer kulturkritischen Invektive an, sondern mit einem theoretischen Einspruch. Er gilt der Leitidee des individuellen Glücks. Indem er nun aber als Fokus menschlichen Strebens die Idee der Macht annimmt, ersetzt er einen Aspekt durch einen anderen. Mögliche Schwierigkeiten einer solchen »Macht-Wissenschaft« betreffen jetzt nicht mehr die Objektkonstruktion, wie dies bei Bahnsen und allen späteren systematischen Charakterologen der Fall war, sondern allein Fragen der Operationalisierung. Die Idee des individuellen Glücks besitzt ihr präzises Korrelat in der Leitdifferenz Lust / Unlust, mit deren Hilfe sich psychische Sachverhalte experimentell beobachten lassen. Dagegen handelt es sich bei der Frage, auf welche Weise Menschen nach Machtgewinn streben, um ein hermeneutisches Problem. Nietzsches Einspruch hat insofern einen ähnlich paradigmatischen Charakter wie der Wilhelm Diltheys, als er auf die Ablösung der Laborpsychologie durch eine verstehende Psychologie zielt. Gleichwohl hat er darüber hinaus aber auch *explizit* ideologische Implikationen – das ist der Grund, warum sich dieses Paradigma letztlich doch nicht zur Diziplingründung eignete.

Der liberale Grundgedanke, jedes Individuum wolle das eigene Glück maximieren, korrespondiert mit dem Gebot, sich gegenüber dem Streben anderer Individuen tolerant zu verhalten. Dagegen folgt aus Nietzsches Grundgedanken das Gebot zur Vorsicht gegenüber den Strategien der anderen, ihre Macht zu vermehren. Wo also der Liberalismus gerade deshalb eine emphatische *Idee* von *Individualität* entwickeln kann, weil er in »inhaltlicher« Hinsicht Gleichgültigkeit gegenüber den anderen fordert, da mahnt Nietzsche *Wissen* um die *typischen* Formen des Willens zur Macht an.

Im Gegensatz zum liberalen Individualismus verzichtet er dabei auch auf jede Fiktion von Wertfreiheit und Neutralität. Vielmehr machen die Pläne zur konkreten Ausgestaltung einer psychologischen Morphologie sehr deutlich, von welcher Perspektive aus Nietzsche wem gegenüber Stellung bezieht.

Am Ende der *Genealogie* hatte Nietzsche angekündigt, dass »jene Dinge« bald »in einem andren Zusammenhange gründlicher und härter angefasst werden«, und in Klammern hinzugefügt: »unter dem Titel ›Zur Geschichte des europäischen Nihilismus‹; ich verweise dafür auf ein Werk, das ich vorbereite: *Der Wille zur Macht. Versuch einer Umwertung aller Werte*«.[396] Die Entwürfe der Jahre 1887 / 88 zeigen, dass Nietzsche im Nihilismus einen Leitgedanken gefunden hatte, der es ihm in einem zweiten Anlauf ermöglichen sollte, seine philosophischen und psychologischen Einsichten unter dem Dach einer historischen Großerzählung zu vereinen.[397] Dabei liegt der eigentliche Schlüssel im Begriff der *décadence*. Wie bereits in den Analysen des Priesters und Wagners gesehen, griff Nietzsche den Namen eines ästhetischen Programms, das Krankheit und Reizbarkeit als Bedingungen künstlerischer Sensibilität postulierte, auf, um mit ihm alle Erscheinungsweisen eines »geschwächten Lebens« seit dem Niedergang der hellenischen Welt zu bezeichnen.[398] Getreu der Methode seines Spätwerks, alle philosophischen Allgemeinbegriffe auf das ihnen zugrunde liegende »physiologische« Bedürfnis zu befragen, stellt die Behauptung einer allumfassenden Sinnlosigkeit für ihn nur das letzte und konsequenteste Symptom eines degenerierenden Lebens dar. »Der Nihilism«, notiert Nietzsche in diesem Sinne, »ist keine Ursache, sondern nur die Logik der *décadence*«.[399]

Dass die Funktion des Begriffs in der Vereinheitlichung von Phänomenen lag, die man gewöhnlich nicht zusammen denkt, zeigt sich prägnant am Anfang der Notiz: »Die Frage der *décadence*: zu begreifen, *welche Phänomene zueinander gehören* und hier ihren gemeinsamen Heerd haben.« Das unter diesem Motto stehende Tableau listet nicht weniger als 32 derartiger Phänomene auf, unter ihnen: »Anarchismus«; »Weibs-Emancipation«; »Abnahme der Defensiv-Kräfte«; »Übergewicht des *ressentiment*«; »Bedürfnis nach Reizmitteln«; »das Mitgefühl mit allem Leiden«; »die ›Toleranz‹«;

»Heuchelei, Schauspielerei: die Schwächung der Person«; »die Hyperirritabilität«, darunter: »›Musik‹, der ›Artist‹, der ›romancier‹«; »die Pessimisten«; »die liberalen Institutionen«; »die ›Sinnlosigkeit‹«.[400] Man sieht, dass die Phänomene, wo sie nicht schon als Menschentypen objektiviert sind, entweder Substantivierungen solcher Typen oder aber symptomatische Merkmale psychologischer Typen darstellen. Dabei ist die Darstellungsform unerheblich – entscheidend ist in unserem Zusammenhang, dass sich jeder dieser Sachverhalte *auch* in Form eines Menschentypus darstellen lässt. Tatsächlich gewinnen die oft unübersichtlichen, geistesblitzartigen Notate durch die Personalisierung eine gewisse formale Einheitlichkeit. Und so verwundert es nicht, dass Nietzsche sich immer wieder bemüht, die Phänomenologie der Dekadenz in eine Typologie der Dekadenten zu übersetzen. So etwa in der Notiz: »Typen der *décadence*. / Die Romantiker / Die »freien Geister« [z. B.] Sainte-Beuve / Die Schauspieler. / Die Nihilisten. / Die Artisten. / Die Brutalisten. / Die Delikaten.«[401] Andere Beispiele ließen sich hinzufügen. Dennoch erinnert die Heterogenität dieser Beispiele auf den ersten Blick an die ergebnislosen Versuche der systematischen Charakterologen, der Vielfalt ihres Materials Herr durch tabellarische Formen der Klassifikation zu werden. Doch anders als Bahnsen, Utitz oder Ziehen benennt Nietzsche mit der Dekadenz nicht nur einen Aspekt, unter dem alle aufgezählten Phänomene zu spezifischen Sachverhalten werden: Mit der diachronen Darstellungsform kommt ein weiteres Ordnungsmoment hinzu.

Schon die Aufzählung der genannten Phänomene lässt keinen Zweifel, dass die Analyse der Dekadenz für Nietzsche gleichbedeutend ist mit einer Kritik der modernen Zivilisation. Die Erscheinungen der Gegenwart stellen das Ergebnis eines historischen Verfallsprozesses dar. Die sachliche Unterscheidung zwischen Lebensarmut und Lebensfülle wird ergänzt um die temporale Unterscheidung zwischen dekadenter Gegenwart auf der einen, gesunder Vergangenheit und Zukunft auf der anderen Seite. In diesem einfachen, durch einen doppelten Gegensatz strukturierten Schema lassen sich nun feinere Unterscheidungen einfügen. Zum einen betrifft dies Differenzierungen innerhalb der historischen Zeit. Der fundamentale Gegensatz zwischen der vorsokratischen

Antike und den »zwei Jahrtausenden Widernatur« wird etwa im Kleinen verdoppelt durch den Gegensatz zwischen christlichem Mittelalter und der Renaissance als dem – wiederum durch die Reformation vereitelten – Versuch, »die vornehmen Werte« zu restituieren; oder zwischen dem »aristokratischen«, »raubtierhaften« 17. Jahrhundert und dem »schwärmerischen«, »verlogenen« 18. Jahrhundert.[402] Zum anderen lassen sich auch innerhalb des fundamentalen inhaltlichen Gegensatzes zwischen Nihilismus und Lebensbejahung Gegensätze von niederer Allgemeinheit markieren: so etwa die Unterscheidung zwischen den beiden nihilistischen »décadence-Religionen« Buddhismus und Christentum anhand des Gegensatzes von diätetischem Körperbewusstsein und asketischer Körperverneinung.[403]

An diesem Strukturgerüst lässt sich nun die gesamte Fülle der Menschentypen, die Nietzsches psychologisches Denken analysiert hat, perspektivisch ordnen, indem ihnen unter dem Aspekt des »Lebens« ein Ort in der Zeitachse zugewiesen wird. So wird der »tragische Mensch« der Antike als lebensbejahender und leidensfähiger »Dionysos« an die Seite des »Barbaren« und »Heiden« gestellt und von ihren Gegensätzen unterschieden: einerseits von den christlichen »Erlösertypen« Jesus und Paulus, die mittels moralischer Ideale das Leiden verherrlichen, andererseits vom »sokratischen Menschen«, der das Leiden leugnet. Die offen »herrschaftlichen Typen« des antiken Sklavenhalters oder des Renaissancefürsten à la Cesare Borgia werden den »maskierten« Herrschertypen wie dem Priester gegenüber gestellt. Luther erscheint als Vernichter der lebens- und machtvollen Renaissance, als »Mönch, mit allen rachsüchtigen Instinkten eines verunglückten Priesters im Leib«, als typischer Repräsentant der Deutschen, die »alle Halbheiten [...] auf dem Gewissen haben, an denen Europa krank ist«; Bismarck dagegen als von »starker deutscher Art«; Goethe als gewaltiger Unzeitgemäßer, als »großartiger Versuch das 18. Jahrhundert zu überwinden«, um die »Rückkehr zu einer Art Renaissance-Mensch zu erreichen«; Kant »mit seinem Moral-Fanatism« dagegen als »ganz 18. Jahrhundert« und deshalb »Antipode« Goethes; die Romantiker wiederum als ein »Nachschlag des 18. Jahrhunderts«; Rousseau als dessen Inbegriff, als erster Romantiker, »Idealist und Kanaille in einer Person« und damit Repräsentant einer Haltung, deren »welthistorischer Ausdruck« die Revolution sei; Lord Byron und Sainte-Beuve als mit Rousseau »verwandt«, der eine hinsichtlich der »erhabenen Attitüden« und dem »rancunösen Groll«, der andere in seiner »Erbitterung« gegen »alles Große an Mensch und Ding, gegen alles, was an sich glaubt«; Goethe, Napoleon und Voltaire andererseits als Gegenspieler und Gegensätze zu Rousseau: Goethe in seinem »Ekel« vor der Revolution; Napoleon als »Kur« gegen die schwächende Wirkung der Zivilisation, als dem »Frankreich der Revolution [...] entgegengesetzter Typus«, als »ein Stück ›Rückkehr zur Natur‹, so wie ich sie verstehe«; Voltaire als »le seigneur de Tournay«, der *humanità* und *virtù* »noch im Sinne der Renaissance« begreift« und »für die Sache der *honnêtes gens* und *de la bonne campagnie*« gegen den »Genfer Bürger« kämpft. Sodann die Dekadenztypen der Moderne: Rousseau erscheint ihm als »Mißgeburt an der Schwelle der neuen Zeit«; Wagner als »lehrreichster Fall« für eine »Diagnostik der modernen Seele«; mit ihm der »Schauspieler« als Typus ohne eigenen Instinkte; »Pessimisten« wie Schopenhauer und Baudelaire als »physiologisch[e] *décadents*«; der »wissenschaftliche Mensch« als »Zeichen einer Niveau-Eindämmung des Lebens«; der »moderne Künstler« als Spezialist für die Narkotisierung der Erschöpften; dagegen der »echte Künstler«, der »Philosoph« und der »Politiker« als »Egoisten«, die »gegen die Herauslösung aus den Instinkten«, gegen das »Unheimischwerden« in der eigenen Natur kämpfen. Und schließlich die für die Gegenwart so symptomatischen »Händler und Zwischenpersonen«, die Misch- oder Entartungsformen. Ein von Nietzsche dabei besonders gewürdigter Fall ist der »Verbrecher« als »krankgemachter starker Mensch«: Seiner Art nach »naturwüchsig« und mit starken Lebens- und Machtinstinkten ausgestattet, sind »seine Tugenden von der Gesellschaft in Bann geraten«, so dass er »das, was er am liebsten täte, heimlich tun muß«. Von geradezu paradigmatischer Qualität ist der Verbrecher als Vorbote des Kommenden, als noch unzeitgemäßer »Neuerer«, der abgelehnt wird, weil man seinen Wert nicht erkennt. Hierin ist er etwa Napoleon verwandt, dem seltenen Fall eines starken Menschen, der sich »stärker als die Gesellschaft« erweist; zugleich ist er ein typischer Repräsentant jener »catilinarischen Existenzform«, die angefeindet wird, weil in ihr nicht die »Präexistenzform« eines Cäsars erkannt wird.⁴⁰⁴

Aufbauend auf diesem Strukturgerüst kann die Ordnung des Materials durch weitere Symbolisierungen bekräftigt werden. Das betrifft zum einen die Natursymbolik. So etwa, wenn Nietzsche davon spricht, mit Bizets *Carmen* »Abschied vom feuchten Norden, von allem Wasserdampf des Wagnerschen Ideals« genommen zu haben; oder von seinem Ziel, »den Süden wieder zu entdecken«, um »Schritt für Schritt umfänglicher« und »endlich griechischer« zu werden.⁴⁰⁵ Ein anderes zentrales Mittel der Symbolisierung, von dem Nietzsche exzessiven Gebrauch macht, ist – einmal mehr – die Polarität der Geschlechter. Während er das starke, gesunde Leben männlich besetzt, bedient Nietzsche sich einer Strategie der Effeminierung, wenn er seine »lebensschwachen« Gegner charakterisiert: So dürfe man es Napoleon zurechnen, »daß der Mann in Europa wieder Herr über den Kaufmann und Philister geworden ist«, Sainte-Beuve dagegen sei »eine Weibsperson im Grunde, mit einer Weibs-Rachsucht und Weibs-Sinnlichkeit«; und Wagner habe sein Schaffen so sehr auf den Applaus der Frauen hin angelegt, dass er »alsbald zum Weibe kondesziert« sei.⁴⁰⁶ Umgekehrt greift die Strategie auch bei der Desavouierung von Frauen – George Eliot etwa sein ein »Moral-Weiblien« und »das Schlimmste« an George Sand sei »die Weibskokettrie mit Männlichkeiten, mit Manieren ungezogener Jungen«. Die Kategorie des Geschlechts verstärkt also nicht nur bestimmte Befunde symbolisch, sie ist selbst von charakterologischer Bedeutung, wenn es nämlich um den Widerspruch zwischen biologischem und psychologischem Geschlecht geht. Der verweiblichte Mann und die vermännlichte Frau sind für Nietzsche charakteristische »Zwischen«- und Mischerscheinungen der modernen Welt. So sieht er das Problem der Emanzipation vor allem in der Unkenntlichmachung des Typischen, in der freiwilligen Verarmung der Frau.⁴⁰⁷ Eine ebenso zentrale Rolle spielt der sozial-politische Gegensatz von »edel«, »vornehm«, »aristokratisch« und »plebejisch«, »pöbelhaft«, »demokratisch«. So ist Sokrates darin »sehr plebejisch«, dass er »gegen die vornehmen Instinkte« agitiert; desgleichen Franz von Assisi, der »gegen die Aristokratie [...] zugunsten der Niedersten« kämpft;

und von Sokrates, Christus, Luther, Rousseau spricht Nietzsche als den »vier großen Demokraten«.[408]

Die angeführten Beispiele zeigen, dass Nietzsches letzte Schriften und Entwürfe auch darin eine Rückkehr zu den philosophischen Anfängen bedeuten, dass in ihnen charakterologisches Problembewusstsein und symbolische Methode zusammenfallen. Anders als im Tragödienbuch ist der charakterologische Aspekt nun aber insofern zentral, als es nicht mehr nur um die Personalisierung einzelner Sachgebiete geht, sondern um die Ordnung einer kaum mehr überschaubaren Fülle von Menschentypen. Wenn Nietzsche Sokrates, Christus, Luther und Rousseau allesamt als »Demokraten« bezeichnet, so stellt er damit – alle sachgerechten Rücksichten ignorierend – eine Ähnlichkeit zwischen vier Personen aus vier Epochen, die insgesamt über zweitausend Jahre auseinander liegen, her. Da es sich bei dem Symbol, das die Ähnlichkeit zwischen Menschen herstellt, aber nicht um ein Ding oder eine Dingeigenschaft, sondern um einen politischen Typus handelt, hat man es zugleich mit einer Psychologisierung des Sozialen zu tun. Denn so wenig es sich bei Wagner tatsächlich um einen Schauspieler oder bei Sainte-Beuve tatsächlich um eine Frau handelt, so absurd ist es, zumindest Jesus und Luther im wörtlichen Sinn als Demokraten zu bezeichnen. Vielmehr geht es Nietzsche darum, jenseits der konventionellen Wortbedeutung aus dem »Schauspieler«, der »Frau« oder dem »Demokraten« einen psychologischen Begriff zu machen, mit dessen Hilfe man die augenscheinliche Identität eines *jeden* Menschen problematisieren kann. Die gleiche Logik, die aus Luther kontrafaktisch einen Demokraten macht, kann umgekehrt auch das Offensichtliche anzweifeln: »War Sokrates überhaupt ein Grieche?«[409]

Anders als noch im Tragödienbuch, dessen Einzelbefunde durch ein idealistisches Geschichtsmodell zusammengehalten wurden, bezeugen diese Ordnungsversuche ein Denken, das keine synoptische Zusammenstellung seiner Elemente mehr anstrebt. Es handelt sich mithin um einen Fall symbolischen Denkens, das auch unter den engeren Begriff der praktischen Logik fällt.[410] In der Tat »ordnet« Nietzsche einen Sachverhalt – hier: einen Menschentypus oder ein typisches Individuum – ja nicht, indem er ihm einen systematischen Ort zuweist, der von allen anderen möglichen Orten unterschieden ist, sondern indem er auf seine qualitative Ähnlichkeit zu anderen Typen und Sachverhalten hinweist, kurz: nicht durch Klassifikation, sondern durch Symbolisierung. Gemäß Bourdieus Modell der praktischen Logik finden diese Symbolisierungen aber situativ und spontan statt, also *in der Zeit*, anders als formal-logische Sätze, die nur eindeutig sein können, wenn sie sich – wie Bourdieu mit Descartes sagt – *uno intuito et total simul* widerspruchsfrei zueinander verhalten.[411] Und genau dies ist bei Nietzsche, insbesondere in seinen letzten Schriften und Entwürfen, tatsächlich der Fall. Dabei mag die Rede von »situativen« und »spontanen« Aussagen verwundern, immerhin stammen sie von einem Texte verfassenden Philosophen. Doch sie trifft den Kern eines »kreisenden« Denk- *und* Schreibstils, der eben nicht das Resultat will, sondern die Dynamik. Man versteht Nietzsches Texte am besten, wenn man sie nicht seins-, sondern bewusstseinsanalog auffasst: Wenn man ihnen also zugesteht, nicht nur aus dem logischen Nacheinander von Sätzen und Schlüssen zu bestehen, sondern auch und vor allem aus einer endlosen Reihe zeitlicher Momente. Dass Nietzsche *in actu* symbolisiert, gleichsam situativ, nur an den Kontext seines aktuellen Gedankens gebunden, zeigt sich prägnant auch in der Organisation der hier in Rede stehenden Texte, die sich durch die schnelle Aufeinanderfolge aphoristischer Schlaglichter auszeichnen. So seltsam es klingen mag, bedeutet das aber, dass Nietzsches Aussagen nur bedingt dem Satz vom Widerspruch genügen. Denn eindeutig ist er immer nur in der Zerstörung von Behauptungen. Dagegen gehört die Mehrdeutigkeit positiver Aussagen notwendig zu diesem Denken: Wie sich die jeweils notierten Sätze formal-logisch zu Sätzen verhalten, die einige Seiten vorher notiert wurden, ganz zu schweigen von solchen, die in anderen Büchern stehen, ist zweitrangig. Um dafür nur ein besonders eklatantes Beispiel anzuführen: Während Nietzsche in *Genealogie der Moral* den »Philosophen«, der sein eigenes Dasein durch die Askese bejaht, als Repräsentanten des gesunden Lebens begreift, weist er ihn in einem nur kurz später entstandenen Gliederungsentwurf als »Typus der *décadence*« aus.[412]

So unscharf diese Art des symbolischen Denkens auch ist, so wenig darf sie als beliebig missverstanden werden. Denn die fundamentalen Schemata der Symbolisierung bleiben ja stabil. Die Unterscheidungen von »starkem« und »schwachem« Leben, von »vornehm« und »plebejisch«, von »männlich« und »weiblich« sind so robust, dass sie dem Denken eine immense Reichweite und Verfügungsgewalt über eine Vielzahl von Themen verleihen. Man kann sogar sagen: Je größer die empirische Fülle des Materials, auf das sie angewendet werden, desto robuster werden die strukturierenden Gegensätze, denn jeder Anwendungsfall bestätigt ihre Angemessenheit. Und so verwundert es nicht, wenn Nietzsche nach einer fast zwanzigjährigen Denkpraxis, in deren Verlauf der Panzer des eigenen Denkens durch Anwendung hart geschmiedet wurden, das Ziel des geplanten Großwerks auf die Formel bringt: »über *alle* wesentlichen Zeiten, Völker, Menschen und Probleme ein Wort«.[413]

f) Ordnung als Rangordnung

Es ist von entscheidender Bedeutung für das Verständnis des charakterologischen Denkstils, das Denken in fundamentalen Gegensätzen als unmittelbare Funktion einer Perspektive zu begreifen. Die Pointe des Perspektivismus liegt ja in der Unmöglichkeit, objektiv zu denken. Für Nietzsche ist nicht der Gegenstand des Denkens stabil, weder die Objekte noch die Aussagen, sondern nur der Standpunkt, von dem aus objektiviert wird. Einige Jahre zuvor hatte er diesen Gedanken in erkenntnistheoretischer Hinsicht so formuliert: »Nur die Eigenschaften sind real, die Dinge sind als deren ›Ursachen‹ hinzuerfunden.«[414] In der Erweiterung dieses Arguments, das sich gleichermaßen gegen die Deutungsansprüche der Metaphysik wie der quantifizierenden Wissenschaften richtet, wird einmal mehr deutlich, dass Perspektivismus und Ästhetizismus bei Nietzsche zwei Seiten einer Medaille sind: »Die Qualitäten sind unsere unübersteiglichen Schranken; wir können durch nichts verhindern, bloße Quantitäts-Differenzen, als etwas von Quantität Grundverschiedenes zu empfinden, nämlich als Qualitäten, die nicht mehr aufeinander reduzierbar sind.«[415] Wie fundamental dieses Axiom ist, erkennt man an seinen Folgen: Sind nur die Qualitäten »real« und zugleich »irreduzibel«, so ist auch der Grundbegriff der »Identität«, auf dem Logik und Ontologie ebenso aufbauen wie die mathematischen Wissenschaften, eine sinnlose Fiktion. Als letzte Grundbegriffe, die dem Denken Halt bieten, bleiben nur noch »Werden« und »Differenz«.[416] Was Nietzsche aber nicht reflektiert, ist die *eigene* Logik, der das Denken folgen *muss*, wenn es auf der Grundlage qualitativer Differenzen operiert. Mögen die Qualitäten als solche zwar irreduzibel sein – vorstellbar sind sie nur als Gegensatzpaare. Und genau diese apriorische Form ermöglicht es, qualitative Eigenschaften über Analogien schneller miteinander zu verknüpfen als die Sätze eines jeden Syllogismus.

Der Grund der Perspektive ist für Nietzsche aber, wie gesehen, ein bestimmter »Instinkt«, der nicht über Dinge nachdenkt und sie beurteilt, sondern eine »Optik« im »Affekt« *bewertet*. Die Komplexität des Empirischen wird also nicht wie in den empirischen Wissenschaften durch einen – der Welt zugeschriebenen – Sachaspekt reduziert, sondern durch einen – der eigenen Perspektive zugeschriebenen – Wertgegensatz *geordnet*. Die zweiwertige Grundordnung ist es und nicht die Reduktion, die aus den Gegenständen des charakterologischen Denkstils spezifische Objekte macht. Indem er den Willen zur wertenden Unterscheidung als Beurteilungsgrundlage sichtbar werden lässt, zeigt Nietzsche: Das symbolische Denken über Menschen ist an eine Perspektive gebunden, die immer zugleich Wahrnehmung *und* Bewertung ermöglicht, das Schema der Eigenschaftsgegensätze ist also von einem Schema der Wertegegensätze nicht zu trennen.[417] Es ist die perspektivische Gebundenheit, die dieser Art des Denkens seine Sicherheit und die immense Reichweite verleiht. Und so wird auch verständlich, dass im Gegensatz zu allen Versuchen einer objektiven Systematik, die an der Vielzahl der Unterschiede zwischen den Menschen scheiterte, die Charakterologie nur dann »funktionierte«, sofern es ihr gelang, auch die feinsten qualitativen Unterschiede letztlich als Analogie fundamentaler Wertgegensätze aufzufassen. Anders als Nietzsche thematisieren übrigens die meisten Charakterologen den Zusammenhang von Perspektive und Bewertung als Möglichkeitsbedingung ihrer Wissenschaft nicht. Ein später Leser Nietzsches, der Graphologe Rudolf Pophal, stellt nur die bestätigende Ausnahme von dieser Regel dar, wenn vom »charakterologischen Wertungsbedürfnis« in seinem Fach spricht.[418]

Vor diesem Hintergrund wird auch plausibel, was Nietzsche meint, wenn er 1886 schreibt, »daß es das Problem der *Rangordnung* ist, von dem wir sagen dürfen, daß es unser Problem ist«.[419] Da das symbolische Schema an das Wertschema gebunden ist, stellt sich die Frage nach einer Ordnung der Menschentypen immer auch als Frage nach ihrer Hierarchie. Und so verwundert es nicht, wenn Nietzsche in den gleichen Entwürfen, in denen er seine Psychologie als »Morphologie des Willens zur Macht« ausweist, mehrfach auf Fragen des Ranges zu sprechen kommt. Dabei wird deutlich, dass die Wertperspektive nicht nur das inhaltliche, sondern auch das temporale Symbolschema integriert. Denn der historische Degenerationsprozess erscheint unter diesem Gesichtspunkt als ein »Niedergang der herrschaftlichen Typen«. Den Grund für diesen Niedergang erkennt Nietzsche in der »Wahnidee« der Gleichheit. Mit der Durchsetzung der moralischen Allgemeinbegriffe, darunter eben auch der Begriff der Menschheit, seien die »natürlichen« Affekte des Lebens unterdrückt und die mit ihnen verbundenen Unterschiede der Perspektiven verschleiert worden. Wenn Nietzsche also seine eigene Aufgabe darin sieht, »die Rangordnung wieder herzustellen«, so bedeutet dies zweierlei: zum einen die Entlarvung der »höchsten Werte« der Gegenwart als Fiktionen, zum anderen die Sichtbarmachung der durch sie verdrängten »natürlichen Werte«.[420] Zugleich ist diese Sichtbarmachung die Voraussetzung für die Entstehung einer neuen Sozialordnung. Denn erst durch die »Umwertung aller Werte« kann man erkennen, in welchem Maße die Gegenwart zu einer realen Vermischung des Verschiedenen geführt hat: »Die Lehre von der Gleichheit! ... Aber es gibt gar kein giftigeres Gift: denn sie scheint von der Gerechtigkeit selbst gepredigt, während sie das Ende der Gerechtigkeit ist ... ›Den Gleichen Gleiches, den Ungleichen Ungleiches‹ – *das* wäre die wahre Rede von der Gerechtigkeit: und, was daraus folgt, ›Ungleiches niemals gleich machen.‹«[421]

Das aristokratische Gesellschaftsverständnis, das aus solchen Formulierungen spricht, darf freilich nicht voreilig mit Konservativismus gleichgesetzt werden. Es geht Nietzsche nicht darum, eine entrechtete Elite wieder in ihre alten Herrschaftsrechte einzusetzen, sondern darum, eine Elite überhaupt erst zu schaffen: »Die bisherigen Aristokraten, geistliche und weltliche, beweisen nichts gegen die Nothwendigkeit einer neuen Aristokratie.«[422] Die Unterscheidung zwischen »alten« und »neuen« Aristokraten stellt einmal mehr ein Musterbeispiel für die Psychologisierung des Sozialen dar. Schließlich wird mit ihr ja unterstellt, dass die Gruppe, die sich durch Titel und gesellschaftliche Anerkennung als Adel ausweisen kann, ihrem Wesen nach alles andere als adlig ist. Wenn Nietzsche daher konsequenterweise auch vom »seelischen Adel« spricht, dann macht er aus einem sozialen Terminus einen psychologischen Begriff.[423] Die erläuternde Formel lautet im Fall des Adels: sich selbst zu gestalten statt von anderen gestaltet zu werden.[424] Das Ergebnis dieser Fähigkeit, einen »Reichtum an Person« zu erwerben, fasst Nietzsche unter dem Begriff der Vornehmheit zusammen. Doch wie auch in anderen Fällen, etwa dem des »Schauspielers« Wagner gilt: So einfach die Bestimmung eines psychologischen Begriffs sein mag, so viel psychologischen Könnens bedarf es, um zu erkennen, ob ein Individuum die Kriterien dieses Begriffes erfüllt. Und so antwortet Nietzsche auf die Frage »was ist vornehm?« mit einem Katalog von nicht weniger als 22 jeweils ausführlich dargestellten Merkmalen, darunter: die »Sorgfalt im Äußerlichen«, das »Ausweichen vor kleinen Ehren«, die »Fähigkeit zum Otium«, das »Ertragen langer Feindschaften«, die »Ironie gegen die ›Begabten‹«, das »Sammeln kostbarer Dinge, die langsame Gebärde«, die »Überzeugung, dass man nur gegen seinesgleichen Pflichten hat«, die »Lust an den Formen«, das »Ertragen des Mangels und der Krankheit«, der »Ekel am Demagogischen«. Diese Aufzählung mündet in ein Merkmal, das gleichsam die Summe aller vorherigen bildet – die Unscheinbarkeit des Vornehmen: »Wir wissen, dass wir *schwer erkennbar* sind, und daß wir Alle Gründe haben, uns Vordergründe zu geben.«[425]

Einmal mehr betont Nietzsche also die Verborgenheit des menschlichen Wesens und die Schwierigkeit der Wesenserkenntnis. In ihrer Gesamtheit suggerieren die Fälle, in denen das Selbstverständliche zur Illusion erklärt wird, dem Leser ein Gebot zur

Vorsicht gegenüber dem Anderen als einem potentiell *fremden* Anderen. Nahm man Nietzsche ernst, musste jeder Mensch zum Problem werden: Ist die Frau, die mich fasziniert, eine *echte* Frau? Ist dieser Komponist ein *echter* Musiker? Ist dieser Offizier ein *echter* Aristokrat? Sind unsere Herrscher *echte* Machtmenschen? Ist es seine Kraft oder sein Ressentiment, was mir an diesem Menschen zu schaffen macht? Schöpfe ich selbst aus der Fülle meines Lebens oder kompensiere ich seine Armut? Zugleich suggeriert Nietzsche, dass derartig existentielle Fragen ohne hermeneutischen Scharfblick nicht zu beantworten sind. Es verwundert also nicht, wenn um 1900, als die Bücher Nietzsches für viele Deutsche zu einem geistigen Erweckungserlebnis geworden waren, in der Charakterologie eine kommende Wissenschaft und ein notwendiger Beruf gesehen wurde.[426] Kurz nach der Jahrhundertwende war es dann Otto Weininger, der als erster dieses Bedürfnis nicht mehr nur suggerierte und die *nützliche* Psychologie, die es erfüllen sollte, auch explizit »Charakterologie« nannte.

g) Der große Verdacht: Nietzsches ambivalentes Vermächtnis

Im Epilog seiner Schrift *Nietzsche contra Wagner* wendet Nietzsche den Blick vom Gegner auf sich selbst. Dabei hebt er die Züge seines Denkens hervor, an die sich das charakterologische Denken anschließen konnte. Zugleich zeigt sich hier aber auch, dass Nietzsche weit mehr war als nur ein Charakterologe. Offenbar geht es ihm am Ende der Abrechnung darum, eine Erklärung für seinen radikalen Sinneswandel gegenüber Wagner zu liefern. Er thematisiert die Veränderung, die sich in den »schwersten Jahren« seines Lebens durch »langes Siechtum« an ihm vollzogen habe – eine Anspielung auf die Zeit zwischen 1873 und 1879, in die nicht nur die Verschlechterung seines Gesundheitszustandes, sondern auch die Neuausrichtung seiner Philosophie und die Entfremdung von Wagner fällt.[427] Nietzsche umschreibt seine Leidenszeit als eine »lange, gefährliche Übung«, in deren Verlauf er sich selbst als Philosophen gefunden habe. Als wichtigsten Gewinn nennt Nietzsche bemerkenswerter Weise den *Verlust an Vertrauen*: Er sei aus der Krankheit als ein Anderer herausgekommen, als Mensch »mit einigen Fragezeichen mehr – vor allem mit dem Willen, fürderhin mehr, tiefer, strenger, härter, böser, stiller zu fragen, als je bisher auf Erden gefragt worden ist ... Das Vertrauen zum Leben ist dahin, das Leben selber wurde zum *Problem*«.[428] Damit radikalisiert Nietzsche die philosophische Haltung, das Selbstverständliche fragwürdig zu finden. Nicht Wissbegier motiviert den Zweifel, sondern *Misstrauen*. Es geht nicht um eine vernünftige Fundierung der phänomenalen Welt, sei es im Entwurf einer metaphysischen Ordnung oder im Nachweis transzendentaler Bedingtheit, sondern um die »Umkehrung« aller Erscheinungen. Die Dinge sind nicht »in Wahrheit« komplexer – sie sind »in Wirklichkeit« ganz anders als man meint. Einsamkeit und Leiden bewirken nicht den Glauben an ein Sein hinter der erscheinenden Welt, sondern einen Zweifel, der so kraftvoll ist, dass er die Welt nicht nur hinterfragt, sondern durch andere Welten ersetzen kann: »Erst der große Schmerz ist der letzte Befreier des Geistes, als der Lehrmeister des *großen Verdachts, der aus jedem U ein X macht*, ein echtes rechtes X, das heißt den vorletzten Buchstaben vor dem letzten ...«[429]

Es ist das Insistieren auf der eigenen Antwort als der »vorletzten«, das Nietzsche zu einer Schlüsselfigur des 20. Jahrhunderts gemacht hat. Der Verdacht ist nicht nur »groß«, weil er »jedem« U gilt, sondern weil er niemals zu befriedigen ist, weil die Täuschung eben kein Sein verbirgt, sondern immer nur die »Optik« einer Perspektive. Ganz unterschiedliche Denkhaltungen haben sich auf diese Verweigerung letztgültiger Antworten berufen und damit Nietzsches intellektuelle Modernität bekräftigt: Gottfried Benns heroischer Ästhetizismus ebenso wie Paul Ricœurs Hermeneutik des Verdachts, Karl Jaspers Existenzphilosophie oder Michel Foucaults Mikroanalytik der Macht.[430] Dass man Nietzsches Philosophie des »großen Verdachts« aber auch im entgegengesetzten Sinn verstehen konnte, hat stellvertretend für den gesamten charakterologischen Denkstil Ludwig Klages gezeigt.

Als genauer Leser kommt Klages nicht umhin, die Unersättlichkeit des Verdachts bei Nietzsche zu bemerken – und ihn unter einen entscheidenden Vorbehalt zu stellen:

> Nietzsche hatte recht, den Begriff des Seins und des Dinges für eine Selbstprojektion des Ichs zu halten; aber es läßt sich nur aus einer Tendenz erklären, wenn er bei der Bemühung, das Projizierende ebenfalls aufzulösen, die Frage überhaupt nicht zu bemerken scheint, wie aus lauter Vorgängen im Menschen der Wahn sich zusammenbrauen konnte, er *sei*, und wie dergestalt ein ganz und gar vorgangsartiges Wesen durch Selbstprojektion befähigt wurde zur Erfindung einer ganz und gar seinsartigen Welt! Hier und aber auch nur hier besteht der *ontologische* Beweis zu recht. Die Daseinsmöglichkeit des Einerleiheitsgedankens erfordert zwingend [!], daß seinem Träger wirklich innewohne ein im Zeitstrom *mit sich selbst identisches* X; und eben dieses nennen wir dessen Ichheit.[431]

Klages liest nicht nur genau, er ist auch aufrichtig, wenn er seine eigene Position als »ontologisch« bezeichnet. Denn seine Unterscheidung von »Vorletzten« und »Letzten« ist kategorialer Art. Am Ende des Alphabets verweisen bei Klages alle Zeichen auf ein Ding, das ebenso empirisch wie intelligibel sein soll – den einzelnen Menschen in seiner Eigenart. Für Nietzsche ist das »X« das »vorletzte« Zeichen, das wiederum nur ein Zeichen meint, für Klages ist es dagegen die Variable für das Gesuchte: »[W]as eine Wissenschaft von der Seele so schwierig macht, ist nicht die – Seele, sondern es ist die Seelenmaskerade, die der Wille zur Macht zwischen sie und den Betrachter geschoben. Darum, wer alle Larven lüftend auch nur bis zur Seele gekommen wäre, hätte vom Forschungsweg der Charakterologie weitaus die größere Strecke hinter sich.«[432]

Die Unterscheidung zwischen der Identität des Projizierenden und der Wandelbarkeit der Projektionen, kurz: zwischen der Seele und ihren Masken, ist eine starke Intervention. Mit ihr legt Klages Nietzsche an die Kette der Romantik.[433] Denn die Romantiker werteten zwar den ästhetischen Schein auf, verabsolutierten aber gerade nicht ihn, sondern das souveräne Ich, das ihn erschafft.[434] Andererseits ging Klages aber selbst der radikale Individualismus eines Max Stirner nicht weit genug.[435] Sein Interesse gilt ja nicht nur dem Ich als schöpferischem Prinzip, sondern auch dem objektivierbaren Sein einer »Ichheit«, die er – spezifischer und seinem Anliegen angemessener – auch als »Fremdich«, »Seele« oder eben »Charakter« bezeichnet.[436] Klages interessiert sich für das Ich nicht des dialogisch zu verstehenden, sondern des einseitig zu identifizierenden Anderen. Zur Begründung einer individualdiagnostischen Charakterologie muss Klages von einem mit sich selbst identischen Personenkern ausgehen; darin ist er Romantiker. Aber ebenso braucht er ein Verdachtsmoment gegenüber dem fremden Ich, das seine Identität nicht von selbst preisgibt, sonst wäre seine Wissenschaft nutzlos – und eben dieses meint er bei Nietzsche zu finden. So macht der Charakterologe aus dem »großen« Verdacht gegen alle Seinsbehauptungen eine kleinliche Kontrollinstanz, die alle Menschen verdächtigt, die Wahrheit über sich selbst zu verbergen. Der Verdacht gilt nicht jeglicher Festlegung des Denkens, einschließlich der Behauptung eines stabilen »Ich«; vielmehr hat er sein Ziel in einer Festlegung, nämlich der Identifizierung einer individuellen Persönlichkeit.

Nietzsches »psychologische Errungenschaften« als Planierraupe der Charakterologie – es gibt gute Gründe, Klages' Lesart für einen besonders degoutanten Fall von Epigonentum zu halten. Ebenso gut kann man in ihr aber auch ein Indiz für die gewaltige Ambivalenz Nietzsches erkennen. Scheut man das gewichtige Wort nicht, so liegt Nietzsches Größe darin, letztlich immer auch der eigenen Perspektive misstraut zu haben. Aber eben nur letztlich: Denn seine Texte verführen zur bequemen Lektüre. Dank ihrer prophetischen Tonlage und ihrer Polemik laden sie dazu ein, sich selbst einem Menschentypus zugehörig zu fühlen, der andere Menschentypen entlarvt. Dagegen ist die paradoxe Bewegung, eine bezogene Position ohne dialektische Vermittlung wieder zu verneinen und sich damit dem Identifizierungsbegehren des Lesers zu entziehen, zwar für Nietzsches Spätwerk ausgesprochen typisch; aber selbst dort stehen Sätze wie der folgende zu isoliert, als dass sie sich nicht überlesen ließen: »Abgerechnet nämlich, daß ich ein *décadent* bin, bin ich auch dessen Gegensatz.«[437]

Es bedarf einiger Disziplin, um die psychologische Entlarvung als philosophische Geste des endlosen Zweifelns aufzufassen und nicht als Mittel zur charakterologischen Fixierung, anzuerkennen, dass das »falsche« U zwar eigentlich ein »echtes« X ist, aber auch dieses nur ein Zeichen für etwas »ganz anderes«. Und es bedarf einiger Anstrengung, Nietzsche mit Nietzsche zu lesen, sprich: den Interpretierenden zu interpretieren, um in der Theorie des Ressentiments auch das Ressentiment des Theoretikers zu erkennen, im Perspektivisten auch den Skeptiker gegen die eigene Apodiktik. Fehlt dieser Wille zur unbequemen Lektüre, wird aus der Hermeneutik des Verdachts ein Mittel zur Entlarvung, aus einer Perspektive unter Perspektiven ein archimedischer Punkt der Wahrheitsfindung, aus einer – ironischen oder paradoxen – Methode der Interpretation eine Offenbarung. Wenn aber der größte Theoretiker der Charakterologie nicht nur so hochmütig, sondern immerhin auch so redlich war, Nietzsche vor der Aneignung auf das eigene Maß zu stutzen: Wie bedenkenlos werden sich andere Leser an einem Werk schadlos gehalten haben, das dem Orientierungsbedürftigen reiches Wissen über die Wesens- und Wertunterschiede zwischen den Menschen zu versprechen schien?

5.2. Triumph des Dilettantismus: Weiningers Lösung

Mit der Veröffentlichung von Otto Weiningers *Geschlecht und Charakter* begann 1903 eine der größten Erfolgsgeschichten der deutschsprachigen Sachliteratur. Bis 1910 erfuhr das Buch elf weitere Auflagen, am Ende des Ersten Weltkrieges war es bereits zum Klassiker geworden.[438] Die Rezipientenliste dieser Doktorarbeit liest sich wie ein *Who is Who* des deutschsprachigen Geistes: Karl Kraus, Franz Kafka, Georg Simmel, Ludwig Wittgenstein, Carl Schmitt, Oswald Spengler, Georg Trakl, Robert Musil, Hermann Broch, Elias Canetti, Alfred Kubin, Arnold Schönberg, Oskar Kokoschka, Egon Friedell, um nur die bekanntesten unter Lesern Weiningers zu nennen.[439] Die Reihe dieser Namen suggeriert allerdings, dass es sich vornehmlich um ein Wiener Diskursereignis handelte. Was die unmittelbare Wirkung angeht, mag dies tatsächlich der Fall gewesen sein; doch gelesen wurde das Buch in ganz Europa und nicht zuletzt in Deutschland.[440] Elias Canetti etwa notiert in seinen Erinnerungen an die Jahre nach dem Ersten Weltkrieg, die er in Wien, Frankfurt und Berlin verbrachte: »Otto Weiningers ›Geschlecht und Charakter‹ – obwohl schon vor 20 Jahren erschienen – kam noch in jeder Diskussion zur Sprache.«[441]

a) Die zweite Hälfte des Titels

Das intellektuelle Interesse an Weininger ist heute kaum mehr verständlich. Dagegen leuchtet die nahezu einhellige Ablehnung von akademischer Seite unmittelbar ein. Die begeisterte Aufnahme irritiert aber umso mehr, wenn man bedenkt, dass es sich bei *Geschlecht und Charakter* um einen »Klassiker« handelt, der mit guten Gründen unter den Stichwörtern »Misogynie« und »Antisemitismus« rubriziert wird.[442] Wenn Weininger etwa schreibt, dass seine Untersuchung »eine vollständige Entwertung, ja eine Negation der Weiblichkeit« anstrebe; oder dass es sich bei der Wahl »zwischen Judentum und Christentum« um eine Entscheidung zwischen »Unwert und Wert, [...] zwischen dem Nichts und der Gottheit« handle, so ist es die inhaltliche Tendenz, die verstört. Um die Wirkung des Buches zu verstehen, erscheint es daher naheliegend, die geistesgeschichtlichen Wurzeln von Misogynie und Antisemitismus im Wien um 1900 zu rekonstruieren, wie Jacques Le Rider dies in seiner lesenswerten Studie über Weininger getan hat. Doch so notwendig und hilfreich das ist, es bleiben Fragen offen. Bemerkenswerter Weise ging die Faszination für Weininger bei vielen Lesern nämlich gerade mit einer Ablehnung seiner Thesen einher, und zwar in wissenschaftlicher wie oft auch in ideologischer Hinsicht. Achtet man aus rezeptionshistorischer Sicht vornehmlich auf das Denken »über« und »gegen« Frauen (und Juden), so muss etwa Karl Kraus' berühmte Reverenzformel an Weininger rätselhaft bleiben: »Ein Frauenverehrer stimmt den Argumenten ihrer Frauenverachtung mit Begeisterung zu.«[443] Dass sich die inhaltliche Ablehnung aber problemlos mit dem Interesse an seinem Denken vertrug, zeigt auch ein anderer, uns bereits bekannter Fall. Er wird den Weg zu einer alternativen Interpretation weisen.

In genau die Wochen, in denen der junge Carl Schmitt 1912 nach seiner »spezifischen, charakterologischen Gebärde« forscht, fällt auch die Lektüre von *Geschlecht und Charakter*. Schmitt wendet das Buch gegen seinen Autor. Er erkennt in Weininger den »femininen Mann«, dessen »selbstgefällige Indolenz« und »armselige Eitelkeit« ihn abstößt.[444] Doch das Problem, das Weininger gestellt hat, lässt ihn nicht los. Alle Bemühungen, seinem eigenen Charakter näher zu kommen, stehen in direktem Zusammenhang mit der Frage nach dem Wesen der Geschlechter.[445] Wie gezeigt, findet Schmitt schließlich folgende Formel, um seiner charakterologischen Identität als »Anwalt« ein männliches Gepräge zu verleihen: »Der Mann sucht sich zu verlieren, wirft sich weg. Der Geschäftsmann, der Gelehrte, der Künstler hat eine Idee und eine Aufgabe, eine Sache. Das Weib hat keine Sache. Es ruht in sich.« Ganz unabhängig davon, ob diese Formel von Weininger inhaltlich abweicht, zeigt sie eines ganz deutlich: Die »Geschlechterfrage« berührte mehr als nur ein klar abgrenzbares Sachgebiet. Sie war offensichtlich von so grundsätzlicher Natur, dass sich die Rede über Frauen und Männer nicht trennen ließ von der Rede über Anwälte, Geschäftsmänner, Gelehrte, Künstler, Juden und vieles andere. Der Kontext seiner Tagebucheinträge macht deutlich, dass Schmitts Interesse an Weininger genau hier seinen Ursprung hatte. Wenn er wiederholt von seinem Bedürfnis schreibt, Menschen »psychologisch zu analysieren« oder davon, »das System und die Einheit [...] im Charakter eines Menschen« zu finden, dann ließe sich das auch über Weiningers Ansatz sagen. Es ist die im Untertitel von *Geschlecht und Charakter* versprochene »prinzipielle« Herangehensweise, die Schmitt reizt.

Weininger selbst apostrophierte sein Denken als »unbescheiden« und stellte schon in der Einleitung dessen Grenzenlosigkeit klar: »Sollte es den philosophischen Leser peinlich berühren, daß die Behandlung der höchsten und letzten Fragen hier gleichsam in den Dienst eines Spezialproblems von nicht übergroßer Dignität gestellt scheint: so teile ich das Unangenehme dieser Empfindung«. Er beruhigt also den vom Thema möglicherweise indignierten Leser, nur um hinzuzufügen: »Doch darf ich sagen, daß durchaus das Einzelproblem des Geschlechtergegensatzes hier mehr den Ausgangspunkt als das Ziel des tieferen Eindringens bildet.«[446] Einmal mehr haben wir es hier also mit einem Denker zu tun, der ein »Spezialproblem« nicht um seiner selbst willen angeht, sondern im Namen »höchster und letzter Fragen«. Auf welche Weise Weininger den Geschlechtergegensatz etwa mit dem »Phänomen der Genialität, des Unsterblichkeitsbedürfnisses und des Judentums« in Verbindung bringen möchte, zeigt bereits der Buchtitel an. Denn so unzweifelhaft sich Weininger inhaltlich über Fragen des »Geschlechts« äußert, so unzweifelhaft tut er dies in Verbindung mit der Kategorie des »Charakters«. Um der zeitgenössischen Wirkung näher zu kommen, schlage ich daher vor, die Aufmerksamkeit vom ersten auf den zweiten Teil des Titels zu lenken und nicht mehr von der Frage auszugehen, was Weininger über die Geschlechter dachte, sondern *wie* er dies tat. Oder im Sinne Karl Kraus': nicht auf die Meinung zu achten, sondern auf das *Argument*. Kurzum, was es zu entdecken gilt, ist Otto Weininger als Charakterologe und symbolischer Denker.[447]

b) Zwei Gesten, ein Stil: Weininger und Nietzsche

Mit seinem Publikumserfolg dürfte Otto Weininger im Jahrzehnt vor dem Ersten Weltkrieg zur kleinen Riege deutschsprachiger Philosophen gehört haben, die mit Nietzsche das Privileg großer Popularität teilten. Sollte ich mit meiner These richtig liegen, war das kein Zufall.

Auf den ersten Blick handelt es sich bei Weininger um einen Gegenspieler Nietzsches. Wenn Weininger etwa mitteilt, seine Auffassungen stünden »den Weltanschauungen Platos, Kantens und des Christentums am nächsten«, dann könnte man mit seinen eigenen Worten sagen: Von Nietzsche trennte ihn eine Weltanschauung. Wenn er aber zugleich behauptet, dass »alle besondere Einsicht von tieferer Wahrheit« durch Weltanschauung »erst hervorgetrieben« wird, dann hätte Nietzsche dem vorbehaltlos zugestimmt; denn wer »weltanschaulich« philosophieren will, der behauptet damit, dass man bewerten muss, um zu erkennen. Zieht man auch noch das Thema des Philosophierens hinzu, so ließe sich schließlich sagen: Wer weltanschaulich und populär über Menschentypen nachdenkt, der streitet mit Nietzsche um den Rang, wichtigster Impulsgeber des charakterologischen Denkstils gewesen zu sein.

Im Hinblick auf unser Problem ist der auffälligste Unterschied zwischen Nietzsche und Weininger terminologischer Art. Anders als um 1890 wird das differentielle Denken über Menschentypen um 1900 »charakterologisch« genannt. Damit greifen Autoren wie Weininger die Bezeichnung auf, unter der sich Julius Bahnsen in den 1860er Jahren vergeblich um eine wissenschaftliche Begründung dieses Denkens bemüht hatte.[448]

Inhaltlich ging es Weininger wie Nietzsche um eine Psychologie, die nicht den Menschen als solchen begreifen, sondern die Verschiedenheit der Menschen »verstehen« will; bei beiden führt dieses Interesse zu einer *typisierenden* und *hermeneutischen* Methode; beide betrachteten seelische Phänomene im Zusammenhang mit körperlichen; bei beiden mündet der konzeptionelle Zusammenhang von Typisieren, Interpretieren und Körperwissen in den Entwurf einer *Morphologie* des Psychischen; und wie Nietzsche nähert sich schließlich auch Weininger dem Ziel, die Gesamtheit aller Unterschiede zwischen den Menschen zu erfassen, mit den Mitteln eines enthemmten *symbolischen Denkens*, das alles mit allem in Verbindung bringen kann. Es sind zwei Punkte, in dem sich Weiningers psychologisches Denken prinzipiell von dem Nietzsches unterscheidet.

Zum einen sein pragmatischer Anspruch. Weininger zufolge soll die Typisierung vor allem dazu dienen, den Menschen im Alltag als Individuen besser gerecht werden zu können. Als Beispiel für den praktischen Nutzen einer individualisierenden Psychologie nennt Weininger wiederholt den Schulunterricht. Eben dieses Anliegen einer Wissenschaft, die »stets ein theoretisches und ein praktisches Bedürfnis bleiben wird«, fasst Weininger unter den Begriff der »Charakterologie«.[449] Will man also in dem eben genannten terminologischen Unterschied mehr als nur einen zeitabhängigen Zufall sehen, so ließe sich sagen: Mit der Bezeichnung »Charakterologie« betont Weininger die alltägliche Nützlichkeit.[450] Zugleich ist damit aber dem psychologischen Stil, den neben Weininger niemand so sehr geprägt hat wie Nietzsche, der Name gegeben, der ihn in den kommenden Jahrzehnten von anderen Stilen der praktischen Psychologie unterscheidbar macht, so etwa der Differentiellen Psychologie oder der Psychoanalyse. Wirkungsgeschichtlich bedeutender ist allerdings der zweite Punkt der Unterscheidung. Wie polemisch gegen die philosophische Tradition auch immer – Nietzsche notierte das, was man von einem Philosophen erwartet: Gedanken. Dagegen liest sich *Geschlecht und Charakter* über weite Strecken wie eine fachwissenschaftliche Abhandlung, deren Autor seine Stimme nur erhebt, um sie in den Dienst unbestreitbarer Tatsachen zu stellen. Wenn aber auch Weininger darauf bestand, einen *philosophischen* Text vorgelegt zu haben, dann drückt sich darin ein denkstilistischer Unterschied aus. Für Nietzsche war das Philosophieren die Alternative zum Forschen; für Weininger war es ein Verfahren, die verstreuten Bestände der positiven Wissenschaft zu vereinheitlichen.

c) Drei Analogien

Geschlecht und Charakter ist in zwei Hauptteile gegliedert, einen naturwissenschaftlichen und einen psychologischen. Der zweite Teil, in dem erst Weininger den Geschlechtsunterschied mit Inhalt füllt und ihn zugleich mit anderen psychologischen Typen zu in einem Beziehungsnetz verwebt, stellt ein Paradebeispiel charakterologischer Wissensproduktion dar. Will man jedoch verstehen, warum nach 1900 das »freie« charakterologische Denken nicht ohne Erfolg *wissenschaftliche* Geltungsansprüche erhob, ist die Analyse des ersten, formal gehaltenen Teils mindestens ebenso erhellend. In ihm betreibt Weininger großen Aufwand, um den rein spekulativen Charakter des zweiten Teils zu verschleiern. Schließlich soll die »prinzipielle« Untersuchung des Geschlechtsunterschieds die Charakterologie von einer Sache der »Literaten« zu einer Sache der Forschung zu machen.[451] Aus den bereits erörterten prinzipiellen Gründen musste auch dieser Versuch, objektives Wissen über Charaktere zu erlangen, scheitern.[452] Auch Weininger begründete keine Wissenschaft. Anders als die kompilatorischen Ansätze Bahnsens und seiner Nachfolger konnte er wissenschaftlichen Wissensbeständen aber dadurch Sinn geben, dass er sie einer *Perspektive* unterwarf. Und wie in jeder Weltanschauung ist das wichtigste Mittel auch dieser Unterwerfung die Analogie.

Wer eine wissenschaftliche Charakterologie der Geschlechter betreiben will, steht vor einem nicht geringen Anfangsproblem: er muss den Beweis erbringen, dass die Rede von »Männern« und »Frauen« nicht nur umgangssprachlich, sondern auch tatsächlich mehr bezeichnet als körperliche Unterschiede. Allein schon wegen seiner Sensibilität für diese erkenntnisheoretische Hürde verdient es Weininger, auch als Denker ernst genommen zu werden. Im Wesentlichen sind es drei Analogien, in denen Weininger diesen Beweis führt.

Analogie zwischen physikalischen und menschlichen Körpern.
Was meinen wir eigentlich, wenn wir von Geschlecht reden? In Anlehnung an den Empiriokritizismus Ernst Machs und die Begriffskritik Heinrich Rickerts weist Weininger die Rede von »Männern« und »Frauen« als wissenschaftlich unbrauchbar aus. Denn nur die Sprache suggeriere, dass man es mit zwei sauber voneinander zu trennenden Gruppen zu tun habe, als handle es sich um Billardkugeln, die eindeutig weiß oder rot sind. Tatsächlich aber sind all die als »Männer« oder als »Frauen« bezeichneten Menschen untereinander so verschieden, dass sie nie als Gruppe, sondern nur als Individuen begriffen werden können. Der Unterschied zwischen den Geschlechtern kann demnach nur idealtypisch gemeint sein. Weininger bringt diese Sprachkritik dadurch zum Ausdruck, dass er den Gegenstand seiner Untersuchung nicht »Mann« und »Weib« nennt, sondern M und W.[453] Von diesem immer noch plausiblen Ansatz führt allerdings kein direkter Weg zu einer Charakterologie. Während die idealtypische Wissenschaft im Sinne Max Webers Wahrheit nur für theoretische Aussagen beansprucht und den Einzelfall für wissenschaftlich uneinholbar erklärt, will die Charakterologie ja über »wirkliche« Menschen sprechen. Erst die Analogie zu einer ganz anderen Wirklichkeitswissenschaft kann diese Kluft schließen: Auch die Physik unterscheidet zwischen der idealen Abstraktion, für die allein die Gesetze etwa zur Ausdehnung von Gasen gelten,

und dem technischen Einzelfall, in dem es der Ingenieur immer mit einem Gasgemisch zu tun hat.

Wie reale Gase, die in beliebiger Mischung auftreten können, verkörpere auch jedes menschliche Individuum eine »sexuelle Zwischenform«, also eine spezifische Mischung von M und W. Um die damit implizierte Behauptung einer natürlichen Bisexualität des Menschen zu belegen, verweist Weininger auf anatomische, biologische und medizinische Phänomene, die sich einer eindeutig geschlechtlichen Zuordnung entziehen: so die von der Embryologie entdeckte fötale Phase der geschlechtlichen Undifferenziertheit; so den anatomischen Befund, dass auch nach der sexuellen Reife die Merkmale des anderen Geschlechts als Rudiment vorhanden bleiben; so der evolutionsbiologischen Erkenntnis, dass die extreme Unterscheidung nach zwei Geschlechtern – der Geschlechtsdimorphismus – bei Wirbeltieren stärker ausgeprägt ist als etwa bei Insekten oder Mollusken; so alle Varianten des Hermaphroditismus und der Konträrsexualität.[454] Gerade den beiden letztgenannten Phänomenen kommt prinzipielle Bedeutung zu, da bei Zwittern wie bei Homosexuellen das binäre Geschlechterschema aufgehoben wird. Dankbar greift Weininger die Idee Magnus Hirschfelds auf, die genannten Phänomene unter dem Begriff der »sexuellen Mittelstufen« zusammenzufassen.[455] Während aber Hirschfeld die Zwitterformen in einem typologischen Ansatz als mögliches Drittes zwischen zwei eindeutigen Geschlechtszuständen begreift, geht Weininger von einem *morphologischen* Kontinuum zwischen M und W aus.[456]

Sowohl die Vereinheitlichung dieser heterogenen Einzelbefunde zu einem »Prinzip« als auch die Annahme, dieses Prinzip verursache ein Spektrum *qualitativer* Unterschiede, ließ sich aber ohne naturphilosophische Spekulation nicht leisten.[457] Jacques Le Rider nennt in diesem Zusammenhang Goethe und Schelling ebenso als Referenzen wie auch die Romantik und die Renaissancephilosophie.[458] Als wichtigsten Ursprung seines Schlüsselgedankens, »daß M und W in allen verschiedenen Verhältnissen sich auf die Lebewesen verteilen«, weist Weininger selbst allerdings Schopenhauer aus. Sexuelle Anziehung, so hatte dieser in seiner *Metaphysik der Geschlechtsliebe* gelehrt, resultiere immer aus der relativen »Einseitigkeit« zweier Individuen, die ihren Mangel bei einem komplementären Partner zu beheben suchten.[459] Weiningers Axiom der Bisexualität des Menschen wird also erst plausibel, nachdem er heterogenes empirisches Material durch eine physikalische Analogie und eine naturphilosophische Spekulation *gedeutet* hat.

Analogie von Mikrokosmos und Makrokosmos. Weiningers zweites Axiom lautet: das Geschlecht bestimmt den gesamten Körper eines Menschen. Auch diese Behauptung lässt sich nur durch die Verschmelzung von fachwissenschaftlicher Empirie und Naturphilosophie aufrecht halten. Nach der begrifflichen Klärung des Geschlechtsunterschieds stellt Weininger daher die Frage nach den Ursachen der sexuellen Reifung. Mit ihr befindet er sich am Puls zweier Fachgebiete, die als solche erst Ende des 19. Jahrhundert erschlossenen worden waren: der inneren Sekretion und der Genetik. Der Wissensstand dieser beiden Fachgebiete kommt Weininger entgegen. Denn einerseits liegen um 1900 bereits zentrale Befunde und Einsichten vor: so gilt die Zelle bereits als Träger der gesamten Erbanlagen eines Organismus; und auch die Aktivitäten von Bauchspeichel- und Keimdrüse sind in ihren Grundzügen bereits verstanden. Andererseits fehlt es aber noch an Modellen, die die einzelnen Befunde in einen funktionalen Gesamtzusammenhang stellen.[460]

Der einzige gesicherte empirische Befund, der Weiningers Fragestellung betrifft, ist der Einfluss der Keimdrüsensekretion auf die Entwicklung der sekundären Geschlechtsmerkmale. Er stützt die Annahme, dass es sich bei der Sexualität um ein relativ autonomes Funktionssystem des menschlichen Körpers handelt, so wie der Bewegungs- oder der Verdauungsapparat, der Blutkreislauf oder das Bewusstsein. Weininger will aber gerade das Gegenteil zeigen: dass »das Geschlecht überall im Körper steckt«, also »alle Zellen« sexuell determiniert sind. Beide Annahmen, die der partiellen wie die der totalen Geschlechtsbestimmtheit des Körpers, bleiben um 1900 aber letztlich auf Spekulation angewiesen. Es fehlen noch die – erst um 1930 vorliegenden – Befunde, die im Rahmen spezieller Theorien erklären können, auf genau welche Weise die von den Keimdrüsen ausgeschütteten Sekrete mit dem Körper interagieren.[461]

Weininger beruft sich zunächst auf die Autorität des dänischen Zoologen Johann Japetus Steenstrup, der in den 1840er Jahren als erster die Geschlechtsbestimmtheit des gesamten Körpers behauptet hatte. Um sich damit aber nicht allzu offen gegen die empirische Biologie zu positionieren, für die Steenstrups Naturphilosophie um 1900 keine Rolle mehr spielt, verknüpft Weininger dessen »Lehre« zudem mit aktuellen Forschungsergebnissen zur inneren Sekretion:

> Die ›sekundären Geschlechtscharaktere‹ führten zur Erwähnung der inneren Sekretion von Keimstoffen in den Kreislauf. Die Wirkungen dieses Einflusses wie seines durch Kastration künstlich erzeugten Mangels hat man nämlich vor allem an der Entwicklung oder dem Ausbleiben der sekundären Geschlechtscharaktere studiert. Die ›innere Sekretion‹ übt aber <u>zweifellos</u> [!] einen Einfluss auf <u>alle</u> Zellen des Körpers [aus]. Dies <u>beweisen</u> [!] die Veränderungen, welche zur Zeit der Pubertät im <u>ganzen</u> Organismus und nicht bloß an den durch sekundäre Geschlechtscharaktere ausgezeichneten Partien erfolgen.[462]

Weininger suggeriert, dass es sich bei der Methode, Annahmen über die spezielle Funktionsweise eines Organs auf die beobachtbaren Wirkungen seiner Abwesenheit zu gründen, nicht um eine unverzichtbare experimentelle Verfahrensregel handelt, sondern um eine mehr oder weniger zufällige Einseitigkeit. Tatsächlich kann aber die Funktion eines Organs innerhalb eines Organverbundes nur *ex negativo* als Tatsache isoliert werden. Den »ganzen Organismus« kann das Experiment überhaupt nicht erfassen, seine Existenz muss hypothetisch vorausgesetzt werden. Im Gegensatz zur experimentellen Perspektive unterscheidet der *Common Sense* nicht zwischen elementaren ›Tatsachen‹ und vereinheitlichenden ›Theorien‹ und kann genau deshalb die Einheit eines individuellen Körpers als Beobachtung ausweisen. Diese beiden Beobachtungsformen vermischt Weininger nun, wenn er die These, dass die innere Sekretion der Keimdrüsen auf »alle Zellen« wirke, durch die Alltagserfahrung »beweist«, dass sich mit der Veränderung der Geschlechtsorgane zugleich der »ganze Organismus« verändert.

Allerdings erhärtet Weininger diesen Alltagsbefund durch eine weitere wissenschaftliche Spekulation, nun im Gebiet der Vererbungslehre. Dabei hilft ihm, dass ein zentraler Befund der jungen Genetik rein *sprachlich* an Steenstrups Formel erinnert. 1884 hatte der Schweizer Botaniker Carl Wilhelm von Naegeli Zelltheorie und Vererbungstheorie durch die Hypothese verbunden, dass »jede Zelle eines Organismus idioplasmatisch befähigt [ist], zum Keim für ein neues Individuum zu werden«.[463] Der Zellforscher Oscar Hertwig, auf den Weininger sich außerdem beruft, hatte Naegelis Theorie durch die experimentelle Beobachtung gestützt, dass sich aus beliebig kleinen Fragmenten eines Mooses wieder eine vollständige Moospflanze züchten lässt.[464] So wegweisend dieser Befund werden sollte, konnte er doch um 1900 nur in generalisierter Form formuliert werden. Eine oberflächliche Ähnlichkeit der Idioplasmatheorie mit der ebenfalls generalisierenden Theorie der Geschlechtsbestimmtheit des gesamten Körpers erlaubt es Weininger nun, durch eine einfache Analogieformel einen theoretischen Zusammenhang zu suggerieren: »*Gleichwie* Steenstrup mit Recht gelehrt hat, daß das Geschlecht überall im Körper verbreitet sei und nicht bloß in spezifischen Geschlechtsteilen lokalisiert sei, *so* haben Naegeli, de Vries, Oscar Hertwig u. a. die ungemein aufklärende Theorie entwickelt […], daß jede Zelle eines vielzelligen Organismus Träger der gesamten Arteigenschaften ist.«[465] Diese formale Analogie, die sich auf nicht mehr stützen kann als die Formulierung »in jeder Zelle«, erweitert Weininger bereits im nächsten Satz inhaltlich, wobei er sich des gleichen rhetorischen »So-wie«-Schemas bedient:

> *Wie* nun die genannten Forscher auf Grund vieler Phänomene, die seitdem durch zahlreiche Erfahrungen über Regeneration aus beliebigen Teilen und Feststellungen chemischer Differenzen in den homologen Geweben verschiedener Spezies vermehrt worden sind, die Existenz des Idioplasma als der Gesamtheit der spezifischen Arteigenschaften auch in allen jenen Zellen eines Metazoons anzunehmen berechtigt waren, die nicht mehr unmittelbar für die Fortpflanzung verwertet werden – *so* können und müssen auch hier die Begriffe eines *Arrhenoplasma* und eines

Thelyplasma geschaffen werden, als der zwei Modifikationen, in denen jedes Idioplasma bei geschlechtlich differenzierten Wesen auftreten kann«.[466]

Mit dieser spekulativen Verlagerung des Themas hat Weininger nun Argumente an der Hand, um die Behauptung auf der Mikroebene zu untermauern. Die innere Sekretion, so Weiningers Schluss, könne nämlich »nur auf ein ihr adäquates Arrhenoplasma oder Thelyplasma wirksam« sein. Und die Synthese: »Arrhenoplasma und Thelyplasma, in ihren unzähligen Abstufungen, sind die mikroskopischen Agentien, die im Vereine mit der ›inneren Sekretion‹ jene makroskopischen Differenzen schaffen, von denen das vorige Kapitel [zur Anatomie der Geschlechter] ausschließlich handelte.«[467] Was Weininger als empirische Bestätigung der These von der vollständigen Geschlechtsbestimmtheit des Individuums ausgibt, ist tatsächlich nichts als eine Übersetzung von Steenstrups Lehre in die Sprache der disziplinären Wissenschaften. Am Ende einer langatmigen Diskussion, die Weiniger dem »biologischen Laien« eingangs zum »Überschlagen« empfohlen hatte, bleibt somit nichts übrig als eine durch ihre wissenschaftliche Form zeitgemäß veredelte Naturphilosophie.

Analogie von Anatomie und Psychologie. Folgt man den beiden ersten Axiomen, so kommt nun der Frage nach dem Verhältnis von Körper und Seele eine entscheidende Bedeutung zu. Einmal mehr stellt Weininger seine erkenntnistheoretische Ingeniösität unter Beweis, wenn er zunächst den physiognomischen Schluss vom Äußeren auf das Innere ein unhintergehbares Apriori der sozialen Interaktion nennt; dagegen als einzig wissenschaftliche Methode die Korrelationsstatistik gelten lässt, die das Zusammentreffen körperlicher Merkmale mit seelischen Eigenschaften nach ihrer Wahrscheinlichkeit beziffert.[468] Doch wie immer weist bei Weininger die Erkenntniskritik keinen Weg zur Erkenntnis. Tatsächlich führt dieser Weg einmal mehr über eine formale Analogie. So wie die Morphologie der sexuellen Zwischenformen an die Stelle einer allgemeinen Anatomie tritt, so soll mit der Charakterologie auch eine vergleichende Wissenschaft die »Fiktionen« einer abstrakten Psychologie überwinden.

Erst jetzt, am Beginn des zweiten Teils, geht Weininger zur offenen Polemik gegen das Fach über, dem er mit seiner Wissenschaft den Rang streitig machen will.[469] Um wenige Schlagworte – »Tiefstand der modernen psychologischen Experimentalforschung«, »sonderbare Kombination von statistischem Seminar und physikalischem Praktikum«, »Hebel- und Schraubenphilosophie«, »Untersuchungen über das Lernen einsilbiger Worte und den Einfluß kleiner Kaffeedosen auf das Addieren« – versammelt er alle gängigen Forschungsansätze der akademischen Psychologie, um ihnen seine Idee einer »unbescheidenen Charakterologie« entgegen zu setzen. Diese »will mehr sein« als alles, was sich bisher Psychologie nannte, eine Wissenschaft nämlich, die sich um die »reiche seelische Wirklichkeit« kümmern soll, um »Probleme wie das Heldentum oder die Selbstaufopferung, den Wahnsinn oder das Verbrechen«. So vermessen es sei, »einen Shakespeare oder Dostojewski« überbieten zu wollen, so sehr müssten deren Intuitionen wissenschaftlich erst noch nachvollzogen werden. Zu ihrem Nachteil habe sich die wissenschaftliche Psychologie nachhaltig »von zwei Physikern«, Fechner und Helmholtz, beeinflussen lassen. Die Hinwendung zum Inneren des Menschen bedeutet aber zugleich eine Rückkehr zur Philosophie als Orientierungsgröße: »Keine Wissenschaft muß, wenn sie unphilosophisch wird, so schnell verflachen wie die Psychologie. Die Emanzipation von der Philosophie ist der wahre Grund des Verfalls der Psychologie.«[470]

Die Begründung jedoch, dass es sich beim Charakter um einen *philosophischen* Begriff handelt, kann nur die Analogie zur vergleichenden Anatomie leisten:

> Das Unternehmen einer Charakterologie [...] involviert vor allem den Begriff des Charakters selbst, als den Begriff eines *konstanten einheitlichen Seins*. Wie die schon [...] zum Vergleich herangezogene Morphologie, die bei allem physiologischen Wechsel gleich bleibende Form des Organischen behandelt, so setzt die Charakterologie als ihren Gegenstand ein Gleichbleibendes im psychischen Leben voraus, das in jeder seelischen Lebensäußerung *in analoger Weise* nachweisbar sein muß, und ist so vor allem

jener ›Aktualitätstheorie‹ entgegengesetzt, die ein Bleibendes schon darum nicht anerkennen mag, weil sie auf jener empfindungsatomistischen Grundanschauung beruht. / Der Charakter ist danach nicht etwas hinter dem Denken und Fühlen eines Individuum Thronendes, sondern etwas, das sich in jedem Gedanken und jeden Gefühl desselben offenbart. [...] Wie jede Zelle die Eigenschaften des ganzen Individuums in sich birgt, so enthält jede psychische Regung eines Menschen [...] sein ganzes Wesen.«[471]

Der Begriff des Charakters erfasst also nicht nur wie die Summe »aller Zellen« eine individuelle *Totalität*, sondern auch ein *Sein*, das alle Handlungen, Gedanken und Gefühle eines Individuums determiniert. Wenn Weininger die menschlichen Seinsformen als »das Objekt der Charakterologie« ausweist, dann besiegelt er damit auch terminologisch die Ausweitung des Charakterbegriffs, die Schopenhauer in seiner Metaphysik der Sache nach bereits vollzogen hatte. Dieser hatte, wie gesehen, den Charakterbegriff selbst zwar noch für das moralische *esse* eines Individuums reserviert; doch indem er den Charakter eines Individuums zugleich mit dessen Leib identifizierte, übertrug er den Begriff implizit auf den gesamten Menschen.[472] Während aber die Frage, mit welcher Methode dessen Sein erfasst werden könne, Schopenhauer und seinen unmittelbaren Schüler Bahnsen in die Aporie trieb, fällt Weiningers Antwort auf diese Frage ganz im Sinne Nietzsches aus. Er fasst die beiden Geschlechter sowie alle sexuellen Zwischenformen als Typen auf, deren »*Bedeutung*« es für die Charakterologie zu erforschen gelte.[473] Wie Nietzsche geht Weininger davon aus, dass gerade die Unterschiedlichkeit der Menschen den Psychologen zwingt, von einer kausalen oder metaphysischen auf eine hermeneutische Art des Fragens umzustellen: »So manche Streitfragen der Psychologie – vielleicht sind es gerade die prinzipiellsten Fragen – vermag überhaupt nur eine charakterologische Betrachtung zur Entscheidung zu bringen, indem sie zeigt, warum der eine diese, der andere jene Meinung verficht, darlegt, weshalb sie differieren, wenn sie über das gleiche Thema sprechen.«[474] Wenn Weininger also die Charakterologie als *deutende Morphologie menschlicher Seinsformen* bestimmt, dann vereinigt er damit zwei Stilmerkmale des charakterologischen Denkens von Schopenhauer und Nietzsche.

d) Dammbruch des symbolischen Denkens

Damit ist Weininger endlich bei seiner Sache angelangt – der Psychologie der Geschlechter. Nachdem er mühsam vorbereitet hat, räumt er jetzt auf. Statt begründen zu müssen, darf er nun deuten, wo der Ton zuvor skrupulös war, ist er nun apodiktisch. In einem gewaltigen Parforceritt buchstabiert Weininger nun das Wesen von M und W aus. Statt die ermüdenden »Beweise« männlicher Superiorität im Einzelnen zu paraphrasieren, soll hier nur Folgendes gezeigt werden: Eine immense Fülle heterogenen Wissens über den Menschen wird von Weininger unter dem Begriff des Charakters strukturell *vereinheitlicht* und über das symbolische Schema der Geschlechterpolarität *geordnet*. Um diese weltanschauliche *Ordnungsfunktion* des charakterologischen Denkstils zu belegen, werde ich mich an die Stellen halten, an denen Weininger das allgemeine Geschlechterschema auf spezielle charakterologische Typen anwendet: so auf männlicher Seite die Typen des Philosophen, des Künstlers, des Wissenschaftlers, des Politikers und des Wahnsinnigen; auf weiblicher Seite die Typen der Mutter, der Dirne, der Muse, der Kokotte, der Hysterikerin, der Magd und der Megäre. Eine fundamentale Rolle spielen dabei außerdem die übergeordneten Typen des Genies und des Juden, die ebenfalls über den Geschlechtergegensatz codiert sind. All diese Typen schaffen Ordnung und ermöglichen so Orientierung. Sie stellen symbolische Verdichtungspunkte dar, an denen die Stränge hochkomplexer und für einen Einzelnen nicht mehr überschaubarer Wissensbestände zusammengeführt und in die Struktur des Alltagsverstandes übersetzt werden: in die Bilder vertrauter Sozialfiguren und in leicht verständliche Verwandtschafts- und Gegensatzbeziehungen.

Wie sehr Weininger sich an Schopenhauer orientiert, zeigt sich einmal mehr daran, dass er ideale Männlichkeit mit Genialität gleichsetzt. Und wie Schopenhauer bestimmt auch er das *Genie* durch seine Fähigkeit zur geistigen Schöpfung. Damit ist keine spezielle »Begabung« gemeint, sondern das Vermögen, das materielle Dasein zu transzendieren, um in sich den »Mikrokosmos« einer *intelligiblen* Welt zu schaffen. Das männliche Genie führt nach Weininger eine rein geistige Existenz. Nur das ideale männliche Bewusstsein ist in der Lage, das »Nebeneinander« der Wahrnehmungen und das »Nacheinander« der Erinnerungen in einer aktuellen »Fülle« zu vereinen. Diese Zeitenthobenheit der »universalen Apperzeption« versetze den Mann nicht nur in die Lage, logische wie moralische Unterscheidungen zu treffen; sie stehe auch am Anfang aller gedanklichen oder künstlerischen Schöpfungen.

Der psychologische Typus des Mannes wird also von der Verkörperung eines komplexen Ideals her konstruiert. Dagegen werden alle psychologischen Aussagen über die Frau aus einer kruden Verallgemeinerung abgeleitet: ihrer sexuellen Erregbarkeit, die angeblich so viel größer ist als die des Mannes, dass sich das Leben der Frau ausschließlich in der Sexualsphäre abspielt. Fasst man die Polarität der Geschlechter also von ihren Extremen her auf, nämlich auf der einen Seite das Genie als »potenzierte Männlichkeit«, auf der anderen den Zustand der sexuelle Erregung als »höchste Steigerung des Gesamtdaseins der Frau«, so erscheint der Gegensatz von M und W homolog zu dem von Genialität und Sexualität.[475] Dieser Gegensatz zwischen zwei Extremen lässt sich auch in die subtilere begriffliche Unterscheidung von Sensibilität und Irritabilität übersetzen, die Weininger abermals von Schopenhauer entlehnt.[476]

Ist dieser fundamentale Gegensatz einmal gesetzt, kann nun auch der eigentliche Bereich der Charakterologie in den Blick genommen werden: die speziellen Ausprägungen der Geschlechtertypen und die psychologischen Zwischenformen. Weininger tut dies zumeist in Form von Exkursen, die er als Vorgriff auf eine zukünftige Charakterologie versteht. Alle männlichen Charaktertypen leitet Weininger aus dem Begriff des Genies ab. Als konkrete Erscheinungsformen nennt er den *Philosophen* und den *Künstler*. Beide zeichnen sich durch die Fähigkeit aus, »ein unmittelbares Verständnis aller Menschen und aller Dinge« zu besitzen. Sie allein besitzen ein ›Ich‹ als »punktuelles Zentrum«, das in sich die »Synthesis alles Mannigfaltigen« vollbringt; nur sie sind in der

Lage, die Dinge so zu sehen, wie sie »an sich« sind, nur sie können zu einer »Anschauung der Welt als ganzer« zu gelangen. Allein in den Mitteln, mit denen sie ihrer »universalen Apperzeption« Ausdruck verleihen, unterscheiden sich Künstler und Philosophen: »Der Mann, in seiner Aktualität, dem Genie, glaubt an das Ding an sich: ihm ist es entweder das Absolute als höchster Begriff von wesenhaftem Werte: dann ist er Philosoph. Oder es ist das wundergleiche Märchenland seiner Träume, das Reich der absoluten Schönheit: dann ist er Künstler. Beides aber bedeutet dasselbe.«[477]

Man sieht: Sobald Weiningers charakterologisches Denken konkret wird, *psychologisiert* auch er *das Soziale*. Alle naheliegenden Unterschiede zwischen Künstlern und Philosophen werden zur Seite geschoben. Es geht nicht darum, dass der eine malt, dichtet und komponiert und der andere mit Begriffen und Modellen argumentiert, sondern allein um eine allgemeine psychologische Formel, der beide Typen zugeordnet werden können. Erst die Formel erlaubt es, die *Ähnlichkeit* zwischen dem Philosophen und dem Künstler zu deuten. Wie bei Nietzsche liegt der Zweck dieser psychologischen Begriffsbildung also darin, unterscheiden zu können, welchen Individuen der soziale Begriff zu Recht zukommt und welchen nicht. So wie es sich bei Wagner nur scheinbar um einen ›Musiker‹ handelt, so sind für Weininger etwa Anaxagoras, Comte, Feuerbach, Hume oder Locke *keine echten* Philosophen, im Gegensatz zu Platon, Kant, Schopenhauer, Schleiermacher und Nietzsche.[478]

Gibt es unter den Philosophen feine Unterschiede im Grad der Genialität, so kann der *Wissenschaftler* unter keinen Umständen ein Genie sein. Er steht »unter dem Philosophen und unter dem Künstler«, da er »nicht universell« denkt, sondern immer nur bezogen auf sein Fach.[479] Weininger stellt ausdrücklich fest, dass diese Unterscheidung psychologisch gemeint ist. Das Argument, die fortschreitende Spezialisierung der Wissenschaften mache es unmöglich, ein umfassendes Wissen zu erlangen, kontert er mit dem Verweis auf die »staunenerregende Polyhistorie« etwa Alexander v. Humboldts oder Wilhelm Wundts. Vielmehr ist der »Mangel an Universalität« nicht Folge, sondern Ursache aller wissenschaftlichen Forschung; er liegt »tief im Wesen aller Wissenschaft […]

begründet«. Denn von jeher habe deren Zweck darin gelegen, die »unmittelbare Einsicht zu ersetzen« und ein »System überindividueller Erfahrung, aus dem der einzelne verschwunden ist«, zu schaffen.[480] Auch der »große *Willensmensch*« – eine Bezeichnung, unter der Weininger die bedeutenden Akteure der Geschichte zusammenfasst – kann die Kriterien der Genialität niemals erfüllen. Während der Wissenschaftler die Welt in spezielle Fächer zerstückeln muss, verfehlen die Herrscher und Feldherren die Universalität und Ewigkeit dadurch, dass sie nur in und für die Gegenwart leben: Sie haben einen Sinn für »Mächte« und »Verhältnisse«, nicht aber für Werte; sie handeln, aber sie sind keine Schöpfer.[481]

Viel ausführlicher widmet sich Weiniger den speziellen Formen der Weiblichkeit. Ihre Haupttypen, die *Mutter* und die *Dirne*, behandelt er jeweils in einem eigenen Kapitel. Wie bei Frau und Mann in der allgemein-menschlichen Psychologie, so handelt es sich bei Mutter und Prostituierter um einen polaren Gegensatz innerhalb der weiblichen Psychologie. In einer für das symbolische Denken typischen Operation konstruiert Weininger nun ein Analogieverhältnis zwischen diesen beiden Gegensatzpaaren. Während die Mutter die ideale Frau repräsentiert und damit dem Genie als dem idealen Mann polar entgegen gesetzt ist, stellt die Prostituierte einen »männlichen« Frauentypus dar, der sich durch seine Nähe zum »unreinen« Männertyp des »großen Willensmenschen« charakterisieren lässt. Da Prostituierte und Mutter unter den Begriff der Frau fallen, schließt Weininger, dass sich beide über ihre Geschlechtlichkeit bestimmen lassen müssen. Verschieden sind sie aber darin, dass für die eine die Sexualität Mittel zum Zweck der Gattungserhaltung ist, während die andere sie zu einem Einsatz im weiblichen Machtspiel macht.

Die Mutter ist darin eine »absolute« Frau, dass sie ihr Selbstwertgefühl nicht aus sich selbst heraus erschafft, sondern es durch Identifikation mit anderen entlehnt, mag sie der »jüngeren, schöneren Tochter« gelten oder ihrem Mann. Wie beim Wissenschaftler läuft auch diese äußerst weit gefasste Formel auf eine Psychologisierung des Sozialen hinaus. Explizit wendet sich Weininger gegen alle »sozialen Theorien« der Prostitution. Weder die ökonomische Situation unverheirateter Frauen noch das Junggesellentum reiche zu ihrer Erklärung aus, vielmehr handele es sich um ein »tief in der angeborenen Natur eines Wesens gegründetes Phänomen«.[482] Ob eine Frau ihren Körper tatsächlich zur Ware macht oder nicht, spielt für diese psychologische Sichtweise überhaupt keine Rolle: »Es ist wohl zu beachten, dass nicht das käufliche Mädchen allein dem Dirnentypus angehört, sondern sehr viele unter den sogenannten anständigen Mädchen und verheirateten Frauen, ja selbst solche, die nie die Ehe brechen, nicht, weil die Gelegenheit nicht günstig genug ist, sondern weil sie selbst es nicht bis dahin kommen lassen.« Einmal mehr öffnet das charakterologische Denken hier also die Schere zwischen der sozialen Erscheinung, dem manifesten Verhalten und den verborgenen Antrieben einer Person.

Zudem macht die Nähe zur Welt des Mannes den Fall der Prostituierten intellektuell herausfordernd. So zählt Weininger die »geistig höchstentwickelten Frauen« zu diesem Typus, da sie in der Lage seien, Männern auf geistigem Gebiet zu begegnen und als *Musen* zum Schaffen zu inspirieren – so etwa die Frauen der Romantik, idealtypisch Karoline Schlegel. Bedeutende Männer hätten daher immer nur Prostituierte geliebt. Zu einer echten Wesensähnlichkeit wird die Nähe zur männlichen Welt beim Dirnentypus der *Dame*, die Weininger auch »große Prostituierte« nennt. Sie sei der »mächtigste Mensch der Erde«, ein »Analogon zum großen Eroberer auf politischem Gebiet«. Diese beiden Typen verbindet zum einen die Macht über andere Menschen: »Jeder solche Mann steht immer in einer gewissen Verwandtschaft zur Prostituierten [...]; wie er ist die Prostituierte, im Gefühle ihrer Macht, vor dem Mann nie im geringsten verlegen, während es jeder Mann gerade ihr und ihm gegenüber ist.« Zum anderen teilen sie die existentielle Bedürftigkeit nach der Bestätigung durch andere, als deren ultimatives Symbol Weininger den Geschlechtsakt betrachtet: »Im großen Politiker steckt nicht nur ein Spekulant und Milliardär, sondern auch ein Bänkelsänger; er ist nicht nur großer Schachspieler, sondern auch großer Schauspieler; er ist nicht nur Despot, sondern auch ein Gunstbuhler; er prostituiert nicht nur, er ist eine große Prostituierte. Es gibt keinen Politiker, keinen Feldherrn, der nicht ›hinabstiege‹. Seine Hinabstiege sind seine Sexualakte!«[483] Das Wortsymbol, das die Ähnlichkeit zur Dirne anschaulich macht, ist die »Gasse«, hier verstanden als Ort, der emblematisch für die Masse des Pöbels steht. Den idealtypischen Willensmenschen erkennt Weininger daher im *Tribun,* dessen Macht von der physischen Nähe zu den Beherrschten abhängt. Napoleon, der inkognito durch die Straßen von Paris gelaufen sei, um die Meinung des Volkes über sich zu erfahren, Bismarck, der für das allgemeine Wahlrecht eingetreten sei, Antonius, Themistokles, Mirabeau und Wallenstein – sie alle seien in diesen Sinn »echte Politiker« gewesen, nicht aber Mark Aurel oder Diokletian.

Bereits in der Ähnlichkeitsreihe, die so heterogene Gruppen wie Spekulanten, Schachspieler, Schauspieler, Despoten, Feldherren und Prostituierte in ein Verhältnis der Wesensverwandtschaft stellt, zeigte sich ein zentrales Merkmal des symbolischen Denkens. Darüber hinaus zeigt er sich, wenn Weininger Ähnlichkeits- und Gegensatzverhältnisse kombiniert:

> Beide, die große Prostituierte und der große Tribun, sind wie Brandfackeln, die entzündet weithin leuchten, Leichen über Leichen auf ihrem Wege lassen und untergehen, wie Meteore, für menschliche Weisheit sinnlos, zwecklos, ohne ein Bleibendes zu hinterlassen, ohne alle Ewigkeit – indessen die Mutter und der Genius in der Stille die Zukunft wirken. Beide, Dirne und Tribun, werden darum als ›Gottesgeißeln‹, als antimoralische Phänomene empfunden.[484]

Der Gegensatz von Mutter und Dirne verhält sich homolog zum Gegensatz von Genie und Tatmensch, daher kann aus ihm wiederum die homologe Ähnlichkeit von Mutter und Genie auf der einen, von Dirne und Tribun auf der anderen Seite abgeleitet werden. Gerade in dieser Ableitung zeigt sich die konstitutive Unschärfe der praktischen Logik. Weininger spricht ja dem weiblichen Muttertypus das männliche Prädikat der Ewigkeit zu – formal-logisch eine *contradictio in adiecto.* Doch der in der reinen Psychologie der Geschlechter noch kategorisch formulierte Gegensatz von Weiblichkeit und Zeitlosigkeit wird in der speziellen Charakterologie durch Hinzuziehung eines weiteren Gegensatzes aufgeweicht: die Mutter »wirkt« nämlich nur für die Zukunft der Gattung, während das Genie seine Werke aus einem individuellen Unsterblichkeitsverlangen schafft. Umgekehrt können die polaren Gegensätze für die Eigenschaften des jeweils anderen Pols so empfänglich werden, dass sie einander im Realen »berühren«: so handelt es sich bei der Dirne um eine »männliche« Frau, beim Tribun um einen »weiblichen« Mann. Weiningers Charakterologie operiert eben nicht mit Begriffen, sondern mit Symbolen: Welches »Prädikat« ein »Subjekt« erhält, hängt vom Kontext ab. So wie bei Nietzsche der Philosoph mal als dekadenter Verneiner, mal als gesunder Förderer des Lebens »ist«, so bei Weiniger eine Frau mal ›weiblich‹ und mal ›männlich‹, mal auf die Gegenwart und mal auf die Ewigkeit fixiert.

Ganz im Sinne der psychologischen Ansätze Schopenhauers und Nietzsches stellt die Dirne für Weininger einen aus charakterologischer Sicht herausfordernden Typus dar, weil ihre Psychologie »rätselhafter und schwieriger« ist als die der Mutter. Das schärfste Kriterium ist die Einstellung zum Koitus. Dass die eine ihn zum Zweck der Arterhaltung will, leuchtet unmittelbar ein. Die andere hingegen will ihn als reinen Selbstzweck. Weil die Lust in diesem Fall keinen biologischen Zweck erfüllt, muss sie psychologisch gedeutet werden. Das Wesen der Dirne erschließt sich Weininger aus dem Phänomen der *Koketterie*, dem komplexen Spiel mit dem männlichen Begehren. Den Sinn dieses Spiels erkennt Weininger darin, dass es seinen Zweck »bereits während seines Verlaufs in gewissem Sinne erfüllt«, denn »durch das Begehren des Mannes, das sie hervorruft, fühlt die Dirne schon ein den Sensationen des Koitiert-Werden Analoges und verschafft sich so den Reiz der Wollust zu jeder Zeit und von jedem Manne«.[485] Der letzte Grund dieser sexuellen Lust ohne biologischen Zweck ist für Weininger von geradezu metaphysischer Dimension. Ihres weiblichen Zwecks beraubt, fühlt die Dirne die ganze Wertlosigkeit der Frau. Der Koitus ist für sie das einzige Mittel, um sich selbst zu vergessen. Doch dieses Begehren bleibt illusorisch und die Dirne bleibt unerlöst: »Weil dies nie gelingen kann, darum wird die Prostituierte in ihrem ganzen Leben nie befriedigt, von allen Männern der Welt nicht.«[486]

e) Hysterie, Emanzipation und – Judentum ...

Ihren Gipfelpunkt erreicht die spezielle Charakterologie der Frau im Typus der *Hysterikerin*. Sie ist für Weininger von ähnlich paradigmatischer Bedeutung wie für Nietzsche die Auseinandersetzung mit dem Priestertypus. Auch bei der Analyse der Hysterie steht die *Unechtheit* eines Charakters im Mittelpunkt, die Dissonanz von sozialer Erscheinung und verborgenen Willen. Nachdem Weininger die *Natur* der Frau dargestellt hat, widmet er sich nun der Entlarvung der weiblichen *Maske*.

Neben der Fokussierung auf das Sexuelle, so Weiningers apodiktische Behauptung, stelle die »organische Verlogenheit« nämlich den zweiten fundamentalen Charakterzug der weiblichen Natur dar. Das Attribut »organisch« betont dabei den Unterschied zur bewusst vollzogenen Lüge, einer Handlung, zu der die Frau aufgrund ihrer moralischen Indifferenz gar nicht fähig sei.[487] Wenn sich Frauen also tugendhaft geben, dann nur weil sie die männliche Sicht auf die Welt übernehmen. Aufgrund seiner »genialen« Affinität zum Intelligiblen sei es nämlich der Mann, der die Sexualität negativ bewerte.

Es ist dieser Kontext, in dem Weininger ein zentrales Thema des geistigen Wien um 1900 aufgreift: die Hysterie.[488] »Von allen Neurosen und Psychosen«, stellten »die hysterischen Erscheinungen dem Psychologen beinahe die reizvollste Aufgabe; eine weit schwierigere und damit verlockendere« als etwa »die leicht nachzulebende Melancholie«.[489] Explizit beruft er sich auf die Forschungen Janets, Breuers und Freuds.[490] Im Gegensatz zu den gängigen Theorien, die einen physiologischen Defekt als Ursache der Hysterie annahmen, hätten sich diese Forscher um die »Rekonstruktion des psychologischen Prozesses, welcher zur Krankheit geführt hat«, bemüht. Der paradigmatische Bruch mit der Psychiatrie bestand also darin, die Krankheit nicht kausal zu erklären, sondern ihren »Sinn« zu interpretieren. Weininger folgt Freud in dieser Richtung, wenn auch er einen verdrängten Konflikt zwischen einer »traumatischen« sexuellen Erfahrung und der Ablehnung dieser Erfahrung als Ausgangspunkt der Hysterie betrachtet. Anders als Freud, der von einem Antagonismus zwischen natürlichem Sexualtrieb und kulturellen Moralvorstellungen ausging, siedelt Weininger den Konflikt aber *innerhalb* der weiblichen Psyche an. Die Frau verdrängt ihre »erste Natur«, die Sexualität, mit Hilfe ihrer »zweite Natur«, der Verlogenheit. Und dieser innere Kampf hat seinen Preis: »Man kann aber seine Natur [...] nicht in dieser Weise [...] unterdrücken ohne Folgen. Die hygienische Züchtigung für die Verleugnung der eigentlichen Natur des Weibes ist die Hysterie.«[491]

Nach dieser Deutung sind also prinzipiell alle Frauen »organisch« zur Hysterie veranlagt. Ob und in welchem Umfang sich die Krankheitssymptome ausbilden, ist aber »konstitutionell« bedingt. Dabei unterscheidet Weininger die polar entgegengesetzten Typen der *Magd* und der *Megäre*. Auch diese Begriffe sind nicht als soziale, sondern als psychologische – oder »geistige« – Typen gemeint. In der Magd erkennt Weininger eine typische Hysterikerin, weil sie »in passiver Gefügigkeit den Komplex der männlichen Wertungen einfach acceptiert, statt ihrer sinnlichen Natur möglichst freien Lauf zu lassen«.[492] Dagegen besitzt die Megäre die geringste Neigung zur Hysterie, da sie als »Furie« – idealtypisch in Xanthippe verkörpert – ihre Wut an anderen statt an sich selbst auslässt und nicht zur Unterwürfigkeit tendiert.

Da die Verlogenheit im Zentrum dieser Hysteriekonzeption steht, verwundert es also nicht, wenn die Krankheitsbeschreibung stark an Nietzsches Psychologie des Priesters und des Schauspielers erinnert. So seien das »hysterische« Insistieren auf Rechtschaffenheit, Wahrheitsliebe, Besonnenheit, Willensstärke und vor allem das »strenge Meiden alles Sexuellen« nichts als »nur ein Teil jener *Pseudopersönlichkeit*, welche die Frau in ihrer Passivität vor sich und aller Welt *zu spielen* begonnen hat.«[493] Die von Janet beschriebenen pathologischen Zustände könnten allein Frauen überkommen, weil sie nicht die Kraft hätten, so Weininger, sich gegen die »Durchflößung mit einem fremden Bewußtsein« zu wehren: »[N]ur bei ihr [der Frau] kann es zu derartig dichten *Verkleidungen*, zum Auftreten der Hoffnung auf den Koitus als Angst vor dem Akte, zur *inneren Maskierung* vor sich selbst und Einspinnung des wirklichen Wollens wie in einer undurchdringliche *Kokonhülle* kommen.«[494] Wie bei Nietzsche gründet sich die psychologische

Analyse hier also auf den Verdacht, dass alles »ganz anders« ist als es scheint. Welche Schlüsselstellung dem Typus der Hysterikerin und damit der Unechtheit für die gesamte Architektur der Argumentation zukommt, zeigt sich daran, dass Weininger erst jetzt wieder auf die Frage zu sprechen kommt, »deren theoretischer und praktischer Lösung« das ganze Buch »gewidmet ist« – die Frauenfrage.[495] In einem einleitenden Kapitel hatte Weininger behauptet, dass »Emanzipationsbedürfnis und Emanzipationsfähigkeit einer Frau nur in dem Anteile M begründet liegt, den sie hat«.[496] Mit anderen Worten: »Nur der Mann in ihnen ist es, der sich emanzipieren will.«[497]

Die eigentliche »Frauenfrage« hat für Weininger nämlich nichts mit der Frauenbewegung zu tun, sondern mit einem Gesamtzustand der Gegenwart, den er »Koitus-Kultur« nennt. Bei der Beschreibung dieser Kultur wendet Weininger das gleiche Argumentationsmuster an wie bei der Analyse der Hysterie, nun allerdings mit umgekehrter Stoßrichtung. Ausgangspunkt der Hysterie ist die gegen die eigene Natur gerichtete Übernahme des männlichen Bewertungsmusters, in dessen Mittelpunkt die Ablehung des Sexuellen steht. Dagegen leistet die »moderne« Kultur als Ganzes dem weiblichen Bewertungsschema Vorschub, in dem das Sexuelle als alleiniger Wert gelte. Sie habe dazu geführt, dass gegen sein natürliches Schamgefühl für den Mann der sexuelle Erfolg zum wichtigsten Renommierobjekt geworden sei.[498] Zusammengenommen ergeben Hysterie und Koitus-Kultur das Bild einer vollständig »verkehrten« Welt: Der an sich tugendhafte Mann strebt nach sexuellen Eroberungen, die an sich sinnliche Frau stellt »hysterisch« ihre Scham zur Schau.

Einmal mehr lehnt Weininger im Fall der »Frauenfrage« also soziologische und historische Ansätze zur Erklärung sozialer Phänomene ab.[499] Stattdessen erklärt er sie psychologisch: als irrige Verallgemeinerung von Ansprüchen, die nur einem sehr speziellen Frauentypus entsprächen. Es habe zu allen Zeiten »männliche« Frauen gegeben, bei denen sich die konträrsexuelle Neigung mit starkem Willensdrang und Geistesgaben verbanden.[500] Für diesen Frauentypus verlangt Weininger denn auch die uneingeschränkte rechtliche Gleichstellung mit dem Mann. Als völlig verfehlt sieht er dagegen die »Parteibildung« der Frauenbewegung an. Denn nicht »die« Frau gelte es von der Herrschaft des Mannes zu befreien, sondern zum einen die männlichen Anteile bestimmter Frauen. Und zum anderen: die Frau von sich selbst. Das Problem sind also nicht die natürlicherweise bisexuellen »männlichen« Frauen oder die »weiblichen« Männer als solche. Das Problem ist vielmehr geistig-moralischer Art. Es geht nicht um die biologischen und charakterologischen Erscheinungsformen der Geschlechter, sondern um die geschlechtsspezifischen Arten der Wertung. Eine Kultur, die Männer allgemein zwingt, die weibliche Weltanschauung zu übernehmen, und zugleich die Dominanz eines Frauentypus befördert, der sich die männliche Weltanschauung zu eigen gemacht hat – eine solche Kultur ist ein Indiz dafür, dass die natürliche Ordnung aus den Fugen geraten ist. Die metaphysische »Lösung«, die Weininger am Ende des Buchs vorschlägt, scheint durch Welten von seinem sprachkritischen Anfang getrennt. Nun ist von der »Schuld« der Frau die Rede. Sie besteht darin, den an sich moralischen Mann dahin zu bringen, den Koitus selber zu *wollen*, und das heißt: sich selber zu vergessen, indem er die Frau als Mittel zum Zweck seiner Befriedigung gebraucht.[501] Als an sich unfreies Wesen kann die Frau nur im übergeordneten Sinn schuldig werden: durch die Verführung des Mannes.

In diesem Deutungsmuster verschmelzen kritische Gegenwartsdiagnose und biblischer Ursprungsmythos. Die Sündenfallgeschichte wird rückblickend zum Ausgangspunkt von »Koitus-Kultur« und »Frauenfrage«. Insofern der Kern dieses Problems in der Geschlechtlichkeit als solcher besteht, kann seine Lösung auch nur Sache der Frau sein. Und diese Lösung liegt in der Überwindung der eigenen Natur: »Die Frau muß dem Koitus innerlich und wahrhaftig, aus freien Stücken, entsagen. Das bedeutet nun allerdings: Das Weib muß als solches untergehen, und es ist keine Möglichkeit für eine Aufrichtung des Reiches Gottes auf Erden, ehe dies nicht geschehen ist.«

Für dieses letzte Argument stützt Weininger sich auf die Autorität Wagners und Jesu Christi, eines Künstlers und eines Religionsstifters also. Was in sprachphilosophischen Subtilitäten und anatomischen Feinschnitten seinen Ausgang nahm, mündet wie angekündigt in die Behandlung »größter und letzter« Fragen. Folgende Passage, die erläutern soll, auf welchem Wege die Frau ihre eigene Natur überwinden kann, verdeutlicht abschließend noch einmal eindrucksvoll die Grenzenlosigkeit des charakterologischen Denkstils:

> Aus eigener Kraft aber kann das Weib schwer zu solchem Ziele gelangen. Der Funke, der in ihr so schwach ist, müßte am Feuer des Mannes immer wieder sich entzünden können: das Beispiel müßte gegeben werden. Christus hat das Beispiel gegeben; er hat Magdalena erlöst; er ist zu diesem Teile seiner Vergangenheit zurückgekehrt, und hat auch ihn gesühnt. Wagner, der größte Mensch seit Christus, hat auch dies am innerlichsten verstanden: bevor das Weib nicht aufhört, für den Mann als Weib zu existieren, kann es selbst nicht aufhören, Weib zu sein: Kundry kann nur von Parsifal, vom sündelosen, unbefleckten Manne aus Klingsors Banne wirklich befreit werden. So deckt sich diese psychologische mit der philosophischen Deduktion, wie sie hier mit Wagners »Parsifal‹, der tiefsten Dichtung der Weltliteratur, in völliger Übereinstimmung sich weiß.[502]

Schon die Vorgriffe auf die spezielle Charakterologie der Geschlechter hatte sich fast ausschließlich aus literarischen Quellen gespeist: aus Goethes *Wahlverwandtschaften*, aus den Dramen Ibsens und Strindbergs, Kleists oder Schillers und immer wieder dem Werk Richard Wagners. Mit der eschatologischen Deutung des *Parsifal* erreicht die Aneignung außerwissenschaftlicher Quellen einen kaum mehr steigerbaren Höhepunkt.[503]

Insgesamt demonstriert *Geschlecht und Charakter* mustergültig, warum sich der Gegensatz der Geschlechter so gut als Paradigma des charakterologischen Denkstils eignet. Als Unterscheidungsschema ist er so allgegenwärtig, so evident und zugleich so vieldeutig, dass sich mit seiner Hilfe Brücken über die größten Gräben schlagen lassen: zwischen Natur und Geschichte, zwischen Wissenschaft und Kunst, zwischen Empirie und Metaphysik, zwischen Immanenz und Transzendenz. Möglich ist das nur, weil Weiniger die Wörter »Mann« und »Frau« nicht als Begriffe, sondern als Symbole verwendet. Dass die apperzeptive Einheit der Welt, die Zusammengehörigkeit des sachlich Heterogenen, nur mit Mitteln des symbolischen Denkens zu haben ist, hat Weininger im Übrigen selbst gesehen. So etwa bei der Analyse des Genies, dem versteckten Schlüssel zum Verständnis einer Arbeit, deren Autor zweifellos auch sich selbst als genial betrachtete:

> Weil er [der geniale Mensch] aus dem Ganzen seines das Universum enthaltenden Ich schafft, während die anderen Menschen nie ganz zum Bewußtsein dieses ihres wahren selbst kommen, werden ihm die Dinge sinnvoll, bedeuten sie ihm alle etwas, sieht er in ihnen stets *Symbole*. Für ihn ist der Atem mehr als ein Gasaustausch durch die feinsten Wandungen der Blutkapillaren, das Blau des Himmels mehr als teilweise polarisiertes, an den Trübungen der Atmosphäre diffus reflektiertes Sonnenlicht, die Schlangen mehr als fußlose Reptilien ohne Schultergürtel und Extremitäten.[504]

Als Grundlage des symbolischen Denkens erwähnt Weininger auch das Vermögen, »überraschende« Ähnlichkeiten zwischen scheinbar verschiedenartigen Phänomenen zu »schauen«. So etwa, wenn er auf die innere Verwandtschaft von Feldherren- und Prostituiertentypus hinweist: »Den meisten Menschen wird die Parallele wohl zuerst ganz fiktiv erscheinen, und doch däucht mich das Bestehen einer engen *Analogie* über allen Zweifel erhaben, so *heterogen* beide den ersten Anblick berühren mögen.«[505] Und unmissverständlich macht Weininger auch klar, dass diese Art des Wahrnehmens und Denkens die disziplinäre Logik der Wissenschaften sprengt: »[S]o ergeben sich dem vorurteilsfreien Blick oft überraschende Ähnlichkeiten; er wird dann, statt innerhalb der Musikgeschichte, respektive der Geschichte der Kunst, der Literatur und Philosophie nach *Analogien* blättern, lieber ungescheut z. B. Bach mit Kant vergleichen, Karl Maria von Weber neben Eichendorff stellen, und Böcklin mit Homer zusammenhalten.«[506]

Zeitgenössisch plausibel wird Weiningers »prinzipielle« Untersuchung aber vor allem dadurch, dass er die universalen Geschlechtersymbole übersetzt in typische Sozialfiguren der mitteleuropäischen Kultur um 1900: Nicht nur als solche werden die Wörter ›Frau‹ und ›Mann‹ bedeutsam, sondern vor allem durch ihre Verbindung mit symbolisch hoch aufgeladenen Wörtern wie ›Genie‹, ›Künstler‹, ›Prostituierte‹, ›Hysterikerin‹ und nicht zuletzt – ›Jude‹. Für Weininger wie für den charakterologischen Denkstil insgesamt spielt die Symbolik des Jüdischen eine ähnlich fundamentale Rolle wie die Symbolik des Weiblichen. Da sie außerdem den wichtigsten Verbindungspunkt von charakterologischem und rassistischem Denken darstellt, soll sie nun in einem eigenen Kapitel behandelt werden.

Teil 3
Echt unecht: Die Charakterologie des ›jüdischen Wesens‹

1. Ambivalente Nähe: Judenfeindschaft in der deutschen Bildungskultur

Der charakterologische Denkstil schlug eine weltanschauliche Brücke zwischen dem Regime der Nationalsozialisten und der deutschen Bildungsschicht. Soll diese These nicht in der sauerstoffarmen Sphäre der Abstraktion ersticken, muss sie sich an einem überschaubaren Diskurszusammenhang belegen lassen. Es ist keine zufällige Entscheidung, diese Beweislast dem charakterologischen Denken über das Judentum aufzubürden. Denn auch wenn es eine genuine NS-Ideologie nicht gegeben hat – zweifellos war der Nationalsozialismus eine im Kern antisemitische Bewegung. Doch wie verhielt sich der Antisemitismus der Nazis zu der Gesellschaft, aus deren Mitte die – kleinen wie die großen – Mörder der europäischen Juden kamen? Es steht nämlich ebenso außer Zweifel, dass die Mehrheit der Deutschen nicht in dem expliziten Sinn antisemitisch eingestellt war wie Hitler und seine unmittelbaren Anhänger. Als politischer Machtfaktor spielte der organisierte Antisemitismus seit dem späten Kaiserreich keine Rolle mehr.[1] Gerade die Wahlerfolge Hitlers, die sich ja erst einstellten, nachdem er einen wahltaktischen Schwenk vom geifernden Judenhasser zum revisionistischen Staatsmann vollzogen hatte, belegen das. Aber heißt das, dass die Mehrheit der Deutschen überhaupt nicht antisemitisch war? Oder dass ihnen die »Judenfrage« egal war?[2] *Ex negativo* von der Abwesenheit eines aggressiven Antisemitismus auf die Abwesenheit jedweden Antisemitismus zu schließen, greift jedenfalls zu kurz. So wie es umgekehrt auch zu kurz greift, von der massenhaften Beteiligung an den Judenmorden auf einen »eliminatorischen Antisemitismus« aller Deutschen zu schließen.[3] Die Alternative von offenem bzw. radikalem Antisemitismus auf der einen und nicht-existentem Antisemitismus auf der anderen Seite überbrückt die gewaltige Grauzone, in der sich fast alle Deutungen der sozialen Welt abspielen. Thomas Nipperdeys Rede vom »schleichend latenten Antisemitismus«, der sich seit der Jahrhundertwende, also nach der Konjunktur des Parteien- und Verbändeantisemitismus, in Deutschland breit machte, hat dagegen genau diesen Bereich im Blick.[4] Sie ist allerdings ebenso angemessen wie vage. Denn die Erforschung dieser Grauzone steht nach wie vor aus – eben jener Zone, in der ein unscharfes weltanschauliches Denken wie das der Charakterologen prächtig gedieh.

Die Frage, welche Rolle weltanschaulicher Antisemitismus in der Gesellschaft des Dritten Reichs spielte, kann erst beantwortet werden, wenn man bereit ist, die Perspektive umzudrehen: also die Begriffe zum Verständnis einer Gesellschaft nicht aus ihren Extremen ableitet, sondern umgekehrt nach den gesellschaftlichen und kulturellen Quellen fragt, aus denen sich die Extreme speisten. Zwei Aspekte scheinen mir dabei für die folgenden Untersuchungen zentral zu sein: zum einen die Rolle des ›jüdischen Wesens‹ innerhalb des charakterologischen Denkstils; zum anderen das Verhältnis von Charakterologie und Rassismus. Da die beiden Aspekte eng miteinander verknüpft sind, liegt es nahe, die Antwort auf die allgemeine Frage von der Behandlung der speziellen Frage her zu entwickeln, also erst auf den charakterologischen Antisemitismus und dann auf den Rassenantisemitismus zu sprechen zu kommen.

1.1. Eine nüchterne Feststellung

Einmal mehr bietet das Tagebuch des jungen Carl Schmitt einen griffigen Einstieg. In der Eintragung vom 8. Dezember 1915 findet sich folgendes Bonmot: »Neulich sagte Schätz von der Wagner'schen Musik: Das ist Musik, die auf den Strich geht. Ich: Man sollte über Wagner weder schimpfen, noch sollte man ihn loben, sondern ganz allgemein als eine rein innerjüdische Angelegenheit behandeln.«[5]

Im Kern enthält dieser lakonische Dialog alle wesentlichen Merkmale des charakterologischen Denkstils. Die angesprochenen Phänomene werden dadurch bedeutsam, dass sie als *Symbole* wechselseitig aufeinander verweisen: Schmitts Gesprächspartner charakterisiert Wagners Musik durch den Vergleich mit der Prostitution, Schmitt selber bezeichnet Wagner als »jüdisch«. Beide Attribute müssen als symbolisch aufgefasst werden, da sie sachlich völlig unpassend sind: Weder hat die Oper etwas mit dem »Strich« zu tun, noch ist Wagner seiner Religion oder Abstammung nach

»Jude«. Wie Nietzsche interpretiert auch Schmitt die Person Wagners mittels einer *Psychologisierung des Sozialen*. Nur handelt es sich in diesem Fall nicht um den psychologischen Typus des ›Schauspielers‹, sondern des ›Juden‹. Ohne Rekurs auf die symbolische Logik des charakterologischen Denkstils müssten Aussagen, aus denen man schließen könnte, dass es sich bei Richard Wagner um einen »jüdischen Schauspieler« handelt, vollkommen unverständlich bleiben. Zudem verweist die Symbolik des »Strichs« auf ein Bedeutungsarsenal des zeitgenössischen Antisemitismus: die Semantik des »Handels«, bei der die Momente des »Sich-selbst-Verkaufens«, des »Lauten« und »Zudringlichen«, der Selbstdarstellung, der Anbiederung, Oberflächlichkeit und Außenorientierung, aber auch des Einfühlungsvermögens mitschwangen. Als Amateurcharakterologe, der für jeden Menschen die psychologische »Formel« finden wollte, sprach Schmitt auch von der jüdischen Haltung *ad alterum*, was heißen sollte: auf den Erfolg, die Wirkung auf die Umwelt, bezogen.[6]

Aber auch die Art des Einwandes ist von Interesse. Er betrifft ja keineswegs den Inhalt, sondern allein die Form der Aussage. Schmitt verbittet sich lediglich das Werturteil über Wagners Musik und mahnt stattdessen zu einem *sachlichen* Umgang mit den Juden. Damit ist zunächst die Zurückstellung von Affekten gemeint: Spontane Geschmacksäußerungen, die sich als »Loben« oder »Schimpfen« artikulieren, sind gegenüber »jüdischen« Phänomenen unangemessen. Die Begründung liefert die Rede von der »innerjüdischen« Angelegenheit. Sie suggeriert, dass der Verkehr mit Juden quasi eine Sache der Außenpolitik sei, man es also mit einer Gemeinschaft zu tun habe, dessen andersartige Wertmaßstäbe zu respektieren seien.

Der kurze Dialog, den Schmitt in seinem Tagebuch widergibt, darf getrost als Selbstgespräch interpretiert werden, und zwar als ein für gebildete Bürger höchst symptomatisches.[7] In ihm dokumentiert sich der Wille, eine möglichst große Distanz zwischen Gefühlsgrundlage und Darstellungsform der judenfeindlichen Haltung herzustellen. Die Form des Dialogs sublimiert eine aufgrund ihrer Pöbelhaftigkeit sonst nicht akzeptable Botschaft. So übernimmt das Tagebuch-Ego die emotional gefärbte Aussage seines Gesprächspartners ja ohne Widerspruch, versachlicht sie aber gleichzeitig, indem es den Inhalt vom Modus des Schimpfens in den Modus des Denkens überführt. Und dieses Denken – so merkwürdig es klingen mag – beginnt damit, dass Schmitt die Aussage sozusagen »semitisch« codiert. Er benutzt das Wortsymbol ›Jude‹, um zwei heterogene Phänomene in einen Sinnzusammenhang zu bringen und so der bösartigen, weil willkürlich anmutenden, Verknüpfung ein logisches Fundament zu geben. Statt der linearen Form »Wagner, du Hure!« hat die Gesamtaussage des Dialogs nun die Form eines schwachen Syllogismus: »Wagners Musik geht auf den Strich, Juden sind wie Prostituierte, Wagner ist wie ein Jude«. Allein durch Formalisierung wird aus der »heißen« Beleidigung eine »kühle« Wissensbehauptung. Der Begriff *ad alterum* versachlicht den Inhalt sogar noch stärker. Er formuliert das Urteil über Juden subtil und zugleich abstrakt, sein Sinn, ja sogar der Bezug auf ›Juden‹, kann vollständig implizit bleiben, da er dem kundigen Zuhörer vertraut ist: Dass Juden etwas von Prostituierten, Händlern, Parvenüs und Schauspielern haben, weil sie mit diesen Gruppen die Eigenschaft teilen, ihr Verhalten an der Wirkung auf andere zu orientieren, ist mitgesagt. *Suaviter in modo, fortiter in re* – kaum zufällig ist es ebenfalls eine nur für Gebildete verständliche lateinische Sentenz, mit der Ludwig Klages in einer Korrespondenz, bei dem es um eine »jüdische« Verhaltensweise geht, die Taktik der Versachlichung von Werturteilen umschrieb.[8]

In Schmitts Haltung äußert sich eine Ambivalenz gegenüber Juden, die schon seit dem frühen 19. Jahrhundert für viele gebildete Deutsche charakteristisch war. Ihr Ausgangspunkt lag in der sozialen Situation um 1800, als sich ein »bürgerlicher« Habitus entwickelte, der überkonfessionelle Gemeinsamkeiten zwischen jüdischen und christlichen Deutschen schuf. Erst in dieser Nähe wurde die Abgrenzung vom »Jüdischen« aber überhaupt als Problem empfunden, dessen Intensität sich im Laufe des Emanzipationsprozesses weiter steigerte. Über das gesamte 19. Jahrhundert changierte die Haltung der meisten christlichen Bildungsbürger gegenüber ihren jüdischen Standesgenossen zwischen sozialer Solidarität und kulturellem Fremdheitsempfinden.[9] Grundsätzlich dürfte diese Ambivalenz auch in andren europäischen Ländern anzutreffen gewesen sein. In Frankreich etwa hatte das anti-jüdische Ressentiment in der Bildungsschicht eine lange Tradition.¹⁰ Eine spezifisch deutsche Form bildungsbürgerlicher Judenfeindschaft erwuchs erst aus der Schwäche der politischen Ideen, auf die sich jüdische und nicht-jüdische Bürger jenseits ihrer habituellen Gemeinsamkeiten hätten berufen können. Der Antisemitismus in Frankreich war so stark, dass er in den 1890er Jahren Züge einer nationalen Integrationsideologie annehmen konnte; er war aber zu schwach, um sich auf Dauer gegen die republikanische Idee durchzusetzen, deren Mobilisierungspotential ja gerade die Dreyfus-Affäre erwiesen hatte. Dagegen scheint mir der Versuch, das Ambivalenzempfinden zum Ausgangspunkt des *Nachdenkens* über die Eigenart der Juden zu machen, eine deutsche Besonderheit zu sein. Das deutsche Bildungsressentiment zeichnete sich dadurch aus, dass es das Wesen des Jüdischen als geistiges Problem auffasste, das im Rahmen einer Deutung der Kultur und Geschichte, vor allem aber der Psychologie der Juden zu klären sei. Die deutschen Intellektuellen vermieden die offen gehässigen Stereotype des volkstümlichen Antisemitismus, was freilich nicht bedeutet, dass der gebildete Diskurs über die Juden nicht feindselig gewesen wäre. Er brachte vielmehr seine eigenen Stereotype hervor, deren Feindseligkeit sublimer war und eher auf die Markierung von Andersartigkeit als auf offene Stigmatisierung bedacht war.¹¹ Nur in Deutschland wurde der gebildete Diskurs über das Judentum so »grundsätzlich« und so unpolitisch geführt, dass er sich Ende des 19. Jahrhunderts nahtlos in die deutungsmächtigen Weltanschauungsnarrative einfügen ließ. Es erscheint mir daher angemessen, das Syndrom dieser Judenfeindschaft unter dem Begriff des *gebildeten Antisemitismus* zu fassen.¹²

Trotz ihrer langen Dauer unterlag diese Judenfeindschaft jedoch erheblichem historischen Wandel. Dabei markiert der Erste Weltkrieg eine entscheidende Zäsur. Während des gesamten langen 19. Jahrhunderts bedienten sich gebildete Antisemiten¹³ in ihrem Bemühen um Sachlichkeit hermeneutischer Argumentationsfiguren. In diesem Kontext muss auch das charakterologische Denken über Juden um 1900, an das Schmitt anschließt, begriffen werden. In der Weimarer Republik verschärfte sich der gebildete

Antisemitismus aber dramatisch.[14] Nicht nur hatten Kriegsniederlage, Revolution und Inflation der Judenfeindschaft neue Nahrung gegeben; auch überlagerten sich nun hermeneutische und rassenbiologische Deutungsmuster.

1.2. Irrationalität und Sachlichkeit

In seiner biographischen Studie über Werner Best, den operativen Kopf des Reichssicherheitshauptamtes der SS, zeichnete Ulrich Herbert das Porträt eines radikalen Antisemiten, der nicht in das vertraute Bild vom radikalen Antisemiten passte: kein Hetzer wie Julius Streicher oder Goebbels, sondern ein kühler Verwaltungsjurist, der die Entfernung der Juden aus der deutschen Gesellschaft als quasi hygienische Pflicht begründete und als polizeiliche Aufgabe plante.[15] Ein Schlüsselwort, durch das Herbert den 1903 geborenen Best als typischen Vertreter seiner Generation auswies, lautete: Sachlichkeit.[16]

Eine Leistung dieser Fallstudie bestand in der Einsicht, dass die Alternative zwischen »rationalen« und »irrationalen« Ansätzen zur Erklärung des Holocaust falsch gestellt war. In der Kontroverse zwischen Intentionalisten und Strukturalisten hatte die eine Partei ebenso einseitig die Rolle antisemitischer »Wahnvorstellungen« betont wie die andere die stringente Eigenlogik von »Prozessen« und »polykratischer Herrschaftsstruktur«.[17] Anfang der 1990er Jahre hatte sich dieser Paradigmenstreit noch weiter verschärft. Auf der einen Seite wiesen etwa Götz Aly und Susanne Heim nach, in welchem Umfang sich Vertreter der technokratischen Intelligenz durch ihre Großraumplanungen für Osteuropa zu »Vordenkern der Vernichtung« gemacht hatten.[18] Wenn Aly in diesem Zusammenhang gar von einer »Ökonomie der Endlösung« sprach, dann erschienen weltanschauliche Phänomene wie der Antisemitismus plötzlich als irrelevante Sekundärphänomene. Genau umgekehrt hatte zur gleichen Zeit Daniel Goldhagen argumentiert, wenn er den Deutschen unterstellte, sie seien von einem »eliminatorischen Antisemitismus« quasi innerlich zum Mord an den Juden getrieben worden.[19]

Der sachliche »Antisemitismus der Vernunft«, den Herbert als Haltungselement der jungen SS-Elite ausmachte, ließ sich in diesem Differenzschema nicht erfassen. So begründete Best seinen radikal-völkischen Nationalismus einerseits mit dem Hinweis auf eine genuin »deutsche« Art des Fühlens.[20] Andererseits war dieses Bekenntnis aber das Ergebnis vernünftiger Reflexion. Best brachte ja keine Gefühle als solche zum Ausdruck, auch keine antijüdischen. Er gab nur das hermeneutische Theorem wider, demzufolge Menschen einander nur dann verstehen können, wenn sie sich ähnlich sind. Es war die Annahme einer gefühlsmäßigen und zugleich erblichen Grundlage eines jeden Volkstums, die Best die Vermischung mit einem »fremden« Volk problematisch erscheinen ließ. Ins Praktische gewendet folgte aus dieser Haltung ein »heroischer« Dezisionismus, der insofern ebenso ein Ausdruck von Sachlichkeit war, als ihm eine rationale Reflexion über das Irrationale vorausging: Da man begriffen hat, dass sich bestimmte Probleme durch vernünftige Reflexion nicht »klären« lassen, müssen sie durch eine Entscheidung, an der sich das Handeln orientieren kann, »gelöst« werden.[21]

Diese Art des Antisemitismus sei, so Herbert, dadurch zum spezifischen Phänomen der Zwischenkriegszeit geworden, dass die radikal-konservative studentische Jugend der 1920er Jahre sich durch ihn doppelt abgegrenzt habe: zum einen gegen den »Radauantisemitismus« der Straße; zum anderen gegen den tradierten »kulturellen Antisemitismus«, der die rassenbiologische Konzeption als »blutsmaterialistisch« abgelehnt habe.[22] Diese zeitgenössischen Abgrenzungen scheint Herbert nun einerseits zu übernehmen, indem er sie zur Grundlage seiner Beschreibung des studentischen Antisemitismus in der Weimarer Republik macht. Zugleich relativiert er die subjektiven Trennlinien der Zeitgenossen aber wieder, wenn er sich durch historische und theoretische Erörterungen um deren Objektivierung bemüht. Ausgehend von Sartres Diktum, jeder Antisemitismus sei als Leidenschaft zu betrachten, auch dann, wenn er sich die Form einer rationalen Theorie gebe, stellt Herbert eine psychologische Gemeinsamkeit zum – offensichtlich affektgesteuerten – »Radauantisemitismus« her.[23] Vom Jungkonservativismus des Kaiserreichs hätten Best und seine Gesinnungsgenossen wiederum die Überzeugung der kulturellen Fremdheit der Juden, die daraus folgenden Forderung, die Emanzipation rückgängig zu machen, sowie das Gebot zur Leidenschaftslosigkeit übernommen. Als Alleinstellungsmerkmale bleiben somit nur noch die »heroische« Bereitschaft zur Lösung der Judenfrage und deren wissenschaftliche Legitimierung bestehen.[24] In der Vermischung von zeitgenössischen Distinktionen, sozialpsychologischen Abstraktionen und historischen Verwandtschaftsbeziehungen erweisen sich die Unterscheidungen zwischen diesen »Varianten« des Antisemitismus als wenig präzise. Und dabei ist die zentrale Frage, wie sich nämlich der »biologische« zum »kulturellen« Antisemitismus verhält, noch nicht einmal gestellt. Dieser Befund ist symptomatisch für die Erforschung einer Weltanschauungslandschaft, die sehr treffend als »Irrgarten« bezeichnet worden ist.[25] Fraglich ist nur, ob man der Unübersichtlichkeit am besten Herr wird, indem man den Bäumen dieses Gartens Etiketten aufklebt. Ergiebiger scheint es mir, den Mangel an Präzision nicht nur als Problem, sondern auch als Fingerzeig zu seiner Lösung zu begreifen. Denn in der Praxis vollzogene Unterscheidungen zeichnen sich immer durch ihre Unschärfe aus; und nicht wenige Missverständnisse resultieren daraus, dass Wissenschaftler der sozialen Wirklichkeit mehr Präzision abgewinnen wollen, als sie zu bieten hat. Paradoxerweise führen deshalb gröbere Verfahren der Rasterung oft zu genaueren, weil dem Gegenstand besser angemessenen Ergebnissen. Die Verwendung von Leitdifferenzen und die Bildung von Idealtypen sind solche Verfahren. Was nun die Beantwortung der Frage betrifft, wie sich bestimmte Ausdrucksformen des Antisemitismus zueinander verhalten, möchte ich folgenden Vorschlag machen.

Zunächst erscheint es mir sinnvoll, zwischen einer *sozialhistorischen* und einer *konzeptionellen* Ebene zu unterscheiden. In soziologischer Hinsicht müssen bei allen hier verhandelten Formen des Antisemitismus mindestens drei Linien der Abgrenzung, die jeweils eine spezifische Identitätsdimension erfassen, berücksichtigt werden: eine *kulturelle* Abgrenzung gegen die Juden durch das Gefühl der Andersartigkeit; eine *elitäre* Abgrenzung gegen den ›Pöbel‹ durch die sachliche Reflexion über dieses Gefühl; und eine *generationelle* Abgrenzung gegenüber den Eltern durch die Bereitschaft, aus der Reflexion Konsequenzen für das eigene Handeln zu ziehen. Was nun die antijüdischen Inhalte, Topoi, Konzepte und Deutungsmuster betrifft, scheint mir ein wichtiges Kriterium der Unterscheidung darin zu liegen, ob der Antisemitismus in *monothematischer* oder *weltanschaulicher* Form auftritt: ob er also zum isolierten Programmpunkt erhoben wird, wie etwa in Parteien und Verbänden des Kaiserreichs, die sich selbst als »antisemitisch« bezeichneten; oder ob er – wie zentral auch immer – Teil eines umfassenden Denkens über Geschichte, Kultur und Gesellschaft ist, wie es in den völkischen und charakterologischen Diskursen um 1900 der Fall war.[26]

Auf Grundlage dieser Unterscheidungen soll hier folgende These erörtert werden. Die ambivalente Verbindung von kultureller Abgrenzung gegen die Juden und elitärer Abgrenzung gegen den volkstümlichen Judenhass hat in Deutschland im gebildeten Bürgertum eine lange Geschichte. Sie reicht bis in die Anfänge der Emanzipation um 1800 zurück. Doch erst das generationsstiftende Ereignis des Ersten Weltkriegs führte zu einer Ausdifferenzierung dieser Haltung in eine moderatere, weiterhin ambivalente Variante der Älteren und eine radikale, unbedingt tatbereite Variante der Jüngeren. In einer Weltanschauungskultur wie der deutschen musste diese Distinktion innerhalb der gebildeten Kreise einhergehen mit einer konzeptionellen Differenzierung. Man hat es in der Zwischenkriegszeit daher mit zwei Formen des Weltanschauungsdenkens zu tun, in denen auf jeweils eigene Weise antisemitische Deutungsmuster eine zentrale Rolle spielten: dem *charakterologischen* und dem *rassistischen* Denken. Doch diese Unterscheidung ist theoretischer Natur. Den Historiker hat aber vor allem die Frage nach den realen Beziehungen zu interessieren. Nach einer idealtypischen Rekonstruktion des sachlichen Antisemitismus im Allgemeinen soll das folgende Kapitel daher der Frage gewidmet sein, wie sich diese beiden Denkformen zueinander verhielten.

a) Romantische Sachlichkeit

Der christlich-jüdische Konversionsstreit, an dem Friedrich Schleiermacher sich leidenschaftlich beteiligte, war einer der wichtigsten Ausgangspunkte der sachlichen Judenfeindschaft im deutschen Bildungsbürgertum.[27] Auslöser der Debatte war eine 1799 veröffentlichte Stellungnahme des jüdischen Kaufmanns und Schriftstellers David Friedländer. Dieser hatte die Kirche aufgefordert, durch massenhafte Aufnahme von Juden den »vernunftwidrigen Zustand« aufzuheben, den das Judentum nach Kant aufgrund seiner autoritären Bindung an das göttliche Gesetz darstelle. Zu diesem Zweck hatte Friedländer vorgeschlagen, den Juden die Konversion zum Christentum zu erleichtern: Indem diese von den »ceremoniellen« und »dogmatischen« Pflichten des christlichen Glaubens entbunden würden, solle die Vernunft alleinige Grundlage ihres Bekenntnisses werden.[28] In seiner Erwiderung verwahrte sich Schleiermacher gegen die »Aufklärungsmanier«, aus dem Christentum ein rationales System zu machen.[29] Dagegen begründete er die Religion im Allgemeinen und seine eigene Religion im Besonderen aus dem Geist der frühen Romantik.

In seiner wenige Monate zuvor veröffentlichten Schrift *Über die Religion* hatte Schleiermacher die unaufhebbare Eigenständigkeit der Religion gegenüber Philosophie und Moral verteidigt. Weder aus der theoretischen Spekulation noch aus den Erfordernissen der Praxis könne Religiosität hervorgehen, sondern allein aus dem »Sinn und Geschmack fürs Unendliche«. Gott lasse sich von einem »Endlichen« nicht gedanklich fassen, sondern nur unmittelbar »fühlen« und »anschauen«.[30] Aus dieser allgemeinen Definition hatte Schleiermacher die notwendige Vielfalt religiöser Erscheinungsformen abgeleitet.[31] Das Bestreben, die »Individualitäten« der existierenden Religionen zugunsten eines Einheitsglaubens abzuschaffen, sei daher »eitel und vergeblich«.

Gleichwohl teilte Schleiermacher die grundsätzliche Kritik der »gebildeten Verächter« der Religion. Er war sich mit den Anhängern einer Vernunftreligion darin einig, dass auch das Christentum in seiner jetzigen Form keine »wahre Religion« sei. Doch in der entscheidenden Frage, was an ihm denn »falsch« sei, bezogen beide Parteien grundsätzlich verschiedene Positionen. So hatte Friedländer gefordert, das Christentum müsse sich von seinen irrationalen Anteilen, von *seinem* Aberglauben, befreien, um annehmbar für gebildete Juden zu werden. Erst am Ende eines solchen Klärungsprozesses könne das Christentum als die *eine* Religion stehen, die alle vernünftigen Menschen verbindet. Dagegen sah Schleiermacher nicht im Aberglauben das Problem, sondern in einer generellen *Entartung* des religiösen »Organs fürs Unendliche«, und zwar in all seinen gegenwärtigen Erscheinungsformen:

> Ich lade Euch ein, jeden Glauben zu betrachten, zu dem sich Menschen bekannt haben, jede Religion, die ihr durch einen bestimmten Namen und *Charakter* bezeichnet und die vielleicht nun längst *ausgeartet* ist in einem Kodex leerer Gebräuche, in ein System abstrakter Begriffe und Theorien; und wenn Ihr sie an ihrer *Quelle* und ihren *ursprünglichen* Bestandteilen nach untersucht, so werdet Ihr finden, daß alle die *toten Schlacken* einst glühende Ergießungen des *inneren Feuers* waren, daß in Allen Religionen enthalten ist, mehr oder minder von dem *wahren Wesen* derselben [...], daß Jede eine von den besonderen *Gestalten* war, welche die ewige und unendliche Religion unter endlichen und beschränkten Wesen notwendig annehmen mußte.[32]

Um zum »wahren Wesen« einer Religion zu gelangen, ist es nach Schleiermacher erforderlich, das »Innere«, »Eigene« und »Heilige« einer jeden Religion von den ihr »äußerlichen«, »fremden« und »profanen« Elementen zu »scheiden«. Was jedoch die jeweils »charakteristischen Merkmale« einer Religion sind, ließe sich nur »von innen« heraus bestimmen, durch das verstehende Nachempfinden ihrer »ursprünglichen« Anschauung.[33] Ziel ist die Rückbesinnung auf die Vielzahl *authentischer* Religionen, durch die Menschen als Gläubige sich voneinander unterscheiden lassen. Und es ist wieder der Begriff des Charakters, der einen *echten*, von anderen unterscheidbaren Stoff bezeichnet.

In dieser allgemeinen Form lässt sich Schleiermachers Reinigungsprogramm noch als Ausdruck einer urprotestantischen Denkbewegung verstehen, in der die zeitgenössischen Leser nicht zuletzt eine Anspielung auf die historische Macht erkannt haben werden, die aus Sicht der Reformation das »wahre Wesen« des Christentums »entartet« hatte. Es bedurfte jedoch nur eines Anlasses, um zu verdeutlichen, dass in Schleiermachers Augen das Judentum eine mindestens ebenso große Gefahr für das Christentum bedeutete wie ›Rom‹. Schleiermacher führte vor allem zwei Argumente gegen Friedländer ins Feld. Das eine betraf die Person seines Kontrahenten, das andere seinen Vorschlag. Doch beide hatten ihr Fundament in der Annahme einer unaufhebbaren Verschiedenheit von Christentum und Judentum.

Zunächst verwahrte sich Schleiermacher dagegen, von einem jüdischen Autor über das Reformpotential des Christentums belehrt zu werden. Wenn Friedländer ignoriere, dass es »im protestantischen Christentum Sätze gebe, die den Vernunftwahrheiten widersprechen«, dann erweise er sich als theologisch uninformiert.[34] Dass Schleiermacher darin aber nicht nur ein individuelles Versäumnis erkannte, zeigt die rhetorische Frage, durch die er auf die prinzipielle *Fremdheit* des Judentums verweist: »Wissen denn alle aufgeklärten und gelehrten Juden – die uns doch zumuthen vom Judenthum etwas zu wissen, und an chaldäischer Weisheit und Schönheit, so sehr sie auch unserem europäischen Geiste zuwider ist, Geschmack zu finden [...] – alle so blutwenig vom Christentum?«[35]

Die giftige Polemik stand theoretisch auf festem Boden. Nach der Begründung der Religionsvielfalt hatte Schleiermacher seine fünfte und letzte Rede *Über die Religion* mit einem Vergleich von Judaismus und Christentum beschlossen. Die Beispiele waren nicht zufällig gewählt. Gerade aufgrund ihrer historischen Verwandtschaft, und erst recht angesichts des Konversionsbestrebens aufgeklärter Juden, konnte Schleiermacher sein Axiom nur durch eine abstrakte Unterscheidung untermauern. Dass diese Stellungnahme Teil eines religionswissenschaftlichen Grundsatzstreits war, machte schon die Schärfe klar, mit der er die These, beim Judaismus handle es sich um einen »Vorläufer des Christentums«, ablehnte: »Ich hasse in der Religion diese Art von historischen Beziehungen, ihre Notwendigkeit ist eine weit höhere und ewige, und jedes Anfangen in ihr ist ursprünglich.«[36] Die knapp zehn Seiten, auf denen Schleiermacher im Folgenden den Unterschied zwischen Judentum und Christentum begründet, sind ein Schlüsseldokument für das charakterologische Differenzdenken im Allgemeinen und den sachlichen Antisemitismus im Besonderen.[37]

Die Aufgabe, die Schleiermacher sich stellt, ist so anspruchsvoll wie ihre Lösung ohne Vorbild: Er will das Wesen der Religionen »von innen« her bestimmen, also *ohne* Bezug auf ihre Geschichte, ihre Gebräuche und Dogmen. Zum diesem Zweck orientiert er sich methodisch zwar an der theologischen Hermeneutik; zugleich entkleidet er sie aber aller Züge von humanistischer Gelehrsamkeit und macht aus ihr eine quasi *reine Hermeneutik*. Denn beim Gegenstand der Deutung handelt es sich ja nicht um Texte, sondern um eine Substanz – den Charakter, durch den sich in *einer* Religion *die* Religion als solche offenbart. Schleiermacher will die Qualität des »ursprünglichen« Gefühls einer Religion benennen, die spezifische Art, in der ein Endliches das Unendliche anschaut. Im Fall des Judentums charakterisiert Schleiermacher diese Art als »kindlich«. Gott als »Unendliches« stellten die Juden sich vor wie einen Vater, der jederzeit bereit ist, gegen »jedes einzelne Endliche«, die Menschen, »unmittelbare Vergeltung« durch »ein anderes Endliches«, etwa eine Naturkatastrophe, zu üben. Aus diesem elementaren Gefühl, der Freiheit und Willkür des Unendlichen ausgeliefert zu sein, ließen sich alle wesentlichen Elemente des Judaismus ableiten: so vor allem die große Bedeutung des »Dialogischen«, des dauernden Gesprächs mit Gott, das die eigene Sünde zu ergründen sucht, aber auch der Prophetie, die sich um die Folgeabschätzung des eigenen Handelns bemüht. Es ist nun bezeichnend, dass Schleiermacher zwar jedwede historisch-genealogische Beziehung zwischen jüdischer und christlicher Religion ignoriert, er aber als szenischen Einstieg für seine Charakterisierung des Christentums eine Interaktion zwischen Christus und seinen jüdischen Anhängern wählt: »Als die Jünger einmal Christum fragten: Wer hat gesündigt, diese oder ihre Väter, und er ihnen antwortete: meint ihr, daß diese mehr gesündigt haben als Andere. [sic] – Das war der religiöse Geist des Judentums in seiner schneidensten Gestalt, und das war seine Polemik dagegen.«[38]

Aus dieser Urszene entwickelt Schleiermacher seine Deutung des Christentums als einer *polemischen* Religion. Anders als der Judaismus gehe es davon aus, dass sich im Endlichen, also in der Welt, kein Glück erreichen lässt, weil es keine Vermittlung zwischen dem Endlichen und dem Unendlichen geben kann. Der Ausgangspunkt des Christentums sei dem jüdischen daher genau entgegen gesetzt: nicht von Hoffnung auf Gottes Hilfe oder die

Ankunft des Messias ist es geprägt, sondern von Verlassenheit: »ermangelnd jedes Ruhmes vor Gott, verlöscht das Ebenbild des Unendlichen in jedem Teile der endlichen Natur«. Es ist endzeitlich gestimmt, weil es fühlt, dass »das Endliche vergehen muss«, ehe das Unendliche erreicht werden kann.[39] Da es nicht einzelne Handlungen, sondern die Welt an sich als sündhaft betrachtet, ist die Polemik des Christentums gegen das Judentum aber nur der spezielle Fall einer allgemeinen Ablehnung von jeglicher Vermischung des Endlichen mit dem Unendlichem. Schleiermacher bezeichnet das Christentum daher auch als ein »immerwährendes Polemisieren gegen alles Wirkliche in der Religion.«[40] Es wolle die Religion von allem »Irreligiösen« befreien, indem es beides reinlich voneinander scheidet und dem Endlichen den *Schein* des Religiösen nimmt: »Ohne Schonung entlarvt es daher jede falsche Moral, jede schlechte Religion, jede unglückliche Vermischung von beiden, wodurch ihre beiderseitige Blöße bedeckt werden soll«.[41] Von zentraler Bedeutung ist für Schleiermacher, dass es sich bei dem Versuch, das Unendliche vom Endlichen zu reinigen, um eine Aufgabe handelt, »der nie völlig Genüge geleistet werden kann«. So wird verständlich, warum der subjektive Ursprung des Christentums in dem »große[n] Gefühl einer unbefriedigten Sehnsucht« liegt, einer Sehnsucht, die »auf einen großen Gegenstand gerichtet ist und deren Unendlichkeit [...] [man sich] bewußt [ist]«. In prägnanter Verdichtung bezeichnet Schleiermacher abschließend das christliche Grundgefühl als »heilige Wehmut«.[42]

Die polemische Gegenüberstellung lieferte genügend Argumente gegen die Forderung, das Christentum solle sich so verändern, dass es für Juden annehmbar würde. In praktischer Hinsicht war aber eine andere Frage mindestens ebenso entscheidend. Wenn die Religionen sich in ihrem Wesen nicht verändern können, ist dann Konversion überhaupt möglich? Kann ein Individuum seine Religion wechseln? Schleiermacher verneint diese Frage rigoros. Schon in den *Reden* hatte er die individuelle Bindung an *eine* Religion mit Hilfe einer Argumentationsfigur begründet, derer sich auch der romantische Nationalismus bediente – der Annahme, dass durch prägende Erlebnisse der Gemeinschaftscharakter Teil des individuellen Charakters würde.[43] »Die erste und bestimmte religiöse Ansicht«, so Schleiermacher, »die in sein [eines Menschen] Gemüt mit einer solchen Kraft eindringt, daß durch einen einzigen Reiz sein Organ fürs Universum zum Leben gebracht wird [...], bestimmt freilich seine Religion; sie ist und bleibt seine Fundamental-Anschauung, in Beziehung auf welche er Alles ansehen wird.«[44]. Da für das Christentum die polemische Verneinung des Judentums konstitutiv ist, erachtete Schleiermacher den Fall konvertierender Juden als besonders große Gefahr. Nur eine »reinliche Scheidung« zwischen Juden und Christen könne verhindern, dass aus identifizierbaren Fremden unsichtbare Feinde werden; denn entscheidend sei nicht das Bekenntnis, sondern allein die religiöse Gesinnung:

> Es ist unmöglich, daß Jemand, der eine Religion wirklich gehabt hat, eine andere wirklich annehmen sollte; und wenn alle Juden die vortrefflichsten Staatsbürger würden, so würde doch kein einziger ein guter Christ; aber so viel eigenthümlich Jüdisches brächten sie in ihren religiösen Grundsätzen und Gesinnungen mit, welches eben um deswillen nothwendig antichristlich ist. – Ja ein judaisierendes Christenthum das wäre die rechte Krankheit, die wir uns noch inokulieren sollten.[45]

Erstaunlicherweise verleiht gerade die Zustimmung zur staatsbürgerlichen Emanzipation der Juden der scharfen Ablehnung der jüdischen Konversion rhetorischen Nachdruck. In der Tat bietet Schleiermachers soziale Haltung gegenüber Juden ein ganz anderes Bild als sein theologisches Ressentiment gegen das Judentum. Er trat für die rechtliche Gleichstellung der Juden ein; und es war das Umfeld des Berliner Salons von Henriette Herz, in dem Schleiermacher sich einen Namen als Intellektueller machte. Und nicht zuletzt belegte seine Apologie der Liebesbeziehung zwischen Friedrich Schlegel und der konvertierten Jüdin Dorothea Veit, dass er soziale und konfessionelle Grenzen im praktischen Leben für überwindbar hielt.[46] Bei der Verbindung von Affirmation und Polemik handelt es sich nun aber keineswegs um ein »Paradox«, wie immer wieder behauptet wird.[47] Vielmehr muss Schleiermachers Haltung gegenüber den Juden in einem größeren sozialgeschichtlichen Kontext betrachtet werden.

Der Kontakt zwischen Juden und Protestanten, wie er sich in Berlin um 1800 ereignete, war historisch ohne Vorbild. Während die überwältigende Mehrheit der Juden in den deutschen Staaten noch unter Bedingungen lebte, die sich seit dem Mittelalter kaum verändert hatten, war hier eine kleine Schicht wohlhabender Juden entstanden, deren Lebensstil sich nicht mehr von dem protestantischer Kaufleute, Beamter, Freiberufler und Gelehrter unterschied.[48] Ausgestattet mit – begrenzten – stadtbürgerlichen Rechten, nahmen sie regen Anteil am kulturellen Leben der Stadt und waren vielfach auch bereit, sich taufen zu lassen. Es waren genau diese, von Juden und Protestanten gemeinsam gebildeten Gesellschaftskreise, in denen sich Kernelemente eines sozialen Stils herausbildeten, der heute als ›bürgerlich‹ bezeichnet wird.[49] Während etwa der korporative Adel oder später die organisierte Arbeiterschaft die eigene soziale Lage expressiv zur Schau stellten, verhielt es sich bei der um 1800 entstehenden neuen Mittelschicht genau umgekehrt: Hier war der kulturelle Stil das konstitutive Element der Gruppenidentität. Denn er brachte weniger zum Ausdruck, was man seinem Stand oder seiner Besitzklasse nach war, als vielmehr was man aus seinen individuellen Möglichkeiten gemacht hatte. Da diese Kreise ihrem Selbstverständnis nach ebenso offen wie elitär waren, stellten sie hohe Anforderungen an die ›Bildung‹ ihrer Mitglieder. Im Fall der frühbürgerlichen Kreise, in denen die Berliner Juden und Protestanten um 1800 gemeinsam verkehrten, waren dies nicht zuletzt diskursive Qualitäten.[50] Sowohl der Rekurs auf anspruchsvolle Lektüre als auch die Teilnahme an der aufgeklärten Öffentlichkeit prägten einen Sozialstil, durch den man sich ebenso vom erblichen Eliteanspruch des Adels abgrenzen konnte wie von der ›Rohheit‹ der unteren Schichten.

Nur mit Blick auf die sozialräumliche Mittellage dieser kleinen Gruppe von Berliner Stadtbürgern, die sich selbst als gebildet verstanden, erkennt man, dass Schleiermachers Sprechen über Juden und Jüdisches immer eine *doppelte* Stoßrichtung hatte. Wenn er als Theologe meinte, sich im Hinblick auf seine religiöse Identität vom Judaismus abgrenzen zu müssen, so musste er zugleich Rücksicht darauf nehmen, dass viele Juden als gebildete Bürger den sozialen Kreisen angehörten, in denen er selbst verkehrte. Er mochte ihnen die Konversion verweigern wollen, doch im Gegensatz zum einfachen Volk hatten sie auch Goethe, Lessing und Kant gelesen; und im Kampf um bürgerliche Freiheiten waren die Juden – wenn auch unter weniger günstigen Startbedingungen – Verbündete gegen die alten Eliten.[51] Sich innerhalb der gebildeten Öffentlichkeit *gegen* Juden zu äußern, war somit kein paradoxes, sondern ein hochgradig *ambivalentes* Unterfangen. Denn um die Abgrenzung gegenüber den ungebildeten Schichten aufrecht zu erhalten, durften die Regeln der Diskursgemeinschaft, in der gerade wegen der regen Anteilnahme gebildeter Juden religiöse Toleranz hochgehalten wurde, auf keinen Fall verletzt werden.

Die Ambivalenz seiner Haltung kommt bei Schleiermacher nun dadurch zum Ausdruck, dass die *inhaltliche* Abgrenzung gegenüber den Juden zugleich eine *formale* Abgrenzung gegenüber den ungebildeten Judengegnern enthält. In seinen Schriften lassen sich vier Strategien ausmachen, in denen diese doppelte Abgrenzung Gestalt annimmt. Erstens die rationale Form, in der Schleiermacher den irrationalen Grund seiner Ablehnung kommuniziert. Schon die Adressierung der *Reden über Religion* an die »Gebildeten unter ihren Verächtern« zieht eine scharfe Grenze um die eigene Diskursgemeinschaft; zugleich darf sie als Einladung an die Juden verstanden werden, sich an der Debatte über die Unterschiede zwischen den Religionen zu beteiligen.[52] Die rationale Diskursform stellt zudem eine Distanz zum Gegenstand her. Sie will nicht eigene Affekte ausstellen, sondern die schicksalhafte Unausweichlichkeit von Gefühlslagen nachvollziehbar machen. Zweitens die präventive Zurückweisung des Vorwurfs, grundsätzlich etwas gegen die Juden zu haben: »Ich wäre ein Judenfeind?«, fragt Schleiermacher am Ende seiner Entgegnung auf Friedländer, »und das nur weil ich sie nicht in die christliche Kirche hineinhaben will? [...] Haben Sie vergessen, daß ich auch den größten Teil der Christen aus der Kirche heraus wünsche?«[53] Schleiermacher spricht hier aus, was durch sein Sozialverhalten praktisch verbürgt war, dass er nämlich sein Urteil über Menschen nicht von ihrer Religionszugehörigkeit abhängig machte. Drittens die Distanz zu »mittelalterlichen« Formen des Antijudaismus. Besonders deutlich zeigt sich dies etwa, wenn Schleiermacher den Tod Christi als Opfer deutet, durch das er die »Sünde der ganzen Welt« auf sich genommen habe, und er sich damit gegen die Meinung stellt, die Juden seien für die Kreuzigung verantwortlich.[54] Alle drei Strategien zielten auf Abgrenzung von tradierten Formen volkstümlicher Judenfeindschaft, die sich gehässiger und ultimativ gewalttätiger Ausdrucksformen bedienten. Als viertes und letztes Merkmal muss schließlich genannt werden, dass Schleiermacher – wie übrigens auch Friedländer – seinen Beitrag zur Konversionsdebatte anonym veröffentlichte.[55] Die Zurückhaltung des eigenen Namens verstärkte nicht nur den diskursiven und unpersönlichen, kurz: den aufgeklärten Charakter der Streitschrift; vor allem diente sie der Absicherung gegen die Vorhaltung, der Schreiber habe die Achtung vor anderen Beiträgern zur gebildeten Teilöffentlichkeit vermissen lassen.

b) Das Spiel mit dem Sagbaren

Wenn oben suggeriert wurde, dass sich Carl Schmitts Haltung gegen die Juden im Grunde bereits bei Friedrich Schleiermacher findet, so ist das begründungsbedürftig. Schließlich veränderten sich die Beziehungen zwischen Christen und Juden im Laufe des 19. Jahrhunderts fundamental. Ohne Zweifel lassen sich diese Veränderungen als Geschichte einer bemerkenswerten Integration erzählen, in deren Verlauf die religiösen Unterschiede in dem Maße an Gewicht verloren, wie ein bürgerlicher Habitus Gemeinsamkeiten schuf.[56] Ein gravierendes Defizit dieser Perspektive besteht jedoch darin, dass sie die – seit Mitte des Jahrhunderts und erst recht nach der Reichsgründung – immer stärker werdende Judenfeindschaft nur als das Ende der Integration und damit als starken, letztlich irrationalen Bruch mit den Grundlagen der bürgerlichen Kultur begreifen kann.[57] Differenzierter und umso tragfähiger argumentiert dagegen Uffa Jensen, an dessen Ansatz ich hier anschließen möchte. Durch die Entstehung einer bürgerlichen Bildungskultur, so Jensen, hätten zwar einerseits die konfessionellen Schranken an Bedeutung verloren. Andererseits habe aber gerade die Zunahme sozialer Interaktionen zwischen Juden und Christen dazu geführt, dass die Frage nach einer spezifisch jüdischen Identität umso dringlicher gestellt wurde und zum Gegenstand eines eigenen Diskurses avancierte. In einem Komplex aus gemeinsamer Kultur, wechselseitiger Wahrnehmung, Annäherungsbegehren und Abgrenzungsaffekten hätten vor allem gebildete Protestanten zur Konstruktion eines unveränderlichen ›jüdischen Wesens‹ beigetragen, ohne die der spätere Erfolg des Antisemitismus gerade unter Bildungsbürgern unverständlich bleiben müsse.[58] Denn der wichtigste Programmpunkt der Antisemiten war die Zurücknahme der Emanzipation, deren Förderung preußische Beamte seit dem späten 18. Jahrhundert genau umgekehrt begründet hatten: mit der Wandlungsfähigkeit der Juden.[59]

Jensens Untersuchung setzt im mittleren 19. Jahrhundert ein; doch er beschreibt für die Zeit um 1850 eben die Kommunikationssituation als Normalfall, die in Berlin um 1800 noch die Ausnahme dargestellt hatte. Sein Ansatz erlaubt es daher, Schleiermachers Position als Paradigma eines gebildeten Ressentiments gegen Juden zu begreifen, das auch noch Erklärungskraft für das 20. Jahrhundert besitzt. Dennoch müssen bei aller Betonung lang andauernder Dispositionen die erheblichen Unterschiede erklärt werden, die zwischen Schleiermachers Debattenbeitrag von 1799 und Carl Schmitts Tagebucheintrag von 1915 bestehen. Schmitt nennt den Protestanten Wagner und insbesondere seine Musik »jüdisch«. Eine solche Aussage wäre um 1800 schlicht sinnlos gewesen. Dass sie dies 1915 nicht mehr war, lag nicht zuletzt an Wagner selbst. Denn nicht nur zeitlich, auch konzeptionell nimmt Wagners 1850 erstmals veröffentlichter Essay *Das Judentum in der Musik* eine Brückenstellung ein. Wagners Argumentationsform gleicht der Schleiermachers frappierend; zugleich operiert er aber mit einem Konzept des ›Jüdischen‹, das man um 1800 noch nicht, um 1900 aber immer noch verstand.

Auch Richard Wagner ging davon aus, dass es sich bei den Juden um eine prinzipiell fremdartige Gruppe handle, deren Integration eine Gefahr für die eigene Wesensart darstelle. Dass er sich außerdem in der gleichen ambivalenten Lage befand wie Schleiermacher, wenn er als gebildeter Bürger gegen gebildete Juden schrieb, zeigt sich im Bemühen, sich von unmittelbaren und unreflektierten Formen der antijüdischen Agitation zu distanzieren und seiner Argumentation eine sachliche Form zu geben. So veröffentlichte auch Wagner seine Streitschrift zunächst nicht unter dem eigenen Namen.[60] Ebenso verwies er auf jüdische Freunde, »die mit mir auf ganz gleichem Boden stehen« und die er ausdrücklich von seinem allgemeinen Urteil über die Juden ausnahm. Und er verwahrte sich gegen den Vorwurf, er habe aus Judenhass zur Feder gegriffen.[61] Wenn er dennoch epxliziter als Schleiermacher von seiner »Abneigung« und vom »unwillkürlich Abstoßenden« der Juden sprach, so war auch dies vom Bemühen um Sachlichkeit geprägt.[62] Wagner argumentiert reflexiv, mit Blick auf die eigenen Redehemmungen: »Erst in neuester Zeit scheinen wir zu der Einsicht zu gelangen, daß es vernünftiger sei, von dem Zwange jener Selbsttäuschung uns frei zu machen, um [...] unseren, trotz aller liberalen Vorspiegelungen bestehenden, Widerwillen gegen ihn uns zum Verständnis zu bringen.«[63] Hintergrund dieser Aussage sind die veränderten Beziehungen zwischen Christen und Juden. Wagner nahm 1850 einen Zustand als gegeben an, den Schleiermacher um 1800 nur perhorresziert hatte: die Aushöhlung der eigenen Identität durch die Vermischung mit den ›fremden‹ Juden. Er konnte sein antijüdisches Gefühl somit als quasi natürliche Abwehrreaktion ausweisen, die keinem irrationalen Hass auf das Fremde entsprang, sondern einem vernünftigen Selbstschutzinstinkt.

Anders als bei Schleiermacher war der Bezugsrahmen seiner Argumentation aber nicht mehr die Religion – also der einzige Bereich, in dem die jüdische Andersartigkeit eine Tatsache war –, sondern das gesamte Kulturleben. Am Beispiel seines eigenen Metiers versuchte Wagner eine kulturschädigende Einwirkung der Juden nachzuweisen. Im Gegensatz zu deutschen oder italienischen seien jüdische Komponisten unfähig zum echten musikalischen Ausdruck. Zur Begründung verwies Wagner auf Sprache und Geschichte der Juden. Zum einen fehle es sowohl dem Hebräischen als auch den jiddischen Dialekten an einer etwa der deutschen Sprache vergleichbaren Melodik. Von größerer Reichweite war aber das historische Argument: Nicht nur sei die Kultur des Judentums »in Gestalt und Form starr haften geblieben«, weil sich in der Jahrtausende währenden Wanderschaft der Gehalt des jüdischen Lebensgefühls nicht habe erneuern können; zunehmend hätten auch die gebildeten Juden ihrer eigenen Tradition entsagt, ohne in einer neuen Kultur heimisch geworden zu sein. Ihnen fehle somit jede Verwurzelung in einem Traditionszusammenhang: »Fremd und teilnahmslos steht der gebildete Jude inmitten der Gesellschaft, die er nicht versteht, mit deren Neigungen und Bestrebungen er nicht sympathisiert, deren Geschichte und Entwicklung ihm gleichgültig geblieben sind.«[64] Damit sei ihm jedweder Zugang zu den Quellen künstlerischer Schöpfungskraft abgeschnitten; denn seine eigene Sprache sei »erstarrt«, und in der Sprache seiner Gastländer könne er »nur nachsprechen, nachkünsteln, nicht wirklich redend dichten oder Kunstwerke schaffen.«[65] Wann immer sich Juden dennoch in der Kunst versuchten, geschehe dies daher ohne innere Notwendigkeit. Im Ergebnis entstünde so eine Musik, der es nur um das Spiel mit den musikalischen Ausdruckmitteln gehe. Beispielhaft führt Wagner zum einen die Opern Giacomo Meyerbeers an, zum anderen die Tonmalerei Felix Mendelssohn Bartholdys. Dessen Fall ist für Wagner besonders aussagekräftig. Gerade weil ihm große kompositorische Fähigkeiten attestiert werden müssten, ließe sich in seiner Musik der Gegensatz von oberflächlichem Sinnesreiz und Tiefenwirkung – der im übrigen identisch ist mit dem seit Schopenhauer geläufigen Gegensatz von Irritabilität und Sensibilität – verdeutlichen: »Dieser hat uns gezeigt, daß ein Jude von reichster spezifischer Talentfülle die feinste und mannigfaltigste Bildung, das gesteigerte, zartestempfindende Ehrgefühl besitzen kann, ohne [...] auch nur ein einziges Mal die tiefe, Herz und Seele ergreifende Wirkung auf uns hervorzubringen, welche wir uns von der Kunst erwarten.«[66]

Wagners Text verweist auf tiefgreifende Veränderungen. Innerhalb weniger Jahrzehnte war die Integration der Juden in die bürgerliche Gesellschaft so weit fortgeschritten, dass sie gemessen am Bevölkerungsanteil überproportional zur Kulturproduktion beitrugen.[67] Während Schleiermacher sich noch an der Geselligkeit gebildeter Juden erfreut hatte und zugleich meinte, ihnen den Zugang zu seiner Religion verwehren zu können, stellte sich Wagners Lage anders dar. Gebildete Juden, zumal wenn sie vermögend waren, befanden sich nicht mehr in der Position des Bittstellers. Giacomo

Meyerbeer hatte nicht nur die Arbeit des jungen Wagner gefördert, er war er ihm auch lange Zeit in der Publikumsgunst voraus.[68] Von Anfang an war dieser Integrationsprozess von einem Diskurs begleitet, in dem die Frage verhandelt wurde, was denn jüdische und christliche Bürger jenseits ihrer Konfession überhaupt voneinander unterschied. Noch vor jeder explizit *anti*jüdischen Position, die etwa die Emanzipation der Juden rückgängig machen wollte, entstand in diesem Diskurs vermeintlich vorurteilsfreies *Wissen* über die ›objektive‹ Andersartigkeit des ›jüdische Wesens‹. Neben der bürgerlichen Literatur, die – gipfelnd in Gustav Freytags Roman *Soll und Haben* (1855) – zur Darstellung jüdischer Figuren immer wieder die gleichen, tendenziösen Topoi verwendete, trugen zu diesem Wissen vor allem die Geisteswissenschaften bei.

Alle wissenschaftlichen Versuche, die Andersartigkeit der Juden nicht allein religiös zu begründen, griffen direkt oder indirekt Herders Volksbegriff auf.[69] Auch Herder hatte frühromantisch argumentiert, wenn er alle Ausdrucksformen eines Volkes aus dessen charakteristischem ›Geist‹ erklärte, wie Schleiermacher alle Erscheinungsformen einer Religion aus einem charakteristischen Gefühl für das Unendliche. Der Punkt, in dem Herder sich von Schleiermacher gravierend unterschied, war die Totalität seines Konzeptes. Der Volksgeist äußere sich in *allen* »Lebensäußerungen« einer kollektiven Schicksalsgemeinschaft: Sprache, Sitten, Mythen, Kunst und Religion. Wer, wie Schleiermacher, in den Juden nur Angehörige einer andersartigen Religion sah, konnte sie kulturell und politisch problemlos als gleichartig anerkennen. Sah man in ihnen hingegen ein Volk im Sinne Herders, hieß das, dass sich Juden fundmental von Nichtjuden unterschieden und wo immer sie auch lebten, ›fremd‹ und ›anders‹ waren.[70] Im Gegensatz zu Völkern anderer Nationen musste im Fall der Juden allerdings erst erwiesen werden, dass es sich überhaupt um ein eigenes Volk handelte. Dabei nahm die Argumentation zwangsläufig die Form eines historischen Zirkels an. Wer plausibel machen wollte, dass die Juden trotz ihrer Integration in die deutsche Kultur ein fremdes Volk geblieben waren, konnte dies nur durch die *essentialistische* Konstruktion eines jüdischen Urvolkes, dessen ›Geist‹ gegen historische Veränderung resistent sei.

Von fundamentaler Bedeutung für dieses Unterfangen war die Verwissenschaftlichung der Sprachforschung.[71] 1816 war es Franz Bopp gelungen, die Verwandtschaft zwischen dem Sanskrit und den europäischen Sprachen zu belegen. Aus der daraus abgeleiteten Unterscheidung zwischen der indogermanischen und semitischen Sprachfamilie wurde umstandslos geschlossen, dass sich auch die Sprecher dieser Sprachen wesentlich unterscheiden müssten. In Christian Lassens *Indische Alterthumskunde*, die zwischen 1847 und 1862 in fünf Bänden erschien, findet sich eine scharfe Konstrastierung von ›Ariern‹ und ›Semiten‹, wobei letztere u. a. durch eine eingeschränkte Kulturfähigkeit charakterisiert wurden. Der *Brockhaus* enthielt erstmals 1845 einen Eintrag über ›Indogermanische Sprachen‹, 1866 wurde dieser um einen Abschnitt zu den ›Indogermanen‹ erweitert.[72] Mindestens ebenso einflussreich wie die Unterscheidung arisch / semitisch waren die wissenschaftlichen Modelle der jüdischen Geschichte, in denen sich zum einen die vermeintlichen Ursprünge des jüdischen Volkscharakters rekonstruieren und zum anderen dessen Dauerhaftigkeit belegen ließen.

Die ersten Impulse für eine historische Auffassung des Judentums kamen von der protestantischen Theologie. Dabei kann die Wirkung von David Friedrich Strauß' quellenkritischer Betrachtung der Person Jesu kaum überschätzt werden.[73] Anders als Juden und Katholiken, die sich auf eine Tradition gründeten, musste der Protestantismus ja gerade deshalb nach dem historischen ›Ursprung‹ des Christentums fragen, weil er mit einem Überlieferungszusammenhang gebrochen hatte. Die Kernfrage, wie sich der Jude Jesus zum Religionsgründer Jesus Christus verhielt, war aus protestantischer Perspektive zugleich theologischer wie historischer Natur. Sie warf zwangsläufig die Frage auf, auf welche Weise sich Jesus und das Urchristentum von der jüdischen Kultur, aus der sie hervorgegangen waren, unterschieden. Als Deutungsmuster setzte sich dabei die Unterscheidung einer »hebräischen« und einer »jüdischen« Epoche des antiken Judentums durch. Während sich in der ersten Phase die religiösen Kernelemente des Monotheismus, der mosaischen Gesetze und der prophetischen Literatur etabliert hätten, wurde die Zeit nach dem babylonischen Exil als

Degenerationsprozess aufgefasst, der aus den ursprünglich religiösen Inhalten einen leeren Kultus gemacht habe. Die Entstehung des Christentums kann so als Überwindung einer religiösen Agonie verstanden werden. Bezeichnend für diese Tendenz ist etwa die Charakterisierung der Pharisäer in Heinrich Ewalds *Geschichte des Volkes Israel* (1843 - 55): »[D]unkler oder bewusster der eignen Selbstsucht fröhnend, machten sie die Frömmigkeit zu einer Art von Kunst und Gewerbe, um durch sie dauernd zu herrschen.«[74] Obwohl die historischen Herleitungen des Christentums methodologisch mit Schleiermachers Ansatz nicht vereinbar waren, verschärften sie dessen hermeneutische Unterscheidung zwischen Christentum und Judentum insofern, als nun nicht mehr nur eine spezifische Religiosität als fremd begriffen wurde, sondern die Kultur eines ganzen Volkes. Dass dieses Volk sein Wesen im Laufe der Geschichte nicht verändert habe, brachte Theodor Mommsen in seiner *Römischen Geschichte* (1854 - 56) auf den Punkt, mit deutlichen Anspielungen auf die Gegenwart. Das wesentliche Charakteristikum des jüdischen Volkes bestehe darin, dass es »überall und nirgends heimisch« sei. Obwohl in der Lage, sich jede »fremde Volkstümlichkeit« anzueignen, hielte es doch immer am »Kern seiner nationalen Eigenthümlichkeit« fest.[75] Wo immer sie auch lebten, stellten sie damit ein quasi natürliches Hindernis der Nationalstaatsbildung dar. Explizit brachte Mommsen diese Theorie in einer berüchtigten Formulierung auf den Punkt: »Auch in der alten Welt war das Judenthum ein wirksames Ferment des Kosmopolitismus und der nationalen Decomposition und insofern ein vorzugsweise berechtigtes Mitglied in dem caesarischen Staate, dessen Politie doch eigentlich nichts als Weltbürgerthum, dessen Volksthümlichkeit doch eigentlich nichts als Humanität war.«[76]

Wie Jensen zeigen kann, bedienten sich die wissenschaftlichen Diskurse über Juden größtenteils der gleichen Topoi wie die bürgerliche Literatur. Besonders in vier Figuren verdichtete sich die Vorstellung eines spezifisch jüdischen Wesens: im *Talmudisten*, dem gebildeten, aber herzlosen Religionsvirtuosen; im auf weltlichen Erfolg ausgerichteten *Materialisten*; im heimatlosen *Nomaden*; und im *Parvenü*, dem die Kultur der höheren Schichten nur Mittel zum sozialen Aufstieg ist.[77] Wenn diese inhaltlichen

Bestimmungen zeigen sollten, was ›der Jude‹ eigentlich war, so gingen sie allesamt davon aus, dass Juden ihre wahre Natur zu *verbergen* suchten. Diese Wahrnehmungsmuster strukturierten die gebildeten Texte über Juden; in Form literarischer und wissenschaftlicher Topoi beförderten sie bei den Lesern den Glauben, Juden besäßen einen spezifischen Volkscharakter, dessen Kern darin bestand, sich an fremde Völker äußerlich anzupassen ohne ihnen innerlich gleich zu werden.

Allen essentialistischen Konstruktionen eines ›jüdischen Wesens‹ war gemeinsam, dass sie sachlich und »objektiv« argumentierten und sich dezidiert nicht judenfeindlich gaben. Damit unterschieden sie sich von populären Ausdrucksformen der Judenfeindschaft, etwa von jenen Verschwörungstheorien, die seit der Zeit des Wiener Kongresses unterstellten, es gäbe jüdische ›Drahtzieher‹ hinter den ›Marionetten‹ des politischen Parketts.[78] In der Wahrnehmung der Autoren handelte es sich bei ihren Texten um Charakterisierungen auf der empirischen Basis historischer Quellen und eigener Erfahrung. Auch hatte die Behauptung, bei den Juden handle es sich um eine Volksgruppe, deren Charakter dem deutschen – der durch Attribute wie ›Tiefe‹, ›Herzensbildung‹, ›Naturverbundenheit‹, ›Frömmigkeit‹, ›Naivität‹, ›Idealismus‹, ›Objektivität‹ beschrieben wurde – geradezu entgegen gesetzt war, in der Regel keinerlei Konsequenzen für den sozialen Umgang mit ihnen. So legte etwa Theodor Mommsen die gleiche ambivalente Haltung wie schon Schleiermacher an den Tag, wenn er die Juden einerseits als »Ferment der nationalen Dekomposition« charakterisierte, andererseits aber für ihre Emanzipation eintrat und sie etwa gegen Angriffe seines Kollegen Heinrich v. Treitschke verteidigte. Gerade die Auseinandersetzung zwischen Mommsen und Treitschke ist aufschlussreich für den gebildeten Diskurs über Juden. Sie zeigt, wie groß unter Bildungsbürgern auch noch nach der Reichsgründung das Entsetzen darüber war, dass ein angesehener Gelehrter sich offen dem politischen Antisemitismus angedient hatte.[79]

Ohne den Kontext dieser Diskurse wäre Wagners Essay von 1850 undenkbar gewesen. Wenn seine Schrift dem gebildeten Ressentiment gegen Juden tatsächlich eine neue Qualität verlieh, dann deshalb, weil sie die diskursiven Topoi über ein ›fremdes‹ Volk zum

Narrativ einer umfassenden Gegenwartskritik bündelte. Denn es ging Wagner um mehr als den Nachweis, dass das jüdische Volk unfähig zum musikalischen Ausdruck sei; dies allein hätte dem gebildeten Sprechen über die jüdische Eigenart lediglich eine weitere Nuance hinzugefügt. Der entscheidende Punkt seiner Argumentation war die Verbindung von Judendiskurs und Gegenwartsdiagnostik.[80] Wagner betonte nämlich vor allem den *Erfolg*, den jüdische Komponisten mit ihrer vermeintlich gemütlosen Musik hatten; und zugleich sah er darin, dass genau diese Art der Musik beim Publikum ankam und als vorbildlich für andere Komponisten galt, ein *Symptom* für den Gesamtzustand eines auf »Sensationen« ausgerichteten Kulturbetriebes.[81] Indem er sich nicht mehr allein über Charakter und Geschichte der Juden äußerte, sondern dies im Hinblick auf die eigene Gegenwart tat, oszillierte Wagner ständig zwischen zwei Arten, über das ›jüdische Wesen‹ zu sprechen: Zum einen hatte er Personen jüdischer Abstammung wie Meyerbeer und Mendelssohn Bartholdy im Blick, die nach seiner Auffassung gar nicht anders konnten, als ›jüdisch‹ zu komponieren; zum anderen aber, so die Unterstellung, mussten Kultur und Gesellschaft bereits ›jüdische‹ Züge aufweisen, wollte man den Erfolg ihrer Musik erklären.

Wenn Wagner die Rolle der Juden offen und weitreichend problematisierte, dann fügte er den »objektiven« Konstruktionen des ›jüdischen Wesens‹ eine dezidiert *anti*jüdische Note hinzu, ein Element, das bisher der volkstümlichen Rede etwa über ›jüdische Drahtzieher‹ vorbehalten war. Damit ging er über die Grenzen dessen, was unter gebildeten Bürgern über Juden bisher sagbar gewesen war, hinaus. Dies belegt nicht zuletzt die heftige Kontroverse, die vor allem die Zweitpublikation von 1869, die unter seinem Namen erschienen war, auslöste.[82] Der tendenziöse Diskurs über das ›Semitische‹ wurde bei Wagner ausgeweitet zu einem handfesten Antisemitismus *avant la lettre*. Zugleich wahrte Wagner aber durch die Form seiner Argumentation Distanz zu allen verschwörungstheoretischen Deutungsmustern. Er behauptete ja nicht, dass Juden in irgendeiner Weise »Einfluss« auf Politik und Wirtschaft nähmen, sondern dass es zwischen dem ›jüdischen Wesen‹ und der ›jüdischen‹ Verfassung der eigenen Kultur ein *Entsprechungs-* oder Ausdrucksverhältnis gebe. Mochte die inhaltliche Stoßrichtung des Essays auch als skandalös empfunden werden, die gelehrten Topoi und die essentialistische Argumentation, der das romantische Volksgeistkonzept zugrunde lag, waren in gebildeten Kreisen anschlussfähig. Damit war Wagner aber nicht nur als komplex argumentierender Judengegner, sondern auch als Vorbereiter des charakterologisches Denkens seiner Zeit voraus: Indem er das Wesen der Juden heranzog, um den Kulturbetrieb seiner Zeit zu *charakterisieren*, löste er das Attribut ›jüdisch‹ aus dem Zusammenhang sachbezogener Diskurse und machte so aus einem sozialen Begriff ein *Symbol*.

c) Das ›Jüdische‹ als Symbol

Es war nicht zuletzt Wagners Neuerfindung der Oper als musikalisches Mythendrama, die dazu führte, dass sich die symbolische Rede über das ›jüdischen Wesen‹ in gebildeten Kreisen verbreitete. Schon *Das Judentum in der Musik* enthielt einen Verweis auf die eigene Musik. Darin forderte Wagner »den Juden« auf, »gemeinschaftlich mit uns Mensch [zu] werden«, was allerdings nur um den Preis der Selbstaufgabe zu haben sei: »Nehmt rücksichtslos an diesem Erlösungswerke teil, so sind wir einig und ununterschieden! Aber bedenkt, daß nur eines eure Erlösung vor dem auf euch lastenden Fluche sein kann: die Erlösung des Ahasverus, – der Untergang!«[83] In seiner Oper *Der Fliegende Holländer* hatte Wagner die legendäre Figur des ›ewigen Juden‹ bereits aufgegriffen, sie aus ihrem volkstümlichen Kontext gelöst und zum Symbol für die Hybris des neuzeitlichen Menschen gemacht. Allerdings wich er vom Stoff der mittelalterlichen Legende entscheidend ab.[84] Nicht nur ließ er seinen Helden, im Gegensatz zu Ahasver, die ersehnte Ruhe letztlich finden; es ist auch nicht der Tod, der ihn erlöst, sondern die Liebe einer Frau.[85]

Durch die freie symbolische Verwendung erhält die sprachliche Ambivalenz nun eine ganz neue Stoßrichtung. Denn als Symbol kann sich der ›ewige Jude‹ sowohl auf Juden wie auf Nichtjuden beziehen. Daher meint auch die Rede von der ›Erlösung‹ je nach Kontext Verschiedenes. In der Figur des Holländers steht Ahasver für den modernen Menschen, der auf die gleiche Weise erlöst werden kann wie Odysseus, nämlich durch die Rückkehr zu den eigenen Wurzeln. In der gleichsam wörtlicheren Verwendung als Symbol des jüdischen Volkes liegt die Erlösung dagegen nicht in der Versöhnung mit dem eigenen Wesen, sondern in dessen Auslöschung. Wagner gelingt es hier mit den Mitteln des symbolischen Denkens, den Gegensatz zwischen Juden und Nichtjuden zu verschärfen und zugleich weitgehend unsichtbar zu machen. Ahasver symbolisiert das entfremdete Eigene *und* das fremde Andere, seine Erlösung wird aber in beiden Fällen aus der Perspektive des Eigenen und daher radikal verschieden gedacht: hier als Heimkehr, dort als Tod.

Auch die Debatte um den vermeintlichen Antisemitismus der *Meistersinger von Nürnberg* steht vor einer letztlich aporetischen Alternative, solange sie nicht die symbolische Sprechweise berücksichtigt. Die eine Fraktion bleibt darin einseitig, dass sie Wagner unterstellt, mit der Figur des Beckmesser die judenfeindlichen Vorurteile des Publikums bedient zu haben; die andere darin, dass sie die Abwesenheit von expliziten Bezügen auf Juden wörtlich nimmt und die Figur in rein künstlerische Traditionen stellt, etwa die der *Commedia dell'Arte*.[86] Demgegenüber hat Daniel Hartwich überzeugend argumentiert, dass man das Verhältnis von Wagners Polemik gegen die jüdische Musik und negativer Charakterisierung Beckmessers als *Analogie* auffassen müsse. Diese Deutung besticht durch die Einsicht, dass die Frage nach antisemitischen Stereotypen zu kurz greift.[87] Denn für sich genommen, also ohne explizite Bezüge auf Juden, sind diese so vieldeutig, dass sie problemlos anderen Deutungstraditionen zugeschrieben werden können. Was dagegen Wagners Musiktheorie und seine Inszenierung des Sängerstreits tatsächlich verbindet, ist eine spezifische Argumentationsfigur. Da diese, so könnte man hinzufügen, mit den Mitteln der symbolischen Logik operiert, bereitet es Wagner keinerlei Schwierigkeiten, sie aus ihrem theoretischen und explizit antijüdischen Entstehungskontext in einen dramatischen Bühnenkontext zu übertragen. Hartwich zeigt, dass Wagner sowohl das synagogale als auch Beckmessers Musikverständnis durch charakterisiert, dass beide sich einer »starren Aufrechterhaltung der überlieferten Regeln« verschreiben und Erneuerung lediglich durch »intelligente Bemühungen«, nicht aber durch Gemütstiefe anstreben.[88] Zugleich lässt Wagner die Charakterisierung dieser Musik nicht für sich stehen, sondern warnt mit ihr vor der ›Erstarrung‹ der eigenen Kultur: Wo der Essay den Verfall der deutschen Kultur perhorresziert, da inszeniert die Oper den Triumph der volksnahen Sänger Sachs und Stolzing als Mythos der kulturellen Erneuerung.

Wagner erzählte in den *Meistersingern* eine leicht verständliche Geschichte über den Gegensatz von ›lebendiger‹ und ›erstarrter‹ Kultur. Sie musste nicht notwendig mit dem Diskurs über deutsches und jüdisches Wesen in Verbindung gebracht werden; aber sie war für derartige Deutungen weit offen. Dies um so mehr, als Wagner 1869, also praktisch zeitgleich mit der Erstaufführung der Oper, seinen Essay über das *Judentum in der Musik* erneut veröffentlicht hatte, und zwar nun unter seinem Namen. Wollte man in den *Meistersingern* mehr als ein Lustspiel erkennen, konnte man die Oper leicht als allegorische Kritik an der gegenwärtigen Kultur deuten; mit nur etwas mehr Aufwand konnte man dieser Kritik zudem eine symbolische Dimension verleihen, wenn man nämlich zur Kenntnis nahm, dass der Komponist Beckmessers pedantische Kunstauffassung mit den gleichen Attributen charakterisierte wie die ›erstarrte‹ Synagogalmusik der Juden. Und man konnte noch weiter gehen, die kulturelle Selbstvergessenheit der Deutschen mit dem gewachsenen jüdischen Selbstbewusstsein zu konfrontieren. Wagner selbst tat genau dies, als er im Rückblick auf die *Meistersinger* die Gefahr einer kulturellen Überfremdung durch die Juden – ebenfalls symbolisch stilisiert – beschwor: »[M]ein Werk [...] ward [...] von den Juden ausgepfiffen und vom deutschen Publikum als eine mit Kopfschütteln aufzunehmende Kuriosität hingehen gelassen. Dem Denkmal des Hans Sachs gegenüber stellte sich aber in Nürnberg eine imponierende Synagoge reinsten orientalischen Stils auf.«[89]

Wie weit die symbolische Sprechweise über ›Jüdisches‹ gehen konnte, zeigt sich in Wagners später Schrift *Erkenne Dich selbst*. Wie schon 1850 knüpfte Wagner auch 1881 an aktuelle Diskurse über Juden an. Nun aber mit rhetorisch umgekehrter Stoßrichtung. In *Das Judentum in der Musik* hatte Wagner die gebildeten Diskurse über das ›Semitische‹ aufgegriffen und mit einem deutlich *anti*semitischen Akzent versehen. Dagegen griff er nun die explizit antisemitischen Diskurse des Kaiserreichs auf, entkleidete sie ihrer unmittelbaren Bezüge und wendete ihre Topoi gegen die eigene Kultur. Will man darin aber, wie Daniel Hartwich, Anzeichen einer »selbstkritischen« Haltung erkennen, so ist das schlicht mangelnder Quellenkritik geschuldet.[90] Vielmehr hat man es 1850 wie 1881 mit ein und derselben Haltung zu tun, die auf zwei verschiedene Situationen trifft. Im einen wie im anderen Fall ging es Wagner um eine symbolische Sprechweise über ›Jüdisches‹, die einen doppelten Bezug auf reale Juden einerseits und auf den ›jüdischen‹ Zustand der eigenen Kultur andererseits ermöglichte. Nur musste er zu diesem Zweck 1850 die gebildete Rede über Juden *ausweiten*, indem er bereits existierende Diskurse zu einer eigenständigen Argumentationsfigur verknüpfte. Dagegen ging es 1881 darum, eine allzu wörtliche Rede über Juden *einzugrenzen*, um die große Reichweite des symbolischen Diskurses über ›Jüdisches‹ wieder herzustellen. Hatte Wagner im einen Fall mit Hilfe einer Symbolisierung die ambivalente Mittellage des gebildeten Diskurses über Juden bis an die Grenze des Sagbaren vorangetrieben, so war es nun gerade die symbolische Sprechweise, durch die man sich von einem politischen Hassdiskurs abgrenzen konnte.

Die Abgrenzung war nötig geworden, weil in den Gründerjahren eine offene und gehässige Judenfeindschaft schrittweise parkettfähig geworden war. Voraussetzung für diesen allmählichen Abbau der Redehemmungen war nicht nur die volle rechtliche Emanzipation der Juden, sondern auch ein unter gebildeten Bürgern weit verbreitetes Ressentiment gegen den ›materialistischen‹ Zeitgeist.[91] Es waren nicht zuletzt gebildete Ausreißer gewesen, die der Rede über Juden in den 1870er Jahren eine so offen programmatische Stoßrichtung gegeben hatten, dass die ›Judenfrage‹ nun als Problem von nationaler Tragweite erschien: so der berühmte Historiker Heinrich von Treitschke, der Hofprediger Adolf Stöcker, der Orientalist Paul de Lagarde oder die wachsende Anhängerschar des wieder entdeckten Rasseanthropologen Joseph Arthur de Gobineau.[92] Sie hatte Wagner im Blick und nicht die zwar viel gelesenen, aber unter gebildeten Bürgern inakzeptablen Hetzschriften Wilhelm Marrs, Theodor Fritschs oder Eugen Dührings.

Es waren ihre Positionen, die Wagner in *Erkenne Dich selbst* aufgriff und in die ambivalente Mittellage zurückzuholen versuchte. Dem sozialen Antisemitismus Adolf Stöckers hielt er vor, dass Privateigentum und Börsenkapitalismus ›arische‹ Erfindungen seien; den völkischen Nationalisten um Paul de Lagarde, dass das jüdische Volk in kultureller Hinsicht viel einheitlicher sei als das deutsche; und mit ähnlicher Stoßrichtung antwortete er auch den Antisemiten, die im Anschluss an Gobineau von der rassischen Minderwertigkeit der Juden sprachen, dass wohl eine jüdische, kaum aber eine deutsche Rasse »mit Bestimmtheit zu qualifizieren« sei.[93] Diese Einwände wurden nun aber gerade nicht in selbstkritischer Absicht geäußert. Denn sie zielten keineswegs auf eine Verteidigung der Juden, sondern allein auf die Abgrenzung von allzu engen und gleichsam wörtlichen Formen des antijüdischen Sprechens. Das Problem, das Wagner sah, betraf die Gesamtheit der eigenen Kultur, was aber keineswegs bedeutete, dass er es deswegen selbstbezüglich formulierte. Denn er kritisierte ja nicht bestimmte Defizite ›deutscher‹, sondern die *Verinnerlichung* ›jüdischer‹ Eigenschaften. Stärker als je zuvor deutete sich bei Wagner hier eine logische Konsequenz der symbolischen Sprechweise über das ›jüdische Wesen‹ an: Wenn Völker spezifische Charaktere haben, die sich in all ihren Kulturprodukten und Individuen wiederfinden lassen, dann kann eine ›judaisierte‹ Kultur auch ›jüdische‹ Charaktere hervorbringen. Er bereitete damit einem Deutungsmuster den Weg, das erst die charakterologischen Denker um 1900 voll ausschöpfen sollten: das Konzept des ›inneren Juden‹.[94]

1.3. Charakterologischer Antisemitismus um 1900

Vier Tendenzen kennzeichnen den bildungsbürgerlichen Diskurs über Juden im 19. Jahrhundert: Ambivalenz, Essentialismus, Ausweitung, Symbolisierung. Grundsätzlich befanden sich gebildete Christen in einer *ambivalenten* Position, wenn sie sich über Juden äußerten: einerseits gab es das Bestreben, Grenzen zwischen sich selbst und den Juden zu ziehen, andererseits unterbanden die Sagbarkeitsregeln der bürgerliche Öffentlichkeit eine offene Parteinahme gegen jüdische Mitbürger. Am deutlichsten drückte sich diese Ambivalenz in der Unterscheidung zwischen Juden als sozialer Gruppe in der eigenen Gesellschaft und einem *essentialistischen* Konzept des ›Jüdischen‹ aus. Indem gebildete Sprecher ihre Rede auf die Konstruktion eines abstrakten ›jüdischen Wesens‹ beschränkten, gab es ein klares Kriterium der Abgrenzung von allen gehässigen und ›unsachlichen‹ Haltungen gegenüber den Juden. Die fortschreitende Integration der Juden in die bürgerliche Gesellschaft machte es aber immer schwieriger, die Frage nach einer jüdischen Sonderidentität überhaupt zu beantworten; doch bewirkte diese Unklarheit eine sukzessive *Ausweitung* der gebildeten Rede über das ›jüdische Wesen‹: War damit um 1800 allein eine spezifische Art der Religiosität gemeint, so umfasste der Diskurs bis 1850 neben religiösen auch sprachliche, habituelle, historische und kulturelle Charakteristika. In der Folge verselbständigte sich das Diskurssyndrom ›jüdisches Wesen‹ schließlich so weit, dass es auch zur *symbolischen* Bezeichnung beliebiger Phänomene herangezogen werden konnte.

Alle vier Tendenzen des gebildeten Diskurses über das ›jüdische Wesen‹ hatte Richard Wagner um 1850 aufgegriffen und sie bis Anfang der 1880er Jahre zu einem antisemitischen Sprachspiel verknüpft, mit dem man sich vom programmatischen Antisemitismus distanzieren konnte, ohne dessen feindseliger Stoßrichtung zu widersprechen. Allerdings besaßen Wagners antijüdische Schriften in der bürgerlichen Öffentlichkeit der 1850er bis 1880er Jahre einen prekären Status: Einerseits hatten sie liberale Bürger skandalisiert; andererseits hatten sie den Diskurs der programmatischen Antisemiten sublimiert und dadurch wieder versachlicht. Es war Wagners einstigem Intimus Friedrich Nietzsche, seinem Schwiegersohn Houston St. Chamberlain und seinem selbsternannten Jünger Otto Weininger vorbehalten, nicht nur »anspruchsvoll« gegen Juden zu schreiben, sondern damit auch Erfolg beim Publikum zu haben. Ihre Werke trafen um 1900 auf ein Diskursklima, in dem eine Judenfeindschaft, die ihre Form zu wahren wusste, auch für gebildete Bürger reizvoll war.

Die wachsende Salonfähigkeit des Antisemitismus in gebildeten Kreisen dürfte ihre wichtigste Voraussetzung im Niedergang der antisemitischen Parteien und Verbände gehabt haben. Denn zu Recht ist darauf hingewiesen worden, dass dieser Niedergang keineswegs bedeutete, dass antisemitische Haltungen und Deutungsmuster an Einfluss verloren hätten. Im Gegenteil verschafften nun die Diskurse der völkischen Bewegung, die in den 1880er und 1890er Jahren an Einfluss gewannen, dem feindseligen Sprechen über Juden einen gediegenen Rahmen.[95] Man musste keine Sprachgrenzen mehr einreißen, um antisemitischen Haltungen Ausdruck zu verleihen, denn von allen Hassdiskursen konnte sich diese Art der judenfeindlichen Rede schon dadurch abgrenzen, dass sie den Gegensatz zwischen ›Judentum‹ und ›Deutschtum‹ in einen Rahmen historisch-psychologischer Gelehrsamkeit einbettete. Das Sprechen über ›den Juden‹ wurde so von einem eigenständigen Thema zu einem speziellen Aspekt umfassender Geschichtsdeutung. Oder mit einem anderen Wort: zu einem Gegenstand der *Weltanschauung*.[96]

a) Psychologie des Unbestimmten

Um die zentrale Rolle des ›jüdischen Wesens‹ für die Charakterologie in vollem Umfang zu erschließen, erschien es mir sinnvoll, erst jetzt noch einmal auf zwei Schlüsselfiguren des charakterologischen Denkstils zu sprechen zu kommen. Im Folgenden wird zu zeigen sein, dass es sich bei Friedrich Nietzsche und Otto Weininger um sachliche Judenfeinde in geradezu mustergültiger Ausprägung handelte. Da ihr Denken symbolisch funktionierte, verwundert es nicht, dass eine symbolische Auffassung vom ›jüdischen Wesen‹ als Inbegriff des ›Anderen‹ in ihren charakterologischen Ordnungsentwürfen einen zentralen Platz fand.

»Geborene Schauspieler«: Nietzsche

Im Rahmen unseres Deutungsschemas verliert die Debatte, die seit Jahren über Nietzsches Verhältnis zu den Juden geführt wird, schnell an Relevanz.[97] Geradezu idealtypisch treten bei ihm Respekt gegenüber Personen jüdischer Herkunft und schärfste Polemik gegen ›den Juden‹ auseinander. »Es gibt keine unverschämtere und stupidere Bande in Deutschland als diese Antisemiten«, notiert Nietzsche 1886, nachdem Theodor Fritsch sich brieflich um Kontaktaufnahme bemüht hatte. »Dies Gesindel wagt es, den Namen Zarathustra in den Mund zu nehmen! Ekel! Ekel! Ekel!«[98] Darüberhinaus äußert sich Nietzsche ausgesprochen freundlich über Juden, die er kennen und schätzen gelernt hatte.[99] So behauptete er, dass er seit 1876 – also nach dem Bruch mit Wagner – »fast alle [...] angenehmen Augenblicke im Zufall des Verkehrs Juden oder Jüdinnen verdanke.« Die Deutschen unterschätzten, »welche Wohltat« es sei, »einem Juden zu begegnen, – man hat keine Gründe mehr, sich zu schönen, man darf sogar intelligent sein ...«.[100] Jüdische Dichter wie Heinrich Heine und Musiker wie Jacques Offenbach hätten vielfach »das Genie gestreift«, ein Lob, das in direktem Zusammenhang mit dem Verdikt über »die entartete Musik der deutschen Romantiker« steht.[101]

Nun dürfen solche Äußerungen allerdings nicht allzu wörtlich genommen werden. Nietzsches Philosemitismus war immer auch Teil einer prinzipiellen Opposition gegen die Kultur des Kaiserreichs, was nicht zuletzt auch hieß: gegen den Wagnerianismus und dessen immer unverhohlenere Judenfeindschaft.[102] Wenn antisemitische Positionen dort an Raum gewannen, dann reizte das einen Polemiker wie Nietzsche, gerade den Juden als zunehmend stigmatisierter Gruppe die Reverenz zu erweisen. Zieht man aber Nietzsches philosophischen Reflexionen über das Judentum hinzu, so wird deutlich, dass seine Haltung insgesamt von der für viele deutsche Intellektuelle typischen Ambivalenz geprägt war. Strikte Ablehnung des erklärten Antisemitismus und freundschaftlicher Verkehr mit Juden gingen einher mit der psychologischen Entlarvung »des« typischen ›Juden‹, auch ›jüdisches Volk‹, ›jüdische Seele‹, ›jüdischer Charakter‹, ›jüdischer Instinkt‹, ›der Jude‹ oder metonymisch ›Judäa‹ genannt.

Nietzsches Beschreibung bedient sich gängiger Topoi des gebildeten Diskurses über das Judentum. So sei es für das jüdische Volk charakteristisch, dass es, obwohl es »jeden natürlichen Halt verloren hatte«, sich »durchzusetzen wusste«, indem es sein Dasein auf »ganz und gar auf unnatürliche, rein imaginäre Voraussetzungen« stellte, so vor allem die Idee des auserwählten Volkes.[103] Der »jüdischen Seele« schreibt er die Fähigkeiten zu, »sich schmarotzerisch einzunisten« und »anzupassen«. Unter permanentem Überlebensdruck habe sich dabei die Eigenschaft ausgebildet, »um ganz kleine Gewinnste viel Geist und Beharrlichkeit dranzugeben« und »kaltblütig die Finger auch nach kleinen mesquinen Übervorteilungen auszustrecken«, eine Haltung, die »einen preußischen Finanzmenschen schamrot machen würde«.[104] Doch sind solche Bemerkungen eher randständig; sie finden sich größtenteils in unveröffentlichten Notizen. Philosophische Bedeutung erhält das Sprechen über das ›jüdische Wesen‹ jedoch, wenn es um ›den Juden‹ als psychologischen Typus geht.

Nietzsche kann auch dabei an den konventionellen Bildungsdiskurs anschließen, denn das Merkmal der »jüdischen Anpassungsfähigkeit« erlaubt es ihm, eine Brücke zur Psychologie zu schlagen. »Gleich dem Polypen, der wie Theogonis singt, dem Felsen die Farbe abborgt, an dem er klebt«, so Nietzsche, handle es sich bei den Juden um »geborene Schauspieler«.[105] Der Typus wird also durch seine Ähnlichkeit zu einem anderen Typus erhellt – einmal mehr erweist sich Nietzsche als symbolischer Denker *par excellence*. Es geht nicht allein um ›den Juden‹ als solchen, sondern um den charakteristischen Zug, den er mit dem ›Schauspieler‹, und dieser wiederum mit dem ›Hysteriker‹ und einem ›modernen Künstler‹ wie Wagner, teilt: nämlich den Mangel an Natürlichkeit, an ›Leben‹, zu kompensieren, indem es in der Selbstdarstellung umso heftiger behauptet wird.[106] »Die Juden«, heißt es im *Antichrist*, »sind das Gegenstück aller *décadents*: sie haben darstellen müssen bis zur Illusion, sie haben sich mit einem *non plus ultra* des schauspielerischen Genies an die Spitze aller *décadence*-Bewegungen zu stellen gewusst«. Der Preis, auch ohne materielle Grundlage als Volk weiter zu existieren, so erklärt Nietzsche diesen Zug, habe in einer »radikalen *Fälschung* aller Natur, aller Natürlichkeit, aller Realität« bestanden; die Geschichte Israels sei daher als »typische Geschichte aller Entnatürlichung der Natur-Werte« zu betrachten.[107]

Auf Grundlage dieser Ähnlichkeit weist Nietzsche dem Symbol des ›Juden‹ in seinem Spätwerk eine äußerst prominente Position zu. Um zu belegen, wie groß die Reichweite dieses Symbols ist, erscheint es mir sinnvoll, den vorletzten Abschnitt der ersten Abhandlung zur *Genealogie der Moral* in voller Länge widerzugeben:

> Kommen wir zum Schluß. Die beiden <u>entgegengesetzten</u> Werte »gut und schlecht«, »gut und böse« haben eine furchtbaren, jahrtausendelangen Kampf auf Erden gekämpft; und so gewiß auch der zweite Wert seit langem im Übergewicht ist, so fehlt es doch auch jetzt noch nicht an Stellen, wo der Kampf unentschieden fortgekämpft wird. Man könnte selbst sagen, daß er inzwischen immer höher hinaufgetragen und eben damit immer tiefer, immer geistiger geworden sei: so daß es heute vielleicht kein entscheidenderes Abzeichen der »<u>höheren Natur</u>«, der geistigeren Natur gibt, als zwiespältig in jenem Sinne und wirklich noch ein Kampfplatz für jene Gegensätze zu sein. Das Symbol dieses Kampfes, in einer Schrift geschrieben, die über alle Menschengeschichte hinweg lesbar blieb, heißt »*Rom gegen Judäa, Judäa gegen Rom*«: – es gibt bisher kein größeres Ereignis als <u>diesen</u> Kampf, <u>diese</u> Fragestellung, <u>diesen</u> todfeindlichen Widerspruch. Rom empfand im Juden etwas wie die Widernatur selbst, gleichsam sein antipodisches Monstrum; in Rom galt der Jude »des Hasses gegen das ganze Menschengeschlecht überführt«: mit Recht, sofern man ein Recht hat, das Heil und die Zukunft des Menschengeschlechts an die unbedingte Herrschaft der aristokratischen Werte, der römischen Werte anzuknüpfen. [...] Die Römer waren ja die Starken und Vornehmen, wie sie stärker und vornehmer bisher auf Erden niemals dagewesen, selbst niemals geträumt worden sind; jeder Überrest von ihnen, jede Inschrift entzückt, gesetzt daß man errät, <u>was</u> da schreibt. Die Juden umgekehrt waren jenes priesterliche Volk des Ressentiment <u>par excellence</u>, dem eine volkstümlich-moralische Genialität sondergleichen innewohnte [...]. Wer von ihnen einstweilen <u>gesiegt</u> hat, Rom oder Judäa? Aber es ist ja gar kein Zweifel: man erwäge doch, vor wem man sich heute in Rom selber als vor dem Inbegriff aller höchsten Werte beugt – und nicht nur in Rom, sondern fast auf der halben Erde, überall wo nur der Mensch zahm geworden ist oder zahm werden will –, vor <u>drei Juden</u>, wie man weiß, und <u>einer Jüdin</u> (vor Jesus von Nazareth, dem Fischer

Petrus, dem Teppichwirker Paulus und der Mutter des anfangs genannten Jesus, genannt Maria). Dies ist sehr merkwürdig: Rom ist ohne allen Zweifel unterlegen. Allerdings gab es in der Renaissance ein glanzvoll-unheimliches Wiederaufwachen des klassischen Ideals, der vornehmen Wertungsweise aller Dinge: Rom selbst bewegte sich wie ein aufgeweckter Scheintoter unter dem Druck des neuen, darüber gebauten *judaisierten Rom*, das den Aspekt der ökumenischen Synagoge darbot und »Kirche« hieß: aber sofort triumphierte wieder Judäa, dank jener gründlich pöbelhaften (deutschen und englischen) Ressentiment-Bewegung, welche man Reformation nennt, hinzugerechnet, was aus ihr folgen musste, die Wiederherstellung der Kirche – die Wiederherstellung auch der alten Grabesruhe des klassischen Rom. In einem sogar entscheidenderen und tieferen Sinne als damals kam Judäa noch einmal mit der Französischen Revolution zum Siege über das klassische Ideal: die letzte politische Vornehmheit, die es in Europa gab, die des siebzehnten und achtzehnten <u>französischen</u> Jahrhunderts, brach unter den volkstümlichen Ressentiment-Instinkten zusammen – es wurde niemals auf Erden größerer Jubel, eine lärmendere Begeisterung gehört! Zwar geschah mitten darin das Ungeheuerste, das Unerwartetste: das antike Ideal selbst trat <u>leibhaft</u> und mit unerhörter Pracht vor Auge und Gewissen der Menschheit – und noch einmal, stärker, einfacher, eindringlicher als je, erscholl, gegenüber der alten Lügen-Losung des Ressentiment vom <u>Vorrecht der Meisten</u>, gegenüber dem Willen zur Niederung, zur Erniedrigung, zur Ausgleichung, zum Abwärts und Abendwärts des Menschen, die furchtbare und entzückende Gegenlosung vom <u>Vorrecht der Wenigsten</u>! Wie ein letzter Fingerzeig zum <u>andren</u> Wege erschien Napoleon, jener einzelnste und spätestgeborne Mensch, den es jemals gab, und in ihm das fleischgewordne Problem des <u>vornehmen Ideals an sich</u> – man überlege wohl, <u>was</u> es für ein Problem ist: Napoleon, diese Synthesis von <u>Unmensch</u> und <u>Übermensch</u> ...[108]

Nietzsche öffnet einen gewaltigen Deutungsrahmen, wenn er alle Schlüsselthemen seines Spätwerks auf den einen fundamentalen

Gegensatz von ›Rom‹ und ›Judäa‹ bezieht. Wohlgemerkt: es handelt sich dabei um die Klimax der Abhandlung, den Abschnitt, auf den die gesamte Argumentation zuläuft. Alle bisher genannten Entstehungsgründe einer Moral, die ›gut‹ nicht mehr von ›schlecht‹, sondern von ›böse‹ trennt, bekommen hier einen symbolischen Namen: das Ressentiment gegen das natürliche Leben, der Typus des priesterlichen ›Falschmünzers‹, das christliche Mitleid, der Nihilismus der Dekadenz – allesamt Erscheinungsformen von ›Judäa‹. Umgekehrt die vornehme Moral, die der Stärke huldigt, die Natürlichkeit des ›Lebens‹, das »Vorrecht der Wenigsten« – allesamt Erscheinungsformen von ›Rom‹. Zugleich ist der Gegensatz Rom / Judäa Ausgangspunkt einer universalhistorischen Mythologie. Auf nicht mehr als drei Seiten kann Nietzsche mit seiner Hilfe nicht weniger als die gesamte Geschichte des Abendlandes als Kette analoger Ableitungen deuten. Dabei fungiert das historische Rom als Schnittstelle, über die sich die entscheidende Differenz zwischen *echt* und *unecht* markieren lässt: »drei Juden und eine Jüdin« bringen die Herrschaft des eigentlichen, des ›klassischen‹ Rom zu Fall und begründen das falsche, das »judaisierte« Rom, unter dessen Herrschaft die Welt seitdem steht. In einem atemberaubenden Parforceritt deutet Nietzsche eine zweitausendjährige Geschichte als fortdauernden Kampf zwischen dem siegreichen ›Judäa‹ und dem immer wieder aufbegehrenden ›Rom‹: die Renaissance, das 17. und 18. Jahrhundert in Frankreich, Napoleon – nichts als gescheiterte Versuche, das ›klassische Rom‹ und das »Vorrecht der Wenigen« gegen die Herrschaft des Mittelalters, der Reformation und der Französischen Revolution, das »Vorrecht der Meisten«, zu behaupten.

Wie im Mythos erscheinen weder das katholische noch das protestantische Christentum als neue, eigenständige historische Kräfte, sondern als gewandelte Gestalten ›Judäa‹. Da das Christentum als solches umstandslos zu einem ›jüdischen‹ Phänomen erklärt wird, hält Nietzsche auch den christlichen Antisemitismus (ebenso wie einen ›deutschen‹) für reinen Selbstbetrug, der aber wiederum in der Natur der Sache – »Herrschaft der Fälschung« – liegt: Die Juden, so heißt es kurz später im *Antichrist*, hätten im Laufe der Geschichte »die Menschheit dermaßen *falsch* gemacht, daß heute noch der Christ antijüdisch fühlen kann, ohne sich als letzte jüdische Konsequenz zu fühlen.«[109] Das Judentum wiederum ist damit nicht nur von allen theologischen, sondern auch allen völkerpsychologischen Bezügen befreit. Die abstrakte Formel ›Judäa‹ bezieht zwar ihre Plausibilität aus der Geschichte, sie bezeichnet aber einzig und allein einen psychologischen Sachverhalt. ›Jüdisch‹ ist ein menschlicher Typus, dessen Wesen darin besteht, die natürlichen, ›aristokratischen‹ Werte des Lebens zu verleugnen. Er kann in vielfacher Gestalt auftreten kann: als christlicher Priester, als Puritaner, als Revolutionär, als Demokrat, als Hysteriker, als moderner Künstler, vor allem aber als Schauspieler.

Auch der soziale Begriff des Juden als Angehöriger einer religiösen oder ethnischen Gemeinschaft wird also psychologisiert. In diesem Sinn kann jeder ›Jude‹ sein. Indem Nietzsche somit die Identifikation des an sich Nicht-Jüdischen mit dem Jüdischen für möglich und vielfach schon gegeben hält, steigert er die Ambivalenzposition, die bis hin zu Wagner ja immer Christentum und deutsche Kultur vom Judentum als ›fremder‹ Religion und Ethnie unterschieden hatte, bis zum Äußersten. Letztlich zielte Nietzsches historische Deutung sogar auf ihn selbst. Denn gerade die »höheren Naturen« charakterisiert er dadurch, dass der Kampf der entgegengesetzten Werte und ihrer Moralsysteme *in ihnen* ausgefochten wird. Ist die »Masse« durch christliche und revolutionäre Ideale »judaisiert«, so verhält es sich bei seinesgleichen umgekehrt: Das durch ›Judäa‹ Entfremdete, das Erbe des ›Klassischen‹ und ›Natürlichen‹, dessen Symbol er ›Rom‹ nennt, macht sich wieder bemerkbar. Die ambivalente Differenzierung zwischen realem und symbolischem Juden grenzt hier an innere Spaltung: Während Nietzsche Personen jüdischer Herkunft größte Hochachtung entgegen bringt, konstruiert er seinen eigenen Typus als Kampfplatz eines ›römischen‹ Selbst gegen das entfremdende ›jüdische‹ Andere.

»Innerliche Vieldeutigkeit«: Weininger

In Otto Weiningers an Merkwürdigkeiten reicher Doktorarbeit gibt eines der größten Rätsel das vorletzte Kapitel auf. Nachdem auf über vierhundert Seiten der Geschlechtsunterschied aus allen nur denkbaren Perspektiven beleuchtet wurde, widmet Weininger sich plötzlich – dem Judentum. Vor allem die feministische Kulturwissenschaft hat dies bemerkenswert gefunden. In Verbindung diskursanalytischer und sozialpsychologischer Ansätze setzten die Interpretationen in der Regel beim Wiener Kontext um 1900 an, in dem die Konstruktionen des ›Weiblichen‹ und des ›Jüdischen‹ eine zentrale Rolle spielten.[110] Wie schon im Fall von Jacques Le Riders Monographie festgestellt, ist ein solches Vorgehen naheliegend und hilfreich. Doch wiederum scheint mir, dass in dieser Frage Weiningers charakterologischem Denkstil zu wenig Beachtung geschenkt wurde. Denn unabhängig von einer diskursiv gesteuerten Obsession, die in Wien um 1900 nicht untypisch für einen jungen, sexuell unbefriedigten Mann jüdischer Herkunft gewesen sein mag, muss man zur Kenntnis nehmen, dass die »grenzenlose« Anlage des Themas geradezu zwingend war, wenn man das Wesen der Geschlechter als Spezialfall einer allgemeinen Charakterologie betrachtete. Die Frage, wie sich die Unterscheidung zwischen Mann und Weib zu anderen geläufigen Schemata der Unterscheidung verhielt, lag also nicht nur in der Person des Autors und dem Entstehungskontext seines Textes begründet, sondern auch in der Natur seines Problems.

Aus dieser Perspektive erscheint es daher durchaus plausibel, wenn Weiniger fragt: »Was z. B. ist von den Chinesen zu halten, mit ihrer weiblichen Bedürfnislosigkeit und ihrem Mangel an jeglichem Streben?« Und feststellt: »Man möchte hier allerdings noch an eine größere Weiblichkeit des ganzen Volkes zu glauben sich versucht fühlen. Wenigstens kann es keine bloße Laune einer ganzen Nation sein, daß die Chinesen einen Zopf zu tragen pflegen, und es ist ja auch ihr Bartwuchs ein äußerst spärlicher.« Oder mit Blick auf die Idee des »genialen« Mannes: »Aber wie verhält es sich dann mit den Negern? Es hat ja unter den Negern vielleicht kaum je ein Genie gegeben, und moralisch stehen sie beinahe allgemein so tief, daß man in Amerika bekanntlich anfängt zu fürchten, mit ihrer Emanzipation einen unbesonnenen Streich gespielt zu haben.«[111] Dass eine Untersuchung des Judentums ausgerechnet in einer Psychologie der Geschlechter geführt werden muß, begründet Weininger mit dem Verweis auf die charakterologische

Dimension des Gegenstandes. »Es bereitet jedem, der über beide, über das Weib und über den Juden, nachgedacht hat, eine eigentümliche Überraschung, wenn er wahrnimmt, in welchem Maße gerade das Judentum durchtränkt scheint von jener Weiblichkeit, deren Wesen einstweilen nur im Gegensatze zum allem Männlichen ohne Unterschied zu erforschen getrachtet wurde.«[112] Was folgt, ist der idealtypische Fall eines sachlichen Antisemitismus, der mit den Mitteln des charakterologischen Denkstils operiert.

Viel Beachtung hat dabei der Umstand gefunden, dass der Autor dieses Kapitels selbst jüdischer Abstammung war. Nicht umsonst ist Otto Weininger zu *dem* Paradebeispiel für die Psychologie des jüdischen Selbsthasses geworden.[113] Dabei übersieht man jedoch, dass sich unabhängig von individuellen Befindlichkeiten gebildete Juden, die sich vom Judentum gelöst hatten, in einer ähnlich ambivalenten Sprechsituation befanden wie gebildete Christen, die sich vom Judentum abgrenzen wollten. Die Unterscheidung zwischen einem abstrakten ›jüdischen Wesen‹ und konkreten Individuen jüdischer Abstammung mag hier zuweilen sogar noch näher gelegen haben. Denn schließlich musste man sich selbst und seiner Umwelt zweierlei plausibel machen: die Richtigkeit des Entschlusses, kein Jude sein zu wollen; und die Annahme, dass die Abkunft eines Menschen seine Identität nicht vollständig determiniert.

Es verwundert daher nicht, dass es mit Karl Marx ein gebildeter Deutscher jüdischer Herkunft war, der als erster einen äußerst abstrakten Begriff des Judentums gerade aus der Behauptung ableitete, eine restlose und vollständige Emanzipation des Judentums sei für die Menschheitsentwicklung ohne Alternative. Wenn er behauptete, der »wirkliche Gott des Juden« sei der »illusorische Wechsel«, dann setzte Marx Judentum und Kapitalismus gleich.[114] Die Frage, wer als Jude anzusehen sei, erklärte er so zu einem Problem der Klassenanalyse, und die Notwendigkeit, das Judentum gänzlich aufzuheben, zur Aufgabe eines klassenkämpferischen Humanismus: »Wir erkennen also im Judentum ein allgemeines gegenwärtiges antisoziales Element, welches durch die geschichtliche Entwicklung, an welcher die Juden in dieser schlechten Beziehung eifrig mitgearbeitet, auf seine jetzige Höhe getrieben wurde, auf eine Höhe, auf welcher es sich notwendig auflösen muß. Die Judenemanzipation in ihrer letzten Bedeutung ist die Emanzipation der Menschheit vom Judentum.«[115] Diese Position lieferte dem Sprecher beides: einen Grund, sich vom Judentum loszusagen, und ein Kriterium, nach dem er sich selbst nicht als Juden betrachten musste.

Bei gleicher Stoßrichtung argumentierte Weininger anders, nämlich im Rahmen eines psychologischen Idealismus. Zunächst distanziert er sich von den simplen Parolen des programmatischen Antisemitismus: »Die [...] so wichtige und so nötige Erkenntnis dessen, was das Jüdische und das Judentum eigentlich ist, wäre die Lösung eines der schwierigsten Probleme; das Judentum ist ein viel tieferes Rätsel, als wohl mancher Antisemiten-Katechismus glaubt.«[116] Weininger entwickelt seinen Begriff des Judentums als rein »inneren« Sachverhalt. Seine Darstellung der »platonischen Idee« des Judentums stellt daher einen besonders konsequenten Fall der Psychologisierung des Sozialen dar. »Es handelt sich mir«, schreibt Weininger, »nicht um eine Rasse und nicht um ein Volk, noch weniger freilich um ein gesetzlich anerkanntes Bekenntnis. Man darf das Judentum nur für eine Geistesrichtung, für eine psychische Konstitution halten, welche für *alle Menschen eine Möglichkeit* bildet, und im historischen Judentum bloß die grandioseste Verwirklichung gefunden hat.«[117] Bevor Weininger sich dem Verhältnis von jüdischer und weiblicher Psychologie widmet, erläutert er das Axiom, dem zufolge es sich beim Judentum um eine allgemein-menschliche »Möglichkeit« handle, an einem Beispiel – Richard Wagner.[118]

Dieser Fall ermöglicht es Weininger, den antijüdischen Affekt elegant und besonders nachdrücklich zu versachlichen. Denn einerseits lässt sich die kategorische Unterscheidung zwischen Judentum und Juden nicht stärker betonen, als wenn man das ›jüdische Wesen‹ an einer Person nicht-jüdischer Herkunft erläutert. Andererseits distanziert Weininger sich von den Antisemiten dadurch, dass er deren Hass im Rahmen einer psychologischen Theorie des Antisemitismus erklärt. Die griffige Formel, die beide Aspekte miteinander verbindet, lautet: »Man haßt nicht etwas, womit man keinerlei Ähnlichkeit hat.« Mit ihr lässt sich nicht nur Wagners

Antisemitismus deuten, sondern auch der Umstand, »daß die allerschärfsten Antisemiten unter den Juden zu finden sind«. Bloß die »gänzlich jüdischen Juden« und die »völlig arischen Arier« seien vor den Anfechtungen des Judenhasses ganz gefeit: »Wer immer das jüdische Wesen haßt, der haßt es zunächst in sich«.[119] Weininger überträgt das Prinzip der sexuellen Zwischenformen also auf das Gebiet der Rassenunterschiede, wenn er davon ausgeht, dass die meisten Individuen »jüdische« und »arische« Anteile besäßen.

Es ist nicht ohne Ironie, wenn Weininger Richard Wagner mit Hilfe von Deutungsmustern, die nicht zuletzt Wagner selbst geprägt hatte, als »jüdischen« Charakter ausweist:

> Aber auch Richard Wagner – der tiefste Antisemit – ist von einem Beisatz von Judentum, selbst in seiner Kunst, nicht freizusprechen, so wenig auch das Gefühl trügen kann, welches in ihm den größten Künstler innerhalb der historischen Menschheit sieht; und so zweifellos sein Siegfried das Unjüdischste ist, was erdacht werden konnte. Aber niemand ist umsonst Antisemit. Wie Wagners Abneigung gegen die große Oper und das Theater zurückgeht auf den starken Zug, den er selbst zu ihnen empfand, einen Zug, der noch im ›Lohengrien‹ deutlich erkennbar bleibt: so ist auch seine Musik, in ihren motivischen Einzelgedanken die gewaltigste der Welt, nicht gänzlich frei von etwas Aufdringlichem, Lautem, Unvornehmen: womit die Bemühungen Wagners um die äußere Instrumentation seiner Werke in Zusammenhang stehen.[120]

Zugleich dient Wagner aber auch als Beispiel dafür, dass man das Judentum in sich selbst überwinden kann, und zwar gerade durch die Auseinandersetzung mit den eigenen jüdischen Anteilen: »Ihm war das die große Hilfe, um zur klaren Erkenntnis und Bejahung des anderen Poles in sich zu gelangen, zum Siegfried und zum Parsifal sich durchzuringen, und dem Germanentum den höchsten Ausdruck zu geben, den es wohl in der Geschichte gefunden hat.«[121]

Da Weininger den Typus des Juden als rein psychologischen Sachverhalt behandelt, kann er sich der zahlreichen Topoi der gebildeten Diskurse über die Juden bedienen, ohne auf deren Kontexte Rücksicht zu nehmen. Auf diese Weise entsteht eine quasi »rein« symbolische Konstruktion des jüdischen Charakters, die sich durch einen besonders großen Beziehungsreichtum zu anderen Charaktertypen auszeichnet, kurz: durch ihre weltanschauliche Qualität. Seine genaueste Bestimmung findet der Typus des Juden nach Weininger durch den Gegensatz zum arischen *Mann*. Zwischen Juden und *Frauen* bestünden derart vielfältige »Analogien«, dass er auch behaupten kann, es gebe »keine Frau der Welt[, die] die Idee des Weibes so vollständig repräsentiert wie die Jüdin.«[122] Ihren letzten Grund hat diese Verwandtschaft im Mangel an Individualität und Selbstwertgefühl. So neigten Juden wie Frauen statt zum Grundbesitz zu beweglichen Gütern, die gerade darum tauschbar seien, weil sie keine unverwechselbare Eigenart besäßen: »denn der echte Jude hat wie das Weib kein Ich und darum auch keinen Eigenwert.«[123] Weiterhin markiert dieser Zug einen fundamentalen Gegensatz zum *Staatsmann* als Vertreter »überindividueller Zwecke« einerseits, zum Typus des takt- und würdevollen *Aristokraten* andererseits. Weininger erklärt den »jüdischen *gentleman*« wie einen »jüdischen *Adligen*« für unvorstellbar, umgekehrt aber die Neigung, *Kapitalist* oder *Kommunist* zu werden, für umso zwingender. Wie Frauen so stünden auch Juden der Welt des Geistes im Allgemeinen und in jeglicher Hinsicht fern: Was die Juden als *Musiker* betrifft, verweist er auf die Befunde des »Juden« Wagner. Jüdische *Wissenschaftler* könnten aufgrund ihres »Mangels an Tiefe« ihre Arbeit nur als technisches »Mittel zum Zweck« auffassen, bei dem »alles Transcendente« ausgeschlossen sei: Alle »mechanistisch-materialistischen« Strömungen ließen sich daher auf »jüdische« Bedürfnisse zurückführen. Einen echten *Philosophen* als Inbegriff des »großen Mannes« habe das Judentum daher nicht hervorgebracht – vielmehr ließe sich »kein tieferer Gegensatz« denken als der zwischen dem »echten« Philosophen Leibniz, dem Theoretiker der monadischen Individualität, und Spinoza, der das »Idyll« des Monismus gesucht habe. Schließlich spricht Weininger dem Juden auch die Fähigkeit zu echter Religiosität ab: Er sei »der unfromme Mensch im weitesten Sinne«, da er »nie wirklich etwas für echt und unumstößlich, für heilig und unverletzbar« halten könne; es ist daher für Weininger ein geradezu paradigmatisches Beispiel für die Psychologie des *Religionsgründers*, dass Jesus eine neue Religion gerade dadurch erschaffen habe, dass er das »Judentum in sich überwunden« habe. Insofern sie weder in Musik, noch in Religion oder Philosophie sich je produktiv hervorgetan hätten, bestünde schließlich auch eine charakterologische Ähnlichkeit zwischen dem Juden, der Frau und dem *Engländer*, der »unter allen Germanen [...] am ehesten eine Verwandtschaft mit den Semiten« aufweise. Wobei Weininger hinzufügt, dass man dem typischen Engländer die Fähigkeit zum Humor, der sich letztlich immer auf höhere Werte beziehe, zusprechen müsse, während Juden wie Frauen zwar auch dem Lachen zugetan seien, aber nur im Rahmen der »spottlustigen« Satire.

Als »Punkt der stärksten Übereinstimmung zwischen Weiblichkeit und Judentum« nennt Weininger die Kuppelei. »Nur Juden«, behauptet Weininger, »sind echter Heiratsvermittler, und nirgends erfreut sich die Ehevermittlung durch Männer einer so ausgedehnten Verbreitung wie unter Juden.«[124] Auch hier liegt der Grund der Analogie nicht im wörtlichen Verständnis der Anbahnung von Ehebeziehungen, sondern in der charakterologischen »Formel«:

> Kuppelei ist schließlich Grenzverwischung: und der Jude ist der Grenzverwischer *kat exochèn*. Er ist der Gegenpol des Aristokraten; das Prinzip alles Aristokratismus ist strengste Wahrung aller Grenzen zwischen den Menschen. Der Jude ist geborener Kommunist, und immer will er die Gemeinschaft. Die Formlosigkeit des Juden im Verkehr, sein Mangel an gesellschaftlichem Takt gehen hierauf zurück. Alle Umgangsformen sind nur die feinen Mittel, um die Grenzen der persönlichen Monaden zu betonen und zu beschützen [...].[125]

In dieser abstrakten Charakterisierung zeigt sich mustergültig, wie hermetisch und zirkulär das symbolische Denken funktioniert, denn noch das abseitigste Fallbeispiel – Kuppelei – kann durch entsprechende Binärcodierung auf die geläufigsten Gegensatzschemata – arischer Aristokrat vs. jüdischer Kommunist – bezogen werden.

So erwartbar all diese Zuschreibungen sind, im Besonderen ergeben sich aus ihm durchaus überraschende Ableitungen. So lasse sich die deutlich geringe Kriminalitätsrate bei Juden wie bei Frauen dadurch erklären, dass nur in voll ausgeprägten Persönlichkeiten Gut und Böse überhaupt »voneinander differenziert« seien und erst damit die Möglichkeit des Verbrechens gegeben sei. Wenn für die Frauen gelte: »Es gibt keine weiblichen Teufel, so wenig wie es einen weiblichen Engel gibt«, dann für die Juden: »es gibt zwar keinen jüdischen Mörder, doch es gibt auch keinen jüdischen Heiligen«.[126] Besonders bemerkenswert ist in unserem Zusammenhang aber eine weitere Distanzierung vom antijüdischen Aktionismus, die die Funktionsweise eines sachlichen, charakterologisch argumentierenden Antisemitismus äußerst prägnant verdeutlicht. Da Juden wie Frauen aufgrund ihres Mangels an Individualität auch nicht in der Lage seien, Menschen in ihrer individuellen Eigenart gerecht zu werden, sondern in ihnen immer nur Gattungswesen sähen, sei nichts »jüdischer« als der alle Unterschiede nivellierende Boykott jüdischer Geschäfte:

> Ich betone nochmals, obwohl es selbstverständlich sein sollte: trotz der abträglichen Wertung des echten Juden kann nichts mir weniger in den Sinn kommen, als durch diese oder die noch folgenden Bemerkungen einer theoretischen oder praktischen Judenverfolgung in die Hände arbeiten zu wollen. Ich spreche über das Judentum als platonische Idee [...] ich spreche nicht von einzelnen Juden, von denen ich so vielen nur höchst ungern wehe getan haben wollte [...]. Losungen wie »Kauft nur bei Christen« sind jüdisch, denn sie betrachten und werten das Individuum nur als Gattungsangehörigen; ähnlich wie der jüdische Begriff des »Goy« jeden Christen einfach als solchen bezeichnet und auch schon subsumiert.[127]

Aber auch die Verwandtschaft zwischen weiblichem und jüdischem Charakter hat ihre Grenze. Für die Frau nämlich bedeute der Begriff der Verwandlungsfähigkeit eine nahezu unendliche Potentialität: als »Materie« lasse sie sich durch ihre Fähigkeit zur Liebe bereitwillig vom Willen des Mannes und von den Bedürfnissen der Kindern »formen« und könne somit quasi »alles werden«. Dagegen sei der Jude verwandlungsfähig im Sinne einer unbegrenzten Anpassungsfähigkeit. Nicht zuletzt durch seine geistige »Beweglichkeit«, die auch das »große Talent des Juden für den Journalismus« erkläre, passe er sich, so Weininger, »den verschiedenen Umständen und Erfordernissen, jeder Umgebung und jeder Rasse selbsttätig« an: »wie der Parasit, der in jedem Wirte ein anderer wird, und so völlig verschiedenes Aussehen gewinnt, daß man ein neues Tier vor sich zu haben glaubt, während er doch immer derselbe geblieben ist«.[128] In diesem Sinne ist es auch zu verstehen, wenn Weininger schreibt, der Jude besitze keinen Grund, »auf den das Senkblei des Psychologen am Ende doch hart und vernehmlich« stoßen könne.[129] Da das »absolut Jüdische« als »*innerliche Vieldeutigkeit*« zu verstehen sei, besitze es sein »physiognomisches Korrelat« im »jüdischen Gesicht«, das Weininger so beschreibt: »kein seliges, kein schmerzvolles, kein stolzes, kein verzerrtes Lächeln, sondern jener unbestimmte Gesichtsausdruck [...], welcher Bereitschaft verrät, auf alles einzugehen, und alle Ehrfurcht des Menschen vor sich selbst vermissen lässt; jene Ehrfurcht, die allein alle andere ›verecundia‹ erst begründet«.[130]

In Übereinstimmung sowohl mit dem wissenschaftlichen Diskurs, der im Laufe des 19. Jahrhunderts Stereotype über ›den Juden‹ konstruiert, als auch mit Nietzsche, der ihn als Schauspielertypus identifiziert hatte, weist Weininger dem jüdischen Charakter letztlich eine paradoxe Eigenschaft als Alleinstellungsmerkmal aus: Das Wesen des *echten Juden* besteht in seiner ontologischen *Unechtheit*. Stellt man in Rechnung, dass das charakterologische Problembewusstsein sich seit Schopenhauer vor allem um das Problem der Entlarvung gedreht hatte: um die Frage, wie man den sozialen Schein der *persona* durchdringen und zum wahren Sein eines Menschen, seinem »echten« Wesen, vordringen könne, so erscheint der jüdische Charakter geradezu als Paradigma des charakterologischen Denkens. So wird auch verständlich, warum sich um 1900 der Diskurs des gebildeten Antisemitismus und der charakterologische Denkstil so eng miteinander verbinden konnten, dass sie als zwei Seiten einer Medaille erschienen.

b) Historische Schau mit Goethe

Bevor im nächsten Kapitel die Frage nach dem Verhältnis von Charakterologie und Rassismus gestellt wird, sollen zuvor zwei populäre Denker vorgestellt werden, an denen sich die Nähe von charakterologischem und rassistischem Differenzdenken markieren lässt: Houston Stewart Chamberlain und Oswald Spengler. Beide sprachen im Rahmen universalhistorischer Deutungsmuster vom Judentum als ›Rasse‹. Doch gerade ihre Fälle deuten darauf hin, dass die Vieldeutigkeit des Rassebegriffs und seine Überschneidungen mit der nicht minder vieldeutigen Charaktersemantik wichtige Ressourcen des rassistischen Denkens waren.[131] Denn wie zu zeigen sein wird, kommt kein noch so »materialistischer« Begriff der menschlichen Rasse ohne eine essentialistische Charakterologie aus. Dabei weisen die Hauptwerke Chamberlains und Spenglers auf eine zentrale Brücke zwischen sachlichem Antisemitismus und charakterologischem Denkstil um 1900 hin: ihre monumentalen Produkte privater Gelehrsamkeit, in denen das ›jüdischen Wesen‹ im Rahmen eines historischen Ordnungsdenkens verortet wird, orientierten sich an Goethes Wissenschaft.

Der Dilettant: Chamberlain

1899 erschienen, avancierte Houston St. Chamberlains Hauptwerk *Die Grundlagen des 19. Jahrhunderts* schnell zum Klassiker.[132] Ähnlich wie bei Otto Weininger tut man sich heute schwer mit Chamberlains Erfolg. Oft bemühte Distanzierungsformeln wie »Weltanschauungsgebräu« und »Pseudowissenschaft« wirken eher hilflos angesichts eines Werks, aus dem zwar auch Hitler für *Mein Kampf* seitenweise abschrieb, das aber vor allem unter gebildeten Bürgern begeisterte Aufnahme fand.[133] Weiterführend ist dagegen ein Befund Hermann Gramls. Er deutet die Qualitäten Chamberlains an, wenn er ihm »sprachliche[s] Gestaltungsvermögen, argumentative Plausibilität und Esprit« attestiert.[134] Was aber machte ein Buch, das die Weltgeschichte als manichäischen Rassenkampf erzählte, so plausibel? Man darf sich vom Begriff der ›Rasse‹ nicht täuschen lassen. Die biologistische Unbedingtheit, die den rassistischen Diskurs der 1920er Jahre auszeichnete, findet sich bei Chamberlain nicht. Wenn er auch bereits von rassebedingter Erblichkeit sprach – in erster Linie ging es ihm um ›geistige‹ oder ›seelische‹ Sachverhalte. Epistemologisch lag dieser Rassebegriff näher an Herder als an Darwin.[135] Wie Herder die Völker verstand auch Chamberlain die Rassen als irreduzible Individualitäten, die den Charakter ihrer Mitglieder bestimmten. Von den Anhängern des Volksgeistkonzepts unterschied sich Chamberlain allerdings in der Anordnung seines Materials: Herder handelte die völkischen Kollektivindividuen nacheinander ab und präsentierte sie in Form einer synoptischen Gesamtdarstellung. Chamberlain dagegen wollte die Rassen in der Dynamik ihrer historischen Beziehungen anschaulich machen. Man kann es auch so sagen: Herder und seine Nachfolger wären nie auf die Idee gekommen, bei Goethe Anleihen für die Universalgeschichtsschreibung zu nehmen.

Es scheint, als beginne mit den *Grundlagen des 19. Jahrhunderts* eine Erfolgsgeschichte der Goetheschen Wissenschaft.[136] Dieser Erfolg galt allerdings nicht den Fragen und Ergebnissen des Forschers Goethe, sondern dessen Habitus und Methode. Zu großen Teilen war er gleichbedeutend mit dem Erfolg einer ebenso ambitionierten wie populären Wissenschaft, die sich als »dilettantische« Alternative zur akademischen Wissenschaft verstand. Auf die zentrale Bedeutung Goethes für die theoretische Begründung des charakterologischen Denkens habe ich bereits hingewiesen.[137] Darüber hinaus scheint es, als hätte auch eine neue Art der freien Geschichtsschreibung auf eine Autorität wie Goethe gewartet, um ihren alternativen Denkstil gegenüber den Standards der zünftigen Wissenschaft zu legitimieren.

Schon bevor Karl Lamprecht sich an seinem Leipziger Institut in den Jahren vor dem Ersten Weltkrieg um eine Überwindung des Nationalstaatsparadigmas bemühte, hatten dies um 1900 Privatgelehrte wie Houston Stewart Chamberlain getan.[138] Anders als Lamprecht verhielt sich Chamberlain aber polemisch zur universitären Wissenschaft. Wenn er gleich am Anfang des Vorworts gesteht: »Den Charakter dieses Buchs bedingt der Umstand, dass sein Verfasser ein ungelehrter Mann ist«, so war dies nicht nur kokett.[139]

Chamberlain geht es um die Rehabilitierung des Forschertypus, den Leitfiguren der modernen Forschungswissenschaft wie Du Bois-Reymond für überwunden hielten. Der denkende und forschende *Dilettant*, so Chamberlain, sei zu einem »Kulturbedürfnis« geworden, weil sich die Wissenschaften vollständig von den Zwecken des praktischen Lebens entfernt hätten. Mit der Spezialisierung hätten sie ihre Fähigkeit verloren, Probleme von größerer Reichweite zu erfassen und so Orientierung zu bieten. Genau darin liege aber die Aufgabe des Dilettanten, der das Ganze im Blick behalten könne, weil er sich nicht ans Detail verliert: »Ist es nicht möglich, dass umfassende Ungelehrtheit einem großen Komplex von Erscheinungen eher gerecht werden, dass sie bei der künstlerischen Gestaltung sich freier bewegen wird als eine Gelehrsamkeit, welche durch intensiv betriebenes Fachstudium dem Denken bestimmte Furchen eingegraben hat?«[140] Jedes Fachwissen sei für sich »vollkommen gleichgültig«, erst an seinen Grenzen gewinne es ein »lebendiges Interesse« und »erst durch Beziehung auf Anderes erhält es Bedeutung«. Es ist vor allem die Urteilskraft, die Zusammenhänge zwischen den speziellen Tatsachen herstellen und ihnen so einen allgemeinen – und allgemeinverständlichen – *Sinn* verleihen kann, die den »geschulten Nicht-Fachgelehrten« vom Gelehrten unterscheidet. Der Dilettant will einen »Organismus« des Wissens herstellen, kein »Mosaik«. Zwei berühmte Vorbilder führt Chamberlain für diesen Denkertypus immer wieder an – Schopenhauer, vor allem aber Goethe.[141] Von ihm guckt er sich nicht nur den dilettantischen Habitus ab, sondern auch eine ganze Epistemologie.

Ein Schlüsselkapitel seines 1912 erschienenen Goethebuchs widmete Chamberlain dem »Naturerforscher«.[142] Der Neologismus sollte eben jene »dilettantische« Mittelposition markieren, auf der er sich auch selbst sah: nah an den empirischen Wissenschaften, aber mit weltanschaulichem Ziel. Nachdrücklicher als dies schon Rudolf Steiner getan hatte, betont Chamberlain nun die philosophische Qualität des goetheschen Denkens. Einem »Höchstmaß an Tatsachen«, das die Fachwissenschaften im positivistischen Zeitalter hervorgebracht hätten, stünde bisher nur ein »Mindestmaß an Gestaltung« gegenüber.[143] Eine Sinn stiftende »Tatsachengestaltung« sei aber nur mit Hilfe einer Methodik zu erreichen, die ihrerseits nicht den Wissenschaften entspringt. Wolle man das »Ganze in der Anschauung beherrschen«, dürfe man »sich nicht verlieren in den Minutien des grenzenlos Mannigfaltigen«; vielmehr gelte es, die »begreifliche Scheu« der Fachwissenschaftler »vor konstruktiven Hypothesen« und »namentlich aller Symbolik« abzulegen und stattdessen Prinzipien des künstlerisch-genialen Schaffens auf den empirischen »Stoff« anzuwenden. Mit einer Formel Goethes sagt Chamberlain, es gelte die wahrnehmbare Welt immer auch »mit den *Augen des Geistes*« zu sehen.[144]

Dass es sich bei der Berufung auf Goethes Wissenschaft um mehr als bloße Programmrhetorik handelte, hatte Chamberlain bereits in seinem Hauptwerk bewiesen, und zwar an dessen Herzstück: der Begründung des Rassenbegriffs. Dass die Gegenwart den Dilettanten so nötig hat, liegt für Chamberlain in der Natur des praktischen Problems, um das es ihm geht: die vermeintliche Degeneration der ›germanischen‹ Rasse durch die Vermischung mit fremden Rassen, insbesondere den Juden.[145]

Auf zweifache Weise greift der Dilettant Chamberlain dabei Wissensbestände der Spezialisten, die sich bisher mit den Rasseunterschieden beschäftigt haben, auf. Zum einen will er sie zu einem anschaulichen und sinnvollen Textganzen vereinheitlichen. Zum anderen will er die gängige Stoßrichtung der ›anthropologischen‹ Teildisziplinen umdrehen: Ob es sich um Sprachanalysen handle, um Knochenmessungen oder Quellenstudien, immer habe das Ziel dieser Forschungen in der Rekonstruktion eines *prähistorischen* Objekts gelegen, eines »Uranfangs«, der die unterstellten Rassenunterschiede letztlich nur als »Gedankendinge« vorzustellen erlaube. Dagegen will er selbst umgekehrt verfahren. Als ›Rasse‹ bezeichnet er die »Steigerung bestimmter *Charaktere* und der allgemeinen Leistungsfähigkeit, jenes Hinaufschrauben des ganzen Wesens, welches unter ganz bestimmten Bedingungen der Auswahl, der Vermischung der Inzucht erzielt wird«. Konkrete Individuen, in denen sich bestimmte Qualitäten »offenkundig« ausgebildet haben, bilden also den Ausgangspunkt der Analyse. Individuen können aber keine »Gedankendinge« im Sinne eines Begriffs sein – sie sind »wirkliche Dinge« und als solche lassen sie sich nur im »Leben«

erfahren. Vor jeder spekulativen Erörterung müsse daher die Beobachtung realer Rasseexemplare stehen. Chamberlain vergleicht das eigene Vorgehen mit dem Darwins, der sein Ausgangsmaterial auch nicht in »paläolitischen Gräbern« gefunden habe, sondern im »Pferdestall« und im »Hühnerhof«.[146] Allerdings verschweigt Chamberlain die gravierenden Unterschiede zu Darwin. Dieser hatte es zwar mit einer gewaltigen Menge »lebendigen« Materials zu tun, spezifischen Sinn erhielten die empirischen Details aber erst durch eine klare und einfache Fragestellung: Inwiefern fördert die physiologische, anatomische und physiognomische Ausstattung einer Art das Überleben in genau dieser Umwelt? (Der »Hühnerhof« hat eher mit Friedrich Mendels – um 1900 gerade wiederentdeckten – Forschungen im Klostergarten zu tun; aber auch sie hatten eine klar Fragestellung: Nach welchen Gesetzen vererben sich Eigenschaften?)

Bei Darwin (oder bei Mendel) besitzt das Anschauliche als solches keinerlei Evidenz. Die Form eines Schnabels (oder die Farbe einer Bohne) gibt vielmehr Anlass zur Frage nach Zweck und Ursprung genau dieser Merkmale. Als Tatsachen sind sie der *Sinneswahrnehmung* gegeben, evident müssen dagegen die theoretischen Modelle und Hypothesen sein, die aus den Erfahrungstatsachen Erkenntnisse machen sollen. Chamberlain hingegen meint, Tatsachen *als solche* erkennen und in ein Gegensatzverhältnis zu allen Konstruktionen der Wissenschaft setzen zu können: »Einzig wichtig ist es darum, die Thatsache zu kennen, die Thatsache der Rasse [...] Für uns Ungelehrte und für die Praxis des Lebens ist das wichtiger als alle Theorie. [...]. [S]o kann doch die Praxis nur das Nachweisbare und Unbestreitbare, nicht die Hypothesen brauchen.«[147] Eine Rasse ließe sich eben nur »erleben«, nicht aber als Begriff definieren. Mit anderen Worten: die Evidenz ist nicht das Ende, sondern der Anfang der Untersuchung, nicht die Argumentation, sondern das Phänomen selbst muss überzeugen. Warum bedarf es dann überhaupt noch der Überzeugungsarbeit? Warum muss man mehr als tausend Seiten über »unbestreitbare Tatsachen der Praxis« schreiben?

Chamberlain antwortet mit Goethe: Weil auch das »Offenbare« ein »Geheimnis« birgt und sich nur dem genauen Betrachter zeigt.[148] Es bedürfe einer besonderen epistemologischen Haltung, um das Wesentliche zu erkennen: Der Blick muss aufmerksam sein und frei von Vorurteilen. Gerade im Fall der menschlichen Ungleichheit, so Chamberlain, hätten nämlich »politische Schlagworte« den »natürlichen Instinkt der Unterscheidung« betäubt und »ein unbefangenes Studium der Natur« erschwert.[149] Zudem machen Tatsachen alleine noch kein Wissen. Da Rassen – wie Farben – nur im Plural existieren, lässt sich dieses Wissen nicht gewinnen, indem man sie aus einem übergeordneten Begriff – mag er ›weißes Licht‹, ›Menschheit‹ oder ›Anpassung‹ heißen – ableitet und so erklärt. Vielmehr geht es darum, die Tatsachen in ihrer Vielgestaltigkeit zu belassen und zu *ordnen*.

Die theoretisch einschlägige Stelle findet sich am Anfang des letzten Großkapitels, in dem es um Chamberlains Thema im engeren Sinn geht, die Entstehung der nach-mittelalterlichen ›neuen Welt‹, auf deren Grundlagen, so die Annahme, das 19. Jahrhundert ruhe.[150] Man sollte meinen, ein historisches Problem von derartiger Reichweite müsste in eine Frage münden: Welche überpersönlichen Prozesse haben dazu geführt, dass eine über tausend Jahre alte Kultur einer anderen weichen musste? Oder kurz: *Wie* ist diese ›neue Welt‹ entstanden? Chamberlain aber fragt: »*Wer* hat sie geschaffen?«[151] Diese Formulierung ist folgenschwer. Sie impliziert, dass sich – will man nicht von Gott sprechen – ein menschlicher Akteur ausmachen lässt, der über viele Jahrhunderte konsistent mit sich selbst handelt. Natürlich hat Chamberlain bei diesem Akteur eine Rasse im Sinn, und natürlich ist es die germanische. Weil diese fundamentale Annahme aber nicht nur mit den Grundvorstellungen der akademischen Geschichtswissenschaften bricht, sondern auch mit dem gesunden Menschenverstand, sieht Chamberlain sich gezwungen, die Prinzipien seiner Methode zu offenbaren.

Der methodologische Grundgedanke, den Chamberlain Goethe entlehnt, lautet: »Es ist unmöglich, Übersicht über eine grosse Anzahl von Thatsachen zu gewinnen, wenn man diese nicht gliedert.«[152] Was man sich unter einer solchen Tatsachen-›Gliederung‹ vorzustellen hat und wie sie herzustellen sei, soll ein Vers Goethes, der diesem Abschnitt auch als Motto vorangestellt ist, erläutern:

»Dich im Unendlichen zu finden, / Musst unterscheiden und dann verbinden.« Die Maxime, zu unterscheiden *und* zu verbinden, impliziert zunächst Absagen an solche Ansätze, die *nur* unterscheiden oder *nur* verbinden.

So zum einen an das Prinzip der Klassifikation. Zu klassifizieren bedeutet, mit Hilfe von logischen Unterscheidungen Unterschiede beobachten zu können. Chamberlain charakterisiert diese Haltung dadurch, dass sie dem »sinnenden Gehirn« entspringe und sich an *dessen* Bedürfnissen orientiere. Er selbst jedoch gehe mit Goethe davon aus, dass die Natur dem aufmerksamen Betrachter ihre eigene Ordnung von selbst mitteile. Der Erscheinungsreichtum der Natur ist aber mannigfaltig und heterogen, während ein System nur funktionieren kann, wenn es sich auf eine kleine Auswahl von Aspekten beschränkt. Um sich also durch »künstliche« Ordnungen nicht zu weit von der »Unendlichkeit« der Natur zu entfernen, lautet das Gebot, »nicht bloss einzelne, sondern eine *möglichst große Menge* Phänomene [zu] überschaue[n]« und »ein *Maximum* von Beobachtung, gepaart mit einem Minimum von eigener Zuthat« anzustreben.[153]

Zum anderen an das Prinzip der Kausalität. Einen evidenten Befund, der sich allein durch Beobachtung ergibt, nennt Chamberlain, wie gesehen, ›Phänomen‹ oder auch ›*konkrete* Tatsache‹. Von entscheidender Bedeutung ist nun die von Goethe übernommene Annahme, das Konkrete existiere in *Stufen* von höherer und niederer Allgemeinheit. So wie für Goethe nicht nur die Farberscheinung ein Phänomen ist, sondern auch das ›Helle‹ oder das ›Dunkle‹: So meint Chamberlain nicht nur im Pferdestall oder beim Blick in den Spiegel Rasse wahrzunehmen, sondern auch beim Besuch einer altgriechischen Theaterruine oder bei der Lektüre Herodots. Das »Hellenentum« ist für ihn in diesem Sinn eine »Thatsache der Geschichte«. Sie sei nicht nur »konkret, handgreiflich, sinnfällig«, sondern auch »unerschöpflich« und – »unerklärlich«. Wiederum mit Bezug auf Goethe nennt er eine solche Tatsache von nicht mehr steigerbarer Allgemeinheit Urphänomen.[154] Es handelt sich bei ihr, soll das heißen, um einen irreduziblen Sachverhalt, der mit anderen Tatsachen nicht ursächlich verbunden werden kann. Wohl aber kann er beschrieben werden, indem man ihn als organischen

Verbund heterogener Phänomene charakterisiert: im Fall der Griechen etwa die Sprache, besondere »Tugenden und Untugenden«, die »Begabungen und Beschränkungen des Geistes«, den »industriellen Fleiss« und die »himmelstürmende Kraft der Phantasie«.[155] Nur Spott hat Chamberlain dagegen für solche Forscher übrig, die etwa die altgriechische Kultur kausal auf »phönizische Anregungen« zurückführen, oder die Kultur der alten Inder auf ihren hohen Reiskonsum.[156] Hat der dilettantische Scharfblick einzelne Tatsachen erkannt, stellt sich nun die Frage, wie sie zu ›gliedern‹ sind. Will man auf kein vorgefasstes Schema zurückgreifen, muss man davon überzeugt sein, dass sich dem aufmerksamen Betrachter nicht nur die Tatsachen selbst, sondern auch ihre Verbindungen spontan kundtun. Chamberlain stellt die Entstehung einer ›gegliederten‹ Weltsicht als zirkulären Prozess dar: »wir bereichern aber unsere Vorstellungswelt durch sinngemäße Gliederung, und indem wir *offenbar Verwandtes* verbinden, lernen wir es zugleich von dem Unverwandten zu scheiden und bereiten die Möglichkeit zu ferneren Einsichten und zu immer neuen Entdeckungen.«.[157]

Offenbare Verwandtschaftsverhältnisse zu bemerken, heißt, sich auf die Wahrnehmung von *Ähnlichkeiten* zu verlassen. Was wiederum bedeutet, symbolisch oder da es sich um menschliche Ähnlichkeiten handelt: charakterologisch zu denken. Auf jeder Seite seiner historischen Erzählung stellt Chamberlain so Verbindungen her. Als Beleg soll hier nur ein Beispiel aus einem früheren Kapitel, das ich nur wegen der prägnanten Formulierungen ausgewählt habe, angeführt werden:

> [Es war] eine verhängnisvolle Charakteristik der nordischen Bewegung, dass sie zunächst immer als Reaktion auftreten, dass sie immer niederreissen musste, ehe sie ans Aufbauen denken konnte. Gerade dieser negative Charakter gestattet jedoch *eine schier unübersehbare Menge sehr verschiedenartiger Thatsachen unter den einen Begriff zu vereinigen*: <u>Empörung gegen Rom</u>. Von dem Auftreten des Vigilantius an, im 4. Jahrhundert (gegen den die Wohlfahrt der Völker bedrohenden Unfug des Mönchtums), bis zu Bismarck's Kampf gegen diese Bewegungen; denn wie verschieden auch der Impuls sein mag, der zur Empörung treibt, Rom selber

stellt eine einheitliche, so eisern logische, so massiv festgestaltete *Idee* dar, dass alle Gegnerschaft gegen sie eine besondere, einigermassen gleichartige Färbung dadurch erhält.¹⁵⁸

Ein sehr allgemeines und zugleich charakteristisches Merkmal erlaubt es, Brücken zwischen Ereignissen und Personen zu schlagen, die durch Epochen voneinander getrennt sind. Im Übrigen bringt Chamberlain dabei ganz deutlich zum Ausdruck, dass sich diese symbolischen Beziehungen durch ihre Unschärfe auszeichnen: Wenn er den verglichenen Tatsachen die Attribute zuschreibt, ›verschiedenartig‹ und doch ›einigermassen gleichartig‹ zu sein, so ist das kein Widerspruch, sondern eine prägnante Umschreibung des Ähnlichkeitsbegriffs.

Die komplementäre Seite des ›Verbindens‹, der Wahrnehmung von Ähnlichkeiten, ist das ›Unterscheiden‹, die Markierung von Gegensätzen. Und auch die Gegensatzbeziehungen sind unscharf. Anders als logisch oder systematisch gewonnenen Tatsachen sind ›konkrete‹ Tatsachen so überdeterminiert, dass sie sich in Gegensatz zu beliebig vielen anderen bringen lassen. So wurde schon darauf hingewiesen, dass Chamberlain dem ältesten Topos des deutschen Nationalismus folgt, wenn er die ›Alt‹-Germanen als »anti-römisch« charakterisiert. Dagegen bemüht er den Gegensatz zu den Chinesen, um dem nach-mittelalterlichen Typus des »aufbauenden« Germanen, der die ›neue Welt‹ erschafft, Kontur zu verleihen.¹⁵⁹ An den Chinesen hebt Chamberlain hervor, dass sie zwar in der Lage seien, technische Erfindungen zu machen, aufgrund ihres »phantasielosen Geistes« aber nicht die Fähigkeit besäßen, deren Potential zu erkennen: »Sie erfinden das Schiesspulver und werden von jeder kleinsten Nation besiegt und beherrscht; sie besitzen 200 Jahre vor Christus ein Surrogat für das Papier, [...] und bringen bis zur Stunde keinen Mann hervor, würdig darauf zu schreiben.«¹⁶⁰ Doch vor allem kommt es ihm auf den Gegensatz zwischen Judentum und Germanentum an.

Chamberlain konzipiert das Judentum formal mit den gleichen Mitteln wie Wagner, Nietzsche und Weininger: Auch er grenzt sich *expressiv verbis* von allen gehässigen Formen des Antisemitismus ab, indem er ›den Juden‹ als komplizierten – »tiefen« –

seelischen Typus mit großer symbolischer Reichweite konstruiert. Inhaltlich knüpft er dabei an etablierte Topoi des gebildeten Diskurses über die Juden an, setzt aber auch starke eigene Akzente.

Seine eigene Haltung gegenüber den Juden sieht Chamberlain in einer Mittelposition, die sich ebenso von den »leidenschaftlichen Behauptungen der Antisemiten« wie von den »dogmatischen Plattheiten der Menschenrechtler« abgrenzt.[161] Machten die einen ihre Affekte blind, so die anderen ihre »anerzogenen Vorurteile«. Die »Neigung, den Juden zum allgemeinen Sündenbock zu machen«, nennt Chamberlain jedenfalls »lächerlich«. Das Problem liege keineswegs in einem irgendwie gearteten »jüdischen Einfluss«, sondern in einer äußerst weit gefassten »jüdischen Gefahr«. Für diese aber könnten die Juden nicht verantwortlich gemacht werden, weil sie »viel tiefer« liege als auf der Ebene bewusster Planung und interessengeleiteten Handelns. Vielmehr geht es Chamberlain um ein *internes* Problem der germanischen Völker, nämlich deren fortschreitende »Semitisierung« durch die Übernahme der ihnen fremden »jüdischen *Geistesrichtung*«.[162] »[A]n Stelle einer öden Judenhetze« müsse daher der »rein innerliche Vorgang einer Ausscheidung alles Semitischen aus unserer eigenen Seele« stattfinden. Da es im Kern also nicht um Feindschaft geht, sondern um die Unterscheidung von einer unaufhebbar fremden Lebensart, kann die ›Judenfrage‹ im Gestus der Sachlichkeit formuliert werden: »Gelänge es, aus unserer Weltanschauung den semitischen Einschlag zu entfernen, wir wären Neugeborene, und im selben Augenblick würde der Jude für unser Auge in die richtige perspektivische Entfernung wegrücken, wo es uns leicht werden würde, ihn zugleich gerecht und mild zu beurteilen.«[163]

Die Schwierigkeit des Problems liegt für Chamberlain darin, dass die Unterschiede zwischen jüdischem und germanischem Wesen in doppelter Hinsicht »tief« liegen. Sie sind ebenso fundamental wie oberflächlich kaum zu bemerken. Bei den Juden handle es sich um »ein fremdes Element in unserer Mitte«. Nicht nur die Verbreitung der »Gleichheitsdoktrin«, vor allem äußere Ähnlichkeiten hätten dazu geführt, dass »eine unglaubliche Unwissenheit über die Natur des Juden [...] unter uns herrscht.«[164] Kurz: »Äusserlich erbte er dasselbe wie wir; innerlich erbte er einen grundverschiedenen Geist«.[165] In dieser Formulierung der ›Judenfrage‹ drückt sich das Problembewusstsein aus, das seit Schopenhauer den Ausgangspunkt des charakterologischen Denkens bildete. Folgerichtig bezieht Chamberlain auch die Lösungsformel für das Rassenproblem von Schopenhauer: »Sollen wir ein sachliches, vollgültiges Urteil darüber uns bilden, was der Jude als Miterbe und als Mitarbeiter in unserem Jahrhundert zu bedeuten hatte, so müssen wir vor allen Dingen uns darüber klar werden, was er ist. Aus dem, was ein Mensch seiner Natur nach ist, folgt mit strenger Notwendigkeit, was er unter gegebenen Bedingungen thun wird; der Philosoph sagt: *operari sequitur esse.*«[166]

Um den jüdischen Charakter möglichst scharf vom »germanisch« oder »arisch« genannten Charakter zu unterscheiden, setzte Chamberlain beim Christentum an, das er als die Religion betrachtet, in der die genuin »germanische« Weltanschauung einen angemessenen Ausdruck findet. Ein Unterkapitel trägt den bezeichnenden Titel *Christus und Kant*. »Wem fiele nicht sofort die *Verwandtschaft* zwischen dieser religiösen Weltanschauung Kant's [...] und dem lebendigen Kern der Lehre Christi auf?«[167] Neben anderen »Ähnlichkeiten« hebt Chamberlain besonders Kants »Verhalten gegen die offiziell anerkannten Religionsformen« hervor. Dieses charakterisiert er als »dasselbe ehrfurchtsvolle Sichanschliessen an die für heilig gehaltenen Formen, verbunden mit einer gänzlich Unabhängigkeit des Geistes, der das Alte durch seinen Hauch zu einem neuen belebt.« Formal knüpft die Deutung des Christentums als Religion, die gegen die rituelle Erstarrung den »Quell« des religiösen Gefühls freilegt, an Schleiermacher an; da die inhaltliche Bestimmung aber durch das Attribut »Unabhängigkeit des Geistes« gegeben wird, stellt sie zugleich das *missing link* zwischen protestantischer und nationaler Selbstdeutung her.[168] Der »Freiheitsdrang« wird zu einer Eigenschaft sowohl des deutschen wie des christlichen Wesens. So kann Luther als Paradefall der germanischen »Empörung gegen Rom« und Kant als der »wahre Fortsetzer Luther's« interpretiert werden.[169]

Das Charakteristikum der Juden ergibt sich *ex negativo* aus der Charakterologie des »germanischen« Christen: ihre Unfähigkeit, ein auch nur menschliches Mitleid beim Anblick des Gekreuzigten zu empfinden.[170] Wie auch für Schleiermacher fundieren nicht Glaubenbekenntnis und Ritus eine Religionszugehörigkeit, sondern eine Art des Fühlens. Doch ist diese bei Chamberlain nicht mehr spezifisch religiös, sondern Ausdruck einer viel allgemeineren Wesensart. Die Germanen sind nicht deshalb Christen, weil sie im Laufe ihrer Geschichte dazu geworden sind, sondern weil die »Erscheinung eines leidenden Heilands« ihrer Seele nahe geht, während umgekehrt die Juden deshalb Juden sind, weil ihrer Seele *diese* Empfindsamkeit abgeht. Während Chamberlain mit Schleiermacher Religiösität grundsätzlich als Herzensbildung ansieht, könne bei der jüdischen Gesetzesreligion gerade davon keine Rede sein.

Zur Erläuterung bedient sich Chamberlain des wissenschaftlichen Diskurses über die Geschichte des Judentums. Er unterzieht die Unterscheidung nach »israelitischer« und »jüdischer« Epoche jedoch einer weitreichenden Neudeutung.[171] Die quasi »notarielle« Beglaubigung des »neuen Bundes« mit Gott sei ein in der Geschichte der Religionsgründungen einzigartiges Ereignis.[172] Auf einen Schlag habe sich ein ganzes Volk seines naturreligiösen Erbes begeben, indem es sich zu einer Religion verpflichtete, deren Kern in der Treue gegen eine große Zahl detaillierter Vorschriften bestanden habe. So hätten sich die Juden einem »aufgezwungenen Glauben« verschrieben, der »in ihren Herzen das uns allen gemeinsame reinmenschliche Erbe erstickte«. Denn, so Chamberlains Annahme, »in dem kanaanitisch-israelitischen Naturkultus, verquickt mit semitischem Ernst und amoritischem Idealismus, muss es manche Keime zu schönsten Blüten gegeben haben«.[173] Stattdessen sei eine »anormale« Religion entstanden, in der [...] die »Reinheit der Haut und des Geschirrs wichtiger [war] als die Reinheit des Herzens.«[174]

Chamberlain geht sogar noch weiter, wenn er das Judentum letztlich vom Begriff des Religiösen ganz ausschließt. Das »drakonische Regiment« habe zwar den Zusammenhalt des Volkes ermöglicht und wohl auch »ein gesitteteres Leben zur Folge« gehabt, zugleich aber sei es ein »Gewaltstreich gegen die Natur« gewesen.[175] Wenn die religiösen Praktiken somit der Herrschaft des Willens unterlägen, dann handle es sich genau genommen gar nicht mehr um *Religion* im eigentlichen Sinn des Begriffs, sondern um einen

»mechanischen Glauben«.¹⁷⁶ Bei Schleiermacher war es noch um die Unterscheidung zwischen »kindlicher« und »erwachsener« Religiosität gegangen. Hier nun stehen sich ›Natur‹, ›Mythos‹, ›Leben‹, ›Gefühl‹ auf der einen Seite und ›Mechanik‹, ›Naturwidrigkeit‹, ›Erstarrung‹, ›Zwang‹ auf der anderen gegenüber. Mit dieser Attributierung können das Judentum und das »germanische« Christentum als manichäische Gegensätze arrangiert werden. Damit geht Chamberlain weit über jede religionspsychologische Argumentation hinaus. Vielmehr geht es um einen weltgeschichtlichen »Kampf«, in dem nicht weniger auf dem Spiel steht als die Entscheidung zwischen ›Religion‹ und ›materialistischer‹ Glaubensmechanik.¹⁷⁷

Mit dem Schlagwort des ›Materialismus‹ macht Chamberlain die Ableitung des ›jüdischen Wesens‹ anschlussfähig an das gesamte rhetorische Arsenal der Kulturkritik der zweiten Jahrhunderthälfte. Das historische Argument, das diese beiden Diskurse miteinander verbindet, liegt in der Behauptung, das Judentum habe sich im Laufe seiner zweieinhalbtausendjährigen Geschichte einerseits durch strenge Endogamie eine nahezu vollständige »Rassereinheit« erhalten, andererseits sich und seine Weltanschauung auf der ganzen Welt so erfolgreich behauptet, dass die europäischen Völker die Verbindung zum »Quell« ihrer »mythischen Wurzeln« verloren hätten.

Einmal etabliert, können diese manichäischen Gegensätze nun auf die gesamte abendländische Geschichte bezogen werden. Sie erscheinen in immer neuen Varianten, die es ermöglichen, eine Vielzahl historischer ›Tatsachen‹ in ihrer ›Verwandtschaft‹ zu erkennen und zugleich den fundamentalen Gegensatz zwischen ›jüdischem‹ und ›germanischem‹ Charakter durch seine zirkuläre Redundanz zu erhärten. So habe Kant auch deshalb das »erste vollendete Muster des ganz freien Germanen« repräsentiert, weil er »uns auch [...] vom Judentum emanzipiert« habe: »nicht auf dem Wege der Gehässigkeit und Verfolgung, sondern indem er historischen Aberglauben, spinozistische Kabbalistik und materialistischen Dogmatismus [...] ein für alle mal vernichtete«.¹⁷⁸ Auf dem gleichen Wege ist es möglich, einen Gegensatz zwischen den »sozialistischen« Konzepten von Karl Marx und Friedrich Engels einerseits und Thomas More andererseits zu konstruieren. Im einen

Fall habe man es mit zwei [!] »hochbegabten Juden« zu tun, die »manche der besten Ideen ihres Volkes aus Asien nach Europa herüberpflanzten«, auf der anderen mit einem »der exquisitesten Gelehrten, welche Nordgermanien jemals hervorgebracht [hat], einer durch und durch aristokratischen, unendlich feinfühligen Natur«. Während sich nämlich die Programme der ersteren durch ihre »doktrinäre« Künstlichkeit auszeichneten, seien die »utopischen« Vorschläge des anderen in Wirklichkeit äußerst »praktisch«: »Was also More von Marx trennt, ist nicht ein Fortschritt der Zeit, sondern der Gegensatz zwischen Germanentum und Judentum.«[179]

Wie sehr Chamberlain seine Rassenlehre als Charakterologie anlegt, lässt sich nicht zuletzt auch an dem Bemühen ablesen, stark verdichtende Formeln zu finden, die über alle konventionellen Zuschreibungen hinausgehen und den geheimen Kern eines Wesens erfassen. So etwa, wenn er den Typus des Juden durch seine Willenskraft charakterisiert, den des Germanen dagegen durch seine Fähigkeiten zum »Schweifen«. Mit dieser – im Sinne Goethes – konkreten und zugleich äußerst allgemeinen Charakterisierung kann Chamberlain die Juden auch von allen anderen Bereichen des geistigen Lebens ausschließen:

> Was bildet denn die *geheime* Anziehungskraft des Judentums? Sein Wille. Der Wille, der, im religiösen Gebiete schaltend, unbedingten, blinden Glauben erzeugt. Dichtkunst, Philosophie, Wissenschaft, Mystik, Mythologie – – – sie alle schweifen weit ab und legen insofern den Willen lahm; sie zeugen von einer weltentrückten, spekulativen, idealen Gesinnung, die bei allen Edleren jene stolze Geringschätzung des Lebens hervorruft, welche dem indischen Weisen ermöglicht, sich lebend in sein eigenes Grab zu legen, welche die unnachahmliche Grösse von Homer's Achilleus ausmacht, welche den deutschen Siegfried zu einem Typus der Furchtlosigkeit stempelt, und welche in unserem Jahrhundert monumentalen Ausdruck sich schuf in Schopenhauer's Lehre von der Verneinung des Willens.[180]

Chamberlain erweitert die Reichweite seiner Aussagen nahezu beliebig, indem er ein und denselben Gegensatz in immer neuen

Varianten moduliert. Allein daraus lässt sich aber die These der kulturschaffenden Bedeutung der Germanen nicht herleiten. Dies gelingt erst, nachdem er vermittels allgemeiner Gegensätze wie frei / unfrei in einen analogen Gegensatz wie den zwischen ›Wollen‹ und ›Schweifen‹ übersetzt worden ist.

Kommen wir noch einmal auf die eingangs gestellte Frage zurück, warum die *Grundlagen* beim bürgerlichen Publikum so erfolgreich waren. Wenn Chamberlain das Judentum in ein Verhältnis exklusiver Andersartigkeit zur gesamten »kulturschaffenden« Menschheit stellte, dann ging er damit deutlich weiter als alle bisher vorgestellten anti-jüdischen Denker. Zugleich schrieb er in einer Form, die nichts von der monomanen Besessenheit des organisierten Antisemitismus an sich hatte, der aber auch die prophetische Schärfe fehlte, die an den Texten Nietzsches faszinieren, wohl aber auch verschrecken mochte. Stattdessen bediente Chamberlain bürgerliche Gediegenheitsbedürfnisse. Die methodologische Rückversicherung bei Goethe, die aufwendige Bestimmung der eigenen ›dilettantischen‹ Schreibposition und ein epischer Erzählstil signalisierten intellektuelle Redlichkeit und zugleich Entgegenkommen an ein gebildetes Publikum. Nicht zuletzt dürfte es aber die charakterologische Deutung der Weltgeschichte gewesen sein, die verunsicherten Bürgern Halt gab und Genuss bereitete. Weder die überpersönlichen Gewalten der materialistischen Geschichtsschreibung noch der Weltgeist der alten Geschichtsphilosophie traten hier als Akteur des historischen Wandels auf, sondern das eigene Ideal als zeitenthobener Typus. Zu diesem Zweck musste das bildungsbürgerliche Selbstbild, in dessen Zentrum die Ideen der zweckfreien geistigen Leistung und der Gefühlstiefe standen, allerdings neu gerahmt werden. Genau dies leistete das charakterologische Denken: In Form des arischen Germanen wurde das zeitgenössische Idealbild des empfindsamen und kulturell leistungsbereiten Bürgers als überzeitlicher Rassecharakter *psychologisiert*. Da Chamberlain die Züge dieses Typus an seinem Gegenbild, dem psychologischen Typus des »ewigen« Juden, konturierte, konnte der Gegensatz zugleich als Wahl zwischen einer richtigen und einer falschen Orientierung des eigenen Lebens, zwischen dem *Echten* und dem *Unechten*, ausgelegt werden.

Und in noch einer Hinsicht erwies sich diese charakterologische Rassenlehre als zeitgemäße Neuformulierung bürgerlicher Ideologeme. Chamberlain legte nämlich größten Wert auf die Vereinbarkeit von typisierender und individualisierender Betrachtungsweise und lag auch damit ganz auf der Linie Goethes. So wie dieser gelehrt hatte, das Konkrete existiere in Formen von höherer und niederer Allgemeinheit, so ist auch für Chamberlain ›Rasse‹ ein allgemeines Konkretum. Viel unmittelbarer evident als die Tatsache des Germanentums sei die Tatsache, dass »[wir] heute Deutsche, Holländer, Engländer, Skandinavier usw. [sind]«. Als eigentliche Rassephänomene betrachtete er aber die Individuen, und zwar nicht nur als beliebige Exemplare einer Art, sondern gerade in ihrer Einzigartigkeit. Chamberlain hatte sich nicht zuletzt deshalb geweigert, Rassen zu definieren, weil es sich um ein »*plastisches*, bewegliches, im steten Wellenspiel des Steigens und Sinkens begriffenes Phänomen« handle.[181] Gerade die germanische Rasse zeichnet nach Chamberlain aber die Eigenschaft einer »unvergleichlichen Plasticität« aus, eine Behauptung, die nicht nur die »forgesetzte Individualisierung« der europäischen Völker verständlich machen sollte, sondern auch das Auftreten so vieler unterschiedlicher Einzelpersönlichkeiten, die an der Erschaffung der ›neuen Welt‹ beteiligt waren.[182] Dass Chamberlain zu den wichtigsten Wegbereitern des Sozialdarwinismus gehörte, ist vielfach erörtert worden. Kaum bemerkt wurde allerdings jenes Paradigma beschreibender Wissenschaft, ohne dessen Hilfe er über Rassen gar nicht hätte nachdenken können: eine ins Historische und Kulturelle gewendete Morphologie.

Der Seher: Spengler

Alle Autoren, die hier als Wegbereiter des charakterologischen Denkstils vorgestellt wurden, teilen das Merkmal großer Popularität. Unerreicht ist in dieser Hinsicht der Erfolg von Oswald Spenglers *Der Untergang des Abendlandes*. Dass die beiden 1918 und 1922 erstmals erschienenen Bände schon 1924 die 50. Auflage erreichten, verdankte sich vor allem dem Umstand, dass in Deutschland der Bedarf an alternativen Interpretationen der Geschichte nach der Kriegsniederlage gewaltig war. Wie Chamberlain deutete auch Spengler die gegenwärtige Lage Europas im Rahmen einer weit ausholenden Universalgeschichte. Dass Chamberlains Name in ihr an keiner Stelle Erwähnung findet, dürfte vor allem geschmäcklerische Gründe gehabt haben. Dem Stil nach waren die *Grundlagen* zwanzig Jahre nach ihrem Erscheinen hoffnungslos veraltet. Zu spürbar waren bei Chamberlain die Anklänge an die Geisteswelt des Jahrhunderts, dessen Entstehung er beschreiben wollte. Dagegen traf Spenglers in die Zukunft weisende Deutung schon um 1910, als er die Arbeit an seinem Opus begann, erst Recht aber nach Ausbruch des Ersten Weltkrieges auf einen Zeitgeist, in dem die Zeichen auf radikalen Wandel standen. Gewöhnlich werden Spengler und Chamberlain daher mit unterschiedlichen Etiketten versehen: hier der »krude« Rassentheoretiker, dort der heroisch-»pessimistische« Geschichtsphilosoph. Doch formal und epistemologisch weisen die *Grundlagen* und der *Untergang* eine Reihe Gemeinsamkeiten auf.

Auch Spengler begriff seine Geschichtsschreibung als Alternative zur akademischen Wissenschaft, was in erster Linie den universalhistorischen Ansatz meinte. Stefan Georges Spott traf durchaus ins Schwarze, wenn er dem *Untergang* vorhielt, »von einem höchst anspruchsvollen Dilettanten für höchst anspruchsvolle Dilettanten« verfasst worden zu sein.[183] Anders als Chamberlain verzichtete Spengler aber auf alle Bescheidenheitsgesten und vermied den Begriff des Dilettanten; aber er meinte das gleiche, wenn er sein »lebendiges Denken« von der wissenschaftlichen Gelehrsamkeit unterschied. Sein Vorhaben erfordere statt eines Fachgelehrten einen »Denker«, der »Gegenstände und Beziehungen sinnlich [so] nachzubilden« habe, dass der Leser sie »nacherleben« könne. Mit dieser Zielsetzung ging eine kategorische Absage an Definitionen und »Begriffsreihen« einher. Stattdessen bekannte sich Spengler zu einer symbolisierenden Methode: »Ein Denker ist ein Mensch, dem es bestimmt war, durch das eigene Schauen und Verstehen die Zeit *symbolisch* darzustellen. [...] Nur dieses Symbolische ist notwendig Gefäß und Ausdruck menschlicher Geschichte. Was als philosophische Gelehrtenarbeit entsteht, ist überflüssig und vermehrt lediglich den Bestand einer Fachliteratur.«[184] Im Licht der bisherigen Analyse wird verständlich, dass es nicht nur eine Reverenz an das gebildete Publikum war, sondern vor allem eine theoretische Festlegung, wenn Spengler am Ende seines Vorworts schrieb: »Zum Schlusse drängt es mich, noch einmal die Namen zu nennen, denen ich so gut wie alles verdanke: Goethe und Nietzsche. Von Goethe habe ich die Methode, von Nietzsche die Fragestellungen.«[185]

Sein unbescheidenes Vorhaben umreißt er so:

> Will man erfahren, in welcher Gestalt sich das Schicksal der abendländischen Kultur erfüllen wird, so muß man zuvor erkannt haben, was Kultur ist, in welchem Verhältnis sie zur sichtbaren Geschichte, zum Leben, zur Seele, zur Natur, zum Geiste steht und inwiefern diese Formen – Völker, Sprachen und Epochen, Schlachten und Ideen, Staaten und Götter, Künste und Kunstwerke, Wissenschaften, Rechte, Wirtschaftsformen und Weltanschauungen, große Menschen und große Ereignisse – *Symbole* und als solche zu *deuten* sind.[186]

Wie gesehen, war Nietzsche selbst bereits auf den »goetheanischen« Gedanken verfallen, seine psychologischen Studien »morphologisch« zu ordnen. Allerdings war es bei Entwürfen geblieben. Es ist nun in genau diesem Sinn als Lösung eines von Nietzsche gestellten Problems gemeint, wenn Spengler sein monumentales Vorhaben als »Morphologie der Weltgeschichte« ausweist. Noch mehr als in der Natur ist der morphologische Historiker allerdings auf *vorgestellte Ähnlichkeiten* oder mit seinen Worten: auf die Fähigkeit zur *geistigen* ›Schau‹ angewiesen. Ganz unumwunden gibt Spengler daher auch zu: »Das Mittel, lebendige Formen zu verstehen, ist die Analogie.«[187] Das entscheidende Problem bestehe nur darin, *echte* von scheinbaren Analogien zu unterscheiden. So sei etwa der Vergleich, den Ranke »zwischen Kyaxares und Heinrich I., den Einfällen der Kimerier und der Magyaren« gezogen hatte, »morphologisch bedeutungslos«, dagegen »von tiefer, aber zufälliger Richtigkeit [...] der zwischen Alkibiades und Napoleon.«[188] Spengler macht gar keinen Hehl daraus, dass die Wahl der richtigen Bilder, von Vergleichen, die mit symbolischer Aussagekraft auf »innere Verwandtschaften« verwiesen, eine Sache des »historischen Formgefühls« sei. Insbesondere zur Erkenntnis menschlicher Rassen bedürfe es eines morphologischen Gefühls. Wie Chamberlain versteht auch Spengler unter Rasse einen nicht definierbaren, aber evidenten Sachverhalt: »Was ein Mensch von Rasse ist, wissen wir alle auf den ersten Blick«.[189] Noch entschiedener aber grenzt Spengler seine Behandlung des Rassethemas von allen fachwissenschaftlichen Bemühungen ab. Wolle man sie nicht nur bemerken, sondern konzeptionell durchdringen, so müsse man begreifen, dass die in Frage stehenden Sachverhalte viel zu kompliziert seien, um sie mit quantifizierenden Methoden und kausalen Modellen zu klären. So seien alle »darwinistischen« Ansätze nichts als »seelenlose Kausalverkettungen von Oberflächenzügen«; und die anthropologischen Messverfahren nichts als hilflose Versuche der Systematisierung. Der Versuch, Rasse mit den Mitteln der »wägenden und messenden Wissenschaft« zu begreifen, »widerspricht schon dem Wesen des Rassemäßigen«.

Die Grundlage für die Entstehung von Rassen sind Gefühle: »Das Gefühl für Rasseschönheit […] ist unter ursprünglichen Menschen ungeheuer stark und kommt ihnen eben deshalb gar nicht zum Bewußtsein. Ein solches Gefühl ist aber rassebildend. Es hat ohne Zweifel den Krieger- und Heldentypus von Wanderstämmen immer reiner auf ein leibliches Ideal hin geprägt […].«[190] Andererseits ist es eben deshalb eine Sache des Fühlens, Rasse als solche zu erkennen. Spengler führt zur Verdeutlichung des Vorgangs die nuancierte Geschmackswahrnehmung des Weinkenners an, ein Vergleich, der durchaus wörtlich gemeint ist: »Dies Aroma, ein echtes Produkt der Landschaft, gehört zu den nicht messbaren und deshalb umso bedeutungsvolleren Merkmalen echter Rasse. Edle Menschenrassen unterscheiden sich aber in ganz derselben *geistigen* Weise wie edle Weine. Ein gleiches Element, das sich nur dem zartesten Nachfühlen erschließt, ein leises Aroma in jeder Form verbindet unterhalb aller Kultur in der Toskana die Etrusker mit der Renaissance […].«[191] Ebenso folgerichtig wie vage und rigoros nennt Spengler daher den »physiognomischen Takt« als einziges Mittel, um Verwandtschaften und Gegensätze in Fragen der Rasse zu bemerken. Damit ist der Deutungsrahmen abgesteckt, in dem Spengler auf die Juden zu sprechen kommt. Schon der Umstand, dass er dies in einem Kapitel tut, das den Titel *Probleme der arabischen Kultur* trägt, zeigt die Stoßrichtung: Bei den Juden in Europa handelt es sich um einen fremden Typus. Dass diese Fremdheit nun nicht mit der gleichen Evidenz wahrgenommen wird wie noch im Mittelalter, sei dem Umstand geschuldet, dass die abendländische Kultur sich in ihrer ›zivilisierten‹ Endphase befinde. Dem »faustischen Menschen«, wie Spengler den Typus des nachantiken Europäers nennt, sei im Zuge der Aufklärung das Bewußtsein seiner Eigenart abhanden gekommen: »Das Gefühl eines tiefen Andersseins tritt auf beiden Seiten um so mächtiger hervor, je mehr Rasse der Einzelne hat. Nur der Mangel an Rasse bei geistigen Menschen, Philosophen, Doktrinären, Utopisten bewirkt es, daß sie diesen abgrundtiefen, metaphysischen Haß nicht verstehen, in welchem der metaphysische Takt zweier Daseinsströme wie eine unerträgliche Dissonanz zum Vorschein kommt.«[192]

Wie schon Otto Weininger geht Spengler zum offenen Antisemitismus auf Distanz, indem er eine nüchterne Theorie des Antisemitismus liefert. Von akutem Hass auf die Juden ist keine Rede, sondern von einem historischen Geschehen, das feindselige Gefühle zwischen zwei grundverschiedenen Menschenarten zwangsläufig hervorrufe. Der Prozess der Ethnogenese und die jüdische Religion als solche spielen für Spengler keine Rolle mehr. Ausgangspunkte seiner Deutung des Judentums ist zum einen eine kulturtypologische Unterscheidung, zum anderen die Annahme einer unvermeidlichen historischen Dynamik. Spengler zählt die Juden zu den Nationen »magischen« Typs. Im Gegensatz zu den »faustischen« Nationen der germanisch-romanischen Welt, die sich in fester Verbindung mit dem »Boden« herausgebildet hätten, beruhte dieser Kulturtypus auf einem »landlosen *consensus*, dessen Zusammenhalt für seine Mitglieder keine Absicht und Organisation, sondern ein ganz unbewusster, ganz metaphysischer Trieb war, ein Ausdruck des unmittelbarsten magischen Weltgefühls«.[193] Charakteristisch für die magische Lebensweise ist für Spengler das Ghetto. In ihm findet der Gegensatz zum faustischen Weltgefühl seinen stärksten Ausdruck: »Es war schon viel, wenn ein schottischer Mönch in ein lombardisches Kloster kam, und das starke Heimatgefühl nahm er dahin mit; aber wenn ein Rabbiner aus Mainz, wo sich um 1000 die bedeutendste Talmudschule des Abendlandes befand, oder Salerno nach Kairo, Basra oder Merw kam, so war er in jedem Ghetto zuhause.«[194]

Ihren Schliff bekommt diese Deutung des Judentums aber erst durch Spenglers zyklische Geschichtsphilosophie. Ihr zufolge hat die magische Nation der Juden den historischen Prozess, den die faustischen Nationen gegenwärtig durchliefen, bereits seit langem abgeschlossen. Auch die Juden hätten ihre »Merowingerzeit«, eine »›gotische‹ Blütezeit religiöser Gestaltungskraft« und – augenfällig in der maurischen Hochkultur – ihr »Barock« gehabt, nur jeweils ein gutes Jahrtausend vor dem Abendland. Um die Jahrtausendwende aber habe die jüdische Kultur ihr ›zivilisiertes‹ Endstadium erreicht, das im »erstarrten« Zustand des Ghettolebens seinen Ausdruck gefunden habe. Erst jetzt hätten sich die Eigenschaften ausgebildet, die man gemeinhin mit den Juden verbinde. Und dabei handelt es sich nicht um genuin »jüdische« Eigenschaften, sondern um typische Erscheinungsformen der Zivilisation:

> Das Judentum des westeuropäischen Kreises hatte die noch im maurischen Spanien vorhandene Beziehung zum Lande vollständig verloren. Es gibt keine Bauern mehr. Das kleinste Ghetto ist ein wenn auch noch so armseliges Stück Großstadt, und seine Bewohner zerfallen wie die des erstarrten Indien und China in Kasten – die Rabbiner sind die Brahmanen und Mandarinen des Ghetto – und die Masse der Kuli mit einer zivilisierten, kalten, weit überlegenen Intelligenz und einem rücksichtslosen Geschäftssinn. Aber das ist wieder nur für einen engen Geschichtshorizont eine einzigartige Erscheinung. Alle magischen Nationen befinden sich seit den Kreuzzügen auf dieser Stufe. Die Parsen besitzen in Indien genau dieselbe geschäftliche Macht wie die Juden in der europäisch-amerikanischen Welt und die Armenier und Griechen in Südosteuropa. Die Erscheinung wiederholt sich

in jeder anderen Zivilisation, sobald sie in jüngere Zustände eindringt: die Chinesen in Kalifornien – sie sind der eigentliche Gegenstand des westamerikanischen »Antisemitismus« – und in Java und Singabpur, der indische Händler in Ostafrika, aber auch der Römer in der früharabischen Welt, wo die Lage gerade umgekehrt war. Die »Juden« dieser Zeit waren die Römer, und in dem apokalyptischen Haß der Aramäer gegen sie liegt etwas dem westeuropäischen Antisemitismus ganz Verwandtes.[195]

In der Sache deutet Spengler hier die jüdische Eigenart mit Mitteln des charakterologischen Denkens. Wenn er die Chinesen in Kalifornien, die Parsen in Indien oder die Römer in der arabischen Welt als »Juden«, den Hass auf diese Gruppen als »Antisemitismus« und die Lebensweise im Ghetto als »großstädtisch« identifiziert, so benennt er Analogien. Bei deren Herleitung folgt Spengler allerdings einem Schema, das von anderen charakterologischen Denkern abweicht. Er betreibt keine Wesensschau mehr, sondern Funktionsanalyse: Ein bestimmter Lebensstil samt der Reaktionen, die er hervorruft, hängt einzig und allein von den konkreten historischen Umständen ab, unter denen eine Gruppe lebt. Das Attribut »jüdisch« symbolisiert also auch hier nicht-jüdische Phänomene, doch diese Bevorzugung ist rein terminologischer Natur. Sie ist nicht der psychologischen Einzigartigkeit des Judentums geschuldet, sondern allein der perspektivischen Verengung des abendländischen Blicks. Denn in der Geschichte Westeuropas, daran lässt Spengler keinen Zweifel, spielt das Verhältnis der Juden zu ihren »Wirtsvölkern« eine fundamentale Rolle.

In der Formierungsphase der abendländischen Kultur habe zwischen dem »faustischen« Menschen und den Juden krasse Ungleichzeitigkeit geherrscht. Während die Juden schon um die Jahrtausendwende »zivilisiert und großstädtisch« geworden seien, hätte die germanisch-romanische Welt sich noch im »stadtlosen Land« entfaltet, dessen Geist auch die größeren Siedlungen geprägt habe: »Der Jude begriff die gotische Innerlichkeit, der Christ die überlegene, fast zynische Intelligenz und das fertig ausgebildete ›Gelddenken‹ nicht.«[196] Dass Spenglers Geschichtsphilosophie eine Variante des symbolischen Denkens darstellt, wird in diesem

Kontext besonders durch eine prägnante Formulierung *ex negativo* deutlich, mit der er zum Ausdruck bringt, dass die wahren historischen Zusammenhänge nichts mit raum-zeitlicher Nähe und wechselseitigen Einflüssen zu tun haben, sondern mit den inneren Entwicklungsgesetzen von Kulturen: »Der jüdische *consensus* baute in die Flecken und Landstädte überall seine großstädtischen – proletarischen – Ghettos ein. Die Judengasse ist der gotischen Stadt um tausend Jahre voraus.«[197] Zur Beschreibung der zweiten Phase des jüdisch-abendländischen Verhältnisses wendet Spengler das komplementäre Deutungsverfahren des charakterologischen Denkstils an: Er identifiziert nicht das scheinbar Ungleiche, sondern unterscheidet des vermeintlich Gleiche.

So wie Nietzsche festgestellt hatte, dass Beethoven ein Musiker ist, Wagner aber nicht, so postuliert Spengler, dass das zivilisierte Stadium, in welches das Abendland eingetreten ist, nur oberflächliche Gemeinsamkeiten mit der jüdischen Zivilisation aufweist. Denn die maßgebliche Unterscheidung zwischen faustischem und magischem Menschentypus ist charakterologisch gemeint. Im Kern läuft diese Unterscheidung auf folgenden Befund hinaus: Der an Boden und Landschaft gebundene Mensch hat eine wie auch immer geartete Zukunft, das Mitglied des landlosen *consensus* hat keine. Während sich das europäische Judentum seit einem Jahrtausend nicht mehr verändert habe, stehe der Westen am historischen Wendepunkt.[198]

Ein und dasselbe Geschehen wird von den einen als existentielles Schicksal empfunden, während den anderen sein Sinn vollkommen verschlossen bleibt. Und eben dies gilt auch für das letzte Stadium der abendländischen Geschichte. Für den Juden bedeute der Umstand, dass »mit der Aufklärung des 18. Jahrhunderts auch die abendländische Kultur großstädtisch und intellektuell« geworden sei, einzig und allein den »Abbau von etwas Fremden«.[199] Nach Jahrhunderten der unüberwindlichen Fremdheit sei dem »altzivilisierten *consensus*« die »neuzivilisierte abendländische ›Gesellschaft‹ der Städte« zugänglich geworden. Und mit der »Überlegenheit des Alters« hätten sich die Juden mit der neuen Zivilisation vermischt und »ihre wirtschaftlichen und wissenschaftlichen Methoden in Gebrauch genommen«.

Für die Juden bedeute dies jedoch nur scheinbar einen Triumph. Denn mit der eigenen Metaphysik wird auch der Zusammenhalt des *consensus* preisgegeben. Einzig durch den »Vorsprung, den das uralte geschäftliche Denken dieser magischen Nation« gegenüber den jungen Zivilisationen noch besitze, könne der Unterschied zwischen Juden und Abendländern für eine Zeitlang aufrechterhalten bleiben. »In dem Augenblick«, so aber Spenglers raunende Prophezeiung, »wo die zivilisierten Methoden der europäisch-amerikanischen Weltstädte zur vollen Reife gelangt sein werden, ist wenigsten innerhalb dieser Welt [...] das Schicksal des Judentums erfüllt.«[200] Während die sephardischen Juden diesem Befund zufolge daran zugrunde gehen werden, dass sie sich von der Dynamik einer ihnen fremden Geschichte haben »verführen« lassen, stellt Spengler den abendländischen Menschen vor eine klare Alternative: Entweder als »wurzellose Intelligenz« das Schicksal der Juden zu teilen oder aber sich dadurch aus der Entfremdung zu retten, dass er den Sinn der eigenen Geschichte begreifen lernt. Der faustische Mensch hat noch die Chance, im Sinne Goethes »zu sterben und zu werden« oder im Sinne Nietzsches zum Übermenschen zu werden.

Analog charakterisiert Spengler im Übrigen auch das Wesen des Politikers. Im vollen Sinn politisch sein kann nämlich nur ein »Mann, der die Zukunft in sich fühlt«, was immer diese verheiße. Dass es sich dabei um eine Einsicht von schicksalhafter Tragweite handelt, macht die charakterologische Dimension des Begriffs vom Politiker deutlich. Ob eine Kultur eine Zukunft jenseits ihrer Zivilisation hat, hängt für Spengler ganz entscheidend davon ab, ob sie sich von *echten* Politikern führen lässt: »Besitzt er nicht die materielle Macht, um in der Form seiner eigenen Kultur handeln und die der fremden missachten oder lenken zu können, wie es allerdings die Römer im jungen Osten und Disraeli in England durften, so steht er den Ereignissen hilflos gegenüber.«[201] Spengler deutet den alten Topos des ›ewigen Juden‹ auf eigensinnige Weise neu. Denn während es für die abendländischen Völker darum geht, ob ihr »Untergang« Tod oder Neugeburt bedeutet, haben die Juden nur die Wahl zwischen zeitloser »Erstarrung« oder Auslöschung. Es ist die prinzipielle Verfügbarkeit einer Zukunft, durch die sich aller oberflächlichen Gemeinsamkeiten zum Trotz die europäischamerikanische ›Weltstadt‹ vom jüdischen ›Ghetto‹ unüberwindbar unterscheidet.²⁰²

2. Black Box Romantik: Im Inneren des biologischen Antisemitismus

Wie verhält sich nun die charakterologische Konzeption des ›jüdischen Wesens‹, die aus einer zunächst religions-, dann kulturpsychologischen Frage hervorgegangen war, zu dem erbbiologisch konzipierten Rassenantisemitismus, von der sich die »Kerngruppe des Holocaust« (Ulrich Herbert) leiten ließ? Um diese Frage zu beantworten, ist es unerlässlich, nach der ausführlichen Analyse der charakterologischen Theoretisierung des antijüdischen Ressentiments nun auch das rassistische Weltbild in seinen Grundzügen zu rekonstruieren.

2.1. Rassismus als »Biologisierung des Sozialen«

Unabhängig voneinander war in den 1980er Jahren mehreren Historikern aufgefallen, dass bestimmte Gruppen Opfer nationalsozialistischer »Rassenpolitik« geworden waren, die man bisher in diesem Zusammenhang nicht beachtet hatte: so etwa Erb- und Geisteskranke, Kriminelle, Psychopathen, ›Asoziale‹ oder auffällige Jugendliche.²⁰³ Unter ›Rasse‹, so machten diese Studien deutlich, wurde nicht nur ein historisch-anthropologischer Typus verstanden, sondern auch eine Populationseinheit, deren *Überleben* nicht nur von der Zahl, sondern auch von der ›Qualität‹ ihrer Mitglieder abhängt. Getragen wurde dieses Konzept von der Annahme, der Zivilisationsprozess habe die biologischen Naturgesetze außer Kraft gesetzt und durch die Förderung ›minderwertiger‹ Elemente eine qualitative Verschlechterung des ›Volkskörpers‹ bewirkt. Damit waren zum einen Folgeerscheinungen der modernen Lebensweise gemeint, wie etwa Alkoholismus, Asozialität und Kriminalität; zum anderen aber auch die Effekte des Rechtsstaats, der auch

›minderwertigen‹ Menschen Persönlichkeitsrechte gewährte, darunter die Freiheit zur Fortpflanzung.[204] Haltbar war die Behauptung dieser Zusammenhänge aber nur, wenn man davon ausging, dass nicht nur das Erscheinungsbild, sondern nahezu alle individuellen Eigenarten eine Folge *erblicher* Veranlagung waren.

Diese Gegenwartsdiagnose war weder pessimistisch noch war sie theoretischer Selbstzweck; sie zielte vielmehr auf drei bevölkerungspolitische Ziele: durch negative Auslese das ›minderwertige‹ Erbmaterial ›auszumerzen‹; durch positive Auslese die Fortpflanzung des ›hochwertigen‹ Erbmaterials zu fördern; und die ›Vermischung‹ der eigenen mit ›artfremden‹ Rassen zu verhindern. Während die beiden ersten Ziele gewissermaßen zwei Seiten einer Medaille waren, standen sie mit dem dritten Ziel in keinem direkten Sachzusammenhang. Die Problematisierung einer ›Rassenvermischung‹ entstammte anderen Diskursen als die Behauptung, die Fortpflanzung von Alkoholikern verschlechtere die Erbsubstanz einer Bevölkerung. Dementsprechend wurde etwa im Fall der Juden vor allem ihre ›Andersartigkeit‹ betont, bei Asozialen und Kriminellen hingegen ihre ›Minderwertigkeit‹.[205] Was die unterschiedlichen Aspekte zusammenhielt, war das biologische Deutungsmuster. Da er nahezu jeder gesellschaftlichen Gruppe anlagebedingte Eigenschaften zuschreiben konnte, ist der Rassismus sehr plausibel als »Biologisierung des Sozialen« definiert worden.[206]

Das rassistische Weltbild ging ebenso wenig auf die anthropologischen Rassentheoretiker des frühen und mittleren 19. Jahrhunderts zurück wie es eine Erfindung der Nationalsozialisten war. Vielmehr wurden seine Ursprünge in den sozialen und ökonomischen Wandlungsprozessen des späten 19. Jahrhunderts ausgemacht, von denen sich vor allem solche Gruppen bedroht fühlten, die bisher von der machtstaatlichen Absicherung einer Privilegiengesellschaft profitiert hatten. Als Epochenzäsur gerieten nun zunehmend die Jahre um 1900 in den Blick, und als Träger der rassistischen Weltsicht vor allem Angehörige der Mittelschichten, darunter nicht zuletzt viele gebildete Bürger. Nicht zufällig findet sich der Aufsatz, der den Rassismus erstmals als in sich schlüssigen Idealtyp vorstellte, in einem Sammelband mit dem Titel *Bürgerliche Gesellschaft in Deutschland*.[207]

Die entscheidende konzeptionelle Voraussetzung für die Entstehung des rassistischen Denkens lag in der Übertragung der darwinschen Evolutionslehre auf die menschliche Gesellschaft.[208] Vor allem Ernst Haeckel hatte im letzten Drittel des 19. Jahrhunderts zur Popularisierung des Darwinismus als Weltanschauung beigetragen.[209] Einmal etabliert, ließen sich aus der Vorstellung eines Auslese- und Verdrängungswettbewerbs menschlicher Kollektive vielfältige praktische Anregungen ableiten, die unter dem Begriff der ›Rassenhygiene‹ zusammengefasst wurden.[210] Der Grundgedanke war immer derselbe: Die rassische Qualität des eigenen Volkes sollte dadurch aufgewertet werden, dass die ›natürliche Selektion‹ der besonders überlebensfähigen Individuen gefördert und der ›Contraselektion‹, also der ›künstlichen‹ Bevorzugung derer, die aufgrund ihrer vermeintlich erblichen Eigenschaften im ›Lebenskampf‹ benachteiligt waren, vorgebeugt wird. So hatte Alfred Ploetz, der Gründer der *Gesellschaft für Rassenhygiene*, schon 1895 vorgeschlagen, den ›Schwachen‹ die Fortpflanzung dadurch zu erschweren, dass man ihnen nur so viel Schutz vor Hunger, Armut und Krankheit zubillige, als durch entsprechende »Nährstellen« – sprich: Arbeitsplätze – finanziert werden könnten.[211] Der Münchener Arzt Wilhelm Schallmayer legte in seiner Preisschrift, die auf die von Alfred Krupp 1900 öffentlich ausgeschriebene Frage »Was lernen wir aus der Descendenztheorie in Beziehung auf die innerpolitische Entwicklung und Gesetzgebung der Staaten?« antwortete, ein breites Maßnahmenpaket vor: So sollte in der Rechtsprechung zukünftig statt der Schwere der Tat die erbliche »Veranlagung« des Täters grundlegend für die Erhebung des Strafmaßes sein – ein Ansatz, den auch die zeitgleich entstehende Disziplin der Kriminalbiologie verfolgte.[212] Zudem schlug er vor, die Bevölkerungsentwicklung politisch zu steuern, etwa durch staatlich verhängte Eheverbote und Zwangssterilisationen auf der einen, materielle Fortpflanzungsanreize auf der anderen Seite.[213]

Konnte die Rassenhygiene zunächst als Variante der in nahezu allen Industrieländern verbreiteten Eugenik gelten, wurde sie in Deutschland nach 1918 stark radikalisiert.[214] Wenn etwa der Psychiatrieprofessor Alfred Hoche und der Rechtswissenschaftler Karl Binding 1920 in einer Denkschrift offen forderten, Geisteskranke nicht länger in Heimen zu pflegen, sondern gemäß den Richtlinien einer negativen Auslese zu töten, dann war damit eine bisher respektierte Moralschwelle übertreten worden.[215] Auch die Forderung, die Juden vollständig aus der deutschen Gesellschaft auszuschließen, gewann jetzt in gebildeten Kreisen an Zustimmung: besonders an den Universitäten, wo im Laufe der 1920er Jahre die radikalvölkische Fraktion der Studenten die Meinungsführerschaft errungen hatte.[216] Die Nationalsozialisten fügten dieser verbalen Radikalität vor allem den Willen zur Tat hinzu.[217] Angefangen von den Ehestandsdarlehen und dem »Gesetz zur Verhütung erbkranken Nachwuchses« über die Maßnahmen gegen vermeintlich erbbedingte ›Gewohnheitskriminalität‹ und ›Asozialität‹ bis hin zur Entrechtung und Ermordung von Geisteskranken und den Angehörigen ›fremdrassiger‹ Völker – nach 1933 wurden Programme zum Ziel staatlicher Politik erhoben, über die Akademiker unterschiedlicher Provenienz schon länger nachgedacht hatten.[218]

Der Diskurs der Rassehygieniker stand in enger Wechselwirkung mit der jungen Disziplin der Vererbungsbiologie.[219] 1892 hatte August Weismann mit der Keimplasmalehre ein neues erbwissenschaftliches Paradigma etabliert, das durch die Wiederentdeckung der Kreuzungsversuche, die Gregor Mendel um 1860 unternommen hatte, empirische Bestätigung fand.[220] Indem er zeigte, dass jedes Individuum bei der Fortpflanzung sein *gesamtes* Erbgut weitergibt, widersprach Weismann der bis dahin gültigen Annahme, der Vater übertrage andere Eigenschaften auf das Kind als die Mutter.[221] Eugen Fischer, ein Schüler Weismanns, übertrug dessen Axiome auf die anthropologische Rassenforschung, deren wichtigste Methode bis dahin in Körpervermessungen bestanden hatte. Sein Forschungsmaterial hatte er seit 1908 vor allem in Rehoboth gefunden, einer streng endogamen Gemeinde in Deutsch-Südwestafrika, deren Mitglieder Nachkommen aus unehelichen Verbindungen zwischen autochthonen Khoisan-Frauen und männlichen Buren waren. Dabei fand erstmals die auf Kirchenbücher gestützte Methode der ›Sippenforschung‹ Anwendung, derer sich später auch die nationalsozialistische Rassenpolitik bedienen sollte.[222] Fischer interessierte vor allem das sogenannte »Bastardisierungsproblem«. Ausgehend von der Unterscheidung zwischen dem

Genotyp als Gesamtheit aller Erbanlagen und dem Phänotyp als Gesamtheit aller zu Merkmalen ausgebildeten Anlagen konnte das neue Paradigma tatsächlich neues Wissen hervorbringen. Gegen die alte Annahme einer ›rassischen Präpotenz‹, der zufolge bei der Mischung zweier Stammrassen sich immer die Eigenschaften der ›minderwertigen‹ durchsetzen und diese daher zwangsläufig mit Degeneration der ›höherwertigen‹ einhergehe, konnte Fischer zeigen, dass in jedem ›Mischling‹ die Merkmale beider Stammrassen als Erbgut erhalten blieben.[223]

Die Erfolge der Erbforschung verliehen den Forderungen der Rassehygieniker einen großen Legitimierungsschub. Trotz aller diskursiven und personellen Überschneidungen blieb das Verhältnis zwischen Rassenbiologie und bevölkerungspolitischen Programmen aber uneindeutig.[224] Zwar argumentierten die Praktiker im Rahmen des neuen erbwissenschaftlichen Paradigmas; und umgekehrt war die Rassenhygiene selbst ein Schwerpunkt der akademischen Vererbungsbiologie.[225] Praktische und theoretische Fragen waren also kaum sauber voneinander zu trennen.[226] Doch für die Programmatik war keineswegs der jeweilige Stand der Forschung maßgeblich. Dies galt umso mehr für Bereiche, die mit Rassenhygiene im eigentlichen Sinn überhaupt nichts zu tun hatten, so vor allem für die biologistische Begründung der Judenpolitik nach 1933.[227] Dennoch erhielt der gebildete Antisemitismus im biologischen Rassendiskurs eine neue Prägung. Wie auf kaum einem anderen Gebiet sollten sich aber im Fall der Juden die Aporien des gesellschaftsbiologischen Denkens und die Ungereimtheiten im Verhältnis von Rassenforschung und Rassenhygiene zeigen.

Eine gravierende Konsequenz von Fischers Forschungen hatte in der Einsicht bestanden, dass im Prinzip die gesamte europäische Bevölkerung als ›Rassengemisch‹ angesehen werden musste.[228] Eine biologische Rassentheorie, die von den primären Erbmerkmalen ausging, konnte schließlich nicht ignorieren, dass etwa »die Deutschen« untereinander phänotypisch sehr verschieden waren. Schon auf der elementarsten Ebene stellte die Übertragung des Vererbungsparadigmas auf die zeitgenössischen Gesellschaften also die tradierten und weit verbreiteten Deutungsmuster des romantischen und völkischen Nationalismus in Frage. Indem sie das deutsche Volk als spezifische Mischung mehrerer ›Stammrassen‹ ansahen, unterminierten die Rassenbiologen die klaren Unterscheidungen, die auf der Grundlage des Volksgeistkonzeptes zwischen den Nationalvölkern getroffen werden konnten.[229] Zwar ließ sich die Behauptung einer deutschen Nationalidentität aufrechterhalten, indem man sie auf die prägenden Einflüsse der nordischen Rasse zurückführte. Doch die Frage, wie sich die Idee des deutschen Volkes als Ganzes zur Dominanz des ›nordischen Blutsanteils‹ verhielt, hinterließ gewaltige konzeptionelle und ideologische Probleme.[230]

Noch schwerer wog die Erschütterung der romantischen Volksidee aber im Hinblick auf die ›rassische‹ Eigenart der Juden. Während das Konzept der nordischen Rasse sich immerhin an die Evidenz einer Physiognomie halten konnte, stellte die Behauptung stabiler Erbanlagen der Juden das gesellschaftsbiologische Denken vor erhebliche und letztlich unlösbare Schwierigkeiten. Schließlich war nicht zu leugnen, dass sich zumindest in Mitteleuropa die Juden ihrem Aussehen nach kaum von den – ihrerseits verschiedenartigen – Angehörigen der so genannten Gastvölker unterschieden. Wie ich im Folgenden zeigen möchte, ließen sich diese Aporien nur dadurch in Schach halten, dass der rassentheoretischen Konzeption der Juden von Anfang an charakterologische Deutungsmuster zugrunde gelegt wurden. Die Überlagerung von biologischen und hermeneutischen Konzepten war in diesem Fall aber besonders fatal: Denn einerseits blieb eine starke essentialistische Unterscheidung zwischen dem ›jüdischen‹ und dem – nunmehr ›nordisch‹ geprägten – Wesen des deutschen Volkes erhalten; andererseits wurden die ›jüdischen‹ Eigenschaften aber nicht einem menschlichen Typus zugeschrieben, der im historischen Judentum seine prägnanteste Verwirklichung erfahren hatte, sondern einer eindeutig definierbaren Bevölkerungsgruppe.

2.2. Ordnungen natürlicher Ungleichheit: Rassismus und Charakterologie

Im Gegensatz zu den ideengeschichtlichen Mistererzählungen auf der einen und einer hitlerzentrierten Ideologiegeschichte auf der anderen Seite handelt es sich bei dem Modell des Rassismus um eine Theorie mittlerer Reichweite. Es unterscheidet sich von den beiden Ansätzen zudem darin, dass es nicht einseitig die Unvernünftigkeit der nationalsozialistischen Akteure betont. Vielmehr habe die rassistische Weltsicht sich gerade dadurch ausgezeichnet, dass sie »irrationale« Modernisierungsängste und soziale Ressentiments mit den »rationalen« Methoden von Forschung und Verwaltung verband. Ein hilfreiches Analyseinstrumentarium stellt das Modell vor allem wegen seines idealtypischen Charakters dar: Es bringt einen vereinheitlichenden Zug in das Dickicht der weltanschaulichen Orientierungsangebote nach 1900.

Diese Umschreibung passt auch auf das Modell des charakterologischen Denkstils. Schließlich dient es dem Zweck, eine Denkform zu rekonstruieren, die in der ersten Hälfte des 20. Jahrhunderts vor allem gebildeten Bürgern zu Orientierungszwecken diente. Unterstellt man also, dass Rassismus und Charakterologie zur gleichen Zeit entstanden und sich in den gleichen sozialen Kreisen ausbreiteten, so liegt die Frage nahe, wie sich die beiden Denkformen zueinander verhielten. Ganz offenkundig unterscheidet sich der Rassismus von dem hier entwickelten Modell des charakterologischen Denkens in drei Punkten: In konzeptioneller Hinsicht durch den ›Materialismus‹, der als ›Rasse‹ nicht allein die Eigenart eines Menschentypus begreift, sondern auch ihre erbliche Bedingtheit behauptet; in praktischer Hinsicht durch die Verbindung mit einer politischen Programmatik; und in wissenssoziologischer Hinsicht durch die feste institutionelle Verankerung in der Wissenschaft, in Vereinen und Parteien, und nach 1933 auch in der staatlichen Verwaltung.

Da es sich beim Rassismus wie beim charakterologischen Denkstil um theoretische Modelle *ex post* handelt, ist es kaum möglich, das Verhältnis beider Denksysteme auf der Grundlage zeitgenössischer Aussagen zu klären. Nimmt man den symptomatischen Fall des Rassisten Werner Best, so fällt allerdings auf, dass er und Gleichgesinnte sich nicht nur von allen Theorien abzugrenzen versuchten, die soziale Phänomene durch Umwelteinflüsse erklärten, sondern auch von Traditionen des von mir als charakterologisch bezeichneten Denkens: im Fall des Judentums etwa von solchen

Ansätzen, die es als ›geistiges‹, ›kulturelles‹ oder ›psychisches‹ Phänomen betrachteten.[231] Da die Historiker, in diesem Fall Ulrich Herbert als der Biograph Bests, dazu tendieren, diese Abgrenzung zur Grundlage eigener Unterscheidungen zu machen, verstärkt sich der Eindruck, Biologie des 20. Jahrhunderts und Charakterologie des 19. Jahrhunderts seien epistemologisch unvereinbar.[232] Es ist freilich bemerkt worden, dass der Rassismus auf außerwissenschaftliche Konzepte angewiesen ist, ja dass sein eigentlicher Zweck darin besteht, »soziale Vorurteile« zu verschleiern, indem sie in die Form wissenschaftlicher Objektivität übersetzt werden. Diesem ideologiekritischen Argument ist grundsätzlich nicht zu widersprechen. Doch es greift zu kurz. Es übersieht nämlich, dass gerade die hier gemeinten »Vorurteile« nicht einfach qua sozialer Lage »da« sind, sondern ihrerseits erst durch Diskurse hervorgebracht werden.[233] Ich möchte daher dem ideologiekritischen Deutungsmuster der »Verwissenschaftlichung von sozialen Vorurteilen« folgende These entgegenstellen: Zumindest im Fall anthropologischer Rassen konstituiert sich jede rassistische Aussage durch das Aufeinandertreffen von zwei Paradigmen.[234] Keine noch so streng biologische Rassenkonstruktion kommt ohne das diskursiv konstituierte Wissen einer psychologischen Hermeneutik aus. Nur fällt diese Überlagerung der Paradigmen kaum auf, weil die »weiche«, in literarischen, geisteswissenschaftlichen und charakterologischen Diskursen gewonnene Interpretation der sozialen Welt nicht als solche benannt wird.[235] Vielmehr wird das hermeneutische Wissen gleichsam durch die Hintertür eingelassen. Es wird importiert, aber nicht deklariert, und fortan tummelt es sich als Schmuggelgut in naturwissenschaftlichen Studien und Verwaltungszirkularen. Es kann unauffällig bleiben, weil es zwar als solches nicht benannt, wohl aber vorausgesetzt und akzeptiert wird. Kurz: Jede explizite *Biologisierung des Sozialen* erfordert eine implizite *Psychologisierung des Sozialen*. Bevor ich diese These belegen werde, sollen noch einige strukturelle Gemeinsamkeiten genannt werden, die den Befund der Anschlussfähigkeit von rassistischem und charakterologischem Denken erhärten.

In beiden Fällen handelt es sich erstens um Formen eines in Deutschland weit verbreiteten *Differenzdenkens*, dessen Ausgangspunkt in der radikalen Absage an das Postulat menschlicher Gleichheit lag.[236] Auch wenn nur im einen Fall die Unterschiede zwischen den Menschen zwingend als erblich betrachtet wurden, argumentierten Charakterologie und Rassismus deterministisch: Jedem Individuum wurde ein charakteristisches Sein zugeschrieben, das sich durch Erziehung und Willensanstrengung nicht verändern ließe.

Zweitens müssen beide Denkformen als *weltanschaulich* bezeichnet werden, da sie auf die Gesamtheit aller menschlichen Erscheinungsformen und eine umfassende Gegenwartsdiagnostik zielten. Der rassistische Rassebegriff und der charakterologische Charakterbegriff zeichneten sich durch eine nahezu unbegrenzte Inklusivität aus. Prinzipiell ließ sich jede Menschenart sowohl als typischer ›Charakter‹ als auch als anlagebedingte ›Rasse‹ vorstellen und so in einen konzeptionellen Zusammenhang mit anderen Menschenarten, Kulturen und Epochen bringen. Wenn sich ihre Gegenstände auch nicht ganz beliebig austauschen ließen, so bleibt doch der signifikante Befund, dass viele Sozialtypen in beiden Diskursen objektiviert wurden: so war etwa der ›Verbrecher‹ in charakterologischer und in kriminalbiologischer Hinsicht ergiebig; ebenso das gesamte Spektrum der sozialen Devianz: etwa Prostitution, Hochstapelei, psychopathologische Phänomene wie Hysterie, Nervosität oder Sucht; und nicht zuletzt eigneten sich beide Diskurse die Differenzschemata der Völkerpsychologie an, darunter vor allem die Unterscheidung zwischen den ›fremden‹ Juden und einem wie auch immer – ›deutsch‹, ›arisch‹, ›germanisch‹, ›nordisch‹, ›abendländisch‹ oder ›europäisch‹ – genannten Eigenen.[237]

Gerade diese Beispiele verweisen drittens darauf, dass es sich in beiden Fällen um soziale Selbstverortungsdiskurse handelte, deren Hauptakteure den alten Eliten, vor allem aber den bürgerlichen Mittelschichten entstammten. Sowohl der aggressive Bezug auf Verhaltensweisen, die den Rahmen der Leistungsfähigkeit, Wohlanständigkeit und Vornehmheit verließen, als auch die Betonung der Fremdheit und Andersartigkeit von Gruppen, die im Begriff standen, sich von traditionellen Grenzziehungen zu emanzipieren, waren konstitutiv für Rassismus *und* Charakterologie. Die antiegalitäre Stoßrichtung beider Denkformen lässt sich unter dem Begriff des *Ordnungsdenkens* fassen: Charakterologische wie rassistische Denker behaupteten die Existenz einer quasi natürlichen Sozialordnung, deren Konturen durch die humanistische Rede von ›dem‹ Menschen unkenntlich geworden seien.[238] Im Unterschied zum herkömmlichen Konservativismus forderten sie aber keine Wiederherstellung der alten ständischen Gesellschaftsform, sondern – im Anschluss an Nietzsche – eine Besinnung auf die ›wirklichen‹, vom ›Leben‹ geschaffenen Unterschiede. Dabei enthielten die Begriffe von Rasse und Charakter eine Tendenz zur Entlarvung: Sie verwiesen auf das wahre, das ›echte‹ Wesen von Individuen, einen Personenkern, der unter den modernen Bedingungen verschleiert und oberflächlich nivelliert worden sei.[239]

2.3. Schmuggel mit Sinn: Charakterologie im Rassenantisemitismus

Im Folgenden möchte ich der Frage nachgehen, wie sich Charakterologie und Rassismus als zwei Spielarten des sachlichen Antisemitismus zueinander verhielten. Der Befund einer strukturellen Anschlussfähigkeit legt die Vermutung nahe, dass die konzeptionellen Divergenzen nur in bestimmten Situationen überhaupt zum Tragen kamen. Es waren vor allem zwei Kontexte, in denen so viel Eindeutigkeit gefordert war, dass die Vieldeutigkeit der Judensemantik prinzipiell problematisch hätte werden können. Zum einen die disziplinär betriebene Vererbungsbiologie, zum anderen die Verwaltungspraxis. Im einen Fall wurde die Frage, wie sich Humangenetik und Rassenforschung zueinander verhalten, durch spezialistische Arbeitsteilung und komplexe Theoriebildung gelöst; im anderen wurde die Frage, wer als Jude anzusehen sei, und warum die Juden überhaupt ein Problem darstellten, auf dem Weg der politischen Kompromissfindung beantwortet. Zunächst soll es jedoch um den Vertreter der Rassenbiologie gehen, der zwar blind für alle konzeptionellen Probleme war, aber als Autor wie kein anderer zur Popularisierung der Rassenbiologie beitrug: Hans F. K. Günther.

a) Dilettantischer Rassenantisemitismus: Hans F. K. Günther

Sein Werdegang hatte Günther kaum dazu prädestiniert, zum »Rassen-Günther« zu werden, zu *dem* deutschen Rassenforscher. Nach dem Studium der Germanistik absolvierte Günther eine Probezeit als Gymnasiallehrer und verstand sich darüber hinaus als politischer Schriftsteller.[240] Seine gesamten rassekundlichen Forschungen betrieb er ohne institutionelle Anbindung an die akademische Biologie oder Anthropologie, jene Fachgebiete also, in denen er publizierte. Wohl hatte er schon in seiner Freiburger Studienzeit Vorlesungen Eugen Fischers gehört; doch der Lehrstuhl für Sozialanthropologie, den der nationalsozialistische Innenminister Wilhelm Frick 1930 eigens für ihn in Jena einrichtete, verdankte sich allein dem Ruhm eines Dilettanten. Im Grunde war Günther ein geradezu idealtypischer Vertreter der Rassenkunde, deren populäres Wissen am besten jenseits der akademischen Formzwänge gedieh.

Günthers Bücher waren mit Blick auf ein zwar gebildetes, aber keineswegs spezialisiertes Publikum geschrieben. Zugleich waren sie getragen von einer starken Wissenschaftsemphase, die sich vor allem im Bekenntnis zur Rassenbiologie äußerte. So zeigte Günther sich schon in der Einleitung seiner Studie über die rassische Eigenart der Juden um strenge Begriffsklärung bemüht. »Gerade im Falle der Juden« seien »die Anschauungen unklar, widersprüchlich oder gänzlich verwirrt«.[241] Günthers eigene Definition der Juden als spezifisches Rassengemisch war ebenso anschlussfähig an den fachwissenschaftlichen Rassenbegriff wie sie sich mit der Festlegung auf ein jüdisches ›Volkstum‹ zugleich anschlussfähig an die völkischen Diskurse machte.[242] Die Formel »Rassenkunde eines Volkes« hatte genau die Mittellage, die einen breiten Erfolg beim bürgerlichen Publikum ermöglichte: Sie gab einerseits vor, mit »unwissenschaftlichen Vorurteilen« aufzuräumen; andererseits ließen sich auf ihrer Grundlage Bücher schreiben, die – anders als die schwer verdaulichen Texte der akademischen Rassenbiologen – unmittelbar an die populären Diskurse des 19. Jahrhunderts anschlossen und so Orientierung stiften konnten.[243]

So viel Günthers Rhetorik dem erbbiologischen Paradigma auch verdankte – bei der Durchführung des Themas orientierte sich er nur punktuell an ihm. Seine Methode blieb letztlich kompilatorisch, und in den entscheidenden Punkten war sie hermeneutisch. Vergleicht man Günthers *Rassenkunde des deutschen Volkes* mit seiner *Rassenkunde des jüdischen Volkes*, sticht allerdings eine Asymmetrie ins Auge. Wie unhaltbar die Befunde im Einzelnen auch immer sein mochten – die »deutsche« Rassenkunde war in sich schlüssig. Denn realer Träger des »deutschen Volkes« sind allein die Rassen, aus denen es sich zusammensetzt. Folgerichtig thematisiert Günther die Eigenschaften der »nordischen«, »fälischen«, »ostischen« und »westischen« Rasse jeweils für sich. Von spezifisch »deutschen« Eigenschaften lässt sich nur in einem repräsentativen Sinn sprechen, wenn nämlich von der nordischen Rasse als Urheber jener Kulturleistungen die Rede ist, mit denen sich alle Deutschen identifizieren.

Im Einklang mit der historischen Forschung gab Günther zu, dass auch die Juden ein Volk seien, sie sich mithin aus unterschiedlichen Rassetypen zusammensetzten.[244] Wollte er dennoch inhaltliche Aussagen über »die« Juden machen, blieb ihm daher nichts anderes übrig, als die Stoßrichtung seiner Argumentation umzudrehen. Statt ein Volk analytisch in seine Rassebestandteile zu zerlegen, behauptete er nun, bei den Juden handle es sich um eine synthetische Rasse »zweiter Ordnung«, die im Laufe eines langen Selektionsprozesses entstanden sei. Zwei Faktoren hätten die Entstehung dieser »Volksrasse« ermöglicht: zum einen das »einzigartige Blutbewußtsein« der Juden, durch das sich die Zahl der möglichen Kreuzungserscheinungen stark verkleinert habe; zum anderen die Umweltbedingungen in der Diaspora, die dazu führten, »daß sich ein gewisser Bestand an leiblich-seelischen Anlagen fast über das ganze Volk verteilen konnte.«[245] Mit der Annahme einer synthetischen Rasse sprengte Günther aber den Rahmen des erbbiologischen Paradigmas. Denn erstens konnte sie das behauptete Phänomen nicht erklären. Nach verfügbaren Kenntnisstand konnten sich zwar unterschiedliche Erbmerkmale im Individuum »kreuzen«, sie verbanden sich aber nicht zu neuem Erbgut. Mochte die Möglichkeit von Sekundärrassen der Verifizierung durch zukünftige Forschung anheimfallen, so ließ sich das zweite Problem nicht einmal theoretisch eskamotieren. Mit Eugen Fischer definierte Günther Rasse als »heriditären Gemeinbesitz eines bestimmten angeborenen körperlichen *und* geistigen Habitus«.[246] Die Verbindung von körperlicher und geistiger Dimension ist durchaus nicht willkürlich, vielmehr ist sie, da es um eine menschliche Totalität geht, impliziter Bestandteil eines jeden Begriffs von Menschenrasse. Erst recht gilt das für die erbbiologische Rede von Rasse, in der die Zweipoligkeit explizit werden muss. Während sie nämlich ihre Relevanz vor allem aus den psychologischen Aussagen bezieht, wird sie plausibel und operationalisierbar erst durch den Rekurs auf körperliche Eigenschaften. Sie allein verleihen dem biologischen Rassebegriff Evidenz. Zugespitzt ließe sich sagen, dass man über die vererbbaren »Inhalte« – also die Charaktereigenschaften – einer Rasse nur dann sprechen kann, wenn eine unverwechselbare Gestalt ihre Existenz überhaupt glaubwürdig macht. Dies festzustellen, heißt nicht, die Annahme als richtig anzuerkennen. Es benennt bloß die Voraussetzung, ohne die ein biologischer Rassenbegriff inhaltsleer bliebe. Insbesondere im Fall der nordischen Rasse konnte Günther durch den Nachweis eines prägnanten Körpertypus nachvollziehbar machen, dass sich die psychologische Charakterisierung überhaupt auf einen erbbiologischen Sachverhalt bezog. Ganz anders im Fall der vermeintlichen jüdischen Rasse. Der Schwachpunkt aller biologischen Theorien des Judentums bestand in der Unmöglichkeit, ein Set isolierbarer anatomischer Erbmerkmale auszuweisen. Wie später, am Denken Ludwig Ferdinand Clauß' und Ludwig Klages', gezeigt werden soll, ließ sich das Problem des »jüdischen Körpers« nur im Rahmen eines ausdruckstheoretischen Paradigmas widerspruchsfrei lösen, und das heißt: unter Verzicht auf das Erblichkeitstheorem.

Da es in dieser Arbeit um die Elemente des Weltanschauungsdenkens gehen soll, die es verdienen, in einem zumindest formalen Sinn als *Denken* ernst genommen zu werden, werde ich darauf verzichten, Günthers Auslassungen zum jüdischen Körper zu rekonstruieren. Schon ein Schlaglicht zeigt den ganzen Irrsinn des Versuchs. Neben- und nacheinander referiert Günther verschiedene anthropometrische Messungen, die Aussagekraft nur für die lokale jüdische Bevölkerungsgruppe besitzen, an der sie jeweils vorgenommen wurden, und deren Ergebnisse einander zwangsläufig widersprechen; diskutiert er Kernsymbole der antisemitischen Ikonographie wie die gebogene Nase, nur um festzustellen, dass die Mehrzahl wirklicher Juden dieses Merkmal nicht aufweist; erklärt er den Umstand, dass es Juden mit ausgesprochen »nordischer« Physiognomie gibt, mit dem Bestreben, sich durch entsprechende Zuchtwahl dem jeweiligen Gastvolk äußerlich anzupassen; zeigt er das Foto einer Gruppe von Reisenden mit überwiegend dunkler Haarfarbe, deren Mitglieder sich lachend in Tanzpose für den Fotografen aufgestellt haben, und erläutert: »Judengruppe aus einem Kurhaus. Stellungen und Gebärden, die trotz Anpassung an abendländische Gewohnheiten ›jüdisch‹ wirken.«[247] Aller Unvereinbarkeit dieser »Beweise« zum Trotz besteht Günther darauf, dass sich in ihnen jeweils »irgend etwas Kennzeichnend-Jüdisches« ausmachen ließe – was, konnte er nicht sagen.

Günthers zentrales Anliegen war praktischer Natur. Seine Schrift warb dafür, die »jüdische Rasse« vom deutschen Volk zu dissoziieren, also die Emanzipation rückgängig zu machen. Eine solche Forderung ließ sich aber nur aufrechterhalten, wenn man sowohl zeigen konnte, dass Juden fundamental »andere« Eigenschaften besitzen als Deutsche und es sich dabei um Arteigenschaften handelt. Gerade weil Günther das zweite Argument nicht einmal der Form nach gelang, ist sein Bestehen auf dem ersten so instruktiv. Denn unverstellt zeigt sich hier, wie existentiell abhängig jede biologisierende Rede über Juden von charakterologischen Deutungsmustern und Wissensbeständen war.

Günther fürchtet für das deutsche Volk nicht in erster Linie die physische Verdrängung, sondern vor allem den Verlust von »geistiger« Orientierung, kurz: von Identität. Das der ›Judenfrage‹ gewidmete Schlüsselkapitel trägt den Titel *Einwirkungen des jüdischen Geistes*. Darin stellt Günther klar, dass keineswegs die in materieller Hinsicht überragende Stellung der Juden problematisch sei, nicht ihre Erfolge in der Wirtschaft und der Finanzwelt, sondern die stetig wachsende Bedeutung des ›jüdischen Geistes‹ für die »abendländische« Kultur. Dass die wirtschaftliche, soziale und politische Emanzipation es jüdischen Lehrern, Wissenschaftlern, Künstlern und Verlegern ermöglicht habe, die Deutschen auf einen ›artfremden‹ Geist auszurichten – *das* stellt für Günther »den Kern der Judenfrage« dar. Nicht zufällig ist es der Charakterologe Otto Weininger, den Günther an dieser Stelle wie einen Kronzeugen mit den Worten zitiert: »Jüdisch ist der Geist der Modernität, von wo man ihn betrachtet.«[248]

Wenn Günther den Einfluss des jüdischen Geistes als den »Kern« der Judenfrage bezeichnet, dann suspendierte er damit die Bedeutung des jüdischen Körpers und umging damit das zentrale Problem einer biologistischen Konstruktion des Judentums.[249] Während etwa die ostische Rasse sich anatomisch und physiognomisch prägnant von der nordischen unterschied, musste Günther die Existenz »nordisch« aussehender Juden zugeben. Eine jüdische Körperlichkeit hatte er zwar behauptet, sich mit seinen Belegen aber gründlich blamiert. Dagegen war die Behauptung eines ›jüdischen Geistes‹ robust genug, um die Last des Arguments zu tragen: Schließlich hatten äußerst wirkungsmächtige Autoren wie Herder, Schleiermacher, Marx, Schopenhauer, Nietzsche, Weininger, Chamberlain oder Spengler sie im Verlauf von fast 150 Jahren durch stetige Wiederholung zu einem festen Diskursfaktum gemacht.

Der perhorreszierte »Abfall vom nordischen Geist« konnte für Deutschland demnach zweierlei bedeuten: zum einen *Selbstaufgabe* für den Fall, dass die nordische Rasse von den anderen deutschen Stammrassen, vor allem der »ungeistigen« ostischen, marginalisiert wurde; zum anderen *Überfremdung* für den Fall, dass der nordische Geist zunehmend vom jüdischen dominiert würde. Konstatiert man, dass sich nach Günther der nordische Rassentypus durch Schöpferkraft und geistigen Fähigkeiten auszeichnet, der fälische durch seine Wortkargheit, Treuherzigkeit und Erdverbundenheit, und der ostische durch tendenziell negative Eigenschaften wie seinen Mangel an volkstümlicher Verwurzelung, dann zeigt sich, dass Günther die deutschen Stammrassen auf der Grundlage von *sozialen* Idealtypen konstruiert hatte, die vor allem im gebildeten Bürgertum weit verbreitet waren: des ›nordischen‹ Adels, einschließlich des ›Geistadels‹, des ›fälischen‹ Bauern und des ›ostischen‹ Proletariers, dessen Bild zugleich deutliche Verweise auf den russischen Bolschewisten enthielt.[250] Den *Gegensatz* zur idealisierten nordischen bildet mithin die ostische Rasse. Dagegen erscheint das Judentum eher als das Andere in Gestalt des eigenen Ideals: äußerlich zuweilen blond, vor allem aber als Dichter, Wissenschaftler und Komponisten auf den gleichen Gebieten erfolgreich, in denen sich auch der Geist der nordischen Rasse beweisen will.

Am Kern der Argumentation verbrämt das biologische Deutungsmuster eine essentialistische Vorstellung vom ›jüdischen Wesen‹, die romantisch-völkische, geisteswissenschaftliche und charakterologische Diskurse im Laufe des 19. und frühen 20. Jahrhunderts hervorgebracht hatten. Der »blutsmaterialistische« Antisemitismus brach also keineswegs mit dem hermeneutischen Wissen des »kulturellen« Antisemitismus – er interpretierte es lediglich neu: Auch für den Rassetheoretiker Günther war das Judentum in erster Linie eine *Geistesrichtung*, die man nur als Ganzes, in ihrem Wesen, erkennen konnte und deren Gefährlichkeit darin lag, dass sie die Grundlage ›deutschen Volkstums‹ unterminierte. Im Unterschied zu den Charakterologen knüpfte er diesen Sachverhalt allerdings an das Ziel, die Juden aus dem deutschen Volkskörper zu entfernen. So nebensächlich das biologisierende Denken für die Konzeption der jüdischen »Rasse« letztlich auch war, so gravierend war der Umstand, dass sich mit seiner Hilfe das Judentum als bevölkerungspolitisches Problem erfassen ließ.[251]

b) Professioneller Rassenantisemitismus I: Erbbiologie

Einen Pfeiler dieser Arbeit bildet die These, das »grenzenlose« charakterologische Denken habe sich nur außerhalb des Formzwangs disziplinärer Wissenschaft entwickeln können; einen anderen die These, der biologisch argumentierende Antisemitismus setze das außerwissenschaftliche Wissen des charakterologischen Diskurses zwingend voraus. Im Fall Günthers bestätigten sich beide Thesen wechselseitig: Gerade weil er als Dilettant frei von fachwissenschaftlichen Rücksichtnahmen war, konnte er sich die heterogenen Wissensbestände der gebildeten Diskurse über die Juden aneignen und umstandslos verschmelzen.

Die eigentliche Nagelprobe für die zweite These stellen die akademisch-disziplinären Kontexte dar. In ihnen war ein Denken gefordert, das präzise Fragestellungen entwickelte und die Zahl möglicher Aspekte beschränkte. Das naheliegende Objekt für diese Probe stellt der bekannteste Fall dar, in dem sich disziplinäre Biologen mit dem Judentum beschäftigen: die von Erwin Baur, Eugen Fischer und Fritz Lenz verfasste *Menschliche Erblehre*, die vor dem Zweiten Weltkrieg das Ansehen eines Standardwerks genoss.[252] Um aber die Stoßrichtung des Arguments zu verdeutlichen, werde ich in einem Exkurs einen weiteren Fall anführen, in dem ein Gelehrter einer anderen Fachrichtung auf die gleiche Weise spricht: Werner Sombarts wirtschaftsgeschichtliche Studie *Die Juden und das Wirtschaftsleben*.

Inhaltlich liegen die rassekundlichen Texte, die Hans F. K. Günther und Fritz Lenz über die Juden verfassten, nicht weit auseinander; obwohl lange Zeit keine Kollegen, zitieren sie einander ausführlich und besprechen die Publikationen des jeweils anderen lobend. Dennoch ist bemerkenswert, wie unterschiedlich sie ein- und dasselbe Wissen organisieren. Günthers Methode war rein kompilatorisch. Biologistische und hermeneutische Deutungsmuster standen so unverbunden nebeneinander. Bei den fachwissenschaftlichen Rassenbiologen, deren institutionelles Zentrum seit 1926 das *Kaiser-Wilhelm-Instituts für Anthropologie, menschliche Erblehre und Eugenik* in Berlin-Dahlem war, findet sich diese Unbedenklichkeit dagegen nicht.[253] Um zu fast gleichlautenden Ergebnissen kommen zu können, mussten sie großen formalen und theoretischen Aufwand betreiben.

Die Genetik war nach dem Ersten Weltkrieg zu einer aufstrebenden Subdisziplin der Biologie avanciert.[254] Ihre Reputation verdankte sie Forschungen, die sich auf die Erforschung isolierbarer Einzelphänomene beschränkt hatten. Im Anschluss an die Pionierarbeiten Darwins und Mendels waren als empirisches Material ausschließlich wahrnehmbare Besonderheiten wie Augen-, Haut- und Haarfarbe oder anatomische Formen in Frage gekommen. In diesem Kontext stellten Eugen Fischers Forschungen in Rehoboth zwar durchaus einen Grenzfall dar, in dem sich allgemeine Humangenetik und anthropologische Rassenbiologie überschnitten. Doch die rassistischen Implikationen dieser Studie konnten unausgesprochen bleiben, da das Erkenntnisinteresse allein dem Erbgang körperlicher Merkmale gegolten hatte.[255] Dennoch ging Fischer ganz selbstverständlich davon aus, dass es sich bei menschlichen Rassen um einen Verbund von ›äußeren‹ und ›inneren‹ Sachverhalten handelt, mithin nicht nur körperliche Merkmale, sondern auch geistige und seelische Eigenschaften vererbt wurden.[256] Doch waren diese nicht nur schwer zu fassen – ihre Erblichkeit war zudem eine wissenschaftlich und politisch hart umkämpfte Frage. Um ihre Beantwortung konkurrierten unterschiedliche Ansätze, die letztlich alle um die Alternative von Vererbung und Umwelt kreisten. Neben den Kultur- und Lerntheoretikern, die politisch zum Liberalismus neigten, und den tendenziell national-konservativen Rassenbiologen markierten die Lamarckisten eine Position, die zwischen den beiden anderen konzeptionell vermittelte, sich politisch aber gegen das »rechte« Lager positionierte: Schließlich konnte das Axiom der Erblichkeit erworbener Eigenschaften kommunistische Volkserziehungsutopien ebenso wissenschaftlich flankieren wie die sozialen Emanzipationsbewegungen von Arbeiten, Frauen und Juden.[257] Für die Rassenbiologen schien es daher aus disziplinärer Räson geboten, die als sicher geltenden Erkenntnisse über die Erblichkeit körperlicher Merkmale getrennt von der hochproblematischen Frage geistiger Erbeigenschaften zu behandeln. Schon in der Gliederung des zweiten Bandes der *Menschlichen Erblehre* wird – besonders in der Ausgabe von 1936 – eine Strategie erkennbar, die wissenschaftliche Substanz der Disziplin dadurch zu schützen, dass man die ideologische Angriffsfläche auf ein Minimum reduzierte.

Nach der von Erwin Baur, einem Botaniker, verfassten allgemeinen Einführung in die Genetik widmete sich Eugen Fischer den »gesunden körperlichen Erbanlagen«, wobei es um allgemeine *und* um rassebedingte Erbmerkmale ging, und Fritz Lenz den »krankhaften Erbanlagen«.[258] Erst nach einem weiteren von Lenz verfassten Abschnitt zur Methodik, der einen sinnvollen Abschluss der systematischen Gesamtdarstellung gebildet hätte, kommt wiederum Lenz schließlich auf die »Erblichkeit geistiger Eigenschaften« zu sprechen. Neben einem allgemeinen Kapitel über »erbliche Grundlage der geistigen Persönlichkeit«, in dem unter anderem die seit Galton immer wieder konstatierte Erblichkeit der Intelligenz behandelt wird, findet sich in diesem Abschnitt schließlich auch das Kapitel über die »geistigen Rassenunterschiede« – das letzte des Buchs.

Es gibt in der *Erblehre* also zwei Teile, in denen rassenbiologische Fragen diskutiert werden, einen von Fischer verfassten im zweiten Abschnitt und einen von Lenz verfassten im fünften Abschnitt. Das Verhältnis dieser beiden Teile ist äußerst aufschlussreich. Obwohl fast genauso umfangreich wie Fischers Text, der in insgesamt sieben Kapitel gegliedert war, werden die 65 Seiten von Lenz unter einer einzigen Überschrift geführt, was sie optisch marginalisiert. Auch die Definition des Rassenbegriffs, die durch eine eigene Kapitelüberschrift hervorgehoben wird, ist Fischer vorbehalten. Obwohl Fischer sich in anderen Kontexten dazu eindeutig geäußert hatte, ist weder hier noch im gesamten Kapitel ein einziges Mal von geistigen Rasseeigenschaften die Rede. Nach einer längeren Diskussion von Fallbeispielen, in denen die Sprache ausschließlich auf körperliche Merkmale gekommen war, definiert Fischer den Begriff der Rasse schließlich durch die unverfängliche Formel: »Rassen sind also Gruppen mit gemeinsamem Besitz bestimmter Gene, die anderen Gruppen fehlen.«[259] Da Fischer seine Darstellung in theoretischer Hinsicht auf die allgemeinen Vererbungsgesetze und in empirischer Hinsicht auf den menschlichen Körper konzentriert, erscheint die Rassenbiologie hier wie ein Forschungsfeld, das sich epistemologisch kaum von der Pflanzengenetik unterscheidet. Dass die Beziehungen zwischen den Rassen als Vererbungsgemeinschaften und den Traditionsgemeinschaften der ›Völker‹ und ›Kulturen‹ in eigenständigen Unterkapiteln diskutiert werden, erhöht die Trennschäfte des Rassenbegriffs sogar noch. Von den Juden ist bei Fischer nicht die Rede.

Vergleicht man nun diesen mit dem von Lenz verfassten Abschnitt, so wird sehr schnell deutlich: Die *elementaren* Bestandteile der Rassentheorie und damit alle konzeptionellen Schwierigkeiten wurden in dieses letzte Kapitel, gleichsam an den systematischen

Katzentisch, ausgelagert. Besonders prägnant zeigt sich dies in einem Axiom Lenz', das so weitreichend ist, dass es in der Definition des Rassenbegriffs auf keinen Fall hätte fehlen dürfen: »Es besteht keinerlei Grund zu der Annahme, daß die seelischen Rassenunterschiede geringer als die körperlichen seien. Sie sind praktisch sogar von ganz ungleich größerer Bedeutung. Wenn es nur körperliche Rassenunterschiede gäbe, so wäre die ganze Rassenfrage ohne besondere Bedeutung [...].«[260] Zugleich betont Lenz, dass sich auf der Grundlage körperlicher Merkmale ein konsistenter Rassenbegriff überhaupt nicht formulieren lässt:

> Die größte Schwierigkeit einer Rassenpsychologie liegt in der Abgrenzung der Rassen und in der Zuordnung der Individuen zu einer Rasse. Wenn man einen Menschen nach seinen körperlichen Merkmalen »bestimmen« könnte, wie eine Pflanze bestimmt, wäre die Aufgabe der Rassenpsychologie verhältnismäßig leicht; man brauchte dann nur noch die seelischen Eigenschaften der derart bestimmten Menschen festzustellen. Eine solche Bestimmung ist nun aber in gemischten Bevölkerungen nicht möglich. [...] Auch die relativ »reinsten« Rassen sind immer noch aus einer großen Zahl verschiedener Erbstämme zusammengesetzt. Eine Rasseneinteilung geht daher niemals glatt auf; sie bleibt immer bis zu einem gewissen Grade willkürlich.[261]

Man könnte meinen, Lenz gestehe damit die Unmöglichkeit seiner Wissenschaft ein. Tatsächlich bereitet die Skepsis aber nur den Boden für ein zweites Eingeständnis, durch das die Rassenforschung plötzlich auf eine ganz andere Grundlage gestellt wird:

> Daraus folgt nicht etwa, daß es *wesentliche* geistige Rassenunterschiede überhaupt nicht gäbe. Es folgt daraus aber, daß für die Erfassung der geistigen Rassenunterschiede ein *gewisser Sinn für das Typische*, gewissermaßen ein *künstlerischer Blick* nicht entbehrt werden kann. Um der Gefahr willkürlicher Spekulationen zu entgehen, ist es nötig, daß die hypothetischen *Bilder*, die der *intuitive Blick* liefert, immer wieder mit dem Erfahrungsmaterial, das *Völkerkunde und Geschichte* bieten,

verglichen werden. So steht das Bild der nordischen Rasse, wie es besonders Günther gezeichnet hat, heute ziemlich deutlich vor unseren Augen. Das primäre Bild ist eigentlich nicht ein körperliches; es ist das *geistige Bild* der Schöpferin der indogermanischen Kulturen. Auch biologisch wird eine Art von Lebewesen wesenhafter als durch ihre körperliche Gestalt durch die Lebensleistung gekennzeichnet, die sie vollbringt. Wenn wir die Bevölkerung der Erde im ganzen betrachten, so hebt sich in Nordwesteuropa als dem Quellgebiet der indogermanischen Kultur deutlich eine Bevölkerung ab, in der blaue Augen, helle Haut, schlanke Gestalt und längliche Kopfform häufig vorkommen, zwar längst nicht bei allen Individuen, aber doch so gehäuft wie nirgends sonst auf der Erde. Daher hat man *idealisierend*, aber doch mit gutem Grund, die genannten Merkmale der nordischen Rasse als Schöpferin der indogermanischen Kultur *zugesprochen* [...].[262]

Lenz stellt hier klar, dass der konzeptionelle Kern des Rassebegriffs in einer *Idee* besteht.[263] Diese muss vorstellbar *und* anschaulich sein, was durch den Ausdruck ›geistiges Bild‹ treffend gekennzeichnet ist. Damit ist diese Konzeption aber wiederum identisch mit dem vorbiologischen Rassenbegriff, den Chamberlain oder Spengler geprägt hatten – und mithin epistemologisch so nah an Goethes Naturwissenschaft wie fern von der modernen Biologie.[264] Die Konsequenzen dieses Paradigmenschwenks um die eigene Achse macht Lenz in der zitierten Passage nun allesamt explizit.

Während Fischer in seiner Begründung der Rassenbiologie allein Aussagen über den Erbgang von Einzelmerkmalen gemacht hatte, ist Rasse bei Lenz ein synthetischer Begriff. Erst die Einheit eines ›geistigen Bildes‹ verleiht den körperlichen Einzelmerkmalen überhaupt *Sinn*: Diese werden jenem »zugesprochen« und ihre Ermittlung ist demnach auch methodologisch nachrangig. Es ist der »künstlerische Blick für das Typische«, der das »Wesen« einer Rasse erkennt und folglich einzelne Ausdrucksformen als ihr zugehörig *deuten* muss. Und die gleichen Geisteswissenschaften, die im 19. Jahrhundert das romantische Volkskonzept getragen hatten, sollen nun die intuitiv erkannten Rassenbilder zu empirisch fundierten Idealtypen gestalten. Insgesamt ergibt sich damit der Befund, dass ein Standardwerk der disziplinären Biologie zentrale Merkmale eines Denkstils aufweist, der in »undisziplinierten« Kontexten entstanden war: Lenz verweist auf Schopenhauers Problembewusstsein, wenn er die »Schwierigkeit« der Aufgabe anspricht, die Unterschiede zwischen Individuen konzeptionell in den Griff zu bekommen; er verweist auf Nietzsches Lösung dieses Problems, wenn er sich zu einer typisierenden und hermeneutischen Methode bekennt; und er verweist auf Goethes Naturwissenschaft, wenn er Rassen als ›geistige Bilder‹ erfasst, als gleichermaßen ideale wie anschauliche Phänomene.[265]

So präzise Fischer in seinem Abschnitt argumentiert hatte – erst Lenz reflektierte erkenntnistheoretisch über den Begriff der menschlichen Rasse. Dabei machte er indirekt die Gehaltlosigkeit einer Rassenforschung deutlich, die sich als Naturwissenschaft gerierte. Effektiv aber verschleierte die disziplinäre Arbeitsteilung die Aporien der Rasseforschung. Indem nämlich ein und dasselbe Standardwerk zwei vollständig unterschiedliche Rassentheorien enthielt, waren beide *in sich* konsistent: So wie Fischer zunächst die geistigen Eigenschaften ignorierte, erklärt Lenz nun die körperlichen Eigenschaften zu sekundären Rassephänomenen. Was beide dabei verschwiegen, war die wechselseitige Abhängigkeit ihrer Diskurse: Fischers Rede von Menschenrassen konnte den Standards einer empirischen Biologie nur deshalb genügen, weil sie im Grunde inhaltsleer war. Lenz wiederum konnte in *diesem* Kontext nur deshalb so inhaltsreich über die Psychologie der einzelnen Rassen sprechen, weil Fischer dem Rassenbegriff zuvor ein naturwissenschaftliches Feigenblatt verpasst hatte.

Dass Lenz sich im empirischen Teil seiner Rassenkunde neben der nordischen vor allem der jüdischen Rasse ausführlich widmete, hatte gute Gründe. Zum einen muss man das Erscheinungsdatum berücksichtigen: Kaum eine Disziplin wurde nach 1933 so unmittelbar politisiert wie die Rassenbiologie.[266] Wenn also 1936 in der Ausgabe eines Standardwerks zur Humangenetik, das erstmals 1923 erschienen war, der Teil über die Erbeigenschaften der Juden an Umfang gewonnen hatte, so ist dies kaum verwunderlich. Doch bereits in der ersten Ausgabe hatte die Diskussion der jüdischen Rasse bei Lenz verhältnismäßig viel Platz eingenommen. Und tatsächlich zeigt ein genauer Blick, dass deren prominente Rolle für ihn auch in der Natur der Sache lag. In der Rolle, die die Juden für Lenz' Rassekonzeption spielten, lässt sich ein weiterer formaler Unterschied zu Hans F. K. Günther markieren. Dieser hatte sich erst knapp zehn Jahre nach seiner populären *Rassenkunde des deutschen Volkes* zur Rassentheorie des jüdischen Volkes geäußert. Denn die Juden stellten für ihn einen äußerst komplizierten Sachverhalt dar. Da sich die zentrale Unterscheidung zwischen Volk und Rasse hier nicht durchhalten ließ, fehlte dem Ergebnis die Stringenz und Lesbarkeit, die seine Schriften über die »deutschen« Rassen so erfolgreich gemacht hatten. Vor allem aber konnte Günther die Probleme, die sich aus der Ungreifbarkeit eines ›jüdischen Körpers‹ für eine Rassenbiologie ergaben, nur umschiffen, nicht aber beseitigen. Bei Lenz verhielt es sich genau umgekehrt. Nicht nur besaß dank der Arbeitsteilung zwischen ihm und Fischer die Frage, wie sich in diesem speziellen Fall körperliche Merkmale und geistige Eigenschaften zueinander verhielten, nicht das Gewicht eines konzeptionellen Problems. Vielmehr konnte nichts den Primat geistig-seelischer Eigenschaften besser belegen als eine Rasse, deren körperlichen Merkmale schlicht nicht zu fassen waren.

Gerade die Theorie des Judentums besaß für Lenz den Stellenwert eines rassenwissenschaftlichen Paradigmas. »Verhältnismäßig leicht«, schreibt er am Anfang des empirischen Teils, »ist die Erfassung seelischer Rassenunterschiede da, wo Angehörige verschiedener Rassen gemengt, aber nicht blutmäßig gemischt in gleicher oder sehr ähnlicher Umwelt durcheinanderwohnen, wie es für die Neger in den Vereinigten Staaten und die Juden in Mitteleuropa zutrifft.«[267] Schon diese Ankündigung lässt nicht nur ein ganz anderes Paradigma als das erbbiologische anklingen, sondern auch die symbolische Methode des charakterologischen Denkstils: Wie die ›Neger‹ in Nordamerika sollen die Juden die Existenz geistig-seelischer Rasseeigenschaften beweisen, weil sie sich besonders eindeutig als *Gegensatz* zur Normalbevölkerung erfassen ließen. Die These einer fundamentalen Andersartigkeit der Juden steht also nicht, wie bei Günther, am Ende einer langen und weitschweifigen Abhandlung, sondern als Axiom am Anfang der Argumentation. Dabei ist die Unterschiedlichkeit der Verfahren, mit denen Lenz die Eigenart von ›Negern‹ und Juden belegen will, bemerkenswert.

Im ersten Fall wird die These fast ausschließlich durch statistisches Material gestützt: Bei Intelligenztests hatten im Ersten Weltkrieg dunkelhäutige Rekruten signifikant schlechter abgeschnitten als hellhäutige, ein Befund, der in der Nachfolge Galtons – sprich: ohne jede Methodenkritik – als Beweis für die gruppenabhängige Erblichkeit geistiger Eigenschaften angesehen wurde. In ihrem kolonialistischen Tonfall schwanken die Aussagen über die ›Neger‹ insgesamt zwischen gönnerhafter Herablassung (»lebt viel weniger in den Tag hinein als der Neandertaler«) und Abschätzigkeit (»lässt sich leicht durch Flitterkram bestechen«).[268]

Ganz anders konturierte Lenz den Gegensatz zwischen nordischer und jüdischer Rasse. Dass es sich dabei tatsächlich um ein Oppositionsverhältnis handelt, zeigt sich bereits im Arrangement: Während etwa Günther der nordischen Rasse über den physiognomisch prägnanten Gegensatz zu anderen »deutschen« Rassen, vor allem der ostischen, Gestalt verliehen hatte, marginalisiert Lenz diese bis zur Unkenntlichkeit: Nach einer 13seitigen Psychologie der nordischen Rasse handelt er auf knapp zwei Seiten die ›fälische‹ und ›dalische‹ Rasse ab, um sich im Anschluss auf wiederum elf Seiten ausführlich der Rassenpsychologie der Juden zu widmen. Zwar werden auch hier verschiedene Statistiken bemüht, die etwa den jüdischen Anteil in bestimmten Berufsgruppen belegen sollen; sie stehen aber erst am Ende des Abschnitts. Und reichlich verloren findet sich auch hier die apodiktische Behauptung, man könne »bei uns einen Juden in den allermeisten Fällen an seiner körperlichen Erscheinung erkennen«.[269] Denn schon der unmittelbar folgende Satz kassiert diese Behauptung, und der nächste Abschnitt widerlegt sie mit jedem Wort. »Noch ausgesprochener als die körperliche ist die seelische Eigenart der Juden«, schreibt Lenz noch abwägend, um aber sogleich axiomatisch zu ergänzen: »Man könnte die Juden geradezu als eine *seelische Rasse* bezeichnen.«[270]

Schon im Fall der nordischen Rasse hatte Lenz ja körperliche Merkmale und seelische Eigenschaften in ein hierarchisches

Verhältnis gesetzt. Den Primat des Geistigen über das Körperliche hatte er damit begründet, dass es sich bei dem Erscheinungsbild einer langschädligen, schlanken, blonden Gestalt um ein idealisiertes ›Bild‹ handle, an dem sich ein »höherer« Menschentypus geistig orientiert habe. Dieses Hierarchieverhältnis wird nun im Fall der Juden bis zum Äußersten gesteigert. Dabei wird der ›jüdische Körper‹ keineswegs ignoriert: Er wird bloß in einer Weise thematisiert, deren argumentative Eleganz man anerkennen muss.

Lenz kehrt die gängige Stoßrichtung der Rassenbiologie vollständig um, wenn er eine abseitige Notkonstruktion, mit der Günther einen Teilaspekt des für ihn unlösbaren Körperproblems in Schach gehalten hatte, ins Zentrum einer *psychologischen Deutung* stellt:

> Wenn die Eigenart der Juden körperlich nicht so stark als seelisch in Erscheinung tritt, so dürfte das darauf zurückzuführen sein, daß sehr fremdartig aussehende Juden weniger Erfolg hatten als solche, die dem Typus ihres Wirtsvolks mehr ähneln. Der instinktive Wunsch, nicht aufzufallen, führt auch zu einer Bevorzugung solcher Personen bei der Gattenwahl, die sich dem Aussehen des Wirtsvolkes nähern […]. Soweit der Typus durch diese Auslese unauffällig gemacht wird, handelt es sich um *echte Mimikry*, die überall dort vorliegt, wo ein Lebewesen Erhaltungsvorteil von einer Ähnlichkeit mit einer andern hat. […] So wird es verständlich, daß die Juden sich nicht nur durch Klugheit und Beharrlichkeit, sondern vor allem durch eine erstaunliche Fähigkeit auszeichnen, sich *in die Seele anderer Menschen zu versetzen* und sie nach ihrem Willen zu lenken. Neigung und Fähigkeiten führen sie daher immer wieder zu Betätigungen, bei denen das Eingehen auf die jeweiligen Neigungen des Publikums und deren Lenkung Erfolg bringt.[271]

Das Konzept der Mimikry ermöglicht Lenz einen theoretischen Brückenschlag zwischen Charakterologie und Vererbungsbiologie. Auf der einen Seite bringt er eine klassische Argumentationsfigur der Deszendenztheorie in Anschlag: Schon 1862 hatten Alfred Wallace und Henry Bates die Entdeckung nachgeahmter Eigenschaften bei Schmetterlingen als Musterbeispiel der natürlichen Selektion interpretiert.[272] Zugleich manipuliert Lenz die Figur aber gravierend, wenn er als Ursprung von Mimikry keine zufallsbedingte Mutation, sondern – genau im Gegenteil – einen *zielgerichteten* »Instinkt« annimmt. Von einer »echten Mimikry« kann also keine Rede sein. Eben diese Manipulation erlaubt es Lenz nun aber, ein vererbungstheoretisches Erklärungsmodell mit Mitteln des charakterologischen Denkstils zu entwickeln. Schießlich war seit Schopenhauer die Natürlichkeit des Charakters damit begründet worden, dass dieser Individuen quasi automatisch zum Handeln anleite. Schopenhauer hatte vom Charakter als ›Wille‹ gesprochen, Nietzsche vom ›Willen zur Macht‹ oder eben von ›Instinkt‹, andere von ›Antriebskraft‹, ›Strebung‹ oder ›Motivation‹ – immer war der unbewußte Wesenskern eines Menschentyps gemeint.

Die charakterologische Spezifik der Mimikry-Formel verleiht Lenz' Theorie einen ungemein ökonomischen Zug. Nicht zuletzt konnte sie ja auch den zuvor behaupteten Primat der seelischen Eigenschaften am Einzelfall belegen: Denn der instinktive Wunsch, nicht aufzufallen, ruft ja nach dieser Theorie genau solche körperlichen Merkmale hervor, die sich durch ihre Unauffälligkeit gegenüber einer Umwelt auszeichnen. Damit bedient sich Lenz aber nicht nur offensichtlich aus dem Fundus des charakterologischen Denkens – er fügt den griffigsten Deutungen des jüdischen Wesens eine weitere hinzu: Wo Nietzsche im Juden einen »Falschmünzer« und »Schauspieler« von welthistorischem Ausmaß sah, Weininger ihm »innere Vieldeutigkeit« attestierte, Schmitt eine Grundorientierung »*ad alterum*«, da heißt es bei Lenz schlicht: »Mimikry«.[273]

Schließlich ermöglicht die Formel auch ein charakterologisches *Denken* im vollen Sinn des Begriffs. Wer nicht auffallen will, argumentiert Lenz, der darf sich nicht nur auf sein Aussehen verlassen, er muss auch sein eigenes Verhalten auf das Verhalten seiner Umwelt abstimmen. Daher sieht er im *Einfühlungsvermögen* den wichtigsten psychologischen Ausdruck der menschlichen Mimikry. Eben dieses Merkmal erlaubt es ihm nun auch, gut charakterologisch symbolische Beziehungen zwischen dem Tpyus des Juden und anderen psychologischen Typen herzustellen:

Die Fähigkeit, sich in andere Menschen einzufühlen und sich lebhaft in eine Rolle zu versetzen, macht den Juden zum geborenen *Schauspieler*. […] Auch die jüdische Fähigkeit des Ausdrucks durch Worte, Mienen und Gesten kommt dem Schauspieler sehr zustatten. Am meisten Schauspieler ist der Jude oft gerade dann, wenn er nicht als solcher auftritt. [/] Die jüdische Fähigkeit, sich in Vorstellungen hineinzuversetzen, gleich als wären es Tatsachen, kommt nicht nur dem Schauspieler, sondern auch dem Anwalt, dem Händler und dem Demagogen zustatten. Wenn der *Anwalt* sich in die Vorstellung versetzen kann, sein Klient sei im Recht, der *Händler*, seine Ware sei unerreicht gut und billig, der *Parteipolitiker*, die Lehre seiner Partei sei die allein vernünftige und gerechte, so wirken sie viel überzeugender, als wenn sie rein sachlich reden würden. Auch die Fähigkeit zu moralischem Pathos und der mitleiderregende ›Schmerzenszug‹ sind dabei sehr nützlich. In revolutionären Bewegungen spielen *hysterisch* veranlagte Juden eine große Rolle, weil sie sich auch in utopische Vorstellungen hineinversetzen und daher mit weitgehender innerer Wahrhaftigkeit den Massen überzeugende Versprechungen machen können.[274]

Bei der Behauptung, der Jude sei »*gerade dann*« Schauspieler, »wenn er *nicht* als solcher auftritt«, handelt es sich um eine Psychologisierung des Sozialen *par excellence*. Nicht der Beruf oder Stand entscheidet über die Identität eines Menschen, sondern die Richtung seines Willens. Lenz greift dabei auf das gleiche Deutungsmuster zurück, das Nietzsche zur Charakterisierung Wagners verwendet hatte: die doppelte Fälschung. So wie Wagner verbirgt, dass er das Wesen eines Schauspielers besitzt, der in allem, was er darstellt, unecht ist, verbergen eben dies beim Juden unauffälliges Äußeres und Berufe wie der des Anwalts, des Journalisten oder des Verlegers. Einmal mehr also erweist sich die charakterologische Konstruktion des jüdischen Wesens als Paradigma eines Denkens, in dessen Zentrum der Wille zur Entlarvung steht.

Zudem stellt Lenz hier, wie ja auch schon Weininger, eine symbolische Beziehung zwischen jüdischem und hysterischem Charakter her. Fragt man nun nach der inhaltlichen Schnittmenge, die die oft in Zusammenhang gebrachten Symbole ›Jude‹, ›Richard Wagner‹, ›Schauspieler‹ und ›Hysteriker‹ bilden, so kristallisiert sich als Kern des ›jüdischen Wesens‹ eine paradoxe Semantik heraus: *Echt* ›jüdisch‹ ist ein Mensch, der *wesenhaft unecht* ist. Weininger hatte dem Paradox die abstrakteste Form gegeben, wenn er die Juden durch ihre »innere Vieldeutigkeit« charakterisierte. Lenz nun fügt dem noch eine Variante hinzu, die es erlaubt, den Bogen zurück an den Anfang des Kapitels zu schlagen.

Seit Schleiermacher hatten gebildete Nichtjuden die Andersartigkeit des ›jüdischen Wesens‹ polemisch begründet: nämlich im Widerspruch gegen die Behauptung, die Juden seien problemlos akkulturierbar. Gerade weil Juden und Nichtjuden einander in vieler Hinsicht sehr nah waren – sei es der historische Ausgangspunkt des Christentums, die geteilte Bildungskultur oder die Übereinstimmung in Habitus und äußerer Erscheinung –, waren *Deutungen* des Judentums erforderlich gewesen, die den behaupteten Unterschied »tief« erfassten. Die Hermeneutik des jüdischen Wesens hatte also ihren Ausgangspunkt in der Annahme, dass Juden zwar fundamental anders, aber eben nicht vollständig anders seien. Lenz' Mimikrytheorie erlaubt es nun, diese Gleichzeitigkeit von Nähe und Ferne im Rahmen einer einzigen Formel zu fassen: nämlich als das Paradox einer *Ähnlichkeit des Gegensätzlichen*. Da die Nähe in dieser Form als konstitutiv für die Beziehung anerkannt wird, konnte sie sogar ähnliche Geisteseigenschaften umfassen.

Nachdem er die nordische und die jüdische Rasse auf über zwanzig Seiten indirekt verglichen und dabei beide unmissverständlich voneinander abgegrenzt hat, schließt Lenz den empirischen Teil seiner Rassenpsychologie mit einem direkten Vergleich beider Rassen ab. Er bestärkt den Eindruck, dass Lenz in der paradoxen Formel einer Ähnlichkeit des Gegensätzlichen tatsächlich den theoretischen Kern des ›Judenproblems‹ sah:

> Wenn hier in erster Linie die Unterschiede in der Veranlagung der Juden und Germanen hervorgehoben wurden, so darf man doch auch nicht übersehen, daß beide in wesentlichen geistigen Anlagen sich ähnlich sind, und zwar gilt das besonders, wenn

man unter »Germanen« Menschen der schlanken blonden Rasse versteht. Beide zeichnen sich durch hohe Verstandesbegabung und Willensstärke aus; beide haben großes Selbstbewusstsein, Unternehmungsgeist und einen ausgesprochenen Herrenwillen, nur mit dem Unterschied, daß der Germane seinen Willen mehr mit Gewalt, der Jude mehr mit List durchzusetzen geneigt ist.[275]

Für sich genommen scheint die Entgegensetzung von ›Gewalt‹ und ›List‹ nicht sonderlich scharf. Warum sich orientalische ›Juden‹ und nordische ›Germanen‹ aber gerade in dieser Hinsicht fundamental unterscheiden, bedarf nach den vorangegangenen Charakterisierungen keiner Erläuterung mehr. Was immer beide Rassen zu leisten vermögen, sie tun es aus denkbar unterschiedlichen ›Instinkten‹: Wo die nordische Rasse ihrem Wesen durch »kühnen« Geist *Ausdruck* verleihen will, da will der »suggestive« Geist der Juden den *Anschein* von Eigenart vermitteln. Doch überragende Leistungsfähigkeit und den Willen zur Macht spricht Lenz beiden Rassen zu. Bis zu ihrem katastrophalen Endpunkt zieht sich die Denkfigur des »gebildeten Doppelgängers« (Uffa Jensen) also durch die Geschichte des sachlichen Antisemitismus. Doch ist das phantasmatische Bild, in dem die Begegnung mit dem Anderen in eigener Gestalt imaginiert wird, 1936 nicht das gleiche wie um 1800. Sie findet nicht mehr im Salon statt, sondern vor dem Saloon: Aus zwei Bildungsbürgern, die irritiert voreinander den Zylinder ziehen, sind zwei »Herrenmenschen« geworden, die einander zu stellen suchen – der eine auf offener Straße, der andere versteckt hinter Fassaden.

c) Exkurs über heikle Importe: Werner Sombart

Der Befund, dass bei dem Fachwissenschaftler Fritz Lenz Stilmerkmale einer Denkform anzutreffen sind, die sich nur außerhalb des akademischen Formzwangs hatte ausbilden können, ist nur scheinbar widersprüchlich. Die analytische Unterscheidung zwischen Spezialist und Dilettant lässt sich aufrechterhalten, wenn folgendes gezeigt werden kann: Zwar findet ein permanenter Austausch zwischen spezialistischen und dilettantischen Denkergebnissen statt; aber nur für den Spezialisten stellt dieser Grenzverkehr ein Problem dar. Schließlich muss er sich vor einer spezialistischen Öffentlichkeit verantworten; er ist daher angreifbar durch den Vorwurf, sich unspezialistischer Mittel bedient zu haben.[276] Der Dilettant kultiviert die Befunde umfangreicher Lektüren, darunter auch fachwissenschaftlicher Texte, im häuslichen Garten und trägt seinen Korb unscharfen Wissens auf den publizistischen Markt. Der Fachwissenschaftler dagegen muss die verbotenen Früchte des Dilettanten unter Beachtung der disziplinären Zollvorschriften »importieren«, was oft nichts anderes heißt als: Er muss sie schmuggeln.

Bei Fischer und Lenz hatte das erstens bedeutet, dass heterogene und fachfremde Wissensbestände – die Hans F. K. Günther umstandslos als Melange präsentierte – auf zwei spezialistische Subkontexte verteilt wurden; zweitens, dass zentrale, nach disziplinärer Logik aber »verbotene« Inhalte im Arrangement des Gesamtwerks so marginalisiert wurden, dass sie wie ein Exkurs wirkten; und drittens, dass diese Inhalte im Rahmen einer spekulativen Theoriebildung ausgesprochen ökonomisch und elegant interpretiert wurden. Insgesamt aber blieb der Formalisierungsprozess als solcher unmerklich, so dass die dilettantischen Inhalte quasi als *black box* eingeführt werden konnten. Dass die Rede vom ›jüdischen Wesen‹ innerhalb eines biologischen Standardwerks nicht begründet werden musste, war auch der politischen Lage geschuldet. Dennoch ist gerade dieser Fall geeignet, die übliche Argumentationsrichtung einmal umzukehren: Mindestens ebenso bemerkenswert ist nämlich, wie viel formaler Aufwand auch 1936 noch betrieben wurde, um den Import eines politisch willkommenen, aber fachfremden Wissens unkenntlich zu machen.

Dagegen lässt sich das Verfahren des »illegalen Imports« in Werner Sombarts Studie *Die Juden und das Wirtschaftsleben* unverstellt beobachten. Anders als 1936 stellte die Thematisierung »jüdischer Eigenart« durch einen Fachwissenschaftler außerhalb theologischer, historischer, sozial- oder völkerpsychologischer Kontexte 1911 noch eine heikle Grenzüberschreitung dar. Wie in der *Menschlichen Erblehre* bildete dieses Thema auch bei Sombart einen Fremdkörper in einem ansonsten nach disziplinären Standards formvollendeten Werk. Während aber Fischer und Lenz die Problematik des »Imports« durch verschiedene Strategien verschleiern, tritt Sombart auf wie ein erwischter Schmuggler, der den Zollbeamten überreden will, eine vertretbare Ausnahme von der Regel zu machen. Genau diese Haltung macht das Verfahren aber umso kenntlicher.

Sombart stellt klar, dass seine umfangreichen Studien zum Einfluss der Juden auf das moderne Wirtschaftsleben bedeutungslos blieben, wenn nicht erklärt werden kann, warum gerade diese Menschengruppe die Entstehung des Kapitalismus befördert habe.[277] Und er gibt unumwunden zu, dass nur eine Psychologie »des« Juden diese Erklärung liefern kann, es sich mithin um ein Problem handelt, dessen Lösung jenseits seiner Disziplin liegt, womöglich sogar jenseits der Wissenschaft überhaupt. Sombart macht den Leser zum Zeugen eines aufschussreichen Selbstgesprächs zwischen Erkenntnisinteresse und disziplinärem Gewissen: Er spricht von dem eigenen als einem »sonderbaren Buch«; vom »ruhigen Gefühl der Sicherheit« im Hinblick auf die wirtschaftsgeschichtlichen Teile und einem »quälenden Gefühl der Unbefriedigtheit, der Unausgelassenheit«, das ihn angesichts des zu einem »wahren Monstrum« geratenen Kapitels zur »jüdischen Eigenart« beschleiche; davon, dass es »wahrhaft keine geringe Überwindung« gekostet habe, »in einem wissenschaftlichen Buche das in der Überschrift dieses Kapitels ausgedrückte Problem abzuhandeln« – kurz, Sombart bietet eine ganze Armee aus rhetorischen *disclaimern* auf, nur um sie schlussendlich pathetisch wie eine gefallene Jungfrau wieder zu kassieren: »Und doch, und doch!«.[278] Doch was?

> Wir mögen noch so sehr von den Beweisgründen überzeugt sein, die wir in den kritischen Büchern zusammengetragen finden; wir mögen den ganzen Tag, eine ganze Woche lang darauf ausgewesen sein, die Trugbilder zu zerstören, die uns frühere Wissenschaftler von dem Wesen eines Volkes oder einer anderen Menschengemeinschaft vorgegaukelt haben; mögen uns (beispielshalber) köstlich amüsiert haben über die elegante Art, in der Jean Finot die Mähr vom französischen »Esprit« ins Reich der Fabel verweist und uns haarklein und scharfsinnig auseinander

setzt: es gäbe keine Franzosen, oder Friedrich Hertz und die vielen anderen: es gäbe keine Juden: wenn wir dann wieder einmal über die Straße gehen und die Augen aufschlagen, so rufen wir plötzlich wohl ganz erstaunt aus: sieh da, da steht er ja, den wir eben begraben haben; oder plötzlich ein Buch lesen oder ein Bild betrachten: so ertappen wir uns plötzlich bei dem Gedanken: wie *echt* deutsch, wie kleinstädtisch, wie französisch und sehen vor unserem geistigen Auge diese ganz besondere Art von Menschen leibhaftig vor uns, die wir eben mit tausend Gründen aus der Welt fortdiskutiert haben.[279]

Nach der Aufzählung aller kritischen Einwände gegen jedweden völkerpsychologischen Essentialismus bietet Sombart also das Argument aller dilettantischen Rassentheoretiker – Chamberlain, Spengler, Günther – auf: die alltägliche Evidenz »jüdischer« Eigenschaften. Anders als diese sieht Sombart sich aber genötigt, die These zu begründen. An die apodiktische Behauptung schließt sich daher eine lange theoretisch-methodologische Reflexion an.[280] Dabei zeigt sich Sombart ganz auf der Höhe seiner Zeit. Gegen die »alte« Völkerpsychologie, deren Konzept einer ›Volksseele‹ er »mystisch« findet, und gegen die »schädelmessende« Anthropologie plädiert Sombart für eine neue Psychologie menschlicher »Kollektive«: Sie soll Nationen und Rassen umfassen, Klassen, Standes- und Berufsgruppen. Um sie wissenschaftlich zu begreifen, müssten die für die entsprechenden Gruppen »typischen« Eigenschaftskombinationen mit Methoden der Korrelationsstatistik ermittelt werden.

Detailliert zeichnet Sombart einen derartigen Erkenntnisprozesses als Idealtypenbildung nach: Nachdem zuerst einzelne Gruppenangehörige auf ihre individuellen Eigenschaften analysiert worden seien, sei in einem zweiten Schritt eine »synthetische Volte« erforderlich, die aus den signifikant häufigen Eigenschaften einen *vorgestellten* Gruppenmenschen erschaffe. Bemerkenswerterweise bricht Sombart diese plausible Darstellung des »streng wissenschaftlichen Verfahrens« mit dem Hinweis ab, dass es aufgrund seiner »außerordentlichen Schwierigkeiten« noch lange dauern werde, bis es verlässliche Resultate erbringen könne. Erst jetzt, nach einer zwölfseitigen Methodendiskussion, die ihn an den

Rand eines erkenntniskritischen Offenbarungseids gebracht hatte, eröffnet Sombart dem Leser die Methode, auf die er sich tatsächlich stützt. Sie könne, so suggeriert er, die gleichen Ergebnisse liefern, ohne dass dabei jedoch planmässig und nachvollziehbar vorgegangen werden müsste:

> Deshalb ist es ganz tröstlich, daß es außer jenem wissenschaftlichen Verfahren noch ein anderes gibt, das unter Umständen glänzende Resultate liefert: man kann es das »abgekürzte« oder auch das »künstlerische« Verfahren nennen. Mittels seiner *schaut* eine dazu veranlagte Persönlichkeit jenes auf wissenschaftlichem Wege mühsam hergerichtete Gedankengebilde als lebendiges Wesen mit seinem *inneren Gesicht*, sie schafft es mit Hilfe ihrer *Intuition*, wie wir zu sagen pflegen. Dieser inneren Schau genialer Menschen verdanken wir die wertvollsten Einblicke in die Wesenheit sozialer Gruppen, und bei unserer Charakteristik einer bestimmten Eigenart werden wir die Aufschlüsse, die uns von jener Seite kommen, gern verwerten, um sie, wenn möglich, zur Grundlage des Gesamtmaterials zu machen, das wir *dann erst* mit Hilfe des nüchternen wissenschaftlichen Verfahrens verbessern und vervollkommnen. [...] Wollen wir erfahren, was »ein Jude« ist, so werden wir Shylocks Reden ebenso eifrig studieren wie die Bankgeschichte oder die Statistik der Geisteskranken. [...] Daß es sich auch bei den auf intuitivem Wege gewonnenen Ansichten immer nur um unwirkliche, das heißt nicht leibhaftige (darum freilich vielleicht wirklichere als diese, aber doch nur in einem hier nicht herhgehörigen metaphysischen Verstand) Typenbildung handelt, ist noch deutlicher als im zuerst besprochenen Fall der wissenschaftlichen Genese [von Typen].[281]

Indem er eine Figur der Dichtung – Shakespeare – als Autorität anführt, deklariert Sombart den Import, den Lenz verschweigt. Aber der formale Aufwand dieser Deklaration ist so gewaltig, dass ihr Inhalt bis zur Unkenntlichkeit versteckt ist. In der Mitte eines 500seitigen Opus von großer Gelehrsamkeit, hinter einer Mauer aus rhetorischen Disclaimern, unter einer mustergültigen Methodendiskussion, eingeklemmt zwischen die gut beleumundeten Wörter »Bankgeschichte« und »Statistik«, und schließlich vernebelt von der ebenso subtilen wie hermetischen Unterscheidung zwischen »leibhaftig« und »wirklich« – liegt der Punkt, an dem Sombarts Tunnel aus der Welt des unscharfen Wissens ins Arkanum der disziplinären Wissenschaft durchsticht.

Sombart kann sich nun in einem eingehegten Raum das gestatten, was außerhalb der disziplinären Wissenschaft permanent und grenzenlos betrieben wird: symbolisches Denken. In dem folgenden *Ein Lösungsversuch* überschriebenen Kapitel gewährt Sombart dem Leser einen seltenen Einblick in die Werkstatt des charakterologischen Denkens. Wenn er nach prägnanten »Formeln« sucht, die ein der Praxis abgeschautes Wissen über die Juden verallgemeinern, verdichten und vereinheitlichen sollen, dann stellt er sich schließlich der gleichen Aufgabe wie die erklärten Charakterologen. In der Ausführung dieser Aufgabe bringt Sombart einen Text hervor, der zu den prägnantesten Konstruktion des ›jüdischen Wesens‹ im charakterologischen Antisemitismus zählt.

Zunächst betont Sombart, dass sich die »Grundzüge des Geistes und Charakters« der Juden am besten erfassen ließen, indem man den Beschreibungen der Dichter und Denker eine sachliche und ökonomische Form verleiht:

> Im Grund herrscht bei der Beurteilung der Juden und ihrer Eigenart eine größere Übereinstimmung als man bei der Schwierigkeit und Verfänglichkeit des Problems annehmen sollte. Sowohl in der Literatur wie im Leben kommen doch alle nur einigermaßen vorurteilsfreien Männer wenigstens in diesem oder jenem Punkte überein. Ob man die Analysen des jüdischen Wesens bei Jellinek oder Fromer, bei Chamberlain oder Marx, bei Heine oder Goethe, bei Leroy-Beaulieu oder Piciotto, bei Dühring oder Rathenau […] lesen mag: immer empfängt man den Eindruck: etwas Eigenartiges, eine Realität wird von allen gleichermaßen empfunden. Das mindert ein wenig die starken Bedenken, die man doch nicht unterdrücken kann, wenn man nun selbst dran geht, die jüdische Seele in Worten zu schildern. Man sagt nichts, was nicht auch andere schon gesehen hätten, wenn

auch vielleicht in etwas anderer Beleuchtung und mit etwas anderen Worten.[282]

Die Heterogenität seiner Quellen legt Sombart sich zum eigenen Vorteil aus. Die Berufung auf Juden *und* Nichtjuden, auf Judenfreunde *und* Judenfeinde – nur deshalb findet sich hier der im gebildeten Diskurs sonst vermiedene Name Eugen Dührings – versachlicht den antisemitischen Affekt. Sie soll die Behauptung stützen, es handle sich um eine »streng wissenschaftliches Buch«, in dem sich der Verfasser »auf die Festellung und Erklärung von Tatsachen« beschränke und »aller Werturteile« enthalte. Nicht nur das wissenschaftliche Sprachspiel an sich wirkt also versachlichend auf die Rede über Juden; auch ist die um 1910 so wirkmächtige Formel von der »Wertfreiheit« als Wissenschaftskriterium geeignet, die Sachlichkeit nicht nur moralisch, sondern auch theoretisch zu begründen.[283]

Vor allem aber schleift Sombart die – ja gravierenden – konzeptionellen Unterschiede zwischen den genannten Autoren, wenn er ihre Texte so zielstrebig *interpretiert*, dass als Schnittmenge ein einziger psychologischer Idealtyp übrig bleibt. Der Inhalt dieses Typus speist sich zwar aus historischen und religiösen Quellen des Judentums; gebildet wird er aber durch äußerst abstrakte Kategorien, die am besonderen Fall das psychologische Allgemeine isolieren sollen. Sombart nennt und beschreibt vier »elementare Eigenarten«, durch die sich das ›jüdische Wesen‹ auszeichne: den *Intellektualismus*, die »überragende Geistigkeit« und »Überbewertung des Wissens und der Wissenschaft«; den *Teleologismus*, der die Welt allein »unter der Kategorie der Zweckmäßigkeit« ansieht; den *Voluntarismus* oder Subjektivismus, der einen Menschen »alles in Beziehung zu seinem Ich« bringen lässt; und den *Mobilismus*, eine »im körperlichen und moralischen Sinn eigentümliche Beweglichkeit«.[284]

Suggeriert das Viererschema noch einen Denkstil, der ordnet, indem er kategorisiert, wird in der folgenden Diskussion deutlich, dass Sombart hier symbolisch denkt. So gewinnen alle Kategorien erst durch starke Kontrastierung mit dem jeweiligen Gegensatz an Kontur. Im immer gleichen Schema werden ›jüdische‹ Attribute mit stereotypen Selbstzuschreibungen des ›Deutschen‹ konfrontiert. Kaum eine Aussage, deren Gehalt nicht polemisch wäre. Die Bedeutung der ›jüdischen Geistigkeit‹ etwa erschließt sich allein über die Opposition zu einem semantischen Feld, das um Wörter wie: »Romantik«, »Unmittelbarkeit«, »Anschaulichkeit«, »Konkretheit«, »Qualität«, »Mystik«, »Fühlen«, »Natur«, »Instinkt«, »Triebhaftigkeit«, »Genie«, »Leben«, »Ganzheit«, »Blut« gruppiert ist. Symptomatisch ist etwa folgende Passage, in der ganz unterschiedliche Begriffe innerhalb eines einzigen Gegensatzschemas geordnet werden: »Der Jude sieht sehr scharf, aber er schaut nicht viel. Er empfindet vor allem seine Umgebung nicht als Lebendiges. Und darum geht ihm auch der Sinn ab für die Eigenart des Lebendigen, für dessen Ganzheit, für seine Nichtteilbarkeit, für das organische Gewordene, für das natürlich Gewachsene. Man könnte auch *statt all dessen* sagen: für das Persönliche.«[285] Die ›subjektivistische‹ Zielstrebigkeit und Egozentrik kontrastiert Sombart mit der auch von Chamberlain und Klages bemühten Metaphorik des Spaziergangs: »Der Jude gibt sich nicht unbefangen der Außenwelt hin; er versenkt sich nicht selbstverleugnend in die Tiefen des Kosmos, schweift nicht hin und her in endlosen Räumen auf den Schwingen seines Denkens, sondern taucht unter, [...] um Perlen zu suchen.«[286]

Zudem lassen sich alle vier Kategorien letztlich aufeinander reduzieren. So spricht Sombart etwa davon, dass »Zweckbedachtheit und Subjektivismus [...] schließlich dasselbe« seien; oder dass die Verstandesschärfe ihre unabdingbare Voraussetzung in der »Beweglichkeit des Geistes« habe. Und wenn er behauptet, dass »kein Zug im jüdischen Wesen mehr ausgeprägt« sei als die Zweckbedachtheit, dann nur, um kurz darauf festzustellen: »Wenn ich ihn [diesen Zug] nicht [...] an den Anfang gestellt und nicht von ihm bei meiner Analyse ausgegangen bin, so geschah das deshalb, weil ich den Teleologismus selber als eine notwendige [!] Folge der überragenden Geistigkeit ansehe, in der, wie mir jetzt scheinen will, alle anderen Eigenarten des jüdischen Wesens wurzeln.«[287] Den Grund dieser logischen Unschärfe erkennt man, wenn Sombart zum Kern seiner Beschreibung der jüdischen Eigenart kommt. Nun wird deutlich, dass der Ansatz seine Grundlage in einer synthetischen Idee hat, was heißt, dass »Elemente« und »Wesen« im Rahmen eines hermeneutischen Zirkels wechselseitig aufeinander verweisen. Es ist nämlich ein konkretes Verhaltensmuster, das Sombart für so typisch hält, das sich in ihm das jüdische Wesen gleichsam zur Essenz verdichtet:

> Vielleicht die allerdeutlichste Bestätigung jüdischer Eigenart müssen wir doch wohl darin finden, daß es dem Juden in England gelingt, wie ein Engländer, dem Juden in Frankreich wie ein Franzose und so fort, zu werden oder doch wenigstens zu scheinen. Daß Felix Mendelssohn deutsche Musik macht, ein Jacques Offenbach französische und ein Souza Yankee-doodle Musik; daß Lord Baconfield sich wie ein Engländer, Gambetta wie ein Franzose, Lassalle wie ein Deutscher geriert; kurz: daß auch die jüdischen Talente so oft nichts Nationaljüdisches an sich haben, sondern auf den Ton ihrer Umgebung abgestimmt sind: das hat man seltsamerweise als Beleg dafür anzuführen versucht, daß es keine spezifisch jüdische Eigenart gäbe, während es doch eben gerade diese Eigenart auf das schlagendste beweist: diese Eigenart, so weit sie in einer übernormalen Anpassungsfähigkeit zum Ausdruck kommt.[288]

Wie sehr Sombarts Idee des Jüdischen eine Verallgemeinerung dieses Verhaltensmusters darstellt, lässt sich daran ablesen, dass alle vier Kategorien zu seiner Beschreibung erforderlich sind. Zugleich aber erweist sich Sombart hier als charakterologischer Denker *par excellence*: Denn erst die psychologische Verallgemeinerung eines konkreten Verhaltenstypus bringt die Verbindung von Unschärfe und Prägnanz hervor, die es erlaubt, den Typus in symbolische Beziehungen zu anderen psychologischen Typen zu bringen.

> Ich sagte: dieses seltsame Anpassungsvermögen wurzele in den vier Elementen der jüdischen Veranlagung, die wir oben herausgefunden haben. Der Rationalismus des Juden ist die wichtigste Voraussetzung seiner großen Wandelbarkeit. Dank seiner tritt er an alle Dinge gleichsam von außen heran. Was er ist, ist er nicht, weil er es blutsmäßig sein muß, sondern weil er

es verstandesmäßig einrichtet, so zu sein. Eine Anschauung ist nicht aus seinem innersten Wesen heraus gewachsen, sondern vom Kopfe aus gemacht. Sein Standpunkt ist nicht die ebene Erde, sondern ein künstlicher Bau in der Luft. Er ist nicht organisch-original, sondern mechanisch-rational. Die Wurzelung im Mutterboden der Empfindung, des Instinktes fehlt. Darum kann er so sein, wie er ist, aber *er kann auch anders sein.* Daß Lord Beaconsfield oder daß Friedrich Julius Stahl »Konservative« waren, verdankten sie einem irgendwelchen äußeren Zufall, einer Konjunktur: daß der Freiherr vom Stein oder Bismarck oder Carlyle »Konservative« waren, lag ihnen im Blute. Wenn Marx oder Lassalle zu anderer Zeit in anderer Umgebung geboren wären, hätten sie ebenso gut statt radikal konservativ werden können; Lassalle war ja schon drauf und dran, sich zum »Reaktionär« zu wandeln: er hätte die *Rolle* des preußischen Feudalen sicher ebenso glänzend *gespielt* wie die des sozialistischen Agitators.[289]

Schon bei der methodologischen Herleitung kollektivpsychologischer Idealtypen hatte Sombart – unter Berufung auf Chamberlain – betont, dass prinzipiell jeder Mensch einen ›jüdischen‹ Charakter besitzen könne.[290] Er wendet das Verfahren der Psychologisierung des Sozialen also mit umgekehrter Stoßrichtung an: Ob es sich um einen *echten* Konservativen handelt, hängt nicht von seinem Sitzplatz im Parlament ab, sondern von seelischen Eigenschaften, seinem ›Geist‹ – ein »echter« Jude kann demnach nach nie »konservativ« sein. Gleichwohl besteht im Sinne des schon beschriebenen Paradoxes seine Identität darin, sich den Anschein einer ihm fremden Identität zu geben. Es ist daher nur folgerichtig, wenn Sombart nach seiner »Formel« für das jüdische Wesen in einer schon bekannten Richtung sucht:

> Es ist ja erstaunlich, wie beweglich der Jude sein kann, wenn er einen bestimmten Zweck im Auge hat. Es gelingt ihm selbst, seiner ausgesprochenen Körperlichkeit in weitem Umfange das Aussehen zu geben, das er ihr geben möchte. Wie er sich früher durch ›Sichtotstellen‹ zu schützen wusste, so jetzt durch ›Farbenanpassung‹ oder andere Arten von *Mimicry*. Das ist

besonders deutlich zu verfolgen in den Vereinigten Staaten, wo jetzt der Jude schon in der zweiten und dritten Generation oft nur schwer vom Nichtjuden zu unterscheiden ist.[291]

Zwar ist die Rede von Mimikry hier durchaus wörtlich gemeint; sie ist aber eingebettet in einen Kontext, in dem permanent Analogien zwischen verschiedenen Formen der »einfühlsamen Maskierung« gezogen werden. Im unmittelbaren Anschluss an diese Passage zählte Sombart Berufe auf, zu denen die Juden ein besonderes Talent besäßen. Neben dem Händler, dem Unternehmer und dem Börsenspekulanten, mit deren charakterologischer Beschreibung er zum Thema des Buchs zurückfindet, hebt Sombart hier besonders den Advokaten, den Journalisten und eben jenen Beruf hervor, der mehr als alle anderen zum Paradigma des charakterologischen Denkstils wurde: »Noch deutlicher [als beim Journalisten] sehen wir, wie die Stärke des *Schauspielers* [...] die Fähigkeit ausmacht, sich rasch in eine fremde Ideenwelt zu versetzen, Menschen und Zustände ohne Anstrengung zu überblicken, zu beurteilen und zu benutzen.«[292]

Die Ausführlichkeit dieses Exkurses verdankt sich nicht zuletzt dem Umstand, dass Fritz Lenz als eine Referenz für die Beschreibung des jüdischen Wesens Werner Sombarts Buch anführt.[293] Man muss also davon ausgehen, dass es sich bei seiner Mimikrytheorie um den Reimport eines biologischen Deutungsmusters handelt, das der Nationalökonom Sombart bei seinem Ausflug in charakterologische Gefilde verwendet hatte. Als Metapher zur Beschreibung des jüdischen Wesens hatte die Mimikryformel aber fast 30 Jahre zuvor ein anderer geprägt.[294] Wie bereits erwähnt, verglich Nietzsche ›den‹ Juden mit einem Polypen, der »dem Felsen die Farbe abborgt, an dem er klebt«.[295] Doch in der zitierten Stelle schöpft er das Potential dieses Vergleichs nicht voll aus. Dagegen findet sich in einer dem »Problem des Schauspielers« gewidmeten Miniatur aus der *Fröhlichen Wissenschaft* ein Paradebeispiel charakterologischen Denkens. Es nimmt von einer Psychologisierung des Sozialen seinen Ausgang und mündet in eine lange Analogiekette:

Die Falschheit mit gutem Gewissen; die Lust an der Verstellung als Macht herausbrechend [...]; das innere Verlangen in eine Rolle und Maske, in einen Schein hinein; ein Überschuss an Anpassungsfähigkeiten aller Art – alles das ist vielleicht nicht nur der Schauspieler an sich? [...] [Dieser Instinkt lässt sich vergleichen mit dem Verhalten einer] Familie des niederen Volkes [...], die unter wechselndem Druck und Zwang, in tiefer Abhängigkeit ihr Leben durchsetzen mussten, welche sich geschmeidig nach ihrer Decke zu strecken, auf neue Umstände immer neu einzurichten, immer wieder anders zu geben und zu stellen hatten, befähigt allmählich, den Mantel nach jedem Winde zu hängen und dadurch fast zum Mantel werdend, als Meister jener einverleibten und eingefleischten Kunst des ewigen Verstecken-Spielens, das man bei Tieren *mimicry* nennt: bis zum Schluß das ganze von Geschlecht zu Geschlecht aufgespeicherte Vermögen herrisch, unvernünftig, unbändig wird, als Instinkt andre Instinkte kommandieren lernt und den Schauspieler, den »Künstler«, hervorbringt. [...] Was aber die Juden betrifft, jenes Volk der Anpassungskunst *par excellence*, so möchte man in ihnen, diesem Gedankengange nach, von vornherein gleichsam eine welthistorische Veranstaltung zur Züchtung von Schauspielern sehn, eine eigentliche Schauspieler-Brutstätte; und in der Tat ist die Frage reichlich an der Zeit: welcher guter Schauspieler ist heute nicht – Jude? Auch der Jude als geborener Literat, als der tatsächliche Beherrscher der europäischen Presse übt seine Macht auf Grund seiner schauspielerischen Fähigkeit aus: denn der Literat ist *wesentlich Schauspieler* – er spielt nämlich den »Sachkundigen«, den »Fachmann«.[296]

Ihren Abschluss findet diese Ähnlichkeitsreihe in einem weiteren Hauptgegenstand des charakterologische Denkens: »[M]an denke über die ganze Geschichte der Frauen nach – müssen sie nicht zu allererst und -oberst Schauspielerinnen sein? Man höre die Ärzte, welche Frauenzimmer hypnotisiert haben; zuletzt, man liebe sie – man lasse sich von ihnen ›hypnotisieren‹! Was kommt immer dabei heraus? Daß sie ›sich geben‹, selbst noch, wenn sie – sich geben ... Das Weib ist so artistisch ...«[297] Das Bild der »mimicry« findet sich hier also im Zentrum einer symbolischen Argumentation, die Schlüsseltypen eines Denkens zusammenbringt, dem es um nichts so sehr zu tun ist als das Eigene vom Fremden, das ›Echte‹ von ›Falschen‹ zu unterscheiden: vom ›niederen Volk‹, vom ›Schauspieler‹, vom ›Weib‹, vom ›Juden‹. Nichts könnte besser belegen, dass ganz unterschiedliche Sprachspiele auf eine hermeneutische Konstruktion des ›jüdischen Wesens‹ angewiesen waren, als ein *Sprachbild*, das ungehindert zwischen den Diskursen eines freien Philosophen, eines Nationalökonomen und eines Biologen zirkuliert. Dabei ist der Unterschied zwischen wörtlicher und metaphorischer Bedeutung unerheblich – *charakterologisch* erfüllt die bildliche Rede von der »jüdischen Mimikry« in allen drei Fällen die gleiche Funktion: In der Verbindung aus konkretem Inhalt und abstrakter Form konstituiert sie ein Wissen, das begrifflich unscharf und zugleich anschaulich prägnant ist – und genau darum die Reichweite und Vielseitigkeit eines Symbols besitzt.

d) Professioneller Rassenantisemitismus II: Bevölkerungspolitik

Da seit dem 19. Jahrhundert alle einschlägigen Merkmale – Religion, Territorium, Sprache, Erscheinungsbild – als Grundlage einer Begriffsbestimmung versagt hatten, war man zur Konstruktion des Sachverhalts ›Jude‹ auf die hermeneutische Konstruktion eines ›jüdischen Wesens‹ angewiesen. *Was* ein Jude sei, ließ sich also gar nicht anders als deutend erfassen und damit auch nur unscharf definieren. Für das fachwissenschaftliche Sprechen über »die Juden« stellte dieser Umstand, wie gesehen, ein Problem dar, das sich nur durch spezifische Beschränkungen vermeiden oder unter gravierenden »Regelverletzungen« kaschieren ließ: Für die Geisteswissenschaften war nur das historische Judentum relevant; physische Anthropologen alten Stils machten nur Aussagen über den Körperbau lokaler jüdischer Bevölkerungsgruppen; und Biologen oder Nationalökonomen konnten »die« Juden nur als Forschungsobjekt behaupten, nachdem sie den Begriff des ›Jüdischseins‹ unter der Hand mit Mitteln der hermeneutischen Psychologie entworfen hatten.

Wie aber ging der nationalsozialistische Staat damit um, dass sich über denjenigen Bevölkerungsteil, der von seiner Rassenpolitik zuallererst betroffen war, gar nicht präzise sprechen ließ? Was bedeutete dies für die Rechts- und Verwaltungspraxis, die ja auf die exakte Eingrenzung von Personengruppen angewiesen ist? Im Rahmen einer Denkstilgeschichte kann die Antwort knapp ausfallen. Zwar war für die Beamten und Funktionsträger, die an der Umsetzung der nationalsozialistischen Bevölkerungspolitik beteiligt waren, die Frage, was einen ›Juden‹ überhaupt ausmachte, nur viel diffuser zu beantworten als etwa im Fall von ›Zigeunern‹ oder ›Gewohnheitsverbrechern‹. Dass sich diese heikle Frage gar nicht anders als charakterologisch beantworten ließ, spielte für sie aber praktisch keine Rolle.

Zunächst ging es für die Behörden darum, überhaupt Kontrolle über das Verfahren zu erlangen. In der Praxis hatte die Verbindung von allgemein verbreitetem Handlungsdrang und der Uneinigkeit darüber, um wen und was es in der Judenpolitik überhaupt gehen sollte, nach übereinstimmender Meinung zu »chaotischen Verhältnissen« geführt.[298] Vor allem die von der Parteibasis stimulierten Pogrome und Boykotte gegen die jüdische Bevölkerung stellten aus Behördenlogik »unhaltbare Zustände« dar. Dabei ging es ebenso um die Verletzung des staatlichen Gewaltmonopols wie um die massive Kritik aus dem Ausland und die Furcht vor negativen Auswirkungen auf die Volkswirtschaft. Und nicht zuletzt ging es um eine krude Idee von Gerechtigkeit – denn nicht selten trafen die Aktionen die »Falschen«. Selbst die gehässigsten Antisemiten entwickelten ein Problembewusstsein dafür, dass die Dinge sich verkomplizierten, sobald gegen Juden *gehandelt* werden sollte. Das zeigt sich beispielsweise in einer Anordnung Julius Streichers vom April 1933, der zufolge »die Boykottierung jener Geschäfte zu unterbleiben hat, bei denen nicht einwandfrei feststeht, ob der Inhaber Jude ist«.[299] Auch die Partei- und Regierungsspitze um Hitler sorgte sich, dass durch planlose und »unberechtigte« Übergriffe das Ansehen des Regimes unter der »deutschen« Bevölkerung Schaden nehmen könnte.

Doch auch um eine rassistisch motivierte »Judenpolitik« administrativ überhaupt bewältigen zu können, musste man festlegen, wer genau der jüdischen Bevölkerungsgruppe zuzurechnen war. Da es darum ging, die deutschen Juden in ihrer Gesamtheit verwaltbar zu machen, konnte dieses Problem nur auf ministerieller Ebene gelöst werden. Cornelia Essner hat die komplexe Gemengelage der interministeriellen Kontroversen im Vorfeld der Nürnberger ›Rassegesetze‹ minutiös rekonstruiert.[300] Dabei wird deutlich, dass die einzige Grundlage, auf der die Beamten unterschiedlicher Ministerien miteinander sowie mit Vertretern der NSDAP kommunizierten, in der Annahme bestand, dass die Juden eine ›fremde Rasse‹ waren, deren Vermischung mit dem ›deutschen Volkskörper‹ eine Gefahr darstellte. Auf dieser Grundlage ließ sich nun über die zwei entscheidenden Fragen streiten und verhandeln: *Wer* ist als ›Jude‹ anzusehen? Und *worin* genau besteht die ›Schädlichkeit‹ der Juden für die ›deutsche‹ Bevölkerung? Ohne Zweifel waren beide Fragen konzeptionell eng mit rassetheoretischen Fragen verbunden. Wollte man sich jedoch nicht seiner Handlungsfähigkeit berauben, musste die materiale Frage, *was* ein Jude sei, aus dem administrativen Sprachspiel ausgeschlossen werden.

Aufschlussreich ist in dieser Hinsicht die Sitzung der Strafrechtskommission vom 5. Juni 1934, in der unter der Leitung des Reichsjustizministers Franz Gürtner Rechtswissenschaftler und Beamte aus unterschiedlichen Ministerien ein gesetzliches Verbot von Ehen zwischen Juden und Nichtjuden diskutierten. Das rund 250 Seiten starke Sitzungsprotokoll zeigt, wie schwierig es war, das Konzept der ›Rasse‹ für Verwaltungszwecke zu operationalisieren.[301] Die Rücksichtnahme auf die befürchteten außen- und handelspolitischen Folgen ließen sich noch taktisch begründen. Viel gravierender war aber die Erkenntnis, dass sich eine »praktikable Synthese von Wissenschaft und Politik im Aufbau eines Rassenrechts« (Essner) schlicht nicht realisieren ließ. Denn, so wurde den Beteiligten klar, ins Praktische gewendet führten alle Rassentheorien unweigerlich zu der Einsicht, dass sich klare Grenzen zwischen Rassen nur ideell ziehen ließen. In der Realität stieß man immer wieder auf einen Befund, der für Rasseforscher wie Eugen Fischer paradigmatische Bedeutung besessen hatte: Streng erbbiologisch betrachtet sind praktisch alle Menschen »Mischlinge«. Mit gutem Grund hatten Fischer und Lenz das tendenziell individualisierende Paradigma der Genetik nie konsequent auf die anthropologischen Rassetheorien übertragen. Nahm man den wissenschaftlichen Befund aber in der Verwaltungspraxis ernst, war das Konzept der ›Fremdrassigkeit‹ nicht zu halten, wie etwa Bernhard Lösener, der Rassereferent des Innenministeriums, verdeutlichte:

> Da das deutsche Volk sich allein auch schon aus fünf Hauptrassen zusammensetzt, die ihrerseits mit anderen eine gewisse Ähnlichkeit oder Verwandtschaft haben, so handelt es sich um eine sehr schwer zu ziehende Grenze. [...] Die dinarische Rasse ist bei uns ein sehr gut angesehener Blutsbestandteil im deutschen Volke. Die dinarische Rasse grenzt aber in ihren Rassenmerkmalen schon sehr stark an vorderasiatische [also »jüdische«, P. L.] Rassenmerkmale. Vorderasiatische Rassen sind uns unerwünscht. Die dinarische Rasse ist uns noch erwünscht. Nun tritt die dinarische Rasse zum Teil nicht mehr ganz rein auf. Unter Umständen ist ein vorderasiatisches Merkmal bei einem sonst dinarischen Menschen vorhanden. Die Frage, ob man diesen als wünschenswert oder nicht wünschenswert bezeichnet, ist noch völlig offen.[302]

Die Konsequenzen aus dieser Erkenntnis zog der Sitzungsleiter. Justizminister Gürtner resümierte zunächst den Befund, der aus theoretischer Perspektive nur negativ lauten konnte: »Bei der schwierigen Frage, *was* überhaupt eine Rasse ist, sehe ich sicher voraus, daß die Aufspaltung der Menschheit in Rassen nach rassenbiologischen Gesichtspunkten hier nicht die Richtschnur sein kann.«[303] Um ihn dann ins Positive zu übersetzen: Wolle man am Konzept der ›Fremdrassigkeit‹ festhalten, dann müsse eben ein »gröberer Begriff verwendet werden.« Dass dies bedeutete, sich effektiv auf das Fundament eines präreflexiven Alltagsrassismus zu stellen, stellte wiederum Gürtners Mitarbeiter Roland Freisler unmissverständlich klar: »Wenn ich z. B. Richter wäre, würde ich keinen Augenblick gezweifelt haben, daß alle Völker Europas bis zu den Russen [...] nicht als fremdrassig zu bezeichnen wären. [...] Praktisch würde das darauf hinauslaufen, daß man Juden und Andersfarbige als fremdrassig ansehen würde.«[304] Somit berühren sich Rassentheorie und Rassenpolitik in genau einem Punkt. Ohne das Kriterium der »alltäglichen« Evidenz ließen sich Rassen schließlich weder denken noch verwalten.[305]

Der Unterschied zwischen den beiden »unstrittigen« Fällen bestand darin, dass die ›Fremdrassigkeit‹ bei ›Andersfarbigen‹ augenscheinlich war, während die einzig faktische Grundlage der jüdischen »Rasse« das Glaubensbekenntnis war. Nichts zeigt die Unschärfe, mit der die jüdische ›Fremd*rassigkeit*‹ praktisch gehandhabt werden musste, so deutlich wie der Rückzug auf ein an sich inakzeptables Kriterium: den standesamtlichen Eintrag der Religionszugehörigkeit.[306] Eine, so Gürtners Fazit, geradezu archaische Methode:

> Wie die Dinge liegen, kann man bei der Umschreibung des Begriffs der Fremdrassigkeit nicht anders als mit Genealogie arbeiten. Das ist, von Ihrem Standpunkt[307] aus gesehen, etwas grausam Primitives, weil Sie sagen, Rassenmerkmale, die sich rezessiv und dominant fortvererben, überspringen die Generationen. Darauf können wir uns hier aber nicht einlassen. Wir müssen grobe Zimmermannsarbeit haben, und das ist der Stammbaum.[308]

Umstandslos war die genealogische Methode bereits 1933 bei einigen spezielleren antisemitischen Gesetzen angewendet worden. Diese hatten sich nicht gegen die Juden als Rassenbestandteil der deutschen Bevölkerung, sondern nur gegen Angehörige bestimmter Gruppen gerichtet: etwa beim »Gesetz zur Wiederherstellung des Berufsbeamtentums«, dem »Gesetz gegen die Überfüllung von deutschen Schulen und Hochschulen«, dem »Reichserbhofgesetz« sowie den Berufsverboten für Journalisten, niedergelassene Ärzte und Anwälte.[309] In der Regel hatte man sich dort auf die Formel festgelegt: »Als nicht arisch gilt, wer von nichtarischen, insbesondere jüdischen Eltern oder Großeltern abstammt. Es genügt, wenn ein Elternteil oder ein Großelternteil nicht arisch ist.«[310]

Die Frage, wie der Grenzfall definiert sollte, war wiederum verbunden mit der Frage, in welcher Hinsicht die Juden eine Gefahr darstellten. Die Anhänger der kontagionistischen Ideologie betrachten als »schädlich« den ›jüdischen Blutsanteil‹, durch den ein bestimmtes Individuum »verseucht« war. Das Konzept der ›Blutschande‹ lag etwa der definitorischen Praxis zugrunde, durch die die NSDAP von Mitgliedern entfernt jüdischer Abstammung gesäubert werden sollte.[311] Auch die ersten Entwürfe zu einem »Rassenscheidungsgesetz« hatten sich noch an dem Leitbegriff des ›Judenabstämmlings‹ orientiert. Doch genaugenommen ließ sich im kontagionistischen Bezugssystem gar keine sinnvolle Lösung für den praktischen Umgang mit ›Fremdrassigkeit‹ finden. Die Voraussetzung dieses Denkens lag ja in genau dem Zustand von Apartheid, der erst aufwändig (wieder-)hergestellt werden sollte: getrennte Rassen, mit denen *jeder* Kontakt zu vermeiden sei. Doch auch überzeugte Kontagionisten hatten einsehen müssen, dass ihr in genealogischer Hinsicht »unendlicher Judenbegriff« (Essner) in der Praxis nicht durchzuhalten war. Als pragmatische Grenze erschien daher etwa Achim Gerke, dem Leiter des Sippenamtes der NSDAP, das Jahr 1800, da erst im frühen 19. Jahrhundert »die Judenemanzipation die Bedingungen schuf, unter denen das deutsche Volk größere Mengen jüdischen Bluts aufnehmen konnte.«[312]

Dagegen lag der Fokus des rassistischen Denkens nicht in der Vergangenheit eines Individuums, sondern in der Zukunft des deutschen Volkes. Es ging dabei nicht um den möglichen ›Verseuchungsgrad‹ etwa von Parteimitgliedern, sondern um das bevölkerungspolitische Ziel einer ›Aufnordung‹ der ›deutschen Blutsgemeinschaft‹. Es fiel den an der Rassegesetzgebung beteiligten Ministern und Beamten aus mehreren Gründen leicht, sich auf ihn als Verhandlungsgrundlage zu verständigen. Inhaltlich konnte man damit die Gesetze auf das Verbot, Nachkommenschaft zu zeugen, *beschränken*. Dieses Verbot ließ sich zudem *sachlich* begründen, nämlich durch einen Begriff von ›Fremdrassigkeit‹, der nicht von einer negativen Stigmatisierung ausging, sondern umgekehrt die »Fortpflanzungsgemeinschaft der Gleichrassigen als wertneutrales Rechtsgut« schützen sollte.[313] Diese vermeintlich »vernünftige« und »wertfreie« Begründung eröffnete im Einzelnen *taktische* Spiel- und Rückzugsräume. So stellte etwa Lösener mit Blick auf das Ausland und auf die deutschen Juden fest: »Wir können diesen Menschen ihr Schicksal nur dann klarmachen, wenn wir sagen:

Wir stoßen Euch nicht zurück, weil wir Euch als minderwertig betrachten, sondern wir können Euch und Euren Nachwuchs deshalb nicht mehr gebrauchen, weil Euer Nachwuchs nun mal ›andersartig‹ ist.« Auch Gürtner zeigte sich erleichtert darüber, dass die Frage, ob dem Gesetz »der innere Impuls« einer »Rassenwertung« zugrunde liege, nun nicht mehr beantwortet werden müsste. Nicht nur, *was* ein Jude sei, auch die Frage nach dem ›Wert‹ der Juden wurde zur Privatsache.

Auch ließen sich auf dieser Grundlage *Kompromisse* schließen: Da das Ziel einer ›deutschen Blutsgemeinschaft‹ mit hohem nordischen Blutsanteil zeitlich nicht bemessen wurde, ließ sich auch darüber verhandeln, ab welchem Mischungsgrad eine Person als ›Jude‹ betrachtet werden sollte; solange sicher gestellt war, dass alle ›Volljuden‹ von der Eheschließung mit ›Deutschblütigen‹ ausgeschlossen waren, würde, so das Argument, der ›jüdische Blutsanteil‹ über kurz oder lang aus der deutschen Vitalrasse »ausgemendelt« sein. So einigte man sich darauf, alle ›Vierteljuden‹ dem deutschen Volk zuzuschlagen. Dabei kam man sowohl den Beamten des Außenministeriums entgegen als auch den innenpolitischen Interessen der Regierung, die heftige Reaktionen aus der Bevölkerung verhindern wollte.

Die im September 1935 tatsächlich beschlossenen Rassegesetze stellten sogar einen noch weitergehenden Kompromiss dar, nämlich sowohl zwischen Partei und Bürokratie als auch zwischen »maßvolleren« Rassisten wie Gürtner und rassistischen Überzeugungstätern wie Lösener.[314] Zum einen konnte dadurch, dass überhaupt Rassengesetze verabschiedet wurden, die Pogromstimmung an der nationalsozialistischen Basis abgemildert werden; zum anderen hoffte man, durch die Ausführungsbestimmungen die Angriffsfläche für die Kritik aus dem In- und Ausland klein zu halten. Diese legten schließlich fest, dass Personen mit höchstens drei jüdischen Großeltern nur noch als ›deutsche Staatsangehörige‹ gelten, denen Ehe und Geschlechtsverkehr mit ›deutschen Staatsbürgern‹ verboten ist. Die damit geschaffene Abstufung nach ›Volljuden‹, ›Mischlingen‹ ersten und zweiten Grades, die noch um die entsprechende Zahl von ›Mischehen‹ ergänzt wurde, verweist schließlich auf einen vierten praktischen »Vorteil« des rassistischen Paradigmas gegenüber dem kontagionistischen: Es ermöglichte die Schaffung eines *Klassifikationssystems*, auf dessen Grundlage Verwaltungshandeln möglich war.[315] Jeder administrative Akt konnte nun daraufhin überprüft werden, auf welche der ›jüdischen‹ Personengruppen er angewendet werden sollte.[316] Insgesamt brachte Justizminister Gürtner den Kern dieses praktikablen Ansatzes, der von allen Sachaspekten abstrahierte, auf den Punkt, wenn er feststellte: »[W]o nun die Grenze gezogen werden soll, das ist keine Grundsatzfrage, das ist eine *Maßfrage*.«[317]

Etwas anders stellte sich die Lage bei den rassistischen Überzeugungstätern aus den Reihen von SS und SD dar. Bei ihnen handelte es sich um eine kleine Kerngruppe von Intellektuellen mit überdurchschnittlich hohem Bildungsgrad. Sie verfolgten eine radikal dissimilatorische Judenpolitik auf der Grundlage eines rassenbiologischen und »heroischen« Antisemitismus. Soldatisches Selbstbild und unkontrollierte Polizeimacht nährte die Überzeugung, gegen die Juden müsse ein ›völkischer Abwehrkampf‹ geführt werden.[318] Mit dem Selbstbewusstsein der politischen Avantgarde verhielten sie sich anders als die Ministerialbeamten: Es ging ihnen nicht darum, einen rassistisch motivierten politischen Willen umzusetzen, auch nicht in vorauseilendem Gehorsam, sondern ungeachtet der Grabenkämpfe des politischen Alltags die Gesellschaft im nationalsozialistischen Sinn zu verändern. Während die Judenpolitik von Regierung und Ministerialbürokratie oft insofern reaktiven Charakter besaß, als sie die Stimmung an der antisemitischen Basis einerseits, im In- und Ausland andererseits berücksichtigen musste, konnte die Führungsriege des Reichssicherheitshauptamts bevölkerungspolitische Fakten schaffen. Im Fall der Juden hieß dies räumliche Trennung, zunächst noch mit dem Ziel der »Auswanderung«.[319] Und als sich diese Option nicht realisieren ließ: Völkermord.[320]

Anders als die von »Vorurteilen« angetrieben »Radauantisemiten« auf der einen und die Ministerialbeamten auf der anderen Seite waren diese Weltanschauungstäter auf theoretische Konzepte angewiesen, an denen sie ihr eigenmächtiges Handeln ausrichten konnten. Im strategischen Sinn erfüllte diesen Bedürfnis der völkische Rassismus: Er lieferte den ›politische Soldaten‹ die

Kriterien, nach denen sich Freund und Feind überhaupt dissoziieren ließen.[321] Doch besonders im Fall der Juden bedurfte es darüber hinaus auch noch eines *Wissens*, mit dem die – von Beamten wie Lösener oder Freisler ja allein formal konstatierte – ›Fremdrassigkeit‹ der Juden auch inhaltlich begründet werden konnte. Es scheint aber, als hätte es sich dabei um eine eher *habituelle* als funktionale Notwendigkeit gehandelt. In der internen Kommunikation spielte die Frage, *was* ein ›Jude‹ überhaupt sei, jedenfalls keine zentrale Rolle. Dass aber etwa Werner Best sich als Intellektueller darüber durchaus Gedanken gemacht hatte, zeigt ein Manuskript, in dem er die ›Fremdheit‹ der Juden durch einen Schlüsselbegriff der Romantik *deutete*.[322] Dabei stützte er sich auf die Autorität eines Autors, der das biologische Paradigma zur Erfassung von ›Rasse‹ schroff abgelehnt hatte: Oswald Spengler. Mit dessen Begriff der ›magischen Nation‹ charakterisierte Best die Juden als eines der »landlosen Völker«, das »den bodenständigen Völkern über die zwischen allen Völkern bestehende völkische Fremdheit hinaus als etwas auch in seiner Lebensform von allen zwischenvölkischen Erfahrungen Abweichendes und *Unheimliches* erscheinen«.[323]

3. Überleitung: Rasse und Individuum im Ausdrucksparadigma

Das vorige Kapitel hat gezeigt, wie sehr jede sich noch so »wissenschaftlich« gerierende Rede über Juden von charakterologischen Denkmustern abhängig war. Deren Bedeutung zeigte sich dort indirekt: bei Wissenschaftlern, die an den Schlüsselstellen ihrer Arbeiten charakterologisch dachten, ohne es so zu nennen. Im Folgenden soll die Blickrichtung wieder umgedreht werden. Mit Ludwig Ferdinand Clauß, dem dieses Kapitel, und Ludwig Klages, dem der ganze folgende Teil gewidmet ist, stehen nun zwei populäre Weltanschauungsdenker im Fokus, die sich selbst fraglos zur charakterologischen Bewegung rechneten. Beide argumentierten mit den Mitteln einer methodologisch erneuerten Physiognomik. Erst mit dieser Erweiterung konnten die Deutungsbestände eines Symboldenkens, das vor allem Nietzsche bereichert hatte, mit der Vielfalt der konkreten

Erscheinungswelt verknüpft werden. Erst Klages und Clauß konnten sinnvolle Aussagen über das Verhältnis von Körper und Seele machen. Und erst bei ihnen nahm der gebildete Antisemitismus eine – so haltlos seine Inhalte waren – theoretisch schlüssige Form an. Dabei besteht kein Zweifel bezüglich des intellektuellen Rangs und der zeitgenössischen Bedeutung. Der Primat gebührt Klages. Er formulierte das ausdruckswissenschaftliche Paradigma der Charakterologie nicht nur als erster, er begründete es auch theoretisch. Keineswegs unoriginell, bewegte sich Clauß dennoch in dem von Klages abgesteckten Rahmen. Wenn er hier trotzdem zuerst besprochen wird, dann weil man an seinen Schriften die Leistungsfähigkeit der physiognomischen Charakterologie gut zeigen kann. Das gilt insbesondere für die Art und Weise, in der Clauß das Problem des »jüdischen Körpers« löste – in einer Denkbewegung, die ebenso hässlich wie subtil, ebenso falsch wie elegant ist.

3.1. Fotos vom Schauplatz: Ludwig Ferdinand Clauß' Rassenseelenkunde

Clauß hatte in Freiburg bei Edmund Husserl studiert.[324] Er verfügte über das intellektuelle Rüstzeug, um die anthropologische Rassenforschung erkenntnistheoretisch zu kritisieren – aber nicht um sie zu delegitimieren, sondern um sie neu zu fundieren. In der Einführung seines – 1926 erschienenen – Hauptwerks *Rasse und Seele* benennt Clauß als Hauptproblem der biologischen Rassenanthropologie, dass sie trotz psychologischer Unbedarftheit auf psychologisches Wissen angewiesen sei. Sie gebe an, die Erblichkeit »seelischer Eigenschaften« zu erforschen, ohne aber ein Konzept des Seelischen zu besitzen: »Die Erblichkeitsforschung sieht das Seelische nicht als etwas, das sie selbst erst seinem Wesen, seiner inneren Gesetzlichkeit nach zu erforschen hätte, sondern als etwas, das sie *aus den Händen der Seelenkunde als ein Erforschtes, als etwas wissenschaftlich schon Bereitetes, übernimmt* [Hervorh. P. L.], es gleichsam ins Naturwissenschaftliche übersetzt, es somit seines eigenen Wesens als Seele entkleidet und nun lediglich auf Erblichkeit zu prüfen hat.«[325] Damit problematisiert Clauß eben jenes

Verfahren, das von mir zuvor als »Schmuggel« umschrieben worden war. Und auch Clauß sah in dem, was die Rassenforschung unangemessener Weise »übernimmt«, solche Wissensbestände, die hier als hermeneutisch bezeichnet wurden.

Wenn Clauß von »Seelenkunde« – und nicht von »Psychologie« – spricht, bezieht er sich auf die paradigmatische Wende vom Experiment zur Interpretation.[326] Bis auf einige im Umfeld Diltheys entstandenen Arbeiten, etwa Sprangers *Philosophie der Lebensformen* oder Jaspers' *Psychologie der Weltanschauungen*, stammten fast alle »empirischen« Studien deutender Psychologie von Dilettanten und akademischen Außenseitern.[327] Die Rede von etwas »Erforschtem« bezog sich mithin auf die Ergebnisse einer »Wissenschaft«, die sich noch nicht diszipliniert hatte. Als Dilthey und Nietzsche auf je eigene Weise die Psychologie als Hermeneutik begründet hatten, war allerdings unklar geblieben, was genau denn eigentlich »gedeutet« wird und wie sich ein Verfahren der Textauslegung auf Menschen anwenden ließ.[328] Es war nicht zuletzt das Bedürfnis nach methodischen Handreichungen für eine deutende Psychologie, das der wissenschaftlich desavouierten Physiognomik nach 1900 zu einer erstaunlichen Renaissance verhalf.[329] Clauß gründete seine Psychologie auf das Axiom, demzufolge sich Seelisches zwangsläufig in der körperlichen Erscheinung »ausdrückt« und bestimmte in diesem Sinne seine Rassenseelenkunde als »vergleichende Ausdruckswissenschaft«. Tatsächlich ließ sich der Rassebegriff konkurrenzlos schlüssig formulieren, wenn man ihn ausdruckstheoretisch auffasste – was allerdings dreierlei bedeutete: ihm jeden naturwissenschaftlichen Gehalt auszutreiben; ihn trotzdem nicht zu einer Sache der Geisteswissenschaften zu machen; und damit dem eigenen Denken jede Anschlussfähigkeit an die disziplinäre Forschung zu nehmen.[330]

3.2. Vorbild Kunstwissenschaft: Rasse als Stiltypus

Alle deutschen Rassentheoretiker bewegten sich insofern auf den Spuren der goetheschen Wissenschaft, als sie in zwei Befunden übereinstimmten: erstens: die Existenz von Rassen ist unmittelbar evident; zweitens: in Rassen manifestiert sich eine ›Geist‹ oder ›Seele‹ genannte ›Idee‹.[331] Chamberlain und Spengler hatten diese beiden Befunde sogar theoretisch expliziert und sich dabei auf Goethe berufen.[332] Wenn sie aber ignorierten, auf welche Weise denn ›geistige‹ Inhalte der Wahrnehmung überhaupt zugänglich sind, dann machten sie Goethe zu dem reinen ›Geistes‹-Wissenschaftler, der er tatsächlich nie war.[333] Dagegen hatten die Anthropologen und Biologen Rassen immer schon als *anschaulich* evidente Phänomene behandelt. Wenn sie gleichzeitig noch Sinn für die geistige Dimension der Rassenphänomene hatten, waren sie daher mindestens so nah an Goethe wie die erklärten Goetheaner Chamberlain und Spengler: so etwa Fritz Lenz, der vom ›geistigen Bild‹ einer Rasse sprach. Doch verhinderte die Bindung an das naturwissenschaftliche Paradigma, dass sie aus diesen Befunden theoretische und methodische Konsequenzen zogen. Günther etwa hatte seine rassekundlichen Bücher zwar mit ausladendem Bildmaterial ausgestattet. Aber er gebrauchte die Bilder, ohne über deren epistemologischen Status zu reflektieren: Letztlich handelte es sich um nicht mehr als illustrative Suggestionen, die argumentative Schwachstellen überdecken sollten. Dagegen erlaubte es das Ausdrucksparadigma, Evidenz, Anschaulichkeit und Semantik in eine konzeptionelle Einheit zu bringen – allerdings nur unter einer Voraussetzung und mit einer gravierenden Konsequenz. Die Voraussetzung: der epistemologische Graben zwischen Bild und Geist musste durch eine *bildliche Sprache* überbrückt werden, was nicht anderes hieß als: durch symbolisches Denken. Die Konsequenz: Rassen konnten nicht mehr in das rassistische Weltbild integriert werden.

Clauß ließ sich bei seiner Rassenphysiognomik von zwei methodischen Prinzipien leiten. Erstens ging er davon aus, dass man fremdes Seelenleben nur deuten kann, indem man es *miterlebt*.[334] Der Forscher müsse sich daher unter die Menschen begeben, die er verstehen wolle, ihre Mimik, Gestik und Bewegungen zusammen mit ihrem Verhalten beobachten und so ihr besonderes Weltverhältnis innerlich nachvollziehen. Clauß selbst unternahm zu diesem Zweck ausgedehnte Reisen, zumeist in den Nahen Osten und nach Nordafrika.[335] Für seine Leser und diejenigen, die die Rassenseelenkunde erlernen wollten, ersetzten ausführlich kommentierte Porträtfotos den unmittelbaren Eindruck. Fotografien erachtete Clauß aber auch für Forschungszwecke als nützlich, da sie ein gründlicheres Studium der Ausdrucksphänomene erlaubten. Zweitens wollte Clauß die Rassenunterschiede markieren, um das ›Eigene‹ vom ›Fremden‹ zu trennen: »Wer aber eine Grenze scharf erkennen will, muß auch das noch sehen, wovon sie ein Wesen abgrenzt: das also, was jenseits der Grenze liegt. [...] Unsere Grenze gegen das Fremde aber ist zugleich die Grenze des Fremden gegen uns.«[336]

In der Verbindung liefen diese beiden Prinzipien auf ein Verfahren *visueller Argumentation* hinaus, das uns bereits bei Carl Gustav Carus begegnet ist, dem Begründer einer vergleichenden Physiognomik: die Erzeugung von *Bildgegensätzen*.[337] Exemplarisch sind etwa zwei Fotos, die als einzige Abbildungen einer Seite direkt nebeneinander stehen (*Abb. 29, 30*). Sie zeigen jeweils ein Mädchen, das den Blick direkt in die Kamera richtet:

> Bild 5 und 6 zeigen nebeneinander ein deutsches Mädchen von wesentlich nordischer Gestalt und Haltung und daneben ein Mädchen von wüstenländischer Gestalt aus einer arabischen Stadt. Jede von beiden fand sich, während die Aufnahme gemacht wurde, in eine für sie nicht gewöhnliche Lage versetzt, die ihr recht peinlich war. Das nordische Mädchen hält sich die Lage, in der sie sich befindet, sachlich gegenüber, nimmt Stellung dazu, rückt die Dinge zurecht und »wird damit fertig«. Der Blick ihres Auges greift geraden Weges hinaus und leistet etwas an dem, was er trifft. So blickt man mit nordischen Augen. Das wüstenländische Auge ist für andere Blicke geschaffen. Das Mädchen kam mit ihrem Vater in das Haus, das ich bewohnte und das ihm gehörte. Er wollte die Miete steigern. Nach mehrfachem Mißerfolg brachte er die Tochter mit: ihr entschleiertes Antlitz sollte mich verwirren. Als die Aufnahme fiel, war ihre Hoffnung im Schwinden. Der Blick auf Bild 6 hält sich gerade die Waage: Was bringt mir der Augenblick? Fällt mir die Beute noch zu oder werde ich zur Beute? Was eine Kamera ist, war ihr nicht unbekannt, und sie spürte wohl auch den Zugriff des Zauberkastens, wenn ich auch unauffällig und beiläufig verfuhr. Aber sie setzt nichts entgegen und hält sich nichts gegenüber. Sie

entwindet sich, indem sie gleichsam erlischt: sie schaltet sich aus und ist dann nicht mehr »da«. Inzwischen geht der Augenblick vorüber, und was dann kommt, weiß nichts vom Gewesenen. So blickt man und lebt man aus wüstenländischen Augen.*338*

Wenn Clauß hier die ›nordische‹ und ›wüstenländische‹ Rasse kontrastiert, lehnt er sich unmittelbar an das Rasseschema an, das Hans F. K. Günther geprägt hatte. Dass hier die ›orientalische‹ als ›wüstenländische‹ Rasse auftritt, ist eine rein terminologische Veränderung. Insgesamt charakterisiert Clauß in seinem Hauptwerk sechs Rassetypen des güntherschen Systems. Doch schon die Überschriften der Kapitel, die Clauß der Charakterisierung der Rassetypen widmet, zeigen eine andere Tendenz. Die von Günther entlehnten Attribute ›nordisch‹, ›fälisch‹, ›westisch‹, ›orientalisch‹, ›vorderasiatisch‹ und ›ostisch‹ finden sich in Klammern hinter den Titelbegriffen ›Leistungsmensch‹, ›Verharrungsmensch‹, ›Darbietungsmensch‹, ›Offenbarungsmensch‹, ›Erlösungsmensch‹ und ›Enthebungsmensch‹. Schon die Einteilung zeigt, dass Clauß ›Rasse‹ als psychologischen Sachverhalt konzipierte und er seine Aufgabe darin sah, Menschentypen »von innen« zu charakterisieren. Seine Schilderung rassischer »Wesensgesetze« ging von drei organisch miteinander verbundenen Dimensionen aus: der *charakterologischen* Dimension der seelischen Antriebe; der *physiognomischen* Dimension der körperlichen Erscheinung, in der sich diese seelischen Regungen Ausdruck verschaffen; und der *phänomenologisch-anthropologischen* Dimension der Beziehung zu einer konkreten Umgebung, zumeist eine Landschaft oder eines historischen Schicksals.

Abb. 29

Abb. 30

Abb. 31

Abb. 32

Da jede Rasse eine in sich abgeschlossene Einheit bildet, sind alle Rassen einander wechselseitig fremd. In der zitierten Skizze etwa umreißt Clauß den Gegensatz von Leistungsmensch und Offenbarungsmensch, indem er zwei Arten des Blicks beschreibt. Dabei zeigt sich deutlich, wie abhängig die behauptete Wirkung des Bildpaares von der Wirkung sprachlicher Gegensätze ist. Zwar sieht der Betrachter sofort, dass die beiden Mädchen in irgendeiner Weise »verschieden« sind, doch um in dieser Verschiedenheit den charakterologischen Gegensatz von sachlich-distanzierendem und bang-abwartendem Blick zu erkennen, bedarf es nicht nur einer sublimen sprachlichen Deutung, sondern auch einer ausführlichen Schilderung der Szenen, die sich in der fotografisch fixierten Mimik gleichsam verdichten sollen. Das Verfahren funktioniert aber auch umgekehrt. So verleiht Clauß etwa der Vorstellung ›nordischer‹ Vornehmheit und Distanziertheit dadurch Evidenz, dass er die typische Ausdrucksbewegung des Leistungsmenschen mit dem Bewegungsschema des Darbietungsmenschen kontrastiert. Als Beispiel dienen ihm dabei unter anderem Fotografien politischer Redner (*Abb. 31, 32*):

> Die nordische Gebärde meidet den Aufwand, sie »hält an sich«, und das bedeutet für die Ausdrucksbewegung der Glieder: sie scheut die Entfernung von der Achse. Alle Gliederbewegung, die hinausgeht über das zum Ausdrücken notwendig erforderliche Maß, empfindet sie als Übertreibung, als unbeherrscht und somit als unvornehm. / Die nordische Ausdrucksbewegung entfaltet sich im Wesentlichen um die Längsachse bei senkrechter Haltung des Leibes. Alles Rumpfbeugen, Kniebeugen als Ausdruck ist ihr fremd, auch alles Seitwärtsschwingen oder -recken des Leibes. Als Redner verbleibt der nordische Mensch in der aufrechten Stellung [...], und wenn er sich aufstellen soll um abgebildet zu werden, dann neigt er zu einer einfachen, geraden Haltung, die weiter nichts ausdrückt als seine Kraft.[339]

Wie bei Carus sind es einfache Adjektivschemata, mit denen sich über Analogien körperräumliche Gegensätze auf ebenfalls binär codierte soziale Zuschreibungen übertragen lassen. So etwa die

Gegensätze gerade / gebeugt oder zentripetal / zentrifugal auf die Gegensätze Kraft / Suggestion, Selbstbeherrschung / Selbstdarstellung oder Ausstrahlung / Manipulation.

Wie gezeigt, hatte Carus seine Physiognomik entwickelt, indem er das Bildmaterial der vergleichenden Anatomie neu gedeutet hatte. Clauß dagegen orientiert sich an einer anderen Wissenschaft: der Kunstgeschichte.[340] Diese hatte erst seit dem frühen 20. Jahrhundert ein eigenes Paradigma ausgebildet und sich damit von einer kulturgeschichtlichen Subdisziplin zur autonomen Kunst- und Bildwissenschaft gewandelt. Von zentraler Bedeutung war dabei jener differentielle Begriff gewesen, unter den auch Clauß sein Rassenkonzept fasst: Stil. Vor allem Heinrich Wölfflin hatte mit seiner Hilfe dazu beigetragen, dass die Kunstgeschichte ein disziplinäres Problembewusstsein entwickelte.[341] Indem er Stil als einen »Typus der Formgebung« auffasste, schloss er das Kunstwerk gegenüber den äußeren und inneren Faktoren, denen es seine Entstehung verdankte, gleichsam ab und öffnete zugleich die Frage nach seiner *inneren* Verfasstheit. Um die »Form« eines Stiles zu beschreiben, entwarf er fünf Dimensionen, die durch jeweils ein Begriffspaar abgesteckt wurden: Lineares und Malerisches, Fläche und Tiefe, geschlossene Form und offene Form, Vielheit und Einheit, Klarheit und Unklarheit. Erfassen ließen sich diese formalen Gegensätze aber nur in der Manifestation eines Kunstwerkes. Zur Erläuterung musste Wölfflin ihnen daher am Beispiel von *Bildgegensätzen* Evidenz zu verleihen. Damit konstituierte er nicht nur einen bildwissenschaftlichen Gegenstandsbereich, sondern auch eine Methode, die das Optische nicht auf Begriffe reduzierte, sondern selbst zu *argumentativen* Zwecken einsetzte.

In einem hermeneutischen Zirkel entwickelte Wölfflin seine Begriffsgegensätze durch den Vergleich von Bildern, die er dann auch heranzog, um eben diese Begriffe zu erläutern: so etwa den Gegensatz des Linearen zum Malerischen mittels zweier Porträts von Albrecht Dürer und Frans Hals (*Abb. 33, 34*). »Die Silhouette von der Stirn herunter sehr stark zum Sprechen gebracht, die Mundspalte eine sichere, ruhige Linie, Nasenflügel, Augen, alles Gleichmäßig bestimmt bis in den letzten Winkel. Im gleichen Grade aber wie die Formgrenzen für das Tastgefühl festgelegt sind,

sind die Flächen im Sinne der Auffassung durch die Tastorgane modelliert, glatt und fest.«[342] In scharfem Kontrast dazu befindet sich die Beschreibung des zweiten Porträts:

> Demgegenüber ist die Form bei Frans Hals grundsätzlich der Greifbarkeit entzogen. Sie ist so wenig fassbar wie ein vom Winde bewegter Busch oder wie die Wellen eines Flusses. Nahbild und Fernbild treten auseinander. Ohne daß man den einzelnen Strich verlieren soll, fühlt man sich vor dem Bilde doch mehr auf eine Betrachtung von weitem hingewiesen. Der ganz nahe Anblick ist sinnlos. Die vertriebene Modellierung ist einer stoßweisen Modellierung gewichen, Die rauen, zerklüfteten Flächen haben alle unmittelbare Vergleichbarkeit mit der Natur abgestreift. Sie wenden sich nur an das Auge und wollen nicht als tastbare Flächen zur Empfindung sprechen. Die alten Formlinien sind zertrümmert. Man darf keinen einzelnen Strich mehr wörtlich nehmen. Am Nasenrücken zuckt es, die Augen zwinkern, der Mund spielt.[343]

Auch Wölfflin bediente sich einer bildlich-symbolische Sprache, durch die sich Bildwirkung und Text wechselseitig verstärken können: so in den Metaphern, die das dynamische Moment des malerischen Stils anschaulich machen sollen, oder in der synästhetischen Überblendung der Sinnesbereiche, die das Lineare analog zum Tastsinn, das Malerische analog zum Sehsinn auffasst.

Abb. 33

Abb. 34

Ein Vorzug des Stilbegriffs lag in seiner Vieldimensionalität. So unterschied Wölfflin die individuellen Stile einzelner Maler und ihrer Werkphasen von den typischen Stilen bestimmter Epochen, Völker, Nationen, Malschulen und Temperamenten. Ein einzelnes Bild ließ sich somit als Treffpunkt unterschiedlicher Stildimensionen erfassen. Damit nahm die wissenschaftliche Betrachtung einem Bild nicht seine Bildlichkeit, indem es sie auf ›Bedingungen‹ oder ›Voraussetzungen‹ reduzierte, vielmehr stellte sie Mittel bereit, Besonderes als solches zu objektivieren.[344] Auch Clauß ging von einem doppelten Primat des Einzelfalls aus. Zum einen können die Gesetze des menschlichen Ausdrucks nur am konkreten Fall eines Menschen »eingesehen« werden; zum anderen verbinden sich in jedem einzelnen Mensch unterschiedliche Seinsdimensionen. Anders als Wölfflin fasste Clauß aber nicht alle Dimensionen unter dem Stilbegriff, sondern nur die Rasse. Sie ist insofern allen anderen Seinsbereichen übergeordnet, als ihr ›Gesetz‹ jede andere Ausdrucksform in spezifischer Weise »durchwirkt« oder »gestaltet«. Clauß' Stilbegriff orientiert sich am Begriff der Kunstepoche: Es gibt spanische und deutsche Gotik, es gibt gotische Wohnhäuser und gotische Kirchen – aber alle Fälle variieren die Stil*idee* der Gotik. Und so ist es denn auch der Bildgegensatz einer gotischen Kathedrale und einer barocken Stiftskirche, an dem Clauß seinen Begriff des »Stilgesetzes« erläutert (*Abb. 35, 36*).

Abb. 35 *Abb. 36*

Innerhalb eines rassischen Stils können sich sowohl ephemere als auch dauerhafte »Ausdrucksstoffe« manifestieren.[345] So erfährt etwa ein bestimmtes Gefühl oder eine bestimmte Tätigkeit bei den unterschiedlichen Rassen eine jeweils spezifische Ausdrucksform, was der bildliche Vergleich von ›hellenischen‹ und schwarzafrikanischen Bogenschützen belegen soll (*Abb. 37, 38*); ebenso die von der Gemeinschaft eines Stammes, eines Standes, eines Berufes hervorgerufene »Ausdrucksprägung«, belegt durch Bilder eines nordfriesisch-›fälischen‹ und eines ›wüstenländisch-vorderasiatischen‹ Bauern (*Abb. 39, 40*). Wie variantenreich allein schon die Verbindung von Rassestil, Ausdrucksprägung und Gefühlsausdruck ist, zeigt ein Bildreihe, in der Clauß über die Bildgrenzen hinweg Ähnlichkeiten und Gegensätze markiert (*Abb. 41 - 44*): ein und derselbe Gefühlsausdruck tritt hier in je drei unterschiedlichen Rassestilen und Stammesprägungen auf, wobei sich Bild 41 und 42 im Hinblick auf die ›ostische‹ Rassezugehörigkeit gleichen, Bild 43 und 44 im Hinblick auf die ›süddeutsche‹ Ausdrucksprägung.

Abb. 37

Abb. 38

Abb. 39

Abb. 40

Abb. 41

Abb. 42

Abb. 43

Abb. 44

Vollends individualisiert Clauß schließlich die Betrachtungsweise, wenn er auch noch die Dimension der »Charaktereigenschaft« einführt. So erläutert er etwa den Gegensatz zweier offenkundig ›nordischer‹ Rassetypen (*Abb. 45, 46*) so:

Wenn Rassenseele einen bestimmten Bestand an seelischen Eigenschaften bedeutete, dann müssten die beiden Männer, die unser Bildpaar darstellt, in ihren wesentlichen Eigenschaften gleich sein, denn beide Männer sind von gleicher Rasse. An ihrer leiblichen Erscheinung ist nichts, das dem Bilde des nordischen Menschen widerspräche. Auch an seelischen Zügen war bei beiden nichts auffindbar, das zu der nordischen Leibeserscheinung dieser Männer nicht passte und von dem wir also sagen dürften, daß es nicht nordisch sei. Und doch sind beide an Eigenschaften wie Tag und Nacht verschieden. Der eine ist ein durchaus gerade Charakter, leiblich und seelisch sauber, zuverlässig in jeder Dienstleistung, aber niemals unterwürfig; einer, nach dessen Rechts- und Ehrgefühl es unanständig wäre, mehr zu fordern und mehr zu nehmen, als ihm zusteht. [...] / Ganz anders schaut uns das Antlitz des anderen Mannes an. Keines der Eigenschaftswörter, die wir soeben zur Beschreibung des schwedischen Hausknechts verwandten, könnte etwas vom Wesen dieses anderen nordischen Mannes treffen. Er ist kein gerader Charakter, sondern verschlagen und hinterhältig; sollte jemand die Dummheit begehen, ihm über den Weg zu trauen, der fällt herein – mit Recht, denn wozu trägt ein Mensch seinen Charakter ins Gesicht geschrieben, wenn wir anderen dann zu faul sind, diese deutliche Schrift zu lesen? Gemeinsam mit dem ersten scheint diesem Manne nur das zu sein: unterwürfig ist auch er nicht.[346]

Umgekehrt könne ein- und dieselbe Eigenschaft sich wiederum in unterschiedlichen Rassestilen ausdrücken, wie die Konfrontation des gleichen ›verschlagenen‹ Nordmenschen mit einem ›verschlagenen‹ Araber von ›vorderasiatischer‹ Rasse zeigte (*Abb. 47, 48*).[347]

Abb. 45 *Abb. 46* *Abb. 47* *Abb. 48*

Mit der Unterscheidung von rassebedingtem ›Stil‹, gemeinschaftlichen ›Prägungen‹ und charakterlichen ›Eigenschaften‹ schafft Clauß einen eminent großen Spielraum, um die *Mannigfaltigkeit des Rassetypischen* zu erfassen. Auch andere Rasseforscher hatten diesen Spielraum schon konstatiert. So attestierte etwa Chamberlain der germanischen Rasse eine besonders große »Plasticität«, die erklären könne, warum gerade sie so viele geniale Menschen hervorgebracht hätte. Auch Günther vertrat diese Ansicht, wenn er von der »großen Möglichkeitsweite« der nordischen Rasse sprach; und Lenz charakterisierte den nordischen Menschen gar durch seine »individualistische« Grundeinstellung, die ihn immer wieder in ein Spannungsverhältnis zur Gemeinschaft bringe.[348] Für Clauß stellte die Einbeziehung des Individuellen aber keinen konzeptionellen Kontrapunkt, sondern einen Kernpunkt seiner Wissenschaft dar. Nicht nur das goethesche Grundanliegen, in konkreten Erscheinungen »Gestalt-Ideen« zu erkennen, machte ihn daher anschlussfähig an eine bildungsbürgerliche Weltsicht, sondern auch ein Deutungsmuster, das es erlaubte, *innerhalb* der Rassentheorie über die Vielfalt der Menschen nachzudenken.

3.3. Inkonsistente Erscheinung: Bilder des Jüdischen

Wie für alle Rassetheoretiker lag auch für Clauß der Fluchtpunkt seiner Wissenschaft in der ›Rassenfrage‹, insbesondere im Problem der Rassenmischung. Doch begriff er wie schon bei der ›Rasse‹ an sich auch dieses Problem in erster Linie als psychologischen, also *innermenschlichen* Sachverhalt, der sich nur am konkreten Einzelfall beobachten lässt. An dieser Stelle zeigt sich deutlich die theoretische Zäsur, die Ausdruckstheorie und ältere Physiognomik voneinander trennt. Zwar ging Clauß mit Carus davon aus, dass sich die Seele im Leib ausdrückt und die Aufgabe des Ausdrucksforschers daher darin besteht, den »seelischen Sinn der leiblichen Gestalt« zu entziffern.[349] Doch ein zentrales Thema der physiognomischen Wissenschaft lag für Clauß gerade in der Möglichkeit einer *Störung* dieses Ausdrucksverhältnisses. Es handelt sich bei dieser Variante mithin um eine Physiognomik, die den Zweifel an der natürlichen Semiotik nicht nur theoretisch integriert, sondern als paradigmatisches Problem erkannt hatte.[350] Wenn Clauß den menschlichen Leib als »Schauplatz des Ausdrucks« umschreibt, dann war das eine wohlbedachte Metapher.[351] Sie begreift den Körper und insbesondere das Antlitz eines Menschen analog zu einer *Bühne*, auf der sich auch seelische Dramen und Konflikte abspielen können. Die Konzeptualisierung solcher inneren Problemlagen geht über das Paradigma einer »naiven« semiotischen Physiognomik hinaus: Die Probleme drücken sich nämlich nicht als solche unmittelbar aus; vielmehr liegt ihre Ursache oft gerade in einem »problematischen« Verhältnis von Leib und Seele:

> Nicht jeder Leib leistet als Schauplatz dasselbe für jede beliebige Seele. Denken wir uns eine Seele jener Art, wie sie auf den Bildern 1 und 2 [›nordischer‹ Leistungsmensch, P. L.] sich ausdrückt, mit einem Leibe begabt vom Stile jenes Leibes, wie ihn z. B. Bild 83 / 84 [›ostischer‹ Enthebungsmensch, P. L.] zeigt, so leuchtet ein, daß jene nordische Seele an einem solchen Leibe ihr Erlebnis nicht in der Weise ausdrücken vermöchte wie an dem ihr tatsächlich verliehenen nordischen Leibe, dessen Stil ihrem eigenen Stile entspricht und mit ihm eine *bruchlose* Einheit bildet. Wie aber sollte sie dann ihr Erleben ausdrücken, wenn nicht in ihrer eigenen Weise, ihrem Stile? Diese Frage ist *eine der wichtigsten* unseres Forschungsgebietes, sie frägt [sic] nach den stilhaften Beziehungen zwischen der *einzelnen* Seele und *ihrem* Leib.[352]

Clauß unterscheidet also auch den Stil selbst noch einmal in zwei Dimensionen: den physischen »Baustil« eines bestimmten Leibes und den »seelischen Stil« eines bestimmten Weltverhältnisses. Weiter postuliert er, dass »nur bei *Stileinheit* einer Seele mit ihrem Leibe [...] ›vollkommener‹, d. h. ungehemmter Ausdruck möglich« sei: »Hat aber eine Seele einen anderen Leib, nämlich einen solchen, der von ihrem Stile abweicht: einen Leib, der nicht gerade für ihren Ausdrucksstil den geeigneten Schauplatz bietet, sondern – seinem Baustile nach – für eine andersartige Seele bestimmt

scheint, so ist der Ausdruck dieser Seele in seiner stilmäßigen Entfaltung *gehemmt*.«
    Die aus Clauß' Perspektive nächstliegende Ursache für ein unstimmiges Verhältnis zwischen Leib und Seele liegt in der Vermischung zweier Rassenstile. Ein echtes Drama inszeniert Clauß am Beispiel einer besonders »seltenen Verbindung«, einer jungen Araberin, bei der der »wüstenländische Stil gebrochen [ist] durch den Stil des fälischen Verharrungsmenschen« (*Abb. 49 - 51*). Hier handelt es sich um das Aufeinanderprallen zweier gegensätzlicher Pole, von denen keiner den anderen dominiert: »Das Leichteste ist hier gebrochen durch das Festeste.« Da der Anlage nach in diesem Fall beide Stile gleich stark seien, die Erziehung aber arabisch, sei der Gesichtsausdruck von dem Bemühen geprägt, »die Mischung von Leicht und Schwer in seinen Ausdrucksbahnen zu einem wüstenländisch-leichten Gesamtausdruck zu zwingen«. Seinen »ausgeglichensten« Ausdruck zeige dieses Gesicht daher dann, wenn es zur Ruhe komme: »Bild 137 [*Abb. 50*] erfaßt einen Augenblick der Ermüdung, wo die Abgebildete zwar sehr bewusst auf die Kamera bezogen, aber schon zu abgespannt war, um den *Ausdruckskampf* [...] weiter fortzusetzen. Darum erscheint das Antlitz hier verhältnismäßig ausgeglichen: beides, das Leichte und das Schwere, kommen hier zu ihrem Recht.«[353]

Abb. 49   *Abb. 50*   *Abb. 51*

Schließlich erlaubte es die phänomenologische Methode, auch Kleidung als Ausdrucksphänomen zu behandeln und somit auch ein »natürliches« Entsprechungsverhältnis von körperlicher und kultureller Erscheinung zu behaupten. Auch die Art des Sich-Kleidens ist für Clauß eine Stildimension des Menschen, die wie die Formen der historischen und beruflichen Prägung zu einem

Körpertypus passen kann oder nicht. Wie so oft, sind es gerade die unstimmigen Fälle, an denen Clauß das Prinzip einer Stildimension erläutert.³⁵⁴ Zur Veranschaulichung wählt er zunächst zwei »nordisch« gekleidete Türken: »Der Rasse nach sind beide Vorderasiaten. Äußerlich tragen sie den Gehrock, innerlich den Kaftan.« Nach diesem Beispiel, das sich der Evidenz »orientalischer« Andersartigkeit bedient, widmet sich Clauß noch zwei »komplizierten« Beispielen.³⁵⁵ Sie entstammen der eigenen Lebenswelt und sollen die Wirklichkeitsnähe dieser Art von Wesensverfehlung vor Augen führen: Das eine Bild zeigt Theobald von Bethmann Hollweg, den glücklosen Kriegskanzler, in Offiziersuniform; das andere eine jüdische Opernsängerin im Kostüm der germanischen Heroine Brünhilde (Abb. 53, 52). Bezeichnenderweise spricht Clauß in beiden Fällen nicht von Kleidung, sondern von »Verkleidung«. Mit diesen Beispielen liefert er eine epistemologische Vertiefung jenes Problems, das zur gleichen Zeit der literarische Diskurs am Topos des Hochstaplers verhandelte: das Verhältnis von natürlichem und kulturell überformtem Körper. Keineswegs zufällig handelt es sich nun bei einem der beiden Beispiele um die unstimmige Gesamterscheinung einer Jüdin. Denn wo Schuster oder zaghafte Politiker in Offiziersuniform als individuelle Peinlichkeiten galten, war die Ausdrucksform des jüdischen Wesens eine Frage von epochaler Tragweite.

Abb. 52

Abb. 53

Es ist somit nicht von Ungefähr der Kontext des »problematischen« Ausdrucks, in dem Clauß auf den jüdischen Körper zu sprechen kommt. Grundsätzlich wird das Judentum in *Rasse und Seele* in zwei unterschiedlichen Zusammenhängen thematisiert, zumindest in den Ausgaben bis 1933. Wie Günther hält auch Clauß die Juden nicht für eine eigenständige Rasse. Andererseits sieht er in ihnen aber auch keine spezifische Rassenmischung, sondern den besonders typischen Fall eines ›erlösungsmenschlichen‹ Rassestils. Dieser psychologische Typus zeichne sich durch einen starken Zug zur »Vergeistigung« aus. Die Fixierung auf das geschriebene Gesetz habe gerade bei den Juden dazu geführt, dass sich der ›Geist‹ nicht auf die ›lebendige‹ Umwelt, sondern allein auf Texte gerichtet habe: »Geist ist Wort und Wort ist Buchstabe und Buchstabe ist etwas Starres, Unwandelbares. Aufgabe des Menschen ist es, das Buch zu ›fressen‹, d. h. die buchgefasste Satzung so in sich hineinzuziehen, daß alles Innere, alles Lebendige von ihr durchsetzt wird und zuletzt an ihr erstarrt.«[356] Der Imperativ des »Immer-lernen-Müssens« und »Wissen-Wollens« führe dazu, dass »nichts einfach ist für die Menschen dieser Art, nichts aus erster Hand, nichts triebhaft selbstverständlich«. Derart von ihrer eigenen Natur abgespalten, müsse das Begehren des eigenen Körpers, das »Fleisch«, als sündhaft markiert werden. In seinen reineren Ausprägungen ist dieser Typus so stark vergeistigt, dass das »Leben« in ihm kaum noch wahrnehmbar ist. Zur physiognomischen Veranschaulichung wählt Clauß daher das Bild eines Juden aus Jerusalem, der als Lastenträger arbeitet. Gerade an diesem »einfachen« Menschen, der dem »geistigen« Ideal seiner Religion nicht entsprechen könne, zeige sich nämlich der stiltypische Zug besonders deutlich:

> Es ist etwas wesentlich Zwiespältiges in allem Ausdruck, der an diesem Antlitz erscheint [...]. Dieses Zwiespältige hat zunächst einen einzelmenschlichen Ursprung. Es kommt aus dem Missverhältnis, das in dieser uns hier als Beispiel dienenden Einzelseele herrscht zwischen dem typischen Zuge zur Vergeistigung und der geringen geistigen Kraft, die diesem Manne zur Verfügung steht [...]. Der tiefste Ursprung des Zwiespalts im Antlitz dieses Mannes scheint aber doch rein in seinem Typus

selbst zu liegen. Denn keine noch so große geistige Kraft des Einzelnen vermöchte es, eine schlackenlose Vergeistigung des Lebens durchzuführen. So lange es eben noch ein Leben ist, verbleibt ein Rest, der wesentlich nicht-geistig sein muß:»das Fleisch«. Der Widerstreit zwischen»Geist« und»Fleisch« liegt allem Erleben dieser Menschenart zugrunde.[357]

Offenkundig verdankt diese Interpretation des Judentums Nietzsche sehr viel.[358] Es verwundert daher nicht, wenn Clauß auch am Christentum besonders dessen»asketischen« Zug betont und es damit als gleichfalls»lebensfeindliche« Religion charakterisiert. Folgerichtig ist es somit auch nicht der ›Jude‹, sondern der ›paulinische‹ Priester, der den Stil des Erlösungsmenschen in Reinform verkörpert.[359]

Clauß variiert hier im Ausdrucksparadigma den Topos, von dem seit Schleiermacher jedwede Hermeneutik des ›jüdischen Wesens‹ ihren Ausgang genommen hatte: seine Kompliziertheit und die Schwierigkeit seiner Erkenntnis. Folgerichtig schließt die Darstellung des Erlösungsmenschen:»Wir haben beim Erlösungsmenschen etwas länger verweilen müssen als bei den zuerst beschriebenen Typen: darum, weil er nicht einfach ist wie jene, sondern wesentlich verwickelt, zwiespältig, widersprüchlich. Er ist ›ein Problem‹, und zum Problem wird ihm auch alles, was er geistig anfaßt.«[360] Noch komplexer wird die Behandlung des ›jüdischen Wesens‹ und seines physiognomischen Ausdrucks aber, wenn Clauß sie um die Dimension der»jüdischen Stammesprägung« erweitert. Hatte er sich zur Darstellung des»reinen« Erlösungsmenschen vornehmlich Bildmaterials aus dem jüdischen »Stammland«, also vor allem aus Palästina und dem Nahen Osten bedient, so widmet er sich nun dem historischen Judentum in der Diaspora. Wie Spengler sieht auch Clauß in der Ghettoexistenz das wesentliche Merkmal des nachantiken jüdischen Lebens. Eine auf das harte»Schicksal der Zerstreuung« abgestimmte Erziehung sei so bestimmend für das Leben fast aller Juden geworden, dass sich eine genuine Prägung des Ausdrucks entwickelt habe. Die Schicksalsprägung des *Galuth*, wie Clauß das Ghettoleben hebräisch benennt, sei so stark gewesen, dass man neben dem anlagebedingten Rassestil gleichsam noch einen zweite, umweltbedingte Dimension des jüdischen Ausdrucks annehmen müsse. Zwar postuliert Clauß im Fall der Juden eine Abhängigkeit der geschichtlichen Ausdrucksprägung von einem bestimmten Rassestil: »Nur dort, wo der Erlösungsstil des Erlebens wesentlich mitsprach in den Einzelnen, fanden sich Menschen, die geeignet waren, ein Ghetto-Dasein von Geschlecht zu Geschlecht zu ertragen, um das Dasein des Volkes als solchen um jeden Preis zu sichern und das jüdische Volk zum ewigen Volke zu machen.« Doch unabhängig von der Rassebedingtheit seiner Entstehung liege das Spezifische des jüdischen Ausdrucks in seiner Prägung. Jeder Körperform kann sich also der Ausdruck ›jüdischen Wesens‹ einprägen, auch wenn dies gerade bei Menschen, deren Rassestil sich stark vom erlösungsmenschlichen Stil unterscheidet, nur auf Kosten einer »Vergewaltigung der Anlage« möglich sei. Als Beispiel führt Clauß das Bild einer galizischen Jüdin (*Abb. 54, 55*) an: »Bild a [*Abb. 54*] bietet überwiegend nordischem Umriß, in welchem auch für ein geschultes Auge nicht leicht etwas Jüdisches erkennbar ist. Auf Bild b [*Abb. 55*] schimmern Spuren vorderasiatischen und wüstenländischen Stils durch und eine Ausdrucksprägung, die deutlicher auf Jüdisches verweist«.[361]

Im Paradigma des Ausdrucks entwindet Clauß somit der physischen Anthropologie die sprachliche Hoheit über den Rassekörper.

Abb. 54

Abb. 55

Abb. 56

Abb. 57

Die sublimste Konsequenz dieser aus rassenanthropologischer Sicht geradezu revolutionären Theorie bestand aber in der umgekehrten Formulierung der These: *keine* Körperform kann als zwingend ›jüdisch‹ angesehen werden. Dies bedeutet ironischerweise, dass gerade die ausdruckstheoretische Physiognomik eine maximale Entfernung von der antisemitischen Ikonographie ermöglichte. Clauß nutzte die konzeptionelle Entkoppelung von leiblicher Erscheinung und Körperbau für eine Pointe, deren Komik man sich nur schwer entziehen kann. In einer nach 1933 nicht wieder aufgelegten *Einführung in die vergleichende Ausdrucksforschung* finden sich direkt neben der – schon angesprochenen – »arisch« aussehenden Jüdin Bilder eines Mädchens, das dem antisemitischen Klischee einer Jüdin entsprach (*Abb. 56, 57*). Der Witz des Kommentars zeigt sich darin, dass Clauß mit eben diesem Klischee rechnet und es ins Leere laufen lässt: »Das auf Tafel 71 abgebildete Mädchen«, eine arabische Christin, wie Clauß in der Bildunterschrift mitteilt, »würde, nach Deutschland versetzt, den meisten Deutschen als Jüdin gelten, während sie für *Kenner* nicht die leiseste Spur von jüdischen Zügen besitzt. Kein Araber würde sie für eine Jüdin halten.«[362]

Mit der ausdruckstheoretischen Konzeption des ›jüdischen Wesens‹ treibt Clauß den sachlichen Antisemitismus auf die Spitze der Sublimität. Zum einen er steigert er die Abgrenzung vom populären Antisemitismus bis zum Äußersten, wenn er das ikonische Bild der jüdischen Physiognomie, an das »die meisten Deutschen« glaubten, mit Mitteln der Physiognomik für Unsinn erklärt.[363] Auf der anderen Seite überbietet er aber den geläufigen Bildungsdiskurs, indem er eine komplexe und konsistente Theorie des jüdischen Aussehens liefert. Auch Clauß konstatiert ja die »Schwierigkeit«, das jüdischen Wesen an seiner Erscheinung zu erkennen; nur fasst er sie von der anderen Seite her auf: nicht von der »Mimikry«, der Ähnlichkeit des Anderen mit dem Eigenen, sondern von der trügerischen Erscheinung des Fremden! Juden sind schon Juden, und sie sehen auch aus wie Juden, so ließe sich Clauß' Problematisierungsformel umschreiben, nur hat sich bisher niemand die Mühe gemacht, über das Verhältnis von Körperbau und Ausdruck nachzudenken und zu erforschen, woran man ein *echt* jüdisches von einem nur scheinbar jüdischen Gesicht unterscheiden kann. Somit führt Clauß über den Umweg vermeintlich naturwissenschaftlicher Rassentheorien – deren Schema er ja übernommen hatte – den sachlichen Antisemitismus zurück an seinen Ausgangspunkt:

die konzeptionelle Unterscheidung zwischen einem klar eingrenzbaren Kollektiv der Juden und einem nur hermeneutisch zu entschlüsselnden ›jüdischem Wesen‹. Wie jede gelehrte Judenfeindschaft war auch Clauß' Antisemitismus ambivalent, und zwar bis auf den Grund seiner Biographie. Zum einen forderte seine Rassenpsychologie die Gralshüter der nationalsozialistischen Rassendoktrin ernsthaft heraus, vor allem das Rassenpolitische Amt der NSDAP und das Amt Rosenberg; schließlich ließ sich auf ihrer Grundlage keinerlei Rassenpolitik betreiben. So mussten etwa allen Ausgaben von *Rasse und Seele* nach 1933 ohne die Passagen zur jüdischen Ausdrucksprägung erscheinen. Mit der Forcierung der Judenpolitik wuchsen ab 1935 zudem die grundsätzlichen Vorbehalte der Biologisten gegen den populären Autor, der seit 1936 an der Berliner Universität auch eine Dozentur für Rassenpsychologie innehatte. Vor allem Walter Groß, der Leiter des Rassenpolitischen Amtes, betrachtete die Popularität der Rassenseelenkunde als weltanschauliche Bedrohung. 1941 brachte er Clauß in ernsthafte Schwierigkeiten, nachdem ihm per Denunziation zugetragen worden war, dass dieser eine jüdische Mitarbeiterin beschäftigte. Wie der Rasseforscher Clauß es letztlich verstand, sich selbst und seine Assistentin Margarete Landé aus dieser bedrohlichen Lage zu retten, hat Peter Weingart als symptomatischen Fall eines »Doppel-Lebens« im Nationalsozialismus geschildert.[364]

Auf der anderen Seite blieb Clauß während des gesamten Dritten Reichs ein viel gelesener Autor.[365] Und zu seinen Lesern zählten gerade überzeugte Rassisten der intellektuellen und politischen Elite: angefangen von den Rassereferenten in den Ministerien, über Hans F. K. Günther, mit dem er gemeinsam seit 1935 die Zeitschrift *Rasse* herausgab, bis zu leitenden Funktionären der SS, darunter auch Heinrich Himmler. Selbst ein so lupenreiner Biologist wie Groß zollte Clauß' Arbeit Respekt, zumindest vor 1935.[366] Die Ursache für die breite Anerkennung in diesen Kreisen liegt auf der Hand: Theoretisch war keine Rassenlehre so zwingend wie die von Clauß. Er konnte konsistent über Rasse schreiben, weil er nicht nur wie andere erkenntnistheoretisch über den Begriff reflektiert, sondern auch die Konsequenzen aus der Begriffskritik gezogen hatte und Rassenkunde als phänomenologische Hermeneutik betrieb. Zwar ließ sich mit ihr weder eine empirische Rassenforschung noch eine rassistische Bevölkerungspolitik begründen. Um jedoch die *Evidenz* von Rassephänomenen und damit die grundsätzliche Berechtigung rassistischer Wissenschaft und Politik weltanschaulich zu untermauern, eignete sich keine Lektüre so gut wie die feinsinnigen Kommentare, die Clauß zu seinen Porträtfotos verfasste. Clauß' Beitrag zur nationalsozialistischen Rassenpolitik war indirekt. Er bestand darin, dass er wie kein anderer außer Günther zur Verbreitung und Plausibilisierung des Rasseschemas in gebildeten Kreisen beitrug. Denn die subtilen theoretischen Unterschiede zwischen den einzelnen Rassentheoretikern werden die meisten Leser kaum bemerkt haben; ebensowenig wie sie etwas von den ideologiepolitischen Machtkämpfen ahnten, in denen Clauß beinahe zerrieben worden wäre.

Insgesamt stellt Clauß das vielleicht eindrücklichste Beispiel für die Ambivalenz des gebildeten Antisemitismus dar. Die von Ressentiment getragene Charakterisierung des jüdischen Erlösungsmenschen, dessen »erstarrter« Leiblichkeit er die »lebendige Kraft« des nordischen Leistungsmenschen gegenüberstellte, findet ihren Kontrapunkt in der Gedenkstätte Yad Vashem: Seit 1981 erinnert dort der Baum mit der Nummer F-983 an Ludwig Ferdinand Clauß, den *Gerechten*, der seine Mitarbeiterin Margarete Landé bis zum Kriegsende in einem Kellerraum versteckt gehalten hatte.[367]

Teil 4
Lebensdeutungen: Ludwig Klages und die Graphologie

1. Weltanschauliches Denken im Nationalsozialismus: Klages und Clauß

Der *Informationsdienst* Nr. 116, den das Rassenpolitische Amt der NSDAP am 20. August 1941 herausgab, enthielt ein mehrseitiges Gutachten, das Ludwig Ferdinand Clauß' Rassenseelenkunde aus fachwissenschaftlicher Sicht beurteilte.[1] Die Veröffentlichung war Teil einer ideologiepolitischen Kampagne, die der Amtsleiter Walter Groß seit 1938 gegen Clauß führte.[2] Bei dem namentlich nicht genannten Verfasser handelte es sich um den Psychologen Kurt Gottschaldt, den Leiter der Abteilung für Erbpsychologie am *Kaiser-Wilhelm-Institut für Anthropologie, menschliche Erblehre und Eugenik*.[3] Beide, Gottschaldt und Groß, waren Anhänger eines erbbiologischen Rassismus, den dieser als Mediziner und Funktionär von der rassenhygienischen, jener als Forscher von der wissenschaftlichen Seite vertrat.[4] Eine erkenntnistheoretisch versierte, zudem populäre Rassenkunde auf ausdruckstheoretischer Grundlage stellte ihre Position in theoretischer und praktischer Hinsicht grundsätzlich in Frage. Die Tendenz des Gutachtens war daher eindeutig negativ:

> Clauß geht von einer sehr pointierten philosophischen Konzeption aus, die in gewissen Anfängen auch bei Klages zu finden ist und vielfach der geisteswissenschaftlichen Philosophie und Psychologie vorschwebt. Nach dieser Vorstellung ist die Seele das Primäre und der Körper nur »Ausdrucksfeld« des Psychischen. Clauß sieht sich zunächst der Notwendigkeit enthoben, die Rassenseelenkunde auf eine empirische Basis zu stellen, eine Notwendigkeit, die für die induktiv verfahrende Rassenforschung unerlässlich ist. [...] Die mimische Methode, die letzten Ende in der intuitiven Schau, in einem Vermögen des Mitlebenkönnens [...] beruht, ist völlig subjektiv. Es fehlen ihr jegliche Möglichkeiten der objektiven Kontrolle [...].«[5]

Mit Verweis auf die massive Kritik, die Clauß seinerseits an der biologischen Rassenanthropologie geübt hatte, stellt Gottschaldt schließlich fest: »Clauß [geht] sowohl das Verständnis für die Bedeutung erblich-rassischen Denkens an sich, wie die Bereitschaft zu einer politischen Disziplin im großen geistigen Kampf der Gegenwart völlig [ab]«.[6]

Das Gutachten aus dem biologistischen Lager bietet einen guten Ausgangspunkt, um die Frage nach dem Verhältnis von charakterologischem Denkstil und Nationalsozialismus noch einmal neu zu stellen. Gleich zu Beginn seiner Auseinandersetzung mit Clauß nennt Gottschaldt, offenkundig um die Stoßrichtung seiner Kritik zu markieren, den Namen Ludwig Klages. Obwohl Clauß und Klages sich nur punktuell aufeinander bezogen und im zeitgenössischen Diskurs kaum in Verbindung gebracht wurden, ist diese Markierung äußerst treffend. Wie nah sich beider Ansätze standen, dokumentiert etwa der Dankesbrief, den Klages an Clauß schrieb, nachdem dieser ihm 1926 einen Widmungsband von *Rasse und Seele* hatte zukommen lassen. Zu seiner großen Überraschung und »glücklicherweise«, so Klages, biete Clauß etwas ganz anderes als eine »Phänomenologie« im Sinne Husserls: nämlich eine Wissenschaft der menschlichen Erscheinung. Lobend hebt Klages ausdrücklich vier Punkte hervor: das Konzept des Stils als übergeordneter Sinneinheit, die der einzelnen Eigenschaft erst ihre Bedeutung verleihe; die psychologische Vertiefung der Rassenkunde; die ausdruckstheoretische Widerlegung einer Anthropologie, die Körper und Seele in ein einfaches Zeichenverhältnis setze, wobei ihm die Bezeichnung des Körpers als »Schauplatz« der Seele »ganz ausgezeichnet« gefalle; und schließlich die sprachlich nuancierten Charakterisierungen, besonders die des »ostischen Typus« als »dumpfer Kugel«. Insgesamt, so lässt er Clauß wissen, habe er aus dessen »weitgespannten Beobachtungsstoff« großen Gewinn gezogen; er hoffe, dass es ihm umgekehrt mit seinen Büchern ebenso ergehen möge.[7]

Besonders auffällig an der Kritik des Gutachtens, die direkt auf Clauß und indirekt auf Klages zielt, ist die enge Verzahnung wissenschaftlicher, philosophischer und weltanschaulicher Gesichtspunkte. Gottschaldt stellt die Wahl zwischen innerwissenschaftlichen Alternativen, etwa zwischen Geistes- oder Naturwissenschaft, deduktiver oder induktiver Methode, ganzheitlicher Intuition oder kausaler Analyse, in einen direkten Zusammenhang mit der Entscheidung für eine bestimmte »philosophische Konzeption«; und zugleich bewertet er den Zusammenhang von Philosophie, Theorie und Methode im Hinblick auf den »geistigen Kampf der Gegenwart«. Komplexe Fragen wie die nach der »empirischen Basis« einer Forschungsarbeit oder nach den Möglichkeitsbedingungen »intuitiver« Erkenntnis bekommen so eine stark weltanschauliche Schlagseite. Zweifellos hat man es hier also mit einem Fall von politisierter Wissenschaft zu tun.[8] Über diesen Befund hinaus kann man aber auch – stärker historisierend – danach fragen, wie *konstitutiv* diese Verquickung möglicherweise für eine bestimmte Art von Wissensproduktion war. Gerade für das historische Verständnis des klagesschen Denkens birgt es nämlich großen Gewinn, die Position, die Gottschaldt hier vertritt, keiner voreiligen Ideologiekritik zu unterziehen. Denn die Perspektive eines Zeitgenossen, die hier Klages zusammen mit Clauß erfasst, kann helfen, den Fragehorizont zu öffnen und damit den Zirkel zu durchbrechen, in dem sich die Klagesforschung seit Jahrzehnten um sich selber dreht.[9] Statt in immer wieder neuen Anläufen die Abstrakta »Klages' Weltanschauung« und »nationalsozialistische Ideologie« aufeinander zu beziehen, werde ich im Folgenden die Perspektive wechseln: weg von den »philosophischen« Ideen hin zu deren Entstehung, vom *opus operatum* des Gedachten zum *modus operandi* des Denkens. Zu diesem Zweck bietet es sich an, den Blick auf den Anfang von Klages' systematischem Denken zu richten, einen Anfang, der zugleich ein dauerhaftes Zentrum seines Denkens bildete: die Graphologie.

Wenn eine lange Auseinandersetzung mit dem charakterologischen Denkstil in ein Fallbeispiel über Klages' Graphologie mündet, so hat das gute Gründe. Klages findet als junger Mann zu seiner Weltanschauung über das charakterologische Problem; dieses aber erkennt er als solches erst, als er die »Probleme der Graphologie« (so der Titel seines ersten Standardwerkes) ernst nimmt. Diese Probleme sind ebenso theoretischer wie praktischer Natur. Die Frage, nach welchen Kriterien sich Menschen überhaupt unterscheiden lassen, ist nicht zu trennen von dem Bedürfnis, die Eigenart ganz bestimmter Menschen – der Urheber konkreter Schriften – kennenzulernen und aus dieser Kenntnis Konsequenzen zu ziehen. An zwei Punkten lässt sich diese Orientierungsfunktion der Graphologie festmachen: zum einen an Klages selber, indem man zeigt, wie sehr schon der Entwurf einer graphologischen Theorie charakterologische Antworten auf drängende Fragen des eigenen Lebens enthält; zum anderen an den Auftraggebern graphologischer Gutachten, aus deren oft detaillierten Anschreiben an Klages eine große – und darin zweifellos zeitgenössische – Unsicherheit im Umgang mit anderen Menschen spricht. Desweiteren lässt sich am Beispiel der Graphologie das Verhältnis von charakterologischem Denken und Nationalsozialismus konkreter klären. Das betrifft einerseits einen besonders einschlägigen Fall von charakterologischem Antisemitismus: ein Ressentiment gegen Juden, das sich eine besonders subtile Form des wissenschaftlichen Weltanschauungsdenkens zu geben vermochte. Das betrifft aber auch einen Aspekt, der bisher nur in Andeutungen verhandelt worden ist. Die Graphologie ist schon ihrem Begriff nach ein Mittel der *Individualisierung*. Jeder Mensch hat eine Handschrift, die genau so unverwechselbar ist wie sein Gesicht und seine Stimme. Wie aber lässt sich die Konjunktur der klagesschen Graphologie im Dritten Reich zusammenbringen mit unserem Bild des Nationalsozialismus als einem *kollektivistischen* Herrschaftssystem?

2. Forschung und Leben: Graphologische Weltdeutung um 1900

Bei aller berechtigten Kritik muss man Klages' Entwurf einer Graphologie als intellektuelle Leistung würdigen. Problembewusstsein, theoretische Subtilität, empirische Fülle und Sicherheit des methodischen Zugriffs verbinden sich in ihr in einem seltenen Maß. Und auch wenn die Graphologie heute als Methode der Persönlichkeitsdiagnostik ausgedient hat – einige von Klages' Ansätzen erscheinen wissenschaftlich noch immer relevant. So wäre es beispielsweise lohnenswert, derzeit verhandelte Fragen der neurophysiologischen Grundlagenforschung daraufhin zu untersuchen, inwieweit Klages sie im Kontext graphologischer Probleme bereits formuliert hat.[10] Hier jedoch soll die klagessche Graphologie vor allem aus historischen Perspektive erfasst werden: nämlich als besonders prägnante Variante charakterologischer Weltanschauung nach 1900.

2.1. Grenzen der Willkür, Ränder der Disziplinen

Im Lauf des Jahres 1904 erschienen in den *Graphologischen Monatsheften* die ersten drei Kapitel einer *Graphologischen Prinzipienlehre*. Als Verfasser hatte Dr. Erwin Axel gezeichnet, ein Pseudonym, hinter dem sich, unschwer zu erkennen, Ludwig Klages verbarg.[11] Unter dem Titel *Probleme der Graphologie* erschien der Text 1910 in erweiterter Fassung als Buch. In einer Vorbemerkung wiesen die Herausgeber der *Monatshefte* (zu denen Klages selber zählte) insbesondere auf das Kapitel zum Problem der »persönlichen Ausdrucksschwelle« hin, das reich an »kühnen und tiefen Neuerungen« sei.

Nachdem er im ersten Kapitel den Forschungsstand referiert hatte, fasste Klages im zweiten Kapitel experimentelle Forschungsergebnisse zusammen, die im Kontext der 1897 gegründeten Deutschen Graphologischen Gesellschaft entstanden waren. Neben eigenen Arbeiten betraf dies vor allem Untersuchungen von Hans H. Busse, einem hochbegabten Dauerstudenten, und Georg Meyer, einem Berliner Psychiater. Das Kapitel zeigt, dass sich graphologisches Problembewusstsein um 1900 in Kontexten entwickelte, in denen bereits ein professionelles Interesse an Handschriften existierte: in der forensischen Schriftexpertise, in der experimentellen Physiologie und in der Psychiatrie.

Die Frage, ob und wie sich Schriftmerkmale absichtlich herstellen lassen, war praktisch wie theoretisch relevant. Bei Gericht ging es fast ausschließlich um die Identifizierung von Schriftfälschungen, also um den Vergleich von echter und mutmaßlich imitierter Handschrift. Ein Verständnis für die Merkmale manipulierter Handschriften hatte sich aber überhaupt erst entwickeln können, nachdem physiologische Experimente nachgewiesen hatten, in welchem Umfang die normale Schreibbewegung unwillkürlich abläuft. So hatte Klages 1899 Versuche unternommen, die belegten, dass sich Schriftbilder, deren Erzeugung der Schreiber konstante Aufmerksamkeit geschenkt hatte, klar von normalen Schriftbildern unterscheiden ließen, was er dadurch erklärte, dass beim unwillkürlichen Schreibvorgang die Aufmerksamkeit des Schreibers viel stärker schwankt.[12]

Wie unerheblich die bewusste Steuerung für das normale Schriftbild war, hatte bereits der Physiologe William Thierry Preyer nachgewiesen, als er Probanden dasselbe Wort mit unterschiedlichen Gliedmaßen hatte schreiben lassen: zuerst mit der gewohnten Schreibhand, dann mit der anderen Hand, dem Mund und den Füßen (*Abb. 58*). Da sich in allen Fällen ein identischer Schriftverlauf ausmachen ließ, schloss Preyer auf die Existenz eines zerebralen Zentrums, das die Motorik der Schreibbewegung unabhängig vom ausführenden Organ steuere. Was man umgangssprachlich Handschrift nenne, so Preyer, sei eigentlich »Gehirnschrift«.[13] Besonders systematisch hatte Georg Meyer in einer groß angelegten Versuchsreihe Grenzen und Symptome der verstellten Handschrift erforscht und dabei einige Gesetzmäßigkeiten entdeckt: etwa die verhältnismäßig leichte Manipulierbarkeit von Größenumfang, Schriftdruck und Schreibgeschwindigkeit oder die allgemeine Regel, derzufolge sich ein Schriftmerkmal umso schwerer fälschen lässt, je mehr Konzentration seine Erzeugung erfordert.[14]

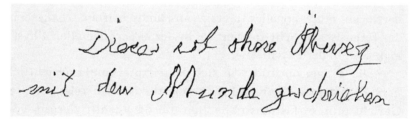

Abb. 58

Schon in seiner ausführlichen Besprechung von Meyers graphologischem Hauptwerk hatte Klages 1901 betont, dass man »die Ergebnisse experimentell willkürlicher Schriftbeeinflussung nicht ohne Vorbehalte auf die *dauernd* wirksamen Entstehungsbedingungen der Handschrift übertragen« dürfe.[15] Diese Grenze markierte nicht nur den spezifischen Unterschied zwischen forensischem und psychologischem Interesse an der Handschrift, sondern auch den zwischen Meyers und Klages' eigenem Forschungsschwerpunkt. Denn während die gerichtliche Schriftexpertise ihren Fokus auf die einmalig und mit bestimmter Absicht erzeugten Schriftmerkmale legte, nahm die Graphologie ihren Ausgang gerade umgekehrt von den unbewussten Antrieben einer Persönlichkeit, die sich an den konstanten Merkmalen eines Schriftbildes dokumentieren sollten. Und während Meyer sich als Forscher an das experimentelle Paradigma hielt, begründete Klages die Graphologie als *physiognomische* Wissenschaft zur allgemeinen Diagnostik der Persönlichkeitsunterschiede.

Im Rahmen induktiver Verfahren und in der Form allgemeiner Gesetze konnte über das Unwillkürliche der Handschrift allerdings nicht mehr ausgesagt werden, als dass es eben existierte. Was es seiner Natur nach sei, in welchen Formen es sich äußere und wie diese zu interpretieren seien, konnte dagegen nur noch axiomatisch bestimmt werden. Wenn auch erst Klages dies tat, waren die ersten Impulse zur psychologischen Erforschung der Schrift bereits von Meyer gekommen. Anders als bei den Versuchen zur Schriftverstellung, die er als graphologischer Laienwissenschaftler unternommen hatte, besaß sein Interesse für die psychologischen Schriftsymptome allerdings einen professionellen Hintergrund: Meyer war Psychiater an der Klinik Berlin-Herzberge. Bevor im Folgenden die Sprache auf die psychiatrischen Schriftexperimente und Klages' charakterologische Grundlegung der Graphologie kommen soll, bedarf es aber einer Erläuterung, warum Psychiater um 1900 die Handschrift überhaupt in den Blick nahmen.

2.2. Medienhistorischer Exkurs: Handschrift im 19. Jahrhundert

Soweit sie sich dafür interessiert, hat die Mediengeschichte den Aufschwung der Graphologie als Ausdruck von Modernitätsverweigerung interpretiert. Im Zeitalter maschinellen Schreibens, meint etwa Eva Horn, sei die psychologische Deutung der individuellen Handschrift ein Anachronismus gewesen. »Es scheint«, schreibt sie, »als sei die Graphologie mediengeschichtlich das Anzeichen eines Rückzugsgefechts, eine emphatische Aufladung der Handschrift in einem Moment, wo diese nicht nur zusehends aus der geschäftlichen Textproduktion (einschließlich der Literatur) verdrängt wird, sondern wo zeitgleich andere Aufzeichnungsmedien ein neues Wissen vom Menschen schreiben.«[16] Wenn Horn um 1900 eine »Krise des Aufschreibesystems Handschrift« konstatiert, so ist damit in Anschluss an Friedrich Kittler das seit etwa 1800 gültige Modell des Schreibens gemeint.[17] Ihm zufolge fungierte das Aufschreibesystem Handschrift in der Goethezeit als materielles Korrelat eines Aussagesystems. Schrift kann individuellem Bewusstsein zugerechnet werden. Der Schreibende notiert beim Schreiben nicht nur einen Inhalt, er wird sich im kohärenten Tintenfluss auch seiner selbst als dessen Urheber transparent. Was das Autorenparadigma in die Krise bringt, sind neue Medien des Schreibens: die Schreibmaschine, die den Schreibfluss in mechanische Drucktypen zerhackt; und die Aufzeichnungsapparaturen, die im Labor ein Wissen vom Menschen produzieren, das dem Bewusstsein nicht mehr als Einheit verfügbar ist. Die Graphologie deutet Horn daher als Versuch, die verlorene Einheit von Schrift und Individualität »wiederherzustellen«.

Das kittlersche Modell der Handschrift um 1800 ist überzeugend, ebenso der Befund eines Niedergangs der Handschrift als Aufschreibesystem. Auch von einer »Aufladung« der Handschrift im Moment ihres Bedeutungsverlustes zu sprechen, erscheint mir angemessen. Fragwürdig ist es dagegen, den konstatierten Prozess als »Krise« zu begreifen, der eine kompensatorische Reaktion erzwingt. Nach diesem Deutungsmuster muss die Graphologie als Agent des quasi reaktionären Versuchs gelten, ein unhaltbar gewordenes Menschenbild zu konservieren. Das deterministische Urteil wird aber nur dann plausibel, wenn man unterstellt, die Graphologie habe um 1900 mit der gleichen Konzeption von Handschrift operiert wie schon die Goethezeit. Dass dies nicht der Fall ist, lässt sich durch einen Blick auf den fundamentalen Wandlungsprozess zeigen, dem das Medium Handschrift im 19. Jahrhundert unterworfen war.

a) Vom Speicher- zum Ausdrucksmedium

Beim Funktionswandel der Handschrift handelte es sich um einen doppelläufigen Prozess: Sie wurde in dem Maße als Speichermedium marginalisiert, wie sie als Ausdrucksmedium aufgewertet wurde. Dieser Prozess lässt sich fünfach bestimmen. Erstens führte die *bürgerliche Schreibkultur* des 19. Jahrhunderts zu einer ungekannten Fokussierung auf den Urheber einer Handschrift. Eine Voraussetzung hierfür war die funktionale Entlastung des Briefs im 18. Jahrhundert. Noch bis in die Frühmoderne zirkulierten die meisten Briefe innerhalb familiärer oder lokaler Netzwerke: Sie enthielten Informationen aller Art, politische Ereignismeldungen standen neben Beschreibungen der eigenen Verdauung, und es war gängige Praxis, Briefe an Dritte weiterzuschicken.[18] Mit der Ausdifferenzierung einer politischen Öffentlichkeit und der damit verbundenen Aufwertung der privaten und persönlichen Sphäre wurden Briefe und Tagebücher seit dem späten 18. Jahrhundert zunehmend als intime Medien wahrgenommen, deren Gebrauch einer Ökonomie der Geheimhaltung unterlag.[19] Im Fall des Tagebuchs war der Schreiber, von wohldosierten Ausnahmen abgesehen, ohnehin der einzige Leser. Aber auch Briefe wurden immer häufiger exklusiv an nur einen Empfänger adressiert.[20] In dem Maße, wie sich der Brief als Normalmedium intersubjektiver Kommunikation etablierte, konnte sich auch die Wahrnehmung des Schriftbildes als Spiegelbild eines Abwesenden verstetigen.

Die stärkste Zuspitzung erfuhr die Verbindung von Schriftbild und Individuum – zweitens – im *bürgerlichen Persönlichkeitskult*. Das seit dem 16. Jahrhundert belegte Sammeln von *Autographen* erreichte im 19. Jahrhundert seine größte Verbreitung.[21] Das um 1800 etablierte Ideal der »Autorschaft« eines Künstlers, dem Schöpferkraft zugesprochen wurde, lässt es angemessen erscheinen, vom Autographensammeln als einem säkularen »Reliquienkult« zu sprechen. Das Autograph wurde wie das Porträt zum Fetisch der Persönlichkeitsanbetung.[22]

Drittens führten soziale und technologische Umwälzungen dazu, dass sich die Vorstellung einer Ausdrucksbeziehung zwischen Handschrift und Person auch über die bürgerliche Sphäre hinaus verbreitete. Bis in das frühe 19. Jahrhundert hinein wurde ein Großteil aller Briefe von professionellen Schreibern verfasst, die nicht nur Dienstleister für Analphabeten waren, sondern ein faktisches Korrespondenzmonopol im Verkehr mit Höfen und

Verwaltungen innehatten. Eingaben und Beschwerden, aber auch amtlich beglaubigte Schriftstücke wie Verträge mussten in lokalen Schreibstuben verfasst werden. Im Zuge allgemeiner Alphabetisierung und *kommunikativer Liberalisierung* verloren die Schreiber ihre herrschaftsunmittelbare Position, so dass jeder des Schreibens Mächtige seine Korrespondenz allein erledigen konnte.[23]

Die steigende Alphabetisierungsrate war jedoch nur eine notwendige Voraussetzung dafür, dass sich die Praxis des privaten Briefeschreibens über die bürgerlichen Kreise hinaus verbreitete.[24] Der entscheidende Katalysator war, viertens, der Krieg. 1870 / 71 wurde das System der Feldpost so perfektioniert, dass jeder Soldat täglich Briefe verschicken und erhalten konnte. So kursierten schon 1871 jeden Tag durchschnittlich im Durchschnitt 500.000 Sendungen zwischen Front und Heimat. Einen wahren Dammbruch für die Briefkultur bedeutete der Erste Weltkrieg. Durchschnittlich über 16 Millionen Sendungen pro Tag stellten einen stetigen engen Kontakt zwischen Soldaten und Angehörigen her – in einer für alle Kommunikationsteilnehmer existentiellen Situation.[25] Über die oft redundanten Inhalte hinaus vermittelte allein die Wahrnehmung einer erst am Tag zuvor entstandenen Handschrift die Nähe eines vertrauten Menschen, von dem man nicht wusste, ob man ihn je wiedersehen würde.[26]

Vor allem aber intensivierten, fünftens, technische Erfindungen der zweiten Hälfte des 19. Jahrhunderts die Beziehung zwischen Handschrift und Persönlichkeit. Die *Remington-Schreibmaschine* machte die Handschrift keineswegs zu einem Anachronismus.[27] Vielmehr brachte sie nach der Erfindung des Buchdrucks eine weitere funktionale Entlastung der Handschrift als Speichermedium mit sich. Innerhalb weniger Jahre wurde die gesamte amtliche und geschäftliche Korrespondenz auf Maschinenschrift umgestellt, wodurch der handschriftliche Briefverkehr vollständig auf den Bereich persönlicher Kommunikation beschränkt wurde.[28] Quantitativ bewirkte diese zweite Revolutionierung der Schreibtechnologie zwar eine drastische Abnahme der Zahl handgeschriebener Dokumente; zugleich jedoch wurde die Handschrift nun viel spezifischer als Produkt einer bestimmten Person wahrgenommen. In dem Maße, wie sie als Speicher- und Kommunikationsmedium verdrängt wurde, gewann sie als persönliches Ausdrucksmedium an Differenz zu anderen Schriftarten.

Aus Sicht der Schreibenden und Lesenden stellt sich dieser Prozess aber nun gerade nicht als »Verlust von Handschrift« dar, sondern als Vervielfältigung von Schriftformen. Die Schreibmaschine verdrängte nicht *die* Handschrift aus der Welt, sie setzte die Differenz zwischen Maschinen- und Handschrift *in* die Welt.[29] Eine Schlüsselstelle aus Irmgard Keuns Roman *Gilgi* von 1931, in der die Protagonistin im Besitz ihres Geliebten wühlt, zeigt das:

> »Es kommt ihr gar nicht in den Sinn, den Brief zu lesen, geht sie ja nichts an, und außerdem ist er mit der Hand geschrieben. Handgeschriebene Briefe haben so was aufdringlich Intimes, peinlich Sich-Offenbarendes – der Brief wandert zusammen mit anderen in die Schublade. […] Da – noch ein Brief unterm Schreibtisch. Aus Zürich […] vom Christoph. Sympathisch klare Maschinenschrift. […] Gilgi faltet den Brief auseinander, es ist entschieden wissenswert, was der Christoph schreibt: ah, sein Geld wollt' der Martin haben, und der Christoph will nicht damit rausrücken. Daher war in der letzten Zeit nicht mehr die Rede von Fortfahren«.[30]

Handschrift erzählt vom Schreiber, Maschinenschrift informiert über Fakten; Handschrift drückt aus, Maschinenschrift stellt dar. Und diese Differenz wurde vielfältig genutzt, sei es im Schriftverkehr zwischen Freunden, der eine Entschuldigung verlangt, wenn mit der Maschine geschrieben wird; sei es im umgekehrten Fall eines Abteilungsleiters, der einen Geschäftsbrief nicht diktiert, sondern mit Füllfederhalter selbst schreibt, weil er ihm eine persönliche Note geben möchte; sei es Magnus Hirschfeld, der neben den Bericht über den Massenmörder Peter Kürten eine Probe seiner Handschrift setzt.[31] Oder sei es, nicht zuletzt, der Graphologe, der den impliziten Gehalt einer Handschrift in einem mit Maschine geschriebenen Gutachten expliziert.

Medienhistorisch gilt: Erst die Erfindung eines neuen Mediums macht das alte Medium beobachtbar. Der Verlust einer Funktion, so ließe sich dieser Befund übersetzen, geht einher mit einer »Aufladung« der verbleibenden. Dieser paradoxe Zusammenhang von erhöhter Spezifität und verringerter Reichweite wird auch als funktionale Differenzierung bezeichnet.

b) Vom Aufschreibesystem zum epistemischen Ding

Es war aber ein anderes mechanisches Schreibmedium, das schließlich einen neuen Begriff der Handschrift hervorbrachte – jenen Begriff, mit dem auch die Graphologie operierte. Dazu gleich. Zunächst bietet es sich an, das Spezifische dieses Begriffs durch einen kontrastierenden Vergleich mit dem Konzept der Handschrift um 1800 zu verdeutlichen. Dazu eignet sich ein Schlaglicht auf Goethe.[32] In einer berühmten Schreibszene der *Wahlverwandtschaften* bringt die junge, scheue Ottilie dem Baron Eduard Abschriften einiger seiner Briefe:

> Sie legte das Original und die Abschrift vor Eduard auf den Tisch. »Wollen wir kollationieren?« sagte sie lächelnd. Eduard wußte nicht, was er erwidern sollte. Er sah sie an, er besah die Abschrift. Die ersten Blätter waren mit größerer Sorgfalt, mit einer zarten weiblichen Hand, geschrieben, dann schienen sich die Züge zu verändern, leichter und freier zu werden; aber wie erstaunt war er, als er die letzten Seiten mit den Augen überlief! »Um Gottes Willen!« rief er aus, »was ist das? Das ist meine Hand!« Er sah Ottilien an und wieder auf die Blätter, besonders der Schluß war ganz, als wenn er ihn selbst geschrieben hätte. Ottilie schwieg, aber sie blickte ihm mit der größten Zufriedenheit in die Augen. Eduard hob seine Arme empor: »Du liebst mich!« und sie hielten einander umfasst. Wer das andere zuerst ergriffen, wäre nicht zu unterscheiden gewesen.[33]

Für Goethe ist der Ausgangspunkt der Handschrift das Text produzierende Subjekt. Schreiben ist Sichtbarmachung eines im Innern der Person verschlossenen Gehalts. So wie der Autor im Text Vorstellungen zugänglich macht, so zeigt die Gestalt von Ottilies

Schreibbewegung Eduard ihre Liebe. Dies geschieht, indem Eduard im Akt der Lektüre den Akt ihres Schreibens, ihre allmähliche Angleichung an das abgeschriebene Schriftbild, nachvollzieht. Die Handschrift wird vom Schreibakt her verstanden, von der Zeitlichkeit der Schreibbewegung. Daher ist die Schlüsselmetapher des Schreibens um 1800 auch der »Fluss« und das didaktische Ideal die »Flüssigkeit« der Schreibbewegung. Nimmt man das Moment der Sichtbarmachung hinzu, lässt sich das Konzept szenisch verdichten im Bild des Tintenflusses, der aus der Seele des Menschen drängt wie die Quelle aus dem Inneren des Felsens.[34] In diesen Metaphern drückt sich das Vertrauen in eine natürliche Semiotik aus, der zufolge sich verborgene Sachverhalte durch nichtsprachliche Zeichen von selbst zu erkennen geben.[35]

Bei allen sonstigen Unterschieden verband die wissenschaftlich ambitionierten Graphologen um 1900 der Gebrauch einer anderen Leitmetapher: Ihnen galt die Handschrift als individuelle *Spur*. Nun ist das Bild der Spur als solches unspezifisch. Um 1800 war es etwa bedeutsam für die Pathognomik Georg Christoph Lichtenbergs, der lehrte, dass bestimmte dauerhafte Handlungsweisen sich dem Körper als Zeichen einprägen.[36] Die Graphologen gaben der Metapher dagegen einen anderen Akzent, wenn sie nicht das Moment der Prägung, sondern der Präsenz betonten. Sie bestimmten den Begriff der Spur im Sinne Walter Benjamins als »Erscheinung einer Nähe, so fern das sein mag, was sie hinterließ«.[37] Der Turiner Kriminologe Cesare Lombroso, der bei seine Suche nach den Merkmalen der delinquenten Persönlichkeit auch Grundzüge einer Graphologie entwarf, definierte die Handschrift so: »ein Abdruck, so charakteristisch, beständig und genau, daß wir die Personen an ihrer Schrift erkennen, ebenso wie an ihrem Gesicht; und daß sogar bestimmte Züge in der Schrift uns eine Anschauung von der körperlichen Beschaffenheit des Schreibers geben können«.[38] Doch die Handschrift vergegenwärtigt nicht nur einen Abwesenden, sie macht ihn in gewisser Hinsicht sogar präsenter, als er es realiter je sein könnte:

> Jedermann weiß, daß der langsame, schwere Gang den Kretin, der Hackengang den Ataktiker, der tänzelnde den Idioten

charakterisiert [...]. Aber von all diesen Bewegungen verlieren sich einige, andere geben nur ein annäherndes Bild von dem seelischen Zustand [...]. Die Handschrift bietet den überaus bedeutenden Vorteil, dass, während andere Bewegungen kaum ausgeführt verschwinden oder nur mit empfindlichsten Instrumenten festgehalten werden können, diese von ihrem ersten Entstehen an dauernd *fixiert* bleiben. Wenn der Mensch schreibt, so steckt er ganz in seiner Feder [...]. Unbewusste Bewegungen entstehen in der Hand des schreibenden Subjekts, und wenn sie auch [...] kaum bemerkbar sind, so reichen sie doch für den *Beobachter* aus.[39]

Diese Formulierungen des selbst ernannten »Gelegenheitsgraphologen« Lombroso sind paradigmatisch für eine neue Konzeption der Handschrift um 1900, die der Physiologie mehr schuldete als der Pathognomik. Auch Klages, theoretisch von Lombroso denkbar weit entfernt, bestimmte seinen Begriff der Handschrift in genau diesem Sinn:

> In jeder persönlich charakteristischen Bewegungseigenschaft erscheint die persönlich charakteristische Bewegungsweise. Die außerordentliche Wichtigkeit des Befundes für spätere Ausführungen mag es rechtfertigen, wenn wir das, wovon wir angenommen haben, es lasse sich wahrnehmen bei *Beobachtung* der Art und Weise des Sichbewegens verschiedener Personen, sogleich vor Augen führen und dergestalt *unwiderruflich* machen mit Hilfe jener einen und einzigen *Spur* des persönlichen Sichbewegens, die man Handschrift nennt. Hier und nur hier sind alle Bedingungen der Nachprüfbarkeit gegeben.[40]

Die graphologische Metapher der Spur umfasst mithin drei wesentliche Elemente. Erstens handelt es sich um ein komplexes Zeichen, das umfassende Auskunft über seinen Verursacher gibt. Zweitens handelt es sich nicht nur um einen Abdruck, sondern auch um einen Fixierung, eine Bewegungsspur, die nicht nur die Vergegenwärtigung eines Abwesenden, sondern vor allem die »unwiderrufliche« Verstetigung einer volatilen und zugleich ephemeren Erscheinung leistet. Und drittens ermöglicht es diese Verstetigung, ein eigentlich Abwesendes, sich Bewegendes und Ephemeres als Einheit zu beobachten. Der Zweck der Spurensicherung liegt nicht in der Rekonstruktion eines einmaligen Ereignisses oder der Ermittlung eines Täters, sondern in der Rekonstruktion des Charakters einer unbekannten Person. Die Spur der Handschrift ist demnach weniger ein Indiz im kriminalistischen als eher ein Profil im kriminologischen Sinn.[41] Anders als Goethe, für den der Schriftverlauf ein dem Text analoger und seinen Gehalt ergänzender Repräsentationsmodus des Inneren ist, ignorieren die Graphologen gerade die textuelle Dimension der Handschrift. Dass es sich um ein Aufschreibesystem handelt, ist unerheblich geworden. Schreiben ist nichts als eine persönlich charakteristische Form des Sichbewegens, die durch das Schriftbild dokumentiert wird.[42] Die Gegensätzlichkeit graphologischer und goethescher Konzeption der Handschrift lässt sich auf die Formel Selbst-Ergießung versus Selbst-Fixierung bringen.

Lombroso deutet im Übrigen auch den Kontext an, in dem sich ihm das Konzept der Handschrift als Subjektfixierung aufdrängte. Er spricht von Bewegungen als flüchtigen Phänomenen, die »nur mit empfindlichsten Instrumenten festgehalten werden können«. Dass damit die Aufzeichnungsapparaturen gemeint sind, mit denen die experimentelle Physiologie seit Mitte des 19. Jahrhunderts menschliche Organbewegungen graphisch festhält, macht Lombroso deutlich, wenn er als Referenzen Etienne-Jules Marey und seinen Turiner Kollegen Angelo Mosso nennt. Beide gehörten in der Physiologie zu den namhaftesten Vertretern der graphischen Methode, Marey als Theoretiker, Mosso als bedeutender Innovator.[43] Das Prinzip dieser Methode hieß: Selbstaufzeichnung des Forschungsgegenstandes. Wie das zu verstehen ist, lässt sich am besten an der Ursprungsszene der apparativen Aufzeichnungsmethode anschaulich machen. Als der Prosektor der Universität Marburg Carl Ludwig 1847 die Korrelation des pneumatischen Drucks in der Lunge mit dem kardiovaskulären Druck in den Blutgefäßen erforschen wollte, stellte er fest, dass ihn das gleichzeitige Ablesen von zwei Quecksilberskalen überforderte.[44] Die Lösung des Problems lag in der Idee, die Messgeräte mit Schreibfedern zu verbinden, die die Druckveränderungen gleichzeitig auf einer sich unter ihnen bewegenden Rolle Papier registrierten. Mit Hilfe der so entstandenen Graphen ließ sich die Abhängigkeit der beiden organischen Funktionssysteme problemlos beweisen (Abb. 59).

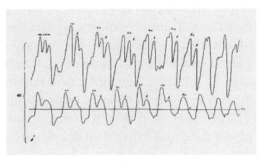

Abb. 59

An dieser Stelle war die Entfernung zwischen mechanischem Graph und Handschrift noch denkbar weit. Dies änderte sich, als die graphische Methode um 1900 das Labor verließ. Epistemologisch korrespondierte der Gang in das so genannte »Leben« mit einer Verschiebung humanwissenschaftlicher Forschungsstrategien. Das Normale wurde nun nicht mehr ausschließlich vom Pathologischen her gedacht, sondern von seinen Rändern her, vom »gerade nicht mehr Normalen«, gleichsam eingekreist: Körperliche Extremzustände diesseits der Krankheit wie Ermüdung, Nervosität und Hysterie oder Devianz diesseits des Wahnsinns (der eben als extremer Sonderfall der »Psychose« eigens bezeichnet wurde) wie Genialität, Prostitution, Psychopathie, Kriminalität wurden wissenschaftsfähig. Sie erschienen nun einer bisher im Labor verschlossenen Registriermethode der »exakten« Naturwissenschaft zugänglich.[45] Es war diese Verschaltung von mechanischer Aufzeichnung und Lebenswirklichkeit, in dem die Handschrift zum epistemischen Ding wurde.[46]

Ich will das an zwei Beispielen verdeutlichen, die an Grenzorten des Normalen situiert sind: der Höhenluft und der psychiatrischen Klinik. 1905 veröffentlichte der Physiologe Nathan Zuntz eine

Studie über die Wirkungen des Höhenklimas auf den menschlichen Organismus. Der Extremfall dieser Wirkungen lässt sich nicht mehr als isolierte Funktionsstörung erfassen, sondern nur noch als spezifische Veränderung des ganzen Körpers. Um die Komplexität des Syndroms »Höhenkrankheit« einzufangen, reichte die Präzision auch der feinsten Aufzeichnungsapparaturen nicht mehr aus. Um diesen Zustand dennoch graphisch zu indizieren, führte Zuntz handschriftliche Aufzeichnungen an, die Meteorologen im Heißluftballon unter Sauerstoffmangel angefertigt hatten. Im Vergleich mit dem normalen Schriftbild wird der Kontrollverlust über die Muskeltätigkeit offenkundig (*Abb. 60, 61*).[47] An dieser Stelle schlägt die graphische Methode um in eine Graphologie *avant la lettre*.

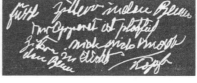

Abb. 60

Abb. 61

Ein analoger Fall aus einem ganz anderen Kontext bestätigt den Befund. Die gleiche optische Darstellungsform, die der Höhenphysiologe verwendete, um ein Symptom zu präsentieren, hatte sich nämlich bereits einige Jahre zuvor in einem Massenmedium gefunden – zu einem höchst sentimentalen Zweck. Um eine möglichst authentische, aber zugleich die Würde von Person und Anlass wahrende Form zu finden, vom Tod Wilhelms I. zu berichten, druckten Tageszeitungen seine Unterschrift ab: einmal in der »normalen«, dem Publikum weithin bekannten, und einmal in jener vom Tremor gezeichneten Gestalt, mit der er sterbend ein von Bismarck vorgelegtes Dokument unterzeichnet hatte (*Abb. 62, 63*).[48]

Abb. 62 *Abb. 63*

Die so unterschiedlichen Fälle belegen, dass der Status der Schrift sich verändert, sobald der Mensch selbst zur Aufzeichnungsapparatur wird. Sie hört auf, Sprache zu sein, und wird zum Index. Von hier ist es zu Lombrosos Axiom, beim Schreiben stecke »der ganze Mensch in seiner Feder«, nur noch ein kleiner Schritt.[49] Schon in den 1880er Jahren hatte Lombroso angefangen, Schriftproben der Patienten seiner psychiatrischen Klinik zu sammeln. Aus dem Versuch, dieser Sammlung Sinn abzugewinnen, war sein kurzer Ausflug in die Graphologie hervorgegangen. Doch um die Frage zu beantworten, wie sich das Verhältnis von Handschrift und Person denn überhaupt als Gegenstand von Wissenschaft fassen ließe, hatte er Anleihen bei seinem Turiner Kollegen Angelo Mosso, genommen. Ein Beispiel, dem andere Psychiater bald folgen sollten.

1892 hatte der Stabsarzt Friedrich Goldscheider als erster den Versuch unternommen, die Handschrift als komplexe Bewegung physiologisch zu analysieren.[50] Um zu beweisen, dass die Kontrolle des Schreibresultats nicht von den Augen vollzogen würde, sondern durch Widerstandsempfindungen in Hand und Unterarm, entwarf er eine Apparatur, die die Druckschwankungen während des Schreibvorganges registrieren konnte. So entstand neben dem eigentlichen ein zweites Schriftbild. Der Psychiater Emil Kraepelin entwarf einige Jahre später eine verfeinerte Variante der goldscheiderschen Apparatur, die durch eine abgefederte Wiegemechanik die Veränderungen im Schreibdruck bis auf 20 Gramm genau aufzeichnete.[51] Kraepelin hatte maßgeblich dazu beigetragen, die Psychiatrie als einen Zweig der disziplinären Medizin zu etablieren, und das hieß konkret: als eine Wissenspraxis, die im Krankenzimmer, im Labor und im Hörsaal stattfinden konnte – drei Orte, die im Zuge der wissenschaftlichen Neuorientierung des Fachs in der Klinik räumlich zusammengebracht wurden.[52] Derart verwissenschaftlicht, brachte diese Art der spezialistischen Psychiatrie Wissen in zweierlei Form hervor, zum einen eine immense Vermehrung des diagnostischen Datenmaterials, zum anderen eine eigenständige Systematik. So beruhen die Krankheitsbilder der Psychiatrie in ihren Grundzügen heute noch auf Kraepelins nosologischer Ordnung.[53] Dagegen begriff sich die verstehende Psychopathologie, die vor allem mit dem Namen Jaspers verbunden ist, als Alternative zu einer »naturwissenschaftlichen« Psychiatrie.[54] Dass die deutenden Ansätze nicht zuletzt auf Sachverhalte reagierten, die eine registrierende, systematisierende Wissenschaft selbst hervorgebracht hatte, wird an der kraepelinschen »Schriftwaage« deutlich. Wie Lombroso hatte auch Kraepelin schon länger Schriftproben von Patienten gesammelt.[55] Doch erst in den Schriftwaagenexperimenten erhielt der Schreibvorgang eine epistemische Form.

1899 machte Adolf Gross Kraepelins Apparatur erstmals in vollem Umfang diagnostisch nutzbar. Gross ging es um die präzise Erfassung einiger schwer zugänglicher psychiatrischer Symptome, besonders des Stupors, der die Patienten reg- und teilnahmslos werden lässt.[56] In unserem Zusammenhang interessiert vor allem ein kleiner Nebenbefund, mit dem Gross nach eigener Aussage nicht gerechnet hatte. Um die Signifikanz der Druckschwankungskurven der Stupor-Patienten überhaupt beurteilen zu können, mussten als Vergleichsgrundlage entsprechende Kurven von gesunden Menschen erstellt werden. Als naheliegendes Untersuchungsmaterial bot sich das nicht-medizinische Personal der Klinik an. Zwar gelang es Gross so, eine »Normalitätsbreite« zu erfassen, die es erlaubte, besonders extremen Kurven Symptomwert beizumessen. Er musste aber zugestehen, dass die von ihm registrierten Normalkurven ihrerseits überraschend deutlich voneinander abwichen und somit von individualpsychologischer Relevanz seien (Abb. 64).[57] An dieser Stelle entlastete das Aufzeichnungsmedium das Bewusstsein nicht mehr, vielmehr spielte es ihm einen Streich, indem es eine ganze Epistemologie zum Einsturz brachte. In Gross' Kurven nahm das Normale selbst die Form eines Syndroms an, das nur noch differentialdiagnostisch bestimmbar ist. Der Name dieses Syndroms lautet: Persönlichkeit.

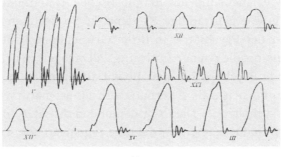

Abb. 64

An einem Grenzort experimenteller Wissenschaft wird ein Paradox der apparativen Aufzeichnung erkennbar. Eine Methode, der es um störungsfreie Selbstaufzeichnung des Objekts zu tun war, brachte an ihren Rändern Rauschen hervor: Sinnüberschüsse, die nach subjektiver Urteilskraft verlangten.[58] Indem das Prinzip der mechanischen Registrierung des Menschlichen den Menschen als Deutungsinstanz wieder auf den Plan rief, erwies sich die Idee einer subjektfreien Wissenschaft als haltlos.[59] Ein solcher Befund ließ sie sich im Rahmen des Objektivitätsparadigma aber nicht benennen. Es war daher einem disziplinär ungebundenen Gelehrten vorbehalten, die Schreibbewegung auch explizit nicht mehr als objektivierende Selbstaufzeichnung, sondern als deutungsbedürftigen Ausdruck des Lebens aufzufassen.

2.3. Rhythmen des Leibes, Formen der Seele

Georg Meyer erkannte sofort die Relevanz, die das Experiment seines Kollegen Adolf Gross für die graphologische Theoriebildung besaß. Kurz nachdem dessen Aufsatz in Kraepelins *Psychiatrischen Arbeiten* erschienen war, stellte Meyer ihn in den *Graphologischen Monatsheften* vor. Mit der besonders »empfindlichen Methode der Aufzeichnung« sei es gelungen, dem Alltagswissen um die Handschrift als

Persönlichkeitsausdruck eine wissenschaftliche Form zu geben. Jede Schreibbewegung ließe sich als »eine für das Individuum konstante Kombination von Druckschwankungen« beschreiben. Kurz: »Jede Person hat ihren festen Kurventypus.«[60] Besonders betonte Meyer, dass dies selbst für einfachste Schreibbewegungen gelte, wie etwa das Experiment zeige, bei dem Gross die Probanden lediglich einen Punkt zu Papier bringen ließ. Die Unscheinbarkeit des Zeichens korrespondierte mit einer Kurve, die eben so »kompliziert« und individuell war wie die eines komplexen Buchstabens (*Abb. 64*).[61]

Auch Klages griff das Experiment in der *Graphologischen Prinzipienlehre* auf. Anders als Meyer, der Gross' eigene Deutung lediglich graphologisch zugespitzt hatte, interpretierte er die Kurven aber so weitreichend, dass ihnen eine paradigmatische Bedeutung für die Schrift*deutung* zukam: »Wie sehr auch bekanntlich der Druck von Augenblick zu Augenblick wechselt, in der Art der gegen das Papier gerichteten Bewegung ist gleichwohl und zwar hinsichtlich ihrer unbewussten Vibration ein individueller Rhytmus [sic] anzutreffen, der allem Anschein nach nur äußerst wenig variiert.«[62] Auf den ersten Blick weicht diese Umschreibung kaum von der Meyers ab. Der eminente Unterschied ließ sich einem einzigen Wort festmachen – Rhythmus. Es erschließt der Graphologie gewaltige Spielräume. Auch der Grad, in dem ein Schreiber die einzelnen Buchstaben miteinander verbinde, so Klages, gehorche einem individuell spezifischen Rhythmus. Als Beleg zeigt er zwei Schriftbeispiele: einen extrem unstetig Schreibenden, der die einzelnen Buchstaben unverbunden nebeneinander stellt, und eine verbundene Schrift, die von einer stetigen Schreibbewegung herrührt (*Abb. 65, 66*).

Abb. 65

Abb. 66

Mit dem qualitativen Gegensatz von stetigem und unstetigem Rhythmus überführt Klages die Interpretation der Schriftkurven stillschweigend aus ihrem experimentell-physiologischen Entstehungskontext in das Paradigma der vergleichenden Physiognomik. Die graphische Methode hatte die Kurven als unmittelbare Wirkungen von Körperbewegungen betrachtet. Dieser Kausalitätsannahme gehorchte auch das mechanische Arrangement, das eine körperliche Bewegung analog, also im Verlauf eines Zeitintervalls, in eine mechanische übersetzte. Jede Kurve konnte einer Organtätigkeit ursächlich zugeschrieben werden. Dagegen reduzierte Klages den Bewegungsverlauf auf seinen Rhythmus. Anders als der Takt eines zeitlichen Verlaufsschemas entzieht sich die Eigenart des Rhythmus aber einer mathematischen Bestimmung. Dagegen ist es problemlos möglich, sie nach Gegensätzen und Ähnlichkeiten zu ordnen. Handelt es sich um optisch fixierte Rhythmen, kann man sie als Bildgegensätze arrangieren.

Klages verstand seine Bewegungsphysiognomik als Erweiterung der Methode des Goetheschülers Carl Gustav Carus.[63] Wie bei diesem, und wie auch bei Clauß, beruhen seine Aussagen auf einem Verfahren, das es ermöglicht, heterogene Gegensatzschemata über Analogien miteinander zu verknüpfen und so spezialistische Sachgrenzen zu unterlaufen:

[A]uch im Bindungsgrade [wird] ein individueller Rhytmus sichtbar: sagen wir der Rhytmus der unwillkürlichen Initiative. Er beherrscht selbstverständlich die Gesamtbewegungsweise des Menschen. Es unterliegt theoretisch nicht dem geringsten Zweifel und wir haben es durch Erfahrung bestätigt gefunden, dass äusserst unverbunden schreibende Personen entweder überhaupt lieber verweilen als sich bewegen oder aber in ihren Bewegungen, vorweg im Gange unbewusst eine gewisse Plötzlichkeit in der Artikulation bekunden. Nach demselben Prinzip pflegt ihre Vorliebe gemodelt zu sein für bestimmte Künste, Dichtungen, Beschäftigungsarten: so dass sie z. B. [...] an solchen Tänzen Gefallen finden, welche durch Stampfschritte oder sonstige Einhalte scharf gegliedert sind. Andererseits wird man bei äusserst kontinuierlich Schreibenden viel häufiger den Drang zur Fortbewegung (wie Reiselust, Wanderlust) bemerken und in ihren unwillkürlichen Funktionen, z. B. im Gange grössere

Gleichförmigkeit [...]. Und auch diese haben ihre *korrelative Aesthetik*: bald eine epische, bald eine machinale. Wäre es Zufall, dass das diskursivste aller Jahrhunderte, das neunzehnte, von der unermesslichen Tanzkunst der Vergangenheit nur diese gleitenden Rundtänze überbehielt, die schon ab der Grenze des Rhytmischen gestellt um ein Kleines der emsig wimmelnden Geschäftigkeit etwa eines Börsensaals glichen?!⁶⁴

In dieser Passage offenbart sich mustergültig die Funktionsweise dieser Graphologie. Und sie zeigt, wie sehr sie der symbolischen Logik des charakterologischen Denkstils gehorcht.

Der Rhythmus bestimmt nicht nur die Handschrift, sondern die »Gesamtbewegungsweise« eines Menschen. Die Meinung, dass sich die Handschrift von anderen Äußerungsformen des individuellen Bewegungsschemas, wie etwa dem Gang, nur durch die graphische Fixierung ihres Verlaufs unterscheidet, besaß Klages nicht exklusiv.⁶⁵ Aber erst Klages machte aus dem Axiom ein Denkprinzip. Erst ein ausgesprochen weit gefasster Bewegungsbgriff erlaubte es ja, eine so spezielle Motorik wie das Schreiben und eine so allgemeine Persönlichkeitseigenschaft wie die Reiselust als Ausdruck der gleichen Sache zu fassen. Doch damit nicht genug, fasste Klages die Bewegungsweise auch noch symbolisch auf, etwa wenn er der »unermesslichen Tanzkunst der Vergangenheit« die »gleitenden Rundtänze« des »diskursiven« 19. Jahrhunderts gegenüberstellt und zugleich deren »Korrespondenz« mit der »emsig wimmelnden Geschäftigkeit« des Börsensaals betont.

Mit der Methode einer vergleichenden Physiognomik ließ sich überdeterminierten Schriftbildern Bedeutung abgewinnen. Klages reduzierte zunächst die Vielfalt individueller Schriftbilder auf den *anschaulichen* Gegensatz von stetigem und unstetigem Schreibrhythmus und machte damit das epistemische Ding Handschrift gleichsam gebrauchsfertig für das symbolische Denken. In einem weiteren Schritt übertrug er diesen Gegensatz auf den gleichfalls anschaulichen Gegensatz von verbundener und unverbundener Schrift. Indem er diesen mit dem nur noch *vorgestellten* Gegensatz von schweifendem und gegliedertem Bewegungsdrang identifizierte, besaß er nun einen physiognomischen Term, mit dem sich in einer langen Analogiekette Brücken zu den *konzeptionellen* Gegensätzen episch / machinal, intuitiv / diskursiv, Vergangenheit / 19. Jahrhundert, Kunst / Geschäftigkeit schlagen ließen.[66] Klages betonte kurz darauf, die Graphologie solle sich daran gewöhnen, das Hauptgewicht ihrer Analysen auf Schriftmerkmale wie den Bindungsgrad zu legen, weil dieser im Gegensatz zu den »reinen Intensitätsgrößen« »ein qualitatives und damit wertvolleres Erkennungsmittel« sei.[67]

Theoretisch stellt diese Passage einen Vorgriff auf jenen Teil der *Graphologischen Prinzipienlehre* dar, für den die Herausgeber »kühne und tiefe Neuerungen« angekündigt hatten. Erst hier vollzieht Klages vollends den Umschlag von einer Wissenschaft, deren Ursprünge noch dem Experiment verbunden waren, zu einer qualitativen Deutungspraxis, die in weniger als drei Gedankenschritten das materielle Datum eines Schriftsymptoms dem komplexen Funktionssystem des Kapitalismus zurechnen konnte. Dass seine eigene Methode der Schriftdeutung von der theoretischen Graphologie Meyers, die ihre Rückkoppelung an das experimentelle Verfahren nie ganz aufgegeben hatte, mehr trennte als nur der systematische Aspekt, spricht Klages im Grunde selbst aus. Am Ende des zweiten Kapitels kündigt er an, dass erst im folgenden das eigentliche Gebiet der Graphologie betreten werde: »Mit allem Bisherigen wurden mehr die Voraussetzungen der Graphologie oder wenn man will, ihre Grenzen geprüft. Wir sahen das Unwillkürliche der Handschrift durch ein Willkürliches modifiziert und eingeschränkt. – Es gibt nun noch eine, wie es scheint jedoch absolute Deutbarkeitsgrenze nicht nur der graphischen, sondern jeglicher Ausdrucksformen und zwar innerhalb der unwillkürlichen Zone selbst.«[68]

Wie bereits gezeigt, konnte sich das physiognomische Denken im 20. Jahrhundert von einer »naiven« Semiotik des Natürlichen dadurch abgrenzen, dass es das Verhältnis von innerer »Seele« und äußerem »Ausdruck« als Problem auffasste. Wenn dies hier zuerst am Fall Ludwig Ferdinand Clauß' erörtert wurde, so muss nun hinzugefügt werden, dass sich Clauß' Rassenseelenkunde in einem physiognomischen Paradigma bewegte, dessen Rahmen Ludwig Klages abgesteckt hatte.[69] Veröffentlicht hatte Klages die Grundlagen seiner Physiognomik schon lange vor ihrer ausführlichen Darstellung, nämlich 1904 im dritten Kapitel seiner *Graphologischen Prinzipienlehre* und darauf aufbauend 1910 in den *Problemen der Graphologie*. Grundsätzlich orientierte sich Klages' Physiognomik an Carl Gustav Carus, indem er die Merkmale der körperlichen Erscheinung als Symbole auffasste, deren Sinn erstens deutend und zweites vergleichend erschlossen werden musste. In zweierlei Hinsicht ging Klages aber über Carus hinaus. Zum einen fasste er die gesamte Tradition des physiognomischen Denkens als *Organ*physiongnomik zusammen, während er die Graphologie dem Gebiet der *Bewegungs*physiognomik zurechnete. Obwohl Klages davon ausging, dass sich die Persönlichkeitsunterschiede in der körperlichen Gestalt wie in der Bewegungsweise manifestierten, hielt er vorerst nur die Bewegungsphysiognomik für methodisch begründbar. Die Graphologie besaß demnach grundsätzliche Bedeutung für die Physiognomik insgesamt.[70]

Zum anderen schloss er mit der Beschränkung auf die Körperbewegung die Physiognomik an das wissenschaftlich bereits etablierte Gebiet der Ausdrucksforschung an.[71] Zwar hatten Physiognomik und Ausdrucksforschung immer schon einen gemeinsamen Ausgangspunkt in der Frage besessen, wie ein »Inneres« an der Körperoberfläche in Erscheinung tritt. Doch war es den Physiognomikern dabei um die dauerhaften Dispositionen, die Anlagen und Wesenszüge eines Individuums gegangen, den Ausdrucksforschern dagegen um momentane Affekte. Damit hatte sich die Ausdruckswissenschaft Phänomenen gewidmet, die als empirische Tatsachen im Sinne positivistischer Wissenschaft gelten konnten. Affektzustände waren beobachtbar, da Bewegungen mit ihnen korrespondierten, so vor allem die Mimik; sie ließen sich außerdem relativ präzise erfassen, da sie aufgrund ihrer zeitlichen Begrenztheit vom körperlich-seelischen Normalzustand deutlich unterschieden werden konnten.[72] In der zweiten Hälfte des 19. Jahrhunderts widmeten sich zunehmend auch disziplinäre Wissenschaftler der Erforschung der Ausdrucksbewegungen, so etwa der Physiologe Benjamin Duchenne oder Charles Darwin, der in einem Spätwerk die Gemütsbewegungen des Menschen als funktionslos gewordenen Atavismus interpretierte.[73]

Wollte Klages nun Ausdrucksbewegungen zum Fundament einer Physiognomik machen, musste er eine Brücke zwischen aktuellen Zuständen und dauerhaften Eigenschaften der Psyche schlagen. Ein Musterbeispiel für diesen Brückenschlag bietet eine Argumentation, die sich in dieser Form zwar erst 1913 in *Ausdrucksbewegung und Gestaltungskraft* findet, aber bereits 1904 voll entwickelt war. Wiederum überbrückt Klages dabei den Graben zwischen experimentellem Befund und Existenzaussage, indem er psychiatrisches Tatsachenmaterial so weit ausdeutete, bis er es dem Paradigma entwunden hatte, in dem es entstanden war.[74] Wie Emil Kraeplin, Rudolf Köster und andere Psychiater seiner Zeit hatte auch Klages' Freund Georg Meyer Schriftproben von geisteskranken Patienten gesammelt. Diese fassten die Schriftproben jedoch allein als psychophysiologisches Datum auf, als Ausdruck des Zustandes, in dem sich der Patient beim Schreiben befunden hatte.[75] Wie sich über diesen Affektausdruck hinaus stabile Beziehungen zwischen Handschrift und Persönlichkeit ermitteln lassen könnten, war dagegen eine völlig ungeklärte Frage. Obwohl Meyer sich auch als Graphologe betrachtete, hinderte ihn sein disziplinäres Gewissen, sich der Antwort auf diese Frage von der einzig möglichen Seite zu nähern – und Physiognomik zu betreiben. Dagegen war der Privatgelehrte Klages von derlei Anfechtungen frei.

Zwei von Meyers Schriftproben dokumentierten den Unterschied zwischen normalem und pathologischem Zustand einer zyklothomen Patientin. Die erste Schriftprobe (*Abb. 67*) hatte sie in deprimierter Stimmungslage geschrieben, die zweite (*Abb. 68*) in manischer Erregung. Klages übernahm nun diese Daten, die innerhalb der Psychiatrie den Status einer diagnostischen Zusatzinformation besaßen.[76] Indem er sie als lediglich »gesteigerte« und »vergrößerte« Varianten allgemeiner Gemütszustände, in diesem Fall der Niedergeschlagenheit und der Freude, auffasste, beraubte er sie aber ihrer spezifischen Bedeutung. Die expressiven Bewegungseigenschaften der Schriftproben interpretierte er damit nicht mehr nur als das, was sie zweifellos waren, nämlich als motorischen Ausdruck eines Krankheitsbildes, sondern auch als »Bewegungsgestalt« nicht-pathologischer Gefühle, die sich graphisch beschreiben ließen: im zweiten Fall etwa durch Bewegungshäufung (L mit schwungvollem Anfangszug, Unterstreichung); Vergrößerung (doppelt so große Kurzbuchstaben); Beschleunigung (vorauseilender i-Punkt); Druckverstärkung (kräftigere Schattenstriche); gesteigerte Mittelpunktsflüchtigkeit (höherer i-Punkt).[77]

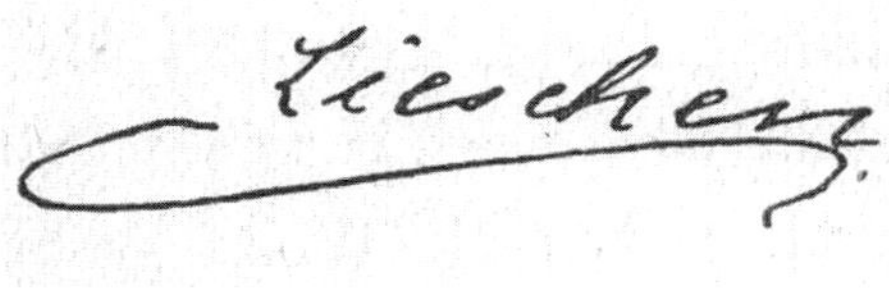

Abb. 67    Abb. 68

Damit hatte Klages die Analyse vom physiologischen ins ausdruckswissenschaftliche Pardigma überführt. Er ging aber noch einen entscheidenden Schritt weiter, als er an einem ähnlichen Beispiel postulierte, der Bewegungsausdruck einer spontanen Gemütsregung könne auch auf eine analoge Gemütsart, also eine dauerhafte Charakteranlage verweisen:

> Um die Haltungseigenschaften beider Gemütsarten zu ermitteln, brauchen wir nur aus den flüchtigen Vorkommnissen der Freude und des Ausdrucks der Niedergeschlagenheit dauernde Vorkommnisse zu machen; welchem zufolge der anlagemäßigen Heiterkeit Bewegungsreichtum, Ausgiebigkeit, Eile, Nachdruck, Mittelpunktsflüchtigkeit [...] entsprächen, der anlagemäßigen Gedrücktheit Bewegungskargheit, Unausgiebigkeit, Langsamkeit, Spannungslosigkeit und Zentripetalität. Diesen Gegensatz der Bewegungsführung finden wir mit aller nur wünschbaren Deutlichkeit fixiert in den beiden Schriftproben Fig. 21 [Abb. 69] und 22 [Abb. 70]. Mit ihrer weit über den Durchschnitt hinausgehenden Größe, Druckstärke und schwungvollen Sicherheit gibt Fig. 21 das graphische Bild einer betätigungsfreudigen Persönlichkeit, [dagegen] mit der Winzigkeit der Kurzbuchstaben, der unzügigen Strichführung und den fortwährenden Absetzungen, welche die Flügellahmheit der Triebantriebe kaum noch verhehlen, Fig. 22 das Bild einer fast krankhaft gesteigerten Gedrücktheit.[78]

Tatsächlich bedeutet diese Erweiterung den Übergang von einer raumzeitlich eingrenzbaren Unterscheidung zweier Zustände zu einer Unterscheidung zweier Seinsformen.[79]

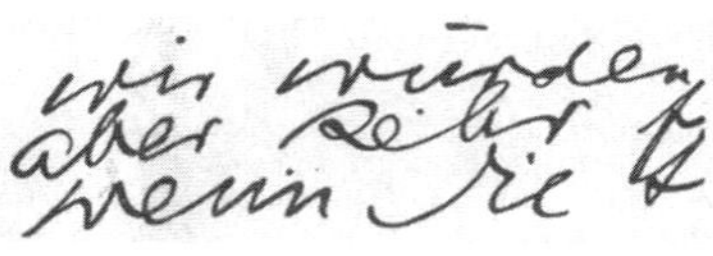

Abb. 69  Abb. 70

Systematisch greift das Beispiel voraus auf das Gebiet der graphologischen Merkmalsherleitung. Die Möglichkeitsbedingungen derartig kurzschlüssiger Deduktionen hatte Klages aber schon im dritten Kapitel der *Graphologischen Prinzipienlehre* ausformuliert. Dieses Kapitel ist von entscheidender Bedeutung für das Verständnis von Klages' Denken insgesamt. Erstmals zeigt sich hier in aller Deutlichkeit die für das Gesamtwerk so typische Einheit von Wissenschaft und Weltdeutung; und erstmals geht Klages aus dem Zwischenbereich, der die graphologische Theorie mit den spezialistischen Kontexten der Psychiatrie und der Forensik verbunden hatte, hinüber in das eigentliche Gebiet der Graphologie: die Metaphysik der Persönlichkeitsunterschiede.[80] Der Psychiater Georg Meyer hatte die Schwelle zur Charakterologie jahrelang umschlichen. Der Briefwechsel mit Klages legt die Vermutung nahe, dass ihn die disziplinäre Räson des Mediziners davon abhielt, Aussagen zu machen, die sich nicht mehr induktiv begründen ließen. Was auch immer die Gründe für seine Zurückhaltung gewesen sein mögen: Das Bewusstsein für die Schwierigkeit, die graphologische Forschung aus dem Grenzbereich des schriftlichen Gemütsausdrucks herauszuführen und als angewandte Charakterologie zu begründen, zeigt sich in Meyers Schriften wie in seinem Dialog mit Klages.[81]

Der Grundgedanke, mit dem Klages den Brückenschlag zwischen Ausdrucksakt und »Haltungseigenschaften« auch explizit vollzieht, lautet: Wie ein Individuum sich ausdrückt, ist selbst elementarer Bestandteil seiner Persönlichkeit. Die Pointe dieser Auffassung liegt darin, dass sie den Ausdruck nicht als diagnostische

Hilfskategorie der Charakterologie auffasst, sondern ihn selbst charakterologisch begründet. Nicht »die« Unterschiede zwischen Menschen drücken sich in »der« Erscheinung aus – vielmehr können Menschen danach unterschieden werden, *wie* sie »innere« Gehalte äußern. Zwischen dem Bereich des Seelischen und seiner sinnlich wahrnehmbaren Erscheinung liegt also eine individuell spezifische Modifikation dessen, was sich zeigt. So lassen sich Menschen etwa nach dem Grad der Unwillkürlichkeit und der Intensität ihrer expressiven Äußerungen unterscheiden, was Klages auf den Begriff der Ausdruckskraft bringt. Rein formaler Natur sind dagegen die Unterschiede im Ausdrucksdrang: Bei der einen Person führen schon kleinste Anlässe zu überschwänglicher Ausdrucksmotorik, während bei der anderen selbst stärkste Gefühlsregungen in ihrem Ausdruck gehemmt sind. Die Verhältnismäßigkeit des Ausdrucksdrangs bezeichnet Klages als »persönliche Ausdrucksschwelle« oder auch näher an der Umgangssprache: als Naturell. Von den seelischen Inhalten, etwa einem bestimmten Gefühl oder dem Charakter im engeren Sinn des Begriffs, unterscheidet sich das Naturell durch seine rein vermittelnde Funktion: Qualitative Zuschreibungen wie Zwanglosigkeit, Bedächtigkeit, Fahrigkeit, Verschlagenheit usw. bezeichnen keine »inneren« Triebe, sondern die Art und Weise, in der diese sich zeigen. Die differentielle Kategorie der Ausdrucksschwelle zu einer Sache der Charakterologie zu machen, bedeutet daher immer auch, das Soziale zu psychologisieren. Obgleich Klages den fast vollständigen Mangel an entsprechender Forschung eingesteht, erläutert er die Tendenz des Arguments an einigen als bekannt vorausgesetzten Fällen. So besäßen etwa Frauen, die alten Griechen und Kinder eine jeweils niedrigere Ausdrucksschwelle als Männer, die alten Römer und Erwachsene.

Diese Grundlegung der Ausdruckstheorie hat nun weitreichende Konsequenzen für die graphologische Diagnostik. Indem der Ausdruck als Modifikation des Innerseelischen aufgefasst wird, können die einzelnen Schriftmerkmale nicht mehr als analoge Zeichen einer Charaktereigenschaft aufgefasst werden.[82] Mit dieser negativen Festlegung geht eine doppelte Abgrenzung einher. Zum einen vollzieht Klages damit den Bruch mit der experimentellen Physiologie, der gerade die deutschen Theoretiker der Graphologie so viel zu verdanken hatten, nun auch in semiotischer Hinsicht. Anders als der graphische Ausdruck einer Organbewegung ist die Handschrift – im Sinne der peirceschen Nomenklatur – kein Index, der sich auf eine bestimmte Ursache zurückführen lässt, sondern ein ikonisches Zeichen, das in einem bildlichen Verhältnis zum bezeichneten Sachverhalt steht.

Zum anderen greift Klages damit die graphologische Semiotik an, die bis dahin in theoretischer und diagnostischer Hinsicht *state of the art* war. Die Annahme, dass mit jeder Charaktereigenschaft ein oder mehrere feste Zeichen korrespondieren, bildete die epistemologische Grundlage jener graphologischen Systeme, die französische Theoretiker, v. a. der Abbé Jean-Hippolyte Michon, in den 1870er und 1880er Jahren entwickelt hatten.[83] Während die konventionellen Zeichen der Schrift als solcher einen intendierten Inhalt darstellbar machten, repräsentierten die unwillkürlichen Zeichen der Handschrift über diesen hinaus auch die Persönlichkeit ihres Urhebers. Voraussetzung für eine solche Lektüre zweiter Ordnung war die vorherige Identifizierung der unwillkürlichen Zeichen der Schrift. Zu diesem Zweck prüfte Michon seine umfangreiche Autographensammlung auf feste Beziehungen zwischen hervorstechenden Schriftmerkmalen und Eigenschaften der – ihm immer bekannten – Schrifturheber. Das Ergebnis war eine Taxonomie sogenannter *signes fixes*, eine Art Alphabet der Seele, in dem der ausladende g-Schnörkel für sinnliches Verlangen steht oder der Anfangsbuchstabe in Form eines Notenschlüssels für musikalische Begabung. Während die »deutsche Schule« um Preyer, Meyer, Busse und Klages innerhalb weniger Jahre das theoretische Verständnis der Handschrift enorm vertieft hatte, gab es zur graphologischen Charakterdiagnostik um 1900 kein anderes Instrumentarium als das französische Zeichenmodell.

Mit ihrer ausdruckstheoretischen Begründung machte Klages aus der Graphologie dagegen eine deutende Wissenschaft. Aus der Annahme, dass besondere Eigenschaften sich nicht einfach »zeigen«, sondern immer schon durch allgemeinere Eigenschaften modifiziert sind, leitete er eine zentrale diagnostische Grundregel ab, die später von Heidegger als »hermeneutischer Zirkel« bezeichnet werden sollte: Dem Verständnis des Einzelnen muss eine Setzung des Ganzen vorausgehen, der Deutung ein Vorwissen um das zu Deutende.[84] Klages formuliert die Notwendigkeit dieser Regel mit anderen Worten, wenn er von der einzelnen Charaktereigenschaft als dem »Sinn« des erscheinenden Ausdrucksbefundes spricht, oder umgekehrt davon, dass alle graphischen Merkmale für sich genommen mehrdeutig sind. Das Deutungsverfahren muss demnach klären, welche von mehreren möglichen Eigenschaften in einem Schriftsymptom tatsächlich erscheint. Die unverzichtbare Voraussetzung zur Bestimmung einzelner Eigenschaften liegt daher in der Festlegung derjenigen »Gesamtqualitäten«, die den Ausdruck modifizieren. In diesem Sinn empfiehlt Klages beispielsweise, nur Handschriften von Personen zu deuten, mit deren Milieu man vertraut ist. Ebenso sollte der Graphologe vor Beginn der Analyse über Alter, Geschlecht, Nationalität und gegebenenfalls Epochenzugehörigkeit des Schreibers informiert sein.[85]

Die Theorie der Ausdrucksschwelle gestattete es, das Prinzip der Mehrdeutigkeit graphischer Symptome abzuleiten. Für die diagnostische Praxis spielte aber eine andere Gesamteigenschaft die Hauptrolle: das sogenannte Formniveau.[86] Wie schwer es ist, die Bedeutung dieser Kategorie zu erfassen, lässt sich erahnen, wenn Klages mitteilt, der Formbegriff bezeichne eine Gesamtqualität, die sich nicht mehr in andere Begriffe auflösen lasse. Sie könne nur umschrieben werden, nämlich als »inneres Leben«, als »Eigenart« oder schlicht als »Bild« – denn Form im hier gemeinten Sinn entstehe dort, »wo bildnerische Kraft ein ihr begegnendes Material bewältigt«.[87] Klages überführt dabei Goethes morphologischen Idealismus ins Metaphysische, wenn er postuliert, die untrennbare Einheit von stofflichem Material und anschaulichem Bild sei Merkmal jeglichen Lebens. Was sich in einer konkreten Form ausdrücke, müsse dementsprechend als »Teilhaberschaft am Leben schlechthin« verstanden werden, als individuell spezifische »Lebensfülle«.

Generell, so Klages, vermittle sich »das Leben« immer nur dem Gefühl und müsse daher weniger begriffen als erlebt werden. In welchem Maße die Erscheinung einer Handschrift als »Bild« aufzufassen und ihrem Urheber dementsprechend Lebensfülle zuzusprechen ist, lässt sich nur durch die Differenziertheit des eigenen Erlebens erkennen. Die Fähigkeit, beim Anschauen einer Erscheinung die »richtigen« Unterscheidungen zu fühlen, kann seinen Ursprung in einer spezifischen Begabung haben oder in einer allgemeinen »Natürlichkeit«, die Klages als Kulturpessimist nur vergangenen Epochen zuspricht.[88] Sie lässt sich aber auch durch stetige Praxis erlernen und verfeinern – eine Übung, die Klages als unverzichtbares Propädeutikum jeder graphologischen Ausbildung betrachtet. Als Ausgangspunkt der physiognomischen Schulung präsentiert er zwei Schriftenproben, deren Gegensätzlichkeit evident ist (*Abb. 71, 72*). Mit ihnen sei jeweils ein Beispiel des höchsten wie des niedrigsten Formniveaus gegeben. Wie viele Stufen zwischen diesen beiden Extremen existieren, sei eine Frage der »spezifischen Gefühlsempfindlichkeit« des Betrachters; für die graphologische Alltagspraxis hält Klages die Unterscheidung von insgesamt fünf Niveaustufen aber für ausreichend.

Zur sprachlichen Beschreibung von Formunterschieden empfiehlt Klages die Verwendung anschaulicher Gegensätze wie »voll« und »leer«, »tief« und »flach«, »schwer« und »leicht«, »warm« und »kalt« oder »dicht« und »porös«.[89] Doch macht er keinen Hehl daraus, dass der eigentliche Grund der Gegensatzwahrnehmung in einem Wertgefühl liegt.

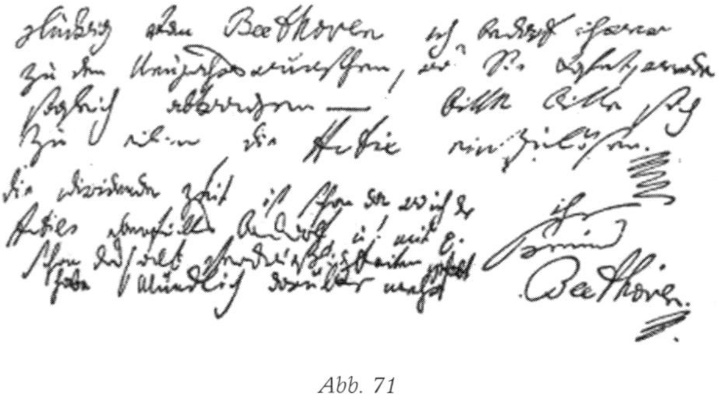

Abb. 71

Abb. 72

So müsse, außer bei vollständiger Verkümmerung dieser natürlichen Urteilsfähigkeit, die Handschrift Beethovens (*Abb. 71*) immer ebenso sympathetische Gefühle hervorrufen wie die eines Gewaltverbrechers (*Abb. 72*) Abneigung. Die Gesamtbewertung einer handschriftlichen Form entscheidet darüber, ob die einzelnen graphischen Merkmale im Zweifelsfall »positiv« oder »negativ« beurteilt werden. Klages wählt als Beispiel für ein sehr hohes Formniveau nicht von ungefähr die Handschrift Beethovens, da sie eine Reihe ambivalenter Symptome aufweist: »Sie hat zwar weder Gleichmaß noch Festigkeit, verrät vielmehr ein hochgradig gelockertes Seelenleben, das von widerstreitenden Impulsen bewegt wird und aus seinen Kämpfen nicht immer siegreich hervorgeht, aber selbst noch in ihren Schwächen und Entgleisungen bewahrt sie eine unnachahmliche Physiognomie.«[90] Bei entsprechend niedrigem Formniveau müssten die Merkmale der Ungleichmäßigkeit und Lockerheit als Zeichen schwerer seelischer Störung gedeutet werden. Auch wenn Klages den Begriff aus sprachpolitischen Gründen hier wie meistens vermeidet, geht aus der Charakterisierung Beethovens hervor, dass er menschliche Individualität nicht als Kategorie des Humanen an sich auffasst, sondern als differentiellen Wertmaßstab: die »Unnachahmlichkeit« ist gerade die Qualität Beethovens, die ihn von anderen unterscheidet. Umgekehrt bewertete Klages das Festhalten an der »Schablone«, etwa der Schulvorlage, tendenziell negativ, als Mangel an Lebensfülle.[91]

Explizit führt Klages den Begriff des Formniveaus erst in *Probleme der Graphologie* ein.[92] Doch einen Vorgriff auf den metaphysischen Kern seiner Graphologie bietet er schon in der *Graphologischen Prinzipienlehre*. Mit guten Gründen kann man das Kapitel »Typische Ausdrucksstörungen und das Wesen der Hysterie« als eine Art Urform des klagesschen Gesamtwerks betrachten. Damit ist nicht gemeint, dass Vielfalt, Differenzen und Widersprüche eines geistigen Schaffens unter dem Dach einer Idee zu synthetisieren seien. Es ist vielmehr so, dass Klages selbst in diesem Kapitel erstmals einen Denkstil ausprobiert, der genau das tut: Heterogenes in symbolische Beziehungen zueinander zu bringen, das Kleinste mit dem Größten zu verbinden. So kommt es, dass die bis dahin sublimste Grundlegung einer Wissenschaft von der menschlichen Handschrift ebenso von Druckschwankungskurven und Bindungsformen handelt wie von Hysterie und Richard Wagner, vom Judentum und dem Verlauf der Menschheitsgeschichte.

3. Psychopathologie des Ausdrucks: Hysterie und Judentum

Abhängig von der inneren Schwellenhöhe dringt ein Inneres leichter oder schwerer nach außen: Mit diesem Begriff der Ausdrucksschwelle hatte Klages die Ausdruckswissenschaft – und damit die Graphologie – stillschweigend zu einer Sache der Charakterologie gemacht. Es kann nun kaum überschätzt werden, dass Klages von dieser relationalen Konzeption des Ausdrucksgeschehens einen absoluten Begriff der Ausdrucks*störung* ableitet. Es ist die *Pathologie* des Ausdrucks, auf die er hinauswill. Lässt sich der normale Ausdruck als Vermittlungsverhältnis begreifen, so stellt sich die Ausdrucksstörung als krasses Missverhältnis von Seele und Erscheinung dar. Dies ist auf zweifache Weise denkbar. Im Fall einer besonders hohen Ausdrucksschwelle, etwa bei Menschen von sehr schüchternem oder zaghaftem Naturell, kann die verminderte Ausdrucksgabe als problematischer Konflikt zwischen »Wollen und Können« erlebt werden. So kann ein schüchterner Mensch unter seiner Verliebtheit leiden, wenn er keinen Weg findet, sie zu zeigen.[93]

Von grundsätzlicherer Bedeutung ist dagegen die umgekehrte Form der Ausdrucksunfähigkeit: ein starkes Ausdrucksverlangen bei schwachem Ausdrucksvermögen. Menschen dieses Typs, so Klages, versuchten den realen Mangel an Seelenleben durch eine besonders ausgeprägte Darstellung von Seelenleben vor sich selbst und anderen zu kaschieren:

> Nicht imstande zu verzichten auf das, was ihn an seine Gefühle erst glauben läßt, [nämlich] die volle Sinnfälligkeit, muß der in hohem Maße Ausdrucksbedürftige sein Unvermögen verhehlen wollen durch ein künstliches Gebärdenspiel. Die Ausdruckshemmungen beseitigen kann er nicht, wohl aber

den Ausdrucksbewegungen ähnliche »Gesten« erzeugen, die hinreichend eingeübt ihm und anderen die Anwesenheit von Affekten »verbürgen«. Ganz im Gegensatz zur vorigen Gruppe *maskiert* sich in dieser die Ausdrucksarmut mit der Nachahmung der Gebärdensprache und tritt daher überhaupt nicht als solche, sondern erst mittelbar in gewissen Eigenschaften der angenommenen Gesten zutage.[94]

In dieser Form könnte man die Analyse der Ausdrucksstörung für nicht mehr als einen Beitrag zur Psychopathologie des Gefühlslebens halten. Tatsächlich ist sie aber nichts weniger als das Scharnier, das Ausdruckstheorie und historische Weltanschauung miteinander verbindet. Wenn Klages nämlich kurz darauf das Gefühlsleben als das »Echte« des menschlichen Lebens ausweist und alle Anstrengungen, den Mangel an Echtheit durch deren gestische Vorspiegelung zu verbergen, unter dem Begriff des »Geistes« subsumiert, kündigt sich darin bereits die später einschlägige Weltanschauungsformel vom »Geist als Widersacher der Seele« an:

> Statt auf das Erlebnis geht das Interesse des Geistes alsbald immer mehr auf dessen Erscheinungsform. Kaum erst im Begriff zu entstehen, fällt das Gefühl einer Reflexion anheim, die es aufs Äußerste zu steigern wünscht und eben dadurch unfehlbar tötet. Und während so im Keime schon die Triebe geschädigt und größtenteils verschlungen werden, verbesondert sich und ergreift von dem verödenden Gemüt Besitz ein schauspielerhaft vergrößernder Darstellungswille. Die echte Regung, sofern eine solche noch übrig ist, ermangelt der Möglichkeit der Äußerung, und der krankhaft erregte Ausdruckshunger ist überhaupt nicht mehr in einem Gefühl verankert. Das Selbstbewusstsein löst sich von den lebendigen Trieben, auf die es normalerweise bezogen ist, um allein noch zu haften in der Pomphaftigkeit der Äußerungen.[95]

Klages definiert den unechten Ausdruck so spezifisch und zugleich so überdeterminiert, dass er als symbolisches *tertium comparationis* Analogien zwischen höchst unterschiedlichen Phänomenen stiften kann. Besonders prägnant lässt sich das am Beispiel der vermeintlichen Verwandtschaftsbeziehungen zwischen dem Krankheitsbild der Hysterie, der Musik Richard Wagners und dem Judentum zeigen. Im Grunde mussten diese Beziehungen 1904 nicht mehr gestiftet werden, da sie – wie das Beispiel Otto Weiningers zeigte – bereits Teil eines Weltanschauungsdiskurses waren. Aber Klages' Ausdruckswissenschaft konnte die zeitgenössisch evidenten Ähnlichkeiten insofern tiefer fassen, als er ihnen eine theoretische Form gab. Um als Symbol zu fungieren, muss der unechte Ausdruck auf eine prägnante Formel und einen Namen gebracht werden. Klages tut dies, indem er das prominente Krankheitsbild der Hysterie umstandslos als Ausdrucksstörung deutet: »[F]ortwährend muß der Hysteriker beweisen, daß er leide, rase, glühe, liebe, schwärme. Er weiß es nicht mehr und verliert die Kritik dafür, daß ein Zustand gar nicht vorhanden ist, über dem unwiderstehlichen Hange, ihn vorzuspiegeln.«[96] Der ökonomische Zug dieser Formel zeigt sich schon daran, dass mit ihrer Hilfe die »scheinbar regellose Fülle« der hysterischen Symptomatik, die ja ein Hauptproblem für das Verständnis des Phänomens bildete, auf einen Nenner gebracht werden kann:[97]

> Das Bild entwirrt sich jedoch, wenn wir mitbeachten, daß zur Entfaltung sowohl der bekümmerten wie [der] reizbar trotzigen Seelenzüge der Hysteriker Zuschauer braucht. Sobald es ihm nicht mehr gelingt, das Interesse seiner oft bis zur Ratlosigkeit gepeinigten Mitmenschen hinreichend wach zu erhalten, ändert er plötzlich wohl sein ganzes Gebaren und wird nun vorübergehend ein mindestens äußerlich völlig normaler Mensch. Wir vermuten deshalb, daß nicht so sehr seine Launen wechseln [...] als vielmehr nur, soweit sie als deren erprobte Zeugen gelten, die expressiven Verhaltensformen.[98]

In welchem Maße der Hysteriker bei Klages als Symbol fungiert, mit dessen Hilfe sich Verwandtschaften markieren lassen, zeigt sich vollends in der historischen Einordnung des Krankheitsbildes. Schon zuvor hatte Klages deutlich gemacht, dass es sich beim hysterischen Verhalten um ein Phänomen handle, das »über das Gebiet der bloßen Ausdrucksstörung hinaus« von Bedeutung sei, nämlich als »Grundzug der gegenwärtig ausgedehntesten Verfallserscheinung des psychischen Lebens« überhaupt.[99] Die Einzelbefunde, die Klages aufzählt, lesen sich wie ein Potpourri kulturkritischer Topoi um 1900. Die »Sucht unzähliger Menschen«, sich »interessant« zu machen und »originell« zu erscheinen; das »Wachsen der literarischen Sintflut« und der »anschwellende Zeitungslärm«, die wiederum dem »Sensationswunsch des Publikums« entgegen kämen; das »Reklameunwesen«, in dem sich nicht nur gesteigerter Konkurrenzdruck zeige, sondern ebenso das »hysterische Sensationsbedürfnis«; ein »epidemischer Dilettantismus, der sich als Kunst und Schrifttum ausgibt«; eine auf »effektvolle Visiten« abzielende »Repräsentationspolitik«, die statt Staatenlenkern die »Vorzüge kluger ›Reisender‹ fordert«: allesamt für Klages nichts als das Ergebnis einer um sich greifenden seelischen Krankheit, die zur Herrschaft eines hypertrophen Scheins über das Sein, des Effekts über die Inhalte, des Marktes über die Kultur führt.

Die Inhalte dieses Lamentos grassierten um 1900 mindestens so endemisch wie die von ihm behaupteten Phänomene. Ein benachbarter Diskurs begriff die gleichen Kulturphänomene, die Klages »hysterisch« nennt, als Symptome für die »nervöse« Qualität des Zeitalters.[100] Die Pointe liegt denn auch weniger im Inhalt als in dessen ausdruckspsychologischer Deutung. Auch Klages' Kulturkritik gipfelte in dem perhorreszierten Untergang von »Eigenart«. Auch er nannte die Hysterie eine »Zersetzungsform der Persönlichkeit«. Anders aber als bei jenem exemplarischen Neurastheniker, der meinte, seinen Körper bei der »Auflösung« beobachten zu können, läuft das Bild der Zersetzung bei Klages auf eine andere Schreckensvision hinaus.[101] Nicht »das« Individuum als solches löst sich auf, sondern die polare Einheit von Körperlichem und Seelischem. Psychischer Gehalt und Erscheinungsoberfläche entsprechen einander nicht mehr. Die Verdrängung der Eigenart fürchtet Klages nicht als Triumph der Masse, sondern als Herrschaft der Maske: als Verdrängung der Persönlichkeit durch die Scheinpersönlichkeit.

Wie viel diese Deutung Nietzsche verdankt, zeigt sich in Klages' Ätiologie des hysterischen Syndroms.[102] Aus dem Hysteriker spreche»eine tiefe innere Ohnmacht, die aber mit zähem Daseinsgefühl nicht von der Täuschung lassen will, lebendig und fühlend am Tische des Lebens mitzutafeln. Im Hysteriker ist nicht mehr allein die Gabe des Ausdrucks, sondern zum Teil der Ausdruck erzeugende Trieb gelähmt.«[103] Vor allem aber zeigt es sich an dem graphologischen Fallbeispiel, an dem Klages die Entlarvung der hysterischen Persönlichkeit empirisch ausbuchstabierte:

> Wem die unerfreuliche Diagnose, die wir der Gegenwart stellten, übertrieben erschiene und vielleicht subjektiv gefärbt, den dürfte der Hinweis überraschen, daß sie im Prinzip schon vor uns gesagt ist.– Friedrich Nietzsche, der größte Psychologe, von dem die Weltgeschichte weiß, hat das nämliche Urteil über unsre Zeit gefällt, und nirgend hat er es unwiderstehlicher bewiesen als in seiner Analyse der biologischen Bedeutung Richard Wagners. […] Er redet apodiktisch als philosophischer Richter einer niedergehenden Welt und im härtesten Bekennen dennoch mit unbesieglichem Glauben eines über Jahrtausende vorblickenden Sehers. Aber er gibt uns auch nüchterne Wahrheiten zu wissen. Er legt den Kern jenes Übels bloß, auf das wir von andrer Seite her stießen, und er bewährt seine Sätze am erreichbar größten Exempel: an Richard Wagner.[104]

Über ihren konkreten Inhalt hinaus bietet die Art und Weise, in der sich Klages Nietzsches Kritik an Wagner zu eigen macht, ein gutes Beispiel für die Zirkularität graphologischer Theoriebildung. Deren Prinzip bestand darin, in einer Handschrift Indizien genau jener Charaktereigenschaften zu »finden«, um die man aus anderer Quelle bereits wusste – im Fall Wagners der Menschenkenntnis des »größten« aller Psychologen. Vor der Handschriftenanalyse paraphrasiert Klages daher Nietzsches Diagnose in Sachen Wagner. Die Spiegelung des graphologischen Urteils in einem Erfahrungsurteil hat nichts mehr mit hermeneutischer Zirkularität zu tun. Vielmehr handelt es sich um einen echten Zirkelschluss: eine Existenzaussage, deren Beweis durch die Identifizierung des zu Beweisenden mit einem Bewiesenen geführt wird. Inszeniert wird diese zirkuläre Bindung des graphologischen Urteils an die Autorität eines anderen Urteils jedoch als Prüfung, als Verfahren, das die Validität der graphologischen Methode lediglich testen soll. So habe Nietzsche sich an Wagners Werk, seine »Leistung«, gehalten, er selbst dagegen allein an die »Physiognomie« seiner Handschrift: »Bahn und Materie der Untersuchungen sind völlig verschieden. Umso mehr dürfen wir auf die Methode bauen, wofern beide im Ergebnis zusammentreffen.«[105] Kein Wort verliert Klages darüber, dass er Nietzsche bereits als persönliche Instanz in Weltanschauungsfragen anerkannt hatte, als er Wagners Handschrift deutete.

Nietzsche habe Wagner erstens als einen »Fanatiker des Ausdrucks« dargestellt, als ein »Theatergenie«, dessen Wesen sich aus der Psychologie des Schauspielers erschließen lasse. Wagners Musik zeichne sich in diesem Sinne dadurch aus, dass sie »niemals wahr« sei. Zweitens paraphrasiert Klages das »biologische« Urteil Nietzsches, dem zufolge Wagner als herausragender Vertreter der europäischen *Décadence* und mithin als »krank« zu gelten habe. Wagners Kunst müsse als »verpuppte Degenereszenz« begriffen werden, was sich nicht zuletzt daran zeige, dass er nur »Hysterikerprobleme« auf die Bühne bringe. Drittens habe Nietzsche erkannt, dass Wagners Persönlichkeit »ein Beispiel abgibt für den sich verbreitenden Charakter einer ganzen Epoche«, deren Signum die allgemeinen Verbreitung »verarmten Lebens« sei. In diesem Sinne müsse Wagner als »letzte Konsequenz des Christentums« verstanden werden.

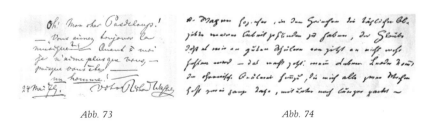

Abb. 73   *Abb. 74*

In seiner Analyse von Wagners Handschrift (*Abb. 73*) stellt Klages zwei hervorstechende Merkmale heraus. Der erste Befund betrifft allein den relativen Mangel an seelischer »Substanz«. Im Sinne des späteren Formniveaubegriffs attestiert Klages der Handschrift als wichtigste Gesamtqualität trotz ihrer »hervorragender Gewandheit« mangelnde Eigenart: »Man sucht vergebens nach einer einzigen Umformung, die den schulschriftsmäßigen Buchstabentyp mehr als nur äußerlich abschliffe.« Dass man diese Handschrift nicht als »voll«, »schwer« oder »tief« bezeichnen könne, mache erst der Vergleich mit Nietzsches Handschrift deutlich, die sich durch »Fülle und Tiefe nebst wunderbar perlendem Rhythmus und einer seidig glänzenden Helle« auszeichne (*Abb. 74*). Der erste und allgemeine Befund lautete also: »So ist der Charakter Wagners als relativ leer, ungewichtig und flach gefunden.«[106] Gerade für eine Künstlerpersönlichkeit, an die man gemeinhin die Vorstellung von Originalität knüpfe, sei der Mangel an Eigenart aber besonders bemerkenswert.

Der zweite, speziellere Befund greift eben diese Ungleichzeitigkeit auf, indem er gerade sie zum Wesensmerkmal erklärt. Nichts charakterisiere den Schreiber nämlich mehr als die Tendenz, seine wahre Natur zu verschleiern. So seien etwa einerseits die graphischen Merkmale der nüchterner Abwägung (Vereinfachung, Verbundenheit, dominante Unterlängen) gegeben, andererseits aber auch Symptome geistiger Passivität und geringer Urteilsschärfe (Verhäkelung der Zeilen, Kurven, Schleifen und Biegungen). Den scheinbaren Widerspruch löst Klages auf, indem er jene Züge als Ausdruck des Bildes deutet, das der Schreiber sich von sich selbst macht, während er dieses durch den Kontrast mit jenen Zügen als Illusion entlarvt: »Nach außen ›realpolitisch‹ ist Wagners Charakter seelisch dem vielsagend Unbestimmten zugekehrt, als worin auch bei kaltem Herzen wirkungsvolle Attitüden möglich sind.«[107]

Vollends bestätigt sieht Klages diesen Befund durch die tendenziell fadenförmige Bindungsart der Handschrift sowie die Neigung zu ausfahrenden Federzügen: »Unfähig, die Formen voller und reicher zu machen, erscheinen sie als leere Zutaten, durch welche die Höhenunterschiede gesteigert und die Massen der Schrift unryhthmisch verschoben werden«. Schließlich verstärkten die »ambitiösen Schwünge und hochfahrenden Streckungen« noch den Eindruck des Unrhythmischen, da sie den ausgesprochenen »Wellenschlag der Bewegung« wieder zerstörten. Dies sei ein weiterer Widerspruch, in dem sich unwillkürlich eine Willkür gegen den eigenen Instinkt zeige: »Mit ihnen will der Geist, wie eine signifikante Wendung es ausdrückt, recht eigentlich ›über sich hinaus‹. In einer Schrift von unbestimmtem Bindungscharakter beurkunden sie zumal den Rückschlag des Dranges nach Darstellung gegen das Gefühl des Unvermögens dazu, das seinerseits nur zu oft vom Unvermögen des inneren Lebens zeugt.« Wenig überraschend lautet Klages Fazit, dass Wagner dem für die Gegenwart so charakteristischen Persönlichkeitstypus zugerechnet werden müsse:

> Es ist nach alledem kein Zweifel mehr: die Handschrift Wagners steht dem Typ der labilen Handschrift nahe und zwingt uns zur Annahme des leicht hysterisch veranlagten Charakters. Das will sagen: der Mangel an Leben verschwindet hinter den Übertreibungen leidenschaftlicher Gebärden, an die Stelle des *echten* tritt ein gemachtes Pathos, der Mensch verbraucht sich im Schauspieler, und der Erfolg gilt als letzter Maßstab alles Wertes.[108]

3.1. Signatur der Uneigentlichkeit: Handschrift und jüdischer Charakter

Nichts könnte schlagender belegen, dass Klages' Wissenschaft den Regeln des charakterologischen Denkstils gehorcht, als eine Deutung des jüdischen Wesens, die sich inmitten einer Diskussion über das Krankheitsbild der Hysterie findet.[109] Schon die Ankündigung des Themas, das in dem Kontext eines Grundlagenwerks zur Graphologie ähnlich unvermittelt auftaucht wie in Weiningers *Geschlecht und Charakter*, liest sich wie ein Muster dieses Denkstils. Nur wer sich vom »europäischen Humanitätsgerede« nicht die Sinne habe verderben lassen, könne die Existenz eines »jüdischen Charakters« leugnen, worunter Klages ausdrücklich einen psychologischen Typus verstanden wissen will, also keine fest umrissene soziale Gruppe: »Nicht jeder Jude braucht ihn zu haben und durchaus nicht nur Juden haben ihn.« Inhaltlich sei zwar »viel

Treffendes« über den jüdischen Charakter geäußert worden, es fehle aber an einer »abdeckenden Formel«, mit der sich die Vielfalt seiner Erscheinungsformen erfassen ließe. Klages meint, eines solche aus seiner Ausdruckspathologie ableiten zu können:

> Typische »Juden«, so verschieden sie sein mögen [...], wird man bei ungewöhnlichen Vorkommnissen des Seelenverkehrs auf einer sonderbaren Ratlosigkeit ertappen können: so nämlich, als ob sie überlegten, wie ihr Gefühl menschlich normaler Weise antworten solle, ob es gehässig schäumen oder unterwürfig bitten, ob es tödlich verletzt sein oder sich dankbar geschmeichelt gebärden müsse. Man verwahrt alsdann einen lauernd ausforschenden Zug, woraus die Begier spricht, zu erraten, was man selbst im Augenblick wohl erwarte. Oft blitzschnell verschwindet das Zögern, um der schroffsten Entschiedenheit Platz zu machen. Gröber, doch seinem Wesen nach nicht minder kenntlich, zeigt sich derselbe Hergang, wenn in einer Gesellschaft namentlich zu zweien aus anfänglich beinahe demütiger Verehrung ein Jude plötzlich übergeht zu frecher Vertraulichkeit. Man gewinnt den Eindruck, daß weder dieses noch jenes natürlich war, sondern beides wie ein Kleid nur angetan und gewechselt wurde aus einer uns unbekannten Berechnung.[110]

Im Anschluss wiederholt Klages teilweise wortgleich Wendungen, die er zur Charakterisierung des Hysterikers gebraucht hatte. So sei »kein Jude jemals völlig ›bei der Sache‹« – und kein Jude ist »jemals völlig ›bei sich‹. Ein Teil von ihm ist stets beim – Zuschauer«. Während nämlich andere Rassen mit einer »Landschaft« verschmolzen seien und mit dieser zusammen auch »zugrunde gehen« könnten, bleibe »der ›Jude‹ unter jedem Himmelsstrich unvernichtbar und im Innersten unveränderbar er selbst, was heißt: beflissen, Gewohnheiten und Sitten seiner Wirte zu teilen und damit den *Schein* zu wecken *wesentlicher Gleichheit*«.[111] Wenn Klages dem Krankheitsbild der Hysterie wie dem jüdischen Charakter das spezifische Merkmal der »Lebensschauspielerei« zuschreibt, dann gewinnt der seit Nietzsche tradierte Topos des »jüdischen Schauspielers« nun eine psychopathologische Dimension.

Über den Nachweis der charakterologischen Ähnlichkeiten von Hysterie, Gegenwartskultur und Judentum liefert Klages aber auch eine Genealogie dieser Ähnlichkeit. Dass er damit vollends die Schwelle zur Weltanschauung überschreitet, gibt er selbst zu, wenn er dem Deutungszusammenhang »den Rang einer bedenkenswerten Hypothese« zuweist.[112] Wie bei Nietzsche ist es das Christentum, das den konzeptionellen Brückenschlag über eine über zweitausendjährige Geschichte ermöglicht; und wie bei Nietzsche lässt sich dieser Prozess als Gestaltwandel des Judentums beschreiben. Aber erst die Ausdruckspsychologie bringt die heterogenen Befunden in einen konsistenen Theoriezusammenhang. Das »jahwistische« Christentum müsse, so Klages' Formel, als ein »System von Ausdruckshindernissen« verstanden werden, das jeglicher Triebregung, insbesondere der erotischen, »die natürliche Weihe aberkannt« habe. Mit der Dämonisierung des Begehrens sei letztlich jegliche spontane Gefühlsregung unter den Generalverdacht der Sünde gefallen. Da die Fähigkeit zur Gefühlswahrnehmung aber gleichbedeutend sei mit dessen Ausdruck, sei ein vollständiger Prozess der »Verchristlichung« gleichbedeutend mit einer vollständig »ausdrucks- und physiognomielos gewordenen Menschheit«. Wenn Klages nun eben diesen Zustand, in dem Gefühlsausdruck durch Gesten, Kultur durch ein »Affentum von Kultur« ersetzt worden sei, für die nahe Zukunft erwartet und ihn auf einen »entarteten Semitismus« zurückführt, dann schließt sich damit der Kreis eines historischen Prozesses, an dessen Anfang – mit Nietzsches Worten – »drei Juden« gestanden hätten. Einmal mehr ist es dabei die charakterologische Formel vom »geborenen Schauspieler«, der diese Geschichtserzählung ihre zirkuläre Geschlossenheit verdankt:

> Man hat die Juden irgendwo die Schauspieler der Weltgeschichte genannt [...]. Solange sie ohne kulturelle Ambitionen ausschließlich dem Handel oblagen – wo sie Gutes und Tüchtiges zu leisten imstande sind – konnte das leicht übersehen werden. Seit sie jedoch neuerdings auch den Geist der von ihnen wirtschaftlich durchsetzten Völker zu erobern sich anschicken, tritt es überall in den unerfreulichsten Folgen zutage.– Wir sehen, daß die Gebärden, in denen sich Tiefe, Größe, Glut aussprach,

bunter und leerer werden. Wie man erst die materiellen Güter
mobilisierte: auch das Unverrückbarste seinem Grunde entreißend,
seinem Saft ihm entpressend und es entwertend zum bloßen
Tauschobjekt: so greift nunmehr derselbe heimatlose Beutetrieb
zu allem Geistigen, Religiösem, Symbolischen. Zonen und Zeiten
plünderte er aus, läßt uns Fernstes und Nächstes »gewöhnlich«
erscheinen und raubt uns zu beidem die – Vertrautheit. [...]
Das Zeitbild selbst zeigt die Farbe der Hysterie: ein imitiertes
Menschentum scheint aufzukommen, wo die alteingesessenen
Rassen der Zersetzung anheimfallen.[113]

Für die Psychopathologie der Ausdrucksstörung ist der Typus des Hysterikers das paradigmatische Beispiel. Der jüdische Charakter tritt hier nur als abgeleitete Variante auf. Dabei darf die Rede von Ableitung nicht zu streng verstanden werden. Im Rahmen des symbolischen Denkens konstituiert schließlich jede inhaltliche Nähe die Symmetriebeziehung einer Ähnlichkeit. In ausdruckstheoretischer Hinsicht bezeichnen die Wortsymbole ›Hysteriker‹ und ›Jude‹ dasselbe Verhaltensmuster. Ist es also Zufall oder Willkür, wenn Klages das eine von beiden in diesem Kontext bevorzugt benutzt? Nein, die Gründe sind taktischer Natur. Tatsächlich spielte für Klages' Denken das ›jüdische Wesen‹ eine viel größere Rolle als die, wenn auch sehr allgemein aufgefasste, Krankheitserscheinung der Hysterie. Um diese Behauptung zu erhärten und damit auch Klages' Antisemitismus analytisch in den Griff zu kriegen, reicht freilich der Blick auf die veröffentlichten Texte nicht mehr aus. Klages selbst unterwarf seine vermeintlichen Einsichten in das Judentum einer strengen Geheimhaltungspolitik. Bei keinem anderen Thema hing das, was er sagte und was nicht, so sehr vom Empfänger der Botschaft ab. Zu weiten Teilen ist Klages' Antisemitismus daher nur als esoterisches Gespräch greifbar, das sich über das unveröffentlichte Material des Nachlasses überhaupt erst erschließen lässt.

An drei prominenten Stellen hat Klages sich jedoch auch in veröffentlichter Form über das Judentum geäußert. Zunächst in dem eben dargestellten Kapitel der *Graphologischen Prinzipienlehre* von 1904 (samt der 1910 erschienenen Buchform) und im Nietzschebuch von 1926. Diese Auslassungen stehen in keinem Widerspruch zu den vertraulichen Mitteilungen über das Judentum; sie sind bloß allgemeiner, unverfänglicher und – bei eindeutiger Werttendenz – im Gestus sachlicher Distanz verfasst. Von diesen Texten hebt sich die Einleitung zu den nachgelassenen Fragmenten Alfred Schulers, die Klages 1940 herausgab, scharf ab. Unter veränderten Rahmenbedingungen präsentierte Klages nun ein bis dahin sorgsam gehütetes »Wissen« in vollem Umfang. Deutungsschwierigkeiten bietet diese antisemitische Suada aber nur, solange man sie ausschließlich auf die bis dahin veröffentlichten Werke Klages' bezieht. Betrachtet man sie hingegen im Lichte der vertraulichen Korrespondenz mit Schülern und Freunden, relativiert sich der Eindruck eines »Bruchs« – erklärungsbedürftig bleiben lediglich die Motive, die Klages bewogen, das zuvor nur unter Geheimnisvorbehalt Mitgeteilte nun der Öffentlichkeit preiszugeben.

Dank der Besessenheit, mit der er sich für die Juden interessierte, und dank der erhaltenen Nachlasskorrespondenz lässt sich an Klages der mustergültige Fall eines charakterologischen Antisemitismus *in action* rekonstruieren. Dieser Antisemitismus ist nur als Ganzes verständlich, als Deutungssystem von gleichermaßen weltanschaulicher und lebenspraktischer Relevanz. Klages selbst hat mehrfach betont, dass sich seine »Weltanschauung« unmittelbar nach der Jahrhundertwende ausgebildet und danach kaum mehr verändert habe.[114] Die Quellen bestätigen diesen Befund. Es sind demnach vorrangig systematische Aspekte, die den Gang der folgenden Analyse leiten. Nur für die genealogische Frage nach dem biographischen Ausgangspunkt von Klages' Judenfeindschaft und die taktische Frage nach Art und Ausmaß seiner Geheimhaltungspolitik spielt der chronologische Aspekt eine Rolle.

3.2. Praktische Theorie, theoretisierte Praxis: Antisemitismus *in action*

Grundsätzlich war Klages' Antisemitismus von der gleichen Art wie der Nietzsches, Weiningers, Sombarts, Clauß' oder Schmitts.[115] Den Umgang mit Juden empfand er zeitlebens als ambivalent. »Das ganze Haus war von einem unbeschreiblichen Arom durchzogen, dem *odor judaicus*, was [ich] damals aber nicht deuten konnte, ein Arom übrigens, gemischt aus etwas entschieden Abstossendem und etwas Anziehendem.« Diese Schilderung des Elternhauses von Theodor Lessing, Klages' engstem Jugendfreund, ist symptomatisch.[116] Sie verrät einen doppelten Zwiespalt. Nicht nur schwankt die Rede zwischen positiven und negativen Gefühlen, auch der Freund erscheint als Doppelwesen: Er ist der Vertraute, mit dem Klages sich eine eigene Welt geschaffen hat, und zugleich ist er Angehöriger einer Welt, deren »Arom« fremd und anders ist. Der physiognomische Eindruck gilt dem »Wesen« des Jüdischen, nicht der konkreten Erscheinung eines einzelnen Juden.

Diese Ambivalenz zeigte sich in unterschiedlicher Weise. Zum einen im permanenten Schwanken zwischen fundamentaler Ablehnung alles »Jüdischen« und differenziertem Umgang mit einzelnen Juden. Zum anderen in der daraus resultierenden Bereitschaft, im Problem des »Jüdischseins« eine intellektuelle Herausforderung zu sehen und den Ausgangspunkt zu seiner Lösung in einer richtigen *Interpretation* des Jüdischen zu suchen. Wie die genannten Vertreter des charakterologischen Denkstils legte zudem auch Klages Wert darauf, dass seine eigene judenfeindliche Haltung nicht für »Antisemitismus« gehalten würde; er selber bezeichnete sie als »Antijudaismus«, »Antijahwismus« oder, in Anspielung auf einen alttestamentarischen Opferkult, »Antimolochismus«.[117]

Tendenziell war Klages bereit, Juden und Jüdisches zum Thema zu machen, wenn er seinem Gegenüber vertraute und bei ihm Bildung voraussetzte. Geht man seine Korrespondenz unter diesem Gesichtspunkt durch, fällt auf, dass sich der Versuch, seine Haltung gegenüber Juden zu explizieren und zu erläutern, ausschließlich im Gespräch mit Akademikern findet, etwa dem Bibliothekar und späteren Direktor des Schiller-Nationalmuseums Erwin Ackerknecht, dem Germanisten Hans Kern, dem Psychiater Hans Prinzhorn oder dem Volkskundler und Symbolforscher Martin Ninck.[118] Interessanterweise heißt das aber auch, dass es nicht zuletzt gebildete Freunde und Kollegen jüdischer Abstammung waren, die von Klages Aufschluss über seinen etwaigen Antisemitismus erhielten: so die Wiener Graphologin Roda Wieser oder der Neurologe und Ausdrucksforscher Friedrich Salomon Rothschild.[119]

Kam nun gegenüber einem dieser Briefpartner die Rede auf bestimmte Konflikte, beispielsweise mit konkurrierenden Graphologen, dann neigte Klages dazu, den Sachverhalt antisemitisch zu interpretieren. So stellte er etwa gegenüber Erwin Ackerknecht 1921 fest, dass man mit der Einrichtung einer staatlichen Prüfungsstelle für Graphologen unbedingt »dem Juden zuvorkommen« müsse, da dieser zur Autorisierung des »graphologischen Pfuschertums« bereits »ähnliches« plane.[120] Besonders aufschlussreich ist ein Brief an Roda Wieser. In ihm merkt Klages zunächst an, dass es sich bei dem Graphologen Max Pulver um »genau dieselbe Spezies wie [beim Graphologen] S.[audek]« handle, nämlich den »Typus: jüdischer Literat«, der, so Klages weiter, »ungefragt und besonders bei ersten Begegnungen zu bemerken liebt, er sei nicht – Jude!«[121] In dem vorangegangenen Brief an Klages hatte Wieser sich irritiert über etwaige antisemitische Neigungen bei Klages gezeigt; im Anschluss auf die interne Bemerkung über Pulver äußert sich Klages daher zum Typus des ›jüdischen Literaten‹ und seinem Verhältnis zu Juden im Allgemeinen:

> Erlauben Sie mir zu Ihrer scherzhaften Bemerkung vom »Antisemitismus« einen Zusatz.– Es gab und gibt jüdische Künstler und Forscher von hoher Bedeutung. Der grösste Philosoph, der mir unter Lebenden begegnete und dessen Preis durch alle meine Bücher zieht, war rassemässig zweifellos Jude, ungeachtet seine Familie konfessionell dem Calvinismus angehörte und er selbst wie der echteste Magyar aussah! (Bitte um Vertraulichkeit dieser Mitteilung) [...] Was aber musste ich nun mit diesem bedeutendsten Denker der Gegenwart oder der unmittelbaren Vergangenheit erleben? Dass der jüdische Literat [...] diesen Rassengenossen unbedingt ablehnte und bis jetzt mit dem bewährten Mittel des sog. Totschweigens faktisch verschwiegen hat, obwohl den leitenden Intelligenzen der Sachverhalt bekannt ist, wofür ich Beweise habe. Ein einziges solches Beispiel eröffnet interessante Perspektiven, die mindestens 90% der sog. Antisemiten unbekannt sind. Hier sehen wir einen andern und tieferen Gegensatz sich auftun; wobei ich allerdings den

»Literaten« das Beiwort »jüdisch« deshalb zusetzen muss, weil fast nur jüdische Literaten heute Einfluss üben.

In diesen Sätzen zeigt sich die ganze Komplexität eines Antisemitismus, der beansprucht, nicht nur über Juden, sondern auch über sich selbst sachlich sprechen zu können. Zentral ist dabei die Unterscheidung von »rassemäßigen« Juden und wesensmäßig »jüdischen« Typen. In charakterologischer Hinsicht ist bei einem echten ›Philosophen‹ die Rasse belanglos, bei dem hier angesprochenen Menyhért Palágyi handelt es sich also nur zufällig um einen Juden. Dagegen sind ›Literaten‹ ihrer Abstammung nach meistens, ihrem Wesen nach immer ›jüdisch‹.[122] Nicht Herkunft oder Religion bestimmen also den charakterologischen Begriff des Juden, sondern dessen psychologische Verwandtschaft mit bestimmten Sozialtypen, hier dem ›Literaten‹, an anderer Stelle etwa dem ›Hysteriker‹ oder dem ›Schauspieler‹. Über die Fähigkeit, den »tieferen Gegensatz« zwischen dem ›jüdischen‹ Wesen des ›Literaten‹ und dem Wesen des ›Philosophen‹ überhaupt verstehen zu können, zieht Klages nun eine doppelte Grenze: gegenüber »dem« Juden auf der einen Seite, und gegenüber all denjenigen, die nach oberflächlichen biologischen Kriterien die Juden als Kollektiv behandeln, kurz: den »Antisemiten« auf der anderen Seite.

Letztlich gründet dieses antisemitische Muster auf einer zirkulären Hermetik: Wer mein Feind ist, ist jüdisch, wer mein Freund ist, ist es nicht, und wenn meine Feinde behaupten, keine Juden zu sein, dann beweist gerade dies das Gegenteil. Man muss kein Psychiater sein, um diese Logik paranoid zu nennen.[123] Zweifellos waren viele von Klages' Gegnern etwa auf dem Gebiet der Graphologie jüdischer Abstammung.[124] Doch symptomatisch für den paranoiden Zug dieses Denkens ist eher die selektive Wahrnehmung in den Fällen Roda Wiesers und Max Pulvers. Jene schätzte Klages intellektuell und protegierte sie als Graphologin und wissenschaftliche Autorin. In ihrem Fall war Klages sich einer jüdischen Abstammung väterlicherseits sicher, teilte diese Information jedoch nur ein einziges Mal unter dem Siegel strengster Verschwiegenheit mit.[125] Im Fall Pulvers verhielt es sich genau umgekehrt. Es gab kein einziges Indiz, das die behauptete jüdische Abstammung stützten konnte. Dass es sich bei ihm dennoch um einen ›Juden‹ handelte, musste Klages daher immer wieder mit hermeneutischen Mitteln suggerieren: mal war es der Schreibstil Pulvers, dessen »Publikationen den Geist jüdischen Literatentums atmen«; mal war es seine Handschrift, die den »Typus: jüdischer Literat« verriet; mal der Zirkelschluss, demzufolge Pulvers »Unterstützung durch die internationale Presse« auf dessen »Rassezugehörigkeit« zurückzuführen sein müsse.[126]

Worum es Klages in all diesen Fällen ging, war die Konsistenz eines Weltbildes, in dessen Zentrum das Gefühl stand, in einem Kampf von welthistorischem Ausmaß zu stehen. Da er sich von ganz unterschiedlicher Seite bedroht fühlte, ließ sich »der« Feind nur in Form einer charakterologischen Abstraktion personifizieren, die er ›Juda‹ nannte. Symptomatisch ist etwa eine Aussage aus dem Herbst 1929, als zeitgleich mit der ersten Publikationswelle klageskritischer Graphologen die liberale Presse den ersten Band des *Widersachers* einhellig verriss. »Juda«, so ließ er Ackerknecht wissen, wirke ihm inzwischen »konzentrisch entgegen«.[127] Dass es sich bei der antisemitischen Codierung von Konkurrenzsituationen insgesamt nicht um spontane Einfälle handelte oder um »Ausfälle«, wie mit apologetischer Tendenz gerne behauptet wird, lässt sich an zwei konzeptionellen Texten belegen, in denen die paranoide Logik dieses Deutungssystems deutlich zutage tritt. Beide Texte stammen aus der Zeit des Dritten Reichs, der erste von 1936, der zweite von 1940. Da jedoch nach Klages Willen der frühere der beiden nicht veröffentlicht wurde, lässt sich an ihnen auch zeigen, dass der entscheidende Grund für die Aufgabe eines esoterischen Antisemitismus nicht in der Machtergreifung der Nationalsozialisten lag, sondern im Kriegsausbruch.

Der Germanist und Autor Hans Kern war einer der wichtigsten Fahnenträger der klageschen Weltanschauung im Dritten Reich. Im Herbst 1936 schickte er Klages einen vierseitigen Artikelentwurf mit dem Titel *Juda gegen Klages* zur Ansicht. Darin habe er zeigen wollen, auf welcher Seite der »kulturpolitischen Fronten« Klages schon vor 1933 gestanden habe. Zu diesem Zweck hatte Kern einschlägige Beispiele klageskritischer Artikel aus den Jahren der Weimarer Republik versammelt. Diesem Potpourri, das

u. a. Texte der »Juden« Ludwig Marcuse, Ernst Bloch und Erich Mühsam sowie der »Judenknechte« Hermann Keyserling und Thomas Mann umfasste, hatte er folgende allgemeinen Einschätzungen vorangestellt:

Verfolgt man den jahrzehntelangen heimlichen Abwehrkampf gegen das Werk und die Person von Ludwig Klages, so lassen sich die folgenden Gruppen unterscheiden: 1. Forscher, die eigene Standpunkte entwickelten und aus sachlichen Gründen zu teils zustimmenden, teils abweichenden Meinungen kamen. Diese – verhältnismäßig kleine – Gruppe gelangte zu Verständnis und Hochachtung. 2. Vertreter vorgeprägter überlieferter Dogmen und Gedankenklischees (etwa in den Kirchen oder in der zünftigen Professorenphilosophie). Diese lehnten Klages als »Aussenseiter« von vornherein ab, ja, missachteten ihn aus Unwissenheit und – Furcht. 3. Die grosse Schar der spitzfindigen Dialektiker und Relativisten, deren Blütezeit die schwarzrotgoldene Republik gewesen ist. Diese fühlten sich durch Klages entlarvt und bekämpften ihn daher mit allen Mitteln der Bosheit und Niedertracht. 4. die Schar der Plünderer und literarischen Freibeuter, die von Klages ihre »Ideen« bezogen und ihn, um ihren Diebstahl zu vertuschen, besonders gehässig befehdeten. In den Gruppen 3 und 4 spielte das Judentum die erste Violine! Und das ist kein Wunder, denn an jenem Reich der echten Werte des Lebens, für das Klages als Denker seit 40 Jahren leidenschaftlich kämpft, hat das Judentum auf Grund seiner rassischen Eigenart <u>keinen</u> Anteil. Vor allem: Klages ist seit Nietzsche der grösste Entlarver des »Ressentiment«, d. h. des »Lebensneides«, und seiner weltgeschichtlichen Fälscherrolle. Seine Erkenntnisse bildeten daher eine ausgesprochene <u>Gefahr</u> für das jüdische Schmarotzertum in allen seinen Maskierungen. Es ist infolgedessen von hohem Interesse, zu beobachten, wo die hauptsächlichen Giftmischer gegen Klages sassen: nämlich in den Redaktionsstuben der Freimaurer- und Marxistenpresse […]. Wir geben einige Kostproben, weisen aber zuvor noch auf einen immer wiederkehrenden jüdischen »Dreh« hin. Klages hält bekanntermassen die zivilisatorische Überernährung des

»Geistes« für eine Kulturgefahr. Während es ihm aber darauf ankommt, dass ihr gegenüber endlich wieder die Seele erstarke, tut der Jude so, als wolle Klages a.) den Geist ausschalten (wovon in Wahrheit gar keine Rede sein kann, weil das nicht möglich ist) und b.) dem ungebändigten »Chaos« geiler und böser Triebe freien Lauf lassen. So begann das Ghettogegeifer gegen Klages als angeblichen »Barbaren« und »Kulturfeind«. Dieser Dreh ist übrigens äußerst aufschlussreich für – das Wesen des Juden. Denn der kennt (wie auch seine »Psychoanalyse« beweist) innerhalb des Menschenwesens in der Tat nur zweierlei: die Triebschicht und den »sublimierenden« Geist (die »Seele« ist ausgelöscht!!).[128]

Klages stimmte den Ausführungen inhaltlich ohne Vorbehalte zu, äußerte allerdings Bedenken in taktischer Hinsicht.[129] »Zurzeit« rate er von einer Veröffentlichung des Artikels ab; sollte er aber zu einem anderen Zeitpunkt erscheinen, erbat er sich von Kern vor allem eine Klärung des Begriffs ›Juda‹. Nicht zuletzt müsse dabei auch »hinreichend deutlich« skizziert werden, inwiefern »›Antijudaismus‹ nicht durchaus dasselbe sei wie ›Antisemitismus‹.« Wie ist das zu verstehen? Inhaltlich liegt die Rede von ›Juda‹ äußerst nah an dem, was Nietzsche in der *Genealogie* als ›Judäa‹ fasste.[130] Bereits 1926 hatte Klages die eigene Rede von ›Juda‹ mit Nietzsches Interpretation von ›Judäa‹ gleichgesetzt.[131] Beide Begriffe psychologisieren die soziale Kategorie ›Jude‹ durch eine formelhafte Beschreibung, die es ermöglicht, das Judentum als Ausgangspunkt und Manifestation einer »lebensfeindlichen« Lebensform zu sehen. Beide Begriffe sind polemisch angelegt; allerdings erhält die Polemik bei Klages eine paranoide, auf ihn selbst bezogene Nuance, die bei Nietzsche fehlt: »Judäa gegen Rom« hieß es dort, hier »Juda gegen Klages«. Kern fasst zwei der drei Gruppen, die gegen Klages einen »Abwehrkampf« führten, unter den Begriff eines so verstandenen Judentums. Dass Klages selbst auch die dritte Gruppe darunter fasste, also auch Nietzsches Deutung des Christentums als »jüdischer« Religion übernahm, zeigt ein Änderungsvorschlag für einen zweiten, im gleichen Sinn verfassten Artikel Kerns, der in einer Zeitschrift der Hitlerjugend erscheinen sollte. Neben abermals taktischen Gründen bat Klages mit Rücksicht auf die vornehmlich junge Leserschaft, auf den Begriff ›Juda‹ zu verzichten. Da der Artikel insgesamt über schreibende Marxisten, Christen, Bürger bzw. »Liberale« und »Hochschulzünftler« berichte, sei als Gruppenbezeichnung »die – vornehmlich jüdischen – Literaten« besser verständlich. Dass nämlich »zum Grundbegriff ›Juda‹ *alle* Aufgezählten« gehörten, »würden die jungen Leser noch nicht kapieren.«[132] Dass sich hinter dieser Paranoia aber viel mehr verbarg als eine Variante Nietzsches, zeigte sich vollständig in Klages' Einführung zu Fragmenten und Vorträgen Alfred Schulers. Bei dieser Veröffentlichung, von der sich Klages' Ruf nach 1945 nie wieder erholen sollte, handelte es sich weder um ein taktisches Manöver der »Anbiederung« an die Nazis noch um einen antisemitischen »Ausfall«.[133] Nachdem der rassenbiologische Antisemitismus die Deutungshoheit errungen hatte, macht sich Klages mit seiner Art der Judenfeindschaft nämlich durchaus angreifbar.[134] Wenn Klages also die Zurückhaltung, die er 1936 noch an den Tag gelegt hatte, 1940 aufgab, muss das als ideologiepolitischer Strategiewechsel gewertet werden.[135] Tatsächlich begriff Klages die Veröffentlichung als eine Art Vermächtnis, das der Nachwelt helfen sollte, sein Leben und Werk richtig einzuschätzen, und zwar vor allem im Hinblick auf den »Kampf«, dem es gewidmet war. Für diese Interpretation spricht die Veröffentlichung *nach* Kriegsausbruch, zu einem Zeitpunkt, als Klages' pessimistischer Deutung zufolge »der« Feind zum entscheidenden Vernichtungsschlag ausholte. Sie wird weiter dadurch gestützt, dass Klages, kurz nach Erscheinen des Schuler-Nachlasses, die Abfassung seiner eigenen Biographie in die Wege leitete. Einen Autor hatte er in Martin Ninck gefunden, einem Schweizer Volkskundler, der zu seinen engsten Vertrauten zählte.[136] Seit 1941 zog Klages ihn zunehmend ins Vertrauen über seine eigene Vergangenheit, 1943 begann er kapitelweise biographische Notizen zu verfassen, die er Ninck als Material überließ. In Klages' Weihnachtsbrief von 1941 findet sich ein Passus, der die Veröffentlichung des Schuler-Nachlasses in einen unmittelbaren Zusammenhang mit dem Kriegsgeschehen bringt:

> Ja, mein Herz blutet beim Gedanken an meine kämpfenden Landsleute an der Ostfront, die dort Unvorstellbares leisten und

Unausdenkliches erdulden. Furchtbare Berichte eignen sich nicht zu schriftlicher Wiedergabe, und vollends schweige ich von der Zukunft. Das Geschick war uns nicht immer freundlich gesinnt, indem es uns mitten hineinstellte in den *Endkampf Judas mit der Menschheit.* Sie hegten damals leise Zweifel an der Echtheit der Auslassungen des Juden Ravage. Nach Neujahr [...] sende ich Ihnen leihweise ein Heft von nur zwei Druckbogen Umfang, worin jeder Satz mit den Erfahrungen übereinstimmt, deren furchtbaren Sinn ich in der Einführung zum Schuler-Nachlass angedeutet habe.[137]

Was war mit dem »furchtbaren Sinn« gemeint, den Klages im Schuler-Nachlass angedeutet habe?

Wie Nicolaus Sombart in einer eindrücklichen Szene schildert, war der Name des 1923 gestorbenen Alfred Schuler 1940, als dessen Nachlassfragmente publiziert wurden, selbst in gebildeten Kreisen fast vollständig unbekannt.[138] Dabei hatte kaum jemand die intellektuelle Szene Münchens um 1900 so beherrscht wie er.[139] Doch Schulers große zeitgenössische Wirkung dürfte den gleichen Grund gehabt haben wie seine spätere Vergessenheit: Sein Denken funktionierte in hohem Maße performativ. Zwar verfasste er auch Gedichte, doch erschienen sie erst 1930 in Buchform. Die Begeisterung, die Schuler nicht nur in der Runde der »Kosmiker« um Stefan George, Karl Wolfskehl und Klages, sondern auch beim gebildeten und kunstsinnigen Publikum Münchens, etwa in Elsa Bruckmanns Salon, entfachte, vermittelte sich jedoch vor allem im persönlichen Kontakt: in Vorträgen, aber nicht zuletzt auch in der unmittelbaren Auseinandersetzung mit einer Gedankenwelt, die symbolische Deutungen des antiken Rom ebenso umfasste wie Rettungspläne für die Kaiserin Elisabeth, korybantische Tänze, deren Aufführung Nietzsche von seinem Wahn heilen sollten, und spontane Reflexionen über die unterschiedlichen Arten, in denen sein morgendlicher Stuhl schillern konnte.[140] Bis zu seinem 46. Lebensjahr war er an der Münchener Universität im Fach Archäologie eingeschrieben, ohne je ein Examen abgelegt zu haben. Das verwundert nicht, denn weiter als Schuler konnte man sich vom akademischen Denkstil nicht entfernen. Er dachte und sprach ausschließlich in Bildern und Symbolen. Es war dieser »gnostische« Zug der unveröffentlichten Vorträge und Fragmente, die dem Interpretationswillen des Herausgebers Tür und Tor öffneten.[141] In dieser Hinsicht eignete sich kaum jemand besser für die Aufgabe als Ludwig Klages.[142] Schließlich konnte er für sich in Anspruch nehmen, als einer der engsten Freunde Schulers um 1900 nicht nur mit dessen Gedankenwelt, sondern auch mit seiner Biographie eng vertraut zu sein. Und er besaß den Willen zur Deutung. Drei jener vier Kapitel der Einführung, in denen Klages sich Schulers Verhältnis zum Judentum widmet, sind mit einem Motto überschrieben. Einem symbolischen Diktum Schulers: *Ans Herz des Lebens schlich der Marder Juda*; dem römischen Rechtsgrundsatz, der die Ungültigkeit des Scheingeschäfts von der möglichen Gültigkeit des verdeckten Rechtsgeschäfts unterscheidet: *Quae non sunt simulo, quae sunt ea dissimulantur* (»Was nicht vorhanden ist, täusche ich vor; was vorhanden ist, verschleiere ich«), den Schuler mit der in Klammern gesetzten Bemerkung *Von einem Juden auf einen Juden* versehen hatte; und einem von Schuler übernommenen Ausspruch Alexander Graf Töröks: *Der Arier erschafft die Welt, der Jude verschafft sie sich*.[143] Die über 40 Seiten, die diese vier Kapitel umfassen, widmet Klages nun einem einzigen Zweck: der Interpretation der drei Mottosprüche auf der Grundlage eines »Wissens«, das er exklusiv besaß.

Am Anfang seines Kommentars breitet Klages noch einmal die allgemeine Charakterologie ›Judas‹ aus, die er schon im Nietzsche-Buch dargelegt hatte, nun allerdings mit offen paranoider Tendenz. Bei »Juda« handle es sich um ein »Machtzentrum«, in dem alle Aktivitäten zusammenliefen, die dieser »Feind des Menschengeschlechts« im Laufe der Geschichte unter »1001 Masken« verborgen habe.[144] Die jüdische Fähigkeit, die eigene Identität zu verbergen und sich an jedwede Umwelt anzupassen, stellt Klages nun als Machtstrategie dar. Es sei das Verdienst Georg Friedrich Daumers und Nietzsches gewesen, den »jahwistischen« Kern des Christentums erkannt und dieses als eine der wichtigsten »Verkleidungen« Judas entlarvt zu haben. Die entscheidenden Fragen hätten aber auch sie nicht beantworten können: »*Was* ist der Jahwismus? Der Jahwismus nicht als Lehre und Forderung, sondern als Blutsbeschaffenheit seiner Träger und Agitatoren? [...] Wie konnte der Jahwismus Herr werden über die heidnische Götterwelt der Hellenen?«[145] Die große Bedeutung der Fragmente, so Klages, liege darin, dass sie Antworten auf eben diese Frage enthielten, wenn auch verschlüsselt »in der Sprache der Symbolik«. Wolle man sie entziffern, könne dies nur auf dem Wege der esoterischen Deutung geschehen. Dazu sei es unerlässlich, Ereignisse heranzuziehen, deren Zeuge er und Schuler in den Jahren um 1900 in München gewesen seien.[146]

Der Bericht beginnt 1895, als Schulers und Klages' späterer Intimus Karl Wolfskehl sich erstmals länger in München aufhielt. Und er endet mit einer schaurigen Szene im Januar 1904: Schuler lässt Wolfskehl durch einen Boten ein schwarzes Kuvert mit seinem Abschiedsbrief überbringen, verfasst »in der Art einer förmlichen Kriegserklärung«.[147] Was in den Jahren zwischen diesen beiden Ereignissen passierte, schildert Klages nun als Aufdeckung einer Camouflage von welthistorischer Bedeutung, der er und Schuler um ein Haar zum Opfer gefallen wären. Er charakterisiert Wolfskehl als einen »Virtuosen der Maske«, dessen »aufreizende Vielgesichtigkeit den Betrachter beständig im Zweifel ließ, was Maske, was Wesen« sei.[148] Bei einem »völligem Mangel an unmittelbarer Beziehung zur Landschaft« habe sein Hauptcharakterzug in einem »wahllosen Hunger nach Menschen« bestanden. Zur Erreichung seiner verborgenen Ziele sei aber ein »Nebenzug« entscheidend gewesen, »in dem ein charakterkundlich von grundaus Geschulter den Schlüssel zum Eigensten seines Wesens gefunden hätte« – die assimilatorische »Überbietung« der jeweils herrschenden »Klangfarbe«. Dieser Zug habe ihn in Gesellschaft so »gewinnend« gemacht, dass Wolfskehl zunächst auch ihn und Schuler an sich »gefesselt und gekettet« habe.

Gemeint ist nicht zuletzt die gemeinsame Begeisterung für »kosmische« Kulte, insbesondere für die chthonisch-matriarchalen Mysterien aus prähistorischer Zeit.[149] Doch vor allem Schuler habe zunehmend den Verdacht gehegt, dass Wolfskehl das Gegenteil dessen im Sinn hätte, was er predigte, nämlich sich im Auftrag Judas der Feinde des Jahwismus zu bemächtigen, jener neu-heidnischen »Quellgeister«, die wieder Zugang zum Mysterienwissen der Naturreligionen gefunden hätten und dadurch den historischen Sieg des Jahwismus in Frage stellten. Zur Erreichung dieses Zwecks habe Wolfskehl die Nähe Stefan George gesucht, da sich in dessen Umkreis bedeutende »Quellgeister« wie Klages und Schuler befunden hätten. Als er erkannt habe, in welchem Ausmaß George eine »Literaturpolitik« betrieb, die im Namen einer neuen Kunst Anhänger um sich scharen wollte, habe Wolfskehl die heimliche Herrschaft über dessen Kreis und insbesondere über die *Blätter für die Kunst* angestrebt. Zu diesem Zweck habe er in einem »Meisterstück jüdischer Schutzanpassung« Leidenschaften vorgetäuscht, die er tatsächlich nicht besaß, und sich so als reinen »Quellgeist« ausgegeben.[150]

Den Höhepunkt des dramatischen Berichts stellt denn auch Schulers gescheiterter Versuch dar, von »Georges Seele Besitz zu ergreifen«. Klages schildert die Szene im Stile einer Schicksalsprüfung, die George nicht besteht und sich selbst so als leeres »Phantom« entlarvt, das Wolfskehls subversiven Bestrebungen nichts entgegenzusetzen hat. Schuler hatte zu einem jener heidnischen Rituale geladen, das die Kosmiker regelmäßig veranstalteten:

> [I]m besten seiner nicht geräumigen Zimmer eine längliche Tafel, imgrunde bescheiden, für seine Verhältnisse mit üppigen Speisen bedeckt; Licht von Kerzen und einem römischen Dreidochter, vor diesem auf metallenem Sockel eine Nachbildung des »Adoranten«, dahinter Lorbeer und anderes Grün; um jeden Teller ein Kranz leuchtender Blüten; Weihrauchduft. – Nach der Mahlzeit beginnt er mit dem Vorlesen seiner stärksten Fragmente, mächtig schon einsetzend und zu immer mächtigerem Pathos fortgerissen. Es bildete sich, so möchte man meinen, ein magisches Feld, Verwandtes anähnelnd, alles Fremde fortstoßend und austreibend. Die alte Mutter ist in sich zusammengesunken; Wolfskehl seelisch und geistig immun, saugt und assimiliert, seine Frau sitzt teilnahmslos da, denn ihr ist das »zu hoch«; George gerät in wachsende, schließlich kaum noch beherrschte Erregung. Er hat sich hinter einen Stuhl gestellt, fahler denn fahl scheint er im Begriff, die Fassung zu verlieren. Die seelenatmosphärische Spannung wird unerträglich. Keiner vernimmt noch, was Schuler kündet; doch aus dem Dröhnen seiner Stimme wächst ein Vulkan,

der glühende Lava schleudert. [...] Auf der nächtlichen Straße stehe ich plötzlich mit George allein. Da fühle ich mich am Arm gegriffen:»Das ist Wahnsinn! Führen Sie mich fort in ein Wirtshaus, wo biedere Bürger, wo ganz gewöhnliche Menschen Zigarre rauchen und Bier trinken! Ich ertrage es nicht!« – Nun, so geschah es. In einem ganz gewöhnlichen Wirtshaus voll biederer Bürger trank jeder sein Bier, George angegriffen, aufgewühlt, immer noch ruhelos, ich nachdenklich, sehr nachdenklich. [...] Kommenden Tags entschied sich in mir, was im Stillen längst sich vorbereitet hatte. Ein Lebensabschnitt, so fühlte ich, geht seinem Ende zu; im Ringen mit Schulers römischem Heidentum ist meine Weltanschauung stark genug geworden, um das zwiespältige Werk, das den Namen »George« trägt, [...] zu überwinden.[151]

In der Deutung dieser Szene kontrastiert Klages den Vortrag Schulers mit dem rituellen Charakter der Lesungen Georges: »Kein Zweifel: die ›Religion der Geste‹ war im Angesichte echter Gluten zuschanden und ihr Oberpriester war sich selbst zum Phantom geworden.«

Klages' Darstellung enthält dem Leser einige entscheidende Details vor. So lässt er in suggestiver Absicht Schulers »Kriegserklärung« von 1904 direkt auf die Vortragsszene folgen, obwohl fast fünf Jahre zwischen den beiden Ereignissen lagen. Vor allem aber betrifft dies Klages' Konkurrenzverhältnis zu Wolfskehl. Auch dieses hatte erst Jahre *nach* dem hier beschriebenen Ereignis Konturen gewonnen. Erst 1903, dem wichtigsten Wendejahr in Klages' Leben, entspann sich tatsächlich ein Kampf um George. In ihm waren künstlerische, erotische und weltanschauliche Motive untrennbar miteinander verwoben.[152] Jahrelang hatte Klages freundschaftlich mit Wolfskehl verkehrt und noch den Silvesterabend 1902 in dessen Haus verbracht. Erst nachdem sich im Januar 1903 abzeichnete, dass Klages' Liebeswerben um Franziska zu Reventlow endgültig gescheitert war, diese sich stattdessen auf eine Affäre mit Wolfskehl einließ, bekam Klages' Antisemitismus die situationsabhängige Unbedingtheit, die so typisch für ihn für war.[153] Sie hatte er auch schon 1899 an den Tag gelegt, als er mit seinem langjährigen Jugendfreund Theodor Lessing brach, und bis zu seinem Lebensende sollte er immer wieder auf diese Unbedingtheit zurückgreifen, wenn er mit Juden in Konflikt geriet.[154] Nun allerdings wendete er den Antisemitismus ins Weltanschauliche, wobei er in Schuler einen kongenialen Stichwortgeber fand. Erst jetzt erschien Klages als *grundsätzliches* Problem, was er wahrscheinlich schon länger beargwöhnt hatte: Dass nämlich George sich mit Anhängern jüdischer Abstammung umgab, die in einem Maße akkulturiert waren, dass der selbst ernannte Prophet »deutscher« Kunst erheblich von ihrer Bildung profitierte, so neben Wolfskehl vor allem Friedrich Gundolf. Nachdem Klages noch 1902 ein hagiographisches Büchlein über den »Meister« publiziert hatte, spielte er Anfang 1904 die antisemitische Karte. In Form eines Ultimatums verlangten er und Schuler von George, die Juden aus seinem Kreis zu verbannen: eine Forderung, die zum Bruch mit George und Wolfskehl führen musste.[155]

Entscheidend ist nun, dass Klages diese Einzelheiten 1940 nicht wider besseres Wissen fortließ, um die Dinge in einem bestimmten Licht erscheinen zu lassen, sondern dass er an die eigene Stilisierung tatsächlich glaubte.[156] In einer Mischung aus Unbehagen, Eifersucht und Konkurrenz hatte er im Laufe des Jahres 1903 beschlossen, die vorangegangenen Ereignisse antisemitisch zu interpretieren. Damit erhielt Klages' Judenfeindschaft, die sich in ihrer Kombination aus abstrakter Theorie und differenzierter Praxis bis dahin kaum von der in Bildungskreisen verbreiteten Ambivalenz gegenüber Juden unterschieden hatte, plötzlich eine weltanschauliche Dimension. Indem er den vielschichtigen Konflikt mit Wolfskehl als »Kampf« deutete, den das wurzellose ›Juda‹ mit den heidnischen ›Quellgeistern‹ um George geführt hatten, übertrug er das von Nietzsche herrührende Psychologem, demzufolge zu ›Juda‹ gehörte, wer sich »lebensfeindlich« verhielt, auf die eigene Biographie. An dieser Deutung, die ihn selbst in den Mittelpunkt einer entscheidenden »Schlacht« stellte, die ›Juda‹ gegen das ›Leben‹ führte, sollte er bis an sein Lebensende festhalten. Die einzige willkürliche Stilisierung mag 1940 darin bestanden haben, dass Klages seine eigene Rolle als Urheber dieser Deutung verschleierte, indem er sie als »Erkenntnis« ausgab, die der seherisch begabte Alfred Schuler bereits 1899 gehabt habe.[157]

In szenischer Verdichtung hatte sich demnach in München um 1900 der Beginn der abendländischen Geschichte wiederholt.[158] Will man in dieser Deutung mehr als Aberwitz erkennen, muss man unterstellen, dass Klages wirklich an sie glaubte. Und tatsächlich werden Behauptungen wie die von 1929, dass Juda ihm »konzentrisch entgegen« wirke, erst verständlich, wenn man die persönliche Orientierungsfunktion seines paranoiden Antisemitismus in Rechnung stellt.[159] Das schlüssige Wahnsystem, das er sich im Verlauf des Jahres 1903 konstruiert hatte, erlaubte es ihm fortan, persönliche Erlebnisse in einen schlüssigen Sachzusammenhang miteinander und mit dem gesamten Weltgeschehen zu bringen.[160]

Doch nicht nur für seine persönliche Lebensbewältigung hatte dieses Interpretationsschema fundamentale Bedeutung. Im gleichen Kontext teilte Klages Ninck nämlich mit, dass durch die Ereignisse von 1903 in ihm auch der Entschluss gereift sei, sein Leben der Ausarbeitung eines philosophisch-wissenschaftlichen »Werks« zu widmen.[161] Für die Richtigkeit dieser Behauptung spricht, dass Klages' über fast drei Jahrzehnte andauernde Publikationstätigkeit 1904 begann.[162] Und so kann insbesondere die Entstehung der *Graphologische Prinzipienlehre*, des ersten Textes, in dem sich Klages als originärer Denker zeigt, erst ganz verständlich werden, wenn man die Spuren des »Schwabinger Krachs« berücksichtigt. Es ist daher nicht ohne Grund, wenn Klages am Ende der Einleitung zum Schuler-Nachlass auf das Hysterie-Kapitel der *Prinzipienlehre* verweist. Es sei, weil es »vom Kern des Judaismus eine selten gewürdigte Seite« bloßlege, für das Verständnis Wolfskehls von »hohem Erkenntniswert«.[163]

Der Schlüssel, von dem aus sich nicht nur Klages' Ausdruckswissenschaft, sondern auch seine Weltanschauung erschließt, ist die Idee der Ausdrucksschwelle. Zu Recht würdigten die Herausgeber der *Prinzipienlehre* sie als bahnbrechende Neuerung, durch die erst die Graphologie ein theoretisches Fundament erhalte. Ungesagt blieb dabei allerdings, dass auch Klages' Konflikt mit Wolfskehl und George durch dieses Konzept ein theoretisches Fundament erhielt. Klages gab der Graphologie eine Theorie, indem er seine persönliche Situation theoretisierte: Die Beendigung der

Lebenskrise und der Durchbruch zur Ausdruckswissenschaft sind zwei Ergebnisse eines einzigen Denkschritts.

Im Zentrum seiner Graphologie stand der gleiche subtile Gegensatz, der es Klages ermöglichte, sich von gerade den Personen loszusagen, die bis kurz vorher zu seinen engsten Vertrauten gehörten. Indem er das an der Oberfläche beobachtbare Ausdrucksgeschehen kategorisch von den inneren Ausdrucksantrieben unterschied, machte Klages die Unterscheidung von *echtem* und *unechtem* Ausdruck zum epistemologischen Zentrum seines persönlichen Denkstils. Es ist gerade die Mehrdeutigkeit, ja die potentielle Gegensätzlichkeit ein und desselben Schriftmerkmals, die Klages als *das* Schlüsselproblem der Graphologie erkennt; und genauso ist es gerade seine und Schulers vermeintliche Nähe zu Wolfskehl und George, die Klages nun als Illusion entlarven kann. Es ist der Gegensatz von lebenserfülltem und leerem, um nicht zu sagen: totem Ausdruck, der Klages zu der Einsicht bringt, dass die gleiche Symbolsprache im einen Fall von der »Glut« echter »Bilder« zeuge, während sie im anderen eine »Religion der Geste« inthronisiere.

Wie gezeigt, veranschaulichte das Schlüsselkapitel der *Prinzipienlehre* den Gegensatz von echtem und unechtem Leben an den Handschriften Wagners und Nietzsches. Eingebettet in den Entstehungskontext wird man in diesem Fallbeispiel aber unschwer den Gegensatz zwischen Klages und Schuler auf der einen, Wolfskehl und George auf der anderen Seite erkennen. Die Gründe dieser Codierung waren taktischer Natur. Zu wissenschaftlichen Zwecken war es unverfänglicher und zudem glaubwürdiger, sich auf zwei berühmte Tote zu beziehen als auf die Kombattanten des persönlichen Schlachtfeldes. Allerdings ließ Klages es sich später nicht nehmen, entsprechende Befunde entlegen und anonymisiert zu präsentieren. Nur vertraulich wies er darauf hin, dass die faksimilierten Schriftproben Nr. 130 und 131 aus dem 1917 erstmals veröffentlichten Lehrbuch *Handschrift und Charakter* von Stefan George und Alfred Schuler herrührten.[164] Klages stellt sie als Varianten der »stilisierten Handschrift« vor, die ein Schreiber durch bewusste Übung erworben hat. Auf diesem Gebiet Unterschiede zu ermitteln, sei eine der schwierigsten Aufgaben der Graphologie. Grundsätzlich träten die individuellen Besonderheiten in der bewusst gestalteten

Handschrift sogar besonders stark in Erscheinung; doch bedürfe es eines indirekten Deutungsverfahrens, um den Ausdrucksgehalt zu entziffern, den auch und gerade das Willkürliche besäße.

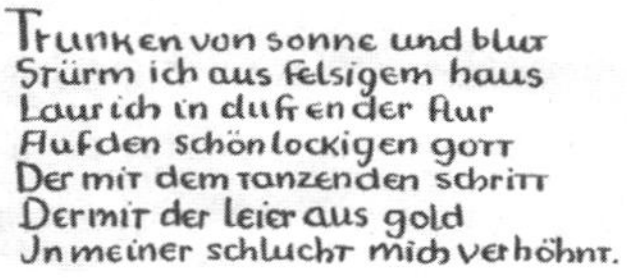

Trunken von sonne und blut
Stürm ich aus felsigem haus
Laur ich in duftender flur
Auf den schön lockigen gott
Der mir dem tanzenden schritt
Der mir der leier aus gold
In meiner schlucht mich verhöhnt.

SIE BITTEN / SOFERN ES IHNEN
6 ZV BENACHRICHTIGEN ?

Abb. 75 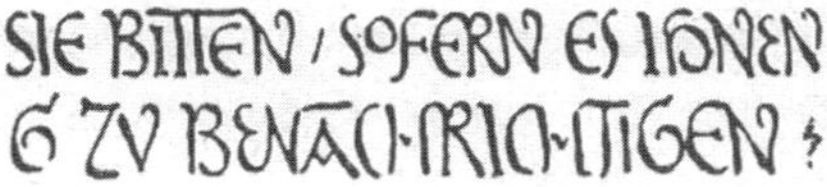   Abb. 76

Ohne das Verfahren als solches eingehender zu erläutern, begnügt Klages sich an dieser Stelle mit einer deutenden Beschreibung der Verschiedenheit beider Schriften. In Georges Handschrift identifiziert er unter anderem die graphischen Merkmale »Verselbständigung der Einzelbuchstaben«, »Engführung der Wörter und Zeilen«, »stark schattierte Druckverstärkung« und deutet sie allesamt als Symptome einer ausgeprägten Willensstärke (Abb. 75). Dagegen zeichne sich Schulers Handschrift durch einen viel größeren Reichtum ihrer Merkmale aus, zu denen Klages die »mosaikartige Zusammensetzung der einzelnen Lettern« und die »außerordentliche Linksläufigkeit im Dienste kreisartiger Schließung« ebenso zählt wie den »geringen Druck«, die »Vorliebe für zierliche Anhängsel« und eine allgemeine »Archaisierung« des Duktus (Abb. 76). Die Deutung dieser Merkmalsfülle sei erheblich komplizierter, da sie psychologisch auf so verschiedene Eigenarten wie »Wahlverwandtschaft mit verflossenen Kulturabschnitten«, »Vorliebe für das Dekorative«, »selbstische Innerlichkeit«, besonders aber auf »zarteste Eindrucksbereitschaft bei nahezu völligem Mangel an Tatbereitschaft« verweise. Die schwierige Frage nach dem Wesenskern dieser Persönlichkeit beantwortet Klages, indem er den Leser bittet, eine »uralte metaphysische Einsicht« auf die beiden Handschriften anzuwenden. Man möge sich den Unterschied von »wirkendem« und »schauendem« Vermögen vorstellen und beim Betrachten der beiden Schriftproben fragen, welcher Seite die zweite zuzuordnen wären. Klages Antwort fällt eindeutig aus: »Jede Stärke des Schreibers liegt auf der schauenden Seite, jede seiner Schwächen folgt aus dem etwa auch ihm noch anhängenden Wirktrieb.«[165] Dass die erste – Georges – Handschrift einen »wirkenden« Charakter zeige, folgt aus diesem Gegensatzarrangement von selbst, wird aber vom Befund der Willenskraft auch direkt gestützt.[166] Doch erst durch die Überlagerung des charakterologischen Gegensatzes mit einem psychopathologischen Gegensatz erhält die Deutung ihren vollen Sinn. Der Willensantrieb, so Klages' allgemeine Annahme, strebe nach Verwirklichung in der Tat, das Schauvermögen dagegen nach bildnerischer Gestaltung. In Schulers reich gestalteter Handschrift fänden alle Merkmale ihren »bildenden Kern« in der Neigung zur Bilderschau. Bei aller Heterogenität ihrer Merkmale ist die Handschrift somit ein adäquater Ausdruck der schreibenden Persönlichkeit. Genau dies spricht Klages Georges Schrift ab, indem er ihr einen inneren »Widerspruch« attestiert. Sie zeige »ein fast bis zum Schema durchgearbeitetes Ausdrucksmuster des Willens« – gerade dies passe aber nicht zu dem Anspruch auf Gestaltung, der antriebsmäßig nur aus einem »schauenden« Vermögen entspringen könne. Psychologisch müsse die Handschrift als ein Indiz dafür gelten, dass der Wille zur Tat zu einem »bloßen Gleichnis der Tat« geworden sei. Die Diagnose über den Schreiber: »eine ins Künstlerische geratene, um nicht zu sagen entgleiste, Täternatur«.

Schon die Formel der »Geste als höchster Tat« findet sich ja in Klages' Beschreibung des Hysterikers. Wenn er in Georges Handschrift den Willen zum Ausdruck erkennt, dann schreibt er also auch ihm das Strukturmerkmal des hysterischen Charakters zu.[167] Die immer wieder konstatierte Schwierigkeit, hysterische Persönlichkeitstypen zu entlarven, wird hier zu einem extremen Anwendungsfall des graphologischen Axioms der Doppeldeutigkeit aller Schriftmerkmale. Der charakterologische und zugleich psychopathologische Gegensatz zwischen echter Seher- und maskierter (»hysterischer«) Täternatur findet seine Entsprechung im graphischen Symptom der Stilisierung. Nicht deren Gegensatz zur unwillkürlichen Schrift ist also diagnostisch relevant, sondern die Echtheit ihres Ursprungs.

4. Vermeidung von Vieldeutigkeit: Graphologie in der Praxis

Der Nachlass Ludwig Klages' bietet einen einzigartigen Zugang zur Geschichte einer Praxis, die sich öffentlicher Beobachtung weitgehend entzog. Textbeispiele graphologischer Gutachten finden sich zwar auch in dem Lehrbuch *Handschrift und Charakter* oder im *Graphologischen Lesebuch*, einer exemplarischen Sammlung von 100 Gutachten, die Klages 1930 herausgab. Doch der tatsächliche Gebrauch der Graphologie erschließt sich erst aus der umfangreichen Korrespondenz, die Klages mit seinen Auftraggebern unterhielt. Archiviert sind Briefwechsel aus den Jahren 1914 bis 1955, also in etwa den vier Jahrzehnten, in denen Klages in der Schweiz lebte.[168] Grundsätzlich widmete Klages nach dem Ersten Weltkrieg seine Zeit vor allem dem Schreiben. Graphologische Anfragen leitete er daher oft an Vertraute weiter, an seine Schwester Helene, Helmut Steinitzer und Alice Saucke, die in München die Geschäfte des von ihm gegründeten Seminars für Ausdruckskunde übernommen hatten, oder an seinen Schweizer Freund Martin Ninck. Doch obwohl er seinen Lebensunterhalt weitgehend aus Vortragsreisen und Autorenhonoraren bestritt, konnte Klages auf die graphologische Praxis nie ganz verzichten. Zudem nahm er Aufträge auch dann an, wenn er sie reizvoll fand oder er sich einem Kunden persönlich verbunden fühlte.

Vor allem drei Einsichten lassen sich aus diesem Quellenbestand gewinnen. Die erste betrifft die Gültigkeit graphologischer Aussagen; die zweite die Anwendungsfelder und der Personengruppen, die graphologische Gutachten bestellten; die dritte zielt auf Schlüsse, die sich daraus ziehen lassen, dass gerade im Dritten Reich die praktische Graphologie in Blüte stand.

4.1. Deduktionen und Gespräche: Zur Pragmatik graphologischer Urteile

Der unbestreitbare praktische Erfolg der Graphologie wirft die Frage auf, warum und wie genau die graphologische Diagnostik »funktionierte«. Vorab sei daran erinnert, wie Klages die erkenntnistheoretische Frage nach dem Verhältnis von graphischem Symptom und Charaktereigenschaft beantwortete. Indem er die Graphologie als deutendes Verfahren begründete, erteilte er der experimentellen Symptomatologie eine Absage. Allenfalls zur Ermittlung willkürlicher Schriftmerkmale könnten induktive Verfahren beitragen. Das gesamte vierte Kapitel der *Probleme* widmet Klages der Methode der graphologischen Merkmalsbestimmung. Dass diese deduktiv zu verfahren habe, folgt aus der ausdruckstheoretischen Begründung des Deutungsverfahrens. Ausgangspunkt ist das bewegungsphysiognomische Axiom, demzufolge jeder innerseelische Gehalt – Gefühle, Affekte, Triebe ebenso wie deren Verstetigung zu Eigenschaften – ein Pendant in der Leibesmotorik besitze. Da nun jede Handlung und jegliches Verhalten von seelischen Regungen begleitet sei – das Essen vom Hungergefühl, der spontane Tanz von Freude usw. – könnten die entsprechenden Ausdrucksbewegungen auch als *Analogie* menschlichen Handelns begriffen werden.[169] Um nun herauszufinden, welche graphischen Merkmale auf welche Charaktereigenschaften verweisen, sind nach Klages zwei Schritte erforderlich. Zum einen muss herausgefunden werden, welche Bewegungseigenschaften mit welchen Seelenregungen korrespondieren; zum anderen muss geklärt werden, wie sich die allgemeinen Bewegungseigenschaften in der besonderen Schreibbewegung niederschlagen. Diesen komplexen Zusammenhang löst Klages denkbar einfach auf, indem er postuliert: Seelenregung, Bewegungsverlauf und Schriftmerkmal stehen zueinander in einem Verhältnis der physiognomischen Ähnlichkeit.[170] Nachdem er die Ausdrucksgleichheit von Gemütszustand und Gemütsart als bewiesen ansieht, geht es Klages bei der Merkmalsdeduktion nun darum, die richtigen Analogien zwischen dem physiognomischen Charakter des Schriftbildes und dem seelischen Charakter des Schreibers zu erschließen.[171]

Wie bereits erwähnt, geht Klages davon aus, dass sich jegliche Wirklichkeit in Form von »Bildern« zeige.[172] Als ein einzigartiges Archiv der Bildwahrnehmung, eines im Verlauf des Zivilisationsprozesses weitgehend verloren gegangenen Vermögens, betrachtet er die Sprache. Gerade was die Sensibilisierung für den psychologischen Bewegungsausdruck angehe, böten Redewendungen und Metaphern unzählige Anhaltspunkte, sobald man sie wörtlich nehme und damit auf ihren physiognomischen Ursprung zurückführe.[173] So bezeichneten beispielsweise die Wendungen des »Aussichherausgehens« oder des »Schwankens« gleichermaßen motorische wie seelische Zustände. Noch schärfer tritt der analogische Charakter dieser deduktiven Methode zutage, wenn man neben den spontanen auch noch die konventionelle Körpersymbolik berücksichtigt. Bei der Rede von der »Neigung«, die sich gleichermaßen auf den vorgebeugten Körper, auf ein sympathetisches Gefühl und auf die Schrägstellung geschriebener Buchstaben beziehen kann, mag es sich noch um einen Grenzfall zwischen expressiver und gestischer Symbolik handeln. (Die Verneigung vor einem Herrscher wäre ein für Beleg für diese, das Kopf-zusammenstecken zweier Verliebter für jene.) Eine Reihe besonders markanter Schriftmerkmale lassen sich aber nur noch mit der Annahme eines zweiten Prinzips der Ähnlichkeit erklären. Neben dem unwillkürlichen Seelenausdruck, so Klages, fungiere der Körper nämlich auch als Mittel gestischer Darstellung von Gefühlen und Absichten. Hierunter fielen etwa der symbolische Gebrauch von Gegensätzen, durch die Körperraum und Erfahrungsraum aufeinander bezogen werden können: so oben / unten, rechts / links, vorne / hinten. Zwar laufe auch diese zeigende Symbolik durch Eingewöhnung weitgehend unbewusst ab. Doch die Methode der Deduktion ist weniger unmittelbar als bei der Ausdrucksbewegung, oder anders formuliert: Das Prinzip der Analogie wird bei ihr viel stärker strapaziert. Wenn Klages etwa vom raumsymbolischen Gegensatz von offener »Girlanden-« und geschlossener »Arkadenform« auf den charakterologischen Gegensatz von »Offenherzigkeit« und »Verschlossenheit« schließt, dann lässt sich das nur durch die höchst spekulative Annahme eines »persönlichen Raumsinnes« halten.[174]

Die hier exemplarisch angeführten Deduktionen zeigen die Leichtigkeit, mit der sich graphisch-charakterologische Merkmalszusammenhänge bestimmen lassen. Dabei darf man nie aus den Augen verlieren, dass Klages schon seit Mitte der 1890er Jahre Theoretiker der Graphologie *und* praktizierender Graphologe war.

Abgesehen von dem Hinweis auf die eigene »Erfahrung«, hätte er ohne eine ausgearbeitete Symptomatologie also kaum begründen können, warum die Graphologie bereits praktiziert wurde. Tatsächlich ist die Fülle graphologischer Symptome und der mit ihnen verbundenen Charaktereigenschaften immens. Legt man das 1917 erschienene Lehrbuch *Handschrift und Charakter* zugrunde, so musste ein Graphologe, der sich von Klages ausbilden ließ, bei der Analyse einer Handschrift insgesamt 15 Symptomfelder beherrschen: die Gesamtqualitäten Formniveau, Ebenmaß, Regelmäßigkeit; die Bewegungsgrößen Ausgiebigkeit, Geschwindigkeit, Druck; die Gestaltqualitäten des Schriftumrisses und der Reichhaltigkeit; die geometrischen Merkmale Neigungswinkel und Weite; mehrere Formen der Bindung und Grade der Verbundenheit; ornamentale Merkmale wie Anfangsbetonung und Überstreichung; Merkmale der graphischen Raumordnung wie Gliederung, Zeilenführung und Randbehandlung; Spielarten der erworbenen Handschrift bis hin zur Stilisierung. Mit all diesen Symptomfeldern korrespondieren nun bestimmte Charakterdimensionen, so etwa Willensstärke, Gefühlsbeschaffenheit, Geistesart, seelische Labilität und Stabilität, Gestaltungs- und Abstraktionstrieb, Innen- und Außenorientierung oder Schenk- und Aneignungstrieb. Jede dieser Dimensionen unterschied Klages zudem nach einer positiven und einer negativen Seite, die sich jeweils in einer Reihe entsprechender Eigenschaften zeigen können. Um nur ein einziges Beispiel einer solchen grapho-psychologischen Analogiekette zu nennen: das Schriftsymptom der Regelmäßigkeit korrespondiert charakterologisch mit einer Vorherrschaft des Willens, die nach ihrer positiven Seite als Willensstärke mit Eigenschaften wie Widerstandskraft, Beständigkeit, Entschiedenheit aufzufassen ist, negativ als Gefühlskälte mit den Eigenschaften der Nüchternheit, Gemütsarmut, Gleichgültigkeit, Langweiligkeit. Insgesamt bringt Klages in 17 Tabellen 36 Schriftsymptome mit 92 Charakterzügen und fast 700 Charaktereigenschafen in Verbindung.[175]

Welche Züge und Eigenschaften sich in einer Handschrift tatsächlich zeigen, erweist sich nach Klages allerdings erst im konkreten Deutungsverfahren. Dem hermeneutischen Grundprinzip gemäß soll der Graphologe dabei zunächst die — mitgeteilten und ermittelten – Gesamteigenschaften wie Geschlecht, Milieu, Nationalität, Formniveau, Ebenmaß und Regelmäßigkeit bestimmen und aus ihnen die »dominanten« Züge eines Charakters festlegen: das Naturell, den Originalitätsgrad, das Verhältnis von Willen und Trieben. Erst in Abhängigkeit von diesen vorab getroffenen Festlegungen könnten dann die einzelnen Symptome ihren speziellen Sinn bekommen, was nicht zuletzt heißt: ihre positive oder negative Wertigkeit.[176] Das verfügbare Archivmaterial legt nun zwar nahe, dass Klages und seine Schüler sich durchaus an diese Vorgaben hielten.[177] Es lässt aber auch den Schluss zu, dass Klages die eigene Praxis idealisiert, wenn er behauptet, graphologische Urteile seien allein das Ergebnis eines geregelten Deutungsverfahrens. Denn das Urteil ist immer Teil eines graphologischen Gutachtens, und dieses wiederum ist auch Teil einer Kommunikation zwischen dem Graphologen und seinem Auftraggeber. Unter Kommunikation verstehe ich dabei im Sinne Niklas Luhmanns einen Vorgang, an dem beide Seiten aktiv beteiligt sind. Sowohl der mitteilende als auch der verstehende Part muss Entscheidungen treffen, um jeweils für sich Sinn aus einer Kommunikation zu ziehen.[178]

Beide Seiten haben mithin Spielräume. So hat der Graphologe bei jedem Gutachten den Kontext im Blick, in dem es gelesen wird. Es machte einen Unterschied, ob es sich um eine graphologische Musteranalyse für ein Lehrbuch handelte; um die Handschrift eines bekannten Politikers, deren Deutung in einer Zeitschrift mit bekannter ideologischer Grundlinie veröffentlicht werden sollte; um die Handschriften mehrerer Stellenbewerber, die auch dem Auftraggeber persönlich noch unbekannt waren; um die Handschrift eines Ehegatten, eines Familienmitglieds oder eines Heiratsbewerbers; um die Handschrift eines psychiatrischen Patienten oder eines wegen Sittlichkeitsverbrechen angeklagten Jugendlichen; oder um die Handschrift des Auftraggebers selbst. Wie sich der Graphologe jeweils entschied, mochte dabei ebenso von nüchternen Risikokalkülen beeinflusst sein wie von individuellen Idiosynkrasien.

So fällt etwa auf, dass die Gutachten umso schärfer und eindeutiger negativ ausfielen, je stärker die komplizenhafte Verbindung von Graphologe und Gutachtenleser gegen den Begutachteten war. Beispiele hierfür wären etwa das in der *Zeitschrift für Menschenkunde* abgedruckte Gutachten über die Handschrift Matthias Erzbergers, dem Klages einen »skrupellos vorwärtsdrängenden Durchsetzungswillen« und eine Persönlichkeitsfixierung auf den »Sexus« attestierte.[179] Oder das Gerichtsgutachten eines Klagesschülers in einem Fall, bei dem der Angeklagte nichts zu gewinnen hatte. Er bescheinigte dem jugendlichen Angeklagten, der aus proletarischen Verhältnissen kam, unter anderem hysterische und zwanghaft schauspielerische Züge, die ihn »nicht echt« machten, sowie einen mit hoher Wahrscheinlichkeit »verbrecherischen Charakter«.[180] Umgekehrt waren Gutachten nie ausgewogener und vieldeutiger formuliert als in den Fällen, in denen der Auftraggeber um eine Analyse seiner eigenen Handschrift bat. Auch persönliche Neigungen, Eigenarten und Überzeugungen des Graphologen spielten eine große Rolle bei der Urteilsfestlegung. So attestierte etwa Klages' als hypersensibel geltende Schwester Helene den meisten Urhebern der von ihr analysierten Schriften Nervosität.[181] Der Paranoiker Klages dagegen witterte viel häufiger als andere »lebensfeindliche« Hysterie, was er zumeist hinter dem auslegungsbedürftigen Begriff der »Psychopathie« versteckte, ein Befund, den er so wiederum nur mitteilte, wenn es sich nicht um die Handschrift des Aufraggebers handelte.[182] Ebenso verhielt es sich mit seinem Pessimismus in Liebesdingen. Zwar beteuerte er immer wieder, der Graphologe könne das Gelingen einer Ehe nicht prognostizieren. Sehr wohl aber sei es möglich, aus ihren Handschriften erkennen, ob zwei Personen in charakterologischer Hinsicht zueinander passten. Seine entsprechenden Empfehlungen fielen mit überwältigender Mehrheit negativ aus.[183]

Auf der anderen Seite hatten die Leser oft beträchtlichen Spielraum bei der Interpretation eines Gutachtens. Dabei mochte es sich um die Entscheidung handeln, eine Aussage überhaupt als Information aufzufassen, das heißt: nicht als redundante Bestätigung des Offensichtlichen; oder darum, sie so und nicht anders zu verstehen; oder um die Entscheidung, nur bestimmte Aussagen zur Kenntnis zu nehmen, andere dagegen zu ignorieren. Zu all diesen Varianten selektiver Lektüre luden die Gutachten oft geradezu ein. Wie gebetsmühlenartig Klages auch immer beteuern mochte, die externen Informationen über Geschlecht, sozialer Herkunft oder Beruf würden allein zur formalen Modifikation der Analyse herangezogen: Tatsächlich fanden sie meistens auch inhaltlich Eingang in die Analyse, ebenso wie die manifesten Inhalte der analysierten Schriftstücke und der Begleitbriefe der Auftraggeber, die oft sehr detailliert erläuterten, warum sie ein Gutachten wünschten.[184] Da die Grundlinien eines Gutachtens also durchaus von Vorwissen bestimmt wurden, hatten die Aussagen immer auch suggestiven Charakter. So konnte man erfahren, was man irgendwie schon gewusst oder erwartet, aber vielleicht noch nie so explizit gehört hatte. Der Leser fühlte sich bestätigt, wenn die Analyse von Nietzsches Handschrift einsame Größe, die eines familiären Problemfalls hysterische Neigungen, die eines Gewaltverbrechers Mangel an Mitgefühl, die eines Professors eher intellektuelle, die einer Frau eher emotionale, die eines Handwerkers eher technische Fähigkeiten anzeigte.[185] Die graphologische Semiotik im engeren Sinn, also die aus den einzelnen »Zeichen« erschlossenen Eigenschaften, kam erst in zweiter Linie ins Spiel. Sie konnte der Graphologe nutzen, um gegenüber den allgemeinen Charakterdeterminanten Differenzierungen, Gegengewichte oder Spannungen zu markieren. In den meisten Fällen verfassten Klages und seine Schüler ihre Gutachten so, dass sie sich gegen das Risiko einer Aussage durch andere Aussagen gleichsam absicherten, etwa indem sie einem Charakter einen »Grundwiderspruch« zwischen gestaltendem und zergliederndem Trieb attestierten oder eine manifeste Willensstärke als »möglichen« Ausdruck einer latenten Antriebsschwäche deuteten.[186] Der Leser konnte daher wählen, ob er etwaige eigene Erfahrungen mit der begutachteten Person dem einen oder dem anderen Pol einer Spannung, der latenten oder der manifesten Seite eines Verhaltens, eher dieser oder eher jener der genannten Eigenschaften zuschrieb. Insgesamt ermöglichte die Mischung aus zirkulärer Bestätigung des Typischen und Überraschung im Detail eine Lektüre, der dem Leser einerseits permanent innere Zustimmung nahelegte, ihm andererseits aber das Gefühl vermittelte, Neues zu erfahren.

Ein besonders prägnanter Fall mag das Prinzip der eigensinnigen Aneignung graphologischer Aussagen belegen. Anfang 1930 wandte sich ein männlicher Akademiker mittleren Alters begeistert an Klages' Seminar für Ausdruckskunde.[187] Er bedankte sich für die Analyse seiner Persönlichkeit, zeigte sich erstaunt über die vielen zutreffenden Beobachtungen und kommentierte diese dann Satz für Satz, durchgehend in affirmativer Tonlage. So hieß es etwa in dem Gutachten: »Schreiber ist empfänglich für Liebes- und Zärtlichkeitsbezeugungen«. Der Kommentar des Begutachteten: »Es hat mich immer gekränkt, dass meine Frau stets meinen Geburtstag vergass, oder mich an Weihnachten leer ausgehen liess.« Oder: »Auch ist Ordnung & sparsame Zeiteinteilung nicht gerade seine Sache«. Der Kommentar: »Meine Brüder lachten mich als Kind aus, weil ich auf die Frage: ›Was tust Du‹, immer antwortete: ›Ordnung machen‹. Als Lehrer hielt mein Direktor grosse Stücke auf mich, weil ich in den Laboratorien, die allen Schülern offen standen, gute Ordnung halten konnte in den Sachen. Meine jetzige Ordnung mit den Papieren, Protokollen etc. ist mir ein Ärgernis. Über meine Auslagen führe ich nicht Buch.« Schließlich: »Der Mut, sich vor der Welt offen zu sich selber zu bekennen, ist gering.« Kommentar: »Gestern im Wahlbüro wollte ich nicht, dass man sah, welche Liste ich verwendete. Zur Rede gestellt, oder wo's nötig ist, habe ich noch nie gekniffen.« Im ersten Fall wird eine nicht gerade idiosynkratische Bedürftigkeit bestätigt durch ein recht krasses Beispiel seiner Missachtung. Im zweiten Fall nennt der Leser zwei Beispiele aus der Vergangenheit, die dem Urteil des Graphologen widersprechen, und eins aus der Gegenwart, das mit ihm übereinstimmt. Offensichtlich wird dies nicht als Widerspruch gesehen, sondern als Bestätigung des aktuellen Charakters, demgegenüber sich die Vergangenheit wie eine frühe Unbestimmtheit ausnimmt. Im dritten Fall wird ebenfalls ein alltägliches Bedürfnis – die Vertraulichkeit einer politischen Wahl – als Bestätigung des graphologischen Urteils herangezogen, um es sogleich im eigenen Sinn zu korrigieren, nach dem Motto: Stimmt schon, so verhalte ich mich oft, aber eigentlich bin ich anders.[188]

Ein anderes Beispiel, das verdeutlicht, dass ein graphologisches Gutachten nicht nur suggestiv, sondern auch *auto*suggestiv wirken konnte, bietet eine junge Frau, die ein Gutachten über einen Bekannten in Auftrag gegeben hatte. Während sie in ihrem ersten Anschreiben noch betont hatte, dass es sich bei dem

Schreiber um »eine sehr rätselhafte Persönlichkeit« handle, über die sie sich »Aufklärung« erhoffe, kommentierte sie die Wirkung des Gutachtens kurz darauf so: »Ich danke Ihnen für die ausführliche Arbeit. Sie bestätigt meine Beobachtungen und Feststellungen über den Charakter des betreffenden Menschen, die ich machen konnte, voll und ganz.«[189] Aber auch der Graphologe musste sich festlegen, wie er die Reaktion des Auftraggebers bewertete. Und wiederum dies hatte epistemologische Bedeutung für die Bestätigung der graphologischen Methode insgesamt. Im Normalfall bestand die Kommunikation zwischen Graphologen und Auftraggeber aus vier Schritten: A beauftragt G, G sendet das Gutachten an A, A schweigt oder bedankt sich für eine »treffende« Charakterisierung oder gibt nach einiger Zeit das nächste Gutachten in Auftrag, was G in allen Fällen als Bestätigung seiner Urteile versteht.[190] Gerade für eine Graphologie mit wissenschaftlichem Anspruch spielte die Kommunikation mit den Auftraggebern eine zentrale Rolle, da sie ihr Validitätsbeweise außerhalb des wissenschaftlichen Sprachspiels lieferte. Neben der eigenen »Erfahrung« war die praktische Bestätigung graphologischer Analysen daher die wichtigste Quelle der zirkulären Wissensbestätigung.

In welchem Ausmaß graphologische Urteile erst innerhalb eines kommunikativen Prozesses ihren Sinn erhielten, zeigen vollends die wenigen Fälle, in denen ein Auftraggeber Zweifel an der Richtigkeit eines Gutachtens äußerte. So kam es zwischen Klages und Kurt Lindenblatt, dem Direktor der Kreditbank Sofia, in einigen Fällen zu Briefwechseln, in denen über bestimmte Deutungen richtiggehend verhandelt wurde.[191] Lindenblatt konsultierte Klages' Dienste zu unterschiedlichen Zwecken. Mal ging es um die Einschätzung eines Stellenbewerbers, mal um ein psychologisch vertieftes Verständnis langjähriger Mitarbeiter, mal um einen Vorfahren, der in der Familiengeschichte eine bedeutende Rolle gespielt hatte, und auch seine eigene Handschrift ließ er von Klages analysieren. Im Rahmen ihrer Jahrzehnte währenden Beziehung erklärte sich der Auftraggeber, der in der Beurteilung ihm bekannter Menschen erstaunlich sicher war, mehrfach nicht einverstanden mit der Deutung seines Graphologen. Bemerkenswerterweise bot dies aber weder ihm noch Klages Anlass, an der Methode als solcher zu zweifeln; im Gegenteil war Lindenblatts Vertrauen in die Graphologie immens. Er ging daher in keinem der Fälle von einem echten Irrtum oder gar einem Versagen der Methode aus. Im Fall eines Filialleiters, den Lindenblatt im Widerspruch zur graphologischen Diagnose als zuverlässig erlebt hatte, fragte er Klages, ob sich das Gutachten nicht »noch einmal überprüfen« ließe.[192] Klages gab das die Möglichkeit zur Korrektur. Um – gegenüber sich selbst – die Konsistenz seiner Wissenschaft und – gegenüber dem Auftraggeber – seine Glaubwürdigkeit zu wahren, musste er aber auch eine Erklärung für den Irrtum finden. Gemäß der Theorie konnte der Fehler zwei Ursachen haben. Entweder war eine Merkmalsdeduktion falsch – eine Möglichkeit, die er niemals erwog, da der Fehler auf ihn selbst zurückgefallen wäre – oder aber das empirische Wissen um die bewegungsphysiognomischen Grundeigenschaften der Gruppen, denen der Schreiber angehörte, war mangelhaft. Klages gab zu, dass die Ausdruckspsychologie in dieser Hinsicht noch auf sehr unsicheren Füßen stünde.[193] In Verbindung mit dem Theorem der Doppeldeutigkeit aller Schriftsymptome ermöglichte diese Unsicherheit sogar, ein Fehlurteil zu erklären und stillschweigend im Sinne des Auftraggebers zu korrigieren. Im hier verhandelten Fall bot sich diese Lösung besonders an, da der Schrifturheber Ausländer war. Klages erläuterte Lindemann, der Fehler sei darin zu suchen, dass er mit den typischen Handschriften des Balkans zu wenig vertraut sei und daher dem Schreiber eine bestimmte *individuelle* Eigenschaft zugesprochen habe, was er nicht getan hätte, wenn er mit der vermutlich *rassebedingten* Besonderheit seines Naturells besser vertraut gewesen wäre.[194]

In einem schwerer wiegenden Fall wählte Klages den Notausgang. Er behauptete gegenüber Lindenblatt, das entsprechende Gutachten stamme von seinem Mitarbeiter Helmut Steinitzer. Gegenüber dem Auftraggeber stellte er den Fall als besonders »schwierig« dar und behauptete, selbst ein zweites Gutachten angefertigt, dieses nach Fertigstellung mit dem ersten verglichen und erst dabei bemerkt zu haben, worin das zwar nicht zu rechtfertigende, wohl aber verständliche Versehen des ersten Graphologen seine Ursachen hatte. Kommunikationstheoretisch ist nicht Klages' etwaige Unaufrichtigkeit von Belang, sondern allein der Umstand, dass die Behauptung eines zweiten Graphologen Klages die Möglichkeit zu einem quasi höchstinstanzlichen Urteil gab. Effektiv konnte er damit das in ihn gesetzte Vertrauen des Auftraggebers sogar noch untermauern: »Es wäre überflüssig auseinanderzusetzen, in welchen Punkten ich mit ihm [Steinitzer] übereinstimme, in welchen nicht; denn das ergibt sich ja von selbst aus *meinem* Gutachten, das Sie als endgültig betrachten dürfen.«[195]

Insgesamt bestätigen die Beispiele die Hypothese, die der gesamten Analyse des charakterologischen Denkstils zugrunde gelegen hatte: Der Begriff des Charakters ist so überdeterminiert, dass sich über die Eigenart konkreter Personen gar nicht anders als unscharf und somit auslegungsbedürftig sprechen lässt. Paradoxerweise zeigt sich das gerade im Fall von nahestehenden Personen. Bei Gutachten über Freunde und Familienangehörige, erst Recht sich selbst, ist evident, dass die betreffende Person ein Ich ist, das sich von anderen unterscheidet. Doch zugleich scheint nichts schwieriger als die Benennung dieser Unterschiede.[196] Traut man in dieser Frage eher einem anderen ein Urteil zu als sich selbst, so wird dieses Vertrauen in der Regel dadurch bestätigt, dass man dessen Befunde im Sinne einer Überstimmung mit längst gehegten Vermutungen deutet – egal wie sie ausfallen.

4.2. Grenzen und Kontingenzen: Praxisfelder der Graphologie

Aus der umfangreichen Korrespondenz, die Klages mit seinen Auftraggebern führte, lässt sich auch ein verlässliches Profil der graphologischen Anwendungsfelder erstellen. Für die Auswertung macht es dabei kaum einen Unterschied, ob Klages eine Anfrage selber bearbeitete oder sie weiterleitete, da die soziale Identität des Auftraggebers und der Anlass der Anfrage in fast allen Fällen aus dem ersten Anschreiben hervorgehen. Insgesamt umfasst die erhaltene Korrespondenz mit Auftraggebern 196 Briefwechsel. Davon entfallen 80 auf Frauen – eine signifikant hohe Zahl, deren

Gründe zu erörtern sein werden. Ebenso signifikant, wenn auch weniger erklärungsbedürftig, ist der hohe Bildungsgrad der meisten Auftraggeber. Soweit sich dies über akademische Titel der Absender oder Briefkontexte erschließen lässt, rekrutierten sie sich zu mindestens 60 Prozent aus gebildetem Bürgertum oder Adel, darunter prominente Namen wie Heinrich Wölfflin, Karl Jaspers, Karl Mannheim, Clara Stern, Ludwig Binswanger oder Hans von Lüpke.[197] Über die Art der Anfrage lassen sich weitere 20 Prozent der wirtschaftlichen Funktionselite zuordnen.[198] Diese Verteilung war vermutlich nicht ganz repräsentativ, da die meisten Berufsgraphologen ihre Einnahmen größtenteils durch Aufträge aus der Wirtschaft bestritten, während Klages bevorzugt »private« Aufträge annahm, die aus psychologischer Sicht interessanter schienen. Die restlichen Anfragen entfielen auf Angehörige der unteren Mittelschichten, die meist aus Publikumszeitschriften von der Graphologie gehört hatten und sich daraufhin respektvoll an deren »Erfinder« wandten. Klages' Ruf und seinem Wohnsitz war es zu verdanken, dass ihn Anfragen nicht nur aus Deutschland erreichten, sondern fast ebenso viele aus der Schweiz, aus anderen europäischen Ländern und den USA. Hinsichtlich der Auftragswünsche lassen sich aber keine nationalen Unterschiede feststellen. Dies wiederum legt die Vermutung nahe, dass Klages' Graphologie theoretisch zwar als Ergebnis einer spezifisch deutschen Denktradition begriffen werden muss, sie in praktischer Hinsicht aber auf spezifisch moderne Bedürfnisse reagierte.

Sieht man sich die Anwendungsfelder der Graphologie im Einzelnen an, bestätigt sich diese Vermutung. Fast immer ging es um Probleme in sozialen Beziehungen, die nicht mehr »von alleine« – also weder von den Beteiligten selbst noch von einer Instanz im Umfeld – gelöst werden konnten, sei es, weil man dem eigenen Urteil nicht mehr traute, sei es, weil man einen anderen oder sich selbst nicht mehr verstand oder weil unterschiedliche Personen über die Beurteilung eines Menschen im Konflikt lagen. Die Frage, wer jemand »wirklich« sei, wurde in vielen dieser Fälle zum Einsatz, der über den Beginn oder den Verlauf einer Beziehung oder den Ausgang einer kritischen Situation entscheiden konnte. Das spezielle Profil der graphologischen Aufträge bestätigt damit den allgemeinen Befund des ersten Kapitels, dass spätestens um 1900 »Fremdheit« von einem Sonderfall sozialer Interaktion zu einem allgegenwärtigen und oft als bedrohlich empfundenen Grundgefühl geworden war. Wobei sich dieses Gefühl auf Unterschiedliches beziehen konnte: die Zunahme des riskanten Umgangs mit Unbekannten; die Vermutung, selbst die nächsten Angehörigen nicht zu kennen; aber auch Unsicherheit gegenüber sich selbst und den eigenen Fähigkeiten. Auch konnte die Meinung des charakterdiagnostischen Experten zu ganz unterschiedlichen Zwecken eingesetzt werden. Sie konnte das Zünglein an der Waage sein, das nach Abwägung aller anderen Faktoren eine Entscheidung zwischen zwei Stellenbewerbern herbeiführte; ihr konnte eine Art Vetorecht eingeräumt werden, etwa bei der Auswahl eines Ehepartners; sie konnte eine zweite Meinung beisteuern, so etwa bei Psychiatern, die von Klages die Handschrift eines Patienten analysieren ließen; sie konnte helfen, eine persönliche Krise zu beenden; und nicht zuletzt konnte sie in Konfliktfällen verschiedener Art die eigene Position stärken, indem man sich mit der Autorität eines externen Experten bewaffnete.

Ihr größtes Anwendungsgebiet hatte die Graphologie in der betrieblichen Eignungsdiagnostik; dies war auch der Anwendungsfall, der die größte öffentliche Aufmerksamkeit fand.[199] Der Stellenwert der Personalauslese geht zwar nicht aus Klages' eigener Praxis hervor, wohl aber aus Briefen anderer Graphologen, die von ihrer Arbeit berichteten.[200] Meist handelte es sich dabei um einen stereotypen Informationsbedarf bezüglich Intelligenz, Führungseigenschaften, Vertrauenswürdigkeit und Durchsetzungskraft eines Bewerbers auf eine mittlere oder höhere Führungsposition. Konnte das Wort des Graphologen dabei durchaus Gewicht haben, wenn der Auftraggeber über Jahre mit ihm in persönlichem Kontakt stand, so scheint der Normalfall anders ausgesehen zu haben.[201] Wie aus den Akten der Berliner Borsigwerke hervorgeht, wurde zwar seit etwa 1920 über jeden Bewerber auf eine leitende Stellung ein graphologisches Gutachten eingeholt.[202] In der Regel wurden sie aber vor allem genutzt, um den Bewerberkreis einzuschränken. Die Entscheidung für einen Kandidaten fiel dagegen meist aus anderen Gründen. Zumindest legt das ein einschlägiger Fall aus dem

Jahr 1928 nahe. Im Laufe eines mehrmonatigen Entscheidungsprozesses hatte sich die Betriebsleitung bei der Suche nach einem kaufmännischen Direktor für ein oberschlesisches Montanwerk auf die Wahl zwischen zwei Kandidaten festgelegt. Da man keine Einigung erzielen konnte, wurden auf Drängen des Vorstandschefs Ernst von Borsig nacheinander mehrere Graphologen beauftragt, die Handschriften beider Bewerber miteinander zu vergleichen. Anders als seine schwankenden Kollegen sprach sich der letzte von ihnen unmissverständlich für einen der beiden Bewerber aus. Kurz darauf fiel die Entscheidung – gegen diesen Kandidaten. Den Ausschlag für seinen Konkurrenten gaben zwei denkbar nüchterne Erwägungen: die Vertrautheit mit den lokalen Verhältnissen sowie der Umstand, dass er bereits verheiratet war und sich daher nicht in Oberschlesien auf Brautschau begeben musste (ein Unterfangen, das man als demotivierend ansah).[203] In einzelnen Fällen zogen Unternehmer den Graphologen auch dann zu Rate, wenn sie an der Verlässlichkeit eines Angestellten zweifelten.[204]

Da die graphologische Eignungsdiagnostik lediglich der Geschichte der Arbeitsrationalisierung ein Detail hinzufügt, scheinen mir aus historischer Sicht andere Fälle mehr Beachtung zu verdienen. In erster Linie gewähren die Korrespondenzen mit den graphologischen Auftraggebern einen seltenen Einblick in die Geschichte des Privaten. Paradoxerweise dürfte deren Relevanz für das 20. Jahrhundert in dem Maße größer sein als für das 19. Jahrhundert, in dem das Private zum Gegenstand öffentlicher Diskurse und Interessen wurde. Phänomene, die sich ansonsten nur über soziologische Großtheoreme einholen lassen, werden hier in Einzelfällen konkret beschreibbar – und genau diese Nahsicht zeigt, wie unangemessen es ist, den Strukturwandel im Verhältnis von »Öffentlichem« und »Privatem« als unilinearen Prozess aufzufassen, sei es als »Intimisierung« des Öffentlichen, sei es als »Politisierung« oder »Verwissenschaftlichung« des Privaten.

Obwohl sie zahlenmäßig kaum ein Fünftel aller Aufträge ausmachten, scheinen mir in dieser Hinsicht Gutachten über die eigene Handschrift besonders symptomatisch zu sein. Denn in den meisten Fällen war es kein gravierendes Problem, das den Anlass für den Auftrag gab, sondern eine unvermeidliche biographische

Entscheidungssituation. »Hinter mir sind vier Sekundarschuljahre, vor mir sind tausend Wege«, fasste ein Abiturient die »sehr complicirte Lage« zusammen, in der er den Graphologen bat, ihm »jene große, brennende Frage« nach seinen Talenten zu beantworten. Zehn Jahre später ließ derselbe Auftraggeber Klages wissen, seine Charakterskizze habe ihm damals wertvolle Hinweise auf »die stärkste Macht in mir« vermittelt und damit seinem Leben »die entscheidende Wendung« gegeben.[205] Ein ebenso typischer Fall war die Auswahl von Heiratskandidaten. Es waren aber keineswegs nur die potenziellen Schwiegereltern, die sich Sorgen über die Zukunftsaussichten des eigenen Kindes, meist der Tochter, machten. Der größere Anteil dieser Auftragsgattung entfällt auf Männer und Frauen, die sich mit der Wahl eines Ehepartners schwer taten, und zwar aus den gleichen Gründen, die auch die Berufswahl so »kompliziert« erscheinen ließen.[206]

Insgesamt »modern« war bei diesen beiden Falltypen die Last einer Entscheidung, die man allein zu verantworten hatte. Diese Last wurde aber noch durch ein zweites Moment verschärft, das eher typisch für die Übergangszeit zur klassischen Moderne gewesen sein dürfte: die rapide Aufwertung individueller Handlungsfreiheit bei rapider Entwertung tradierter Handlungsressourcen.[207] An die persönlichen Entscheidungen knüpften sich oft unrealistische Erwartungen bei gleichzeitig gravierenden Befürchtungen für den Fall, dass sie sich nicht erfüllten. Im Fall einer Heirat hieß dies beispielsweise: Obwohl die Brautleute oft jung und unerfahren waren, sollte die Ehe nichts weniger als individuelles Glück garantieren, während zugleich ihr Scheitern immer noch als soziale Schande und als wirtschaftliche Katastrophe empfunden wurde. Bei der Berufswahl gaben nicht zuletzt die Glückserwartungen, die sich an ein freies und »künstlerisches« Leben knüpften, den Anlass, sich von der eigenen Verantwortung durch eine graphologische Expertise zu entlasten.[208]

Der ambivalente Zusammenhang von individuellem Entscheidungsdruck, hochfliegenden Erwartungen und Versagensangst scheint mir aus sozialpsychologischer Sicht eine der zentralen Erfolgsbedingungen der Graphologie gewesen zu sein.[209] Geht man von einer Sattelzeit um 1800 aus, dürfte im Laufe von gut 200

Jahren »Moderne« das individuelle Kontingenzbewusstsein seine höchste Ausprägung im »langen ersten Drittel« des 20. Jahrhunderts, also den Jahrzehnten zwischen 1890 und 1940, gehabt haben.[210] Denn während den Individuen immer mehr Verantwortung für weitreichende Entscheidungen zugemutet wurde und gleichzeitig verschiedene Diskurse die Gestaltbarkeit von Zukunft versprachen, fehlte es schlicht an Zeit, um im Rahmen kollektiver Lernprozesse entsprechende Haltungen, Werte und Konventionen im Umgang mit Kontingenz zu entwickeln.[211] So erhöhte sich etwa in vielen Fällen der subjektiv empfundene Entscheidungsdruck gerade dadurch, dass mit den Entscheidungen Erwartungen verbunden waren, die aus einer Zeit stammten, in der Sozialverbände wie Familie oder Gemeinde nicht nur biographische Normen formuliert, sondern auch deren Einhaltung überwacht hatten. Graphologische Gutachten füllten daher vielfach die Lücke, die der Mangel an Handlungs- und Haltungsressourcen aufgerissen hatte. Darüber hinaus gab speziell Klages, der als ehemaliger Bohemien durchaus eine Schule der Kontingenz durchlaufen hatte, seinen Begleitschreiben zu den Gutachten oft eine quasi sozialtherapeutische Note. Etwa, wenn er einem Ehemann, der so modern war, außerhalb der Ehe eine offene sexuelle Beziehung zu einer befreundeten Frau aufzunehmen, aber so altmodisch, die Situation als tragischen Konflikt zu deuten, nicht nur das gewünschte Gutachten über die »eifersüchtige« Ehefrau zukommen ließ, sondern ihm auch mitteilte, dass er Monogamie für widernatürlich halte.[212]

Gerade dieses Beispiel ist in mehrfacher Hinsicht äußerst aufschlussreich. Zum einen macht es deutlich, dass die problematischen Situationen ihre Ursachen oft in einer Krise tradierter Rollenbilder hatten. In diesem Fall wollte oder konnte der Ehemann es sich nicht mehr herausnehmen, auf seinem ungeschriebenen Recht auf außereheliche Beziehungen zu bestehen. Offenbar versagte das bürgerliche Geschlechtermodell, das Männern unter der Hand zugestanden hatte, zwischen Eros und Sexus zu unterscheiden und etwaige Bedürfnisse bei einer Geliebten von geringerem Stand oder im Bordell zu befriedigen. Ein zeitgemäßeres Modell, das etwa die geheime »Affäre« als Ausnahme ehelicher Treue denkbar machte, stand ihm aber auch nicht zur Verfügung.

Vielmehr verschärfte der Ehemann seine Lage, weil er sein Handeln an keinerlei Grenzziehung mehr zu orientieren vermochte. Er rekrutierte seine Geliebte aus den eigenen sozialen Kreisen, projizierte auf diese Beziehung die gleichen romantischen Bedürfnisse wie auf seine Ehe, zog daraus aber nicht die Konsequenz, seine Frau zu verlassen, sondern erwartet im Gegenteil von seiner Frau, dass sie seine Bedürfnisse verstehe und die Situation »aus Liebe« zu ihm mittrage. Als die Gattin dieser Erwartung nicht entsprach, personalisierte er das durch *seine* Unentschiedenheit entstandene Problem, indem er dessen Ursache in *ihrem* Charakter suchte.

Zugleich zeigt der Fall, dass der Charakterdiagnostiker es oft mit Auftraggebern zu tun hatte, die selbst schon charakterologisch dachten. Als er Klages um das graphologische Gutachten bat, hatte der Ehemann, ein Freiburger Arzt, der privat im Umkreis Edmund Husserls verkehrte, bereits eine dezidierte Meinung über den Charakter seiner Frau. Und diese speiste sich nicht zuletzt aus der Lektüre von Klages' Werken. Er konnte dem Graphologen daher außergewöhnlich spezifische Antworten soufflieren, was Klages zumindest teilweise zuließ. Dabei bestätigt der Fall, dass oft gerade der Charakter nahestehender Personen als interpretationsbedürftig empfunden wurde. So zeichnete der Auftraggeber seine Frau am Anfang der Korrespondenz mit Klages als widersprüchliche, leicht hysterische Persönlichkeit, die an dem Konflikt zwischen einer »fast magischen« Natürlichkeit und Güte einerseits, und »christlicher« Moralität andererseits zu zerbrechen drohe.[213] Je deutlicher sich abzeichnete, dass die Gattin seine offen zur Schau getragene Liebesbeziehung nicht duldete, wich diese ambivalente Charakterisierung einer einseitigen Dämonisierung. Nun stellte er sie Klages gegenüber als »krankhaft eifersüchtige« Person dar, die ihren »Vampyr« nicht habe »bannen« können, ihn wie ihren »Privatbesitz« behandle und ihm dadurch die Lebenskraft raube – ganz im Gegensatz zu seiner Geliebten und ihm selbst, die »nur Seele und Ich« seien und »ohne Geist und Bewusstsein« handelten.[214] Nach Beendigung der missglückten *menage à trois* war ihm seine Gattin schließlich wieder die »gute Schwester«, in deren vertrauter Nähe er sich wohl und geborgen fühlte.[215] Das graphologische Gutachten sollte offenkundig nicht eine verworrene Situation aufklären helfen, sondern der Egozentrik des Auftraggebers die Autorität eines objektiven Urteils verleihen. Im Rahmen des als Fachgespräch inszenierten Briefwechsels mit Klages versuchte der hochgebildete Arzt, sich selbst von der Verantwortung für die entstandene Situation zu entlasten, indem er seine eigenen Triebe als Zeichen von »Lebendigkeit« deutete, die seiner Frau dagegen als »krankhaften« Willen zur Obstruktion, und den Graphologen implizit immer wieder aufs Neue bat, diese Deutung qua Handschriftenanalyse zu bestätigen. Damit verweist der Fall schließlich auf einen Punkt, dem für das Verständnis der Graphologie insgesamt eine kaum zu überschätzende Bedeutung zukommt.

Zwar dürfte die Bandbreite möglicher Urteile in Klages' Graphologie höher gewesen sein als bei jeder anderen Methode der Charakterdiagnostik. Dennoch fällt auf, dass er überdurchschnittlich vielen Schreibern psychopathologische Störungen attestierte. Die häufig gestellte Diagnose »psychopathischer Charakter« kam auch dem Bedürfnis vieler Auftraggeber entgegen. Man rechnete offensichtlich mit diesem Befund, ja vielfach hoffte man geradezu auf ihn. Kaum ein anderes Motiv bestimmte den Erwartungshorizont der Auftraggeber so sehr wie die Möglichkeit, dass mit dem Urheber einer begutachteten Handschrift in der Tiefe seines Charakters »etwas nicht stimmen« könnte. Klages' charakterologisches Denken entsprach dieser Erwartung optimal. Denn bei aller Differenziertheit, die er im Einzelfall an den Tag legen mochte, tendierte er aufgrund seines pessimistischen und zugleich elitären Menschenbildes ausgesprochen leicht dazu, andere zu entlarven und negativ zu beurteilen. In den meisten Fällen führte diese Neigung zur Diagnose solcher Eigenschaften, die er als »hysterisch« bezeichnete: die »Unechtheit« eines Menschen; die Absicht, »interessanter« erscheinen zu wollen als es dem »Sein« entsprach; der Hang zu »marktschreierischer« Zudringlichkeit und Effekthascherei; der aus Neid resultierende Wille, zerstörerisch auf das Leben anderer einzuwirken.

Dass das Konzept der Psychopathie tatsächlich einen wichtigen Verbindungspunkt zwischen Klages' Weltsicht und dem *Common Sense* gerade seiner gebildeten Auftraggeber darstellte, mögen zwei weitere Fälle belegen. Clara Stern, die Ehefrau und Kollegin des Hamburger Psychologen William Stern, teilte Klages in ihrem Antwortbrief auf sein graphologisches Gutachten mit, wie »wichtig« es ihr und ihrem Mann gewesen sei, »dass Sie Schreiber für einen Psychopathen halten«.[216] Anlass zu diesem Auftrag hatte die Ehescheidung ihrer Tochter gegeben, für deren Berechtigung die Eltern nun nach Gründen im Charakter des ehemaligen Schwiegersohnes suchten. Aus der ausführlichen Charakterbeschreibung, mit der Clara Stern Klages' Gutachten im Detail ergänzte, geht deutlich hervor, dass sie und ihr Mann durchaus die Kompetenz besessen hätten, ihrem Schwiegersohn eine psychische Störung zu attestieren. Doch gab es selbst in diesem Fall offenkundig ein Bedürfnis, das eigene Urteil durch einen unbeteiligten Dritten autorisieren zu lassen.

In diesem Zusammenhang ist noch ein weiteres Detail erwähnenswert. Der Brief an Clara Stern enthält eine Bemerkung, mit der Klages auch auf die charakterologische Verwandtschaft von Hysterie, Psychopathie und Judentum anspielt. Wie vielleicht an keiner anderen Stelle tritt hier die Ambivalenz, aber auch die Borniertheit seines Antisemitismus zutage. Fraglos wusste Klages um die jüdische Abstammung der Familie Stern. Dessen und einiger fachlicher Differenzen ungeachtet, schätze er William Stern als einen der wenigen akademischen Psychologen, mit dessen Forschungen er etwas anfangen konnte.[217] Auch die Verbindlichkeit und Ausführlichkeit, mit der er dessen Ehefrau schrieb, lässt auf generelle Wertschätzung schließen. Umso erstaunlicher und – böse Absicht ausgeschlossen – umso naiver, wenn Klages seinem charakterdiagnostischen Urteil dadurch Nachdruck zu verleihen suchte, dass er es brieflich um die Information ergänzte, die analysierte Handschrift biete das Muster einer typischen »Ghettoschrift«. Zwar fügte er in gut charakterologischer Manier hinzu, dass es sich bei den Urhebern dieses Schrifttypus nicht zwangsläufig um Juden handeln müsse – vielmehr gebe es auch unter Juden ausgesprochen »aristokratische Handschriften« –, doch ließ er keinen Zweifel daran, dass das »Ghetto« nicht zuletzt jene kollektiven Charaktereigenschaften hervorgebracht habe, die Stern an ihrem Schwiegersohn so störten. Er könne an dieser Stelle zwar nicht im Einzelnen ausführen, was genau er unter dem Begriff verstehe, doch der Tendenz nach ließe sich das leicht verstehen: »Überlassen Sie sich gefühlsmässig dem Worte ›Ghettoschrift‹, so erkennen Sie auch, wie vorzüglich alles dazu passt, was Sie über den Mangel an Sauberkeit und Ordnung des Schrifturhebers, über seine <u>Unempfindlichkeit</u> gegen Wohnung, Kleidung usw. anführen!«[218] Klages verstärkte diese Assoziation von Psychopathie und Judentum noch, indem er auf das achte Kapitel seiner *Grundlagen der Charakterkunde* verwies. Alles dort über die »hysterische Persönlichkeit« Gesagte gelte auch für die Psychopathie im Allgemeinen – und das hieß auch: für die Analogie von hysterischem und jüdischem Wesen. Klages scheint sich der Taktlosigkeit dieser Bemerkungen nicht im Geringsten bewusst gewesen zu sein. Vielmehr meinte er offenbar, seiner Briefpartnerin zu schmeicheln, wenn er ihr zu verstehen gab, dass er sie, deren Handschrift er ja auch kannte, nicht als »Jüdin« betrachte. Man muss unterstellen, dass er tatsächlich überrascht war, als Clara Stern Wochen verstreichen ließ, bevor sie ihm kurz angebunden zurück schrieb und sich danach nie wieder bei ihm meldete.

Auch im zweiten Fall, in dem sich das Bedürfnis nach Pathologisierung dokumentiert, handelte es sich um ein Familiendrama. Die Auftraggeberin, eine Frau mit Bildungshintergrund, bat Klages die Handschrift ihrer Nichte zu begutachten. Ihre Andeutungen, die sie über die Schrifturheberin machte, genügten Klages, um dieser unverblümt eine »aktiv hysterische Charakterverfassung« zu attestieren. Die Auftraggeberin brachte große Erleichterung über diesen Befund zum Ausdruck und bestätigte diesen, indem sie die »zerstörenden Wirkungen dieses Charakters« ausführlich schilderte. Aber selbst im Licht dieser tendenziösen Darstellung wird deutlich, dass die Sachlage viel weniger eindeutig war. Offenkundig war das Verhältnis zwischen der Auftraggeberin, ihrer Nichte und großen Teilen der Familie seit Jahren schwer gestört. Als Ausgangspunkt nennt jene selbst das innige Verhältnis zu ihrem Schwager, das bei dessen Tochter »krankhafte Eifersucht« hervorgerufen habe. Statt diesen Affekt, so übertrieben er auch immer gewesen sein mag, auf seinen konkreten Anlass zurückzuführen, suchte sie seinen Grund in der Persönlichkeit der Nichte. Schon früh und instinktiv habe sie deren »krankhaft gerichtetes Seelenleben« und »den hysterischen Charakter ihres Wesens« erkannt und auf eine strengere Überwachung durch »gute Erzieher« gedrungen. Dass ihre Schwester diese Intervention mit »lebenslänglichem Haß und Feindschaft« beantwortete, sich damit das einstmals gute Verhältnis in sein Gegenteil verkehrt habe und sie in der gesamten Familie zunehmend isoliert gewesen sei, führte die Auftraggeberin nun darauf zurück, dass es der Nichte gelungen sei, den Rest der Familie in einem »bewusst unternommenen Zerstörungswerk« gegen sie einzunehmen. Wie in den beiden vorherigen Fällen wusste auch sie sich eine komplexe Familiendynamik nur dadurch zu erklären, dass sie *einer* beteiligten Person einen »krankhaften« und »zerstörerischen« Charakter zuschrieb.

Fälle wie diese belegen, dass spätestens nach dem Ersten Weltkrieg das Wissen um und der Glaube an »psychopathische« Veranlagungen aus ihren professionellen Entstehungskontexten in den Alltag diffundiert waren. Die Psychopathie gehörte zu den Konzepten, mit deren Hilfe Emil Kraepelin und andere klinische Psychiater seit den 1880er Jahren versucht hatten, ihren Kompetenzbereich auf nicht-klinische Praxisfelder auszuweiten.[219] Erfolgreich war dabei vor allem ihre Einflussnahme auf die Schaffung eines neuen Strafrechts, das neben dem Tatmotiv auch die Täterpersönlichkeit berücksichtigen sollte. Indem sie durch typisierende Konzepte wie ›Trunksucht‹, ›Degeneration‹ oder eben ›Psychopathie‹ die Idee einer individuell verminderten Schuldfähigkeit wissenschaftlich konkretisierten, schlagen sie eine Brücke von der medizinischen Wissenschaft zur forensischen Praxis.[220] Im Rahmen dieses Prozesses einer »Medikalisierung« der Gesellschaft wurden Psychiater zu doppelten Experten: zum einen für den medizinischen Fachbereich der Geisteskrankheiten, zum anderen für die unüberschaubare Grauzone zwischen normalen und pathologischen Verhaltensweisen.[221]

Zu diesem Prozess trug Klages mit seiner Charakterkunde und seiner Graphologie, in denen die »hysterische Persönlichkeit« eine so zentrale Rolle spielte, ebenso bei wie er von dessen Effekten profitierte. So berief sich etwa Kurt Schneider, der 1923 das erste Standardwerk über die »psychopathischen Persönlichkeiten« verfasste, wiederholt auf Klages.[222] Andererseits war Klages' Graphologie nicht zuletzt deshalb so gefragt, weil sie den wachsenden Bedarf an »sanfter« Pathologisierung optimal bediente. Denn nicht nur in der Klinik oder im Gericht erwiesen sich unscharfe Konzepte wie Hysterie oder Psychopathie als nützlich, sondern auch bei der alltäglichen Lebensbewältigung.[223] Wie Klages' Korrespondenz mit den Auftraggebern zeigt, erschien gerade gebildeten Zeitgenossen die psychologische Problematisierung und Pathologisierung einzelner Personen als gangbarer Ausweg in sozialen Situationen, die sich nicht mehr über konventionelle Rollenmodelle und tradierte Handlungsressourcen lösen ließen. War die Strategie erfolgreich, führte diese Art der Pathologisierung zu einer »weichen« Form der Ausgrenzung: nicht durch institutionellen Einschluss, sondern durch eine Stigmatisierung, auf die sich die Beteiligten mit Hilfe eines autoritativen, aber unsichtbaren Expertenurteils geeinigt hatten.[224] Bestätigt wird die Nähe der Graphologie zur klinischen Psychiatrie als Grenzwissenschaft auch durch die große Zahl von Psychiatern, die bei Klages graphologische Gutachten über »schwierige« oder »interessante« Patienten einholten.[225]

Abschließend soll noch ein Blick auf die Geschlechterspezifik graphologischer Praxis geworfen werden, auf den hohen Anteil von Frauen, die von der Graphologie profitierten. Das betrifft zum einen deren Ausübung. Auffallend viele Frauen nahmen bei Klages graphologischen Unterricht, darunter neben ausgesprochenen Anhängerinnen wie Minna Becker, Roda Wieser, Lena Mayer-Benz, Alice Saucke, seiner Schwester Helene und deren Tochter Heidi auch bekannte Graphologinnen, die auf ihre Unabhängigkeit bedacht waren, wie Anja Mendelssohn oder Lucy von Weizsäcker. Fast immer bedeutete dieser Unterricht den Anfang einer selbständigen Erwerbstätigkeit – ein Schritt, zu dem Klages seine Schülerinnen meist ausdrücklich ermutigte. Zudem waren, wie erwähnt, über 40 Prozent der Auftraggeber Frauen. Rechnet man die professionellen Anfragen von männlichen Ärzten und Führungskräften aus der Wirtschaft heraus, erhöht sich dieser Anteil sogar auf fast 60 Prozent. In fast allen Fällen wandten sie sich aus eigenem Antrieb an Klages. Etwa die Hälfte aller Frauen ließ sich dabei vom Rollenbild eines »operativen« Familienoberhaupts leiten. Sie übernahmen Verantwortung für das Wohl der Familienmitglieder und das Gelingen von sozialen Beziehungen. Zeigt sich darin ein durchaus traditionelles Rollenverständnis, so hatte sich dessen Auslegung gewandelt. Diese Frauen handelten wie eine Managerin der eigenen Familie. Sie hatten oft weitreichende Entscheidungen zu verantworten, ohne dass sie sich auf den Rat anderer Familienmitglieder verlassen konnten, und zogen deshalb einen Experten zu Rate.[226] Und wie die dargestellten Fälle zeigen, konnte das exklusive Bündnis mit dem für Dritte ungreifbaren Graphologen den individuellen Handlungsspielraum durchaus vergrößern.

Eine insgesamt signifikant hohe Zahl von Aufträgen deutet aber auf noch eine andere Bedürfnislage hin, auf den Wunsch vieler Frauen, ein selbstverantwortetes Leben zu führen. Hier lag der Fall oft ähnlich wie bei den Frauen, die sich zur Graphologin ausbilden ließen. Weil die gesellschaftlichen Institutionen ihren Wunsch nach mehr Autonomie nicht förderten, griffen sie auf schwach institutionalisierte Praktiken wie die Graphologie zurück. Das Studium mochte einer jungen Frau verwehrt sein, ein graphologischer Lehrgang bei Klages war es nicht. Ebenso verhielt es sich auf Seiten derer, die graphologische Expertise nachfragten. So holte eine Mutter, deren Belange in ihrem Scheidungsprozess weniger Gehör fanden als die ihres Mannes, bei Klages ein graphologisches Gutachten ein, das ihren Anspruch auf Sorgerecht charakterologisch bekräftigen sollte.[227] Eine andere Auftraggeberin befand sich in einem langwierigen Selbstfindungsprozess, in deren Verlauf sie schon eine Reihe von Ärzten und Psychoanalytikern aufgesucht hatte. Wenn sie sich nun auch noch an einen Graphologen wende, schrieb sie Klages, so diene dies allein dem Ziel, endlich ihre »Persönlichkeit harmonisch entfalten« zu können.[228] Häufiger als Männer, die in vergleichbaren Fällen dazu neigten, andere verantwortlich zu machen, schienen Frauen vor allem sich selbst und ihren Charakter für das Gelingen des eigenen Lebens in die Pflicht zu nehmen. Symptomatisch ist etwa die Anfrage einer 60-Jährigen, deren Anlass ein Beziehungsproblem war:

Sehr geehrter Herr! Bin in seelischer Not u. komme zu Ihnen. Beiliegend 2 Dokumente [...]. Bitte Sie, mir diese Schrift u. auch meine eigene zu analysieren. Ich *zweifle heute an meiner*

Selbstkenntnis! Bin seit 15 Jahren Geschäftsinhaberin u. muss als ledige Frau alles allein durchkämpfen. Zahlen u. wieder Zahlen spielen eine Rolle u. die Erfahrungen mit den Kunden [...] sind nicht immer erfreulich; der Lebenskampf hat mich hart u. misstrauisch gemacht. Wie es das Leben mit sich bringt, habe ich auch im Persönlichen allerlei Enttäuschungen durchgemacht. Ich möchte dem Menschen, der nach 16 Jahren meine Freundschaft sucht, von Herzen Freundin werden. Nun scheint mir schon nach kurzer Zeit, als ob ich die neu gewonnene Freundschaft wieder verlieren müsste. Liegt es an mir? An ihm? Oder an unseren Gegensätzlichkeiten? die ich noch zu wenig kenne? Wenn Sie finden dass unsere Wesensart nicht harmoniert, oder wenn es an mir liegt, dann sagen Sie mir rücksichtslos meine Fehler. Ich möchte einen Dreiklang schaffen, wo Seele, Geist und Körper zu einem harmonischen Ganzen sich zusammenfinden. Nun warte ich mit bangendem Herzen auf Ihre Nachricht.[229]

Vielfach sahen Frauen dieser Generation aber »kritische« Lebenssituationen auch als Chance, die Gestaltung ihrer Zukunft in die eigenen Hände zu nehmen, wobei viele sich in dieser Situation offenbar zum ersten Mal fragten, wer sie eigentlich seien: »Da ich mich momentan in einer besonders schwierigen Lebenslage befinde, möchte ich mir gerne mit Hilfe der Graphologie Klarheit über meinen Charakter verschaffen; denn er ist es doch wohl in erster Linie, der mein Schicksal bedingt«, schrieb eine Ärztin, die mit dem Gedanken an eine vollständige Neuorientierung spielte.[230] Jedoch sollte man sich hüten, die weibliche Nachfrage nach charakterologischer Handreichung ihrerseits charakterologisch zu deuten. Der auffallend hohe Rückversicherungsbedarf hatte eindeutig soziale und kulturelle Gründe. Denn die ambivalente Freiheit, das eigene Leben allein zu verantworten, erfasste Frauen oft mit größerer Wucht als Männer. Nicht nur war sie, historisch betrachtet, für die meisten Frauen eine neue Erfahrung, die nicht Teil weiblicher Rollenmodelle war. Auch waren die ökonomischen Voraussetzungen zu ihrer Verwirklichung ungünstiger und die Folgelasten einer Entscheidung – etwa im Falle einer Scheidung – wogen oft deutlich schwerer.

In ihrer Summe verweisen all diese Fälle einmal mehr auf die sozial- und kulturgeschichtliche Bedeutung jener Grauzone zwischen der hermetischen Intimität des Familiär-Persönlichen und den disziplinierten Öffentlichkeiten von Wissenschaft, Politik und Kulturbetrieb. Die Eigenständigkeit dieser Zwischensphäre scheint mir historisch noch immer nicht angemessen erfasst zu sein. So bleibt ein ganzer Wirklichkeitsbereich ausgeblendet, wenn man in allen wissenschaftlichen Diskursen außerhalb der akademischen Institutionen nichts als »Pseudo-« oder »Populärwissenschaft« erkennen kann; wenn man Frauen, die weder eine Anstellung noch eine Ausbildung vorweisen konnten, automatisch als »Hausfrauen« klassifiziert; wenn man von »Verwissenschaftlichung« erst spricht, wenn Medizinprofessoren sich für Kriminalität interessieren oder wenn tayloristische Experten Küchenlaufwege festlegen, die nie jemand betritt. Kurz: Wenn man übersieht, dass es gerade die undisziplinierten Wissenschaften waren, die um 1900 die Privatsphäre eroberten, und zwar mit eben jenen Themen, die zur selben Zeit in undisziplinierten Öffentlichkeiten heiß verhandelt wurden. In diesem Zwischenreich reüssierte Klages als Forscher in Fachgebieten, die man an keiner Universität studieren konnte, übten von ihm ausgebildete Frauen einen Beruf aus, den keine Statistik erfasste, teilten Männer und Frauen aller Altersstufen ihm, einem Unbekannten, Ängste, Sehnsüchte und Begierden mit, von denen sie einander nie erzählt hätten. In diesem Zwischenreich lästerte Klages über die Psychoanalyse und Freud über die Graphologie.[231] Die Schnittstelle, die all diese halb verborgenen, halb öffentlichen Praktiken so lebendig miteinander verband, war eine Idee, die ihre Macht aus dem Geheimnis zog: die Idee der Persönlichkeit.

5. Ausblick: Individualität im Nationalsozialismus?

Am Ende soll nun noch einmal die Frage aufgegriffen werden, wie angemessen es ist, das nationalsozialistische Deutschland als »kollektivierte« Gesellschaft zu beschreiben.[232] Die Frage ist zu groß, um sie im Rahmen einer Arbeit, zumal an deren Ende, zu beantworten. Was der Blick auf die Graphologie aber leisten kann, ist eine gezielte Problematisierung. Wenn man die Herrschaft des Dritten Reichs als totalitär und damit anti-individualistisch bezeichnet, hat man in der Regel ihre Opfer vor Augen. Fraglos zu Recht. Schließlich beruhte die Ausgrenzungs- und Vernichtungspolitik der Nationalsozialisten darauf, dass sie eine immense Vielfalt von Individuen mit denkbar unterschiedlichen Lebensläufen darauf reduzierte, einem »volksfeindlichen«, »gemeinschaftsschädlichen« oder »artfremden« Kollektiv anzugehören. Und wenn doch Unterschiede gemacht wurden, dann höchstens im Rahmen taktischer oder zynischer Kalküle, sei es beim Sonderstatus für Juden, die in »privilegierter Mischehe« lebten, sei es im Fall von Lagerinsassen, die nur überlebten, weil ihre Arbeitskraft noch gebraucht wurde. Der blinde Fleck dieser Perspektive scheint mir aber auf der großen Zahl der sogenannten Volksgenossen zu liegen. Wo nicht von »Manipulation«, »Unterdrückung«, »Verführung«, »Verstrickung«, »innerer Emigration« und dergleichen die Rede ist, machen wir uns von ihnen fast immer – Bilder. Bilder, die ins Bild einer »gleichgeschalteten« Gesellschaft passen, in der »Individualität« kein Wert beigemessen wurde, weil »atomisierte« Individuen zur »Masse« eines entrechteten Staatsvolks zusammengeschmolzen wurden.[233] Fraglos waren auch deutsche Staatsbürger im Zweifelsfall staatlicher Willkür schutzlos ausgeliefert. Fraglos besaß auch die Vorstellung sozialer Homogenität für viele Deutsche eine große Anziehungskraft; und erst Recht steht außer Frage, dass sich die Herrschaftsinszenierungen von der Idee einer disziplinierten Gesellschaft aus gesunden »Deutschen« leiten ließ. Doch möglicherweise liegt einer der nachhaltigsten Erfolge der nationalsozialistischen Propaganda darin, dass wir bis heute die unzähligen Bilder und Filmaufnahmen von jubelnden Menschen, uniformierten Aufmärschen und Parteitagsformationen allzu wörtlich nehmen.

Denn angesichts der suggestiven Macht solcher Bilder übersieht man leicht, dass es im Schatten der gut ausgeleuchteten Masseninszenierungen nicht nur Raum, sondern auch Angebote zu einer differenzierten Unterscheidung von Menschen gab, sofern sie als Volksgenossen anerkannt waren. Schon die einschlägigen

Theorien der »jüdischen Rasse«, auf die sich die Akteure einer kollektivierenden Ausgrenzung beriefen, hatten ja stets betont, wie vielfältig und in sich verschieden gerade die eigene Rasse sei. So hatte Chamberlain von der großen »Plascticität« der Germanen gesprochen, aus der sich auch die Vielzahl unvergleichlich »großer« Individuen erkläre. Auch Rassebiologen, die als Erbforscher ohnehin zu individualisierender Betrachtung tendierten, äußerten sich in diesem Sinn, etwa Fritz Lenz, der von der »inneren Vielfalt« der nordischen Rasse sprach und dem nordischen Menschen sogar einen einzelgängerischen Zug attestierte, der ihn immer wieder in Konflikt mit der Gemeinschaft bringe.[234] Besonders stark hatte Ludwig Ferdinand Clauß in seiner Rassenseelenkunde die Vereinbarkeit von typisierender und individualisierender Betrachtungsweise betont. Zwar hatte er den Begriff des »Rassentypus« dem des »Individualcharakters« übergeordnet, doch zugleich keinen Zweifel daran gelassen, dass es allein eine Frage der Perspektive sei, ob man an einem konkreten Menschen eher die typischen Merkmale der Rasse, des Stammes und des Berufes wahrnimmt oder die individuellen Charakterzüge. In genau diesem Sinne bezog auch ein staatlich sanktionierter Kanon des Allgemeinwissens, *Meyers Lexikon* von 1937, Rassezughörigkeit und Individualität ausdrücklich aufeinander. Der Begriff, der dies ermöglichte, lautete: Charakter; der Name, der für diesen Begriff bürgte: Klages.

Unter »Charakter«, teilte das Lexikon mit, verstehe man wie auch unter »Rasse« eine natürliche Dimension des Menschseins, die »restlos unabhängig von allen Einflüssen und Beeinflussungsversuchen seitens der Umwelt« sei. In der Weltanschauung des Nationalsozialismus werde dem Charakter daher »der Rang einer der obersten rassisch-völkischen Wirklichkeiten und Werte« zuerkannt. In diesem Sinne stellte der Artikel zur »Charakterologie« auch fest, dass »die Charakter- und Persönlichkeitsforschung« zwar immer »zuerst Rassencharakterologie« sein müsse.[235] Doch letztlich ziele die Charakterologie auf den einzelnen Menschen. Wenn sie also die »besonderen Vererbungs- und Lebensumstände des Menschen in Betracht« ziehe, so nur um »der möglichen Einmaligkeit jedes Lebenslaufes und Charakters, d. h. der natürlichen Ungleichheit gerecht« werden zu können.[236] Dass es innerhalb des deutschen Volkes neben Stammesunterschieden auch »im Geistig-Seelischen erhebliche individuelle Unterschiede« gebe, wurde an anderer Stelle als »selbstverständlich« eingestuft.[237] Als Urheber dieser Sichtweise, die dem Charakter als einer Dimension »natürlicher Ungleichheit« wieder theoretische Gültigkeit verschafft habe, nennt das Lexikon vor allen anderen Ludwig Klages. Er sei es gewesen, der den Charakterbegriff »gereinigt und vertieft« und ihn so zu einem geistigen Fundament der Gegenwart gemacht habe. Die mit Klages' Forschungen einsetzende Charakterologie stellte das Lexikon daher in ein Verhältnis wechselseitiger Ergänzung zur Rassenkunde. Schon Schopenhauer, Bahnsen und Nietzsche hätten in diese Richtung gedacht: »Doch erst in der Gegenwart beginnt, fußend auf dem Lebenswerke von Ludwig Klages und auf der weltanschaulichen Ausrichtung des Nationalsozialismus, der Auf- und Ausbau einer Charakterkunde des deutschen Volkes und Menschen.«

Der Befund der Anschlussfähigkeit von charakterologischem und rassistischem Denken wird hier also noch einmal bestätigt, und zwar durch eine Quelle, die gerade ihr Anspruch auf allgemeine Gültigkeit so aussagekräftig macht. Klages selbst hatte die strukturelle Nähe beider Denkformen und damit die Komplementarität von individualisierender und typisierender Betrachtung auf einen Begriff gebracht. Die analytische Durchdringung der Handschriftenvielfalt, so Klages in *Probleme der Graphologie*, diene einem der wichtigsten Ziele der Psychologie: einer »Morphologie der Charaktere«.[238] Dieser von Goethes Naturforschung entlehnte Begriff erlaubt es nun, einen Bogen von der Mitte des 19. Jahrhunderts bis in die 1940er Jahre zu spannen. Denn er verweist darauf, dass so unterschiedliche intellektuelle Unternehmungen wie Carus' symbolische Physiognomik, Nietzsches psychologische Hermeneutik, Chamberlains und Spenglers Universalhistorien, Weiningers Charakterologie, Clauß' Rassenseelenkunde, Klages' Graphologie und Gottfried Benns Faszination für das »Problem der Persönlichkeit« einen gemeinsamen Fokus hatten: die Idee, dass der Mensch als Medium aufzufassen sei, das sich in unendlich vielen Formen »ausgestalten« kann, mögen diese von rassebedingter Typik sein oder von idiosynkratischer Einzigartigkeit.

Vor diesem Hintergrund lässt sich nun noch einmal ein Schlaglicht auf das praktische Verhältnis von Rassismus und Charakterologie werfen. War im dritten Kapitel gezeigt worden, dass gerade der kollektivierende Rassismus auf die hermeneutischen Konzepte des charakterologischen Denkens angewiesen war, so lautet die These nun: Wo das rassistische Denken die praktische Funktion erfüllte, das Andere in Form von Ausschlusskollektiven zu definieren, da diente das charakterologische Denken außerdem dazu, das Eigene zu differenzieren. Während die Rassetheoretiker diese Möglichkeit lediglich konstatierten und sich ansonsten der Unterscheidung menschlicher Großkollektive widmeten, hatten die Charakterologen eine ihrer Hauptaufgaben immer schon in der Durchdringung individueller Unterschiede gesehen. So war ihrem Namensgeber Bahnsen etwa besonders daran gelegen, einzelnen Schülern im Unterricht besser gerecht werden zu können. Ebenso hatte Otto Weininger betont, dass die typisierende Charakterologie nur dem Zweck diene, Individuen in der Lebenswirklichkeit besser zu verstehen. Dass dieses Anliegen tatsächlich realisiert wurde, und zwar bis hin zur Markierung sublimster Unterschiede, lässt sich an keiner Praxis besser belegen als an der Graphologie – einer Individualisierungstechnik, die von staatlicher Seite in Deutschland zu keiner Zeit stärker gefördert wurde als während der nationalsozialistischen Herrschaft.

Wie Klages nicht müde wurde zu betonen, lag die wichtigste Voraussetzung der Graphologie in der Möglichkeit, »ungezwungen« zu schreiben, also ohne Blick auf eine vorgegebene Form wie die Schulvorlage oder das ästhetische Ideal der Kanzleischrift. Wie gezeigt, diese Forderung wurde erst erhoben, als die Verbreitung der Schreibmaschine die Handschrift von ihrer Speicherfunktion entlastete und sie damit zur Ausschöpfung ihres individuellen Ausdruckspotenzials freigab. Dieser medienhistorischen Funktionswandel schlug sich auch in einem veränderten Ideal der Handschrift nieder. Sowohl das Bestreben, den Schreibunterricht zu reformieren, als auch die Renaissance des ornamentalen Schreibens zielte auf eine Handschrift, die weniger »sauber«, »ordentlich« und »elegant« als vielmehr »natürlich« und »schön« sein sollte. Dabei wurde ein ungehemmter Rhythmus der Schreibbewegung als der eine, die bewusste künstlerische Gestaltung des Schriftbildes als der andere Weg zur Schönheit gesehen.[239] Schon nach dem Ersten Weltkrieg waren in Preußen und Bayern erste Erfahrungen mit der reformierten Methode des Schreibunterrichts gemacht worden.[240] Aber erst die zentralisierte Bildungspolitik der Nationalsozialisten verhalf den Bemühungen der Schreibreformer zum Durchbruch. Am 1. Oktober 1934 erließ der Reichserziehungsminister Bernhard Rust neue Richtlinien für den Schreibunterricht an den Grund- und Volksschulen des Deutschen Reichs.[241] Als Ziel der Reform gab das Ministerium aus: »die Erreichung einer natürlichen, deutlichen, gut lesbaren, geläufigen und gefälligen deutschen Verkehrsschrift, mit der zugleich eine *persönlich ausgeprägte Handschrift* angebahnt wird«. Zu diesem Zweck wurden die von dem Berliner Graphiker Ludwig Sütterlin entworfenen lateinischen und deutschen Buchstabensysteme zu den einzig gültigen Schreibvorlagen erklärt.[242] Das Sütterlin-System verstand die Schrifttypen nicht mehr als Vorbilder, welche die Schüler nachzuahmen hatten, sondern nur als »Bausteine« einer Ausgangsschrift, von der die Schüler nach dem Erreichen der elementaren Schreibfähigkeit nach Belieben abweichen sollten. Zu diesem Zweck wurde bei den Typen auf möglichst einfache Form und leichte Verbindbarkeit der Buchstaben Wert gelegt (*Abb. 77*). Durch diese Entformalisierung sollte die Aufmerksamkeit des Schülers auf das Schriftbild zugunsten der unbewussten Entwicklung einer spontanen Schreibbewegung entlastet werden. Ergänzend legte der Erlass zwei didaktische Grundsätze für den Schreibunterricht fest. Erstens durfte im Einzelfall eine gegenüber der vertikalen Schriftvorlage abweichende Schräglage der Schrift nicht länger unterbunden werden, und zweitens wurde den Schülern die Wahl der Schreibfeder freigestellt. Bei dem Autor, der den Erlass im *Zentralblatt für Graphologie* kommentierte, riefen dessen »Kernpunkte« eine »spontane Bejahung« hervor. Seine Zustimmung gipfelte in der rhetorischen Frage: »Wem sollte angesichts der Übereinstimmung zwischen den Grundlinien des Erlasses und den graphologischen Deutungsprinzipien nicht wenigstens einmal die Vermutung aufgetaucht sein, dem Herrn Minister hätte ein graphologischer Berater zur Seite gestanden?«[243] Besonders stimmte der Autor dem Ministerlass in der Leitidee einer individuell ausgeprägten Handschrift zu.

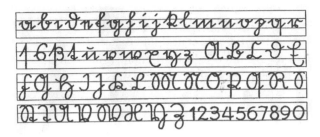

Abb. 77

Soweit sie im Klages-Nachlass dokumentiert ist, orientierte sich auch die graphologische Praxis im Dritten Reich an der Leitidee einer *individuellen* Differenzierung. Es wäre müßig, dies an Einzelbeispielen zu belegen, denn die nach 1933 verfassten Gutachten unterschieden sich in keinerlei Hinsicht von den vor 1933 oder nach 1945 angefertigten. Auch wenn es weiterer Forschung überlassen sein muss, sie im Einzelnen zu überprüfen – die These lautet eindeutig: der sozialhistorische Prozess der Individualisierung legte 1933 keine Pause ein, im Gegenteil, er wurde diskursiv und institutionell massiv gefördert.[244] Überraschen kann dieser Befund allerdings nur, wenn man in der Individualisierung als solcher schon einen Wert erkennt. Tatsächlich zeigt die graphologische Praxis aber das, was von modernitätstheoretischer Seite bereits seit langem betont wird: Die gemeinten Entwicklungen waren höchst widersprüchlicher Natur.[245]

Ausgangspunkt aller graphologischen Aufträge war ein Fremdheitsgefühl, das sich aus eigener Kraft nicht beseitigen ließ. Graphologische Gutachten konnten dieses Gefühl nun einerseits mindern, indem sie halfen, eine nahestehende Person oder sich selbst besser zu verstehen. Sie konnten aber auch vom riskanten und unsicheren Umgang mit anderen dadurch entlasten, dass sie ein feindseliges Gefühl von Fremdheit und Andersartigkeit verschärften, indem sie diesem Gefühl vermeintlich objektive Gründe gaben. Die starke Nachfrage nach beiden Arten des Umgangs mit Fremdheit lässt vermuten, dass graphologische Gutachten im Dritten Reich in zwei Richtungen wirkten: dass sie einerseits dabei halfen, Individuen differenzierter zu betrachten und dem Gefühl von Fremdheit sich selbst wie anderen gegenüber an Schärfe zu nehmen; so wie sie andererseits dazu beitrugen, eine Politik plausibel zu machen, die ihren Zweck im Ausschluss und der Bekämpfung eines nur diffus benennbaren »Fremden«, »Schädlichen« und »Feindlichen« sah.[246]

Weltanschauliche Brücken in den NS-Staat: sozialmorphologisches Paradigma und charakterologischer Denkstil

Die bemerkenswerte Stabilität der nationalsozialistischen Herrschaft, so ist jüngst plausibel argumentiert worden, hatte ihre Grundlage in der breiten Zustimmung der Mittelschicht und weiter Kreise der Arbeiterschaft zum Projekt eines völkischen Wohlfahrtsstaats.[1] Was aber verband die national gesinnten Angehörigen der deutschen Bildungsschicht, die auf Abstand zur ›Masse‹ bedachten Vertreter von ›Geist‹ und ›Kultur‹, mit dem Dritten Reich? Zum einen zweifellos Hitlers außenpolitische Erfolge bis 1940. Aber gab es darüberhinaus, außer einem weithin geteilten Antikommunismus, geistige Brücken zu den Nazis? Fasst man diese Frage geistesgeschichtlich auf, kommt keine Antwort an den frühen Ansätzen von Nicht-Historikern wie Helmuth Plessner und Karl-Dietrich Bracher vorbei; und zugleich muss heute jede Antwort über sie hinausgehen. Leistungskraft und Beschränktheit dieser Ansätze hatten den gleichen Grund: ihre ideologiekritische Methode. Sie erlaubte es ebenso, Grenzen zu ziehen, wie sie dazu zwang, dies mit kategorischer Unbedingtheit zu tun. Im besten »kritischen« Sinne gelang es mit ihrer Hilfe, Möglichkeitsbedingungen der nationalsozialistischen Herrschaft zu benennen. Zugleich lieferte sie aber das Kriterium für eine starke und kategorische Unterscheidung, die einem vornehmlich politisch-pädagogischen Interesse entsprang. Die immer wieder bemühte Formel von den »geistigen *Voraussetzungen*« wies ja implizit darauf hin, dass es eben keine *Gründe* waren, auf denen das Dritte Reich gestanden hatte. Im Gegensatz zu Demokratie oder Monarchie, so machte diese Kritik deutlich, fehlte dem nationalsozialistischen Staat nichts so sehr wie eine politische Idee, auf die sich sein Legitimitätsanspruch hätte berufen können. In dieser Zuspitzung wurde die bis heute Weg weisende Erkenntnis greifbar, dass »der« Nationalsozialismus einzig und allein als Machtsystem eine beschreibbare Einheit darstellt – anders als etwa der Kommunismus, dessen politische Geschichte immer zugleich Dogmengeschichte des Marxismus ist. Die geistige Dimension des Dritten Reichs konnte aus dieser Perspektive nur von den Rändern her markiert werden: als absolute Grenze, die ihren symbolischen Ausdruck in der verdinglichten Jahreszahl »1933« fand – dem historischen Moment, in dem sich die geistige Vorbereitung einer *per se* geistfreien Tyrannis vollendet hatte.

Gerade die besten Ansätze zu einer Geistesgeschichte des Dritten Reichs kamen also zu dem paradoxen Schluss, dass sich der Nationalsozialismus in geistiger Hinsicht nur negativ beschreiben ließ: sei es als machiavellistische Technologie, die zu ihrem Funktionieren auf den rhetorischen Appell an entleerte Ideen angewiesen war; sei es als massenhafte Mobilisierung von Leidenschaft und ästhetischem Erleben, die durch eine philosophische Verherrlichung des Irrationalen vorbereitet worden war. Entzieht man diesen Befunden jedoch den ideologiekritischen Boden, auf dem sie gewachsen waren, bieten sie einen guten Ausgangspunkt, um die Frage nach der geistigen Dimension des Dritten Reichs neu: nämlich positiv zu formulieren. Theoretisch muss man zu diesem Zweck lediglich unterstellen, dass in Deutschland auch nach 1933 Menschen nur leben und handeln konnten, wenn sie ihrem Leben und Handeln weiterhin einen subjektiven Sinn gaben.

Denn auch wenn die nationalsozialistische Propaganda die feinen weltanschaulichen Unterschiede innerhalb des breiten nationalen Spektrums ignorierte und sich nur diejenigen Versatzstücke heraussuchte, die mehrheitsfähig waren: Sie konnte für die Bildungsschicht ja nur zur Projektionsfläche werden, weil es etwas zu projizieren gab, weil man an bestehenden Motiven und Ideen festhalten, sie in das eigene Betätigungsfeld einbringen und dabei unterstellen konnte, dass »der Führer« oder »die Nationalsozialisten« nichts grundsätzlich Anderes im Sinn hatten als man selbst.[2] Bei vielen Intellektuellen ging dieser Projektionsmechanismus sogar noch weiter. Gerade der Fall Klages zeigt, dass die weltanschauliche »Leere« der nationalsozialistischen Bewegung von reflektierten Zeitgenossen durchaus bemerkt wurde – und als Auftrag empfunden werden konnte, die »nationale Revolution« zu verankern. In der Regel überschätzten die konservativen Meisterdenker dabei ihre Deutungsmacht erheblich. Dass er im Kampf um die geistige Lufthoheit gegen Konkurrenten minderen Kalibers keine Chance hatte, war eine Erfahrung, die Klages mit Intellektuellen wie

Martin Heidegger, Carl Schmitt oder Hans Freyer teilte. Doch zwischen der gescheiterten Inthronisierung als geistigem Führer und geistiger Bedeutungslosigkeit oder gar Verfolgung liegt ein weiter Raum. In diesem Raum konnten nicht nur Denker wie Klages weiter unbehelligt forschen, vortragen und publizieren. In ihm bewegte sich auch ein großer Teil der deutschen Bildungsschicht, die Orientierung niemals bei »Politikern« gesucht hätte: Nicht von den staatlichen Institutionen bezogen die Angehörigen dieser Schicht – zumindest die erwachsenen – ihren Lebenssinn, sondern von populären Wissenschaftlern, Philosophen und anderen Weltanschauungsautoren, die dem Regime nur so nahe stehen mussten, dass sie weiterhin problemlos »denkbar« waren.

Verschiebt man also den Fokus weg von der Chimäre namens »nationalsozialistische Ideologie« hin zu dem breiten Spektrum von »akzeptablen« Denkern und Inhalten, an denen sich die Akteure – sofern sie nicht ausgeschlossenen waren – orientieren konnten, dann ergibt sich auch eine Forschungsperspektive. Die Fragerichtung der Weltanschauungsforschung kann nun von *top-down* auf *bottom-up* umgedreht werden. Die Leitfrage lautet dann nicht mehr: Mit welcher Ideologie beherrschten die Nationalsozialisten die deutsche Gesellschaft? Sondern: Wie lässt sich das breite weltanschauliche Spektrum erfassen, von dem aus man nach seinen Platz in der Gesellschaft des Dritten Reichs und seinen Möglichkeiten, zum NS-Staat beizutragen, suchen konnte? Wie einleitend dargelegt, sind taxonomische und typologische Ansätze zur Beantwortung dieser Frage wenig hilfreich. Weiterführend ist dagegen eine bildliche Formulierung Cornelia Essners, die das Problem ausgesprochen präzise bezeichnet. Wenn sie – eine zeitgenössische Formulierung aufgreifend – die weltanschauliche Lage im Deutschland des frühen 20. Jahrhunderts einen »Irrgarten« nennt, dann ist die Metapher mit Bedacht gewählt.[3] Denn mit wie viel Mühe auch immer – ein »Dschungel« etwa ließe sich durch die botanische Anstrengung der Klassifikation erforschen. Einem Irrgarten hingegen entkommt man nicht, indem man seine Pflanzen beschriftet, und sei es noch so abstrakt, sondern indem man Wege weist. Als solcher existiert er ja nur für die Nachgeborenen (oder für Zeitgenossen, die in dieser Weltanschauungslandschaft nicht wanderten, sondern sie nur betrachteten); und nur diese können dem Irrtum erliegen, Weltanschauungen hätten aus nichts als reinen Inhalten bestanden, die sich dadurch fassen lassen, dass man sie nacherzählt oder auf abstrakte Begriffe reduziert. Für die weltanschaulich involvierten Zeitgenossen hingegen stiftete das, was uns verwirrt, einen unmittelbaren Sinn, und was uns in der Form fertiger Gedanken erscheint, war für sie ein Denken, mit dem sich die Gegenwart begreifen und das Leben handhaben ließen.

Dieser Arbeit ging es daher um die Erforschung weltanschaulicher Sinnstrukturen, aber zunächst noch nicht in inhaltlicher, sondern in erkenntnistheoretischer Hinsicht. Anders als die Diskursanalyse ging die Untersuchung nicht von gegebenen Einheiten aus weltanschaulichen Gedanken aus, sondern von der Frage nach dem *modus operandi* des weltanschaulichen Denkens: von spezifischen Problemen und Lösungsansätzen, die eine Verbindung zwischen Autoren und Lesern stifteten, weil beide sich in der gleichen Welt orientieren mussten. Auch der Erkenntniskritik des weltanschaulichen Denkens zeigte die Metapher vom »Irrgarten« den Weg: verweist sie doch auf die Unmöglichkeit, die Produkte praktischer Geistestätigkeit so zu ordnen wie die Bäume eines Waldes – und damit auf die Notwendigkeit einer *Theorie des praktischen Denkens*. Mit Hilfe einer solchen Theorie, wie sie Pierre Bourdieu geliefert hat, kann man erkennen, dass sich die unterschiedlichen Früchte des Weltanschauungsdenkens nicht in übersichtlicher Synopse sortieren lassen, weil sein Prinzip in der relativen *Unschärfe* des Gedachten liegt. Um weltanschaulich wirken zu können, darf eine Denkform weder zu verschwommen sein, noch zu scharf – wäre sie verschwommener, könnte sie keine Orientierung mehr stiften, wäre sie schärfer, würde sie unpraktisch.

Die »freien« charakterologischen Theoretiker erwiesen sich als geradezu ideales Studienobjekt zur Erforschung des weltanschaulichen Denkens im frühen 20. Jahrhundert, weil sie dessen praktische Logik bis zu einem gewissen Grade selber reflektierten. Der charakterologische Denkstil war praxistauglich, weil er absichtlich nicht auf Genauigkeit zielte, sondern auf Orientierung: auf die symbolische Markierung von Ähnlichkeiten und Gegensätzen, auf die Alternativen zwischen Richtungen, auf Zwecke, denen man nur dienen kann, wenn man grob, aber nicht beliebig denkt. Denn wie die Mittel des charakterologischen Denkens, so war auch der Zuschnitt seiner Gegenstände und Aussagen grob. Da es um qualitative Phänomene ging, umfassten die charakterologischen Urteile vor allem das Typische und Markante, das Menschen nicht bis ins Letzte bestimmte, sondern ihre Wesensart realsymbolisch akzentuierte, indem es qualitative Beziehungen zu anderen Phänomenen gleichsam »greifbar« machte. Trotz der Unschärfe dieses Denkstils, der seine Gegenstände nicht als mit sich selbst identische Tatsachen von anderen Tatsachen abgrenzte, waren seine Urteile nicht beliebig. Was den charakterologischen Aussagen, die für sich genommen willkürlich erscheinen mochten, eine relative Robustheit und ihre weltanschauliche Geschlossenheit verlieh, war die Wertperspektive, von der aus sie formuliert wurden.

Sie erklärt auch, warum ein breites Spektrum aus Personen, Gruppen und Kreisen, deren »Weltanschauungen« sich im Einzelnen unterscheiden mochten, miteinander *weltanschaulich kommunizieren* konnten. Greift man nun den alten Befund auf, dass die nationalsozialistische Herrschaft nur Anerkennung finden konnte, weil sie sich aus einem reichen Arsenal von Weltanschauungen bediente, dann erweist sich auch aus dieser erweiterten Perspektive Lutz Raphaels Rede vom Nationalsozialismus als einem »politisch kontrollierten, aber intellektuell offenen Weltanschauungsfeld« als überaus treffend.[4] Das Dritte Reich war mitnichten eine Gesellschaft ohne geistiges Fundament und intellektuelle Debatten, in der allein die rohe Macht des Faktischen in Form von Dezisionismus, Gewalt, Rausch, manipulativer Propaganda und Konsum herrschte, sondern einerseits: ein Lebens- und Handlungsraum, in dem die Akteure dem Vagen einen ihnen gemäßen, konkreten und immer kontextabhängigen Sinn geben konnten; und andererseits: eine Kommunikationsgemeinschaft, in der über die richtige Auslegung des Vagen verhandelt, gestritten und erbittert gekämpft werden konnte.

Was Raphael und andere Historiker für den Bereich der politischen, wissenschaftlichen und administrativen Eliten gezeigt haben, gilt auch für das weltanschauliche Orientierungswissen im weiteren Sinn. Auch lebensweltlich bestand die ideologische Funktion diffuser Ideen darin, dass – Übereinstimmung über gewisse Grundwerte vorausgesetzt – ein jeder sich seinen eigenen Reim auf sie machen und so als aktiver Teil der nationalsozialistischen Gesellschaft fühlen konnte. Exemplarisch lässt sich diese integrative Wirkung des Unscharfen an der Funktionsweise des Antisemitismus verdeutlichen. Gerade weil es keine Instanz gab, die allgemeinverbindlich klärte, *was* ein Jude sei und *warum* genau die Juden als schädlich erachtet wurden, konnte sich jeder das Seinige zu dieser Frage denken.[5] Die inhaltliche Unschärfe des negativen Schlüsselsymbols ›Jude‹ erlaubte es, situationsabhängig zu entscheiden, was genau man darunter verstehen wollte. Dazu musste man keineswegs expliziter »Antisemit« sein. Es genügte die Annahme, dass es sich bei »den Juden« um Menschen handelte, die grundsätzlich »anders« waren als man selbst. Genau dieses, zweifellos weit verbreitete, Grundgefühl hatte schon um 1900 eine charakterologische Konzeption des ›Jüdischen‹ hervorgebracht, bei der sachliche Analyse und versachlichtes Ressentiment so wenig zu unterscheiden waren, dass sie sich ausgesprochen flexibel handhaben ließ. Der Fall Klages, bei dessen Antisemitismus lebenspraktisches und theoretisches Interesse immer zwei Seiten einer Medaille waren, zeigt dies mustergültig. Im Rahmen seiner wissenschaftlichen und philosophischen Schriften hatte Klages das ›jüdische Wesen‹ nüchtern, aber mit eindeutig negativer Werttendenz charakterisiert und sich damit konzeptionell ebenso klar vom vulgären wie vom rassenbiologischen Antisemitismus abgegrenzt. Doch fielen solche semantischen und habituellen Unterschiede überhaupt nicht ins Gewicht, sobald es ein gemeinsames praktisches Interesse gab: so etwa im Fall seines kleinbürgerlichen Schülers Siegfried Römer, eines offen gehässigen Antisemiten, mit dem zusammen Klages den Alleinvertretungsanspruch seiner »deutschen« Graphologie nicht zuletzt gegen jüdische Konkurrenten durchsetzte. Wenn es dagegen darum ging, Umgang mit gebildeten Juden zu pflegen, die sich seiner Auffassung nach nicht »jüdisch« verhielten, hob Klages den Gegensatz zur »antisemitischen« Rassenpolitik des Regimes hervor – durchaus zu Recht, wie der Widerstand des rassenbiologischen Lagers gegen Klages zeigt. Andererseits stimmte er wiederum mit der grundsätzlichen Richtung dieser Politik in so hohem Maße überein, dass er im zweiten Weltkrieg einschließlich des Völkermords an den europäischen Juden nichts anderes erkennen konnte als die Folgen eines von »Juda« erzwungenen »Endkampfes« um das Schicksal der Menschheit. »Gereinigt« vom »*odor judaicus*«, erschien ihm Wien 1943 »so schön wie nie zuvor«.[6] Je nach Sprechsituation konnte Klages auch nach 1945 diesen oder jenen Akzent hervorheben. Ging es um die Selbstverteidigung gegen die Vorwürfe des »Präfaschismus« und »Antisemitismus«, betonte er die Gegensätze zu Rassenbiologen und Nazis; tauschte er sich mit Freunden aus, bei denen er in dieser Frage Einvernehmen voraussetzen konnte, hielt er an seiner antisemitischen Interpretation der Weltgeschichte fest.[7] Umgekehrt wäre der rassenbiologische Antisemitismus ohne die hermeneutische Konzeptionen des Jüdischen, wie Klages und andere Charakterologen sie lieferten, ein sinnloser Formalismus geblieben.

Da es die hier unternommene Erkenntniskritik nicht mit »dem« Denken zu tun hatte, sondern mit einer historischen Denkform, konnte sie aber auch weltanschauliche *Inhalte* dingfest machen. Dabei handelte es sich um Probleme und Lösungsansätze, die so allgemein und zugleich so spezifisch waren, dass unterschiedliche Formen des konservativen Denkens von ihnen ihren Ausgang nehmen konnten. Der charakterologische Denkstil zeichnete sich ja nicht allein durch seine Unschärfe aus, sondern dadurch, dass er unscharf über ein Thema nachdachte, nämlich die »natürliche« Ungleichheit der Menschen in der Gesamtheit ihrer Erscheinungsformen. Dieses genuin weltanschauliche Problem ließ sich am besten im Rahmen eines biologischen Paradigmas konzipieren und zumindest prinzipiell – eben unscharf – auch lösen. Dabei muss man das »Biologische« allerdings in einen viel weiteren Sinn auffassen, als es die gängige Rede von der »Biologisierung des Sozialen« will. Diese beschränkt sich ja auf den Aspekt der erblichen Unterschiede zwischen den Menschen, und das nicht ohne Grund, denn gerade die Wirkmacht der rassistischen Weltsicht lässt sich unter diesem Aspekt gut fassen.

Doch halbiert man damit nicht nur das rassistische Denken – mit dieser Halbierung blendet man auch die geistesgeschichtliche Tiefendimension des »biologischen« Weltanschauungsdenkens insgesamt aus. Wie in seiner disziplinären hatte der Darwinismus ja auch in seiner weltanschaulichen Variante immer *zwei* Seiten, eine theoretische und eine methodologische. In theoretischer Hinsicht war die Deszendenzlehre so wirkmächtig, weil sie die Entstehung biologischer Besonderheit aus dem Gesetz der Artauswahl *erklären* konnte. Doch gerade für die Popularität dieser Biologie war mindestens ebenso entscheidend, dass sie ihr Tatsachenmaterial nicht experimentell gewann, indem sie es aus dem lebensweltlichen Wahrnehmungszusammenhang isolierte, sondern im Rahmen einer vergleichenden Morphologie *beschrieb*. Schon die naturwissenschaftliche Plausibilität der Abstammungstheorie hatte ja der Evidenz von Anblicken bedurft.[8] Umso mehr galt dies aber für eine »biologische« Sicht auf die soziale und historische Welt.

Erst in der morphologischen Ordnung hatte das von Schopenhauer formulierte Problem der Mannigfaltigkeit des menschlichen Willens eine Leitidee zu seiner Lösung gefunden. Als erster hatte Nietzsche 1888 diese Idee – wenn auch im übertragenen Sinn – auf das charakterologische Problem angewandt, als er notierte, eine »Einheitsconception der Psychologie« sei nur als »Morphologie des Willens zur Macht« denkbar.[9] Damit bestätigt sich im Speziellen ein Befund, den Georg Simmel schon früh allgemein formuliert hatte: Was Nietzsche von seinem philosophischen Stichwortgeber Schopenhauer trennte, war Darwins Blick auf das Leben.[10] Mitte der 1860er Jahre, an der Schwelle zum darwinistischen Zeitalter, hatte der unmittelbare Schopenhauerschüler Julius Bahnsen dagegen noch versucht, das Problem menschlicher Mannigfaltigkeit durch methodologische Anleihen bei der Chemie zu lösen – und war gescheitert.

Noch stärker als der Darwinismus hatte aber Goethes Naturwissenschaft das Leben unter dem morphologischen Aspekt der Gestaltenvielfalt und des Gestaltenwandels erfasst. Um 1890 wiederentdeckt und auf die soziale und historische Welt erweitert, war der »goethesche« Strang des weltanschaulichen Denkens mindestens ebenso wirkmächtig wie der »sozialdarwinistische« – eine heute nahezu vergessene Dimension der biologischen Sicht auf die soziale Welt. Schon mit Haeckels Darwinismus ließ sich das Leben der menschliche Gattung nicht nur als Kampf, sondern auch als morphologischer Zusammenhang von Individuellem und

Typischem erfassen; doch allein mit Goethe ließ es sich auch als Polarität von Geistig-Seelischem und Körperlichen, als Einheit von Idee und Erscheinung, als symbolische Vernetzung von Naturgeschichte und Menschheitsgeschichte denken. Während die rassistische Variante des biologischen Denkens die Deutung der sozialen Welt auf ein simples Narrativ des Überlebenskampfes beschränkte und vor allem zur technokratischen Arbeit am Bevölkerungskollektiv anleitete, befriedigte die goethesche Variante das Bedürfnis nach Weltanschauung im vollen »philosophischen« Sinne des Wortes. Da sich die historische Forschung so einseitig auf die rassistische Spielart des Biologismus fixiert hat, ist schlicht in Vergessenheit geraten, dass so unterschiedliche, aber im konservativen Milieu gleichermaßen wirkmächtige Denker wie Nietzsche, Chamberlain, Weininger, Spengler, Benn, Clauß und Klages sich auf das Denkziel einer im Sinne Goethes aufgefassten *Morphologie des Menschlichen* hätten verständigen können.

Damit schlugen sie zwischen etwa 1890 und 1910 eine mächtige Brücke, die den Geist des bürgerlichen 19. Jahrhunderts mit dem der Hochmoderne verband: Das sozialmorphologische Paradigma erlaubte es, unendlich vielfältig zu differenzieren und an der Idee personaler Individualität festzuhalten; es erlaubte, das Körperliche als Ausdrucksseite des Geistig-Seelischen zu verstehen und so menschliche Mannigfaltigkeit als zugleich »biologisches« und »psychologisches« Problem aufzufassen; es erlaubte, post-historistisch über Geschichte als einem sich über Jahrtausende erstreckenden Entwicklungs-, Differenzierungs- und Konfliktgeschehen nachzudenken; es erlaubte, eine zunehmend als unübersichtlich und fragmentarisch erfahrene soziale Welt in eine grobe und gerade in ihrer Grobheit »anschauliche« Ordnung zu bringen; es erlaubte, Emanzipations- und Aufstiegsansprüche von Frauen, Juden und minder Gebildeten mit dem Verweis auf das Wesen des ›Weiblichen‹, des ›Jüdischen‹ oder des ›Vornehmen‹ in die Schranken zu weisen; und es erlaubte schließlich, das Eigene und das Fremde als zwei Erscheinungsformen des Menschlichen zu betrachten: das eine wertvoll und speziell, sei es typisch im Sinne des Markanten und Echten, sei es individuell im Sinne »unvergleichlicher« Eigenart; das andere unecht, gefährlich, typisch im Sinne von »roh« oder »subsumierbar unter Gattungseigenschaften« und differenzierter Betrachtung unwürdig. Der aus Schopenhauers Willensmetaphysik stammende Wesensbegriff, unter dem sich alle Aspekte des morphologischen Denkens über die Ungleichheit der Menschen bündeln ließen, lautete: Charakter.

Um die zeitgenössische Bedeutung des charakterologischen Denkens wieder ins historische Bewusstsein zu heben, bedurfte es allerdings eines Perspektivwechsels. In ihrer Fokussierung auf die ambivalente Rationalität der modernen Humanwissenschaften hatte die jüngere Ideologieforschung jene außerakademischen Weltanschauungsautoren aus dem Blick verloren, denen sich die ältere Geistesgeschichte noch ausschließlich gewidmet hatte, wenn auch ihrerseits beschränkt durch die Fokussierung auf den philosophischen Irrationalismus. Was so beiden Ansätzen entging, war der Umstand, dass diese Autoren durchaus »modern« – und deshalb umso populärer – waren, weil sie eben nicht nur philosophisch, sondern auch wissenschaftlich dachten. Fälle wie Otto Weininger, Oswald Spengler, Houston Chamberlain und Ludwig Klages zeigen einerseits, dass die Philosophie weder »nach Nietzsche« noch »nach 1933« als weltanschauliche Instanz ausgedient hatte. Sie zeigen allerdings andererseits auch: Nach Nietzsche hatte sich der Schwerpunkt des weltanschaulichen Philosophierens verlagert.

Als Gottfried Benn 1946 fragte, wer Nietzsches philosophisches Erbe angetreten habe, meinte er sich zwischen Klages und Spengler entscheiden zu müssen.[11] Bei allem Trennenden, das er dabei geltend machte, um seine Entscheidung zu begründen (er entschied sich für Spengler), sind in unserem Zusammenhang zwei andere Fragen aufschlussreich: In welcher Hinsicht waren denn Spengler und Klages so sehr mit Nietzsche verbunden, dass beide als seine Erbanwärter gehandelt werden konnten? Und gab es darüber hinaus Unterschiede, die Spenglers und Klages' Art des Denkens von dem Nietzsches trennten?

Die erste Frage beantwortete Benn, wenn auch indirekt, als er 1950 auf das halbe Jahrhundert »nach Nietzsche« zurückblickte. Wenn er Nietzsche dort als Prototypen des »vierten Menschen« charakterisierte, dann meinte er damit eine Existenzform, die auch das eigene Leben unter dem Gesichtspunkt ständiger Veränderung begreift – eine Lesart, in der sich Spenglers Blick auf das ewige Werden und Vergehen der Kulturen nietzschemäßiger ausnahm als Klages' idyllisierender Blick auf das Leben als solches.[12] Darüber hinaus muss als verbindendes Merkmal aber unbedingt die weltanschauliche Qualität dieser Art des Philosophierens genannt werden. Nietzsche, Spengler und Klages waren Denker, die als »Philosophen« ernstgenommen wurden, obwohl sie in den akademischen Institutionen keine Rolle spielten. Mehr noch, nur weil sie »frei« dachten und schrieben, konnten sie dies ja mit Blick auf die weltanschaulichen und ästhetischen Bedürfnisse des gebildeten Publikums tun. Und je stärker sich die Wissenschaften disziplinär verengten und sich auch die akademische Philosophie – als wissenschaftstheoretische oder geisteswissenschaftliche – Disziplin neu organisierte, desto größer musste in einer Weltanschauungskultur die Nachfrage nach dieser Art des freien Philosophierens werden.[13]

Allerdings, und das wäre die Antwort auf die zweite Frage, trennte Klages und Spengler eine Generation von Nietzsche. Man hat es bei ihnen mit weltanschaulichen Denkern zu tun, die auf Probleme der Hochmoderne reagierten: Ihr Ausgangspunkt ist nicht mehr die geistige Lage um 1870, sondern um 1900.[14] Nietzsche konnte sich noch die Arroganz des reinen Denkers erlauben, der wohl auch wissenschaftliche Lektüre betrieb, aber immer unter dem Banner der Philosophie dachte, mochte er das dann im Einzelfall auch »ästhetische Wissenschaft« oder »Psychologie« nennen. Gerade in seiner Polemik gegen das exzessive »Bücherfressen« der Gelehrten setzte er ja das genuin philosophische Denken gegen die Ansprüche der Fachwissenschaften wieder ins Recht. Dagegen verstanden sich Spengler und Klages zwar in einem durchaus emphatischen Sinne als Philosophen; faktisch waren sie allerdings in erster Linie Privatgelehrte. Sie waren ähnlich umfassend gebildet wie Nietzsche, aber über den klassischen Kanon hinaus hatten sie gewaltige Mengen humanwissenschaftlicher und historischer Literatur geradezu aufgesogen und zu einem Wissen mit »philosophischem« Mehrwert angereichert. Eine Mischung, die sich auch bei anderen Musterfällen des weltanschaulichen Denkens nach Nietzsche ausmachen lässt: bei urteilsmächtigen Dilettanten wie Chamberlain, Clauß oder Günther, und weil sie so extrem ist, vielleicht nirgendwo so prägnant wie bei Otto Weininger. Dieser Unterschied sticht schon beim ersten Blick auf die Form hervor. Während die Fragmente und Aphorismen Nietzsches den Einspruch, den seine Art des Philosophierens gegen die akademischen Systemphilosophen erhob, auch ästhetisch untermauerten, hatten es Klages und Spengler mit einem ganz anderen Problem zu tun: der Organisation einer gewaltigen Stoffmenge. Ist für Nietzsche ›das Leben‹ bis Mitte der 1880er Jahre die Idee, in deren Namen sich alles allzu starr Gedachte perspektivisch entlarven und »dionysisch« zerstören lässt, stellten sich Spengler und Klages der Aufgabe, über deren Lösung der späte Nietzsche irre geworden war: die Mannigfaltigkeit des menschlichen Lebens als Einheit zu erfassen.

Ähnlich explosionsartig wie Wirtschaft und Technik hatten sich bis zum Ende des Jahrhunderts auch die Wissenschaften entwickelt und unüberschaubare Wissensmengen produziert, nicht zuletzt Wissen über den Menschen. Diese Erkenntniszuwächse und ihre sichtbaren Resultate – etwa in Form von technologischem und medizinischem Fortschritt – hatten die Autorität »der« Wissenschaft in dem Maße gestärkt, wie sie das reine Philosophieren delegitimiert hatten. Zugleich aber hatten sie die Weltanschauungsfunktion der exakten Naturwissenschaften untergraben, da sich ein Großteil des neuen Wissens nicht mehr im mechanistischen Paradigma integrieren ließ. Das ungebrochene Weltanschauungsbedürfnis konnte in dieser Lage am besten bedienen, wer entweder als Wissenschaftler philosophierte oder als Philosoph forschte.[15] Für die eine Variante des Weltanschauungsdenkens um 1900 stehen die Monisten Ernst Haeckel und Wilhelm Ostwald, für die andere stehen freie Denker wie Klages, Weininger und Spengler. Wenn sich rückblickend für die ersten Jahrzehnte des 20. Jahrhunderts diese Variante als wirkmächtiger herausgestellt hat, so ist diese Dominanz aus geistesgeschichtlicher Sicht vor allem mit einem Namen verbunden: Goethe.

Mit der Wiederentdeckung der goetheschen Naturwissenschaft war eine Methode des Denkens gefunden, die zwei strukturell ähnlich gelagerte Probleme der frühen Hochmoderne einer weltanschaulichen Lösung zuführte: sowohl die Fragmentarität des Wissens als auch die Fragmentarität der sozialen Welt ließen sich mit einer Denkweise, der es um die symbolische Einheit des Mannigfaltigen geht, aufheben.[16] »Deutsche« Weltanschauung in der ersten Hälfte des 20. Jahrhunderts war daher zu weiten Teilen goethesche Humanwissenschaft. Goethe selbst hatte um 1800 noch humanistische Naturwissenschaft betrieben: eine Farbenlehre beispielsweise, die aus methodologischen Gründen den Menschen als Betrachter der Natur erforderte. Um 1900 übertrugen freie Denker wie Klages und Spengler diese humanistische Methode der Naturbetrachtung auf den Menschen als natürlichen Gegenstand. Das Seelische und das Historische, die beiden großen Bereiche erzählender Kunst und Wissenschaft, wurden ihnen zum Objekt einer symbolischen Morphologie.

Stefan Breuer hat im Hinblick auf die Vielfalt »rechter« Weltanschauungen im frühen 20. Jahrhundert von »Ordnungen der Ungleichheit« gesprochen.[17] Nicht zu Unrecht. Doch auch hier gilt: der zeitgenössische Sinn neukonservativer Ordnungsentwürfe wird durch ihre typologische Rasterung eher verschleiert – solange nicht der geistige Horizont erhellt worden ist, vor dem sie überhaupt denkbar wurden.[18] Eines der Schlüsselthemen, das dem bürgerlich-konservativen Milieu in der ersten Hälfte des 20. Jahrhunderts seinen Horizont gab, ist die »natürliche« Formenvielfalt des Menschlichen. Die spezifisch deutsche Formulierung dieses Themas kann man allerdings erst erfassen, wenn man den Begriff der Weltanschauung ganz wörtlich auffasst. Im Sinne Goethes unterstellten Denker wie Chamberlain, Weininger, Klages und Spengler nämlich, dass die Ordnung des Menschlichen nicht nur natürlich sei, sondern zugleich mit »geistigem Auge« angeschaut werden könne: in Form von typischen Gestalten und Bildern, die gleichsam ideale Verdichtungspunkte der empirischen Mannigfaltigkeit darstellen und über Verwandtschaften, Gegensätze und Analogien in symbolische Beziehungen zueinander gebracht werden können.[19] Die weltanschauliche Qualität dieses Gedankens zeigt sich nicht zuletzt darin, dass er allgemein und zugleich spezifisch genug war, um so unterschiedliche Unternehmungen wie eine Weltgeschichte der Kulturen, eine physiognomische Graphologie, eine Rassenseelenkunde und eine fotografische Erfassung der gesamten deutschen Gesellschaft zu begründen.

Selbstverständlich hat sich mit der Analyse des charakterologischen Denkstils und dem Hinweis auf die sozialmorphologische Tendenz dieses Denkens die Frage nach dem geistigen Horizont des Dritten Reichs nicht erledigt. Es sollte aber deutlich geworden sein, dass eine geistesgeschichtliche Hermeneutik eine andere Perspektive auf das Dritte Reich erschließt als eine hermeneutische Täterforschung. Und diese Perspektive erscheint dringend nötig. Denn die wissenschaftliche Erfassung des Dritten Reichs als Tatzusammenhang und Tätergesellschaft hat sich erschöpft. Bei allem Respekt vor noch laufenden Forschungen: Man muss der Tatsache ins Auge sehen, dass unter kriminalistischen Gesichtspunkten das nationalsozialistische Deutschland samt Zweitem Weltkrieg der mit Abstand besterforschte Abschnitt der Menschheitsgeschichte ist. Wie gerade der erwähnte Aufsatz Lutz Raphaels zeigt, hat die monographische Erforschung der nationalsozialistischen Tätergesellschaft längst einen Grad an Sättigung erreicht, der erst einmal nach Synthese verlangt.

Dagegen erlaubt die geistesgeschichtliche Perspektive die Umstellung von der politischen auf die bisher zu wenig erforschte *lebensweltliche* Dimension des Dritten Reichs. Dabei erscheint mir der Blick auf diese Dimension gerade für das Verständnis von Herrschaftssystemen mit totalitärem Anspruch äußerst fruchtbar. Denn Individuen, die von einer quasi unausweichlichen Herrschaft erfasst sind, stellt sich ja viel dringlicher als in offenen Gesellschaften das *weltanschauliche* Problem, ob und wie sich die nicht-politischen Dimensionen des eigenen Lebens mit dem Politischen in einen plausiblen Sinnzusammenhang bringen lassen. Wie totalitär auch immer: Aus lebensweltlicher Perspektive ist das Politische immer nur ein Ausschnitt der Welt. Umso mehr gilt dies für eine Weltanschauungskultur, die sich ja nicht zuletzt deshalb etabliert hatte, weil es ein starkes Verlangen gab, alle Dimensionen des Lebens, einschließlich der politischen, unter die gedankliche Einheit einer »Philosophie« zu fassen. Es gilt andererseits aber auch nur für solche Lebenswelten, auf die der Begriff der Weltanschauungskultur passt: also diejenigen Kreise des bürgerlich-nationalen Milieus, die sich nicht an dezidiert liberalen, marxistischen oder katholischen Ideen orientieren wollten. Nur dieser Ausschnitt des Dritten Reichs kann mit Hilfe einer Produktions- und Rezeptionsgeschichte von Weltanschauungsliteratur erforscht werden, während sich etwa, wie entsprechende Arbeiten Lutz Niethammers gezeigt haben, die nationalsozialistische Lebenswelt von Arbeitermilieus nur über Methoden der *oral history* erschließen ließ.[20] Unterstellt man also die weite Verbreitung eines sozialmorphologischen Denkens über die Mannigfaltigkeit des menschlichen Wesens: dann hätte man damit ein Weltanschauungsmuster gefasst, mit dessen Hilfe sich das so überwältigende politische und historische Geschehen ebenso deuten ließ wie fast alle anderen Dimensionen des persönlichen und sozialen Lebens. Inwiefern sind Juden anders als Deutsche? Warum kommt mir der Blick dieses typischen Balkanbewohners verschlagen vor? Woran erkenne ich schädliche Menschen? Was soll mit Verbrechern und Asozialen geschehen? Was verbindet mich mit großen Deutschen wie Luther, Bismarck oder Nietzsche? Was unterscheidet mich von ihnen? Solche Fragen ließen sich in diesem weltanschaulichen Paradigma ebenso stellen wie solche: Tauge ich trotz niederer Herkunft zum Offizier? Steckt ein Künstler in mir? Falls ja, soll mir Arno Breker als Vorbild dienen oder Richard Wagner? Warum verstehe ich mich mit diesem Freund besonders gut? Was war das für ein Mensch, der mir auf dem Bahnsteig ins Auge stach? Habe ich mich in meinem Bruder getäuscht? Warum rührt mich der Anblick von Feuerwehrleuten? Werde ich diese Frau wirklich lieben können? Warum muss sie nach der Heirat unbedingt ihren Beruf aufgeben? Die morphologische Vielfalt des Menschlichen, oder wie Benn es ausdrückte: das Problem der Persönlichkeit, konstituierte einen weltanschaulichen Rahmen, in dem sich einerseits eine spezifisch deutsche Variante des Rassismus entwickeln und ausbreiten konnte, in dem sich andererseits aber auch über Individualität, Begabung, Freundschaft, Liebe, Moral und Erziehung nachdenken ließ.

Die hermeneutische Perspektive auf das Dritte Reich ist allerdings nur dann plausibel und glaubwürdig, wenn man zugleich kenntlich macht, was sie ausschließt: nämlich die Perspektive der aus rassischen oder politischen Gründen Verfolgten, in deren Leben das Politische ohne Zweifel eine totalitäre Dimension annahm.[21]

Anmerkungen

Horizonte der Tätergesellschaft: Deutsche Weltanschauungskultur im frühen 20. Jahrhundert

[1] Zu Bruno K. Schultz, Friedrich Leo und deren Tätigkeit im Rasse- und Siedlungshauptamt der SS vgl. *Heinemann*, »Rasse«, bes. S. 625 (das Geburtsjahr müsste allerdings 1908 lauten).

[2] *Klages*, Handschrift.

[3] Goethe selbst trug zu Lavaters *Physiognomischen Fragmenten* bei. Der deutliche jüngere Carus, seiner Profession nach Arzt und Maler, übertug nach Goethes Tod Prinzipien aus dessen »anschaulicher« Wissenschaft auf das Gebiet des Menschlichen und erneuerte so die physiognomische Methode. Zu Goethe und Lavater vgl. *Busse*, Anfänge, S. 32 ff.; *Wellberry*, Phyiognomik. Zu Carus vgl. S. 194 - 203.

[4] Privater Nachlass Friedrich Leo.

[5] Privater Nachlass Martin Leo.

[6] Zahlen nach DLA, A:Klages, BW J. A. Barth, 61.3998, 44 v. 2.11.28. Zur Auflagengeschichte vgl. *Schröder*, Kommentar, S. 724 - 728.

[7] *Klages*, Graphologie. Zahlen nach *Schröder*, Kommentar, S. 784. Um diese Zahlen richtig einzuordnen, muss man in Rechnung stellen, dass Klages' Bücher nicht die einzigen Bestseller in Sachen Graphologie waren. Allein zwischen 1923 und 1930 erschienen in Deutschland mit *Gerstner*, Handschriftendeutung; *Mendelssohn*, Mensch; *Sylvus*, Lehrbuch; *Saudek*, Experimentelle Graphologie; *Pulver*, Symbolik fünf weitere allgemein verständliche Grundlegungen der Handschriftendeutung.

[8] Vgl. dazu S. 33 ff., 27 - 29.

[9] Peter Fritzsche hat aus dieser »naiven« Frage heraus zwei glänzende Studien entwickelt, die wie wenige andere den Nationalsozialismus aus der Innenperspektive deutscher »Volksgenossen« verständlich machen. Vgl. *Fritzsche*, Germans; *Fritzsche*, Life.

[10] Klassisch dazu *Strauss*, Natural Right, S. 35 ff.

[11] Wie wenig Widerspruch und zugleich wie viel Irritation dieser Befund auslöst, zeigte jüngst eindrücklich die von der Evangelischen Akademie Tutzing ausgerichtete Tagung »Wie nationalsozialistisch waren die Deutschen?«. Siehe *Schon*, Tagungsbericht.

[12] Vgl. *Broszat*, Staat, S. 33 - 81.

[13] Vgl. etwa *Graml*, Reichskristallnacht, S. 83 - 107.

[14] Einschlägig ist immer noch *Broszat*, Staat, bes. S. 363 - 402; im Spiegel jüngerer Forschungen *Ruck*, Führerabsolutismus.

[15] Mündliche Mitteilung von Ulrich Herbert im WS 1995 / 96.

[16] Vgl. z. B. *Furet*, Ende, bes. S. 137 ff. Die Rede von »politischer Religion« scheint mir daher in diesem Fall, anders als beim Nationalsozialismus, durchaus angemessen. Zum Begriff vgl. *Voegelin*, Politische Religion.

[17] *Bracher*, Voraussetzungen, S. 22 - 27.

[18] Ebd., S. 22.

[19] Dass Bracher zugleich als einer der ersten behauptet hatte, Hitler habe im Zweiten Weltkrieg ebenso konsequent wie taktisch beweglich ein fantastisches »Programm« verwirklicht, steht dazu nur scheinbar in Widerspruch. Die Behauptung des machiavellistischen Gebrauchs von Ideologie hinge ja in der Luft, wenn der Herrscher keine Absichten hätte. Gerade weil seine Ziele verbrecherischer Natur waren, so das Argument, habe Hitler das Volk mit Hilfe des »nationalsozialistischen« Ideenkonglomerats täuschen und manipulieren müssen. Ihre stärkste Zuspitzung findet dieses ideologiekritische Deutungsmuster bei Klaus Hildebrand, der die historische Forschung vor die Alternative »Nationalsozialismus oder Hitlerismus?« stellt. Vgl. *Bracher*, Kontroversen, bes. S. 30, 88 f., 99; im gleichen Sinn *Jäckel*, Weltanschauung; *Hildebrand*, Ort; *Ders.*, Nationalsozialismus. Zum Kontext der Kontroverse um die Rolle Hitlers vgl. *Kershaw*, NS-Staat, S. 78, 116 - 129. Wer heute immer noch meint, von einer nationalsozialistischen Ideologie sprechen zu können, tut in der Regel zweierlei: er identifiziert erstens den ideellen Gehalt »des« Nationalsozialismus mit Hitlers Weltsicht und gibt zweitens das Bestehen »ganz erstaunlicher Forschungslücken« zu: vgl. *Wippermann*, Ideologie (Zitat S. 20).

[20] Wie das Kapitel zur nationalsozialistischen »Weltanschauung« (Anführungsstriche!) zeigt, scheint Bracher der Radikalität seiner eigenen These misstraut zu haben. Nachdem er zunächst noch einmal den »machiavellistischen« und »manipulativen« Einsatz von Ideologie betont, versucht er sich in der Folge – nach einem sehr lauten »freilich« (S. 263) und mit Hilfe distanzierender Pejorative wie »pseudogeistig«, »irrational«, »primitiv« usw. – dann doch an einer in ihrer Grenzenlosigkeit kaum lesbaren Beschreibung eines Sachverhalts, dessen Nichtexistenz er zuvor sehr plausibel behauptet hatte. Brachers Analyse verlor ihre ursprüngliche Schärfe, indem er sich nun bemühte, einerseits unzählige geistige Traditionsstränge zu identifizieren, aus deren Fundus die Nationalsozialisten sich bedient hätten, und andererseits zu belegen, dass diese immense geistige Vielfalt innerhalb kürzester Zeit einer »ideologischen Gleichschaltung« anheim gefallen sei. Statt von der Ausgangsthese aus weiter zu fragen, wie ein vages »Ideenkonglomerat« präzisen Sinn stiften kann, entzog er ihr somit den Boden. Vgl. *Bracher*, Diktatur, S. 261 - 287; sowie allgemein *Bracher*, Zeitalter.

[21] Vgl. *Kershaw*, Hitler-Mythos; *Ders.*, Hitler 1889 - 1936.

[22] *Bracher*, Diktatur.

23 Vgl. exemplarisch im Hinblick auf den Holocaust: *Mommsen*, Realisierung; *Broszat*, Genesis; *Aly / Heim*, Vordenker; *Aly*, Endlösung; *Aly*, Volksstaat; *Gerlach*, Weißrußland; *Browning*, Ordinary Men.

24 Vgl. v. a. *Bock*, Zwangssterilisation; *Peukert*, Volksgenossen.

25 Vgl. *Herbert*, Traditionen.

26 *Herbert*, Best.

27 Vgl. z. B. die apologetische Schrift »Was wir als Nationalsozialisten wollten«, bei *Herbert*, Best. S. 584.

28 Best selber erläuterte seinen Parteieintritt später so: »Die Massenwerbung der NSDAP und ihr ganzer Stil waren mir unsympathisch. Da jedoch die ersten Möglichkeiten – ›Revolution von oben‹ – sich nicht erfüllten und immer unwahrscheinlicher wurden, andererseits der Wahlsieg der NSDAP vom September 1930 die Möglichkeit aufzeigte, daß auf diesem Wege etwas erreicht werden konnte, trat ich – ohne einen führenden Nationalsozialisten zu kennen und fast ohne eine nationalsozialistische Versammlung besucht zu haben –, als bewußter ›Septemberling‹ am 1. November in die NSDAP ein.« (zitiert nach *Herbert*, Best, S. 103)

29 Dass sich die politische Mentalität der Kriegs- und Bürgerkriegsteilnehmer eher über ihre Symbol- und Bilderwelten als über ihre Diskurse erfassen lässt, hat Klaus Theweleit eindrucksvoll gezeigt. Auch Sven Reichardt stellt in seiner Geschichte der SA statt politischer »Überzeugungen« körper- und gewalthistorische Aspekte in den Mittelpunkt. Vgl. *Theweleit*, Männerphantasien; *Reichardt*, Kampfbünde.

30 Zum Selbstverständnis als »Geistige« in der Bewegung vgl. *Herbert*. Best, S. 102 ff.

31 Gruppenbiographisch im gleichen Sinn *Wildt*, Generation.

32 Zum Begriff der Weltanschauungselite vgl. *ebd.*, S. 137 ff.

33 Symptomatisch für Klages' Anspruch, der politischen Wende eine »geistige« Grundlage geben zu können, ist etwa eine Handreichung an Ernst Niederhöffer, der 1936 für die Reichsschrifttumskammer ein Gutachten über Klages' ausdruckswissenschaftliche Werke zu erstellen hatte. Klages bittet ihn, darin vor allem »jene in kaum zu überbietendem Grade antiliberalistische Weltanschauung« zu betonen, »mit der wohl die meisten Werke dieses Autors seit Jahrzehnten den großen Umbruch in Deutschland vorbereitet hätten und somit im Verhältnis zum Nationalsozialismus *dessen metaphysische Fundamente* erstellten.« DLA, A:Klages, BW Niederhöffer, 61.6355, 2 v. 10.5.36. Vgl. zudem *Lethen*, Sound, S. 165 ff (zu Benn); *Mehring*, Schmitt, bes. S. 330 ff.; *Martin*, Heidegger.

34 Exemplarisch seien genannt: *Aly / Heim*, Vordenker; *Madajczyk*, Generalplan; *Rössler / Schleiermacher*, »Generalplan«; *Aly*, Endlösung; *Gerlach*, Weißrußland; Zur Ost- und Sozialraumforschung: *Rössler*, »Lebensraum«;

Burleigh, Eastwards; *Gutberger*, Volk; zur Bevölkerungswissenschaft: *Haas*, Bevölkerungspolitik.

35 *Raphael*, Ordnungsdenken.

36 Dieser Befund ergänzt Ian Kershaws These, Hitler habe die deutsche Bevölkerung nicht durch seine diktatorische Machtfülle beherrscht, sondern durch das von der Propaganda verbreitete Bild, das als Projektionsfläche für alle Wünsche nach einer guten Herrschaft gedient habe. Vgl. *Kershaw*, Hitler-Mythos, bes. S: 72 ff.

37 *Raphael*, Ordnungsdenken, S. 29.

38 Zum Befund der weltanschaulichen Vielfalt vgl. *Breuer*, Ordnungen, S. 12 f.; mit Blick auf die politischen Gruppierungen dito: *Eley*, Right, S. 293 ff.

39 Exemplarisch *Mohler*, Revolution. Geradezu paradigmatisch ist der Fall Albert Speers. Vgl. dazu *Heer*, Hitler war's, S. 78. Allgemein zu konservativen Strategien der Abgrenzung vom Nationalsozialismus vgl. *Solchany*, Interpretationen. Im gleichen Sinn schon *Bracher*, Voraussetzungen, S. 25.

40 Symptomatisch für den analytischen Ansatz schon der Titel bei *Breuer*, Anatomie.

41 *Breuer*, Moderner Fundamentalismus: Unterscheidung von »moralischem« (S. 29 ff.), »ästhetischem« (S. 73 ff.) und »erotischem« (S. 137 ff.) Fundamentalismus; im gleichen Sinn *Breuer*, Ordnungen: »Reiner Chthonismus« im Kaiserreich (S. 22 ff.), »Entzauberter Chthonismus« in der Weimarer Republik (S. 34 ff.) usw.

42 Vgl. *Molière*, Kranke, S. 77: »Mihi a docto doctore fragatur causa et ratio quare opium facit dormire. Worauf ego respondeo: quia est in eo virtus dormitiva, cujus est natura sensus soporare.«

43 Gemeint im Sinne Max Webers. Vgl. *Weber*, »Objektivität«, S. 76 - 87; bes. im Hinblick auf die Erforschung historischer Denkformen ebd., S. 80.

44 Da man nicht oft genug betonen kann, dass die Voraussetzung guter Forschung in der Beschränkung liegt: vgl. *Luhmann*, Wissenschaft, S. 386 ff.

45 *Raphael*, Ordnungsdenken, S. 32 f. Vgl. auch *Meier*, Weltanschauung, bes. S. 67 ff.

46 Der Begriff des Wissens wird hier im Sinne einer anthropologischen Kategorie aufgefasst: als unverzichtbare Ressource zur Orientierung in der Welt. Vgl. *Barth*, Knowledge, S. 2 ff.; *Lüdtke*, Lebenswelt, S. 76 f.

47 Vgl. *Thomé*, Weltanschauung, S. 453; *Adorno*, Terminologie 1, S. 118.

48 Neben der empirischen Fülle von Weltanschauungsphänomenen spricht dafür auch der historisch-semantische Befund, demzufolge sich das Wort »Weltanschauung« nicht in andere Sprachen übersetzen lässt. Zur historischen Semantik des Begriffs vgl. Meier, Weltanschauung, S. 73; zur Phänomenologie vgl. exemplarisch *Groschopp*, Dissidenten.

[49] *Plessner*, Nation, S. 197.
[50] Vgl. ebd., S. 48 ff.
[51] Vgl. ebd., S. 134 - 184.
[52] Vgl. auch *Bollenbeck*, Weltanschauungsbedarf.
[53] Zur begriffsgeschichtlichen Genealogie aus dem philosophischen Diskurs um 1800 vgl. *Meier*, Weltanschauung.
[54] Die marxistischen Theoretiker begriffen den als ›Faschismus‹ bezeichneten Nationalsozialismus als Endpunkt eines langfristigen Prozesses, in dessen Verlauf die Vernunft durch ihre eigene Tätigkeit ihr Gegenteil hervorgebracht habe – eine Ideologie des ›Irrationalen‹, die Traum, Mythos, Rausch, meist zusammengefasst unter einem metaphysischen Begriff des ›Lebens‹, zu letzten und höchsten Werten erhob. Leitend war dabei die Grundidee marxistischer Ideologiekritik, der zufolge im Laufe des 19. Jahrhunderts die Philosophie in dem Maße zu einem falschen Bewusstsein führte, wie sie sich von ihrer Funktion, die gesellschaftliche Realität zu spiegeln, entfremdete. Je weiter der bürgerliche Kapitalismus Herrschaft und Wirtschaft revolutionierte, desto mehr habe ein Denken, das diese Wirklichkeiten nicht zu reflektieren vermöchte, zur Ideologie entarten müssen. Als Gipfelpunkt dieser Entfremdung des Denkens von der Wirklichkeit wurde die ›irrationalistische‹ Lebensphilosophie angesehen, auf die nur noch die »reine« Ideologie des Faschismus habe folgen können. Vgl. *Horkheimer / Adorno*, Dialektik, S. 248; *Bloch*, Hoffnung 1, S. 56; *Lukács*, Zerstörung, S. 417 - 421.
[55] Vgl. auch S. 33 ff.
[56] Vgl. *Martin*, Heidegger. Welcher Subtilität es bedarf, um in Heideggers Philosophie den Nationalsozialismus hineinzuinterpretieren, beweist eindrucksvoll *Faye*, Heidegger.
[57] Ich arbeite an einem Aufsatz über die geschickte Indienstnahme der Diktatur, durch die Klages sich eine monopolartige Stellung unter den deutschen Graphologen verschaffen konnte. Vgl. auch *Schneider*, Philosoph.
[58] Zur kontroversen Rezeption vgl. *Kasdorff*, Widerstreit, S. 217 ff. Wenn auch mit deutlich apologetischer Tendenz weist Michael Großheim zu Recht auf die analytische Unbrauchbarkeit der Kategorie des Irrationalismus hin. Vgl. *Großheim*, Phänomenologie, S. 400 - 405; dito: *Schnädelbach*, Philosophie, S. 172 ff.
[59] Vgl. *Prinzhorn*, Kampf; symptomatisch für die Gegner: *Mann*, Ansprache, S. 266.
[60] Auch die skeptische Mittelposition, die stärkere Historisierung anmahnt und die Unterschiede zwischen den philosophisch-weltanschaulichen Diskursen um 1900 und um 1930 betont, bleibt unbefriedigend. Indem man Klages geistesgeschichtlich im Kaiserreich verortet, den Nationalsozia-

lismus dagegen als geistiges Produkt der Weimarer Republik ansieht, gewinnt man eine Präzisierung im Detail um den Preis einer willkürlichen Vereinfachung. So ist es zwar überzeugend, etwa die spezifische Qualität des Nationalismus in der Weimarer Republik von entsprechenden Weltanschauungsangeboten um 1900 zu unterscheiden; doch Klages Fall ist ja geistesgeschichtlich gerade deshalb so interessant, weil er es erlaubt, die Jahrhundertwende mit den 1930er Jahren zu verbinden. Vgl. etwa *Breuer*, Ästhetischer Fundamentalismus, S. 100 ff.; S. 212 ff.

[61] Kritisch: Neben den Klassikern – *Adorno / Horkheimers*, Dialektik; *Lukács*, Zerstörung; *Bloch*, Hoffnung; *Plessner*, Nation – v. a. *Schwarz*, Irrationalismus; *Faber*, Gruppenbild; *Kotowski*, Verkünder; *Schneider*, Philosoph; *Klausnitzer*, Opposition. Apologetisch: *Schröder*, Werk 2, bes. 1195 - 1204; Siehe *Kasdorff*, Urteil, S. 261 ff.; mit stark apologetischer Tendenz auch die rezeptionsgeschichtliche Einordnung bei *Kasdorff*, Widerstreit, S. 285 - 378; *Kasdorff*, Friede; neuere, deutlich differenzierte Varianten: *Rohkrämer*, Moderne, S. 162 - 210 (ebd. passim zum Begriff der »anderen Moderne«); *Rohkrämer*, Klages; *Großheim*, »Dummheit«; *Großheim*, Aktualität.

[62] Gemeint sind der Aufsatz »Geist und Seele«, der 1917 in der Zeitschrift *Deutsche Psychologie* erschien, und die viel beachtete Monographie *Vom kosmogonischen Eros* von 1922.

[63] Die Graphologie ist wissenschaftshistorisch weitgehend unberührtes Gebiet. Beiläufige Thematisierungsanlässe boten sich lediglich in zwei Forschungskontexten, die das Phänomen der Handschrift berühren. Zum einen hat sich eine medientheoretisch informierte Kulturwissenschaft gefragt, wieso die Handschrift in einem historischen Moment zum Wissensobjekt gemacht wurde, in dem sie als Speichermedium ausgedient hatte, nämlich um 1900. Zum anderen musste einer Geschichte der Physiognomik auffallen, dass schon Lavater der Handschrift eine ähnliche Aussagekraft zuschrieb wie dem Gesicht, vor allem aber, dass sich graphologische Theoretiker im frühen 20. Jahrhundert auf die physiognomische Tradition beriefen. Vgl. *Kittler*, Aufschreibesysteme, S. 330 ff.; *Horn*, Spiegel; *Kammer*, Graphologie; *Schäfer*, Dispositiv; *Schmölders*, Vorurteil, S. 99 - 108; *Blankenburg*, Seele, S. 284 - 292.

[64] Sehr plausibel argumentiert etwa Thomas Bauer gegen die Universalität eines essentialistischen Differenzdenkens, das die eigene Identität nur durch Abgrenzung vom »Wesen« eines Anderen bestimmen kann. Er zeigt, dass sich demgegenüber die »klassisch« islamische Kultur gegenüber dem Fremden als hochgradig ambiguitätstolerant erwiesen hat. Siehe *Bauer*, Kultur, S. 343 - 375.

[65] *Benn*, Aufbau, S. 263.

[66] Angesichts der breiten Wirkung, die das charakterologische Denken vor allem nach dem Ersten Weltkrieg entfaltete, ist es zunächst überraschend,

wie wenig man heute noch von ihm weiß. Doch legen gerade die wenigen Niederschläge, die es in der historischen Forschung doch gefunden hat, eine einfache Erklärung nahe. Als Disziplin war die Charakterologie insgesamt zu schwach institutionalisiert, um das gezielte Interesse einer Wissenschaftsgeschichte auf sich zu ziehen, die ihre Gegenstände vor allem *intra muros* findet; und die große Rolle, die sie im Diskurs der allgemeinen Öffentlichkeit zwischen etwa 1900 und 1940 spielte, wurde übersehen zugunsten solcher Themen, die rückblickend »groß« erscheinen: so besonders die Diskurskomplexe um Volk, Nation, Rasse und Krieg. Symptomatisch ist in dieser Hinsicht gerade die Arbeit, die dem charakterologischen Denken thematisch den meisten Platz eingeräumt hat: Ulfried Geuters Professionalisierungsgeschichte der deutschen Psychologie. Als exzellentem Kenner der disziplinären Psychologie in der ersten Hälfte des 20. Jahrhunderts konnte Geuter die große Präsenz der Charakterologie nicht entgehen. Aber er registriert sie lediglich als eine der Strömungen, die vor allem in die Heerespsychologie Eingang fand, während er aufgrund seines sozialhistorischen Erkenntnisinteresses die geistesgeschichtliche Dimension des charakterologischen Denkens nicht erfasst. Ähnliches lässt sich von dem Handbucheintrag sagen, den Eckardt Scheerer zur Persönlichkeitspsychologie im Nationalsozialismus verfasst hat. Auch er stellt einzelne Vertreter und Richtungen der Charakterologie kundig vor, ohne aber die Frage zu stellen, warum die Disziplin gerade im Dritten Reich ihre kurze akademische Hochkonjunktur erlebte. Eine monographische Arbeit hat sich zudem mit Schopenhauer im Hinblick auf die Charakterologie beschäftigt. Da auch sie das charakterologische Motiv zu isoliert behandelt, musste sie vernachlässigen, wie zentral es für Schopenhauer – und nach ihm vielen anderen – gerade in systematischer Hinsicht war. Der einzige mir bekannte Forscher, der die geistesgeschichtliche Relevanz der Charakterologie erkannt hat, ist Wilhelm Hennis. Wenn er als zentrales Moment in Max Webers Denken die Frage nach den menschlichen »Qualitätsunterschieden« ausmacht und in diesem Zusammenhang nicht nur auf Nietzsche, sondern auch auf Klages und die Charakterologie verweist, dann hat er damit genau die Probleme und die Denkform im Blick, um die es in dieser Arbeit gehen soll. Allerdings belässt es Hennis bei einigen kursorischen Bemerkungen, deren Allgemeinheit zudem davon zeugen, dass er das Phänomen wohl bemerkt hat, ihm aber nicht weiter nachgegangen ist. Vgl. im Einzelnen *Geuter*, Professionalisierung, bes. S. 143 - 211; *Scheerer*, Persönlichkeitspsychologie; *Bernhard*, Schopenhauer; *Hennis*, Fragestellung, S. 46, 68, 87 ff., 119; *Hennis*, Wissenschaft, S. 41 f. Für den Hinweis auf Hennis danke ich Stephan Schlak.

[67] Damit reiht sie sich stolz unter die Forschungen zur Geschichte des Nationalsozialismus, die der Osteuropahistoriker Jörg Baberowski jüngst »Voraussetzungsprosa« genannt hat. Dazu sowie zur fälligen Kritik Lutz Niethammers vgl. *Kaube*, Lang.

[68] Zur widersprüchlichen Lage der deutschen Bildungsschicht im frühen 20. Jahrhundert vgl. *Berg / Herrmann*, Kulturkrise, S. 15 - 25.

[69] Zum Begriff, allerdings im Hinblick auf literarische Texte, vgl. *Thomé*, Weltanschauungsliteratur.

[70] Vgl. exemplarisch *Bärsch*, Religion.

[71] Symptomatisch der Untertitel bei *Herbert*, Best: »Biographische Studien zu Radikalismus, Weltanschauung und Vernunft«.

[72] Vgl. *Geertz*, Beschreibung, bes. S. 8 f.; *Assmann*, Gedächtnis, 38 f., 59; sowie S. 590, Anm. 46.

[73] Zum *Common Sense* als alltagsförmiger Rationalität vgl. *Geertz*, Common Sense.

[74] Vgl. *Fleck*, Entstehung, bes. S. 85.

[75] *Cassirer*, Formen 2, bes. S. 104 - 116; *Cassirer*, Individuum, bes. S. 170 - 176. Gleiches ließe sich aber auch über das Kapitel aus *Ordnung der Dinge* sagen, in dem Michel Foucault die *episteme* des 16. Jahrhunderts ganz ähnlich analysiert hat wie Cassirer; dass der eine von »Denken«, der andere von »Wissen« spricht, ist nur in terminologisch bemerkenswert. Vgl. *Foucault*, Ordnung, S. 46 - 77.

[76] *Cassirer*, Substanzbegriff, S. 270 - 310.

[77] *Bourdieu*, Entwurf, S. 228 - 316; *Bourdieu*, Sozialer Sinn, S. 147 - 179.

[78] Vgl. S. 155 - 164.

[79] Wie in der Forschung üblich, wird der Begriff hier zu analytischen Zwecken in seiner weiteren Bedeutung verwendet. Er bezeichnet also auch judenfeindliche Tendenzen, die sich selbst ausdrücklich nicht als »antisemitisch« begriffen und zudem auch schon früher auftreten konnten als die gleichnamigen Bewegungen des Kaiserreichs und der Weimarer Republik. Die Entscheidung *gegen* zeitgenössisch übliche Selbstbezeichnungen wie »Antijudaismus«, »Antimosaismus« oder »Antijahwismus« hat begriffspolitische Gründe, da deren Gebrauch immer mit apologetischen Absichten verbunden war. Zur Geschichte des Begriff und seiner Komplexität im neueren Sprachgebrauch vgl. *Rürup / Nipperdey*, Antisemitismus, bes. S. 152 f. Dass es sinnvoll ist, die besondere Qualität der Judenfeindschaft seit Beginn des 19. Jahrhunderts als »Antisemitismus« zu bezeichnen, zeigt die terminologische Kritik bei *Heil*, »Antijudaismus« und »Antisemitismus«, bes. S. 99 ff.; S. 104 ff. Zugleich verdeutlicht diese Untersuchung aber auch die Begrenztheit eines klassifikatorischen Ansatzes, der um eine allzu scharfe Ein- und Abgrenzung judenfeindlicher Ideologien bemüht ist, dabei aber nicht nach den praktischen Funktionsweisen des Antisemitismus fragt (vgl. etwa ebd. S. 108).

[80] Dazu jüngst mit Zuspitzung auf den Neideffekt vgl. *Aly*, Warum.

[81] Vgl. *Herbert*, Best, S. 203 - 224.
[82] Vgl. ebd., S. 204.
[83] Zur Antisemitismusforschung vgl. S. 594, Anm. 79.
[84] Da die Arbeit nicht vergleichend angelegt ist, hängt diese Behauptung ein wenig in der Luft. Die scharfsichtigen Analysen Zygmunt Baumans etwa beruhen auf der Grundannahme, dass die jüdische Identität im Zuge der Homogenisierungsbestrebungen des modernen Nationalstaats zwangsläufig problematisiert wurde. In der Tat deuten die von Bauman exemplarisch genannten Fälle Ezra Pounds, Edouard Drumonts und John Murray Cuddihys darauf hin, dass die Unterscheidung zwischen assimilierter Oberfläche – als »Franzose«, »Amerikaner« usw. – und einem unwandelbaren »jüdischem Wesen« keineswegs nur in Deutschland gemacht wurde. In einer defensiveren Formulierung könnte die These daher so lauten: Mag auch das Paradox der jüdischen Assimilation – sich gleich machen zu sollen bei gleichzeitiger Unterstellung eines schicksalhaften Andersseins – ein allgemein *modernes* Phänomen gewesen sein, so bot nur die deutsche Geistesgeschichte Voraussetzungen dafür, dieses Phänomen zum Gegenstand des Nachdenkens zu machen. Die Struktur des Arguments dürfte in Frankreich, England oder Amerika ähnlich gewesen sein wie in Deutschland; aber nur hier wurde der Topos des »innerlich fremden Juden« zum Paradigma eines gelehrten Diskurses über natürliche Ungleichheit im Allgemeinen. Aber auch diese These bedürfte zu ihrer Verifizierung weiterer Arbeiten, die den hier geschilderten deutschen Fall mit anderen Gesellschaften vergleicht. Vgl. *Bauman*, Moderne, S. 185 - 192. Zur Rationalisierung des antijüdischen Affekts anhand französischer Beispiele vgl. *Sartre*, Judenfrage, S. 7 f. Zur Literatur als zentralem Untersuchungsfeld der Erforschung des englischen Antisemitismus vgl. *Julius*, Trials.

[85] Am nächsten kommen diesem Vorhaben Uffa Jensens Arbeit über die Entstehung judenfeindlicher Haltungen im »bürgerlichen« 19. Jahrhundert und Peter Weingarts biographische Fallstudie über den Rasseforscher Ludwig Ferdinand Clauß. Dass beide Autoren Sinn für die Ambivalenz der beschrieben Phänomene haben, zeigen schon die Buchtitel, die jeweils das Präfix »Doppel-« enthalten: *Jensen*, Gebildete Doppelgänger; *Weingart*, Doppel-Leben. Darüberhinaus wird die Ambivalenz »philosemitischer« Haltung analysiert bei *Brenner*, »Gott schütze uns«. Zudem ist die weltanschauliche Dimension dieses intellektuellen Antisemitismus in theoretischer Hinsicht klar benannt worden: Wenn Shulamit Volkov den Antisemitismus als »kulturellen Code« auffasst, dann meint sie damit eine Redweise, die nicht monoman gegen »die« Juden spricht, sondern »den« Juden als Elementarsymbol benutzt, um über die soziale und historische Welt als Ganzes nachdenken zu können. Vgl. *Volkov*, Antisemitismus, S. 13 ff.

[86] Der einzige mir bekannte Versuch einer synthetischen Deutung, die mehrere konservative Denker des 19. Jahrhunderts umfasst, findet sich bei *Hartwich*, Antisemitismus. Allerdings bleibt als Ergebnis der Studie letztlich nicht mehr als das vereinheitlichende Etikett »romantisch«, so dass sich das Buch wie eine Aufeinanderfolge monographischer Einzelfallstudien liest.

[87] Exemplarisch für Schmitt: apologetisch *Quaritsch*, Umgang, S. 13 - 18, bes. S. 13 u. 17; *Giesler / Hüsmert*, Einführung, S. 5; kritisch, mit ausgezeichneter Problemanalyse (S. 7 - 26), die allerdings an der Beschränkung auf den Einzelfall leidet: *Gross*, Schmitt. Im Fall Nietzsches exemplarisch für die frühe apologetische Position *Safranski*, Nietzsche; *Lütgehaus*, Stiefel; besonders prägnant *Lonsbach*, Juden, bes. S. 88 ff.; für die kritische Position vgl. *Cancik*, »Potenz«; *Holub*, Question. Dagegen stellt *Mittmann*, Judengegner, eine Ausnahme dar, wenn er die Mittelstellung Nietzsches betont: »[Es] zeigt sich bei umfassender Prüfung, dass das Werk des Philosophen offen für einen Zugriff beider Seiten ist, dass es sowohl grundsätzlich antijüdische als auch ›anti-antisemitische‹ Vorstellungen bereit hält.« (S. 9) Neben der Beschränkung auf die Person Nietzsches bleibt Mittmanns Interpretation aber insofern unbefriedigend, als er beide Seiten als Frage der »Geisteshaltung« (S. 10) behandelt und die komplexe soziale Dynamik des Phänomens ausblendet. So kann denn das Ergebnis auch nicht anders als hegelianisch formuliert werden: »auch im Hinblick auf das Judentum und den Antisemitismus« erscheine Nietzsche »als ein Überwinder der Gegensätze« (S. 114). Im gleichen Sinn: *Mittmann*, »Günstling«.

[88] Vgl. *Mehring*, BW Schmitt-[H.-D.] Sander: »Sander teilte mit Schmitt die wilde Melange von philosemitischen und antisemitischen Strebungen. Auch er suchte den Umgang mit ›jüdischen‹ Intellektuellen wie Hans-Joachim Schoeps, Edgar Salin und dann Jacob Taubes und meinte die akademischen Frontlinien der alten Bundesrepublik nicht ohne ›die Judenfrage‹ explizieren zu können.«

[89] Apologetisch: *Schröder*, Werk 2, S. 1339 - 1350; *Kasdorff*, Widerstreit, S. 553 - 556; *Schröder*, Centenar, S. 103 f.; direkt kritisch darauf *Scholem*, Briefe 3, S. 286 ff.; später: *Faber*, Männerrunde; *Kotowski*, Verkünder; *Preusser*, Kalkül.

Teil 1
Fremdheit als Problem der Hochmoderne

1 Exemplarisch *Klages*, Graphologie, S. 23; *Lombroso*, Handbuch, S. 20.
2 Vgl. S. 487 ff.
3 *Benjamin*, Passagen-Werk, S. 590.
4 Zur Großstadt als »hartem Kern der Modernitätsthese« vgl. auch *Radkau*, Zeitalter, S. 190 ff.
5 *Habermas*, Strukturwandel, S. 42 - 75.
6 *Sennett*, Verfall, S. 135 - 142.
7 Zum semiotischen Gebrauch des Körpers vgl. *Hahn*, Körper, S. 670; *Hahn*, Konstruktionen, S. 353 ff.; zur Lesbarkeit körperlicher Oberflächen in der Vormoderne vgl. *von Moos*, Kleid; *Groebner*, Schein; paradigmatisch *Crane*, Performance, S. 8.
8 *Groebner*, Schein, S. 30 ff.
9 Vgl. *Geisthövel / Knoch*, Orte. Zum Begriff der »anonymen Intimität« besonders *Geisthövel*, Strand, S. 126 ff.
10 Zum Begriff des »ständischen Überhangs« vgl. *Wehler*, Gesellschaftsgeschichte 1849 - 1914, S. 843.
11 Vgl. *Müller*, Großstadt, S. 18 ff.
12 Vgl. *Wehler*, Gesellschaftsgeschichte 1849 - 1914, S. 510 - 514, allerdings ohne Berücksichtigung der deutschen Großstadt Wien.
13 Zur Kritik an der vermeintlichen Übersichtlichkeit des Mittelalters vgl. *Groebner*, Schein, bes. S. 17; *Sennett*, Tyrannei, S. 93 - 102.
14 Vgl. etwa das Kapitel »De Congressibus« in *Erasmus*, De Civilitate, S. 1041 f.
15 *Pfänder*, Grundprobleme, S. 291. Zu Pfänder vgl. *Tilitzki*, Philosophie 1, S. 137 f.
16 *Beard*, Nervousness, paraphrasiert nach *Gay*, Zeitalter, S. 170.
17 Vgl. *Radkau*, Nervosität, S. 53.
18 Zitiert nach ebd., S. 311.
19 So der Sexualwissenschaftler Iwan Bloch, zitiert nach ebd., S. 312.
20 *Schleich*, Schaltwerk, zitiert nach *Müller*, Großstadt, S. 87.
21 Zitiert nach *Radkau*, Nervosität, S. 51.
22 Vgl. ebd., S. 97 ff.
23 Zitiert nach ebd., S. 64.
24 Zitiert ebd., S. 103.

[25] Eulenburg, Nervosität, zitiert nach ebd., S. 176.
[26] Hellpach, Nervosität, S. 54; Hellpach, Nervenlehre, S. 229.
[27] Ebd., S. 54; Hellpach, Nervosität, S. 5.
[28] Hellpach, Nervenlehre, S. 55. Zum semantischen Wandel von der »Nervenschwäche« zur »Reizbarkeit« vgl. Radkau, Nervosität, S. 63 - 73.
[29] Scheffler, Berlin, S. 219; S. 12.
[30] Zur frühen Rezeption von Sigheles Massenpsychologie in Deutschland vgl. z. B. Simmel, Massenverbrechen.
[31] Zu den semantischen Brücken zwischen Massen- und Nervositätsdiskurs, etwa Charcots Konzept der »Suggestibilität«, vgl. Maderthaner / Musner, Aufstand, S. 33; Hellpach, Nervosität, S. 5; Hellpach, Epidemien, S. 54.
[32] Le Bon, Psychologie, S. 13.
[33] Sombart, Sozialismus 2, S. 99.
[34] Spengler, Untergang 2, S. 442.
[35] Salomon, Die Geächteten, S. 10.
[36] Vgl. Theweleit, Männerphantasien 1, S. 492 - 547; Theweleit, Männerphantasien 2, S. 9 ff.
[37] Zur Dekonstruktion des Massendiskurses vgl. Gamper, Masse; Williams, Culture, bes. S. 300; Maderthaner / Musner, Aufstand, S. 9 - 61; Carey, Intellectuals; Tuttle, Crowd; Pick, Faces; Berking, Masse.
[38] Zur frühmodernen Konstruktion einer quasi insulären Subjektivität vgl. Schrage, Psychotechnik, S. 12 ff.; zur camera obscura als frühneuzeitlichem Wahrnehmungs- und Erkenntnismodell vgl. Crary, Techniken, S. 37 - 74.
[39] Vgl. Müller, Großstadt, S. 14.
[40] Hamann, Impressionismus, S. 204.
[41] Vgl. Gronemeyer, Fensterblick.
[42] Simmel, Soziologie, S. 727.
[43] Simmel, Sinne, S. 290.
[44] Vgl. Simmel, Soziologie, bes. S. 727.
[45] Simmel, Großstädte, S. 121.
[46] Ab Mitte der 1920er Jahre setzte sich auch im Massendiskurs die Binnenperspektive durch. Prägnant etwa die Massenphänomenologie bei Canetti, Fackel, S. 230 - 237. Zum Diskurs der »Masse« als Lebensform, etwa bei Theodor Geiger, vgl. Berking, Masse und Geist, S. 72 - 82. Im gleichen Sinn Ortega y Gasset, Aufstand, S. 11.
[47] Simmel, Sinne, S. 281; zur Abgrenzung der Pathognomik von Lavaters Physiognomik vgl. Lichtenberg, Physiognomik, S. 112 ff. Vgl. auch Bühler, Ausdruckstheorie, Kap. 3.

⁴⁸ Simmel, Sinne, S. 281.
⁴⁹ Das Ausgangsproblem der Soziologie liegt für Simmel gerade in der Doppelnatur des Individuums, das *für sich* eine irreduzible »Totalität« und zugleich *für die Gesellschaft* ein »Fragment« ist. Vgl. Simmel, Soziologie, S. 56 - 61.
⁵⁰ Ebd., S. 48.
⁵¹ Ebd., S. 49.
⁵² Simmel, Sinne, S. 280.
⁵³ Simmel, Großstädte, S. 129.
⁵⁴ Simmel, Mode, bes. S. 114.
⁵⁵ Soziologie beginnt mit der Beobachtung reziproken Verhaltens: Zum »erwiderten Blick« als »Minimalfall von Sozialität« vgl. *Kieserling*, Interaktion, S. 117; dito *Goffman*, Theater, S. 8. Den Unterschied zwischen einseitiger und wechselseitiger Beobachtung diskutiert präzise *Schmölders*, Vorurteil, S. 39 - 41.
⁵⁶ Tucholsky, Werke 8, S. 69.
⁵⁷ Poe, Man, S. 108.
⁵⁸ Ebd.
⁵⁹ Ebd., S. 112.
⁶⁰ Ebd.
⁶¹ Ebd., S. 113.
⁶² Ebd., S. 114.
⁶³ Ebd., S. 107.
⁶⁴ Gamper, Körperlichkeiten.
⁶⁵ Zu Lavaters Physiognomik vgl. *Geitner*, Klartext.
⁶⁶ Vgl. Gamper, Körperlichkeiten, S. 141 - 147.
⁶⁷ Ebd., S. 152.
⁶⁸ Poe, Man, S. 108.
⁶⁹ Ebd., S. 111.
⁷⁰ Ebd., S. 113.
⁷¹ Ebd.
⁷² Crary, Aufmerksamkeit.
⁷³ Zu einem anderen Fall des Fensters als Medium vgl. *Geisthövel*, Eckfenster, bes. S. 165 ff.
⁷⁴ Vgl. *Crary*, Techniken, passim.
⁷⁵ Benjamin, Passagen-Werk, S. 526.
⁷⁶ Dtv-Lexikon 7, S. 334.

77 Benjamin, Passagen-Werk, S. 540.
78 Vgl. Hessel, Spazieren, S. 270 ff.; Bienert, Metropole, S. 78 - 83.
79 Jünger, Arbeiter, S. 137.
80 Ebd.
81 Ebd., S. 90; S. 84.
82 Ebd., S. 93.
83 Ebd., S. 101, 140.
84 Ebd., S. 77.
85 Ebd., S. 33 f.
86 Hessel, Spazieren, S. 275.
87 Ebd., S. 101.
88 Vgl. Schwanhäußer, Stadtforschung; Schwanhäußer, Indiz; Sennett, Tyrannei, S. 218.
89 Zur Theorie des Index vgl. Peirce, Semiot. Schr. 1, S. 349 ff.; 427 ff.
90 Vgl. Ginzburg, Spurensicherung, S. 7 - 57.
91 Doyle, Bräutigam, S. 16.
92 Zu Peirces »detektivischer« Methode vgl. Sebeok, »Methode«, S. 28 ff.
93 Zitiert nach ebd., S. 65.
94 Zum Index als Zeichen individueller Referenten vgl. Peirce, Semiot. Schr. 1, S. 350 f.
95 Kästner, Emil, S. 50 ff.
96 Ebd., S. 54.
97 Vgl. S. 52 ff.
98 Menschen am Sonntag (Siodmak / Wilder).
99 Vgl. paradigmatisch zur anonymen Intimität als moderner Raumeigenschaft Geisthövel, Strand, S. 126 f.
100 Vgl. Sander, Menschen.
101 Döblin, Von Gesichtern, S. 7; S. 9.
102 Ebd., S. 12.
103 Ebd., S. 13.
104 Ebd.
105 Vgl. Nolte, Ordnung; Nolte, Ständische Ordnung, S. 159 - 186. Ich danke Lutz Raphael für die Anregung, über Sanders Fotografien im Kontext ständestaatlicher Konzepte der 1920er Jahre nachzudenken.
106 Vgl. Sander, S. 176 - 189; Schema auf S. 104 f.
107 Das klassische Beispiel derartigen Sortierens bei Foucault, Ordnung, S. 17.

108 Vgl. *Walther*, Totentanz.

109 *Döblin*, Von Gesichtern, S. 10.

110 Vgl. *Lange / Conrath*, Sander, S. 13.

111 Ebd., S. 12 ff.

112 Vgl. dazu grundsätzlich *Lindner*, Leben, S. 5 - 11.

113 Vgl. ebd., S. 7 ff.

114 *Jünger*, Arbeiter, S. 59.

115 Vgl. S. 40 f.

116 Zur Naturmetaphorik der Lebensideologie vgl. *Linder*, Leben, S. 113 - 118.

117 *Jünger*, Arbeiter, S. 59.

118 Dass die Suche nach sich selbst ausdrückenden, vom Menschen nur zu registrierenden Ordnungen ein Epochensignum war, das Künstler, Wissenschaftler und Ingenieure verband, zeigen die Beiträge bei *Geimer*, Ordnungen (dort auch die fast wortgleiche Formulierung »Ordnungen der Sichtbarkeit«).

119 Vgl. *Jünger*, Arbeiter, S. 102 ff.

120 Vgl. ebd., S. 125 ff.

121 Ebd., S. 127.

122 Vgl. exemplarisch: *Mann*, Krull; *Serner*, Lockerung; *Serner*, Hochstapler; *Baum*, Hotel.

123 Vgl. *Herzog*, »Verbrecher«, S. 58 ff.

124 *Zuckmayer*, Hauptmann, S. 128. *Abb. 21* zeigt eine zeitgenössische Karikatur des Hauptmanns von Köpenick.

125 Zum »Pathos der Distanz« als erkenntnistheoretischem Axiom siehe *Klages*, Widersacher, S. 664, 843.

126 Vgl. *Klages*, Grundlagen, S. 1 - 13.

127 Zur Graphologie vgl. Teil 4, S. 474 ff.

128 *Benn*, Persönlichkeit, S. 263.

129 Locus classicus bei *Goethe*, Divan, S. 71.

130 *Jaspers*, Situation, S. 29.

131 Zur Autonomie als Kern der liberalen Persönlichkeitssemantik vgl. *Schrage*, Psychotechnik, S. 12 ff.

132 Für die Persistenz dieser Diagnose vgl. *Hettling*, Bürgerlichkeit, S. 347.

133 *Jaspers*, Situation, S. 6.

134 Ebd., S. 23.

135 Ebd., S. 133.

[136] Die intellektuelle Nähe wird auf jeder Seite greifbar in *Arendt / Jaspers, Briefe.*

[137] Zu Arendts Indifferenz gegen andere in der Emigration entstandene Interpretationen des Nationalsozialismus vgl. *Jesse,* Diktaturen, S. 19 - 33, bes. S. 30 f.

[138] *Arendt,* Ursprünge, S. 495 - 545, bes. S. 499 - 513.

[139] Ebd., S. 507.

[140] Ebd., S. 512.

[141] Aus der Fülle möglicher Beispielfälle hier wahllos herausgegriffen: *Roseman,* Modernisation, S. 217.

[142] *Goebbels,* Tagebücher 3, S. 1076.

[143] Die folgende Unterscheidung orientiert sich an *Simmel,* Grundfragen, S. 122 - 149; *Seifert,* Charakterologie; *Schrage,* Psychotechnik, S. 17 ff.

[144] Vgl. HWdP, Persönlichkeit, S. 346 f.

[145] HWdP, Individualität, S 299; *Luhmann,* Individuum, S. 206 - 208; für das Mittelalter vgl. ebd., S. 177.

[146] Vgl. *Hettling,* Bürgerlichkeit, S. 7 f. Formulierung nach *Hettling,* Wertehimmel.

[147] Exemplarisch Friedrich Schlegels Forderung, »Bildung und Entwicklung dieser Individualität als höchsten Beruf zu treiben« (*Schlegel,* Charakteristiken, S. 262). Zu Humboldt vgl. *Menze,* Lehre und Bild, S. 117 ff.

[148] *Humboldt,* Jahrhundert, S. 92 f.

[149] *Luhmann,* Individuum, S. 208: »Parasit der Differenz von Allgemeinem und Besonderem«.

[150] Zur politischen Dimension des Persönlichkeitskonzepts im Liberalismus vgl. *Hettling,* bes. S. 152; S. 179.

[151] Aus zeitgenössischer Perspektive vgl. *Seifert,* Charakterologie; HWdP, Charakter, S. 986 ff.

[152] *Humboldt,* Kulturzustand, S. 29.

[153] HWdP, Charakterologie, S. 994 f.

[154] Vgl. *Safranski,* Romantik, S. 25.

[155] *Kant,* Anthropologie, S. 292 ff.; *Kant,* Vernunft, S. 459 ff. Kant unterscheidet den »empirischen« vom »intelligiblen« Charakter und setzt damit das Problem in die Welt, mit dem sich dann Schopenhauer herumschlägt.

[156] Zur uneinheitlichen Verwendung des Persönlichkeitsbegriffs bei Goethe vgl. HWdP, Persönlichkeit, S. 347.

[157] Vgl. *Simmel,* Individualismus, bes. S. 49 - 53; *Eberlein,* Einzigartigkeit, S. 34.

[158] Simmel, Grundfragen, bes. S. 143 - 149; Begriff des »qualitativen Individualismus« ebd., S. 146.

[159] Vgl. *Geuter*, Professionalisierung, S. 309 ff. *Rinn*, Kampf.

[160] Vgl. dazu Teil 3, 2.2., S. 409 ff., 2.3., S. 413 ff.

[161] Das ist etwas anderes als sie als »Voraussetzungen« oder gar »Ursachen« des Nationalsozialismus zu begreifen und unter dem Titel des »Irrationalismus« zu subsumieren. Vgl. S. 21 - 26.

[162] Vgl. *Arendt*, Ursprünge, S. 507. Die Persistenz zeigt sich z. B. bei *Möll*, Ordnung, S. 288; *Evans*, Third Reich, S. 307; *Koonz*, Conscience, S. 13. Das Deutungsmuster wurde erst vor kurzem erstmals hinterfragt von *Föllmer*, Nazism.

[163] Vgl. *Veyne*, Eisberg.

[164] Vgl. *Lethen*, Väter, S. 71 - 74.

[165] *Benn*, Persönlichkeit, S. 264.

[166] Ebd., S. 265.

[167] Zu Benns Faszination für die Hirnforschung vgl. *Hagner*, Homo cerebralis, S. 9.

[168] Zu Gall und seiner – später allgemein ›Phrenologie‹ genannter – Craniologie oder Organologie vgl. NDB 6, S. 42. *Hagner*, Homo cerebralis, S. 89 - 118.

[169] Vgl. DBE 3, S. 338; DBE 10, S. 450; NDB 5, S. 226 f.; *Breidbach*, Materialisierung, S. 128 - 134 (Wernicke); S. 220 - 229 (Flechsig); S. 289 - 196 (Elite-Hirne).

[170] *Benn*, Persönlichkeit, S. 265.

[171] Ebd., S. 264.

[172] Ebd., S. 266.

[173] Zitiert nach ebd., S. 264. Belegstellen bei *Benn*, Werke 3.1, Anhang, S. 531.

[174] Benn folgte hier *His*, Ungleichheit, S. 17 f. Vgl. *Benn*, Werke 3.1, Anhang, S. 531.

[175] Ebd., S. 268. Zu Berman (geb. 1886) BBI 1, S. 272.

[176] Ebd., S. 269.

[177] Vgl. *Lethen*, Väter, S. 72.

[178] Vgl. *Benn*, Goethe, S. 379.

[179] *Benn*, Persönlichkeit, S. 277.

[180] Ebd., S. 271.

[181] Ebd., S. 263.

[182] Das Paradox der Individualität des Typischen wird besonders greifbar in *Benn*, Genieproblem.

[183] Vgl. *Jaspers*, Situation, S. 138 ff.
[184] Ebd., S. 148.
[185] Ebd., S. 139.
[186] Ebd.
[187] Ebd., S. 140.
[188] Ebd.
[189] *Jaspers*, Psychopathologie, S. 1.
[190] Zu Jaspers und Weber vgl. *Schluchter / Frommer*, Einleitung, S. 42; *Weber*, Weber, S. 460; S. 580.
[191] *Jaspers*, Psychopathologie, S. 3, 241 - 256.
[192] Ebd., S. 241.
[193] Ebd., S. 242.
[194] Dass es sich nicht um einen generellen Wandel der Persönlichkeitssemantik handelt, zeigen die Veränderungen, die Jaspers zwischen 1913 und 1942 am Persönlichkeitskapitel der ›Allgemeinen Psychopathologie‹ vornahm.
[195] Vgl. S. 603, Anm. 176.
[196] Vgl. *Simmel*, Soziologie, S. 56 - 61.
[197] Ebd., S. 49.
[198] Aus systemtheoretischer Perspektive bedeutet das: die Zumutung, anderen eine Selbstbeschreibung anbieten zu müssen. Vgl. dazu *Luhmann*, Soziale Systeme, S. 360 ff.
[199] Eine andere zeitgenössische Spielart dieser Idee bei *Ichheiser*, Sein, bes. S. 26 - 32.
[200] Exemplarisch für die Ubiquität des charakterologischen Denkens vgl. *Lamprecht*, Kulturgeschichte, bes. S. 77 ff., 90. Besonderes Interesse weckte dabei die Persönlichkeit Wilhelm II, vgl. *Lamprecht*, Kaiser; dazu auch *Kohlrausch*, Kaiser. Beispiele für besonders populäre Veröffentlichungen, meist in Verbindung mit dem Versprechen,»Menschenkenntnis« zu vermitteln: *Gerling*, Menschenkenner; *Kreusch*, Menschenkenntnis; *Kreusch*, Nachrichtendienst. Klages' Kommentar:»Heute gebietet es die Mode, dass, wenn einer über Flöhe schreibt, er es möglichst ›Zur Charakterologie der Flöhe‹ betitelt.« (DLA, A:Klages, BW Barth, 61.3995, 29: v. 21.7.1925)
[201] Vgl. *Vogel*, Mensch, S. 257; *Klages*, Grundlagen (1926), S. V; *Seifert*, Charakterologie, S. 3.
[202] Zur historischen Semantik des Charakterbegriffs vgl. S. 143 f., S. 232 ff.
[203] Zu Utitz (1883 - 1956) vgl. DBE 10, S. 172; *Tilitzki*, Philosophie 1, S. 241 ff.
[204] Jahrbuch der Charakterologie 1.1924, o. S. (»Vorwort«).

[205] Zur disziplinären Schnittmenge von Medizin, Philosophie und Psychologie vgl. *Ash*, Psychologie, S. 78 ff.

[206] Vgl. S. 79.

[207] Vgl. DLA, A:Klages, BW Kampmann.

[208] *Gerling*, Menschenkenner.

[209] Vgl. etwa *Gerstner*, Handschriftendeutung.

[210] Darunter: Alfred Ackermann, Minna Becker, Ernst Brunner, Arthur Delhougne, Martin Ninck, Siegfried Römer, August Vetter, Bernhard Wittlich.

[211] DLA, A:Klages, BW. Utitz, 61.12850, 16 v. 21.11.25; *Prinzhorn*, Begründung.

[212] *Utitz*, Charakterologie, S. 6.

[213] Ebd.

[214] *Döring*, Hauptströmungen, S. 86: Klages »Führer der heute anerkannten Charakterologen«.

[215] *Klages*, Grundlegung, S. 71.

[216] DLA, A:Klages, BW Barth, 61.3995, 29 v. 21.7.25.

[217] DLA, A:Klages, BW Utitz, 61.7437, 4 v. 24.2.25.

[218] Man könnte auch noch nennen: *Häberlin*, Charakter. Die Befunde wären aber redundant.

[219] Vgl. dazu auch die Diskussion der Charakterologie Julius Bahnsens, Teil 2, bes. S. 261 - 265.

[220] *Mauthner*, Wörterbuch, S. 184.

[221] Zur Problematik dieser Unterscheidung vgl. *Hagner*, Pseudoscience, bes. S. 21 ff.

[222] Vgl. dazu *Geuter*, Professionalisierung, S. 246 - 269.

[223] Vgl. dazu S. 130 - 135.

[224] Vgl. dazu grundsätzlich *Luhmann*, Soziale Systeme, S. 217 ff., bes. 218: »[Die] logischen Schwierigkeiten der Selbstreferenz [...] bedeuten [...], daß es in der wirklichen Welt Systeme gibt, deren Beschreibung durch andere Systeme in diesen (!) zu unaufhebbaren logischen Widersprüchen führt.«

[225] Vgl. *Luhmann*, Wissenschaft, S. 392 ff.

[226] Dass die Subjektivität und der theoretische Ästhetizismus des weltanschaulichen Denkens Effekte verabsolutierter Individualität sind, zeigt *Meier*, Weltanschauung, S. 67 ff. Im gleichen Sinn *Adorno*, Terminologie 1, S. 118: »Zum System erhobene Meinung«.

[227] Auch kompletter Nonsens gefährdet den Bestand einer Disziplin nicht. Intern begegnet man dem Sinnlosen mit Gleichgültigkeit, und welcher Nichtfachmann könnte einem Fachmann Fehler attestieren? Beides, die

Gleichgültigkeit der Kollegen wie das Unverständnis des Berichterstatters, lässt sich gut auf geisteswissenschaftlichen Tagungen beobachten.

[228] Vgl. DBE, S. 657 (Ziehen); DBE 10, S. 172 (Utitz).

[229] *Ziehen*, Grundlagen, S. 16.

[230] *Ziehen*, Grundlagen, S. 17, passim.

[231] Ebd., S. 258.

[232] *Ziehen*, Grundlagen, S. 142 - 144.

[233] *Utitz*, Charakterologie, S. 315.

[234] *Ziehen*, Grundlagen, S. 141.

[235] *Utitz*, Charakterologie, S. 317.

[236] *Utitz*, Charakterologie, S. 29.

[237] Vgl. ebd., S. 136.

[238] Dilthey, *Psychologie*, S. 235 f.

[239] Vgl. *Spranger*, Lebensformen; *Jaspers*, Weltanschauungen.

[240] Vgl. ebd., S. 31; 135.

[241] Das gilt nur für »Berliner Schule«. Vgl. *Ash*, Gestalt Psychology, S. 103 ff.; S. 203 ff.

[242] Bergson zieht die Unteilbarkeit der Melodie als Beispiel heran, um die reine Erfahrungsqualität der *durée* zu veranschaulichen. Vgl. *Bergson*, Zeit und Freiheit, S. 80 f.

[243] *Utitz*, Charakterologie S. 300.

[244] Vgl. *Luhmann*, Wissenschaft, S. 392.

[245] Als Teil der universitären Psychologie ist die Charakterologie wenn auch nicht erforscht, so doch gut dokumentiert; sie soll daher hier auf der Basis dieser Forschung nur in Grundzügen dargestellt werden.

[246] Zur disziplinären Ambiguität der universitären Psychologen vgl. *Ash*, Psychologie in Deutschland, S. 85 - 88.

[247] Vgl. *Ash*, Experimentelle Psychologie; *Sonntag*, Vermessung. Zur Diskurshoheit von Naturwissenschaftlern in der nach-hegelschen Philosophie vgl. *Schnädelbach*, Philosophie, S. 131.

[248] *Wundt*, Grundriß, S. 33.

[249] *Mach*, Empfindungen, S. 17; vgl. auch *Brain*, Representation, S. 158.

[250] *Lotze*, Grundzüge, S. 91.

[251] *Wundt*, Grundriß, 376.

[252] Diese treffende Formulierung findet sich bei *Sonntag*, Vermessung, S. 368.

[253] Vgl. dazu S. 122 f.

[254] *Hartmann*, Psychologie, S. 30.

255 Die Etablierung von Praxisfeldern als zentrale Voraussetzung der Disziplinbildung zeigt *Jäger*, Herausbildung.

256 Vgl. *Rabinbach*, Motor, S. 11 ff.

257 Vgl. *Jäger*, Herausbildung, S: 90 ff.; *Oelkers*, Physiologie, S. 245 ff.

258 Zum Kontext sieh *Schluchter / Frommer*, Einleitung.

259 Zur Kritik an Kraepelin vgl. *Weber*, Psychophysik, S. 218 - 250; S. 278 ff.; S. 281 ff.

260 Zur Stellung der ›Psychophysik‹ in Webers Gesamtwerks vgl. *Schluchter / Frommer*, Einleitung, S. 4 ff.; S. 42 f.

261 *Münsterberg*, Grundzüge. *Jäger*, Psychotechnik; *Schrage*, Psychotechnik; *Rabinbach*, Motor, S. 309 ff.

262 Vgl. dazu S. 121, S. 128.

263 Vgl. *Hoffmann*, Arbeitskraft, S. 228.

264 Zum Übergang zu deutenden Verfahren vgl. *Rabinbach*, Motor, S. 333 ff.; *Métraux*, Psychologie.

265 Vgl. etwa die Zunahme von Dissertationen, die sich mit persönlichkeitspsychologischen Fragen beschäftigen bei *Geuter*, Daten 2, S. 80 ff.; Zunahme »weicher« Themen auch bei *Giese*, Handbuch, passim.

266 Ich danke Gregor Rinn für seine Erläuterungen zur deutschen Universitätspsychologie der Zwischenkriegszeit.

267 *Geuter*, Professionalisierung, bes. S. 212 ff.

268 2.940 wehrmachtpsychologische Gutachten im Jahre 1930; 1938: 152.015 [!]. Zahlen nach ebd., S. 235.

269 Vgl. *Rinn*, Kampf, S. 372 f.; S. 347 ff.

270 Vgl. *Bühler*, Krise. Für einen analogen Fall vgl. *Leo*, »Bremsklötze«, S. 150 ff.; *Rinn*, Kampf, S. 374.

271 Ein Indiz ist die Umbenennung der *Zeitschrift für angewandte Psychologie* in *Zeitschrift für angewandte Psychologie und Charakterkunde* im Jahr 1935.

272 Folgende Darstellung folgt *Angleitner / Borkenau*, Charakterkunde; *Scheerer*, Persönlichkeitspsychologie; *Geuter*, Professionalisierung, S. 143 - 211; *Rinn*, Kampf, S. 355 ff.

273 Im Gegensatz zu den hier angeführten Psychologiehistorikern ziehe ich es vor, terminologisch nicht zwischen Charakterologen und Typologen zu unterscheiden.

274 Vgl. *Geuter*, Professionalisierung, S. 205; *Kretschmer*, Körperbau.

275 Vgl. etwa programmatisch *Jaensch*, Methoden; *Jaensch*, Eidetik.

276 Zitiert nach *Rinn*, Kampf, S. 359.

[277] Das physiologische Primärphänomen der »Nachbilder« hatten bereits Goethe und Schopenhauer im frühen 19. Jahrhundert beschrieben. Vgl. dazu *Crary*, Techniken, S. 79 ff.

[278] Zitiert nach ebd., S. 360: B-Typus steht für »basedowoider Typus«, T-Typus für »tetanoider Typus«.

[279] Vgl. *Jaensch*, Wirklichkeit; *Jaensch*, Grundformen.

[280] Zur Abspaltung der der »Leipziger« Ganzheitspsychologie von der »Berliner Schule« der Gestaltpsychologie vgl. *Ash, Gestaltpsychology*, S. 311 ff.; S. 317 f. Zu Kruegers ganzheitlichem Ansatz vgl. *Rinn*, Kampf, S. 357.

[281] Vgl. *Scheerer*, Persönlichkeitspsychologie, S. 62.

[282] Vgl. ebd., S. 63.

[283] Vgl. ebd.

[284] Vgl. ebd. Zu Kretschmers Beziehung zur Humoralpathologie vgl. *Schmidt*, Temperamentenlehre, S. 1183.

[285] Zur Eignung der typologischen Methode für Forschungszwecke: *Geuter*, Professionalisierung, S. 206; *Scheerer*, Persönlichkeitspsychologie, S. 60.

[286] *Lersch*, Probleme, S. 79; Ausdruckspsychologie: *Lersch*, Gesicht.

[287] *Lersch*, Aufbau. Gute Zusammenfassung bei *Geuter*, Professionalisierung, 173 ff.; die folgende Kurzcharakterisierung folgt dieser Zusammenfassung.

[288] *Simoneit*, Bedeutung, S. 49.

[289] Vgl. dazu S. 122 f.

[290] *Simoneit*, Grundriss, S. IV.

[291] Vgl. ebd., S. 8 - 16.

[292] Vgl. ebd., S. 23 - 25.

[293] Zur Bedeutung der goetheschen Methode für die nicht-akademischen Charakterologen vgl. Teil 2, 2., S. 170 ff.

[294] Sehr präzise beschreibt das »morphologische« Verfahren, typische Grundcharaktere »aufbauend« und »idealisierend« festzustellen *Pfänder*, Grundprobleme der Charakterologie, S. 308 - 322.

[295] Vgl. *Métraux*, Methodenstreit, S. 236 ff.; *Pekrun*, Persönlichkeitspsychologie, S. 110 ff.

[296] *Matthes*, Nachkriegsdeutschland, S. 208 ff. Vgl. auch das ausführliche biographische Register der deutschen Psychologen im Nationalsozialismus bei *Geuter*, Professionalisierung 564 - 582.

[297] Zum Fehlen eines »charakterologischen« Charakterkonzepts im angelsächsischen Sprachraum und der damit einhergehenden Neigung zu differentiellpsychologischen Ansätzen HWdP, Charakterologie, S. 991.

[298] *Scheerer*, Persönlichkeitspsychologie, S. 68.

[299] *Geuter*, Professionalisierung, S. 205 - 209.
[300] Vgl. S. 130 ff.
[301] *Scheerer*, Persönlichkeitspsychologie, S. 64.
[302] Vgl. S. 136 ff.
[303] *Jaensch*, Gegentypus. Vgl. dazu *Geuter*, Ideologie, S. 189.
[304] Vgl. ebd.; *Geuter*, Professionalisierung, S. 530.
[305] Weitere Beispiele ebd., S. 207.
[306] Vgl. ebd., S. 180 - 186.

Teil 2
Die Unschärfe der Welt: Freies Denken über Ungleichheit

[1] Orig. altgr.
[2] *Klages*, Grundlage, S. 11.
[3] Ebd. Im gleichen Sinne auch [*Klages*], Prinzipienlehre, S. 86.
[4] *Klages*, Grundlagen, S. 12.
[5] Wenn sich ihm auch der Name verdankte, war Julius Bahnsens Entwurf einer »Charakterologie« von 1867 schnell in Vergessenheit geraten. Vgl. dazu S. 249, bes. Anm. 306.
[6] Vgl. Teil 4, S. 474 ff.
[7] Vgl. *Stegmüller*, Induktion, S. 69; *Heidegger*, Sein, S. 152.
[8] Zu den unterschiedlichen Semantiken vgl. HWdP, Charakter, S. 986 ff.; sowie S. 143 f., S. 232 ff.; *Hettling*, Bürgerlichkeit, S. 9. Der pädagogische Charakterbegriff hat eine eigene Literatur hervorgebracht. Vgl. exemplarisch *Smiles*, Character; für Deutschland: *Kerschensteiner*, Charaktererziehung.
[9] Während *character* als pädagogischer Begriff im angelsächsischen Sprachraum weit verbreitet ist, spielt die psychologische Charaktersemantik dort praktisch keine Rolle. Vgl. auch HWdP, Charakterologie, S. 991.
[10] Zur Spezifik weltanschaulicher Ganzheitsentwürfe im frühen 20. Jahrhundert vgl. *Mauthner*, Wörterbuch 3, S. 430; *Raphael*, Ordnungsdenken, S. 32.
[11] Vgl. *Cassirer*, Individuum, S. 170 - 176; *Foucault*, Ordnung, S. 46 - 78.
[12] Vgl. *Kasdorff*, Wirkung 1, S. 422. Zur Rezeption insgesamt vgl. *Kasdorff*, Widerstreit, S. 181 ff.
[13] *Schmitt*, Tagebücher 1912 - 1915, S. 42.
[14] *Weber*, Arbeitsverhältnis, S. 251.
[15] *Schmitt*, Tagebücher 1912 - 1915, S. 205.
[16] Ebd., S: 264.
[17] Vgl. z. B. ebd., S. 44.
[18] Ebd., S. 45.
[19] Ebd.
[20] Ebd.
[21] *Weber*, Arbeitsverhältnis, S. 256.
[22] Ebd., S. 255 ff.
[23] Ebd., S. 253.
[24] Ebd.

[25] Ebd., S. 254.
[26] Ebd., S. 255.
[27] Zum letztgenannten Beispiel vgl. ebd.
[28] Ebd., S. 256.
[29] Die folgende Darstellung orientiert sich an *Bourdieu*, Entwurf, S. 228 - 316; *Bourdieu*, Sinn, S. 147 - 179.
[30] Zur theoriegeschichtlichen Einordnung vgl. *Wacquant*, Anthropologie, S. 19 f.
[31] Vgl. z. B. *Malinowski*, Kultur, S: 78 - 83.
[32] Vgl. z. B. *Lévi-Strauss*, Denken, S. 28 f.
[33] Exemplarisch durchgeführt wird diese Kritik am Begriff der Regel. Vgl. *Bourdieu*, Sinn, S. 70 - 78.
[34] Geht auf W. Humboldts Unterscheidung von *ergon* und *energeia* zurück. Vgl. *Bourdieu*, Entwurf, S. 264.
[35] Symptomatisch die Metaphorik der Kapitelüberschriften in den *Mythologica* – »Ouverture«, »Thema und Variationen«, »Fuge der Sinne« usw. Die Widmung lautet: »An die Musik«. *Lévi-Strauss*, Mythologica 1, S. 7.
[36] Bourdieu knüpft hier an Maurice Merleau-Pontys Phänomenologie an. Vgl. *Wacquant*, Anthropologie, S. 41 - 44.
[37] Vgl. *Luhmann*, Wissenschaft, S. 386 - 390, bes. S. 387.
[38] Das Beispiel ist von mir.
[39] Vgl. *Duhem*, Théorie, S. 245 ff., 269 ff.; *Cassirer*, Erkenntnisproblem 1, S. 365.
[40] Vgl. exemplarisch *Shapin*, Airpump; *Hoffmann*, Zirkel.
[41] Vgl. *Bonß*, Einübung, bes. S. 77 - 82.
[42] Gilt ebenso für Wittgensteins Sprachspieltheorie. Vgl. dazu *Busse*, Semantik, S. 205 ff.
[43] *Bourdieu*, Sinn, S. 160.
[44] Vgl. *Cassirer*, Substanzbegriff, S. 294 ff.
[45] Bourdieu spielt bewusst mit der Doppeldeutigkeit des Sinnbegriffs. Vgl. *Bourdieu*, Sinn, S. 107 f.
[46] Vgl. *Luhmann*, Systeme, S. 92 - 111.
[47] Vgl. *Bourdieu*, Entwurf, S. 270 - 281.
[48] Um das Prinzip dieser Körperlogik zu verstehen, muss man sich nur ihre etwa in Redeweisen oder religiösen Riten erhaltenen Reste vergegenwärtigen, den »linken Fuss«, mit dem man aufgestanden ist usw.
[49] Vgl. *Reichardt*, Bourdieu, S. 84.

⁵⁰ Vgl. *Griessinger*, Kapital; *Goltermann*, Körper; *Reichardt*, Kampfbünde; *Lässig*, Wege.

⁵¹ Zur romantischen Idee der Welt als »absolutes Buch« vgl. *Blumenberg*, Lesbarkeit, S. 267 - 280.

⁵² So die symptomatischen Formlierungen bei Carl Schmitt und Karl Jaspers. Vgl. *Schmitt*, Tagebücher 1912 - 1915, S. 205; *Jaspers*, Psychopathologie, S. 242.

⁵³ Vgl. *Klausmann*, Frauenbewegung, S. 37 ff.

⁵⁴ Vgl. etwa *Tenbruck*, Wissenschaftslehre, S. 378 ff.

⁵⁵ Vgl. *Schmitt*, Begriff; *Weber*, Ethik.

⁵⁶ Zum Begriff der symbolischen Prägnanz vgl. *Cassirer*, Formen 3, S. 222 ff.

⁵⁷ *Brown*, Laws, S. 3: »Draw a distinction«.

⁵⁸ *Hennis*, Fragestellung, S. 46; S. 68; S. 87; S. 89; S. 119; *Hennis*, Wissenschaft, S. 41 f.: dort auch zu Webers Würdigung der charakterologischen Schriften von Klages (S. 42).

⁵⁹ Ebd., S. 88 (Hervorhebung um Original).

⁶⁰ *Schmitt*, Land; *Schmitt*, Katholizismus, S. 11.

⁶¹ *Gross*, Schmitt. Zum Verhältnis des charakterologischen Denkens zum Antisemitismus vgl. Teil 3, 2.2., S. 409 ff., 2.3., S. 413 ff.

⁶² Vgl. *Gross*, Schmitt, bes. S. 383.

⁶³ Dazu etwa opak, aber wie mir scheint bedenkenswert, Nicolaus Sombart in *Sombart*, Jugend, S. 263.

⁶⁴ Vgl. *Quaritsch*, Umgang, S. 13.

⁶⁵ Zum Begriff der Politisierung vgl. am Beispiel der Wissenschaft etwa *Weingart*, Verwissenschaftlichung.

⁶⁶ Die Übertragung der ethnologischen Ergebnisse auf einen modernen Kontext ist nicht zufällig in einer Fallstudie über die Weimarer Republik am besten gelungen. Vgl. *Bourdieu*, Ontologie, bes. S. 77; S. 95 ff.

⁶⁷ Vgl. dazu S. 141 f.

⁶⁸ Vgl. DBE 6, S. 347; NDB 14, S. 351 - 353 (Lessing); *Kürschner* 1931, S. 2767 (Seifert).

⁶⁹ Vgl. ebd; NDB 14, S. 352.

⁷⁰ Zum Status der technischen Hochschulen vgl. *Jarausch*, Universität, S. 320 f.; *Tilitzki*, Philosophie 1, S. 186.

⁷¹ *Seifert*, Charakterologie, S. 5.

⁷² *Lessing*, Prinzipien, S. 8.

73 Lessing übt Kritik an sechs psychologischen Schulen, Seifert am »naturalistischen« und am »rationalistischen« Weg, wobei letzterer v. a. den deutschen Idealismus meint.
74 *Seifert*, Charakterologie, S. 32 ff., Zitat S. 37.
75 Ebd., S. 19.
76 Lessing, Prinzipien, S. 9.
77 *Goethe*, BW Zelter, S. 837.
78 Zur geteilten Aufnahme in der »naturphilosophischen« Ära vgl. *Kuhn / Wankmüller*, Nachwort, S. 619 - 623 ff. Zu Schopenhauers Verteidigung vgl. *Schopenhauer*, Farbenlehre, S. 235.
79 Zum Disziplinierungsprozess der akademischen Wissenschaft und zur Deutungshoheit des mechanistischen Paradigmas um 1850 vgl. *Geisthövel*, Vormärz, S. 180 ff.; Schnädelbach, Philosophie, S. 94 - 99, 131.
80 *Du Bois-Reymond*, Goethe, S. 29.
81 Eine Ausnahme stellte eine wahrnehmungspsychologisch ausgerichtete Naturwissenschaft dar. Vgl. *Helmholtz*, Vorahnungen, bes. 228 - 234; *Partenheimer*, Tragweite, S. 25 - 31.
82 Auf den Einfluss der morphologischen Schriften auf die Entstehung der Gestaltpsychologie hat Mitchell Ash hingewiesen. Vgl. *Ash*, Gestalt Psychology, S. 84 ff.
83 Zur Vorgeschichte der Ausgabe vgl. *Schröer*, Vorwort, S. I - V.
84 Vgl. *Goethe-Lexikon*, S. 403.
85 Kürschner's National-Literatur: 4 Bd., 1889 - 1897, Weimarer Ausgabe: 15 Bd., 1890 - 1896 (Nachtragsband 1904).
86 Zu Steiners lebenslanger Verehrung für Haeckel vgl. *Hemleben*, Steiner, S. 54 - 57.
87 *Steiner*, Naturanschauung, S. 254.
88 Brief an Knebel v. 18. 8. 1787, zitiert nach ebd.
89 *Haeckel*, Darwin, S. 30 - 38, bes. S. 33. Besonders nachdrücklich betont die wissenschaftliche Nähe von Haeckels Natur- und Weltanschauung zur goetheschen Naturwissenschaft *Partenheimer*, Tragweite, S. 35 - 53.
90 *Steiner*, Naturanschauung, S. 246.
91 Zur philosophischen Qualität des Monismus bei Haeckel vgl. *Gabriel*, Einheit, bes. S. 33 ff.
92 *Haeckel*, Morphologie 2, S. 162.
93 *Steiner*, Weltanschauung.
94 Vgl. *Daum*, Popularisierung, bes. S. 280 - 299; S. 352 - 369.

⁹⁵ *Steiner*, Einleitung, S. LXII, bezeichnet auch Goethes Wissenschaft als »monistisch«. Zu den praktischen Implikationen des haeckelschen Monismus vgl. *Weber*, Monismus, bes. S. 94 - 111.

⁹⁶ Vor allem eine terminologische Entscheidung des Anthroposophen Steiner hat in dieser Hinsicht viel Verwirrung gestiftet: seine im Anschluss an Goethe und den Neuplatonismus konzipierte »Geisteswissenschaft« meint etwas ganz anderes als der gleiche Terminus bei Dilthey. Vgl. *Steiner*, Geisteswissenschaft.

⁹⁷ Vgl. dazu S. 122 f.

⁹⁸ *Dilthey*, Individualität, S. 253.

⁹⁹ Zur Ablehnung des haeckelschen Monismus durch die disziplinäre Philosophie vgl. *Ziche*, »Scham«, S. 61 - 70.

¹⁰⁰ Vgl. *Daum*, Popularisierung, S. 300 - 308.

¹⁰¹ Zur zeitgenössischen Literatur über den Naturforscher Goethe vgl. Bibliographie in *Goethe*, Werke 13, S. 663 ff. Zur Beziehung zur Quantenphysik vgl. *Partenheimer*, Tragweite, S. 55 - 76.

¹⁰² *Benn*, Goethe, S. 371.

¹⁰³ Ebd., S. 370.

¹⁰⁴ *Seifert*, Charakterologie, S. 40; *Lessing*, Prinzipen, S. 10.

¹⁰⁵ Ebd.

¹⁰⁶ Ebd.

¹⁰⁷ Vgl. *Goethe*, Geschichte, bes. S. 136 (Kritik der Royal Society); S. 142 ff. (Kritik Newtons).

¹⁰⁸ Vgl. *Goethe*, Farbenlehre, S. 275.

¹⁰⁹ Ausdruck der »vergewaltigten Natur« bei *Weizsäcker*, Weltbild, S. 29.

¹¹⁰ *Goethe*, Farbenlehre (Mchn. Ausg.), S. 282.

¹¹¹ Vgl. *Schmidt*, Einführung, S. 1000; S. 1002.

¹¹² Vgl. ebd; *Kuhn / Wankmüller*, Nachwort, S. 631.

¹¹³ Vgl. *Heisenberg*, Naturbild; *Schmidt*, Einführung, S. 998.

¹¹⁴ Vgl. exemplarisch *Elias*, Zeit, S. 83 - 92.

¹¹⁵ Zitiert nach *Kuhn / Wankmüller*, Nachwort, S. 627.

¹¹⁶ Zitiert nach *Schmidt*, Einführung S. 998.

¹¹⁷ Die Farbenlehre wird heute nicht zuletzt darin gewürdigt, den »subjektiven« oder sinnesphysiologischen Aspekt der Optik gegenüber dem physikalischen gestärkt zu haben. Schon früh: *Du Bois-Reymond*, Goethe, S. 25 ff.

¹¹⁸ Vgl. *Simmel*, Kant, bes. S. 129 ff.

¹¹⁹ *Kant*, Vernunft, S. 73 - 88.

120 Aus philosophischer Perspektive hat Schopenhauer diesen Mangel als erster prägnant formuliert. Vgl. *Schopenhauer*, Wille 1, S. 440 f.
121 *Goethe*, Farbenlehre, S. 323.
122 *Goethe*, Unterhaltungen, S. 525.
123 *Goethe*, Farbenlehre, S. 324.
124 Prägnant *Goethe*, Werke 13, S. 34: »Natur hat weder Kern / Noch Schale, / Alles ist sie mit einemmale«
125 *Goethe*, Farbenlehre, S. 348. Das Ereignis lässt sich auf den 12. Dezember 1777 datieren (vgl. *Goethe*, Werke 13, S. 607).
126 *Goethe*, Farbenlehre, S. 346.
127 Vgl. dazu allgemein *Goethe*, Werke 13, S. 24 f.
128 *Goethe*, Farbenlehre, 317.
129 Carl Friedrich von Weizsäcker hat darauf hingewiesen, dass das Gestaltkonzept Erscheinungen über ihre *Ähnlichkeit* miteinander verbindet, während die kategoriale oder mathematisch Reduktion sie einander formal gleich macht. Vgl. *Weizsäcker*, Begriffe, S. 542; dito *Steiner*, Naturanschauung, S. 253.
130 Vgl. *Cassirer*, Philosophie 3, S. 108 f.
131 *Goethe*, Farbenlehre, S. 315.
132 *Lessing*, Prinzipien, S. 7.
133 Vgl. ebd., S. 36 - 46.
134 *Lessing*, Prinzipien, S. 9: meinte einerseits *Spengler*, Untergang; *Keyserling*, Reisetagebuch; andererseits Husserls Phänomenologie und Jaenschs typologische »Eidetik«.
135 Für einen gelungenen Versuch, Ausdruckswahrnehmung, sprachliche Repräsentation und begriffliche Erkenntnis unter dem Dach einer Theorie des Symbolischen zu vereinen vgl. *Cassirer*, Formen 1, S. 1 - 16.
136 *Lessing*, Prinzipien, S. 47.
137 Ebd., S. 22.
138 Vgl. *Cassirer*, Substanzbegriff, S. 295 ff.
139 Lessing selbst arbeitet mit der Unterscheidung zwischen deiktischem und bildlichem Gebrauch der Sprache, während er terminologisch nicht zwischen »Wörtern« und »Begriffen« unterscheidet. Vgl. z. B. *Lessing*, Prinzipien, S. 47. Zu der für eine selbstbezügliche (autopoeitische) Wissenschaft unverzichtbaren Unterscheidung zwischen Wörtern und Begriffen vgl. *Luhmann*, Wissenschaft, S. 386 ff.
140 Zum Typus als Form der Ähnlichkeitswahrnehmung vgl. *Goethe*, Entwurf, S. 9 ff. Zum Begriff des »geistigen Auges« als dem Organ zur Wahrneh-

mung typischer Phänomene vgl. ebd., S. 37. Zur Bedeutung des Ähnlichkeitsbegriffs bei Goethe auch *Weizsäcker*, Begriffe, S. 542.

[141] *Lessing*, Blumen, S. 11, 14.

[142] Ebd., S. 11.

[143] Ebd., S. 12.

[144] Zur inneren Einheit des Gesamtwerk Goethes bei gleichzeitiger Unterscheidung zwischen Kunst und Wissenschaft vgl. *Kuhn / Wankmüller*, Nachwort, S. 561 f.

[145] *Lessing*, Blumen, S. 15.

[146] Ebd., S. 14.

[147] Zu Klages, auf den diese Art des charakterologischen Ähnlichkeitsdenkens zurückgeht, vgl. Teil 4, S. 474 ff.

[148] *Pfänder*, Grundprobleme, S. 325.

[149] Ebd., S. 335.

[150] *Lessing*, Blumen, S. 17.

[151] *Lessing*, Prinzipien, S. 46.

[152] *Lessing*, Blumen, S. 13.

[153] Ebd., S. 14.

[154] *Goethe*, Farbenlehre, S. 322.

[155] Ebd., S. 480.

[156] Goethe spricht hier von »Verbindungen« nur im Sinne der ephemeren physikalischen Farberscheinungen, also etwa vom »rötlichen Schein«, den sowohl das durch Verdunkelung ins Violett gesteigerte Blau als auch das in Orange gesteigerte Gelb aufwiesen. Vgl. *Goethe*, Farbenlehre, S. 479.

[157] Vgl. *Goethe*, Witterungslehre, S. 311.

[158] *Goethe*, Farbenlehre, S. 368.

[159] Ebd., S. 362.

[160] Ganz offensichtlich wird die Nähe zwischen der Naturwissenschaft und Charakterdarstellung etwa im Roman *Die Wahlverwandtschaften*. Vgl. dazu *Adler*, Anziehungskraft; sowie S. 256 ff.

[161] *Goethe*, Farbenlehre, S. 500.

[162] Ebd., S. 520.

[163] Zu Carus' Biographie vgl. *Genschorek*, Carus. Zu Carus' Beiträgen in der von Goethe herausgegebenen Zeitschrift *Zur Morphologie* vgl. *Grosche*, »Seelen«, S. 103 ff.; zur engen geistigen und persönlichen Bindung an Goethe ebd., bes. 210 - 262. Zur Physiognomik vgl. *Buser*, Ausdruckspsychologie, S. 68 - 78. Zum romantischen Kontext von Carus' Wissen-

schaft vgl. *Huch, Romantik*, S. 413 - 420. Carus selbst gibt seine Auffassung zum Wissenschaftler Goethe wider in *Carus, Göthe*, S. 96 - 105.

[164] Carus' physiognomische Beschreibung des Gebirges (1835) steht noch unter dem Einfluss einer physiognomischen Naturbetrachtung wie sie sich etwa auch bei Alexander v. Humboldt findet; dagegen verengt die *Symbolik* (1853) das Aufgabengebiet der Physiognomik auf den menschlichen Leib als Symbolfläche. Vgl. *Carus, Gebirge*. Zu Humboldt *Schmölders, Vorurteil*, S. 203.

[165] *Carus, Psyche*, wurde fast zeitgleich von Ludwig Klages herausgegeben.

[166] *Lessing, Einleitung*, S. 13.

[167] *Carus, Symbolik*, S. 207.

[168] Geht zurück auf Campers Konzept des Gesichtswinkels: vgl. *Schmölders, Vorurteil*, S. 124.

[169] *Carus, Symbolik*, S. 291.

[170] Vgl. auch ebd., S. 287.

[171] Ebd., S. 282.

[172] Ebd. S. 287.

[173] Vgl. ebd., 291 f.

[174] Bsp. für Analogie und Bezüge zu den bildenden Künsten: ebd. S. 288; S. 295.

[175] Vgl. *Porta, Physiognomie*, S. 274 ff.

[176] Vgl. ebd. S. 68 ff.

[177] Zur Autoritätsgebundenheit Portas vgl. *Rink, Vorwort*, S. 15.

[178] Vgl. Lavater in *Schmölders, Vorurteil*, S. 197.

[179] Vgl. *Wellberry, Genie*, S. 335.

[180] *Carus, Symbolik*, S. 55.

[181] Zu Carus als Anatom vgl. *Genschorek, Carus*.

[182] *Carus, Symbolik*, S. 283.

[183] *Goethe, Farbenlehre*, S. 368.

[184] Zitiert nach *Kuhn / Farbenlehre, Nachwort*, S. 561.

[185] *Goethe, Farbenlehre*, S. 368.

[186] *Goethe, Farbenlehre*, S. 488.

[187] Dies betonen auch *Kuhn / Wankmüller, Nachwort*, S. 561 f.

[188] Zitiert nach ebd., S. 561.

[189] *Seifert, Charakterologie*, S. 39.

[190] Ebd., S. 41.

[191] Ebd.

[192] Dito Goethe, Farbenlehre, S. 488.
[193] Vgl. Seifert, Charakterologie, S. 40 - 42 (Zitat S. 41).
[194] Ebd., S. 43.
[195] Ebd.
[196] Vgl. ebd.
[197] Zitiert nach ebd., S. 43.
[198] Zitiert nach ebd., S. 44.
[199] Vgl. ebd, S. 45.
[200] Bachofen teilt mit anderen romantischen Wissenschaftlern wie Carl Gustav Carus das Merkmal der späten Entdeckung um 1900. Im Falle von Bachofens *Mutterrecht* waren es der Ägyptologe Karl Wolfskehl, der um das Werk wusste, und Ludwig Klages, der für das eigene Denken fruchtbar machte. Vgl. *Schröder*, Jugend, S. 226 ff.
[201] Bachofen, Mutterrecht, S. 35.
[202] Ebd., S. 15.
[203] Ebd., S. 13.
[204] Ebd., S. 14.
[205] Ebenso wie die Naturforschung Goethes stieß Bachofens historiographischer Ansatz bei den Fachhistorikern auf einhellige Ablehnung. Vgl. *Cesana*, Bachofen, S. 55.
[206] Bachofen, Mutterrecht, S. 54.
[207] Zum historischen Kontext dieser symbolischen Geographie vgl. *Said*, Orientalism.
[208] Bachofen, Mutterrecht, S. 43.
[209] Vgl. dazu auch Teil 2, 5.1., S. 266 ff.
[210] Vgl. *Cesana*, Geschichtsdenken.
[211] Vgl. *Klages*, Widersacher, bes. S. 1249 ff.
[212] Seifert, Charakterologie, S. 44.
[213] Vgl. *Seifert*, Charakterologie, S. 41, Anm. 2.
[214] Ebd., S. 40.
[215] Zitiert nach ebd., S. 41.
[216] Vgl. *Mersch*, Argumente. S. 95 - 98; *Kemp*, Bilderwissen; *Nikolow / Bluma*, Science Images.
[217] Selbst die Kunstgeschichte musste sich erst von psychologischen und allgemeinhistorischen Fragestellungen emanzipieren: Vgl. am Beispiel Aby Warburg *Gombrich*, Künstler, S. 204 - 209; sowie S. 459 f.
[218] Vgl. *Mersch*, Argumente, S. 96; *Mersch*, Bild.

[219] Ernst H. Gombrich hat sehr plausibel gezeigt, dass jede Aussage über Ausdrucksqualitäten eines Gegensatzschemas bedarf: einer Voraussetzung, die so allgemein ist, dass sie die Kluft zwischen Wort und Bild überbrücken kann. Vgl. *Gombrich*, Ausdruck, bes. S. 116 - 128.

[220] *Carus*, Symbolik, S. 288.

[221] Heinrich Wölfflin bediente sich in seiner Grundlegung einer formalen Kunstgeschichte der gleichen Methode. Vgl. dazu auch S. 459 f.

[222] Vgl. *Carus*, Symbolik, S. 287.

[223] Vgl. dazu S. 122 f.

[224] Vgl. *Doell*, Goethe; *Safranski*, Schopenhauer, S. 266 - 286.

[225] *Goethe*, Feyer, S. 171.

[226] Vgl. *Schopenhauer*, Farbenlehre, bes. S. 211 ff.; *Safranski*, Schopenhauer, S. 278 ff.

[227] *Schopenhauer*, Farbenlehre, S. 236.

[228] Vgl. etwa *Lessing*, Einführung, S. 86; *Klages*, Bahnsen, S. 38. Die Ausnahme unter den zeitgenössischen Charakterologen: *Helwig*, Charakterologie, Kap. 2.

[229] *Bernhard*, Schopenhauer. Zum Universitätspsychologen Wellek vgl. *Geuter*, Professionalisierung, S. 125 f.

[230] *Bernhard*, Schopenhauer, S. 25.

[231] Ebd.

[232] *Schopenhauer*, Welt 1, S. VI.

[233] Vgl. exemplarisch *Nietzsche*, Ecce Homo, S. 1072: »Daß ein wohlgeratener Mensch unseren Sinnen wohltut: daß er aus einem Holze geschnitzt ist, das hart, zart und wohlriechend zugleich ist.«

[234] *Goethe*, Geschichte, S. 173.

[235] *Schopenhauer*, Freiheit, S. 542.

[236] Vgl. *Schopenhauer*, Welt 1, S. 417 ff.

[237] *Schopenhauer*, Welt 1, S. 514.

[238] *Schopenhauer*, Moral, S. 786.

[239] Ebd., S. 706.

[240] *Schopenhauer*, Welt 1, S. 291.

[241] *Schopenhauer*, Moral, S. 707.

[242] *Schopenhauer*, Welt 1, 158, 293.

[243] Ebd., S. 160 f.

[244] Ebd., S. 159.

[245] Ebd., S. 158.

[246] Ebd.
[247] Ebd.
[248] Vgl. ebd., 165, 293.
[249] Ebd., S. 141.
[250] Ebd., S. 295.
[251] Vgl. *Schopenhauer*, Freiheit, S. 532 ff.
[252] Vgl. *Safranski*, Schopenhauer, S. 348.
[253] *Schopenhauer*, Welt 1, S. 154.
[254] Ebd., S. 297.
[255] Vgl. ebd., S. 306 ff.
[256] Ebd., S. 306.
[257] Ebd., S. 307.
[258] Ebd., S. 308.
[259] Vgl. ebd.
[260] Vgl. *Kant*, Anthropologie, S. 292.
[261] Ebd., S. 293 Im gleichen Sinne und ebenfalls um 1800 *Goethe*, Geschichte, S. 174.
[262] Ebd., S. 285.
[263] *Allg. Encycl.*, Charakter, S. 55.
[264] *Brockhaus* (1894), Charakter, S. 101.
[265] Paradigmatisch: *Smiles*, Character.
[266] Für diesen Hinweis danke ich Cornelius Reiber.
[267] Vgl. *Safranski*, Schopenhauer, S. 343 ff.
[268] Zitiert nach ebd.
[269] Vgl. *Schopenhauer*, Moral, S. 737 - 744.
[270] Vgl. *Foucault*, Sorge, S. 55 - 94. Schopenhauer rückte seine praktische Philosophie explizit in die Nähe des Stoizismus. Vgl. *Schopenhauer*, Welt 2, S. 145 - 155.
[271] *Schopenhauer*, Welt 1, S. 299.
[272] Ebd., S. 309.
[273] Ebd.
[274] *Schopenhauer*, Moral, S. 797.
[275] Ebd., S. 786, 793.
[276] Ebd., S. 792.
[277] *Schopenhauer*, Welt 1, S. 134.
[278] Ebd.

²⁷⁹ *Schopenhauer*, Satz, S. 154; *Schopenhauer*, Welt 1 (1879), S. 156.

²⁸⁰ Vgl. *Schopenhauer*, Moral, S. 790.

²⁸¹ Zur Einteilung der moralischen Charaktere vgl. ebd., S. 744 ff.

²⁸² *Schopenhauer*, Welt 2 (1879), S. 282.

²⁸³ Zitiert nach *Wagner*, Register, S. 377, 2.

²⁸⁴ *Schopenhauer*, Welt 2, S. 360.

²⁸⁵ Ebd., S. 374.

²⁸⁶ Ebd. Schopenhauer nennt den Obduktionsbericht der Leiche Lord Byrons als einen Ausgangspunkt seiner anatomischen Spekulationen. Zu dessen Kontext vgl. *Breidbach*, Materialisierung, S. 91 - 114.

²⁸⁷ Belege vgl. *Wagner*, Register, S. 128,2.

²⁸⁸ *Kershaw*, Hitler 1889 - 1936, S. 130.

²⁸⁹ *Schopenhauer*, Welt 1, S. 280.

²⁹⁰ *Schopenhauer*, Parerga 2 (1874), S. 301.

²⁹¹ *Schopenhauer*, Welt 1, S. 280.

²⁹² Zitiert nach *Safranski*, Schopenhauer, S. 339.

²⁹³ Lichtmetapher: *Schopenhauer*, Welt 1, S. 153; Wurzelmetapher: *Schopenhauer*, Welt 2, S. 363.

²⁹⁴ Ebd.

²⁹⁵ Zitiert nach *Wagner*, Register, S. 126,2.

²⁹⁶ *Schopenhauer*, Nachlaß, S. 352.

²⁹⁷ *Schopenhauer*, Parerga 2 (1874), S. 535.

²⁹⁸ Ebd., S. 88.

²⁹⁹ *Schopenhauer*, Welt 1 (1879), S. 276.

³⁰⁰ *Schopenhauer*, Welt 1, S. 152.

³⁰¹ Ebd., S. 146.

³⁰² Vgl. Ebd.

³⁰³ *Schopenhauer*, Nachlaß, S. 397; S. 398.

³⁰⁴ *Schopenhauer*, Moral, S. 792.

³⁰⁵ Zu den zwei gegensätzlichen Semantiken des Individuellen vgl. auch *Cassirer*, Substanzbegriff, S. 292 ff.

³⁰⁶ Zur frühen Würdigung durch Klages vgl. *Klages*, Bahnsen. Weitere Wirkungsgeschichte: überrollt von Klages und der modernen Charakterologie, führt Bahnsen eine reine Fußnotenexistenz. Symptomatisch *Hennis*, Fragestellung, S. 119.

³⁰⁷ *Bahnsen*, Beiträge 1, S. 1.

[308] Vgl. ebd., Kap. III.2.

[309] Allerdings nach empirischem Hauptwerk veröffentlicht: *Bahnsen*, Wille.

[310] Wie naheliegend es Mitte des 19. Jahrhunderts war, sich zur Erfassung menschlicher Ungleichheit am epistemologischen Modell der Chemie zu orientieren, zeigt neben der dritten Auflage von Schopenhauers ›Welt als Wille und Vorstellung‹ (1859) und Bahnsens ›Beiträgen zur Charakterologie‹ (1867) auch Gobineaus ‹Essai sur l'ingalité des races humaines› (1853 - 55): »historische Chemie«. Vgl. *Gobineau*, Menschenracen 1, S. XIII.

[311] *Bahnsen*, Beiträge 1, S. 3.

[312] Zur Abhängigkeit der Temperamentenlehre vom humoralpathologischen Paradigma vgl. *Nutton*, Humoralism, bes. S. 287 f. Zur langen Wirksamkeit des Paradigmas vgl. *Schmidt*, Temperamentenlehre, S. 1183.

[313] *Bahnsen*, Beiträge 1, S. 18.

[314] Ebd., S. 20.

[315] Ebd., S. 22.

[316] Ebd.

[317] Ebd., S. 23.

[318] Ebd., S. 25.

[319] Vgl. *Husemann*, Grundriss, S. 15.

[320] Unterchlorige Säure (ClO) ein, chlorige Säure (ClO^3) drei, Unterchlorsäure (ClO^4) vier, Chlorsäure (ClO^5) fünf und Überchlorsäure (ClO^7) sieben Sauerstoffatome. Vgl. ebd., S. 43 - 44.

[321] *Bahnsen*, Beiträge 1, S. 25.

[322] Zum »Interesse« als quasi-physikalischem Leitbegriff im 17. und 18. Jhd. *Hirschman*, Leidenschaften, S. 51 - 57.

[323] Vgl. *Adler*, »Anziehungskraft«, Kapitel III und IV.

[324] Vgl. ebd., S. 59.

[325] Vgl. ebd., S. 57 - 70.

[326] Vgl. ebd., S. 72.

[327] *Cassirer*, Substanzbegriff, S. 270 - 292.

[328] Zur physikalischen Erklärung im Zuge der modernen Atomtheorie der Elemente vgl. *Fierz-David*, Entwicklungsgeschichte, S. 328 - 335; zu Moseleys Rolle vgl. *Heilbron*, Moseley, bes. S. 349 ff.

[329] Vgl. *Fierz-David*, Entwicklungsgeschichte, S. 328.

[330] *Cassirer*, Substanzbegriff, S. 285.

[331] Vgl. *Scerri*, Table; *Ihde*, Development, S. 231 - 256.

[332] *Cassirer*, S. 288.

[333] Vgl. ebd., S. 289.
[334] Ebd., S. 271.
[335] Vgl. *Kuhn*, Revolutionen, S. 30 - 35.
[336] *Cassirer*, Substanzbegriff, S. 271.
[337] *Rickert*, Begriffsbildung, S. 235 ff.
[338] Vgl. *Cassirer*, Substanzbegriff, S. 304.
[339] Vgl. *Husemann*, Grundriss, S. 6; S. 25.
[340] Vgl. ebd., S. 28 - 185.
[341] *Bahnsen*, Beiträge 1, S. 27.
[342] *Bahnsen*, Beiträge 1, S. XII.
[343] Ebd., S. 1.
[344] Vgl. S. 117.
[345] Für Nietzsche vgl. *Ottmann*, Handbuch, S. 418 f.; *Ross*, Adler, S. 156 - 167; zudem immer noch lesenswert *Simmel*, Schopenhauer; für Weininger vgl. *Le Rider*, Weininger, S. 108 - 135.
[346] Vgl. *Bollenbeck*, Weltanschauungsbedarf, S. 203 ff.
[347] Für die relative Bedeutungslosigkeit des Charakterbegriffs bei Nietzsche vgl. HWdP, Charakter, S. 989.
[348] Bisher ist v. a. Nietzsches Bedeutung für die Tiefenpsychologie gewürdigt worden. Vgl. *Irion*, Eros; *Haslinger*, Tiefenpsychologie; *Chapelle*, Psychoanalysis; *Goedde*, Traditionslinien; *Löffelmann*, Gesetz.
[349] *Hennis*, Fragestellung.
[350] Hennis nennt Webers Fragestellung ebenso, nämlich »charakterologisch«; und zugleich macht er aus Weber einen Nietzscheaner. Vgl. S. 168; sowie *Hennis*, Fragestellung, S. 167 - 194.
[351] *Nietzsche*, Strauss, S. 142; *Nietzsche*, Fragmente 8.2, S. 29; *Nietzsche*, Fragmente 8.1, S. 107.
[352] Dass es genau dieser Aspekt war, der wiederum das charakterologische Denken nach 1900 stimulierte, zeigt sich in *Klages*, Errungenschaften, bes. S. 29 - 62. Anders als uns ist dem Zeitgenossen Klages klar, wie untrennbar bei Nietzsche das »psychologische« mit dem »charakterologischen« Motiv zusammenhängt.
[353] *Nietzsche*, Morgenröte, S. 1091.
[354] Ebd.
[355] Ebd., S. 1100.
[356] Vgl. *Bahnsen*, Wille, S. 24.

357 Die Umschreibung des Psychologen als »Zeichendeuter« findet sich in *Nietzsche, Allzumenschliches*, S. 444. Zur Kritik der Differenz oberflächlich / tief vgl. *Nietzsche, Contra Wagner*, S. 1061.

358 *Nietzsche, Genealogie*, S. 839 - 900.

359 *Nietzsche, Ecce Homo*, S. 1071.

360 *Nietzsche, Schopenhauer*, S. 309.

361 Zur tatsächlich mythologischen Absicht des Tragödienbuchs und dem mit Wagner geteilten Ziel einer Wiederbelebung der mythischen Kultur vgl. *Safranski*, Nietzsche, S. 79 - 103.

362 Zur Rezeption vgl. *Schlechta*, Werkchronik, S. 1270; *Ross*, Adler, S. 283 - 308.

363 *Nietzsche, Geburt*, S. 21.

364 Vgl. *Nietzsche, Ecce Homo*, S. 1109.

365 Zu den offensichtlichen Unterschieden vgl. *Cesana*, Bachofen.

366 Vgl. *Nietzsche, Geburt*, S. 21.

367 Ebd., S. 35.

368 Vgl. ebd., S. 44.

369 Vgl. ebd., S. 64 ff.

370 Für die alternative Deutung, die den Anfang der Philosophie als Fortführung und Beantwortung des in der Tragödie gestellten Problems interpretiert, vgl. Kuhn, *Die wahre Tragödie*, bes. S. 300 ff.

371 *Nietzsche, Geburt*, S. 77.

372 Vgl. ebd., S. 103 ff.

373 Ebd., S. 110.

374 Ebd.

375 *Nietzsche, Ecce Homo*, S. 1108.

376 Der ästhetizistische Ansatz zieht sich durch das gesamte Werk, nur radikalisiert Nietzsche in späteren Schriften dessen erkenntnistheoretische Implikationen; so etwa prägnant in *Nietzsche, Götzendämmerung*, S. 958.

377 *Nietzsche, Genealogie*, S. 839.

378 Zur Unterscheidung Medium / Form vgl. *Goebel / Fuchs*, Einleitung.

379 *Nietzsche, Genealogie* S. 853.

380 Ebd., S. 849 [Hervorh. v. Autor].

381 Ebd., S. 858.

382 Ebd., S. 859.

383 Ebd., S. 862.

384 Belege ebd., S. 863 - 865.

385 *Nietzsche, Fall Wagner*, S. 913.

[386] Ebd.
[387] Ebd.; vgl. auch Nietzsche, Fröhl. Wiss., S. 234.
[388] Nietzsche, Götzendämmerung, S. 948.
[389] Ebd., S. 919.
[390] Vgl. S. 148.
[391] Zur Editionsgeschichte vgl. Ottmann, Handbuch, S. 52 f., 441.
[392] Nietzsche, Fragmente 8.2, S. 93.
[393] Vgl. S. 278.
[394] Nietzsche, Fragmente 8.2, S. 4.
[395] Ebd.
[396] Nietzsche, Genealogie, S. 897.
[397] Vgl. den Gliederungsentwurf in Nietzsche, Fragmente 8.2, S. 96.
[398] So ist wiederum Sokrates historisch der erste décadent. Vgl. Nietzsche, Götzendämmerung, S. 951 ff.
[399] Nietzsche, Fragmente 8.3, S. 57.
[400] Ebd., S. 223 f.
[401] Nietzsche, Fragmente 8.2, S. 254.
[402] Nietzsche, Antichrist, S. 1233; Nietzsche, Fragmente 8.2, S. 104 f.
[403] Vgl. Nietzsche, Antichrist, S. 1179 - 1181.
[404] Für nicht schon zuvor erbrachte Belege vgl. jeweils Nietzsche: Fragmente 8.2, S. 69, 98 - 115; Fragmente 8.3, S. 4, 58, 187, 221, 223, 299; Fall Wagner, S. 938.; Götzendämmerung, passim, bes. S. 992 - 996, 1020 - 1026.
[405] Nietzsche, Fall Wagner, S. 906; Nietzsche, Macht, S. 217.
[406] Nietzsche, Götzendämmerung, S. 992 - 995; Nietzsche, Fall Wagner, S. 909.
[407] Vgl. ebd., S. 931. Paradigmatisch für diesen Handel sind für Nietzsche die weiblichen Wagneranhängerinnen: »Wagner hat das Weib erlöst; das Weib hat ihm Bayreuth erbaut.« (ebd.)
[408] Nietzsche, Fragmente 8.2, S. 11 f.
[409] Nietzsche, Götzendämmerung, S. 952.
[410] Zur Unterscheidung zwischen Bourdieus Logik der Praxis und dem davon abgeleiteten Modell symbolischen Denkens vgl. Teil 2, 1.2., S. 155 ff., und 1.3., S. 164 ff.
[411] Bourdieu, Sinn, S. 153.
[412] Nietzsche, Fragmente 8.3, S. 299.
[413] Nietzsche, Fragmente 8.2, S. 59.
[414] Nietzsche, Fragmente 8.1, S. 103.

[415] Ebd., S. 244.

[416] Das Lob Heraklits ist daher stimmig. Vgl. *Nietzsche*, Ecce Homo, S. 1111.

[417] Genau dieses Konzept der Gleichzeitigkeit von Wahrnehmung und Bewertung ist es, die Bourdieus Modell der praktischen Logik mit dem Begriff des Habitus verbindet. Vgl. *Bourdieu*, Sinn, S. 97 - 121, 134 f.

[418] *Pophal*, Gehirnschrift, S. 257.

[419] *Nietzsche*, Allzumenschliches, S. 444.

[420] *Nietzsche*, Fragmente 8.3, S. 4 f.; *Nietzsche*, Macht, S. 105 f.

[421] *Nietzsche*, Götzendämmerung, S. 1024.

[422] *Nietzsche*, Macht, S. 159.

[423] Ebd., S. 157. Das Konzept des *Seelenadels* dürfte zu den folgenreichsten und ambivalentesten Hinterlassenschaften Nietzsches gehören. In seinem Namen konnten die Herrschaftsansprüche der alten Aristokratie delegitimiert werden, ohne auf demokratische oder links-sozialistische Ideen zurückzugreifen. Exemplarisch für den Adelskult der SS ist *Darré*, Neuadel. Überblick über den elitären Adelsdiskurs im frühen 20. Jahrhundert bei *Gerstner*, Adel.

[424] Vgl. *Nietzsche*, Macht, S. 159.

[425] Ebd.

[426] Eine synthetische Rezeptionsgeschichte Nietzsches fehlt leider. Seine Wirkung auf das deutsche Bildungsbürgertum um 1900 steht aber außer Frage. Vgl. v. a. *Aschheim*, Legacy; *Wiggershaus*, Nietzsche.

[427] Vgl. *Ross*, Adler, S. 416 - 474.

[428] *Nietzsche*, Ecce Homo, S. 1059.

[429] Ebd.

[430] Vgl. *Benn*, Nietzsche; *Ricœur*, Interpretation, bes. S. 74; *Jaspers*, Nietzsche; *Deleuze*, Nietzsche.

[431] *Klages*, Errungenschaften, S. 37.

[432] Ebd., S. 62.

[433] Explizit zu Klages' Auffassung einer »Verwandtschaft« Nietzsches zur Romantik in *Carus*, Psyche (Vorwort), S. II - IV.

[434] Dazu sehr instruktiv *Safranski*, Romantik, S. 70 - 88.

[435] Zur affirmativen Stirnerlektüre vgl. *Klages*, Widersacher, S. 728.

[436] Zum Konzept des ›Fremdich‹ vgl. *Klages*, Errungenschaften, S. 17 - 28.

[437] *Nietzsche*, Ecce Homo, S. 1072.

[438] *Le Rider*, Weininger, S. 229.

[439] Zur Rezeption Weiningers unter europäischen Intellektuellen vgl. ebd., S. 220 - 243.

[440] Zum historischen und lokalen Kontext von *Geschlecht und Charakter* vgl. *Luft*, Fin de siècle; *Palmier*, Moderne; *Wagner*, Kraus, S. 152 - 156.

[441] *Canetti*, Fackel, S. 90.

[442] Der Untertitel von Le Riders Monographie lautet »Wurzeln des Antifeminismus und des Antisemitismus«. Weininger selbst bezeichnete seine Darstellung als »fast immer antifeministisch« (*Weininger*, Geschlecht, S. VI).

[443] Fackel Nr. 229 (1907), S. 14.

[444] *Schmitt*, Tagebücher 1912 - 1915, S. 44.

[445] Zu Schmitts ambivalenter Faszination für das »Ewig-Weibliche« vgl. auch *Sombart*, Jugend, S. 263.

[446] *Weininger*, Geschlecht, S. IX.

[447] *Hirsch*, Charakterologie, greift die Worte zwar auf, übersieht aber vollständig deren Sinn.

[448] Der Terminus tritt kurz vor der Jahrhundertwende wieder in den allgemeinen Sprachgebrauch ein. Vgl. etwa *Huther*, Grundzüge. Allerdings ist er hier im pädagogischen Sinn gemeint. Weininger gehörte neben Dilthey zu den ersten, die im hier gemeinten Sinn charakterologisch dachten und dies auch so nannten.

[449] Vgl. *Weininger*, Geschlecht, S. 71.

[450] In dem Aspekt der Praxistauglichkeit des differentiell-psychologischen Denkens und in der Fokussierung auf die konkreten Individuen gleicht Weiningers Ansatz im Übrigen dem Bahnsens (vgl. S. 250 ff.).

[451] Vgl. ebd., S. 64.

[452] Vgl. Teil 1, 3.2., S. 108 ff.

[453] Wie plausibel die erkenntnistheoretische Skepsis, die Weininger am Anfang von *Geschlecht und Charakter* zeigt, auch heute noch ist, zeigt der Vergleich mit *Moebius*, Schwachsinn, bes. S. 21 ff.

[454] Vgl. *Weininger*, Geschlecht, S. 7 - 13; S. 53.

[455] Zum Konzept vgl. *Schmidt*, Notiz, S. 1 f. Besonders pointiert kommt Hirschfelds Ansatz zudem im Begriff des »Dritten Geschlechts« zum Ausdruck, durch den er die Homosexualität vollständig aus dem bipolaren Geschlechterschema befreite. Vgl. *Hirschfeld*, Drittes Geschlecht.

[456] *Weininger*, Geschlecht, S. 9.

[457] Betonung auf »qualitativ«, weil das quantitative Kontinuum ein zentrales Denkmittel für die modernen Wissenschaften vom Menschen ist. Zur Homogenisierung und Quantifizierung als Voraussetzung des »normalisierenden« Denkens über den Menschen: vgl. *Link*, Normalismus; *Canguilhem*, Normale.

[458] Vgl. *Le Rider*, Weininger, S. 66; S. 118.

[459] Schopenhauer, Welt 2, S. 517; zitiert bei Weininger, Geschlecht, S. 498.
[460] Vgl. Häcker, Chromosomen, S. 261; Kröner, Genetik, S. 472 f.; ebd, 474; Stoffregen, Endokrinologie, S. 354.
[461] Vgl. Deuster, Östrogene, S. 1065; Müller-Jahnke, Testosteron, S. 1383.
[462] Weininger, Geschlecht, S. 19.
[463] Naegeli, Abstammungslehre, S. 531. Zum Begriff des Idioplasma ebd., S. 23 ff.
[464] Vgl. Hertwig, Zelle 1, S. 277 ff.
[465] Weininger, Geschlecht, S. 20.
[466] Ebd.
[467] Ebd., S. 25; S. 28.
[468] Obwohl Weininger die Anwendung der korrelationsstatistischen Methode auf psychologische Fragestellungen ebenfalls als »differentielle Psychologie« bezeichnet, beruft er sich an dieser Stelle nicht auf die – ihm bekannten – Arbeiten William Sterns, sondern auf Wilhelm Dilthey. Vgl. Weininger, Geschlecht, S. 511.
[469] Ebd. S. 100 - 103.
[470] Ebd., S. 101.
[471] Ebd., S. 102.
[472] Vgl. S. 236.
[473] So Weininger, Geschlecht, S. 99; im gleichen Sinn ebd., S. 105.
[474] Ebd., S. 103.
[475] Zur Frage, warum sich bedeutende Männern sexuell vor allem von Frauen des Prostituiertentypus angezogen fühlten, vgl. S. 322.
[476] Vgl. Weininger, Geschlecht, S. 111. Für entsprechende Stellen vgl. Schopenhauer, Welt 2, S. 283; S. 360.
[477] Weininger, Geschlecht, S. 388.
[478] Vgl. ebd., S. 179 - 181.
[479] Ebd., S. 179; 219.
[480] Ebd., S. 179.
[481] Ebd., S. 178.
[482] Ebd.
[483] Ebd., S. 302.
[484] Ebd., S. 303.
[485] Ebd., S. 305 f.
[486] Ebd., S. 307.

487 Ebd., S. 354; S. 358 ff. Verweis auf gleiche Argumentationsfigur wie bei *Moebius*, Schwachsinn, S. 25 ff.
488 *Gilman*, Body, S. 60 ff.
489 *Weininger*, Geschlecht, S. 359.
490 Zum Kontext der Hysterieforschung vgl. *Didi-Huberman*, Erfindung; *Henke*, Theater, bes. S. 364 - 383.
491 *Weininger*, Geschlecht, S. 359.
492 Ebd., S. 370.
493 Ebd., S. 362.
494 Ebd., S. 363.
495 Ebd., S. 78.
496 Ebd., S. 80.
497 Ebd., S. 84.
498 Vgl. ebd., S. 453 ff.
499 Vgl. ebd., S. 91.
500 Vgl. ebd., S. 81 - 84.
501 Vgl. ebd., S. 459.
502 Ebd. S. 467.
503 Auch hierin ist Wagner das Vorbild. Vgl. *Hartwich*, Antisemitismus, S. 251 ff.
504 *Weininger*, Geschlecht, S. 221.
505 Ebd., S. 303.
506 Ebd., S. 143.

Teil 3
Echt unecht: Die Charakterologie des ›jüdischen Wesens‹

1. Vgl. *Bergmann*, Antisemitismus, S. 459 ff.
2. Klassisch: *Aly / Heim*, Vordenker; *Aly*, Endlösung; sowie jüngst *Neitzel / Welzer*, Soldaten.
3. Vgl. *Goldhagen*, Executioners.
4. *Nipperdey*, Deutsche Geschichte 1866 - 1918 2, S. 309.
5. *Schmitt*, Tagebücher 1912 - 1915, S. 164.
6. Vgl. *Schmitt*, Tagebücher 1912 - 1915, S. 91; *Schmitt*, Tagebuch 1915, S. 124, 164. Die Merkwürdigkeit, den Fall Wagner als »innerjüdische Angelegenheit« zu bezeichnen, entgeht auch den Herausgebern der Tagebücher, Ernst Hüsmert und Gerd Giesler, nicht. Wenn sie daraus allerdings den Schluss ziehen, es habe sich bei Schmitts »jüdischem Komplex« um einen »durch Otto Weininger introjizierten jüdischen Selbsthass« gehandelt, dann bedienen sie sich damit einer verbreiteten antisemitischen Argumentationsfigur: der Projektion, die die Juden selbst für die ihnen entgegen gebrachten Ressentiments verantwortlich macht (*Hüsmert / Giesler*, Einführung, S. 5). In der Sache übersehen Hüsmert und Giesler, dass Schmitt es als geübter Charakterologe verstand, ein und demselben Verhalten unterschiedliche, ja gegensätzliche Bedeutungen zuzuschreiben. Wenn er sein eigenes Wesen als »Anwalt« dadurch beschreibt, dass er sich »unter Aufgabe der eigenen Persönlichkeit« für »fremde Sachen« einsetze, dann bringt er seinen selbstlosen Charakter *ad alterum* in Gegensatz zum »ausbeuterischen« Charakter von »Juden« wie Julien Sorel. (ebd., S. 124).
7. Der Ansatz, den bildungsbürgerlichen Antisemitismus als Phänomen einer Beziehungsgeschichte zu deuten, folgt *Jensen*, Doppelgänger.
8. DLA, A:Klages, BW Barth, 61.4000, 44 v. 3.11.1930.
9. Vgl. dazu *Jensen*, Doppelgänger.
10. Entsprechende Belege bei *Sartre*, Judenfrage.
11. Der antisemitischen Vorurteilsforschung entgehen diese sublimen, diskursiv eingebetteten Stereotype – wie etwa das des ›Schauspielers‹, des ›Parvenu‹ oder des ›Zwiespältigen‹ – in der Regel, da sie sich auf die leicht greifbaren, offen gehässigen »Bilder vom Juden« konzentriert, die größtenteils dem volkstümlichen Judenhass entspringen: so etwa der ›Parasit‹, der ›Wucherer‹, der ›Ritualmörder‹, der ›Kaufmann‹, der ›Kapitalist‹. Vgl. die symptomatische Sammlung bei *Schoeps*, Vorurteile; *Bein*, Parasit.
12. Die Betonung der langen Dauer antisemitischer Haltungen steht im Gegensatz zur Mehrheitsmeinung der historischen Forschung, die für das frühe und mittlere 19. Jahrhundert eher das Gelingen des Emanzipationsprozesses und die Akkulturierung an die bürgerliche Gesellschaft betont. Sympto-

matisch sind erklärungsschwache Zwar-aber- oder Einerseits-andererseits-Formulierungen; so etwa *Nipperdey*, Geschichte 1800 - 1866, S. 255: »Daß die Negativhelden in bürgerlichen Romanen [...] Juden sind, [...] ist kein Zufall. Dennoch: die Hauptlinie ist das nicht.«

13 Der Begriff »Antisemit« wird hier unhistorisch gebraucht. Insgesamt erscheint mir seine Verwendung nicht unproblematisch, aber aufgrund seiner normativen Qualität unbedingt geboten. Zur Begriffsgeschichte vgl. *Nipperdey / Rürup*, Antisemitismus; *Jensen*, Doppelgänger, S. 169 ff.

14 Vgl. *Bergmann*, Deutschland, S. 94 - 96.

15 Vgl. *Herbert*, Best; *Wildt*, Generation.

16 Vgl. *Herbert*, Best, S. 42 ff. *Herbert*, Generation; *Lethen*, Verhaltenslehren; *Lindner*, Leben, bes. S. 146 - 205.

17 Vgl. Forschungsüberblick bei *Kershaw*, NS-Staat, bes. S. 157 - 163.

18 *Aly / Heim*, Vordenker. Zur Kritik vgl. die Beiträge in *Schneider*, Vernichtungspolitik. *Aly*, Endlösung, modifiziert den Ansatz im Rückgriff auf das strukturalistische Deutungsmuster bei *Mommsen*, Realisierung, ohne allerdings Gründe dafür zu nennen, warum vornehmlich Juden Opfer der deutschen Bevölkerungspolitik wurden.

19 Vgl. *Goldhagen*, Executioners. Vermittelnd *Herbert*, Vernichtungspolitik, S. 19 - 31.

20 Vgl. *Herbert*, Best, S. 584, Anm. 204.

21 Eher als Carl Schmitt war für Bests Haltung der »heroische Realismus« des 1895 geborenen Kriegsteilnehmers Ernst Jünger prägend. Vgl. dazu ebd., S. 88 - 100; S. 271 - 275.

22 Vgl. ebd., S. 203 ff.

23 Vgl. *Sartre*, Judenfrage, S. 7.

24 Vgl. *Herbert*, Best, S. 206.

25 Vgl. *Essner*, »Irrgarten«; *Essner*, »Gesetze«, S. 21 - 75.

26 Zum Umschlag der programmatischen in eine weltanschauliche Judenfeindschaft in den 1880er Jahren vgl. *Bergmann*, Antisemitismus, S. 456 ff. Theoretisch hat Shulamit Volkov die weltanschauliche Dimension des Antisemitismus als »kulturellem Code« gefasst. Vgl. *Volkov*, Antisemitismus, S. 13 ff.

27 Eine ausgezeichnete Zusammenfassung der Debatte findet sich bei *Hartwich*, Antisemitismus, S. 104 - 113.

28 Vgl. *Friedländer*, Sendschreiben.

29 *Schleiermacher*, Briefe, S. 18.

30 *Schleiermacher*, Religion, S. 36 ff.

31 Ebd., S. 160.

32 Ebd., S. 165.

33 Vgl. Ebd.
34 Schleiermacher, Briefe, S. 28.
35 Ebd. S. 27.
36 Schleiermacher, Religion, S. 191.
37 Für den charakterologischen Denkstil sind besonders der direkte Einfluss auf Schopenhauer und die deutlichen Spuren, die das Studium der protestantischen Theologie im Werk Nietzsches hinterließ, zu nennen. Vgl. dazu Safranski, Schopenhauer, S. 103, 183, 186 ff.; Düsing, Denkweg.
38 Schleiermacher, Religion, S. 192.
39 Ebd., S. 194.
40 Ebd., S. 197.
41 Ebd., S: 196.
42 Ebd., S. 199.
43 Zur Verschränkung von individuellem und Gruppencharakter im Nationalismus vgl. Goltermann, Körper.
44 Schleiermacher, Religion, S. 176.
45 Schleiermacher, Briefe, S. 36.
46 Vgl. Schleiermacher, Lucinde.
47 So Nowak, Emanzipation, S. 68; Hartwich, Antisemitismus, S. 112.
48 Vgl. Nipperdey, Geschichte 1800 - 1866, S. 254; zum paradigmatischen Beispiel der Familie Mendelssohn vgl. Schoeps, Erbe, S. 27 ff.
49 Vgl. Kaschuba, Bürgerlichkeit. Die nachfolgende Passage orientiert sich an Nipperdey, Geschichte 1800 - 1866, S. 255 - 271.
50 Begriff des Kreises im Sinne von Simmel, Soziologie, S. 456 ff.
51 Zur ambivalenten Rolle der Juden in der bürgerlichen Bildungskultur vgl. Jensen, Doppelgänger, S. 43 - 68.
52 Zur Wirkungsgeschichte von Schleiermachers Konstruktion des Judaismus in jüdischen Theologie vgl. Friedenthal-Haase, Bildung.
53 Schleiermacher, Briefe, S. 44.
54 Schleiermacher, Glaube, S. 126.
55 Vgl. Hartwich, Antisemitismus, S. 106.
56 Lässig, Wege.
57 Es ist symptomatisch, dass Judenfeindschaft in Simone Lässigs Erfolgsgeschichte der jüdischen Emanzipation praktisch keine Rolle spielt. Ebensowenig bei Graml, Reichskristallnacht.
58 Vgl. Jensen, Doppelgänger, S. 331.
59 Vgl. ebd., S. 43 ff.; Nipperdey, Geschichte 1800 - 1866, S. 249.

60 Sondern unter dem Pseudonym K. Freigedank.

61 *Wagner*, Judentum (Fischer), S. 142. Besonders prägnant ist die Formulierung in den der Neuauflage beigefügten Erläuterungen, in denen er von einer »für unsere aufgeklärten Zeiten so schmachvollen mittelalterlichen Judenhasstendenz« sprach (*Wagner*, Schriften 12, S. 32).

62 *Wagner*, Judentum, S. 2.

63 Ebd.

64 *Wagner*, Judentum (Fischer), S. 154.

65 Ebd., S. 150.

66 *Wagner*, Judentum, S. 14.

67 Vgl. z. B. den Blick auf die jüdische Integration bei *Nipperdey*, Geschichte 1866 - 1918 2, S. 290 ff.

68 Zum ambivalenten Verhältnis zu Meyerbeer vgl. *Westernhagen*, Wagner, S. 62 ff.; 76 ff.; 157 fd.

69 Vgl. *Jensen*, Doppelgänger, S. 82.

70 Herder selbst hatte bereits in diese Richtung argumentiert, allerdings ohne die problematisierende Tendenz, die den gebildeten Judendiskurs Mitte des 19. Jahrhunderts auszeichnete. Vgl. *Herder*, Menschheit 2, S. 72.

71 Vgl. *Jensen*, Doppelgänger S. 83 ff.; *Römer*, Sprachwissenschaft; *Sieferle*, Indien, S. 444 ff.

72 Für Belege vgl. *Jensen*, S. 84.

73 Vgl. *Strauss*, Leben; *Jensen*, Doppelgänger.

74 *Ewald*, Israel 3.2, S. 415.

75 *Mommsen*, Röm. Gesch. 1, S. 506 f.

76 *Mommsen*, Röm. Gesch. 3, S. 507.

77 Vgl. *Jensen*, Doppelgänger, S. 75 f.

78 Vgl. *Graml*, Reichskristallnacht, S. 55.

79 Mommsen warf Treitschke vor, den Antisemitismus »anständig gemacht« zu haben. Vgl. dazu ebd., S. 67 f.

80 Symptomatisch *Wagner*, Judentum, S. 3 (»Verjudung der modernen Kunst«); S. 8 f.

81 Der Grund für die Verbindung des romantischen Degenerationsmodells mit Deutungsmustern der frühen Kapitalismuskritik liegt in Wagners »revolutionärer« Phase der späten 1840er Jahre, die ihn in Kontakt mit den linkshegelianischen Kreisen um Bruno Bauer brachte. Vgl. *Borchmeyer*, Wagner.

82 Vgl. *Fischer*, »Judentum«, S. 89. Zur Reaktion vgl. die umfangreiche Materialsammlung ebd.

83 *Wagner*, Judentum, S. 19.
84 *Wagner*, Schriften 1, S. 94.
85 Ebd.
86 Vgl. für die eine Seite *Adorno*, Versuch, S. 21; *Millington*, Compendium, S. 304; *Rose*, Wagner, S. 11; für die andere *Borchmeyer*, Theater, S. 257.
87 Vgl. *Hartwich*, Antisemitismus, S. 226 ff.
88 Vgl. ebd., S. 226; Originalzitate nach ebd.
89 *Wagner*, Schriften 13, S. 19. Wagner spielte dabei auf den Neubau der Nürnberger Synagoge von 1874 an. Vgl. *Hartwich*, Antisemitismus, S. 227 f.
90 Vgl. Ebd., S. 252.
91 Zu den veränderten Rahmenbedingungen im Kaiserreich vgl. *Jensen*, Doppelgänger, S. 121 ff.
92 Zum Antisemitismus im Kaiserreich vgl. *Nipperdey*, Deutsche Geschichte 1866 - 1918 2, S. 289 ff.
93 *Wagner*, Schriften 14, S. 187; vgl. auch *Hartwich*, Antisemitismus, S. 253.
94 Zur zeitgenössichen Verbreitung des Topos vgl. *Aschheim*, »Jew«.
95 Zur Integration des Parteienantisemitismus in die historisch-weltanschaulichen Diskurse der völkischen Bewegung vgl. *Bergmann*, Antisemitismus, S. 459 ff.
96 Theoretisch hat Shulamit Volkov die weltanschauliche Funktion dieser »eingebetteten« Form des Antisemitismus auf den Begriff des »kulturellen Codes« gebracht. Einmal als Teil einer »fundamentalen Opposition« (Bourdieu) etabliert, kann das Sprechen über Juden mit *allen möglichen* anderen Themen verknüpft werden. Vgl. *Volkov*, Antisemitismus, S. 13 ff.
97 Vgl. Anm. 83.
98 *Nietzsche*, Fragmente 8.1, S. 329.
99 Vgl. *Mittmann*, Judengegner, S. 43 - 66.
100 *Nietzsche*, Fragmente 8.3, S. 431.
101 *Nietzsche*, Fragmente 8.2, S. 25.
102 Wie ambivalent die »philosemitischen« Strömungen des Kaiserreichs grundsätzlich waren, zeigt an weniger problematischen Fällen als dem Nietzsches *Brenner*, »Gott«, bes. S. 190 f.
103 *Nietzsche*, Fragmente 8.2, S. 24.
104 *Nietzsche*, Fragmente 7.3, S. 293.
105 *Nietzsche*, Fröhl. Wiss., S. 235.
106 Zur Analogie von Hysterismus, modernem Künstler und Schauspieler vgl. *Nietzsche*, Fragmente 8.3, S. 313.

[107] *Nietzsche*, Antichrist, S. 1184 f.
[108] *Nietzsche*, Genealogie, S. 795 - 797.
[109] *Nietzsche*, Antichrist, S. 1184.
[110] Vgl. *Omran*, Frauenbewegung; ebenfalls sexualpsychologische Deutung bei *Wagner*, Kraus, S. 149 ff.
[111] *Weininger*, Geschlecht, S. 410.
[112] Ebd., S. 416.
[113] Vgl. *Lessing*, Selbsthass, S. 197 - 212; *Pollak*, Antisemitismus, S. 109 ff.; *Gilman*, Selbsthass, S. 152 - 159; S. 219 f.
[114] *Marx*, Judenfrage, S. 295 f.
[115] Ebd., S. 294.
[116] *Weininger*, Geschlecht, S. 426.
[117] Ebd., S. 412.
[118] Zum Topos des »inneren Juden« und seiner Verbreitung um 1900 vgl. *Aschheim*, »Jew«.
[119] *Weininger*, Geschlecht, S. 413.
[120] Ebd., S. 414.
[121] Ebd., S. 415.
[122] Ebd., S. 436.
[123] Ebd., S. 418.
[124] Ebd., S. 423.
[125] Ebd., S. 424.
[126] Ebd., S. 421.
[127] Ebd., S. 424.
[128] Ebd., S. 437.
[129] Ebd., S. 442.
[130] Ebd., S. 445.
[131] Zur Vieldeutigkeit des Rassebegriffs vgl. *Essner*, Alchemie.
[132] Vgl. *Nipperdey*, Geschichte. 1866 - 1918 2, S. 305. Zu Chamberlain NDB 3, S. 187 - 190.
[133] Vgl. exemplarisch *Nipperdey*, Geschichte. 1866 - 1918 2, S. 305. Im gleichen Sinn *Benz*, Rassismus, S. 47: »Die Autoren solcher Texte waren ohne Zweifel Wirrköpfe, vom Publikum wurden sie aber ernst genommen.« Die naheliegende Frage, warum das Publikum – und wie auch Benz feststellt: gerade das gebildete – sich mit den »neurotischen« (ebd.) und »pathologischen« (S. 49) Vorstellungen derartiger »Wirrköpfe« abgab, wird bemerkenswerter Weise nicht gestellt.

[134] *Graml*, Reichskristallnacht, S. 75.

[135] Chamberlain lobt Darwin zunächst noch dafür, dass er ihn gelehrt habe, zwischen Rasse und Art zu unterscheiden. Auf den Menschen bezogen, bedeute dies v. a., zwischen den Zwecken der empirischen Wissenschaft und des Lebens zu unterscheiden. Es sei Gobineaus größter Fehler gewesen, die menschlichen Rassen so wie Darwin die Tierwelt aufzufassen, nämlich nach ihrer manifesten äußeren Erscheinung im Sinne einer *species*. Rassen dagegen ließen sich gar nicht über distinkte Merkmale definieren, sondern nur als veränderliches, qualitatives Ganzes *erleben*. Vgl. *Chamberlain*, Grundlagen 1, S. XXIV.

[136] Vgl. Teil 2, 2.1., S. 173 ff.

[137] Vgl. Teil 2, 2., S. 170 ff.

[138] Zu Lamprechts Universalgeschichte vgl. *Chickering*, Lamprecht, S. 334 - 366.

[139] *Chamberlain*, Grundlagen 1, S. VII.

[140] Ebd., S. IX.

[141] Vgl. ebd., S. XXVIII ff.

[142] *Chamberlain*, Goethe, S. 382 - 400.

[143] Ebd., S. 384.

[144] Ebd., S. 385; S. 388.

[145] *Chamberlain*, Grundlagen 1, S. XXXVI.

[146] Ebd., S. XXXVIII.

[147] Ebd., S. XLII.

[148] Vgl. S. 183.

[149] Vgl. ebd., S. XXXIIII f.

[150] *Chamberlain*, Grundlagen 2, S. 709.

[151] Ebd., S. 700.

[152] Ebd., S. 728.

[153] Ebd.

[154] Vgl. ebd., S. 705.

[155] Ebd.

[156] Vgl. ebd.; S. 706.

[157] Ebd., S. 708.

[158] *Chamberlain*, Grundlagen 2, S. 611.

[159] Vgl. *Grünberger / Mayer / Münkler*, Nationenbildung; *Hirschi*, Wettkampf.

[160] *Chamberlain*, Grundlagen 2, S. 742.

[161] *Chamberlain*, Grundlagen 1, S. 459.

[162] Ebd., S. LXVII. Zur These, die europäischen Völker degenerierten durch die Vermischung mit dem Blut »jüdischer Seitenzweige«, während der »Hauptstock« der jüdischen Rasse durch strenge Endogamie »rein« bleibe, vgl. ebd., S. 323 ff.
[163] Ebd., S. LXVII.
[164] Ebd., S. 332.
[165] Ebd., S. 329.
[166] Ebd., S. 332. Zur Bedeutung des *operari sequitur esse* bei Schopenhauer vgl. Teil 2, 3.2., S. 222 ff.
[167] *Chamberlain*, Grundlagen 2, S. 942.
[168] Chamberlain charakterisiert auch die Leidensfähigkeit Jesu mit den gleichen Attributen wie das frühgermanische Festhalten am arianischen Christentum. Dieses nennt er eine »ganz große Charaktertatsache«, die er durch weitere Attributierung in einen symbolischen Deutungszusammenhang mit der Reformation bringt: »Duldsam, evangelisch, sittlich rein: so waren die Germanen ehe sie dem Einfluss Roms unterlagen.« (Vgl. *Chamberlain*, Grundlagen 1, S. 609)
[169] Vgl. *Chamberlain*, Grundlagen 2, S. 946.
[170] *Chamberlain*, Grundlagen 1, S. 329.
[171] Vgl. dazu S. 355 f.
[172] Vgl. *Chamberlain*, Grundlagen 1, S. 435.
[173] Ebd.
[174] *Chamberlain*, Grundlagen 1, S. 423 (»anormal«); S. 442 (»Willen«, dito Bd. II, S. 568 ff.); S. 437 (»Reinheit«).
[175] Ebd., S. 442.
[176] Ebd., S. 435.
[177] Ebd., S. XIX.
[178] *Chamberlain*, Grundlagen 2, S. 946.
[179] Ebd., S. 836 f.
[180] Ebd., S. 569.
[181] *Chamberlain*, Grundlagen 1, S. XXIII.
[182] Vgl. ebd., S. XXXVIII; *Chamberlain*, Grundlagen 2, S. 710.
[183] Zitiert nach *Karlauf*, George, S. 499.
[184] *Spengler*, Untergang 1, S. VII.
[185] Ebd., S. IX.
[186] Ebd., S. 4.
[187] Ebd.

[188] Ebd., S. 5.
[189] *Spengler*, Untergang 2, S. 146.
[190] Ebd., S. 150.
[191] Ebd., S. 155.
[192] Ebd., S. 391.
[193] Ebd., S. 389.
[194] Ebd.
[195] Ebd., S. 390.
[196] Ebd., S. 389.
[197] Ebd.
[198] Ebd., S. 392.
[199] Ebd., S. 396.
[200] Ebd., S. 398.
[201] Ebd., S. 393. Auch Carl Schmitt hatte ein Porträt Disraelis über seinem Schreibtisch hängen. Glaubt man Nicolaus Sombart, sah auch er in ihm den Gegentypus zu den deutschen Politikern Vgl. *Sombart*, Jugend, S. 252 f.
[202] Vgl. zu diesem zentralen Aspekt *Graf*, Zukunft, S. 104 - 110.
[203] V. a. *Peukert*, Volksgenossen; *Bock*, Zwangssterilisation; *Klee*, Euthanasie. Die umfangreichste Erforschung der Rassenhygiene als Kernstück Rassismus liefern *Weingart / Bayertz / Kroll*, Rasse. Griffige Synthese der Forschungen bei *Herbert*, Traditionen.
[204] Zur Degenerationsthese vgl. ebd., S. 27 - 65.
[205] *Essner*, »Gesetze«, spricht von der »Ambiguität des Rassenbegriffs«, der einerseits die von einer Bevölkerung gebildete ›Vitalrasse‹ meinte, andererseits eine morphologische ›Systemrasse‹ im Sinne der Anthropologie (S. 43).
[206] Vgl. *Herbert*, Traditionen, S. 474. Vgl. auch *Schott*, Biologisierung.
[207] *Herbert*, Traditionen.
[208] Vgl. *Sieferle*, Rassismus, S. 438 ff.
[209] Zu Haeckels Bedeutung für die Popularisierung des Sozialdarwinismus vgl. *Gasman*, Scientific Origins.
[210] Zur Rassenhygiene als Sozialtechnologie vgl. *Weingart / Bayertz / Kroll*, Rasse, S. 161 ff.
[211] Vgl. *Ploetz*, Grundlinien. Zu Alfred Ploetz vgl. *Weingart / Bayertz / Kroll*, Rasse, S. 189 - 207.
[212] Zur Kriminalbiologie vgl. *Wagner*, Volksgemeinschaft; *Wetzell*, Criminal.
[213] Vgl. *Schallmayer*, Vererbung; *Schallmayer*, Nationalbiologie.

214 Zum Vergleich mit der Eugenik in anderen Ländern vgl. *Weingart*, Rasse, S. 337 - 366.

215 Vgl. *Binding / Hoche*, Freigabe.

216 So vor allem unter den deutschen Studenten: Vgl. *Herbert*, Best, S. 51 - 68; *Herbert*, Generation; *Kater*, Studentenschaft.

217 Vgl. dazu *Weingart / Bayertz / Kroll*, Rasse, S. 367 - 561.

218 In der Frage, in welchem Umfang akademisch ausgebildete Technokraten die nationalsozialisitische Vernichtungspolitik zu verantworten haben, gehen am weitesten *Aly / Heim*, Vordenker.

219 Mit Blick auf die deutsche Forschung *Weingart / Bayertz / Kroll*, Rasse, S. 320 - 366.

220 Zu Weismann und zur Wiederentdeckung Mendels vgl. *Kröner*, Genetik, S. 471 f.; zur Bedeutung Weismanns für die Rassenhygiene vgl. *Weingart / Bayertz / Kroll*, Rasse, S. 79 ff.

221 Vgl. *Weismann*, Vererbung, S. 359 - 380.

222 Vgl. *Essner*, »Gesetze«, S. 40 ff.

223 *Fischer*, Bastardisierungsproblem, S. 223 - 227.

224 Vgl. *Sieferle*, Rassismus, S. 440 - 447.

225 Vgl. den zweigeteilten Titel bei *Baur / Fischer / Lenz*, Grundriß. Das Werk erschien in zwei Bänden, der erste von Erwin Baur und Eugen Fischer verfasste Band hieß *Menschliche Erblickeitslehre*, der von Fritz Lenz verfasste zweite Band *Menschliche Auslese und Rassenhygiene*.

226 Nachdrücklich dazu *Weingart / Bayertz / Kroll*, Rasse, bes. S. 100 ff.

227 Im Gegensatz zur Ausgabe von 1923 enthielt der »Baur / Fischer / Lenz« von 1936 einen erheblich erweiterten Teil über Juden und anthropologische Menschenrassen.

228 Vgl. *Baur / Fischer / Lenz*, Erblichkeitslehre 1 (1923), S. 143.

229 Für das Rassenschema vgl. *Günther*, Rassenk. dt. Dass auch die romantische Begründung der Nation in der Praxis Uneindeutigkeiten schuf, zeigt *Wollstein*, Paulskirche; zur performativen Evidenz des begrifflich unscharfen ›Volkskörpers‹ vgl. *Goltermann*, Körper.

230 Zur rassenbiologischen Auseinandersetzung um den »Nordizismus« vgl. *Essner*, »Gesetze«, S. 40 - 49.

231 Vgl. *Herbert*, Best, S. 203 ff.

232 Vgl. dazu S. 338 ff.

233 Die Tendenz dieser Argumentationsfigur, die zwar beide Seiten sieht, aber eine lineare Dynamik in eine Richtung behauptet, macht *Herbert*, Traditionen, S. 480 deutlich: »Nunmehr wurden die im antijüdischen Vorurteil fixierten negativen Eigenschaften der Juden auf biologische Anders-

artigkeit zurückgeführt; kennzeichnend ist dabei die enge Verbindung von ›biologischen‹ mit ›seelischen‹, sozialen, kulturellen und historischen Faktoren – geradezu die klassische Überführung vom sozialen Vorurteil in eine ›wissenschaftliche‹ Kategorie.« Die Fragen, wie sich diese »Vorurteile« konstituieren und warum sie sich überhaupt in Wissenschaft »überführen« lassen, bleiben in dieser Perspektive unberücksichtigt.

[234] Noch grundsätzlicher lässt sich der Einwand formulieren, wenn man fragt, was den überhaupt ›das Soziale‹ sein soll, das »biologisiert« oder – wie Lutz Raphael es in einem weitergehenden programmatischen Aufsatz gefasst hat: – »verwissenschaftlicht« wird. Will man das unilineare Deutungsmuster, das seine allgemeinste Form in Jürgen Habermas' Formel von der »Kolonialisierung der Lebenswelt« hat, vermeiden, kommt man nicht umhin, die diskursive Verfasstheit auch des ›Sozialen‹ zu erforschen, das dann in anderen Diskursen zum Objekt von Wissenschaft gemacht werden kann. Vgl. zu den erwähnten Modellen und Entwürfen: *Habermas*, Theorie 2, S. 275 - 293; *Raphael*, Verwissenschaftlichung.

[235] Die Interpretationsbedürftigkeit »des« Sozialen ist eine Erkenntnis Nietzsches. Vgl. S. 285 ff.

[236] Wie zentral die Ungleichheitsidee für die deutsche Rechte um 1900 war, zeigt *Breuer*, Ordnungen, S. 11 ff.

[237] Das breite semantische Feld von ›Rasse‹, ›Blut‹ und ›Charakter‹ ist im Kern immer um die Unterscheidungen des Eigenem vom Fremden, des Echten vom Unechten gruppiert.

[238] Zum Begriff vgl. *Raphael*, Ordnungsdenken. Zur ›Ordnung‹ als konservativem Schlüsselbegriff im frühen 20. Jahrhundert vgl. *Breuer*, Ordnungen, S. 9 ff.

[239] Zum Aspekt der ›natürlichen‹ oder ›lebendigen‹ Ordnung vgl. *Lindner*, Leben, S. 175 ff.

[240] Zu Werk und Karriere vgl. DBE 4, S. 240.

[241] *Günther*, Rassenk. jüd., S. 11.

[242] Zu Günthers Verankerung in der völkischen Bewegung vgl. *Essner*, »Irrgarten«; *Essner*, »Gesetze«, S. 46.

[243] Neben der hier besprochenen Rassenkunde des jüdischen Volkes veröffentlichte Günther noch vier weitere Bücher nach dem gleichen Strickmuster. Dabei zeigt die Parallelität der Titel (»Rassenkunde des xy Volkes«), dass es sich auch um eine Erfolgsformel im kommerziellen Sinn handelte.

[244] vgl. Günther, Rassenk. jüd., S. 5 ff.

[245] Ebd., S. 203.

[246] Zitiert nach ebd. Genau genommen zitiert Fischer seinerseits den Rassenforscher Grosse. Es ist bezeichnend, dass Fischer sich in seinem rassen-

biologischen Standardwerk in bester Spezialistenmanier allein an die Erbbedingtheit körperlicher Merkmale hält und nicht einmal einen Hinweis auf seelische Eigenschaften gibt. Von deren Erblichkeit ging er aus, als Fachwissenschaftler überließ er es anderen Fachwissenschaftlern, sich dazu zu äußern. Vgl. auch *Fischer*, Erbanlagen (1936), S. 246 - 251.

[247] *Günther*, Rassenk. jüd., S. 251; S. 253.

[248] Ebd., S. 314.

[249] Vgl. *Gilman*, Körper.

[250] Vgl. *Essner*, »Gesetze«, S 47.

[251] Bei der interministeriellen Kommunikation im Vorfeld der Rassegesetzgebung war Günthers Rassenlehre ein ständiger Bezugspunkt. Vgl. S. 446 f.; sowie *Essner*, »Gesetze«, bes. S. 99 - 108.

[252] Zur Rezeption vgl. *Weingart / Bayertz / Kroll*, Rasse, S. 316 f.

[253] Zur Institutionsgeschichte der disziplinären Rassenbiologie in Deutschland, insbesondere zum KWI in Dahlem *Weingart / Bayertz / Kroll*, Rasse, S. 239 ff.; *Rürup / Schieder / Kaufmann*, Kaiser-Wilhelm-Institut.

[254] Vgl. *Kröner*, Genetik, S. 469 f.

[255] Vgl. S. 424.

[256] Vgl. S. 423 ff.

[257] Zum Lamarckismus vgl. *Weingart / Bayertz / Kroll*, Rasse, S. 324 ff.

[258] Baur kommt über die Botanik zur Genetik; Fischer ist Anthropologe, seit 1927 erster Direktor des KWI für Anthropologie, menschliche Erblehre und Eugenik; Lenz kommt über die Medizin zur Rassenhygiene; 1923 wird er erster dt. Lehrstuhlinhaber für Rassenhygiene, ab 1927 Abteilungsleiter unter Fischer im KWI. Vgl. DBE 3, S. 315; 6, S. 323.

[259] *Fischer*, Erbanlagen (1936), S. 250.

[260] *Lenz*, Erblichkeit (1936), S. 713.

[261] Ebd., S. 714.

[262] Ebd.

[263] Damit zieht Lenz eine theoretische Konsequenz aus der Ungreifbarkeit spezifisch jüdischer Körpermerkmale. Vgl. dazu *Gilman*, Körper, bes. S. 175 f.

[264] Auf die Identität der Rassenbegriffe von Chamberlain und Lenz weisen auch hin: *Weingart / Bayertz / Kroll*, Rasse, S. 103.

[265] Vgl. Teil 2, 2.5., S. 212 ff., 3.3., S. 246 ff., 5.1., S. 266 ff.

[266] Vgl. *Weingart / Bayertz / Kroll*, Rasse, S. 396 - 423; sowie *Rürup / Schieder / Kaufmann*, Kaiser-Wilhelm-Institut: Dort erscheinen das KWI und der NS als klassischer Fall zweier »Ressourcen füreinander« (M. Ash).

[267] Lenz, Erblichkeit (1936), S. 715.
[268] Vgl. ebd., S. 716 - 721; Zitate S. 716.
[269] Ebd., S. 747.
[270] Ebd.
[271] Ebd., S. 748.
[272] Vgl. Lunau, Warnen, S. 73.
[273] Dass Nietzsche und Lenz damit zugleich stereotype Redeweisen aufgriffen und theoretisierten, legt *Gilman*, Körper, nahe, wenn er den »veränderlichen Körper« als antisemitischen Topos analysiert (S. 174 ff).
[274] Lenz, Erblichkeit (1936), S. 752.
[275] Ebd., S. 756.
[276] Vgl. *Bourdieu*, Homo, S. 38. Zur Beziehungslogik zwischen dilettantischen und professionellen Wissenschaftlern in nicht-naturwissenschaftlichen Disziplinen vgl. auch *Leo*, Narr.
[277] Vgl. *Sombart*, Juden, S. XII.
[278] Ebd., S. V; S. IX; S. 296.
[279] Ebd.
[280] Vgl. ebd., S. 298 - 312.
[281] Ebd., S. 308.
[282] Ebd., S. 313.
[283] Zum Kontext vgl. *Nau*, Werturteilsstreit.
[284] *Sombart*, Juden, S. 313 ff.
[285] Ebd., S. 318.
[286] Ebd., S. 320.
[287] Ebd.
[288] Ebd., S. 325.
[289] Ebd., S. 326.
[290] Vgl. ebd., S. 306. Chamberlain wird mit den folgenden, für den charakterologischen Antisemitismus symptomatischen Sätzen aus *Die Grundlagen des 19. Jahrhunderts* zitiert: »Man braucht nicht die authentische Hethiternase zu besitzen, um Jude zu sein; vielmehr bezeichnet dieses Wort vor allem eine besondere Art zu fühlen und zu denken; ein Mensch kann sehr schnell, ohne Israelit zu sein, Jude werden.«
[291] Ebd., S. 327.
[292] Ebd., S. 328.
[293] Vgl. *Lenz*, Erblichkeit (1936), S. 749.

[294] Dass Sombart wiederum Nietzsche gelesen hatte, steht außer Frage. Vgl. *Lenger*, Sombart.

[295] *Nietzsche*, Fragmente 7.3, S. 293.

[296] Ebd., S. 235.

[297] Ebd.

[298] Vgl. *Adam*, Judenpolitik, S. 46 ff.; *Bajohr*, Arisierung, S. 27 - 32.

[299] Zitiert nach *Essner*, »Gesetze«, S. 108.

[300] Vgl. ebd., S. 76 - 112. Essner macht als administrativen Kontext, in denen die »Rassenschutzgesetze« konzeptionell vorbereitet wurden, vor allem drei Gesetzesvorhaben aus: die Entwürfe für ein Sippenamtsgesetz, ein Gesetz gegen »volksschädliche Ehen« und die Ausarbeitung eines neuen Strafgesetzbuchs.

[301] Vgl. ebd., S. 99 - 106.

[302] Zitiert nach ebd., S. 101.

[303] Zitiert nach ebd., S. 102.

[304] Zitiert nach ebd.

[305] Ausnahmslos alle Rassetheorien begründeten ihren Gegenstand durch seine Evidenz. Wie gezeigt, hatte dabei gerade für den disziplinären Wissenschaftler Fritz Lenz die besonders leichte Abgrenzbarkeit der ›Neger‹ in Nordamerika und der Juden in Mitteleuropa den Ausgangspunkt seiner empirischen Darstellung »seelischer Rassemerkmale« gebildet. Vgl. *Lenz*, Erblichkeit (1936), S. 715 ff.

[306] *Graml*, Reichskristallnacht, S. 124, spricht zu Recht von der »unfreiwilligen Komik«, die darin lag, dass eine Rassenpolitik, die ihre Legitimität von den Naturwissenschaften herleitete, in praktischer Hinsicht vom Kriterium der Religionszugehörigkeit abhängig war.

[307] Gürtner bezieht sich hier auf den Mediziner Kurt Möbius, der als wissenschaftlicher Experte in der Abteilung IV des Innenministeriums arbeitete, und zuvor in der Diskussion auf die Schwierigkeiten, die sich insbesondere aus Fischers »Mischlings«-Paradigma ergeben, hingewiesen und daher für eine »praktische Lösung« plädiert hatte.

[308] Zitiert nach *Essner*, »Gesetze«, S. 102.

[309] Vgl. *Graml*, Reichskristallnacht, S. 108 - 132.

[310] Ebd., S. 124.

[311] Zu diesem Zweck war schon 1931 Achim Gerke mit der Einrichtung eines Sippenamtes, der so genannten »NS-Auskunft« betraut worden. Vgl. *Essner*, »Gesetze«, S. 76.

[312] Zitiert nach ebd., S. 80.

[313] So Essners Umschreibung der Position Freislers, die von allen Beteiligten mit großer Zustimmung und »Erleichterung« aufgenommen wurde. Vgl. ebd., S. 100.

[314] Wie Essner zeigt, bestand ein Manko der ältere Forschung über die »Nürnberger Gesetze« darin, dass sie sich weitgehend auf die apologetischen Darstellungen hoher Beamter wie Lösener stützte. Ihre Selbstverteidigungsstrategie hatte immer auf eine Abgrenzung gegenüber Hitler und den »Antisemiten« gezielt. Wenn sie sich selber als »vernünftige« Juristen darstellten, die »das Schlimmste verhindern« wollten, dann blendeten sie die »sachliche« Grundlage *ihres* antisemitischen Handelns – den Rassismus – aus. Vgl. *Essner*, »Gesetze«, S. 113 - 134.

[315] Zur Vorgeschichte vgl. *Noakes*, »Judenmischlinge«.

[316] Sehr pointiert kommentiert dies *Graml*, Reichskristallnacht, S. 151.

[317] Zitiert nach *Essner*, »Gesetze«, S. 103.

[318] Vgl. *Herbert*, Best, S. 205 f.

[319] Federführend war dabei der im RSHA verankerte Sicherheitsdienst (SD). Vgl. zur forcierten Auswanderungs- als »Vertreibungspolitik« *Wildt*, Judenpolitik; *Heim*, »Deutschland«.

[320] Zur langen Diskussion über die Zusammenhänge von Aussiedlungspolitik und Ingangsetzung des Holocaust zwischen 1938 und 1941 vgl. *Mommsen*, Realisierung; *Aly*, Endlösung; Synthese des Forschungsstands 1998: *Herbert*, Vernichtungspolitik.

[321] Vgl. *Schmitt*, Begriff, S. 27.

[322] Vgl. *Herbert*, Best, S. 584. 1950 geschrieben, leiteten Best dabei sicher auch apologetische Absichten. Trotzdem spricht alles dafür, dass er Spengler schon vor dem Krieg gelesen und dessen »inhaltliche« Deutung des Judentums für anschlussfähig hielt. *Jensen*, Doppelgänger, verwendet das Bild des Doppelgängers als Symbol für die protestantisch-jüdischen Interaktionsbeziehungen im 19. Jahrhundert und verweist darauf, dass Freud im Doppelgänger eine zentrale Manifestationsform des ›Unheimlichen‹ sah (S. 325).

[323] Zitiert nach *Herbert*, Best, S. 584.

[324] Zu Leben und Werk vgl. *Weingart*, Doppel-Leben.

[325] *Clauß*, Seele und Antlitz, S. VIII.

[326] Vgl. S. 125 ff.

[327] Jaspers hatte sich in seiner *Psychopathologie* bemüht, einen verstehenden Ansatz in die klinische Psychiatrie einzuführen und dabei festgestellt, dass sich »das Beste« zu einer so verstanden Seelenwissenschaft bei Nietzsche finde sowie, »umrankt von Lebensweisheiten, philosophischen Betrachtungen und charakterologischen Wertungen, in den Schriften der bedeu-

tenden philosophischen Essayisten«. Max Weber sprach im gleichen Sinn von »Psychologen mit Geist«, denen man wie auch anderen Dilettanten wertvolle Anregungen für die Wissenschaft verdanke. Vgl. *Jaspers*, Psychopathologie, S. 153; *Schluchter / Frommer*, Einleitung, S. 44.

[328] Zu Nietzsche als Hermeneutiker vgl. S. 266 ff.; zu Dilthey vgl. *Morat*, Theorie, S. 42 - 47.

[329] Vgl. *Bühler*, Ausdruckstheorie, S. 1 ff.

[330] Dass Clauß sich 1936 an der Friedrich-Wilhelm-Universität in Berlin habilitierte und als Privatdozent Vorlesungen über Rassenpsychologie halten durfte, ist ein Musterbeispiel politisierter Wissenschaft. Ohne die Protektion von Professoren, die Clauß als dilettantischen Autoren bewunderten, hätte er an der Universität nicht reüssieren können. Vgl. *Weingart*, Doppel-Leben, S. 38. Wie Weingarts Monographie zeigt, war im Übrigen nicht nur der Aufschwung der Rassenseelenkunde abhängig von der ideologischen Konjunktur, sondern auch ihr Abschwung ab 1941. Vgl. dazu S. 472, S. 475 ff.

[331] Clauß selber nannte Chamberlain als theoretischen Bürgen. Vgl. *Weingart*, Doppel-Leben, S. 22.

[332] Die epistemologische Bedeutung Goethes für die Deutungssysteme im Nationalsozialismus wird gemeinhin übersehen. Eine Ausnahme stellt Anne Harrington dar, die den Rückgriff auf Goethes Morphologie, insbesondere auf den Gestaltbegriff, bemerkt, auch wenn sie darin nicht mehr sehen will als eine »politized metaphor«. Vgl. *Harrington*, Holism, S. 178.

[333] Vgl. S. 176.

[334] Vgl. *Clauß*, Rasse und Seele, S. 113 - 124.

[335] Vgl. *Weingart*, Doppel-Leben, S. 23 ff.

[336] *Clauß*, Rasse und Seele, S. 10. Zur allgemeinen Kennzeichnung des Rassismus als Denkform, die sich an der Leitdifferenz eigen / fremd orientiert vgl. *Bielefeld*, Eigene.

[337] Vgl. S. 198 - 203.

[338] *Clauß*, Gestalt, S. 27.

[339] *Clauß*, Rasse und Seele, S. 139.

[340] Vgl. ebd., S. 158 - 165.

[341] Vgl. dazu am Beispiel Aby Warburg *Gombrich*, Künstler, S. 204 - 209.

[342] *Wölfflin*, Grundbegriffe, S. 47.

[343] Ebd., S. 48.

[344] Vgl. aus anderer Perspektive zum Einzelfallparadigma in der Kunstwissenschaft um 1900 *Ginzburg*, Spurensicherung, S. 1 - 17.

345 Zur Unterscheidung von ›Ausdrucksstoff‹ und ›Ausdrucksinhalt‹ vgl. *Clauß, Rasse und Seele*, S. 124 ff.

346 *Clauß, Einzelmensch*, S. 8.

347 Vgl. *Clauß, Rasse und Seele*, S. 172.

348 Vgl. *Chamberlain, Grundlagen* 1, S. XXXVIII; *Ders., Grundlagen* 2, S. 710; Günther, Rassenk. dt., S. 206; S. 208; S. 212: Große »Möglichkeitsweite« der nordischen Rasse, besonders viele überragende Einzelindividuen; *Lenz, Erblichkeit* (1936), S. 740. Vgl. dazu auch Teil 4, 5., S. 561 ff.

349 Zur diesem – vermutlich über Klages vermittelten – Axiom der Physiognomik Carl Gustav Carus' vgl. etwa *Clauß, Rasse und Seele*, S. 143; sowie S. 499.

350 Zur Kritik an der ›natürlichen Semiotik‹ vgl. *Gamper, Körperlichkeiten*, S. 141 ff.; zur historischen Einordnung dieser Kritik vgl. S. 56 ff. Zur theoretischen Begründung des »problematischen Ausdrucks« vgl. *Klages, Grundlegung*, S. 318 - 321.

351 Vgl. das gleichlautende Kapitel in *Clauß, Rasse und Seele*, S. 131 - 151.

352 Ebd., S. 134.

353 Ebd., S. 151.

354 *Clauß, Rasse und Seele* (1926), S. 176.

355 Ebd., S. 178. Zum Orient als Paradigma der »Otherness« vgl. *Said, Orientalism*.

356 Ebd., S. 82.

357 Ebd., S. 84.

358 Vgl. S. 365 - 371.

359 *Clauß, Rasse und Seele*, S. 99.

360 Ebd.

361 *Clauß, Seele und Antlitz*, S. 83.

362 Ebd.

363 Zur Ikonographie der jüdischen Physiognomie vgl. *Gilman, Körper*.

364 *Weingart, Doppel-Leben*.

365 Auflagenzahlen ebd., S. 37: u. a. 116.000 Exemplare von *Rasse und Seele* bis 1941.

366 Belege ebd.: S. S. 42, 53 ff., 81 ff.

367 Vgl. ebd., S. 157 - 160, 244. Die Ehrung wurde allerdings 1996 zurückgenommen, als Clauß' wissenschaftlicher Hintergrund bekannt geworden war. Siehe *Wiedemann, Scheich*.

Teil 4
Lebensdeutungen: Ludwig Klages und die Graphologie

1   Auszugsweise abgedruckt in *Weingart*, Doppel-Leben, S. 81 - 85.
2   Vgl. dazu S. 472.
3   Vgl. ebd., S. 85.
4   Gottschaldt stand dem 1935 gegründeten Institut für Erbpsychologie in Frankfurt vor und interpretierte seine psychologischen Forschungen im Sinne erbbiologischer Theorie. Vgl. *Ash*, Gestaltpsychology, S. 356 - 361. Allerdings war Gottschaldt nie Parteimitglied und wurde nicht zuletzt deshalb 1946 in die so genannte »Lewinsky-Kommission« berufen, die Otmar von Verschuers Rolle in der nationalsozialistischen Rassenpolitik beurteilen sollte. Vgl. dazu *Weingart / Bayertz / Kroll*, Rasse, S. 576.
5   Zitiert nach *Weingart*, Doppel-Leben, S. 82.
6   Zitiert nach ebd., S. 84.
7   DLA, A:Klages, BW Clauß, 61.4408, 2 v. 3.9.1926. Clauß, der insgesamt dazu neigte, sich selbst als genialischen Denker zu stilisieren, indem er nur äußerst spärlich wissenschaftliche und philosophische Referenzen nannte, bezieht sich mehrfach auf Klages. Besonders in dem Schlüsselkapitel zur »mimischen Methode« sind die Anleihen bei Klages unverkennbar und werden als solche auch kenntlich gemacht. Vgl. *Clauß*, Rasse und Seele, S. 179 Umgekehrt würdigte auch der überaus kritische Klages Clauß immer wieder gegenüber Dritten. Zwar nennt er den Stilbegriff »unglücklich«, seine Schriften seien aber »das Beste, was mir über Rassen in die Hände kam«; sie zeigten einen »feinen, durchgebildeten Betracher«. Lobend erwähnte er auch Clauß Fotografien als ausdruckswissenschaftliches Anschauungs- und Lehrmaterial. Vgl. DLA, A:Klages, BW Kern, 61.5611, 11 v. 25.8.38; BW Niederhöffer, 61.6355, 13 v. 26.1.47; / BW Römer, 61.6748, 15 v. 7.8.36; / BW Wieser, 61.7626, 2 v. 8.7.37.
8   In Sinne von *Weingart*, Verwissenschaftlichung.
9   Vgl. S. 27 f.
10 Vgl. etwa das Interview mit dem Neurologen Vilayanur Ramachandran in *Spiegel* Nr. 10, 2006, S. 138 - 141, bes. S. 140.
11 Zu Klages' Autorschaft vgl. auch *Schröder*, Werk 1, S. 540 ff.
12 *Klages*, Aufmerksamkeit.
13 *Preyer*, Psychologie, S. 33 - 45, bes. 37 f. So auch der prägnante Titel (»Handschrift als Gehirnschrift«) des wichtigsten physiologischen Graphologen nach Preyer: vgl. *Pophal*, Handschrift.
14 Vgl. *Meyer*, Grundlagen, S. 91 - 111.
15 *Klages*, Meyer, S. 93.

16 *Horn*, Spiegel, S. 179.
17 Vgl. *Kittler*, Aufschreibesysteme, S. 138 - 187; 223 - 258; 441 ff.
18 Ich danke Sophie Ruppel für diesen Hinweis. Vgl. auch *Ruppel*, Rivalen.
19 *Simmel*, Brief, S. 394 - 397; *Gay*, Zeitalter, S. 392 - 415; *Baasner*, Briefkultur, S. 1 - 36.
20 Vgl. *Simmel*, Brief, S. 394, *Gay*, Zeitalter, S. 401, S. 416.
21 Vgl. *Meyers Konversationslexikon* 2.1903, S. 187 f.: auf den dreispaltigen Text folgen 10 Seiten mit faksimilierten Autographen von über 500 berühmten Personen aus Kunst, Wissenschaft und Politik.
22 Zur Verbindung von Handschrift und Autorschaft vgl. *Kittler*, Aufschreibesysteme, S. 138 - 158. Zum Autograph als Reliquie vgl. *Felsch*, Laborlandschaften, S. 128. *Koschorke*, Körperströme, bes. S. 154 ff. liefert eine diskursgeschichtliche Genealogie der Konzeption des Schreibens als Substitution einer körperliche Selbstentäußerung.
23 Vgl. *McNeely*, Emancipation, S. 4, 167 ff.
24 Vgl. *Block*, Alphabetisierung, bes. S. 44 ff.
25 Zahlen nach *Ulrich*, Augenzeugen, S. 40.
26 *Reimann*, »Heile Welt«, S. 131.
27 Für technische Details vgl. *Meyers Konversationslexikon* 18.1907, S: 34 - 36; zum Anachronismus vgl. *Kittler*, Aufschreibesysteme, 330.
28 Vgl. *Kittler*, Typewriter, S. 271 - 293.
29 Zu den »neuen« Gebrauchsweisen der Handschrift im Zeitalter der Schreibmaschine vgl. *Giurato*, Schreiben, bes. prägnant S. 17 f. Zu Heideggers Reflexionen über den Unterschied zwischen Hand- und Maschinenschrift vgl. *Schäfer*, Hand, S. 62 f.
30 *Keun*, Gilgi, S. 101.
31 *Hirschfeld*, Katastrophen, S. 493. Hirschfeld greift damit einen Repräsentationsmodus der klinischen Psychiatrie auf. Vgl. dazu *Köster*, Schrift; sowie das Abbildungsverzeichnis bei *Kraepelin*, Psychiatrie, S. XIII.
32 Da sich Goethe in sehr allgemeinen Formulierungen über den Zusammenhang von Handschrift und Charakter geäußert hat, wurde er auch von Fachvertretern voreilig zum Graphologen *avant la lettre* ernannt. Vgl. etwa *Preyer*, Psychologie (1928), S. 219 f. Dies allerdings ohne zu beachten, dass Goethe über keinen spezifischen Begriff der Handschrift verfügte und zudem eine wissenschaftliche Handschriftendeutung für unmöglich erklärte. Vgl. *Goethe*, Tag- und Jahreshefte, S. 507.
33 *Goethe*, Wahlverwandtschaften, S. 323.
34 Ebd., S. 344: »Diese letzte Wendung floß ihm aus der Feder, nicht aus dem Herzen«. *Koschorke*, Körperströme, S. 148 ff.

35 Vgl. S. 56 ff.; Blumenberg, *Lesbarkeit*, bes. S. 214 - 232; Courtine, Körper.
36 Vgl. *Lichtenberg*, Physiognomik, S. 112 ff.
37 Benjamin, Passagen-Werk, S. 563.
38 *Lombroso*, Handbuch, S. 20.
39 Ebd., S. 15.
40 *Klages*, Grundlegung, S. 31; für die allgemeine Verbreitung der Metapher vgl. *Lersch*, Gesicht, S. 20 f.
41 Zu dieser Unterscheidung vgl. *Becker*, Biographie, S. 337 ff.
42 Zur Buchmetapher *Blumenberg*, Lesbarkeit, S. 9 - 16.
43 Vgl. *Shandarevian*, Kurven; *Brain*, Representation; *Felsch*, Laborlandschaften.
44 *Ludwig*, Beiträge. Vgl. dazu auch *Shandarevian*, Kurven, S. 161 f.
45 *Canguilhem*, Normale.
46 Epistemische Dinge zeichnen sich nach Hans-Jörg Rheinbergers Definition durch ihren vagen Status aus. Wären die »Dinge, denen die Anstrengung des Wissens gilt«, nicht verschwommen, würde ein Forschungsprozess nicht in Gang kommen. Die Verbindung von Faszination und Unklarheit eignet sich ausgezeichnet zur Charakterisierung der vielfältigen Versuche, die Psychiater, Physiologen, Ausdruckspsychologen, Graphologen und Kriminologen unternehmen, um der Handschrift ein Wissen über den Menschen abzuringen. Vgl. *Rheinberger*, Experimentalsysteme, S. 24 - 27; sowie *Leo*, Ähnlichkeitsbewirtschaftung, S. 125 - 129.
47 *Zuntz*, Höhenklima, S. 449 f. Für den Hinweis auf Nathan Zuntz danke ich Philipp Felsch.
48 *Kölnische Zeitung* Nr. 71 v. 11.3.1888. Vgl. *Gartenlaube* 15 (1888), S. 260. Für diesen Hinweis danke ich Alexa Geisthövel.
49 *Lombroso*, Handbuch, S. 16.
50 *Goldscheider*, Handschrift, S. 508 ff.; S. 525.
51 Zur Apparatur und zum Forschungskontext der »Kurven-Psychiatrie« vgl. *Schäfer*, Hand, S. 248 - 252.
52 Vgl. *Engström*, Psychiatry, S. 15; 174 ff.; *Schott / Tölle*, Psychiatrie, S. 223. Speziell zu Emil Kraepelins Reorganisation der psychiatrischen Klinik der Heidelberg S. 123 - 125.
53 Vgl. *Kraepelin*, Psychiatrie, S. 1 - 13.
54 Vgl. dazu S. 97 ff.
55 Vgl. *Kraepelin*, Psychiatrie, S. XIII (Abbildungsverzeichnis); *Schäfer*, Hand, S. 249.
56 *Gross*, Untersuchungen, S. 250 - 259.
57 Ebd., S. 263.

58 *Felsch*, Laborlandschaften, S. 128 ff. Explizit mit Blick auf die Graphologie hat Peter Geimer die deutungsbedürftige Kontingenz des anschaulich Evidenten hervorgehoben (Vortrag »Evidenz der Linie«, IfK Wien, 11.10.2003). Die Formulierung »Kontingenz der Evidenz« findet sich in *Geimer*, Ordnungen, S. 169.

59 Zum Objektivitätsideal des 19. Jahrhundert vgl. *Daston*, Kultur.

60 *Meyer*, Experimentelles, S. 39 f.; S. 59 - 65, Zitat S. 60.

61 Ebd.

62 *[Klages]*, Prinzipienlehre, S. 22.

63 Vgl. *Klages*, Grundlagen, S. 8; *Klages*, Widersacher, bes. S. 893 - 896; *Carus*, Psyche, S. I - XX (»Einführendes Vorwort«).

64 *[Klages]*, Prinzipienlehre, S. 23.

65 *Meyer*, Ausdrucksbewegungen; *Lombroso*, Handbuch, S. 20. Vgl. auch S. 487 f.

66 Klages bedient sich hier tradierter Schemata und Gegensatzpaare des außerakademischen Denkens. Der symbolische Gegensatz von ›schweifendem‹ und ›verharrendem‹ Wesen geht auf Schuler zurück – vgl. *Schröder*, Werk 2, S. 1334 –, der polemische Begriff der ›machinalen Tätigkeit‹ auf *Nietzsche*, Genealogie, S. 875.

67 *[Klages]*, Prinzipienlehre, S. 24.

68 Ebd., S. 29.

69 Wenn Clauß auch ihre paradigmatische Bedeutung nicht hinreichend herausstellt, so weist er Klages' ausdruckswissenschaftliche Physiognomik doch als theoretische Referenz aus. Siehe *Clauß*, Rasse und Seele, S. 179.

70 Vgl. *Klages*, Widersacher, S. 1067; DLA, A:Klages, BW Rothschild, 61.6792, 13 v. 7.7.32.

71 Zur Geschichte der Ausdrucksforschung vgl. *Bühler*, Ausdruckstheorie; *Buser*, Ausdruckspsychologie. Zum Verständnis des eigenen Forschungsprogramms ist auch die Abgrenzung, die Klages selbst von der bisherigen Ausdruckswissenschaft vollzieht, hilfreich. Vgl. *Klages*, Grundlegung, S. 198 - 218.

72 Vgl. *Bühler*, Ausdruckstheorie, S. 115 - 151.

73 Vgl. *Duchenne*, Mécanisme; *Darwin*, Expression. Zu Klages' Paradigmenwechsel vom Affekt- zum Persönlichkeitsausdruck vgl. *Klages*, Grundlegung, S. 21 - 36; 219 - 225. Das durch Klages neu erwachte psychologische Interesse an den Ausdrucksbewegungen dokumentiert sich darin, dass Bühler 1933 eine erste Synthese des Forschungs- und Problembestandes der Ausdrucksforschung vorlegt und mit einem Hinweis auf Klages einleitet. *Bühler*, Ausdruckstheorie, S. 3 f. und 152 - 194 (Klages), S. 92 - 114 (Darwin); S. 116 - 120 (Duchenne).

[74] Die folgende Darstellung hält sich an *Klages*, Grundlegung, S. 219 ff.
[75] Vgl. *Kraepelin*, Psychiatrie, S. XIII; Atlas mit 81 Schriftproben Geisteskranker bei *Köster*, Schrift.
[76] Zur Herkunft der Schriftproben aus Meyers Sammlung vgl. *Klages*, Grundlegung, S. 355.
[77] Vgl. Ebd., S. 224.
[78] Ebd., S. 223.
[79] Der Begriff der Gemütsart folgt Schopenhauer, ebenso die hier gemeinte Gegensatz von ›Eukolos‹ und ›Dyskolos‹. Vgl. *Wagner*, Register, S. 125; S. 71.
[80] So der Titel des vorletzten Kapitels von *Klages*, Grundlagen, S. 148 - 183.
[81] Vgl. DLA, A:Klages, BW Meyer, 61.11044, 9 v. 9.7.98; / 12 v. 14.10.01; / 17 v. 10.6.02.
[82] Der Begriff der Charaktereigenschaft ist bei Klages weitgehend gleichbedeutend mit dem, was Nietzsche »Wille« oder »Instinkt« nennt; Klages' Leitbegriff lautet »Triebfeder«. Der Kern seiner Charakterkunde, also der spezifische Sachbereich, in dem sie über die Ausdruckspsychologie und Lebensmetaphysik hinausgeht, besteht in einer differentiellen Analytik der Triebfedern. Vgl. *Klages*, Grundlagen, S. 184 - 215; 233 ff.
[83] Vgl. *Michon*, Système.
[84] Vgl. *Heidegger*, Sein, S. 152.
[85] Vgl. *Klages*, Probleme, S. 79 - 82.
[86] Zum Folgenden vgl. ebd., S. 157 - 165.
[87] Vgl. *Klages*, Widersacher, S. 801 ff.
[88] Voll entfaltet im letzten Teil (»Die Welt des Pelasgertums«) in ebd., S. 1249 - 1415.
[89] Zahlreiche briefliche Nachfragen von Schülern betrafen etwa die »Wärme« einer Handschrift. Vgl. z. B. DLA, NL / Klages, BW Pophal, 61.1588 v. 26.6.34.
[90] *Klages*, Probleme, S. 161.
[91] Vgl. z. B. *Klages*, Grundlegung, S. 307 - 338, bes. S. 322 ff.
[92] Vgl. *Klages*, Probleme, S. 157 - 164.
[93] Klages' Ausgangspunkt waren Überlegungen Hans H. Busses zur Ausdrucksunfähigkeit. Diese waren jedoch noch im gleichen Sinne erkenntniskritisch gehalten wie Meyers Forschungen zu den Grenzen willkürlicher Schriftmanipulation. Vgl. *Busse*, Inkongruenz, S. 34.
[94] *Klages*, Probleme, S. 85.
[95] Ebd., S. 86.
[96] Ebd.

[97] Zur klinischen Symptomatik vgl. *Didi-Hubermann*, Erfindung, S. 131; *Kraepelin*, Psychiatrie, S. 684 - 719. Zur Auseinandersetzung mit Kraepelin vgl. *Klages*, Probleme, S. 264.
[98] Ebd., S. 87.
[99] Ebd., S. 87.
[100] Vgl. *Radkau*, Nervosität, S. 49 ff.
[101] Vgl. ebd., S. 103.
[102] Vgl. *Klages*, Errungenschaften, S. 116 ff.
[103] *Klages*, Probleme, S. 91.
[104] [*Klages*], Prinzipienlehre, S. 81.
[105] Ebd., S. 87.
[106] Ebd., S. 128.
[107] Ebd., S. 91.
[108] Ebd.
[109] Zum ›Juden‹ und zum ›Hysteriker‹ als zeitgenössischen Metaphern vgl. *Gilman*, Body, S. 60 ff.; *Henke*, Theater, S. 362; *Diner*, Weltordnungen, S. 130 ff.
[110] *Klages*, Probleme, S. 95.
[111] Ebd.
[112] Ebd., S. 93.
[113] Ebd., S. 96.
[114] Vgl. *Schröder*, Jugend, S. 119 ff.
[115] Vgl. Teil 3, S. 332 ff.
[116] DLA, A:Klages, BW Ninck, 61.6380, Typoskr. »Biographisches«, S. 15.
[117] Vgl. *Klages*, Errungenschaften, S. 152.
[118] Zu Ackerknecht (1880 - 1960) vgl. DBE 1, S. 19; zu Prinzhorn (1886 - 1933) NDB 20, S. 730 f.
[119] 1934 setzte sich Klages für die Veröffentlichung von Rothschilds Doktorarbeit ein, 1951 kam es zu einem Briefwechsel über den Schuler-Nachlass. Vgl. bes. DLA, A:Klages, BW Rothschild, 61.6792, 18 v. 16.4.34; 61.6793, 14 v. 15.6.51.
[120] DLA, A:Klages, BW Ackerknecht, 61.3856, 10 v. 24.5.21.
[121] DLA, A:Klages, BW Wieser, 61.11841, 10 v. 30.9.30. Die jüdische Identität Pulvers blieb letztlich eine Unterstellung, was sich daran zeigt, dass Klages sie in unterschiedlichen Kontexten unterschiedlich »belegt«: mal »mindestens Halbjude«, mal jüdische Ehefrau, mal typische Handschrift eines Literaten usw.

[122] Zum biographischen und geistesgeschichtlichen Hintergrund der Begegnung zwischen Klages und Palágyi vgl. *Schröder, Werk* 1, S. 597 - 599.

[123] Bemerkenswerter Weise nennt Klages einen Schlüsseltext für das eigenen Verständnis des ›jüdischen Wesens‹, Georg Friedrich Daumers *Geheimnisse des christlichen Altertums* von 1847, »unverkennbar paranoiden Charakters«, weswegen er es nur »literarischen Feinschmeckern« empfehlen könne. Auch der Spätromantiker Daumer deutete das Christentum als dem deutschen Wesen »fremde« Religion und beruft sich dabei auf Symbole und Dokumente, aus denen sich im noch deutlicher jüdisch geprägten Frühchristentum »kultische Anthrophagie« belegen ließe. Vgl. *Klages*, Errungenschaften, S. 155.

[124] Zu Mendelssohn, Gershom Scholem und der jüdischen Tradition des bildnerischen Sehertums vgl. *Jäger*, Lebenslinie.

[125] DLA, A:Klages, BW Engelke 61.4665, 18 v. 2.2.37.

[126] DLA, A:Klages, BW Ackerknecht, 61.3857, 1 o. D.; BW Wieser, 61.7625, 10 v. 30.9.30; BW Barth, 61.4000, 34 v. 29.9.30; BW Preuß. Ministerium für Wissenschaft, Kunst und Volksbildung, 61.6576, 15 v. 12.7.33.

[127] DLA, A:Klages, / BW Ackerknecht, 61.3856, 45 v. 1.10.29.

[128] DLA, A:Klages, BW Kern, 61.10292, 38: Kern: »Juda gegen Klages« (1936). Abgesehen von der rhetorischen Zuspitzung auf ›Juda‹ lehnte sich Kerns Entwurf weitgehend an die Streitschrift »Kampf um Klages« an, die Hans Prinzhorn 1933 in der ›Deutschen Rundschau‹ veröffentlicht hatte. So hatten sich Klages und Prinzhorn im Entstehungsprozess dieses Artikels auf die Einteilung in vier »Gegnergruppen« geeinigt. *Prinzhorn*, Kampf; DLA, A:Klages, BW Prinzhorn, 61.6588, 25 o. D. [1933].

[129] DLA, A:Klages, BW Kern, 61.5609, 21 v. 2.11.36.

[130] In taktischer Hinsicht könnte man sie als Zugeständnis an Alfred Bäumler deuten, der als Nietzscheinterpret zum wichtigsten ideologischen Sachwalter für Philosophie im Dritten Reich avanciert war. Tatsächlich waren Klages und Bäumler aber auch in Fragen der Nietzschedeutung erbitterte Konkurrenten: Während Bäumlers Philosophie um das – positiv verstandene – Konzept des ›Willens zur Macht‹ kreiste, rezipierte Klages Nietzsche als Psychologen der Entlarvung des »Fremdich«. Zu Bäumler vgl. *Tilitzki*, Universitätsphilosophie 1, S. 545 - 582; 2, S. 935 - 962. Zu Klages' höchst selektiver Aneignung Nietzsches vgl. Teil 2, 5.1., g), S. 300 ff.

[131] Vgl. *Klages*, Errungenschaften, S. 153.

[132] DLA, A:Klages, BW Kern, 61.5609, 21 v. 2.11.36.

[133] Für diese Deutung vgl. etwa jüngst *Karlauf*, George, S. 699.

[134] Vgl. *Weingart*, Doppel-Leben.

[135] Geschadet hat Klages die Publikation vor 1945 nicht. Vgl. den Eintrag zum Schuler-Nachlass in der Nationalsozialistischen Bibliographie, dessen Autor vermutlich Hans Kern war: NSB 5 (1940), H. 8 S. 21. DLA, A:Klages, BW Kern, 61.10296, 27 v. 2.11.1940.

[136] Vgl. DLA, A:Klages, BW Ninck, 61.6370 (1918 - 1929). Zur Geschichte der Biographie, die dann nicht der früh verstorbene Martin Ninck, sondern Hans Eggert Schröder verfasste, vgl. *Schröder*, Jugend, S. V.

[137] DLA, A:Klages, BW Ninck, 61.6374, 23 v. 22.12.1941. Vgl. im gleichen Sinn DLA, A:Klages, BW Hederich, 61.5220, 2 v. 14.4.42. Die Andeutung auf die »Auslassungen des Juden Ravage« bezieht sich auf zwei Artikel, die im Januar und Februar 1928 unter den Titeln »Commissary to the Gentiles« und »A Real Case Against the Jew's« im New Yorker *The Century Magazin* erschienen waren. Sie wurden 1936 unter dem Titel *Zwei jüdische Aufsätze* auf Deutsch veröffentlicht. In ihnen greift der Autor verschwörungstheoretische Unterstellungen gegen die Juden auf und präsentiert sie im Gestus der rhetorischen Überbietung als »Geständnis« eines Juden. Vgl. *Ravage*, Aufsätze. In der rechtsextremen Szene kursieren die Texte bis heute und weltweit als Schlüsseldokumente eines »wehrhaften« Antisemitismus.

[138] Sombart berichtet, wie Carl Schmitt den Schuler-Nachlass in das Haus seines Vaters mitbrachte, sowie von der Irritation, die der Name bei den Versammelten auslöste. Vgl. *Sombart*, Jugend, S. 260.

[139] Zur Person Schulers vgl. *Plumpe*, Schuler; zu dessen Wirken in München vgl. *Ross*, Bohemiens, S. 111 - 116; *Karlauf*, George, S. 321 - 328. Zum Salon Elsa Bruckmanns sowie Schulers und Klages' Aufenthalten dort: *Martynkewicz*, Salon, S. 307 - 323; DLA, A:Klages, BW Ninck, 61.6379, 7 v. 8.5.50.

[140] Einen impressionistischen Einblick in die Hermetik von Schulers Gedankenwelt bietet etwa der ornamental gestaltete Widmungsbrief an Elisabeth von Österreich. Vgl. *Schuler*, Brief, S. 5.

[141] Klages sah seine wichtigste Aufgabe als Herausgeber darin, das von Schuler selbst gnostische von ihm mystisch genannte Wissen Schulers aus der symbolischen in eine diskursive Form zu übertragen. Vgl. *Schröder*, Werk 2, S. 1332 ff. Zur Bilderwelt des gnostischen Mythos vgl. *Jonas*, Gnosis, S. 75 - 134.

[142] Zur Vorgeschichte der Herausgeberschaft, für die sich u. a. Karl-Heinz Hederich in der PKK, Elsa Bruckmann und Philipp Lersch einsetzten, vgl. *Schröder*, Werk 2, S. 1324 - 1331.

[143] Der vielfach zitierte Symbolspruch Schulers stand in dem »Epilogus. Jahwe – Molch« betitelten Fragment und lautete vollständig: »Ans Herz des Lebens schlich der Marder Juda. Zwei Jahrtausende tilgt er das heiße, pochende, schäumende, träumende Mutterherz. Bei diesem Schlurfe nicht ertappt zu werden, hat er alle Wege zum Herzen verrammelt. Das Herz der Erde als Hölle des Christen.« Vgl. *Schröder*, Werk 2, S. 1341.

[144] *Klages*, Einführung, S. 43.
[145] Ebd., S. 49.
[146] Vgl. ebd., S. 50.
[147] Ebd., 76.
[148] Ebd., S. 50.
[149] Ein entscheidender Katalysator für diese Deutung war die Wiederentdeckung von Bachofens 1861 veröffentlichter, aber praktisch vergessener Arbeit zum frühantiken Mutterrecht. Im Gespräch über die prähistorischen Mutterkulte hatte der Ägyptologe Wolfskehl Klages darauf aufmerksam gemacht. Vgl. *Schröder*, Jugend, S. 225.
[150] *Klages*, Einführung, S. 56.
[151] Ebd., S. 73.
[152] Die kunstpolitische Dimension betont vor allem Thomas Karlauf. Über die Konkurrenz um Franziska zu Reventlow hinaus fügt er zudem der erotischen Dimension einen weiteren Aspekt hinzu, wenn er behauptet, der wie George homosexuell veranlagte Schuler habe von jenem ein »Outing« gefordert. Vgl. *Karlauf*, George, S. 331 - 335.
[153] Vgl. *Reventlow*, Tagebücher 1897 - 1910, S. 254 f., 263, 275, 282, 286 - 289. Zur der Klages' zugeschriebenen Aussage, Wolfskehl »habe die Gräfin mit jüdischem Golde gekauft« vgl. *Fuchs*, Sturm, S. 95. Klages selbst weist diese Darstellung Ninck gegenüber vehement zurück. Vgl. DLA, A:Klages, BW Ninck, 61.6378, 3 v. 19.4.48; DLA, A:Klages, Konvolut »Gedenkblätter«, 61.3761, Bl. 89.
[154] Zur Schilderung des Bruchs mit Lessing vgl. *Lessing*, Einmal, S. 413 ff.; Zum Verhältnis zu Lessing allgemein vgl. *Kotowski*, Dioskuren.
[155] *Klages*, George. Mit unterschiedlicher Interpretation des Zerwürfnisses zwischen George und Klages vgl. *Ross*, Bohemiens, S. 127 - 138; *Karlauf*, George, S. 326 - 335. *Reventlow*, Aufzeichnungen, S. 818, nennt Wolfskehls (»Hoffmann«) Ansinnen, einen zionistischen Staat auf dem kosmischen Prinzip der »Blutleuchte« zu gründen, als Grund dafür, dass Klages (»Hallwig«) mit ihm gebrochen habe. Eine Darstellung, die sich mit Klages' Darstellung im Schuler-Nachlass deckt: *Klages*, Einführung, S. 56 f.
[156] Ein starkes Indiz für diese These sind die biographischen Aufzeichnungen an Ninck, die voll sind von verschwörungstheoretischen Deutungen: zu 1904, zum so genannten Symbolistenprozess usw. DLA, A:Klages, BW Ninck, 61.6375, 6 v. 6.5.43; 616378, 3 v. 19.4.48, 7 v. 8.5.50, 26 v. 11.6.51.
[157] Die Annahme, Klages' Antisemitismus habe erst 1903 eine weltanschauliche Vertiefung erfahren, wird dadurch gestützt, dass die ersten Veröffentlichungen, in denen Klages sich ebenso sublim wie sachlich antisemitisch äußert, in die Zeit nach dem Bruch mit George fallen: so v. a. das Kapitel

»Typische Ausdrucksstörungen und das Wesen der Hysterie« (1904) und »Ahasver. Ein Dichter« (1906). Wenn Klages behauptete, das 1906 unter dem vollen Titel »Ahasver. Ein Dichter. Beitrag zur Psychologie des Idealismus« veröffentlichte Porträt Theodor Lessings bereits 1898, also kurz vor dem Bruch mit diesem, verfasst zu haben, dann dürfte es sich dabei ebenfalls um eine Rückdatierung handeln, die den biographischen Hintergrund der Jahre 1903 / 04 verschleiern soll. Zu dieser Behauptung vgl. *Lessing*, Einmal, S. 426.

[158] DLA, A:Klages, BW Ninck, 61.6378, 3: v. 19.4.1948: Ausf. Anmerkungen zu *Fuchs*, Sturm: »Eines hat unser Spiesser [gemeint ist Fuchs, P. L.] zutreffend herausgewittert: dass nämlich das ›schöpferische‹ Schwabing von 1893 - 1904 tatsächlich Weltvorort war. Hier und nur hier sind die Würfel gefallen, von denen der 30jährige Krieg 1914 - 1945 bloss die Exekutive darstellt. Hier entschied sich, was freilich Freund Spiesser nicht weiss, der Endkampf Judas gegen die Menschheit, nämlich zugunsten der Juden.«

[159] Vgl. S. 522 f.

[160] Dank an Ulrike Sterblich für den Hinweis auf die Rationalisierung paranoiden Denkens als »Sachzusammenhangstheorien«; die Formulierung stammt von Andreas Müller-Maguhn vom Chaos-Computer-Club.

[161] DLA, A:Klages, Konvolut »Gedenkblätter«, 61.3761, Bl. 86.

[162] Abgesehen von einigen Artikeln in den *Graphologischen Monatsheften* und dem 1901 veröffentlichten Buch über George. Vgl. *Schröder*, Jugend, S. 328 ff.

[163] *Klages*, Einführung, S. 79.

[164] *Klages*, Handschrift, S. 195 ff.

[165] Ebd., S. 197.

[166] Zur charakterologischen Bindung der Willens an die Tätigkeit des Geistes vgl. *Klages*, Grundlagen, S. 148 ff.; zur graphischen Symptomatik der Willensvorherrschaft vgl. *Klages*, Probleme, S. 195 - 199.

[167] Ein vielfach bemühtes Beispiel der »Täternatur« des willensstarken Menschen ist Bismarck. Vgl. *Klages*, Handschrift, S. 15.

[168] Zur graphologischen Praxis in München 1895 - 1913 vgl. *Schröder*, Jugend, S. 166 ff: zu Busse und zur ›Deutschen Graphologischen Gesellschaft‹ ebd., S. 134 ff.

[169] *Klages*, Probleme, S. 137. Dazu ausführlich in *Klages*, Grundlegung, S. 145 ff. Die Grundidee, seelische Regung und Ausdrucksbewegung als Analogie aufzufassen, geht zurück auf *Piderit*, Mimik. Vgl. *Klages*, Grundlegung, S. 207.

[170] Zur Ähnlichkeit als epistemologischem Prinzip bei Klages vgl. *Leo*, Ähnlichkeitsbewirtschaftung, bes. S. 125. Vgl. auch *Klages*, Handschrift, S. 32 - 36; *Klages*, Widersacher, S. 342 - 367.

[171] Die erhellende Formulierung, Charaktere ließen sich deshalb aus der Handschrift diagnostizieren, weil diese selbst einen Charakter habe, verwendet Klages in seinem Vorwort zu Preyer, Psychologie (1928), S. VIII. Zur Identität der expressiven Motorik momentaner Gemütszustände und dauerhafter Gemütsart vgl. S. 480 f.; sowie Klages, Grundlegung, S. 219 ff.

[172] Der »Wirklichkeit der Bilder« ist der gesamte dritte Band des philosophischen Hauptwerks gewidmet. Vgl. Klages, Widersacher, S. 801 ff.

[173] Vgl. Klages, Probleme, S. 136 - 149; Klages, Sprache.

[174] Zum ästhetischen ›Leitbild‹ als Dimension des individuellen Raumsinn vgl. Klages, Leitbild. Zur Raumsymbolik und zum Darstellungsprinzip im Allgemeinen vgl. Klages, Grundlegung, S. 239 ff.; zur Arkaden- und Girlandenbindung vgl. Klages, Handschrift, S. 116 - 119.

[175] Vgl. ebd. Tab I - XVII.

[176] Vgl. die entsprechende Aufteilung nach »Plus-« und »Minusseite« ebd.

[177] Exemplarisch zeigt sich dies auch in der Sammlung von Gutachten unterschiedlicher Graphologen, die Klages 1930 zu Lehrzwecken veröffentlichte. Es handelte sich dabei um Gutachten aus der Praxis, sie wurden nicht im Hinblick auf eine Veröffentlichung verfasst. Vgl. Klages, Lesebuch. DLA, A:Klages, BW Mayer-Benz; BW Pophal.

[178] Kommunikation als operative Einheit aus Mitteilung, Information und Verstehen bei Luhmann, Systeme, S. 191 - 202.

[179] [Klages], Erzberger; S. 32. Zu Bismarck: Klages, Handschrift, S. 15; im gleichen Sinn schon Busse, Bismarck.

[180] DLA, A:Klages, BW Römer, 61.11839, Bl. 9: GA Römer v. 24.8.27.

[181] Vgl. Klages, Lesebuch, passim. Vgl. die mit »H.« = »Hauptmitarbeiter« gezeichneten Gutachten von Helene Klages.

[182] Auf Nachfrage machte er aber stets deutlich, dass Psychopathie in allen Fällen »Hysterie« in seinem Sinne meint. Vgl. etwa DLA, A:Klages, BW Clara Stern, 61.7263, 4 v. 1.3.1927.

[183] Exemplarisch DLA, A:Klages, BW Brugger-Mücksch, 61.4305, 3 v. 11.2.49.

[184] Zur rigorosen Rhetorik bzgl. methodischer Askese vgl. Leo, Ähnlichkeitsbewirtschaftung.

[185] Vgl. Klages, Lesebuch, passim.

[186] Diese und ähnliche Beispiele ebd.

[187] DLA, A:Klages, SfA / M. O. an SfA v. 28.1.1930.

[188] Ein ähnlicher Fall, bei dem das Gutachten nicht mit der Wahrnehmung der Auftraggeberin übereinstimmt und diese sich dadurch hilft, dass sie die Möglichkeit erstens einer Illusion, zweitens der Veränderbarkeit in den

Raum stellt, zuvor aber dem Graphologen die Möglichkeit gibt, sein Urteil zu modifizieren vgl. DLA, A:Klages, BW Hintermann, 61.9883, 3 v. 25.11.

[189] DLA, A:Klages, BW Walterscheid 61.12962, 2 v. 28.5.30, 3 v. 24.6.30.

[190] In Einzelfällen fragte Klages nach. DLA, A:Klages, BW A. Arnolds, 61.7980, 2 v. 9.6.50.

[191] DLA, A:Klages, BW Lindenblatt, 61.10753, 4 v. 14.9.23; 61.5958, 5 v. 5.10.23; 7 v. 26.11.23; 22 v. 21.9.27.

[192] DLA, A:Klages BW Lindenblatt, 61.10753, 4 v. 14.9.1923.

[193] Vgl. *Klages*, Probleme, S. 80 ff.

[194] DLA. A:Klages, BW Lindenblatt, 61.5958, 7 v. 26.11.23.

[195] DLA, NL Klaes / BW Lindenblatt, 61.5958, 22 v. 21.9.27. Ähnlicher Fall DLA, A:Klages, BW A. Ernst, 61.4691, 3 u. 4 v. 19.3.1925. Hier handelte es sich um einen Scheidungsprozess, in dem sich die Sachlage durch den Prozessverlauf ständig änderte.

[196] Dazu aus soziologischer Perspektive Hahn, Konstruktionen, S. 80 ff., 97 ff.

[197] Nähme man die – archivalisch in nur geringem Umfang erschließbare – Korrespondenz des Seminars für Ausdruckskunde hinzu, dürfte die Prominentenquote deutlich höher ausfallen, da allgemein bekannt war, dass man sich mit Anfragen eher an »München« als an »Kilchberg« zu wenden hatte.

[198] Tendenziell dürfte auch diese Quote noch höher gelegen haben, da gerade bei den vielen Auftraggeberinnen nicht immer erkennbar ist, aus welchen sozialen Verhältnissen sie stammten.

[199] Die größte öffentliche Aufmerksamkeit fand die Graphologie in der Weimarer Republik. Bis zum Ende der 1920er Jahre überwog die optimistische Auffassung, die Graphologie könne wie die Psychotechnik einen Beitrag zur Rationalisierung der Arbeitswelt leisten. Seit 1929 mehrten sich dagegen die kritischen Stimmen, die in der Graphologie ein undurchschaubares Machtwissen sahen, das über die Lebensläufe von Arbeitnehmern entschied. Die Debatte ist gut dokumentiert in einer Artikelsammlung des Gesamtverbandes deutscher Angestelltengewerkschaften, die 1933 ins Archiv des Arbeitswissenschaftlichen Instituts der Deutschen Arbeitsfront überging. Die Debatte um die Graphologie, die in der restriktiven Öffentlichkeit des Dritten Reichs weitgehend verstummte, wurde nach 1945 wieder aufgenommen. An Bewerbungsleitfäden lässt sich ablesen, dass die Graphologie bis in 1980er Jahre als Mittel der betrieblichen Personalauswahl in hohem Ansehen stand. Neuerdings warnen entsprechende Bücher vor Arbeitgebern, die ihr Personal nach derart »irrationalen« Methoden auswählen. BA, NS 5 VI 7223: DAF, AWI, Zeitungsausschnittsammlung; *Der Spiegel* Nr. 27 (1965); den Hinweis auf die Bewerbungsleitfäden verdanke ich Gregor Rinn.

[200] Vgl. etwa DLA, A:Klages, BW Römer, 61.11838, 6 v. 3.10.25; 61.11839, 11 v. 16.9.27; 61.11840, 3 v. 8.2.29; BW Mayer-Benz, 61.10956, 6 v. 3.8.50.

[201] Beispiele für Klages' graphologische Tätigkeit für Unternehmer: DLA, A:Klages, BW. Fa. Robert Bosch, 61.4220, 61.8425; BW Leihberg, 615906, 61.10688; DLA, A:Klages, SfA, BW Zantop.

[202] LAB, A Rep. 226, T 34 G; A Rep. 226, Nr. 528, Nr. 530, Nr. 566.

[203] LAB,; A Rep. 226, Nr. 549 (Personalakte Ernst Meiners).

[204] Bsp. DLA, A:Klages, BW Bührer, 61.8554, 3 v. 2.8.25.

[205] DLA, A:Klages, BW Magg, 61.10868, 1 v. 12.6.31.

[206] Vgl. z. B. DLA, A:Klages, BW Brugger, 61.8509 v. 14.2.50; BW Brunner, 61.8520, 1 v. 10.8.40; BW Heinz, 61.9778, 2 v. 25.1.27.

[207] Zum Begriff vgl. *Peukert*, Weimarer Republik.

[208] DLA, A:Klages, BW Jantzen, 61.10111, 3 v. 23.4.36.

[209] Diesen Befund bestätigen die Untersuchungen, die Moritz Föllmer über Individualitätsmanagement im Berlin der 1920er Jahre geführt hat. Vgl. etwa *Föllmer*, »Good Bye«.

[210] Dazu *Makropoulos*, Tendenzen, S. 677 ff. Ähnlich *Peukert*, Weimarer Republik; *Fritzsche*, Weimar, S. 631.

[211] Zum grassierenden Zukunftsdiskurs vgl. *Graf*, Zukunft.

[212] DLA, A:Klages, BW Loofs, 61.5991, 5 v. 1.5.20.

[213] DLA, A:Klages, BW Loofs, 61.10793, 2 v. 24.1.19.

[214] DLA, A:Klages, BW Loofs, 61.10793, 10 v. 14.5.20. Zum »Vampyrismus« als höchster Steigerungsform des hysterischen Charakters vgl. *Klages*, Grundlagen, S. 140.

[215] DLA, A:Klages, BW Loofs, 61.10793, 11 v. 8.8.20.

[216] DLA, A:Klages, BW C. Stern, 61.12597, 2 v. 16.2.27.

[217] Mit Stern als Herausgeber der *Zeitschrift für angewandte Psychologie* stand Klages auch in kollegialem Austausch, während er auftretende Probleme und Konflikte mit dem Mitherausgeber Otto Lipmann austrug. DLA, A:Klages, BW Becker, 61.4062, 14 v. 28.12.26.

[218] DLA, A:Klages, BW C. Stern, 61.7263, 4 v. 1.3.27.

[219] *Müller*, Verbrechensbekämpfung, bes. S. 24 - 82.

[220] Zur systematischen Einordnung der ›psychopathischen Persönlichkeiten‹ im Rahmen einer psychiatrischen Nosologie vgl. etwa *Kraepelin*, Psychiatrie 1, S. 815 - 841.

[221] Institutionellen Niederschlag fand diese diskursive und praktische Berührung von Psychiatrie und Strafrecht unter anderem in der Ausweitung einer pädagogisch-medizinisch ausgerichteten Strafrechtspflege und nicht zuletzt

auch im Disziplinbildungsprozess der Kriminolgie. Vgl. dazu *Wetzell*, Criminal, S. 39 ff.; S. 73 ff.; *Becker*, Verderbnis. Zur Relativierung der Grenze zwischen ›krank‹ und ›gesund‹ in der klinischen Psychiatrie um 1900 vgl. *Schwarz*, Wirkliche, S. 99 - 105.

[222] Vgl. *Schneider*, Studien, S. 3, 8: Schriftproben graphologisch »leider« nicht verwertbar; zudem Anlehnung an Klages' Ausdruckspsychologie und seine charakterologische Neuformulierung der Temperamentenlehre. *Schneider*, Persönlichkeiten, Vorwort z. 2. Aufl.: rühmt Klages und Kretschmer als die bis heute »qualitativ unüberbotenen Anfänge« der Charakterologie.

[223] Ein Fall aus dem Berufsalltag: DLA, A:Klages, BW Aubort, 61.7999, 1 v. 1.3.43.

[224] Weitere Fälle: DLA, A:Klages, BW Brugger-M., 61.4305, 3 v. 11.2.49, 61.8510, 5 v. 20.2.49; BW Bühler-Koller, 614336, 1 v. 30.4.20.

[225] DLA, A:Klages, BW Christoffel, Diethelm, Gerhard, Eisler, Wilmanns, Maier, Kling, Maeder; von Klages' Schülern spezialisierte sich Lena Mayer-Benz auf psychiatrische Graphologie, vgl. BW Mayer-Benz, 61.953 - 56.

[226] DLA, A:Klages, BW: Auborg; BW Hutchinson; BW C. Stern, BW. Biera; Mütter: BW Mettler, BW Bührer-Koller, BW Dentzen, BW Amstad, BW Graf.

[227] DLA, A:Klages, BW Ernst, 61.9006, 1 - 8 (1924 / 25).

[228] DLA, A:Klages, SfA, Sternheim v. 5.5.30.

[229] DLA, A:Klages, BW Bieri, 61.8333 v. 21.9.32.

[230] DLA, A:Klages, BW·Schwarz, 61.12356 v. 4.11.28; dito: BW Nöthinger, 61.11343, 17 v. 27.7.32.

[231] Zu Klages' Ablehnung der Psychoanalyse vgl. *Klages*, Grundlagen, S. 225 - 229. Hans Prinzhorns Ansinnen, Klages' Charakterkunde mit psychoanalytischen Ansätzen zu verbinden, lehnte er rigoros ab: DLA, A:Klages, BW Prinzhorn, 61.6582, 25 v. 31.3.25. Zu Freuds Ablehnung der Graphologie vgl. *Henkelmann*, Weizsäcker, S. 119.

[232] Vgl. dazu neuerdings auch *Föllmer*, Nazism.

[233] Paradigmatisch: *Arendt*, Ursprünge, S. 499 ff. Vgl. Anm. 247.

[234] *Chamberlain*, Grundlagen 1, S. XXIII; *Günther*, Rassenk. dt., S. 206; *Lenz*, Erblichkeit, S. 740.

[235] *Meyer* 1937.2, Charakter, S. 448.

[236] *Meyer* 1937.2, Charakterologie, S. 450.

[237] *Meyer* 1937.2, Deutscher Mensch, S. 986.

[238] *Klages*, Probleme, S. 5. Dito *Klages*, Grundlagen, S. 12.

[239] Vgl. *Sütterlin*, Leitfaden; *Kuhlmann*, Schreiben; *Klemm*, Schreibunterricht.

[240] DLA, A:Klages, BW Brunies, 61.4327, 2 v. 8.5.20.

[241] Amtliches Schulblatt für den Regierungsbezirk Schleswig 26.1934, Nr. 19 v. 1.10.34, zitiert nach Zentralblatt für Graphologie 7 (1936 / 37), S. 92.

[242] Vgl. die Schreibvorlage in *Klages*, Handschrift, Beiheft, S. 136 (Nr. 135).

[243] *Besthorn*, Gedanken, S. 103.

[244] In diesem Sinne *Roseman*, Modernisation, S. 217, plausible Kritik daran bei *Föllmer*, Nazism.

[245] Vgl. *Bauman*, Moderne; *Loo / Rijen*, Modernisierung, S. 178 - 217.

[246] Ein weiteres Beispiel für die Zunahme des individualisierenden Blicks auf das Eigene ist die psychotherapeutische Praxis im Nationalsozialismus, die über einen beachtlichen Spielraum verfügte. Vgl. *Lockot*, Erinnern, bes. S. 73; *Cocks*, Psychotherapy. Zur heerespsychologischen Charakterdiagnostik vgl. S. 133 ff., S. 137 f.

Weltanschauliche Brücken in den NS-Staat: sozialmorphologisches Paradigma und charakterologscher Denkstil

[1] Vgl. *Fritzsche*, Germans; *Aly*, Volksstaat.

[2] In Bezug auf Hitler vgl. *Kershaw*, Hitler-Mythos.

[3] Vgl. *Essner*, »Irrgarten«.

[4] *Raphael*, Ordnungsdenken, S. 28 f.; in Anlehnung an *Lepsius*, Begriffsbildung.

[5] Eine administrativ praktikable Judenpolitik ließ sich nur durchführen, indem alle »inhaltlichen« Aspekte zurückstellt wurden und als gemeinsame Handlungsgrundlage nur festgelegt wurde, wer als Jude anzusehen sei. Vgl. dazu Teil 3, 2.3., d), S. 444 ff.

[6] DLA, A:Klages, BW Ninck, 61.6375, 8 v. 25.5.43.

[7] Zu konservativen Abgrenzungsstrategien vom »ungeistigen« Nationalsozialismus als totalitärem Massenphänomen nach 1945 vgl. *Solchany*, Interpretationen, bes. S. 380 - 386.

[8] Vgl. *Voss*, Bilder.

[9] *Nietzsche*, Fragmente 8.2, S. 4.

[10] Vgl. *Simmel*, Schopenhauer und Nietzsche, S. 61.

[11] *Benn*, Briefe an Oelze 2, S. 58.

[12] *Benn*, Nietzsche, bes. S. 204 - 208.

[13] Zur akademischen Philosophie nach Hegel vgl. *Schnädelbach*, Philosophie, S. 118 - 138.

[14] Zur Lage des gebildeten »Orientierungswissen« um 1900 vgl. *Bollenbeck*, Weltanschauungsbedarf, S. 203.

[15] Zur »Verweltanschaulichung« der naturkundlichen Literatur um 1900 vgl. *Daum*, Popularisierung, S. 300 - 323.

[16] Versteht man unter Weltanschauung das Bemühen, die Gesamtheit des Erfahrbaren als Einheit zugänglich zu machen, dann hat Hans Blumenberg die weltanschauliche Qualität des goetheschen Denkens mustergültig herausgearbeitet. *Blumenberg*, Lesbarkeit, S. 214 - 232.

[17] Vgl. *Breuer*, Ordnungen.

[18] Das gilt auch für *Nolte*, Ordnung.

[19] Gottfried Benn stellte in diesem Sinne die »höchst merkwürdige Verflechtung von Platonismus und Erfahrung« als charakteristischen Zug der goetheschen Wissenschaft heraus. Vgl. *Benn*, Goethe, S. 371.

[20] *Niethammer*, »Jahre«.

21 Peter Fritzsche hat mustergültig gezeigt, dass eine Kulturgeschichte des Dritten Reichs diese beiden diametral entgegengesetzten Perspektiven vereinen muss. Vgl. *Fritzsche*, Life.

Abkürzungen

AEWK	Allgemeine Encyclopädie der Wissenschaften und Künste
AWI	Arbeitswissenschaftliches Institut
BA	Bundesarchiv
BW	Briefwechsel
BBI	British Biographical Index
BHSA	Bayerisches Hauptstaatsarchiv
DAF	Deutsche Arbeitsfront
DBGSV	Deutscher Bund der gerichtlichen Schriftsachverständigen
DGG	Deutsche Graphologische Gesellschaft
DGSG	Deutsche Graphologische Studiengesellschaft
DBE	Deutsche Biographische Enzyklopädie
DLA	Deutsches Literaturarchiv
GA	Gutachten
HWdP	Historisches Wörterbuch der Philosophie
LAB	Landesarchiv Berlin
NDB	Neue Deutsche Biographie
NSB	Nationalsozialistische Bibliographie
PA	Personalakte
PKK	Parteiamtliche Prüfungskommission
SfA	Seminar für Ausdruckskunde
UA	Universitätsarchiv
ZfG	Zentralblatt für Graphologie

Quellen- und Literaturverzeichnis

1. Quellen

1.1. Unveröffentlichte Quellen

Bayerisches Hauptstaatsarchiv München
MK 70907
MK 70908
MK 70909

Bundesarchiv (Berlin-Lichterfelde)
NS 5 VI 7223

Deutsches Literaturarchiv Marbach
Nachlass Ludwig Klages (A:Klages)

Landesarchiv Berlin
A Rep. 226 (Borsig Tegel GmbH)
A Rep. 227 (AEG)
A Rep. 231 (Osram)

Universitätsarchiv München
Akten des Rektorats / Personalakte August Vetter
Universität München / Akte »Graphologie, Handschriftendeutung, Charakterforschung«

Private Nachlässe
Friedrich Leo (liegt bei: Per Leo, 10407 Berlin)
Martin Leo (liegt bei: Christoph Leo, 01309 Dresden)

1.2. Veröffentlichte Quellen

Periodika

8-Uhr-Abendblatt. Nationalzeitung
Breslauer Neueste Nachrichten
Frankfurter Zeitung
Graphologische Monatshefte
Jahrbuch der Charakterologie
Kölnische Volkszeitung
Kölnische Zeitung
Leipziger Lehrerzeitung
Vorwärts
Westfälische Zeitung
Zeitschrift d. Bundes der gerichtlichen Schriftsachverständigen
Zeitschrift für Menschenkunde
Zentralblatt für Graphologie

Monographien und Aufsätze

Amtsblatt der Reichshauptstadt Berlin 75 (1934)

Arbeitsberichte aus dem Forschungs-Institut für Fürsorgewesen und Sozialpädagogik an der Johann-Wolfgang-Goethe-Universität in Frankfurt a. M. Frankfurt a. M. 1936

Arendt, Hannah: Ursprünge und Elemente totalitärer Herrschaft [1951]. München 1986

Arendt, Hannah / Jaspers, Karl: Briefwechsel. 1926 - 1969, hg. v. Lotte Köhler und Hans Saner. München, Zürich 1985

Arnheim, Rudolf: Experimentell-psychologische Untersuchungen zum Ausdrucksproblem, in: Psychologische Forschung 11 (1928), S. 37 - 49

Autographensammlungen, in: Meyers Großes Konversationslexikon Bd. 3, [6]1903, S. 187 - 188

Bachofen, Johann Jakob: Das Mutterrecht. Eine Untersuchung über die Gynaikokratie der Alten Welt nach ihrer religiösen und rechtlichen Natur [1861]. Basel [3]1948

Bahnsen, Julius: Beiträge zur Charakterologie. Mit besonderer Berücksichtigung pädagogischer Fragen. Leipzig 1867

Bahnsen, Julius: Zum Verhältnis zwischen Wille und Motiv. Eine metaphysische Voruntersuchung zur Characterologie. Danzig 1869

Baum, Vicky: Menschen im Hotel. Ein Kolportageroman mit Hintergründen. Berlin 1929

Baur, Erwin / Fischer, Eugen / Lenz, Fritz: Grundriß der menschlichen Erblichkeitslehre und Rassenhygiene. München ²1923

Baur, Erwin / Fischer, Eugen / Lenz, Fritz: Menschliche Erblichlehre und Rassenhygiene. Bd. 1: Menschliche Erblehre. München ⁴1936

Beard, George M.: American Nervousness. Its Causes and Consequences. New York 1881

Benjamin, Walter: Rezension zu Anja und Georg Mendelssohn: Der Mensch in seiner Handschrift (1933), in: Ders.: Gesammelte Schriften Bd. 3: Kritiken und Rezensionen. Frankfurt a. M. 1981, S. 135 - 139

Benjamin, Walter: Gesammelte Schriften Bd. 5.1: Das Passagen-Werk. Frankfurt a. M. 1982

Benjamin, Walter: Lehre vom Ähnlichen (1933), in: Ders.: Medienästhetische Schriften. Frankfurt a. M. 2002, S. 117 - 122

Benjamin, Walter: Über das mimetische Vermögen (1933), in: Ders.: Medienästhetische Schriften. Frankfurt a. M. 2002, S. 123 - 126

Benn, Gottfried: Der Aufbau der Persönlichkeit. Grundriss einer Geologie des Ich (1930), in: Ders.: Sämtliche Werke III,1, 1987, S. 263 - 277

Benn, Gottfried: Briefe an F. W. Oelze Bd. 2,1: 1945 - 49. Wiesbaden, München 1979

Benn, Gottfried: Goethe und die Naturwissenschaften (1932), in: Ders.: Sämtliche Werke III,1, 1987, S. 350 - 385

Benn, Gottfried: Nietzsche – nach 50 Jahren (1950) in: Ders.: Sämtliche Werke V,3, 1991, S. 198 - 208

Benn, Gottfried: Das Genieproblem (1930), in: Ders.: Sämtliche Werke III,1, 1987, S. 278 - 29

Benn, Gottfried: Sämtliche Werke. Stuttgarter Ausgabe, hg. von Gerhard Schuster, ab Bd. 6 v. Holger Hof. Stuttgart 1986 - 2003

Besthorn, H.: Gedanken über den neuen Schreiberlaß, in: Zentralblatt für Graphologie 7 (1936 / 37), S. 93 - 103

Binding, Karl / Hoche, Alfred: Die Freigabe der Vernichtung lebensunwerten Lebens. Ihr Mass und ihre Form. Leipzig 1920

Blankenburg, Margot: Das Tor der Seele. Ein Roman. Berlin 1921

Bühler, Karl: Ausdruckstheorie. Das System an der Geschichte aufgezeigt. Jena 1933

Bühler, Karl: Die Krise der Psychologie. Jena ²1929

Busse, Hans H.: Gerichtliche Schriftexpertise, in: Graphologische Monatshefte 1 (1897), S. 7 - 16

Busse, Hans H.: Die Inkongruenz des Charakters, in: Graphologische Monatshefte 2 (1898), S. 7 - 16

Busse, Hans H.: Die Anfänge der Handschriftenbeobachtung bei Lavater und Goethe, in: Graphologische Monatshefte 5 (1901), S. 32 - 44

Busse, Hans. H.: Bismarcks Charakter. Eine graphologische Studie. Leipzig 1898

Canetti, Elias: Die Fackel im Ohr. Lebensgeschichte 1921 - 1931. München 1980

Carus, Carl Gustav: Göthe. Zu dessen näherem Verständniß. Leipzig 1843

Carus, Carl Gustav: Psyche [1846]. Ausgewählt und eingeleitet von Ludwig Klages. Jena 1926

Carus, Carl Gustav: Andeutungen zu einer Phyisognomik des Gebirges, in: Ders.: Briefe über Landschaftsmalerei, geschrieben in den Jahren 1815 - 1935 [²1835]. ND Heidelberg 1972, S. 176 - 177

Carus, Carl Gustav: Symbolik der menschlichen Gestalt. Ein Handbuch zur Menschenkenntnis [1853]. Neu bearbeitet und erweitert von Theodor Lessing. Celle 1925

Chamberlain, Houston Steward: Goethe (1912), in: Mandelkow (Hg.): Goethe im Urteil seiner Kritiker, Bd. 3, S. 382 - 411

Chamberlain; Houston Steward: Die Grundlagen des 19. Jahrhunderts [1899]. 2 Bde. München ⁴1903

Charakter, in: Allgemeine Encyclopädie der Wissenschaften und Künste Bd 16, 1827, S. 154 - 155

Charakter, in: Brockhaus' Konversations-Lexikon Bd. 4, ¹⁴1892, S. 101

Charakter, in: Meyers Großes Konversationslexikon Bd. 3, ⁶1907, S. 881

Charakter, in: Meyers Lexikon Bd. 2, ⁸1937, S. 448

Charakterologie, in: Meyers Lexikon Bd. 2, ⁸1937, S. 450

Clauß, Ludwig Ferdinand: Rasse ist Gestalt. München 1937

Clauß, Ludwig Ferdinand: Rasse und Seele. Eine Einführung in die Gegenwart. München 1926

Clauß, Ludwig Ferdinand: Rassenseele und Einzelmensch. Lichtbildervortrag. München 1938

Clauß, Ludwig Ferdinand: Von Seele und Antlitz der Rassen und Völker. Eine Einführung in die vergleichende Ausdrucksforschung. München 1929

Crépieux-Jamin, Jules: Handschrift und Charakter [frz. 1889]. Leipzig 1902

Crépieux-Jamin, Jules: Praktisches Lehrbuch der Graphologie [frz. 1885]. Leipzig 1889

Darré, R. Walther: Neuadel aus Blut und Boden. München 1930

Darwin, Charles: The Expression of the Emotions in Man and Animals. London 1872

Daumer, Georg Friedrich: Die Geheimnisse des christlichen Alterthums. Hamburg 1847

Deutscher Mensch, in: Meyers Lexikon Bd. 2, ^{8}1937, S. 977 - 990

Dilthey, Wilhelm: Ideen über eine beschreibende und zergliedernde Psychologie [1894], in: Ders.: Gesammelte Schriften 5. Leipzig 1924, S. 139 - 240

Dilthey, Wilhelm: [Über vergleichende Psychologie.] Beiträge zum Studium der Individualität [1885 / 96], in: Ders.: Gesammelte Schriften 5. Leipzig 1924, S. 241 - 316

Döblin, Alfred: Von Gesichtern, Bildern und ihrer Wahrheit [1929], in: August Sander: Antlitz der Zeit. Sechzig Aufnahmen deutscher Menschen des 20. Jahrhunderts. Mit einer Einleitung von Alfred Döblin. München 1990, S. 7 - 15

Doering, Woldemar Oskar: Die Hauptströmungen in der neueren Psychologie. Leipzig 1932

Doyle, Arthur Conan: Sherlock Holmes und der verschwundene Bräutigam [1891: A Case of Identity]. Klassische Kriminalerzählungen. Übers. v. Rudolf Rocholl. Berlin, Wien 1979

Du Bois-Reymond, Emil: Goethe und keine Ende. Rede bei Antritt des Rectorats der Königl. Friedrich-Wilhelms-Universität zu Berlin am 15. October 1882. Leipzig 1883

Duchenne (de Boulogne), Guillaume: Mécanisme de la physionomie humaine. Paris 1982 / 63

Engelke, Heinz: Wissenschaftliche Graphologie. Einführung in ihre Grundlagen und Arbeitsweisen. Leipzig 1940

Ewald, Heinrich: Geschichte des Volkes Israel bis Christus. Bd. 3,2. Göttingen 1852

Fischer, Eugen: Die Rehobother Bastards und das Bastardisierungsproblem beim Menschen. Anthropologische und ethnographische Studien am Rehobother Bastardvolk in Deutsch-Südwest-Afrika. Jena 1913

Fischer, Eugen: Die gesunden körperlichen Erbanlagen des Menschen, in: Baur / Fischer / ders.: Menschliche Erblehre. München ⁴1936, S. 95 - 320

Fischer, Oskar: Experimente mit Raphael Schermann. Ein Beitrag zu den Problemen der Graphologie, Telepathie und des Hellsehens. Berlin, Wien 1924

[Friedländer, David]: Sendschreiben an Seine Hochwürden, Herrn Oberconsistorialrath und Probst Teller zu Berlin, von einigen Hausvätern jüdischer Religion. Berlin 1799

Fuchs, Georg: Sturm und Drang in München um die Jahrhundertwende. München 1936

Kürschners deutscher Gelehrtenkalender. Bio-bibliographisches Verzeichnis deutschsprachiger Wissenschaftler der Gegenwart, Bd. 2: M-Z. Berlin 4.1931

Gerling, Reinhold: Der Menschenkenner. Taschenlexikon der Charakterologie. Berlin 1912

Gerling, Reinhold (Hg.): Praktische Menschenkenntnis. Ein Lehrbuch zum Studium menschlicher Charaktere, der Anlagen, Neigungen und Fähigkeiten aus äußeren Merkmalen. Berlin 1911

Gerstner, Herbert: Die Handschriftendeutung. Methodischer Lehrgang. Leipzig 1922

Gerstner, Herbert: Lehrbuch der Graphologie. Celle 1925

Giese, Fritz: Köperseele. Gedanken über persönliche Gestaltung. München 1925

Giese, Fritz (Hg.): Handbuch der Arbeitswissenschaft. Bd IV: Handbuch psychotechnischer Eignungsprüfungen. Halle / S. ²1925 [1921]

Gobineau, Arthur de: Versuch über die Ungleichheit der Menschenracen [frz. 1853; dt. 1903], hg. v. Ludwig Schemann. Stuttgart ⁴1922

Goebbels, Joseph: Tagebücher, hg. v. H. G. Reuth. München 1988

Goethe, Johann Wolfgang von: Briefwechsel mit Carl Friedrich Zelter 1799 - 1832, in: Sämtliche Werke nach Epochen seines Schaffens Bd. 20.1, München 1991

Goethe, Johann Wolfgang von: West-östlicher Divan (1819), in: Ders.: Werke 2: Gedichte und Epen. München 1988, S. 7 - 270

Goethe, Johann Wolfgang von: Erster Entwurf einer allgemeinen Einleitung in die vergleichende Anatomie (1795), in: Werke II,8: Naturwissenschaftliche Schriften. Hg. im Auftr. d. Großherzogin Sophie von Sachsen. Weimar 1893, S. 5 - 60

Goethe, Johann Wolfgang von: Geschichte der Farbenlehre, in: Ders. Werke Bd. 14: Naturwissenschaftliche Schriften 1. München 1988, S. 7 - 269

Goethe, Johann Wolfgang von: Unterhaltungen deutscher Ausgewanderter (1795), in: Ders.: Sämtliche Werke nach Epochen seines Schaffens Bd. 4.1. München 1998, S. 436 - 550

Goethe, Johann Wolfgang von: Wahlverwandtschaften (1809), in: Ders.: Werke 6: Romane und Novellen 1. München 1988, S. 242 - 490

Goethe, Johann Wolfgang von: Werke. Hamburger Ausgabe in 14 Bänden. München 1988

Goethe, Johann Wolfgang von: Zur Farbenlehre. Didaktischer Teil (1810), in: Ders. Werke 13: Naturwissenschaftliche Schriften 1. Hamburg 1988, S. 314 - 523

Goethe: Zur Farbenlehre. Didaktischer Teil (1810), in: Ders. Werke Bd. 13: Naturwissenschaftliche Schriften 1. München 1988, S. 314 - 523

Goethe, Johann Wolfgang von: Sämtliche Werke nach Epochen seines Schaffens Bd. 10: Zur Farbenlehre (1810) München 1998.

Goethe, Johann Wolfgang von: Zur Feyer des sieben und zwanzigsten September 1816, in: Ders.: Sämtliche Werke nach Epochen seines Schaffens Bd. 11.1.1. München 1998, S. 171

Goethe, Johann Wolfgang von: Zur Naturwissenschaft im allgemeinen, in: Ders. Werke 13: Naturwissenschaftliche Schriften 1. Hamburg 1988, S. 7 - 52

Goethe, Johann Wolfgang von: Zur Witterungslehre (1825), in: Ders. Werke Bd. 13: Naturwissenschaftliche Schriften 1. Hamburg 1988, S. 304 - 313

Goldscheider, Alfred: Zur Physiologie und Pathologie der Handschrift, in: Archiv für Psychiatrie und Nervenkrankheiten 24 (1892), S. 503 - 525

Gross, Adolf: Untersuchungen über die Schrift Gesunder und Geisteskranker, in: Psychologische Arbeiten II, hg. von Emil Kraepelin. Leipzig 1899, S. 450 - 469

Grube, Knut: Zur Charakterologie der deutschen Jugendbewegung. Langensalza 1930

Günther, Hans F. K.: Herkunft und Rassengeschichte der Germanen. München 1935

Günther, Hans F. K.: Rassengeschichte des hellenischen und des römischen Volkes. München 1929

Günther, Hans F. K.: Rassenkunde Europas. München ^{2}1926

Günther, Hans F. K.: Rassenkunde des deutschen Volkes [1922]. München ^{16}1933

Günther, Hans F. K.: Rassenkunde des jüdischen Volkes. München 1929

Häberlin, Paul: Der Charakter. Basel 1925

Haeckel, Ernst: Generelle Morphologie der Organismen 2: Allgemeine Entwickelungsgeschichte der Organismen. Kritische Grundzüge der mechanischen Wissenschaft von den entstehenden Formen der Organismen. Berlin 1966

Haeckel, Ernst: Die Naturanschauung von Darwin, Goethe und Lamarck. Vortrag in der ersten öffentlichen Sitzung der fünfundfünfzigsten Versammlung Deutscher Naturforscher und Aerzte zu Eisenach am 18. September 1882. Jena 1882

Hamann, Richard: Der Impressionismus in Leben und Kunst. Köln 1907

Hartmann, Eduard von: Moderne Psychologie. Eine kritische Geschichte der Deutschen Psychologie in der zweiten Hälfte des neunzehnten Jahrhunderts. Leipzig 1901

Hayek, Max: Der Schriftdeuter Raphael Schermann. Leipzig 1921

Heidegger, Martin: Sein und Zeit [1927]. Tübingen [8]1957

Heisenberg, Werner: Die Goethesche und die Newtonsche Farbenlehre im Lichte der modernen Physik (1941), in: Mandelkow (Hg.): Goethe im Urteil seiner Kritiker, Bd. 4: 1918 - 1982, S. 233 - 245

Heisenberg, Werner: Das Naturbild Goethes und die technisch-naturwissenschaftliche Welt, in: Goethe-Jahrbuch N. F. 29 (1967), S. 27 - 42

Heiss, Robert: Die Deutung der Handschrift. Hamburg 1943

Hellpach, Willy: Die geistigen Epidemien. Frankfurt a. M. 1906

Hellpach, Willy: Nervenlehre und Weltanschauung. Ihre Wechselbeziehung im deutschen Leben von heute. Wiesbaden 1906

Hellpach, Willy: Nervosität und Kultur. Berlin 1902

Helmholtz, Hermann von: Goethe's Vorahnungen kommender naturwissenschaftlicher Ideen (1892), in: Mandelkow (Hg.): Goethe im Urteil seiner Kritiker, Bd. 3, S. 227 - 245

Helwig, Paul: Charakterologie. 2. veränd. Aufl. Stuttgart 1951

Herder, Johann Gottfried: Ideen zur Philosophie der Geschichte der Menschheit. 2 Bde. Berlin, Weimar 1965

Hertwig, Oscar: Die Zelle und die Gewebe. 2 Bde. Jena 1892 - 1898

Hessel, Franz: Ein Flaneur in Berlin (= Neuausg. v.: Spazieren in Berlin 1929). Berlin (West) 1984

Hirschfeld, Magnus: Berlins Drittes Geschlecht [1904]. ND Berlin 1991

Hirschfeld, Magnus: Jahrbuch für sexuelle Zwischenstufen. Auswahl aus den Jahrgängen 1899 - 1923, hg. v. Wolfgang Johann Schmidt. Frankfurt a. M., Paris 1983

Hirschfeld, Magnus: Sexualpathologie. Ein Lehrbuch für Ärzte und Studierende. Bonn 1917 - 1918

Hirschfeld, Magnus (Hg.): Zwischen zwei Katastrophen. [1931 / 32: Sittengeschichte der Nachkriegszeit]. Hanau ²1966

His, Wilhelm: Über die natürliche Ungleichheit des Menschen. Berlin 1928

Horkheimer, Max: Zum Problem der Wahrheit (1935), in: Ders.: Gesammelte Schriften 3: Schriften 1931 - 1936, hg. v. Alfred Schmidt. Frankfurt a. M. 1988, S. 277 - 325

Humboldt, Wilhelm von: Das achtzehnte Jahrhundert (1796 / 97), in: Ders: Gesammelte Schriften 2, hg. v. Albert Leitzmann. Berlin 1904, S. 1 - 113

Humboldt, Wilhelm von: Inwiefern läßt sich der ehemalige Kulturzustand der eingeborenen Völker Amerikas aus den Überresten ihrer Sprache beurteilen (1823), in: Ders: Gesammelte Schriften 5, hg. v. Albert Leitzmann. Berlin 1906, S. 1 - 30

Husemann, August: Grundriss der reinen Chemie. Als Lehrbuch für Realschulen, Lyceen und technische Lehranstalten. Berlin 1868

Huther, August: Grundzüge der psychologischen Erziehungslehre. Nebst einem Anhang über Charakterologie. Berlin 1898

Ichheiser, Gustav: ›Sein‹ und ›Erscheinen‹. Ein Beitrag zur Psychologie des Selbstbewusstseins, in: Jahrbuch der Charakterologie 5 (1928), S. 21 - 60

Jaensch, Erich Rudolf: Die Eidetik und die typologische Forschungsmethode in ihrer Bedeutung für die Jugendpsychologie und Pädagogik, für die allgemeine Psychologie und der Psychophysiologie der menschlichen Persönlichkeit. Leipzig 1925

Jaensch, Erich Rudolf: Der Gegentypus. Psychologisch-anthropologische Grundlagen deutscher Kulturphilosophie, ausgehend von dem, was wir überwinden wollen. Leipzig 1938

Jaensch, Erich Rudolf: Grundformen menschlichen Seins. Berlin 1929

Jaensch, Erich Rudolf: Studien zur Psychologie menschlicher Typen. Leipzig 1930

Jaensch, Erich Rudolf: Wirklichkeit und Wert in der Philosophie und Kultur der Neuzeit. Prolegomena zur philosophischen Forschung auf der Grundlage philosophischer Anthropologie nach empirischer Methode. Berlin 1929

Jaspers, Karl: Psychologie der Weltanschauungen. Berlin 1919

Jaspers, Karl: Allgemeine Psychopathologie. Ein Leitfaden für Studierende, Ärzte und Psychologen. Berlin 1913

Jaspers, Karl: Die Schuldfrage. Heidelberg 1946

Jaspers, Karl: Die geistige Situation der Zeit. Berlin, Leipzig: de Gruyter ⁴1932

Jaspers, Karl: Deutsches Wesen im politischen Denken, im Forschen und Philosophieren. Oldenburg 1932

Jaspers, Karl: Nietzsche. Einführung in das Verständnis seines Philosophierens. Berlin 1936

Jaspers, Karl: Unsere Zukunft und Goethe (1947), in: Mandelkow (Hg.): Goethe im Urteil seiner Kritiker, Bd. 4, S. 288 - 304

Jünger, Ernst: Der Arbeiter [1932], in: Ders.: Sämtliche Werke 8: Essays II. Stuttgart 1981

Kant, Immanuel: Anthropologie in pragmatischer Hinsicht (1798), in: Kant's gesammelte Schriften 7. Berlin 1917, S. 117 - 415

Kant, Immanuel: Kritik der reinen Vernunft. Köln 1995

Kästner, Erich: Emil und die Detektive. Ein Roman für Kinder [1929]. Gütersloh o. J.

Kerschensteiner, Georg: Charakterbegriff und Charaktererziehung. Leipzig, Berlin 1912

Keyserling, Hermann: Das Reisetagebuch eines Philosophen. München 1919

Klages, Ludwig: Ahasver, ein Dichter (1906), in: Ders.: Zur Ausdruckslehre und Charakterkunde, S. 151 - 157

[Klages, Ludwig]: Typische Ausdrucksstörungen und das Wesen der Hysterie (1904), in: Ders.: Graphologische Prinzipienlehre, S. 53 - 80

Klages, Ludwig: Begriff und Tatbestand der Handschrift (1912), in: Ders.: Zur Ausdruckslehre und Charakterkunde, S. 223 - 250

Klages, Ludwig: Charakterbild aufgrund der Handschrift »Erzberger« (1925), in: Ders. Sämtliche Werke Bd. 8, S. 603 - 608

Klages, Ludwig: Bahnsens Charakterologie (1899), in: Ders.: Zur Ausdruckslehre und Charakterkunde, S. 27 - 52

Klages, Ludwig: Einfluß der Aufmerksamkeit auf die Handschrift (1898), in: Ders.: Zur Ausdruckslehre und Charakterkunde, S. 10 - 13

Klages, Ludwig: Einführung, in: Alfred Schuler: Fragmente und Vorträge aus dem Nachlaß. Mit einer Einführung von Ludwig Klages, Leipzig 1940, S. 1 - 119

Klages, Ludwig: Die psychologischen Errungenschaften Nietzsches [1926]. Leipzig ^{2}1930

Klages, Ludwig: Gegen das graphologische Pfuschertum (1926), in: Ders.: Sämtliche Werke Bd. 8, S. 258 - 287

Klages, Ludwig: Der Geist als Widersacher der Seele [1929 - 33]. Bonn ^{6}1981

Klages, Ludwig: Geleitwort zur dritten Auflage, in: William Thierry Preyer: Zur Psychologie des Schreibens. Mit besonderer Rücksicht auf individuelle Verschiedenheiten der Handschriften [1895]. Leipzig ^{3}1928, S. I - IX

Klages, Ludwig: Stefan George. Berlin 1902

Klages, Ludwig: Goethe als Seelenforscher. Leipzig 1932

Klages, Ludwig: Graphologie. Leipzig 1932

[Klages, Ludwig =] Dr. Erwin Axel: Graphologische Prinzipienlehre, in: Graphologische Monatshefte 6 (1904), S. 1 - 98

Klages, Ludwig: Die Grundlagen der Charakterkunde [1910]. Leipzig ^{8}1936

Klages, Ludwig: Meyers Grundlagen der Graphologie (1901), in: Ders.: Sämtliche Werke Bd. 8, S. 82 - 95

Klages, Ludwig: Grundlegung der Wissenschaft vom Ausdruck [1913]. Leipzig ^{6}1942

Klages, Ludwig: Handschrift und Charakter. Gemeinverständlicher Abriss der graphologischen Technik. Leipzig 1917

Klages, Ludwig: Handschrift und Charakter. Gemeinverständlicher Abriss der graphologischen Technik [1917]. Bonn ^{21}1920

Klages, Ludwig: Handschrift und Charakter. Gemeinverständlicher Abriss der graphologischen Technik [1917]. Bonn ^{23}1949

Klages, Ludwig: Bismarcks Handschrift, in: Frankfurter Zeitung v. 4. Mai 1912

Klages. Ludwig: Handschriftenverstellung und forensische Schriftexpertise, in: Graphologische Monatshefte 8 (1904), S. 12 - 15

Klages, Ludwig: Das persönliche Leitbild (1908), in: Ders.: Zur Ausdruckslehre und Charakterkunde, S. 158 - 197

Klages, Ludwig: Graphologisches Lesebuch. Hundert Gutachten aus der Praxis. Leipzig 1930

Klages, Ludwig: Prinzipien einer Charakterologie. München 1910

Klages. Ludwig: Psychologische Mittel der Schriftvergleichung, in: ZfM 2. Jg, H. 3 (1926), S. 35 - 52

Klages, Ludwig: Die Probleme der Graphologie (1910), in: Ders: Sämtliche Werke Bd. 7, S. 1 - 284

Klages, Ludwig: Randbemerkungen zu Pophals »Psychophysiologie der Spannungserscheinungen in der Handschrift« (1942), in: Ders.: Sämtliche Werke Bd 8, S. 477 - 536

Klages, Ludwig: Die Seelenkunde des Carl Gustav Carus (1925), in: Ders.: Zur Ausdruckslehre und Charakterkunde, S. 287 - 311

Klages, Ludwig: Die Sprache als Quell der Seelenkunde. Zürich 1948

Klages, Ludwig: Vom Traumbewusstsein, in: Zeitschrift für Pathopsychologie, 3 (1919), Nr. 4, S. 1 - 38

Klages, Ludwig: Einführendes Vorwort des Herausgebers, in: Carl Gustav Carus: Psyche. Ausgewählt und eingeleitet. v. Ludwig Klages. Jena 1926, S. I - XX

Klages, Ludwig: Zur Ausdruckslehre und Charakterkunde. Gesammelte Abhandlungen. Heidelberg 1926

Klages, Ludwig: Zur Theorie des Schreibdrucks, in: Graphologische Montashefte 6 (1902), S. 97 - 102; 7 (1903), S. 1 - 14

Klemm, Hans: Über den neuzeitlichen Schreibunterricht nach Ludwig Sütterlin. Halle 1925

Klemm, Otto (Hg.): Bericht über den 13. Kongreß der Deutschen Gesellschaft für Psychologie 1933 in Leipzig. Jena 1934

Klemperer, Victor: Ich will Zeugnis ablegen bis zuletzt, hg. v. Walter Nowojski. 2 Bde. Berlin 1995

Marbe, Karl: Der Psycholog als Gerichtsgutachter im Straf- und Zivilprozess. Stuttgart 1926

Marbe, Karl: Der Psychologe als gerichtlicher Sachverständiger, in: Archiv für Kriminologie 86 (1930), S. 1 - 14, 208 - 210

Meyers Großes Konversations-Lexikon. 20 Bde. Leipzig, Wien [6]1903 - 1909

Korff, Ernst: Handschriftenkunde und Charaktererkenntnis. Lehrgang der praktischen Graphologie. Bad Homburg 1936

Köster, Rudolf: Die Schrift bei Geisteskrankheiten. Ein Atlas mit 81 Handschriftenproben. Leipzig 1903

Kracauer, Siegfried: Die Angestellten. Aus dem neuesten Deutschland [1930]. Frankfurt a. M. [7]1997

Kraepelin, Emil: Die Abschaffung des Strafmaßes. Ein Vorschlag zur Reform der heutigen Strafrechtspflege. Stuttgart 1880

Kraepelin, Emil: Psychiatrie. Ein Lehrbuch für Studierende und Ärzte. 2 Bde. Leipzig [6]1899

Krafft-Ebing, Richard von: Psychopathia Sexualis. Eine klinisch-forensische Studie. Stuttgart 1886

Krafft-Ebing, Richard: Psychopathia Sexualis. Mit besonderer Berücksichtigung der conträren Sexualempfindung. Stuttgart 1893

Krauss, Reinhard: Über graphischen Ausdruck. Eine experimentelle Untersuchung über das Erzeugen und Ausdeuten von gegenstandfreien Linien. Leipzig 1930 (= Beiheft ZAP Bd. 48)

Kretschmer, Ernst: Körperbau und Charakter. Berlin 1921

Kreusch, Max von: Moderne systematische Menschenkenntnis. Graphologie – Phrenologie – Chirologie und ihr gesetzmäßiger Zusammenhang. Berlin 1922

Kreusch, Max v.: Moderne systematische Menschenkenntnis. Graphologie, Phrenologie, Chirologie und ihr gesetzmäßiger Zusammenhang. Berlin 1922

Kreusch, Max v.: Praktische Menschenkunde für das Erwerbsleben. Stuttgart 1927

Kroeber-Keneth, Ludwig: Technik und Fehlerquellen des graphologischen Gutachtens. Ein »Werkstattbericht«, in: Industrielle Psychotechnik 18 (1941), S. 29 - 47

Krueger, Felix: Zur Philosophie und Psychologie der Ganzheit. Schriften aus den Jahren 1918 - 1940, hg. v. Eugen Heuss. Berlin, Göttingen, Heidelberg 1953

Kuhlmann, Fritz: Schreiben im neuen Geiste. Neue Wege des Schreibunterrichts im Sinne schaffender Arbeit. München 1917 ff.

Lamprecht, Karl: Der Kaiser. Versuch einer Charakteristik. Berlin: Weidmannsche Buchhandlung 1913

Lamprecht, Karl: Was ist Kulturgeschichte? Beitrag zu einer empirischen Historik, in: Deutsche Zeitschrift für Geschichtswissenschaft. Vierteljahreshefte 1 (1896 / 97), S. 75 - 150

Langenbruch, Wilhelm: Praktische Menschenkenntnis auf Grund der Handschrift. Eine leicht faßliche Anleitung, die Menschen aus ihrer Handschrift zu erkennen; zugleich ein Autographenalbum bedeutender und bekannter Persönlichkeiten; mit ca. 400 Autogrammen und Schriftproben. Berlin 1911

Larisch, Rudolf von: Unterricht in ornamentaler Schrift. Wien [8]1922

Le Bon, Gustave: Psychologie der Massen. Leipzig 1908

Lenz, Fritz: Die Erblichkeit der geistigen Eigenschaften, in: Baur / Fischer / ders.: Menschliche Erblehre. München [4]1936, S. 659 - 773

Lersch, Philipp: Der Aufbau des Charakters. Leipzig 1938

Lersch, Philipp: Gesicht und Seele. Grundlinien einer mimischen Diagnostik. München 1932

Lersch, Philipp: Probleme und Ergebnisse der charakterologischen Typologie, in: Klemm (Hg.): Bericht, S. 78 - 81

Lessing, Theodor: Blumen. Berlin 1927

Lessing, Theodor: Einleitung, in: Carl Gustav Carus: Symbolik der menschlichen Gestalt. Ein Handbuch zur Menschenkenntnis. Neu bearbeitet und erweitert von Theodor Lessing. Celle [3]1925

Lessing, Theodor: Prinzipien der Charakterologie. Halle 1926

Lessing, Theodor: Einmal und nie wieder. Erinnerungen, aus dem Nachlass herausgegeben [1935]. Gütersloh 1969

Lichtenberg, Georg Christoph: Über Physiognomik, wider die Physiognomen. Zu Beförderung der Menschenliebe und Menschenkenntnis [1777], in: Ders. Schriften und Briefe 2: Aufsätze, Satirische Schriften. Frankfurt a. M. 1992, S. 88 - 132

Lombroso, Cesare: Handbuch der Graphologie. Leipzig ²1893

Lotze, Hermann: Grundzüge der Psychologie. Diktate aus den Vorlesungen. Leipzig ⁷1912

Ludwig, Carl: Beiträge zur Kenntnis des Einflusses der Respirationsbewegungen auf den Blutlauf der Aortensysteme, in: Archiv für Anatomie, Physiologie und wissenschaftliche Medizin 1847, S. 242 - 302

Luschan, Felix von: Völker, Rassen, Sprachen. Berlin 1922

Mach, Ernst: Die Analyse der Empfindungen und das Verhältnis des Physischen zum Psychischen [1886]. Jena ²1900

Mandelkow, Karl Robert (Hg.): Goethe im Urteil seiner Kritiker. Dokumente zur Wirkungsgeschichte Goethes in Deutschland. Bd. 3: 1870 - 1918. München 1979, Bd. 4: 1918 - 1982. München 1984

Mann, Thomas: Deutsche Ansprache. Ein Appell an die Vernunft, in: Ders.: Essays Bd. 3: 1926 - 1933. Frankfurt a. M. 1994, S. 259 - 279

Mann, Thomas: Die Bekenntnisse des Hochstaplers Felix Krull. Wien 1922

Mann, Thomas: Die Stellung Freuds in der modernen Geistesgeschichte, in: Psychoanalytische Bewegung 1 (1929), S. 3 - 32

Marseille, Walter: Beiträge zur Untersuchung der den graphologischen Systemen von J.-H. Michon und L. Klages zugrunde liegenden Begrifflichkeit. Marburg / Lahn 1927

Marx, Karl: Zur Judenfrage [1843], in: Deutsch-französische Jahrbücher. Hg. von Arnold Ruge und Karl Marx 1844. Leipzig 1981, S 266 - 299

Mauthner, Fritz: Wörterbuch der Philosophie. Neue Beiträge zu einer Kritik der Sprache 3 Bde. Leipzig 1923 - 1924

Mendelssohn, Anja / Mendelssohn Georg: Der Mensch in der Handschrift. Leipzig 1928

Mendelssohn, Anja: Schrift und Seele. Wege in das Unbewußte. Leipzig 1933

Menschen am Sonntag. Drama, Feature Film Cinema, 1929, Director: Robert Siodmak, Screenplay: Billy Wilder, Director of Photography: Eugen Schuefftan, Editor Robert Siodmak [...], Production: Company Filmstudio 129, Berlin

Meyer, Georg: Graphisch fixierte Ausdrucksbewegungen, in: Graphologische Monatshefte 3 (1899), S. 1 - 7, 26 - 48

Meyer, Georg: Experimentelles über Ausdrucks- und Schreibbewegungen, in: Graphologische Monatshefte 3 (1899), S. 37 - 40, 59 - 65

Meyer, Georg: Die wissenschaftlichen Grundlagen der Graphologie. Vorschule der gerichtlichen Schriftvergleichung. 2. Auflage, bearbeitet und erweitert von Hans Schneickert. Jena 1925

Meyer, Georg: Die wissenschaftlichen Grundlagen der Graphologie. Jena 1901

Meyers Lexikon 2: Bolland – Deutsche Zunge. Achte Auflage in vollständig neuer Bearbeitung Leipzig 1937

Michon, Jean-Hippolyte: Système de graphologie. L'art de connaître les hommes d'après leur écriture. Paris ³1875

Moebius, Paul Julius: Ueber den physiologischen Schwachsinn des Weibes. Halle 1900

Mommsen, Theodor: Römische Geschichte. 3 Bde. Leipzig, Berlin 1854 - 1860

Müller-Freienfels, Richard: Psychologie der deutschen Kultur. Versuch einer Volkscharakterologie. München 1921

Münsterberg, Hugo: Grundzüge der Psychotechnik. Leipzig 1914

Nägeli, Carl Wilhelm von: Mechanisch-physiologische Theorie der Abstammungslehre. München, Leipzig 1884

Nietzsche, Friedrich: Also sprach Zarathustra (1883 / 85), in: Ders.: Werke in zwei Bänden 2, S. 275 - 562

Nietzsche, Friedrich: Der Antichrist (1888), in: Ders.: Werke in zwei Bänden 2, S. 1161 - 1236

Nietzsche, Friedrich: Unzeitgemäße Betrachtungen, erstes Stück: David Strauss (1873), in: Ders.: Werke in zwei Bänden 1, S. 135 - 207

Nietzsche, Friedrich: Unzeitgemäße Betrachtungen, drittes Stück: Schopenhauer als Erzieher (1874), in: Ders.: Werke in zwei Bänden 1, S. 287 - 365

Nietzsche, Friedrich: Unzeitgemäße Betrachtungen, viertes Stück: Richard Wagner in Bayreuth (1876), in: Ders.: Werke in zwei Bänden 1, S. 367 - 434

Nietzsche, Friedrich: Ecce Homo (1889), in: Ders.: Werke in zwei Bänden 2, S. 1063 - 1160

Nietzsche, Friedrich: Der Fall Wagner (1888), in: Ders.: Werke in zwei Bänden 2, S. 901 - 938

Nietzsche, Friedrich: Die Geburt der Tragödie (1872), in: Ders.: Werke in zwei Bänden 1, S. 7 - 134

Nietzsche, Friedrich: Götzen-Dämmerung (1889), in: Ders.: Werke in zwei Bänden 2, S. 939 - 1034

Nietzsche, Friedrich: Jenseits von Gut und Böse (1886), in: Ders.: Werke in zwei Bänden 2, S. 563 - 760

Nietzsche, Friedrich: Menschliches, Allzumenschliches (1879), in: Ders.: Werke in zwei Bänden 1, S. 335 - 1008

Nietzsche, Friedrich: Morgenröte (1881), in: Ders.: Werke in zwei Bänden 1, S. 1009 - 1279

Nietzsche, Friedrich: Nietzsche contra Wagner (1889), in: Ders.: Werke in zwei Bänden 2, S. 1035 - 1062

Nietzsche, Friedrich: Werke in zwei Bänden, hg. v. Karl Schlechta. Stuttgart, Hamburg 1954 / 55

Nietzsche, Friedrich: Werke 7,3: Nachgelassene Fragmente. Herbst 1884 bis Herbst 1885, hg. v. Giorgio Colli und Mazzino Montinari. Berlin, New York 1974

Nietzsche, Friedrich: Werke 8,1: Nachgelassene Fragmente. Herbst 1885 bis Herbst 1887, hg. v. Giorgio Colli und Mazzino Montinari. Berlin, New York 1974

Nietzsche, Friedrich: Werke 8,2: Nachgelassene Fragmente. Herbst 1887 bis März 1888, hg. v. Giorgio Colli und Mazzino Montinari. Berlin, New York 1970

Nietzsche, Friedrich: Werke 8,3: Nachgelassene Fragmente. Anfang 1888 bis Anfang Januar 1889, hg. v. Giorgio Colli und Mazzino Montinari. Berlin, New York 1972

Nietzsche, Friedrich: Der Wille zur Macht. In: Ders.: Nietzsche's Werke IX und X, hg. v. Elisabeth Förster-Nietzsche. Leipzig 1906

Nietzsche, Friedrich: Die fröhliche Wissenschaft (1882), in: Ders.: Werke in zwei Bänden 2, S. 7 - 274

Nietzsche, Friedrich: Zur Genealogie der Moral (1887), in: Ders.: Werke in zwei Bänden 2, S. 761 - 900

Ortega y Gasset, José: Der Aufstand der Massen [1929]. Stuttgart 1951

Pfänder, Alexander: Grundprobleme der Charakterologie, in: Jahrbuch der Charakterologie 1 (1924), S. 289 - 335

Piderit, Theodor: Wissenschaftliches System der Mimik und Physiognomik. Detmold 1867

Ploetz, Alfred: Grundlinien einer Rassen-Hygiene Bd. 1: Die Tüchtigkeit unsrer Rasse und der Schutz der Schwachen. Ein Versuch über Rassenhygiene und ihr Verhältniss zu den humanen Idealen besonders zum Socialismus. Berlin 1895

Poe, Edgar Allan: The Man of the Crowd [1840], in: Tales of Mystery and Imagination. London, Rutland ²1990, S. 107 - 116

Pophal, Rudolf: Graphologie als Hochschulfach, in: Industrielle Psychotechnik 18 (1941), S. 80 - 88

Pophal, Rudolf: Grundlegung der bewegungsphysiologischen Graphologie. Leipzig 1939

Pophal, Rudolf: Zur Psychophysiologie der Spannungserscheinungen in der Handschrift. Rudolstadt ²1940

Pophal, Rudolf: Die Handschrift als Gehirnschrift. Die Graphologie im Lichte des Schichtgedankens. Rudolstadt 1949

Poppelreuter, Walther: Probleme der politischen Psychologie, in: Klemm (Hg.): Bericht, S. 59 - 63

Porta, Giambattista della: Die Physiognomie des Menschen (1591), hg. v. Theodor Lessing. Dresden 1930

Preyer, William Thierry: Zur Psychologie des Schreibens. Mit besonderer Rücksicht auf individuelle Verschiedenheiten der Handschriften. Hamburg, Leipzig 1895

Preyer, William Thierry: Zur Psychologie des Schreibens. Mit besonderer Rücksicht auf individuelle Verschiedenheiten der Handschriften. Mit einem Vorwort von Ludwig Klages. Leipzig ³1928

Prinzhorn, Hans: Die Begründung einer reinen Charakterologie durch Ludwig Klages, in: Jahrbuch der Charakterologie 4 (1927), S. 115 - 132

Prinzhorn, Hans. Echt-Unecht. Ein Versuch über den tieferen Sinn der Charakterologie, in: 8th International Congress of Psychology. Proceedings and Papers. Groningen 1927

Prinzhorn, Hans: Kampf um Klages, in: Deutsche Rundschau 59 (1933), S. 103 - 111

Pulver, Max: Symbolik der Handschrift. Zürich, Leipzig 1931

Rathenau, Walther: Impressionen. Leipzig 1902

Rauschning, Hermann: Gespräche mit Hitler. New York 1940

Ravage, Marcus Eli: Zwei jüdische Aufsätze. Erfurt 1936

Reventlow, Franziska zu: Herrn Dames Aufzeichnungen oder Begebenheiten aus einem merkwürdigen Stadtteil [1913], in: Dies.: Gesammelte Werke, S. 705 - 827

Reventlow, Franziska zu: Tagebücher 1897 - 1910, in: Dies.: Gesammelte Werke, S. 25 - 505

Reventlow, Franziska zu: Gesammelte Werke in einem Bande, hg. v. Else Reventlow. München 1925

Rickert, Heinrich: Die Grenzen der naturwissenschaftlichen Begriffsbildung. Eine logische Einleitung in die historischen Wissenschaften. Freiburg i. Br., Leipzig 1902

Rink, Will: Vorwort des Übersetzers, in: Porta, Physiognomie des Menschen, S. 1 - 17

Salomon, Ernst von: Die Geächteten. Berlin 1930

Sander, August: Menschen des 20. Jahrhunderts. Studienband, hg. v. d. Photographischen Sammlung / SK Stiftung Kultur, Köln. O. O. 2001

Sander, August: Antlitz der Zeit. 60 Aufnahmen deutscher Menschen des 20. Jahrhunderts. Mit einer Einleitung von Alfred Döblin. München 1929

Saudek, Robert: Experimentelle Graphologie. Berlin 1929

Schallmayer, Wilhelm: Beiträge zu einer Nationalbiologie. Nebst einer Kritik der methodologischen Einwände und einem Anhang über wissenschaftliches Kritikerwesen. Jena 1905

Schallmayer, Wilhelm: Vererbung und Auslese im Lebenslauf der Völker. Eine staatswissenschaftliche Studie auf Grund der neueren Biologie. Jena 1903

Scheffler, Karl: Berlin, ein Stadtschicksal. Berlin-Westend 1910

Schlegel, Friedrich: Charakteristiken und Kritiken 1. Hg. v. Hans Eichner. München, Paderborn, Wien 1967

Schleich, Carl Ludwig: Vom Schaltwerk der Gedanken. Neue Einsichten und Betrachtungen über die Seele. Berlin [3,4]1916

Schleiermacher, Friedrich Daniel: Vertraute Briefe über Friedrich Schlegels Lucinde. Lübeck, Leipzig 1800

[Schleiermacher, Friedrich Daniel]: Briefe bei Gelegenheit der politisch-theologischen Aufgabe und des Sendschreibens jüdischer Hausväter [1799]. Hg. v. Kurt Nowak. Berlin 1984

Schleiermacher, Friedrich Daniel: Über die Religion. Reden an die Gebildeten unter ihren Verächtern [1799]. Stuttgart 1993

Schmitt, Carl: Der Begriff des Politischen [1928]. Berlin 1963

Schmitt, Carl: Römischer Katholizismus und politische Form [1923]. Stuttgart [6]2008

Schmitt, Carl: Land und Meer. Eine weltgeschichtliche Betrachtung [1942]. Stuttgart [6]2008

Schmitt, Carl: Tagebücher. Oktober 1912 bis Februar 1915, hg. v. Ernst Hüsmert. Berlin 2005

Schneickert, Hans: Einführung in die Kriminaltechnik. Leitfaden für den Unterricht in den Polizeischulen zur Darstellung der Hilfsmittel der Kriminalpolizei und insbesondere des Erkennungsdienstes. Berlin 1921

Schneickert, Hans: Die Methode der gerichtlichen Schriftvergleichung, in: Zeitschrift für Menschenkunde I (1925), S. 40 - 43

Schneider, Kurt: Die psychopathischen Persönlichkeiten [1923]. Leipzig, Wien [2]1928

Schneider, Kurt: Studien über Persönlichkeit und Schicksal eingeschriebener Prostituierter [1921]. O. O. ^{2}1926

Schoeps, Julius H.: Das Erbe der Mendelssohns. Biographie einer Familie. Frankfurt a. M. ^{2}2009

Scholem, Gershom: Briefe. Hg. v. Itta Shedletzky. München 1999

Schopenhauer, Arthur: Sämtliche Werke. Hg. v. Julius Frauenstädt. Bd. 5 - 6: Parerga und Paralipomena. Kleine philosophische Schriften. Leipzig 1874

Schopenhauer, Arthur: Über die Grundlage der Moral (1841), in: Ders., Sämtliche Werke, hg. v. Wolfgang Frhr. v. Löhneysen Bd. 3: Kleinere Schriften. Stuttgart, Frankfurt a. M. 1987, S. 631 - 815

Schopenhauer, Arthur: Aus Schopenhauer's handschriftlichem Nachlaß. Hg. v. Julius Frauenstädt. Leipzig 1864

Schopenhauer, Arthur: Zur Farbenlehre (1851), in: Ders., Sämtliche Werke, hg. v. Wolfgang Frhr. v. Löhneysen Bd. 5. Parerga und Paralipomena. Stuttgart, Frankfurt a. M. 1987, S. 211 - 237

Schopenhauer, Arthur: Über die Freiheit des Willens (1841), in: Ders., Sämtliche Werke, hg. v. Wolfgang Frhr. v. Löhneysen Bd. 3: Kleinere Schriften. Stuttgart, Frankfurt a. M. 1987, S. 519 - 627

Schopenhauer, Arthur: Sämtliche Werke. Hg. v. Julius Frauenstädt Bd. 2 - 3: Die Welt als Wille und Vorstellung [1818;1859]. Leipzig 1879

Schopenhauer, Arthur: Die Welt als Wille und Vorstellung [1818; 1859]. 2 Bde. Berlin 1924

Schreibmaschine, in: Meyers Großes Konversations-Lexikon Bd. 3, ^{6}1907, S. 34 - 36

Schrenck-Notzing, Caspar: Charakterwäsche. Die amerikanische Besatzung in Deutschland und ihre Folgen. Stuttgart ^{4}[1965]

Schröer, K. J.: Vorwort, in: Johann Wolfgang von Goethe: Naturwissenschaftliche Schriften Bd. 1, hg. v. R. Steiner. Stuttgart [um 1889], S. I - XVI

Schultze-Naumburg, Bernhard: Handschrift und Ehe. München 1932

Schultze-Naumburg, Bernhard: Wen soll man heiraten? Das charakterliche Zusammenpassen in der Ehe. Frankfurt a. M. 1935

Seifert, Friedrich: Charakterologie. München 1929

Serner, Walter: Hochstapler. 29 Kriminalgeschichten. Berlin [1991]

Serner, Walter: Letzte Lockerung. Ein Handbrevier für Hochstapler und solche, die es werden wollen. Berlin 1927

Sighele, Scipio: Psychologie des Auflaufs und der Massenverbrechen. Dresden, Leipzig 1897

Simmel, Georg: Gesamtausgabe. Hg. v. Othein Rammstedt. Frankfurt a. M. 1989 ff.

Simmel, Georg: Gesamtausgabe 11: Soziologie. Untersuchungen über die Formen der Vergesellschaftung [1908]. Frankfurt a. M. 1992

Simmel, Georg: Exkurs über den schriftlichen Verkehr, in: Ders.: Soziologie, S. 429 - 433

Simmel, Georg: Die Großstädte und das Geistesleben (1903), in: Ders.: Gesamtausgabe 7,1. Frankfurt a. M. 1995, S. 116 - 131

Simmel, Georg: Grundfragen der Soziologie (1917), in: Ders.: Gesamtausgabe 16. Frankfurt a. M. 1999, S. 59 - 149

Simmel, Georg: Die beiden Formen des Individualismus (1901), in: Ders.: Gesamtausgabe 8,1. Frankfurt a. M. 1995, S. 49 - 56

Simmel, Georg: Soziologie der Sinne (1907), in: Ders.: Gesamtausgabe 8,2. Frankfurt a. M. 1993, S. 276 - 292

Simmel, Georg: Zur Psychologie der Mode. Sociologische Studie (1895), in: Ders.: Gesamtausgabe 5. Frankfurt a. M. 1992, S. 105 - 114

Simoneit, Max: Grundriss der charakterologischen Diagnostik. Auf Grund heerespsychologischer Erfahrungen. Leipzig 1943

Simoneit, Max: Die Bedeutung der Lehre von der praktischen Menschenkenntnis. Als Einleitung für das Gesamtwerk der wehrmachtspsychologischen Arbeitsgemeinschaft. Berlin 1934

Smiles, Samuel: Der Charakter. Dt. Ausg. v. Fr. Steger. Leipzig [4]1884

Sombart, Werner: Die Juden und das Wirtschaftsleben. Leipzig 1911

Sombart, Werner: Der proletarische Sozialismus 2: Die Bewegung. Jena 1925

Sombart, Werner: Die Zukunft der Juden. Leipzig 1912

Spengler, Oswald: Der Untergang der Abendlandes. Umrisse einer Morphologie der Weltgeschichte [Bd. 1: 1918; Bd. 2: 1922]. 2 Bde. München [33]1923

Spranger, Eduard: Lebensformen. Geisteswissenschaftliche Psychologie und Ethik der Persönlichkeit. Halle 1921

Steiner, Rudolf: Grundlinien einer Erkenntnistheorie der Goetheschen Weltanschauung, mit besonderer Rücksicht auf Schiller. Berlin, Stuttgart 1886

Steiner, Rudolf: Einleitung, in: Johann Wolfgang von Goethe, Werke: Naturwissenschaftliche Schriften Bd. 1, hg. v. R. Steiner. Berlin, Stuttgart [um 1889], S. XVII - LXXXIV

Steiner, Rudolf: Goethes Naturanschauung gemäß den neuesten Veröffentlichungen des Goethe-Archivs (1893), in: Mandelkow (Hg.): Goethe im Urteil seiner Kritiker, Bd. 3, S. 245 - 256

Steiner, Rudolf: Goethes Weltanschauung. Weimar 1897

Stern, William: Die differentielle Psychologie in ihren methodischen Grundlagen. Leipzig 1911

Strauß, David Friedrich: Das Leben Jesu, kritisch bearbeitet. Tübingen 1835 - 1836

Sütterlin, Ludwig: Neuer Leitfaden für den Schreibunterricht [1917]. Berlin ²1922

Sylvus, Noeck: Lehrbuch der wissenschaftlichen Graphologie. Leipzig [1929]

Sylvus, Noeck: Herkologische Graphologie als Eigenschaftsgrenzen bestimmende Handschriftendeutung. Stuttgart 1931

Tucholsky, Kurt: Augen in der Gross-Stadt, in: Ders.: Gesammelte Werke 8: 1930, S. 69

Tucholsky, Kurt: Hitler und Goethe – ein Schulaufsatz von Kaspar Hauser, in: Ders.: Gesammelte Werke 10: 1932, S. 78 - 80

Tucholsky, Kurt: Gesammelte Werke in zehn Bänden, hg. v. Mary Gerold-Tucholsky und Fritz J. Raddatz. Reinbek bei Hamburg 1975

Utitz, Emil: Charakterologie. Charlottenburg 1925

Vogel, Martin: Der Mensch. Vom Werden und Wesen des menschlichen Organismus. Leipzig 1930

Wächtler, Paul: Die Unzulänglichkeit der Schreibsachverständigen in: Graphologische Monatshefte 2 (1898), S. 9 - 16

Wagner, Richard: Sämtliche Schriften und Dichtungen. Volksausgabe. 16 Bde. Leipzig 1914

Wagner, Richard: Das Judentum in der Musik [1850]. Leipzig 1914

Wagner, Richard: Das Judentum in der Musik [1850; 1869], in: Jens Malte Fischer: Richard Wagners »Das Judentum in der Musik«. Eine kritische Dokumentation als Beitrag zur Geschichte des Antisemitismus. Frankfurt a. M. 2000, S. 139 - 196

Weber, Max: Das Arbeitsverhältnis in den privaten Riesenbetrieben. Diskussionsbeitrag auf der Generalversammlung des Vereins für Socialpolitik am 28. September 1905, in: Ders.: Gesamtausgabe, hg. v. Wolfgang Schluchter Bd I,8. Tübingen 1998, S. 249 - 259

Weber, Max: Die protestantische Ethik und der Geist des Kapitalismus [1904], hg. u. eingel. v. Dirk Kaesler. München 2004

Weber, Max: Die »Objektivität« sozialwissenschaftlicher Erkenntnis, in: Ders.: Schriften zur Wissenschaftslehre, hg. v. Michael Sukale. Stuttgart 1991, S. 21 - 101

Weber, Max: Zur Psychophysik der industriellen Arbeit [1908], in: Ders.: Gesamtausgabe. Hg. v. Wolfgang Schluchter Bd I,11. Tübingen 1995, S. 162 - 380

Weininger, Otto: Über die letzten Dinge [1904]. München 1980

Weininger, Otto: Geschlecht und Charakter. Eine prinzipielle Untersuchung [1903]. Wien, Leipzig ^{12}1910

Weismann, August: Eine Theorie der Vererbung. Jena 1892

Weißenberg, Samuel: Die südrussischen Juden. Eine anthropometrische Studie, in: Archiv für Anthropologie 23 (1895)

Wölfflin, Heinrich: Kunstgeschichtliche Grundbegriffe. Das Problem der Stilentwicklung in der neueren Kunst [1915]. München ^{5}1921

Wundt, Wilhelm: Grundriß der Psychologie. Leipzig 1896

Ziehen, Theodor: Die Grundlagen der Charakterologie. In fünfzehn Vorlesungen dargestellt. Langensalza 1930

Zuckmayer, Carl: Der Hauptmann von Köpenick. Ein deutsches Märchen in drei Akten [1931]. Frankfurt a. M. 1987

Zuntz, Nathan: Höhenklima und Bergwanderungen in ihrer Wirkung auf den Menschen. Ergebnisse experimenteller Forschungen im Hochgebirge und Laboratorium. Berlin, Leipzig, Stuttgart 1905

2. Literatur

Adam, Uwe Dietrich: Judenpolitik im Dritten Reich. Düsseldorf 1972

Adler, Jeremy: »Eine fast magische Anziehungskraft«. Goethes »Wahlverwandtschaften« und die Chemie seiner Zeit. München 1987

Adorno, Theodor W.: Versuch über Wagner. Frankfurt a. M. 1952

Adorno, Theodor W.: Philosophische Terminologie. Bd. 1. Frankfurt a. M. 1989

Alpers, Svetlana: Kunst als Beschreibung. Holländische Malerei des 17. Jahrhunderts. Köln 1985

Aly, Götz / Heim, Susanne: Vordenker der Vernichtung. Auschwitz und die deutschen Pläne für eine neue europäische Ordnung. Hamburg 1991

Aly, Götz: Hitlers Volksstaat. Raub, Rassenkrieg und nationaler Sozialismus. Frankfurt a. M. ^{2}2005

Aly, Götz: »Endlösung«. Völkerverschiebung und der Mord an den europäischen Juden. Frankfurt a. M. 1995

Aly, Götz: Warum die Deutschen? Warum die Juden? Gleichheit, Neid und Rassenhass, 1800 - 1933. Frankfurt a. M. 2011

Angleitner, Alois / Borkenau, Peter: Deutsche Charakterkunde, in: Herrmann, Lantermann (Hg.): Persönlichkeitspsychologie, S. 48 - 58

Aschheim, Steven E.: The ›Jew Within‹. The Myth of ›Judaization‹ in Imperial Germany, in: Jehuda Reinharz, Walter Schatz (Hg.): The Jewish Response to German Culture. From Enlightenment to Second World War. Hannover 1985, S. 212 - 241

Aschheim, Steven E.: The Nietzsche Legacy in Germany, 1890 - 1990. Berkeley 1992

Ash, Mitchell G.: Gestalt Psychology in German Culture, 1890 - 1967. Holism and the Quest for Objectivity. Cambridge u. a. 1995

Ash, Mitchell G.: Psychologie in Deutschland um 1900. Reflexiver Diskurs des Bildungsbürgertums, Teilgebiet der Philosophie, akademische Disziplin, in: Christoph König, Eberhard Lämmert (Hg.): Kultur, Wissen und Universität um 1900. Frankfurt a. M. 1999, S. 78 - 93

Ash, Mitchell G.: Die experimentelle Psychologie an den deutschsprachigen Universitäten von der Wilhelminischen Zeit bis zum Nationalsozialismus, in: Ders., Geuter (Hg.): Geschichte der deutschen Psychologie, S. 45 - 82

Ash, Mitchell G.: Wissenschaft und Politik als Ressourcen für einander, in: Vom Bruch, Kaderas (Hg.): Wissenschaften und Wissenschaftspolitik, S. 32 - 51

Ash, Mitchell G. / Geuter, Ulfried (Hg.): Geschichte der deutschen Psychologie im 20. Jahrhundert. Ein Überblick. Opladen 1985

Assmann, Jan: Das kulturelle Gedächtnis. Schrift, Erinnerung und politische Identität in frühen Hochkulturen. München 1992

Avé-Lallemant, Ursula (Hg.): Die vier deutschen Schulen der Graphologie: Klages – Pophal – Heiss – Pulver. München, Basel 1989

Baasner, Rainer: Briefkultur im 19. Jahrhundert. Kommunikation, Konvention, Postpraxis, in: Ders. (Hg.): Briefkultur im 19. Jahrhundert. Tübingen 1999 S. 1 - 36

Bajohr, Frank: »Arisierung« in Hamburg. Die Verdrängung der jüdischen Unternehmer 1933 - 1945. Hamburg ²1998

Bajohr, Frank: »Unser Hotel ist judenfrei«. Bäder-Antisemitismus im 19. und 20. Jahrhundert. Frankfurt a. M. ²2003

Bajohr, Frank: Detlev Peukerts Beiträge zur Sozialgeschichte der Moderne, in: Ders. (Hg.): Zivilisation und Barbarei. Die widersprüchlichen Potentiale der Moderne. Detlev Peukert zum Gedenken. Hamburg 1991, S. 7 - 16

Barbian, Jan-Pieter: Literaturpolitik im »Dritten Reich«. Institutionen, Kompetenzen, Betätigungsfelder. München ²1995

Bärsch, Claus-Ekkehard: Die politische Religion des Nationalsozialismus. München 1998

Barth, Fredrik: An Anthropology of Knowledge, in: Current Anthropology 43 (2002), S. 1 - 11

Bauer, Thomas: Die Kultur der Ambiguität. Eine andere Geschichte des Islam. Berlin 2011

Bauman, Zygmunt: Moderne und Ambivalenz. Das Ende der Eindeutigkeit. Hamburg 1992

Becker, Peter: Physiognomie des Bösen. Cesare Lombrosos Bemühungen um eine präventive Entzifferung des Kriminellen, in: Claudia Schmölders (Hg.): Der exzentrische Blick. Gespräch über Physiognomik. Berlin 1996, S. 163 - 187

Becker, Peter: Die Rezeption der Physiologie in Kriminalistik und Kriminologie. Variationen über Norm und Ausgrenzung, in: Philipp Sarasin, Jakob Tanner (Hg.): Physiologie und industrielle Gesellschaft. Studien zur Verwissenschaftlichung des Körpers im 19. und 20. Jahrhundert. Frankfurt a. M. 1998, S. 453 - 490

Becker, Peter: Von der Biographie zur Genealogie. Zur Vorgeschichte der Kriminologie als Wissenschaft und diskursiver Praxis, in: Hans Erich Bödeker, Peter Hanns Reill, Jürgen Schlumbohm (Hg.): Wissenschaft als kulturelle Praxis 1750 - 1900. Göttingen 1999, S. 335 - 375

Becker, Peter: Verderbnis und Entartung. Eine Geschichte der Kriminologie des 19. Jahrhunderts als Diskurs und Praxis. Göttingen 2002

Bein, Alexander: Der jüdische Parasit. Bemerkungen zur Semantik der Judenfrage, in: Vierteljahreshefte für Zeitgeschichte 13 (1965), S. 121 - 149

Ben-Shakar, Gershon / Neter, E.: The predictive validity of graphological inferences in personal selection: A meta-analytical approach, in: Personality and Individual Differences 10 (1989), S. 737 - 745

Ben-Shakar, Gershon et al.: Can graphology predict occupational success? Two empirical studies and some methodological ruminations, in: Journal of Applied Psychology 71 (1986), S. 645 - 653

Ben-Shakar, Gershon et al.: A validation study of graphological evaluations, in: Baruch Nevo (Hg.): Scientific aspects of graphology. Springfield, Ill. 1986

Benz, Wolfgang / Graml, Hermann / Weiß, Hermann (Hg.): Enzyklopädie des Nationalsozialismus. München 1997

Benz, Wolfgang: Wie kam es in Deutschland zum Rassismus und Antisemitismus? in: Bernd Sösemann (Hg.): Der Nationalsozialismus und die deutsche Gesellschaft. Einführung und Überblick. Stuttgart, München 2002, S. 42 - 52

Berding, Helmut: Moderner Antisemitismus in Deutschland. Frankfurt a. M. 1988

Berg, Christa (Hg.): Handbuch der deutschen Bildungsgeschichte 4: 1870 - 1918. Von der Reichsgründung bis zum Ende des Ersten Weltkriegs. München 1991

Berg, Christa / Herrmann, Ulrich: Industriegesellschaft und Kulturkrise. Ambivalenz der Epoche des Zweiten Deutschen Kaiserreichs, in: Berg (Hg.): Handbuch, S. 3 - 56

Bergmann, Werner: Deutschland, in: Wolfgang Benz (Hg.): Handbuch des Antisemitismus. Judenfeindschaft in Geschichte und Gegenwart. München 2008, S. 84 - 102

Bergmann, Werner: Völkischer Antisemitismus im Kaiserreich, in: Puschner, Schmitz, Ulbricht (Hg.): Handbuch zur »Völkischen Bewegung«, S. 449 - 463

Bergson, Henri: Zeit und Freiheit [1920]. Hamburg 2006

Berking, Helmut: Masse und Geist. Studien zur Soziologie der Weimarer Republik. Berlin 1984

Bernhard, Wolfram: Schopenhauer und die moderne Charakterologie. Mainz 1961

Bielefeld, Ulrich (Hg.): Das Eigene und das Fremde. Neuer Rassismus in der Alten Welt? Hamburg 1998

Bienert, Michael: Die eingebildete Metropole. Berlin im Feuilleton der Weimarer Republik. Stuttgart 1992

Neue Deutsche Biographie. Hg. v. der Historischen Kommission bei der Bayerischen Akademie der Wissenschaften. Berlin 1953 ff.

Blankenburg, Martin: Der Seele auf den Leib gerückt. Die Physiognomik im Streit der Fakultäten, in: Schmölders, Gilman (Hg.): Gesichter der Weimarer Republik, S. 280 - 301

Bloch, Ernst: Das Prinzip Hoffnung. 3 Bde. [1959]. Frankfurt a. M. ^{4}1993

Block, Rainer: Der Alphabetisierungsverlauf im Preußen des 19. Jahrhunderts. Quantitative Explorationen aus bildungshistorischer Perspektive. Frankfurt a. M. u. a. 1995

Block, Richard: Selective Affinities: Walter Benjamin and Ludwig Klages, in: Arcadia 35 (2000), S. 117 - 136

Blumenberg, Hans: Die Lesbarkeit der Welt. Frankfurt a. M. ^{2}1938

Bock, Gisela: Krankenmord, Judenmord und nationalsozialistische Rassenpolitik. Überlegungen zu einigen neueren Forschungshypothesen, in: Bajohr (Hg.): Zivilisation und Barbarei, S. 285 - 301

Bock, Gisela: Zwangssterilisation im Nationalsozialismus. Studien zur Rassenpolitik und Frauenpolitik. Opladen 1986

Bollenbeck, Georg: Bildung und Kultur. Glanz und Elend eines deutschen Deutungsmusters. Frankfurt a. M. ²1994

Bollenbeck, Georg: Weltanschauungsbedarf und Weltanschauungsangebote um 1900. Zum Verhältnis von Reformoptimismus und Kulturpessimismus, in: Buchholz, Latocha, Peckmann, Wolbert (Hg.): Die Lebensreform 1, S. 203 - 207

Bonß, Wolfgang: Die Einübung des Tatsachenblicks. Zur Struktur und Veränderung empirischer Sozialforschung. Frankfurt a. M. 1982

Borchmeyer, Dieter: Das Theater Richard Wagners. Idee, Dichtung, Wirkung. Stuttgart 1982

Borchmeyer, Dieter: Wagner und der Antisemitismus, in: Ulrich Müller, Peter Wapnewski (Hg.): Richard-Wagner-Handbuch. Stuttgart 1986, S. 137 - 161

Bourdieu, Pierre: Sozialer Sinn. Kritik der theoretischen Vernunft. Frankfurt a. M. 1987

Bourdieu, Pierre: Entwurf einer Theorie der Praxis auf der ethnologischen Grundlage der kabylischen Gesellschaft. Frankfurt a. M. 1979

Bourdieu, Pierre: Die politische Ontologie Martin Heideggers. Frankfurt a. M. 1988

Bracher, Karl Dietrich: Zeitgeschichtliche Kontroversen. Um Faschismus, Totalitarismus, Demokratie. München 1976

Bracher, Karl-Dietrich: Die deutsche Diktatur. Entstehung, Struktur, Folgen des Nationalsozialismus. Köln, Berlin 1969

Bracher, Karl-Dietrich: Voraussetzungen des nationalsozialistischen Aufstiegs, in: Ders., Wolfgang Sauer, Gerhard Schulz (Hg.): Die Nationalsozialistische Machtergreifung. Studien zur Errichtung des nationalsozialistischen Herrschaftssystems in Deutschland. Köln, Opladen ²1962, S. 1 - 27

Bracher, Karl-Dietrich: Zeit der Ideologien. Eine Geschichte politischen Denkens im 20. Jahrhundert. Stuttgart 1982

Brain, Robert M.: Representation on the Line. Graphic Recording Instruments and Scientific Modernism, in: Bruce Clarke, Linda Dalrymple Henderson (Hg.): From Energy to Information. Representation in Science and Technology, Art, and Literature. Stanford 2002, S. 155 - 177

Breidbach, Olaf: Die Materialisierung des Ich. Zur Geschichte der Hirnforschung im 19. und 20. Jahrhundert. Frankfurt a. M. 1997

Brenner, Michael: »Gott schütze uns vor unseren Freunden« – Zur Ambivalenz des »Philosemitismus« im Kaiserreich, in: Jahrbuch für Antisemitismusforschung 2 (1993), S. 174 - 199

Breuer, Stefan: Anatomie der Konservativen Revolution. Darmstadt 1993

Breuer, Stefan: Ästhetischer Fundamentalismus. Stefan George und der deutsche Antimodernismus. Darmstadt 1995

Breuer, Stefan: Moderner Fundamentalismus. München 2002

Breuer, Stefan: Ordnungen der Ungleichheit – die deutsche Rechte im Widerstreit ihrer Ideen 1871 - 1945. Darmstadt 2001

Breuer, Stefan: Die Völkischen in Deutschland. Kaiserreich und Weimarer Republik. Darmstadt 2008

British Biographical Index. Bd. 1: A-Brownbill. München 1998

Broszat, Martin: Der Staat Hitlers. München 1975

Broszat, Martin: Hitler und die Genesis der »Endlösung«. Aus Anlaß der Thesen von David Irving, in: Vierteljahrshefte für Zeitgeschichte 25 (1977), S. 739 - 775

Broszat, Martin: Die Machtergreifung. Der Aufstieg der NSDAP und die Zerstörung der Weimarer Republik. München 1984

Browning, Christopher R.: Ordinary Men. Reserve Police Battalion 101 and the Final Solution in Poland. New York [2]1992

Buchheim, Hans: totalitäre Herrschaft. Wesen und Merkmale. München 1962

Buchholz, Kai / Latocha, Rita / Peckmann, Hilke / Wolbert Klaus (Hg.): Die Lebensreform. Entwürfe zur Neugestaltung von Leben und Kunst um 1900. 2 Bde. Darmstadt 2001

Bullock, Alan: Hitler. A Study in Tyranny. London 1952

Burleigh, Michael: Germany Turns Eastwards. A Study of Ostforschung in the Third Reich. Cambridge 1988

Buser, Remo: Ausdruckspsychologie. Problemgeschichte, Methodik und Systemtik der Ausdruckswissenschaft. München 1973

Buser, Remo: Max Pulvers Graphologie, in: Avé-Lallemant (Hg.): Die vier deutschen Schulen, S. 109 - 135

Busse, Dietrich: Historische Semantik. Analyse eines Programms. Stuttgart 1987

Campe, Rüdiger / Schneider, Manfred (Hg.): Geschichten der Physiognomik. Text, Bild, Wissen. Freiburg i. Br. 1996

Cancik, Hubert: »Judentum in zweiter Potenz«. Ein Beitrag zur Interpretation von Friedrich Nietzsche, in: R. Brändle, E. W. Stegmann (Hg.): Mit unserer Macht ist nichts getan. München 1988, S. 108 - 135

Canguilhem, Georges: The Normal and the Pathological [1966]. With an Introduction by Michel Foucault. New York 1991

Carey, John: The Intellectuals and the Masses. Pride and Prejudice Among the Literary Intelligentsia, 1880 - 1939. London 1992

Cassirer, Ernst: Substanzbegriff und Funktionsbegriff. Untersuchungen über die Grundfrgen der Erkenntniskritik. Berlin 1910

Cassirer, Ernst: Das Erkenntnisproblem in der Philosophie und Wissenschaft der neueren Zeit. Bd. 1 [1906]. Darmstadt 1971; Bd. 4 [1957]. Darmstadt 1973

Cassirer, Ernst: Individuum und Kosmos in der Philosophie der Renaissance. Hamburg 2002

Cassirer, Ernst: Philosophie der symbolischen Formen: Bd. 2 [1924] Darmstadt 1973; Bd. 3 [1929]. Darmstadt 1975

Cesana, Andreas: Bachofen und Nietzsche, in: Marc Hoffmann (Hg.): Nietzsche und die Schweiz. Zürich 1994, S. 55 - 63

Cesana, Andreas: Johann Jakob Bachofens Geschichtsdeutung. Eine Untersuchung ihrer geschichtsphilosophischen Voraussetzungen. Basel 1983

Chapelle, Daniel: Nietzsche and Psychoanalysis. Albany 1993

Chadarevian, Soraya de: Die »Methode der Kurven« in der Physiologie zwischen 1850 und 1900, in: Michael Hagner (Hg.): Ansichten der Wissenschaftsgeschichte. Frankfurt a. M. 2001, S. 161 - 190

Charakter, in: Ritter (Hg.): Historisches Wörterbuch der Philosophie 1, 1971, S. 983 - 994

Charakterologie, in: Ritter (Hg.): Historisches Wörterbuch der Philosophie 1, 1971 S. 994 - 995

Chickering, Roger: Karl Lamprecht. A German Academic Life. New Jersey 1993

Cocks, Geoffry: Psychotherapy in the Third Reich. The Göring-Institute. New Brunswick ²1997

Courtine, Jean-Jacques: Körper, Blick, Diskurs. Typologie und Klassifikation in der Physiognomik des Klassischen Zeitalters, in: Campe, Schneider (Hg.): Geschichten der Physiognomik, S. 211 - 245

Crane, Susan: The Performance of Self. Ritual, Clothing, and Identity during the Hundred Years War. Philadelphia: University of Pennsylvania Press 2002

Crary, Jonathan: Aufmerksamkeit. Wahrnehmung und moderne Kultur. Frankfurt a. M. 2002

Crary, Jonathan: Techniken des Betrachters. Sehen und Moderne im 19. Jahrhundert. Dresden, Basel 1996

Daston, Lorraine: Die Kultur der wissenschaftlichen Objektivität, in: Michael Hagner (Hg.): Ansichten der Wissenschaftsgeschichte. Frankfurt a. M. 2001, S. 137 - 160

Daum, Andreas W.: Wissenschaftspopularisierung im 19. Jahrhundert. Bürgerliche Kultur, naturwissenschaftliche Bildung und die deutsche Öffentlichkeit, 1848 - 1914. München 1998

Deleuze, Gilles: Nietzsche und die Philosophie [frz. 1962]. München 1976

Deuster, Christian v.: Östrogene, in: Gerabek, Haage, Keil, Wagner (Hg.): Enzyklopädie Medizingeschichte, S. 1964 - 1067

Didi-Hubermann, Georges: Erfindung der Hysterie. Die photographische Klinik von Jean-Martin Charcot. Mit einem Nachwort von Silvia Henke, Martin Stingelin und Hubert Thüring. München 1997

Diner, Dan Weltordnungen: Über Geschichte und Wirkung von Recht und Macht. Frankfurt a. M. 1993

Dtv-Lexikon. Konversationslexikon in 20 Bändern (erarb. n. d. Unterlagen der Lexikon-Redaktion des Verlags Brockhaus). München 1992

Düsing, Edith: Nietzsches Denkweg: Theologie – Darwinismus – Nihilismus. München 2006

Duhem, Pierre: La Théorie physique, son objet et sa structure. Paris 1906

Eberlein, Undine: Einzigartigkeit. Das romantische Individualitätskonzept der Moderne. Frankfurt, New York 2000

Ebrecht, Angelika: Das individuelle Ganze. Zum Psychologismus der Lebensphilosophie

Eisler, Rudolf (Bearb.): Kant-Lexikon. Nachschlagewerk zu Kants sämtlichen Schriften, Briefen und handschriftlichem Nachlaß. Berlin 1930

Elias, Norbert: Über die Zeit. Frankfurt a. M. 1984

Eley, Geoff: Reshaping the German Right. Radical Nationalism and Political Change after Bismarck. Ann Arbor 1991

Engstrom, Eric J.: Clinical Psychiatry in Imperial Germany. A History of Psychiatric Practice. Ithaca, London 2003

Deutsche Biographische Enzyklopädie. Hg v. Walter Killy. 12 Bde. München 1995 - 2000

Erasmus Desiderius: De Civilitate Morum Puerilium, in: Ders. Desiderii Erasmi Roterodami Opera Omnia. Bd. 1. Lugduni Batavorum 1703, S. 1033 - 1044

Essner, Cornelia: Die Alchemie des Rassenbegriffs und die »Nürnberger Gesetze«, in: Jahrbuch für Antisemitismusforschung 4 (1995), S. 210 - 225

Essner, Cornelia: Die »Nürnberger Gesetze« oder die Verwaltung des Rassenwahns 1933 - 1945. Paderborn 2002

Essner, Cornelia: »Im Irrgarten der Rassenlogik«. Nordische Bewegung und nationale Frage 1919 - 1935, in: Historische Mitteilungen 7 (1994), S. 81 - 101

Evans, Richard J.: The Third Reich in Power. How the Nazis won over the Hearts and Minds of a Nation. London 2006

Faye, Emmanuel: Heidegger: die Einführung des Nationalsozialismus in die Philosophie. Im Umkreis der unveröffentlichten Seminare zwischen 1933 und 1935. Berlin 2009

Felsch, Philipp: Laborlandschaften. Physiologische Alpenreisen im 19. Jahrhundert. Göttingen 2007

Faber, Richard: Männerunde mit Gräfin. Die »Kosmiker« Derleth, George, Klages, Schuler, Wolfskehl und Franziska zu Reventlow. Mit einem Nachdruck des »Schwabinger Beobachters«. Frankfurt a. M. 1994

Fest, Joachim: Hitler. Eine Biographie. Frankfurt a. M. u. a. 1973

Fierz-David, H. E.: Die Entwicklungsgeschichte der Chemie. Eine Studie. Basel 1945

Fleck, Ludwik: Entstehung und Entwicklung einer wissenschaftlichen Tatsache. Einführung in die Lehre vom Denkstil und Denkkollektiv. Basel 1935

Föllmer, Moritz: »Good-bye diesem verfluchten Leben«. Kommunikationskrise und Selbstmord in der Weimarer Republik, in: Ders. (Hg.): Sehnsucht nach Nähe. Interpersonale Kommunikation in Deutschland seit dem 19. Jahrhundert. Stuttgart 2004, S. 109 - 125

Föllmer, Moritz: Was Nazism Collectivistic? Redefining the Individual in Berlin 1930 - 1945, in: Journal of Modern History 82 (2010), S. 61 - 100

Foucault, Michel: Sexualität und Wahrheit: Bd. 1: Der Wille zum Wissen. Frankfurt a. M. 1977; Bd. 3: Die Sorge um sich. Frankfurt a. M. 1986

Foucault, Michel: Die Ordnung der Dinge. Eine Archäologie der Humanwissenschaften [frz. 1966]. Frankfurt a. M. 1974

Friedenthal-Haase, Martha / Koerrenz, Ralf (Hg.): Martin Buber: Bildung, Menschenbild und Hebräischer Humanismus. Jena 2002

Fritzsche, Peter: Did Weimar Fail?, in: Journal of Modern History 68 (1996), S. 629 - 656

Fritzsche, Peter: Germans into Nazis. Cambridge / Mass. 1998

Fritzsche, Peter: Rezension Richard J. Evans »The Third Reich in Power:1933 - 1936«, in: Journal of Modern History 79 (2007), S. 703 - 706

Fritzsche, Peter: Life and Death in the Third Reich. Cambridge / Mass. 2008

Fuchs, Peter: Der Mensch – das Medium der Gesellschaft?, in: Ders., Andreas Göbel (Hg.): Der Mensch – das Medium der Gesellschaft? S. 15 - 39

Fuchs, Peter / Göbel, Andreas: Einleitung, in: Dies. (Hg.): Der Mensch – das Medium der Gesellschaft?, S. 7 - 14

Fuchs, Peter / Göbel, Andreas (Hg.): Der Mensch – das Medium der Gesellschaft? Frankfurt a. M. 1994

Fuld, Werner: Walter Benjamins Beziehung zu Ludwig Klages, in: Akzente 28 (1981), S. 274 - 287

Furet, Fançois: Das Ende der Illusion. Der Kommunismus im 20. Jahrhundert. München 1998

Gabriel, Gottfried: Einheit in der Vielheit. Der Monismus als philosophisches Programm, in: Ziche (Hg.): Monismus um 1900, S. 23 - 40

Gamper, Michael: Urbane Körperlichkeiten. Physiognomik als Stadtlektüre, in: Karl Pestalozzi, Ulrich Stadler (Hg.): Im Lichte Lavaters. Lektüren zum 200. Todestag. Zürich 2003, S. 141 - 163

Gamper, Michael: Masse lesen, Masse schreiben. Eine Diskurs- und Imaginationsgeschichte der Menschenmenge 1765 - 1930. München 2007

Gasman, Daniel: The Scientific Origins of Nationalsocialism. Social Darwinism in Ernst Haeckel and the German Monist League. London, New York 1971

Gay, Peter: Das Zeitalter des Doktor Arthur Schnitzler. Innenansichten des 19. Jahrhunderts. Frankfurt a. M. 2002

Geertz, Clifford: Common Sense als kulturelles System, in: Ders.: Dichte Beschreibung, Beiträge zum Verstehen kultureller Systeme. Frankfurt a. M. 1983, S. 261 - 288

Geertz, Clifford: Dichte Beschreibung. Beiträge zum Verstehen kultureller Systeme. Frankfurt a. M. 1983

Geimer, Peter (Hg.): Ordnungen der Sichtbarkeit. Fotografie in Wissenschaft, Kunst und Technologie. Frankfurt a. M. 2002

Geisthövel, Alexa: Restauration und Vormärz 1815 - 1847. Paderborn 2008

Geisthövel, Alexa: Der Strand, in: Dies., Habbo Knoch (Hg.): Orte der Moderne. Erfahrungswelten des 19. und 20. Jahrhunderts. Frankfurt a. M. 2005, S. 121 - 130

Geisthövel, Alexa: Wilhelm I. am »historischen Eckfenster«. Zur Sichtbarkeit des Monarchen in der zweiten Hälfte des 19. Jahrhunderts, in: Jan Andres, dies., Matthias Schwengelbeck (Hg.): Die Sinnlichkeit der Macht. Herrschaft und Repräsentation seit der Frühen Neuzeit. Frankfurt a. M. 2005, S. 163 - 186

Geitner, Ursula: Klartext. Zur Physiognomik Johann Caspar Lavaters, in: Campe, Schneider (Hg.): Geschichten der Physiognomik, S. 357 - 386

Genschorek, Wolfgang: Carl Gustav Carus. Arzt, Künstler, Naturforscher. Leipzig 1978

Gerabek, Werner E. / Haage, Bernhard D. / Keil, Gundolf / Wagner, Wolfgang (Hg.): Enzyklopädie Medizingeschichte. Berlin, New York 2005, S. 353 - 354

Gerstner, Alexandra: Neuer Adel. Aristokratische Elitekonzeptionen zwischen Jahrhundertwende und Nationalsozialismus. Darmstadt 2008

Geuter, Ulfried (Hg.): Daten zur Geschichte der deutschen Psychologie. Bd. 1: Psychologische Institute, Fachgesellschaften, Fachzeitschriften und Serien, Biographien, Emigranten 1879 - 1945. Göttingen 1986; Bd. 2: Psychologische Dissertationen 1885 - 1967. Göttingen 1987

Geuter, Ulfried: Nationalsozialistische Ideologie und Psychologie, in: Ash, ders. (Hg.): Geschichte der deutschen Psychologie, S. 172 - 200

Geuter, Ulfried: Polemos panton pater – Militär und Psychologie im Deutschen Reich 1914 - 1945, in: Ash, ders. (Hg.): Geschichte der deutschen Psychologie, S. 146 - 171

Geuter, Ulfried: Die Professionalisierung der deutschen Psychologie im Nationalsozialismus. Frankfurt a. M. 1984

Geuter, Ulfried: Psychologie im nationalsozialistischen Deutschland, in: Karl Fallend, Bernhard Handlbauer, Werner Kienreich (Hg.): Der Einmarsch in die Psyche. Psychoanalyse, Psychologie und Psychiatrie im Nationalsozialismus und die Folgen. Wien 1989, S. 125 - 145

Gilman, Sander L.: The Jew's Body. New York, London 1991

Gilman, Sander L.: Der jüdische Körper. Gedanken zum physischen Anderssein der Juden, in: Jüdisches Museum der Stadt Wien (Hg.): Die Macht der Bilder. Antisemitische Vorurteile und Mythen. Wien 1995, S. 168 - 179

Gilman, Sander L.: Jüdischer Selbsthass. Antisemitismus und die verborgene Sprache der Juden. Frankfurt a. M. 1993

Ginzburg, Carlo: Spurensicherung. Die Wissenschaft auf der Suche nach sich selbst [ital. 1983]. Berlin 2002

Giurato, Davide: (Mechanisiertes) Schreiben, in: Ders. (Hg.):»Schreibkugel«, S. 7 - 20

Giurato, Davide (Hg.):»Schreikugel ist ein Ding gleich mir: von Eisen«. Schreibszenen im Zeitalter der Typoskripte. München 2005

Gödde, Günter: Traditionslinien des»Unbewußten«. Schopenhauer, Nietzsche, Freud. Tübingen 1999

Goffman, Erving: Wir alle spielen Theater. Selbstdarstellung im Alltag [engl. 1959]. München ²1973

Goldhagen, Daniel Jonah: Hitler's Willing Executioners. Ordinary Germans and the Holocaust. New York 1995

Golomb, Jacob (Hg.): Nietzsche und die jüdische Kultur. Wien 1998

Goltermann, Svenja: Körper der Nation. Habitusformierung und die Politik des Turnens 1860 - 1890. Göttingen 1998

Gombrich, Ernst H.: Meditationen über ein Steckenpferd. Von den Wurzeln und Grenzen der Kunst. Frankfurt a. M. 1978

Gombrich, Ernst H.: Ausdruck und Aussage, in: Ders.: Meditationen, S. 108 - 130

Gombrich, Ernst H.: Künstler und Kunstgelehrte, in: Ders.: Meditationen, S. 189 - 211

Gombrich, Ernst H.: Über physiognomische Wahrnehmung, in: Ders.: Meditationen, S. 90 - 107

Graf, Rüdiger: Die Zukunft der Weimarer Republik. Krisen- und Zukunftsaneignungen in Deutschland 1918 - 1933. München 2008

Graf, Rüdiger / Föllmer, Moritz (Hg.): Die »Krise« der Weimarer Republik. Zur Kritik eines Deutungsmusters. Frankfurt a. M., New York 2005, S. 9 - 44

Graf, Rüdiger / Föllmer, Moritz / Leo, Per: Die Kultur der Krise in der Weimarer Republik, in: Graf, Föllmer (Hg.): Die »Krise« der Weimarer Republik, S. 9 - 44

Graml, Hermann: Reichskristallnacht. Antisemitismus und Judenverfolgung im Dritten Reich. München 1988

Graumann, Carl Friedrich (Hg.): Psychologie im Nationalsozialismus. Berlin u. a. 1985

Greven-Aschoff, Barbara: Die bürgerliche Frauenbewegung in Deutschland 1849 - 1933. Göttingen 1981

Griessinger, Andreas: Das Symbolische Kapital der Ehre. Streikbewegungen und kollektives Bewusstsein von Handwerksgesellen im 18. Jahrhundert. Frankfurt a. M., Berlin, Wien 1985

Groebner, Valentin: Der Schein der Person. Steckbrief, Ausweis und Kontrolle im Europa des Mittelalters. München 2004

Grosche, Stefan: »Zarten Seelen ist gar viel gegönnt«. Naturwissenschaft und Kunst im Briefwechsel zwischen C. G. Carus und Goethe. Göttingen 2001

Groschopp, Horst: Dissidenten. Freidenkerei und Kultur in Deutschland. Berlin 1997

Gross, Raphael: Carl Schmitt und die Juden. Eine deutsche Rechtslehre. Frankfurt a. M. 2000

Großheim, Michael: »Die namenlose Dummheit, die das Resultat des Fortschritts ist« — Lebensphilosophische und dialektische Kritik der Moderne, in: Logos. Zeitschrift für systematische Philosophie 3 (1996), S. 97 - 133

Großheim, Michael: Ludwig Klages und die Phänomenologie. Berlin 1994

Großheim, Michael (Hg.): Perspektiven der Lebensphilosophie. Zum 125. Geburtstag von Ludwig Klages. Bonn 1999

Großheim, Michael: Zur Aktualität der Lebensphilosophie, in: Ders. (Hg.): Perspektiven der Lebensphilosophie, S. 9 - 20

Grünberger, Hans / Mayer, Kathrin / Münkler, Herfried: Nationenbildung. Die Nationalisierung Europas im Diskurs humanistischer Intellektueller. Italien und Deutschland. Berlin 1998

Gutberger, Jörg: Volk, Raum und Sozialstruktur. Sozialstruktur- und Sozialraumforschung im Dritten Reich. Münster 1996

Habermas, Jürgen: Strukturwandel der Öffentlichkeit. Untersuchungen zu einer Kategorie der bürgerlichen Gesellschaft [1962]. Darmstadt, Neuwied [17]1987

Habermas, Jürgen: Theorie des kommunikativen Handelns. 2 Bde. Frankfurt a. M. 1981

Hachmeister, Lutz: Der Gegnerforscher. Die Karriere des SS-Führers Alfred Six. München 1998

Hacke, Jens: Philosophie der Bürgerlichkeit. Die liberalkonservative Gründung der Bundesrepublik. Göttingen 2006

Häcker, Bärbel: Chromosomen, in: Gerabek, Haage, Keil, Wagner (Hg.): Enzyklopädie Medizingeschichte, S. 261 - 262

Haffner, Sebastian: Anmerkungen zu Hitler. München 1978

Hagner, Michael (Hg.): Ansichten der Wissenschaftsgeschichte. Frankfurt a. M. 2001

Hagner, Michael: Homo cerebralis. Der Wandel vom Seelenorgan zum Gehirn. Berlin 1997

Hagner, Michael: Bye-bye science, welcome pseudoscience? Reflexionen über einen beschädigten Status, in: Dirk Rupnow, Veronika Lipphardt, Jens Thiel, Christina Wessely (Hg.): Pseudowissenschaft. Konzeptionen von Nichtwissenschaftlichkeit in der Wissenschaftsgeschichte. Frankfurt a. M. 2008, S. 21 - 50

Hahn, Alois: Kann der Körper ehrlich sein? in: Hans-Ulrich Gumbrecht, K. Ludwig Pfeiffer (Hg.): Materialität der Kommunikation. Frankfurt a. M. 1988, S. 666 - 679

Hahn, Alois / Jacob, Rüdiger: Der Körper als soziales Bedeutungssystem, in: Fuchs, Göbel (Hg.): Der Mensch, S. 146 - 188

Hahn, Alois: Eigenes durch Fremdes. Warum wir anderen unsere Identität verdanken, in: Huber, Jörg / Heller, Martin (Hg.): Interventionen 8: Konstruktionen Sichtbarkeiten. Wien, New York 1999, S. 61 - 88

Hahn, Alois: Konstruktionen des Selbst, der Welt und der Geschichte. Aufsätze zur Kultursoziologie. Frankfurt a. M. 2000

Hahn, Alois: Wohl dem, der eine Narbe hat: Identifikationen und ihre soziale Konstruktion, in: von Moos (Hg.): Unverwechselbarkeit, S. 43 - 62

Hamann, Brigitte: Hitlers Wien. Lehrjahre eines Diktators [1998]. München ⁵2002

Hammer, Steffi (Hg.): Widersacher oder Wegbereiter? Ludwig Klages und die Moderne. Materialien der gleichnamigen Tagung 21. - 23.5.1992 an der Martin-Luther-Universität Halle / S. Berlin. Heidelberg 1992

Hardtwig, Wolfgang (Hg.): Utopie und politische Herrschaft im Europa der Zwischenkriegszeit. München 2003

Hardtwig, Wolfgang / Wehler, Hans-Ulrich (Hg.): Kulturgeschichte heute. Göttingen 1996

Hardtwig, Wolfgang / Wehler, Hans-Ulrich: Einleitung, in: Dies. (Hg.): Kulturgeschichte heute, S. 7 - 13

Hartung, Günter: Völkische Ideologie, in: Uwe Puschner, Walter Schmitz, Justus H. Ulbricht (Hg.): Handbuch zur »Völkischen Bewegung« 1871 - 1918, S. 22 - 41

Hartwich, Wolf-Daniel: Romantischer Antisemitismus. Von Klopstock bis Wagner. Göttingen 2005

Haslinger, Reinhard: Nietzsche und die Anfänge der Tiefenpsychologie. Regensburg 1993

Hau, Michael / Ash, Mitchell G.: Der normale Körper, seelisch erblickt, in: Schmölders / Gilman (Hg.): Gesichter der Weimarer Republik, S. 12 - 31

Hau, Michael: Körperbildung und sozialer Habitus. Soziale Bedeutungen von Körperlichkeit während des Kaiserreichs und der Weimarer Republik, in: Vom Bruch, Kaderas (Hg.): Wissenschaften und Wissenschaftspolitik, S. 125 - 141

Hausen, Karin: Die Polarisierung der »Geschlechtscharaktere« – Eine Spiegelung der Dissoziation von Erwerbs- und Familienleben, in: Werner Conze (Hg.): Sozialgeschichte der Familie in der Neuzeit Europas. Stuttgart 1976, S. 363 - 393

Heer, Johannes: Hitler war's. Die Befreiung der Deutschen von ihrer Vergangenheit. Berlin 2005

Heil, Johannes: »Antijudaismus« und »Antisemitismus« – Begriffe als Bedeutungsträger, in: Jahrbuch für Antisemitismusforschung 6 (1997), S. 92 - 114

Heilbron, John Lewis: The Work of H. G. J. Moseley, in: Isis 57 (1966), S. 336 - 364

Heinemann, Isabel: »Rasse, Siedlung, deutsches Blut«. Das Rasse- und Siedlungshauptamt der SS und die rassenpolitische Neuordnung Europas. Göttingen 2003

Heisenberg, Werner: Das Naturbild Goethes und die technisch-naturwissenschaftliche Welt, in: Jahrbuch der Goethe-Gesellschaft 29 (1967), S. 27 - 42

Hellfeld, Matthias von: Bündische Jugend und Hitlerjugend. Anpassung und Widerstand 1930 - 1939. Köln 1987

Hemleben, Johannes: Rudolf Steiner. Mit Selbstzeugnissen und Bilddokumenten [1963]. Reinbek bei Hamburg 1984

Henke, Silvia / Stingelin, Martin / Thüring, Hubert: Hysterie – das Theater der Epoche, in: Didi-Hubermann: Erfindung der Hysterie, S. 359 - 383

Henkelmann, Thomas: Viktor von Weizsäcker (1886 - 1957). Materialien zu Leben und Werk. Berlin, Heidelberg u. a. 1986

Hennis, Wilhelm: Max Webers Fragestellung. Studien zur Biographie des Werkes. Tübingen 1987

Hennis, Wilhelm: Max Webers Wissenschaft vom Menschen. Neue Studien zur Biographie des Werks. Tübingen 1996

Herbert, Ulrich: Best. Biographische Studien über Radikalismus, Weltanschauung und Vernunft. 1903 - 1989. Bonn 1997

Herbert, Ulrich: Fremdarbeiter. Politik und Praxis des »Ausländer-Einsatzes« in der Kriegswirtschaft des Dritten Reiches. Berlin u. a. 1985

Herbert, Ulrich: »Generation der Sachlichkeit« – Die völkische Studentenbewegung der 20er Jahre, in: Ders.: Arbeit, Volkstum, Weltanschauung. Frankfurt a. M. 1995, S. 31 - 58

Herbert, Ulrich: Traditionen des Rassismus, in: Niethammer, Lutz (Hg.): Bürgerliche Gesellschaft in Deutschland. Historische Einblicke, Fragen, Perspektiven. Frankfurt a. M. 1990, S. 472 - 488

Herbert, Ulrich: Vernichtungspolitik. Neue Antworten und Fragen zur Geschichte des »Holocaust«, in: Ders. (Hg.): Nationalsozialistische Vernichtungspolitik 1939 - 1945. Neue Forschungen und Kontroversen. Frankfurt a. M. 2001, S. 9 - 66

Herf, Jeffrey: Reactionary Modernism. Technology, Culture, and Politics in Weimar and the Third Reich. Cambridge, New York 1984

Herrington, Anne: Reenchanted Science. Holism in German Culture, from Wilhelm II to Hitler. Princeton 1996

Herrmann, Theo / Lantermann Ernst-D. (Hg.): Persönlichkeitspsychologie. Ein Handbuch in Schlüsselbegriffen. Wien, München, Baltimore 1985

Herzog, Todd: »Den Verbrecher erkennen«. Zur Geschichte der Kriminalistik, in: Schmölders, Gilman (Hg.): Gesichter der Weimarer Republik, S. 51 - 77

Hildebrand, Klaus: Hitlers Ort in der Geschichte des preußisch-deutschen Nationalstaates, in: Historische Zeitschrift 217 (1973), S. 584 - 632

Hildebrand, Klaus: Nationalsozialismus oder Hitlerismus?, in: Bosch, Michael (Hg.): Persönlichkeit und Struktur in der Geschichte. Düsseldorf 1977, S. 55 - 61

Hirsch, Waltraud: Eine unbescheidene Charakterologie: geistige Differenz zwischen Judentum und Christentum. Otto Weiningers Lehre vom bestimmten Charakter. Frankfurt a. M. u. a. 1997

Hirschi, Caspar: Wettkampf der Nationen. Konstruktionen einer deutschen Ehrgemeinschaft an der Wende vom Mittelalter zur Neuzeit. Göttingen 2005

Hirschman, Albert O.: Leidenschaften und Interessen. Politische Begründungen des Kapitalismus vor seinem Sieg. Frankfurt a. M. 1987

Hoffmann, Rainer-W.: Wissenschaft und Arbeitskraft. Zur Geschichte der Arbeitsforschung in Deutschland. Frankfurt a. M. u. a. 1985

Hoffmann, Christoph: Haut und Zirkel. Ein Entstehungsherd: Ernst Heinrich Webers Untersuchungen »Ueber den Tastsinn«, in: Hagner (Hg.): Ansichten der Wissenschaftsgeschichte, S. 191 - 223

Holub, Robert C.: Nietzsche and the Jewish Question, in: New German Critique 22 (1995), S. 94 - 121

Horkheimer, Max / Adorno, Theodor W.: Dialektik der Aufklärung. Philosophische Fragmente [1944]. Frankfurt a. M. 1994

Horn, Eva: Der Mensch im Spiegel der Schrift. Graphologie zwischen populärer Selbsterforschung und moderner Humanwissenschaft, in: Aleida Assmann, Ulrich Gaier, Gisela Trommsdorf (Hg.): Literatur und Anthropologie. Tübingen 2003, S. 175 - 199

Hoßfeld, Uwe: Geschichte der biologischen Anthropologie in Deutschland. Stuttgart 2005

Hüntelmann, Axel C.: Hygiene im Namen des Staates: das Reichsgesundheitsamt 1876 - 1933. Göttingen 2008

Hüsmert, Ernst / Giesler, Gerd: Einführung, in: Carl Schmitt, Tagebücher 1915 - 1919, hg. v. dens. Berlin 2005, S. 1 - 19

Ihde, Aaron J.: The Development of Modern Chemistry. New York, Evanston, London 1964

Individuum, Individualität, in: Ritter (Hg.): Historisches Wörterbuch der Philosophie 4, 1976, S. 299 - 323

Irion, Ulrich: Eros und Thanatos in der Moderne. Nietzsche und Freud als Vollender eines anti-christlichen Grundzugs im europäischen Denken. Würzburg 1992

Jäckel, Eberhard: Hitlers Weltanschauung. Entwurf einer Herrschaft. Tübingen 1969

Jaeger, Siegfried / Staeuble, Irmingard: Die Psychotechnik und ihre gesellschaftlichen Entwicklungsbedingungen, in: François Stoll (Hg.): Die Psychologie des 20. Jahrhunderts 12: Anwendungen im Berufsleben. Arbeits-, Wirtschafts- und Verkehrspsychologie. Zürich 1981, S. 53 - 95

Jaeger, Siegfried: Zur Herausbildung von Praxisfeldern der Psychologie bis 1933, in: Ash, Geuter (Hg.): Geschichte der deutschen Psychologie, S. 83 - 112

Jäger, Lorenz: Seelendeutung im Takt des Krakelns, in: Frankfurter Allgemeine Zeitung v. 16. März 2005

Jäger, Lorenz: Wer hat die längste Lebenslinie? in: Frankfurter Allgemeine Zeitung v. 11. April 2009, Bilder und Zeiten

Jarausch, Konrad H.: Die Krise des deutschen Bildungsbürgertums im ersten Drittel des 20. Jahrhunderts, in: Jürgen Kocka (Hg.): Bildungsbürgertum im 19. Jahrhundert. Bd 4. Stuttgart 1989, S. 180 - 205

Jarausch, Konrad H.: Universität und Hochschule, in: Berg (Hg.): Handbuch, S. 313 - 344

Jensen, Uffa: Gebildete Doppelgänger. Bürgerliche Juden und Protestanten im 19. Jahrhundert. Göttingen 2005

Jesse, Eckhard: Diktaturen in Deutschland. Diagnosen und Analysen. Baden-Baden 2008

Jonas, Hans: Gnosis. Die Botschaft des fremden Gottes. Frankfurt a. M. 2008

Jovy, Michael: Jugendbewegung und Nationalsozialismus. Zusammenhänge und Gegensätze. Versuch einer Klärung. Münster 1984

Julius, Anthony: Trials of the Diaspora. A History of Anti-Semitism in England. Oxford 2010

Kammer, Stephan: Graphologie, Schreibmaschine und die Ambivalenz der Hand. Paradigmen des Schreibens um 1900, in: Giuriato (Hg.): »Schreibkugel«, S. 133 - 152

Karlauf, Thomas: Stefan George. Die Entdeckung des Charisma. München ²2007

Kaschuba. Wolfgang: Deutsche Bürgerlichkeit nach 1800. Kultur als symbolische Praxis, in: Jürgen Kocka (Hg.): Bürgertum im 19. Jahrhundert. Deutschland im europäischen Vergleich 3. München 1988, S. 9 - 45

Kasdorff, Hans: Ludwig Klages. Gesammelte Aufsätze und Vorträge zu seinem Werk. Bonn 1984

Kasdorff, Hans: Ludwig Klages. Werk und Wirkung. Kommentierte Bibliographie. 2 Bde. Bonn 1969, 1974

Kasdorff, Hans: Ludwig Klages im Urteil seiner Zeit, in: Ders.: Ludwig Klages. Gesammelte Aufsätze, S. 255 - 269

Kasdorff, Hans: Ludwig Klages im Widerstreit der Meinungen. Eine Wirkungsgeschichte 1895 - 1975. Bonn 1978

Kasdorff, Hans: Ludwig Klages und der Friede, in: Ders.: Ludwig Klages. Gesammelte Aufsätze, S. 236 - 254

Kater, Michael H.: Die Artamanen – Völkische Jugend in der Weimarer Republik, in: Historische Zeitschrift 213 (1971), S. 599 - 622

Kater, Michael H.: Studentenschaft und Rechtsradikalismus in Deutschland 1918 - 1933. Hamburg 1975

Kaube, Jürgen: Lang, kurz, lang, die Zeitgeschichte. In Freiburg diskutierten Historiker zu Ehren Ulrich Herberts über Deutschland im zwanzigsten Jahrhundert und wie man davon berichten soll, URL: http://www.faz.net/frankfurter-allgemeine-zeitung/natur-und-wissenschaft/lang-kurz-lang-die-zeitgeschichte-11336155.html [letzter Zugriff: 4. November 2011]

Kaupen-Haas, Heidrun: Der Griff nach der Bevölkerung. Aktualität und Kontinuität nazistischer Bevölkerungspolitik. Nördlingen 1986

Kemp, Martin: Bilderwissen. Die Anschaulichkeit naturwissenschaftlicher Phänomene. Köln 2003

Kerbs, Diethart / Reulecke, Jürgen: Einleitung, in: Dies. (Hg.): Handbuch, S. 10 - 18

Kerbs, Diethart / Reulecke, Jürgen: Handbuch der deutschen Reformbewegung. 1880 - 1933. Wuppertal 1998

Kershaw, Ian: Hitler 1889 - 1936. München 1998

Kershaw, Ian: Hitler 1936 - 1945. München 2000

Kershaw, Ian: Der Hitler-Mythos. Volksmeinung und Propaganda im Dritten Reich. Stuttgart 1980

Kershaw, Ian: Der NS-Staat. Geschichtsinterpretationen und Kontroversen im Überblick. Reinbek bei Hamburg 1994

Kieserling, André: Interaktion unter Anwesenden. Studien über Interaktionssysteme. Frankfurt a. M. 1999

Kittler, Friedrich A.: Aufschreibesysteme 1800 - 1900. München ³1995

Kittler, Friedrich A.: Grammophon, Film, Typewriter. Berlin 1986

Klausnitzer, Ralf: Opposition zur »Stählernen Romantik«? Der Klages-Kreis im »Dritten Reich«, in: Walter Delabar, Horst Denkler, Erhard Schütz (Hg.): Banalität mit Stil. Zur Widersprüchlichkeit der Literaturproduktion im Nationalsozialismus. Bern u. a. 1999, S. 43 - 78

Klee, Ernst: »Euthanasie« im NS-Staat. Die »Vernichtung lebensunwerten Lebens«. Frankfurt a. M. 1983

Klee, Ernst: Das Kulturlexikon zum Dritten Reich. Wer war was vor und nach 1945. Frankfurt a. M. 2007

Kohlrausch, Martin: Der unmännliche Kaiser. Wilhelm II. und die Zerbrechlichkeit des königlichen Individuums, in: Regina Schulte (Hg.): Der Körper der Königin. Geschlecht und Herrschaft in der höfischen Welt. Frankfurt a. M. 2002, S. 254 - 275

Koonz, Claudia: The Nazi Conscience. Cambridge, Mass. 2003

Koschorke, Albrecht: Körperströme und Schriftverkehr. Mediologie des 18. Jahrhunderts. München 1999

Kotowski, Elke-Vera: Feindliche Dioskuren. Theodor Lessing und Ludwig Klages. Das Scheitern einer Jugendfreundschaft. Berlin 2000

Kotowski, Elke-Vera: Verkünder eines heidnischen Antisemitismus. Die Kosmiker Ludwig Klages und Alfred Schuler, in: Gert Mattenklott, Michael Philipp, Julius Hans Schoeps (Hg.): »Verkannte Brüder«? Stefan George und das deutsch-jüdische Bürgertum zwischen Jahrhundertwende und Emigration. Hildenheim, Zürich, New York 2001, S. 201 - 218

Kröner, Hans-Peter: Genetik, in: Gerabek, Haage, Keil, Wagner (Hg.): Enzyklopädie Medizingeschichte, S. 468 - 475

Kroll, Frank-Lothar: Utopie als Ideologie. Geschichtsdenken und politisches Handeln im Dritten Reich. Paderborn, München, Wien, Zürich

Kuhn, Dorothea / Wankmüller, Rike: Nachwort zur Farbenlehre, in: Goethe: Werke 13: Naturwissenschaftliche Schriften 1. Hamburg 1988, S. 613 - 653

Kuhn, Dorothea / Wankmüller, Rike: Nachwort zu den Schriften zur Allgemeinen Naturwissenschaft, Morphologie, Geologie, in: Goethe. Werke 13: Naturwissenschaftliche Schriften 1. Hamburg 1988, S. 556 - 563

Kuhn, Helmut: Die wahre Tragödie. Platon als Nachfolger der Tragiker, in: Konrad Gaiser (Hg.), Das Platon-Bild. Hildesheim 1969, S. 231 - 323

Kuhn, Thomas S.: Die Struktur wissenschaftlicher Revolutionen. Frankfurt a. M. 1967

Küng, Hans: Existiert Gott? Antwort auf die Gottesfrage der Neuzeit. München 1978

Lange, Susanne / Conrath-Scholl, Gabriele: August Sander: Menschen des 20. Jahrhunderts – Ein Konzept in seiner Entwicklung, in: August Sander: Menschen des 20. Jahrhunderts, S. 12 - 43

Lässig, Simone: Jüdische Wege ins Bürgertum. Kulturelles Kapital und sozialer Aufstieg im 19. Jahrhundert. Göttingen 2004

Laukötter, Anja: Von der »Kultur« zur »Rasse« – Vom Objekt zum Körper? Völkerkundemuseen und ihre Wissenschaften zu Beginn des 20. Jahrhunderts. Bielefeld 2007

Lenger, Friedrich: Werner Sombart: 1863 - 1941. Eine Biographie. München 1994

Lepsius, Oliver: Die gegensatzaufhebende Begriffsbildung. Methodenentwicklungen in der Weimarer Republik und ihr Verhältnis zur Ideologisierung der Rechtswissenschaft im Nationalsozialismus. München 1994

Le Rider, Jacques: Der Fall Otto Weininger. Wurzeln des Antifeminismus und Antisemitismus. München, Wien 1985

Le Rider, Jacques / Leser, Norbert (Hg.): Otto Weininger. Werk und Wirkung. Wien 1984

Leo, Per: Ähnlichkeitsbewirtschaftung. Ludwig Klages' Graphologie als physiognomische Wissenschaft, in: Christina Brandt, Florence Vienne (Hg.): Wissensobjekt Mensch. Humanwissenschaftliche Praktiken im 20. Jahrhundert. Berlin 2008, S. 111 - 136

Leo, Per: »Bremsklötze des Fortschritts«. Krisendiskurse und Dezisionismus im deutschen Verbandsfußball 1919 - 1932, in: Graf, Föllmer (Hg.): Die »Krise« der Weimarer Republik, S. 132 - 155

Leo, Per: Der Narr von eigenen Gnaden. Götz Aly und die deutsche Geschichtswissenschaft, in: Ästhetik und Kommunikation 36 (2005) H. 129 / 130, S. 184 - 194

Lessing, Theodor: Der jüdische Selbsthass (Auszug), in: Weininger: Über die letzten Dinge [vgl. Quellen], S. 197 - 212

Lethen, Helmut: Verhaltenslehren der Kälte. Lebensversuche zwischen den Kriegen. Frankfurt a. M. 1994

Lethen, Helmut: Der Sound der Väter. Gottfried Benn und seine Zeit. Berlin 2006

Lévi-Strauss, Claude: »Primitives« Denken und »zivilisiertes« Denken, in: Ders.: Mythos und Bedeutung. Fünf Radiovorträge. Frankfurt a. M. 1996, S. 27 - 37

Lévi-Strauss, Claude: Mythologica I. Das Rohe und das Gekochte [1964]. Frankfurt a. M. 1971

Lewinson, Thea Stein / Zubin, Joseph: Handschriften-Analyse. Maßstäbe für die Bewertung der dynamischen Aspekte der Handschrift. Frankfurt a. M. 1973

Lindner, Martin: Leben in der Krise. Zeitromane der Neuen Sachlichkeit und die intellektuellen Mentalität der klassischen Moderne. Mit einer exemplarischen Analyse des Romanwerks von Arnolt Bronnen, Ernst Glaeser, Ernst von Salomon und Ernst Erich Noth. Stuttgart. Weimar 1994

Link, Jürgen: Versuch über den Normalismus. Wie Normalität produziert wird. Opladen 1996

Lipphardt, Veronika: Biologie der Juden. Jüdische Wissenschaftler über »Rasse« und Vererbung. 1900 - 1935. Göttingen 2008

Lockot, Regine: Erinnern und Durcharbeiten. Zur Geschichte der Psychoanalyse und Psychotherapie im Nationalsozialismus. Frankfurt a. M. 1985

Lockowandt, Oskar: Der gegenwärtige Stand der Überprüfung der Schriftpsychologie als psychodiagnostisches Verfahren [1961], in: Wilhelm-Helmut Müller, Alice Enskat (Hg.): Graphologische Diagnostik. Bern ²1973, S. 238 - 265

Löffelmann, Markus: Das Gesetz des Unbewußten. Eine rechtsanthropologische und philosophische Auseinandersetzung mit der analytischen Psychologie von Carl Gustav Jung. Berlin 1999

Lonsbach, Richard M.: Nietzsche und die Juden. Ein Versuch. Bonn ²1985

Lüdtke, Alf (Hg.): Alltagsgeschichte. Zur Rekonstruktion historischer Erfahrungen und Lebensweisen. Frankfurt a. M. 1989

Lüdtke, Alf: Lebenswelten und Alltagswissen, in: Berg (Hg.): Handbuch, S. 57 - 90

Lüdtke, Alf: Einleitung. Was ist und wer treibt Alltagsgeschichte? in: Ders. (Hg.): Alltagsgeschichte, S. 9 - 47

Lütgehaus, Ludger: Ich leide an zerrissenen Stiefeln. Der Overbeck-Briefwechsel und neue Nietzsche-Biographien, in: Die Zeit 35 v. 24. August 2000, S. 44

Luft, David: Otto Weininger als Figur des Fin de siècle, in: Le Rider / Leser (Hg.): Otto Weininger, S. 71 - 79

Luhmann, Niklas: Individuum, Individualität, Individualismus, in: Ders.: Gesellschaftsstruktur und Semantik. Studien zur Wissenssoziologie der modernen Gesellschaft Bd. 3. Frankfurt a. M. 1989, S. 149 - 258

Luhmann, Niklas: Liebe als Passion. Zur Codierung von Intimität. Frankfurt a. M. 1982

Luhmann, Niklas: Soziale Systeme. Grundriß einer allgemeinen Theorie. Frankfurt a. M. 1987

Luhmann, Niklas: Die Wissenschhaft der Gesellschaft. Frankfurt a. M. 1992

Lukács, Georg: Die Zerstörung der Vernunft. Der Weg des Irrationalismus von Schelling zu Hitler [1954]. Berlin 1955

Lunau, Klaus: Warnen, Tarnen, Täuschen. Mimikry und andere Überlebensstrategien in der Natur. Darmstadt 2002

Maderthaner, Wolfgang / Musner, Lutz: Der Aufstand der Massen – Phänomen und Diskurs, in: Roman Horak, Wolfgang Maderthaner, Siegfried Mattl, Lutz Musner (Hg.): Stadt. Masse. Raum. Wiener Studien zur Archäologie des Populären. Wien 2001, S. 9 - 61

Madajczyk, Czesław (Hg.): Vom Generalplan Ost zum Generalsiedlungsplan. München 1994

Makropoulos, Michael: Tendenzen der der Zwanziger Jahre. Zum Diskurs der Klassischen Moderne in Deutschland, in: Deutsche Zeitschrift für Philosophie 39 (1991), S. 675 - 687

Malinowski, Bronislaw: Materielle Kultur, in: Ders.: Schriften zur Anthropologie, hg. v. Fritz Kramer. Frankfurt a. M. 1986, S. 72 - 83

Martin, Bernd: Heidegger und das Dritte Reich. Darmstadt 1998

Martynkewicz, Wolfgang: Salon Deutschland. Geist und Macht 1900 - 1945. Berlin 2009

Massing, Paul W.: Vorgeschichte des politischen Antisemitismus. Frankfurt a. M. 1959

Mattes, Peter: Psychologie im westlichen Nachkriegsdeutschland – Fachliche Kontinuität und gesellschaftliche Restauration, in: Ash, Geuter (Hg.): Geschichte der deutschen Psychologie, S. 201 - 224

McNeely, Ian F.: The Emancipation of Writing. German Civil Society in the Making, 1790s - 1820s. Berkely, Los Angelos, London 2003

Mehring, Reinhard: Rezension von Günter Maschke, Erik Lehnert (Hg.): Carl Schmitt, Hans-Dietrich Sander: Werkstatt-Discorsi. Briefwechsel 1967 - 1981. Schnellroda 2008, in: H-Soz-u-Kult, 12.03.2009, URL: //hsozkult. geschichte.hu-berlin.de/rezensionen/2009-1-208 [letzter Zugriff: 10. Juli 2009]

Mehring, Reinhard: Carl Schmitt. Aufstieg und Fall. Eine Biographie. München 2009

Meier, Helmut G.: Weltanschauung. Studien zu einer Geschichte und Theorie des Begriffs. O. O. 1970

Meier-Stein, Hans Georg: Die Reichsidee 1918 - 1945. Das mittelalterliche Reich als Idee nationaler Erneuerung. Aschau 1998

Menze, Clemens: Wilhelm von Humboldts Lehre und Bild vom Menschen. Henn, Ratingen, Düsseldorf 1965

Mergel, Thomas / Welskopp, Thomas: Geschichte zwischen Kultur und Gesellschaft. Beiträge zur Theoriedebatte. München 1997

Mergel, Thomas / Welskopp, Thomas: Geschichtswissenschaft und Gesellschaftstheorie, in: Dies. (Hg.): Geschichte zwischen Kultur und Gesellschaft. München 1997, S. 9 - 35

Mersch, Dieter: Das Bild als Argument, in: Christoph Wulf, Jörg Zirfas (Hg.): Ikonologien des Performativen. München 2005, S. 322 - 344

Mersch, Dieter: Visuelle Argumente. Zur Rolle der Bilder in den Naturwissenschaften, in: Sabine Maasen, Torsten Mayerhauser, Cornelia Renggli (Hg.): Bilder als Diskurse, Bilddiskurse. Weilerswist 2006, S. 95 - 116

Métraux, Alexandre: Der Methodenstreit und die Amerikanisierung der Psychologie in der Bundesrepublik 1950 - 1970, in: Ash, Geuter (Hg.): Geschichte der deutschen Psychologie, S. 225 - 251

Métraux, Alexandre: Die angewandte Psychologie vor und nach 1933 in Deutschland, in: Graumann (Hg.): Psychologie im Nationalsozialismus, S. 221 - 262

Millington, Barry (Hg.): Wagner Compendium. Guide to Wagner's Life and Music. London 1992

Mittmann, Thomas: Friedrich Nietzsche. Judengegner und Antisemitenfeind. Erfurt [2001]

Mittmann, Thomas: Vom »Günstling« zum »Urfeind« der Juden. Antisemitische Nietzsche-Rezeption in Deutschland bis zum Ende des Nationalsozialismus. Würzburg 2006

Mohler, Armin / Weissmann, Karlheinz: Die Konservative Revolution in Deutschland 1918 - 1932. Ein Handbuch. Wien 2005

Molière (eig. Jean Baptiste Poquelin): Der eingebildete Kranke. Leipzig 1945

Moltenhagen, Dietmar: Das Ende der Bürgerlichkeit? Liverpooler und Hamburger Bürgerfamilien im Ersten Weltkrieg. Göttingen 2007

Mommsen, Hans: Der Nationalsozialismus. Kumulative Radikalisierung und Selbstzerstörung des Regimes, in: Meyers Enzyklopädisches Lexikon Bd. 16. Mannheim, Wien 1976, S. 785 - 790

Mommsen Hans: Die Realisierung des Utopischen. Die »Endlösung der Judenfrage« im »Dritten Reich«, in: Geschichte und Gesellschaft 9 (1983), S. 381 - 420

Moos, Peter von (Hg.): Unverwechselbarkeit. Persönliche Identität und Identifikation in der vormodernen Gesellschaft. Köln: Böhlau 2004

Moos, Peter von: Das mittelalterliche Kleid als Identitätssymbol und Identifikationsmittel, in: Ders. (Hg.): Unverwechselbarkeit, S. 123 - 146

Morat, Daniel:2006, Braucht man für das Verstehen eine Theorie?, in: Matthias Pohlig, Jens Hacke (Hg.): Theorie in der Geschichtswissenschaft. Einblicke in die Praxis des historischen Forschens. Frankfurt a. M., New York 2008 S. 42 - 47

Morat, Daniel: Von der Tat zur Gelassenheit. Konservatives Denken bei Martin Heidegger, Ernst Jünger und Friedrich Georg Jünger. Göttingen 2007

Morphologie und Moderne. Goethes »anschauliches Denken« in den Geistes- und Kulturwissenschaften seit 1800 – Weimar 28. - 30.05.09 (Konferenzankündigung), URL: http://hsozkult.geschichte.hu-berlin.de/termine/id=11361 [letzter Zugriff: 10. Juli 2009]

Mosse, George L.: Crisis of German Ideology. Intellectual Origins of the Third Reich. New York 1964

Mosse, George L.: Ein Volk, ein Reich, ein Führer. Die völkischen Ursprünge des Nationalsozialismus [engl. 1964]. Königstein / Ts. 1978

Müller, Lothar: Die Großstadt als Ort der Moderne. Über Georg Simmel, in: Klaus Scherpe (Hg.): Die Unwirklichkeit der Städte. Großstadtdarstellungen zwischen Moderne und Postmoderne. Reinbek bei Hamburg 1988, S. 14 - 36

Müller, Christian: Verbrechensbekämpfung im Anstaltsstaat. Psychiatrie, Kriminologie und Strafrechtsreform in Deutschland 1871 - 1933. Göttingen 2004

Müller-Jahnke, Wolf-Dieter: Testosteron, in: Gerabek, Haage, Keil, Wagner (Hg.): Enzyklopädie Medizingeschichte, S. 1383

Nau, Heino Heinrich: Der Werturteilsstreit: die Äußerungen zur Werturteilsdiskussion im Ausschuß des Vereins für Sozialpolitik (1913). Marburg 1996

Neitzel, Sönke / Welzer, Harald: Soldaten. Protokolle vom Kämpfen, Töten und Sterben. Frankfurt 2011

Niethammer, Lutz (Hg.): »Die Jahre weiß man nicht, wo man die heute hinsetzen soll«. Faschismuserfahrungen im Ruhrgebiet. Berlin 1983

Niethammer, Lutz (Hg.): Bürgerliche Gesellschaft in Deutschland. Historische Einblicke, Fragen, Perspektiven. Frankfurt a. M. 1990

Nikolow, Sybilla / Bluma, Lars: Science Images between Scientific Fields and the Public Sphere. An Historiographical Survey. in: Bernd Hüppauf, Peter Weingart (Hg.): Science Images and Popular Images of Science. New York 2008, S. 33 - 51

Nipperdey, Thomas: Deutsche Geschichte 1866 - 1918, Bd. 2. München 1992

Nipperdey, Thomas: Religion im Umbruch. Deutschland 1870 - 1918. München 1988

Nipperdey, Thomas / Rürup, Reinhard: Antisemitismus, in: Otto Brunner, Werner Conze, Reinhart Koselleck (Hg.): Geschichtliche Grundbegriffe 1. Stuttgart 1972, S. 129 - 153

Nitschke, August / Peukert, Detlev J. K. / Ritter, Gerhard A. / Vom Bruch, Rüdiger (Hg.): Jahrhundertwende. Der Aufbruch in die Moderne 1880 - 1930. 2 Bde. Reinbek 1990

Noakes, Jeremy: Wohin gehören die »Judenmischlinge«? Die Entstehung der ersten Durchführungsbestimmungen zu den Nürnberger Gesetzen, in: Ursula Büttner (Hg.): Das Unrechtsregime: internationale Forschung über den Nationalsozialismus 2: Verfolgung. Exil. Belasteter Neubeginn. Hamburg 1986, S. 69 - 89

Nolte, Paul: Die Ordnung der deutschen Gesellschaft. Selbstentwurf und Selbstbeschreibung im 20. Jahrhundert. München 2000

Nolte, Paul: Ständische Ordnung im Mitteleuropa der Zwischenkriegszeit. Zur Ideengeschichte einer sozialen Utopie, in: Hardtwig (Hg.): Utopie und politische Herrschaft, S. 233 - 256

Nowak, Kurt: »Euthanasie« und Sterilisierung im »Dritten Reich«. Die Konfrontation der evangelischen und katholischen Kirche mit dem »Gesetz zur Verhütung erbkranken Nachwuchses« und der »Euthanasie«-Aktion. Göttingen 1978

Nowak, Kurt: Schleiermacher und die Emanzipation des Judentums am Ende des 18. Jahrhunderts in Preußen, in: [Friedrich Daniel Schleiermacher]: Briefe bei Gelegenheit der politisch-theologischen Aufgabe und des Sendschreibens jüdischer Hausväter [1799]. Hg. v. Kurt Nowak. Berlin 1984, S. 65 - 86

Nutton, Vivian: Humoralism, in: Companion Encyclopedia of the History of Medicine, hg. W. F. Bynum, Roy Porter. Bd. 1. London, New York 1993, S. 281 - 291

Oelkers, Jürgen: Physiologie, Pädagogik und Schulreform im 19. Jahrhundert, in: Philipp Sarasin, Jakob Tanner (Hg.): Physiologie und industrielle Gesellschaft. Studien zur Verwissenschaftlichung des Körpers im 19. und 20. Jahrhundert. Frankfurt a. M. 1998, S. 245 - 285

Omran, Susanne: Frauenbewegung und »Judenfrage«. Diskurse um Rasse und Geschlecht nach 1900. Frankfurt a. M. 2000

Orland, Barbara / Brecht, Christine: Populäres Wissen, in: WerkstattGeschichte 23 (1999), S. 4 - 12

Ottmann, Henning (Hg.): Nietzsche-Handbuch. Leben – Werk – Wirkung. Stuttgart, Weimar 2000

Palmier, Jean-Michel: Otto Weininer, Wien und die Moderne, in: Le Rider / Leser (Hg.): Otto Weininger, S. 80 - 95

Partenheimer, Maren: Goethes Tragweite in der Naturwissenschaft: Hermann von Helmholtz, Ernst Haeckel, Werner Heisenberg, Carl Friedrich von Weizsäcker. Berlin 1989

Pawlik, Kurt (Hg.): Enzyklopädie der Psychologie C.VIII. Bd. 1: Grundlagen und Methoden der Differentiellen Psychologie. Göttingen, Toronto, Zürich 1996

Pekrun, Reinhard: Geschichte von Differentieller Psychologie und Persönlichkeitspsychologie, in: Pawlik (Hg.): Enzyklopädie der Psychologie, S. 85 - 125

Peirce, Charles S.: Semiotische Schriften. 3 Bde. Frankfurt a. M. 1986 - 1993

Persönlichkeit, in: Ritter (Hg.): Historisches Wörterbuch der Philosophie 7, 1989, S. 346 - 354

Peukert, Detlev J. K.: Die Weimarer Republik. Krisenjahre der klassischen Moderne. Frankfurt a. M. 1987

Peukert, Detlev J. K.: Volksgenossen und Gemeinschaftsfremde. Anpassung, Ausmerze und Aufbegehren unter dem Nationalsozialismus. Köln 1982

Pick, Daniel: Faces of Degeneration. A European Disorder c. 1848-c. 1918. Cambridge 1989

Picker, Henry: Hitlers Tischgespräche im Führer-Hauptquartier. Frankfurt a. M., Berlin 1989

Piper, Ernst: Alfred Rosenberg. Hitlers Chefideologe. München 2005

Platz, Johannes / Raphael, Lutz / Rosenberger, Ruth: Anwendungsorientierte Betriebspsychologie und Eignungsdiagnostik. Kontinuitäten und Neuorientierungen (1930 - 1960), in: Vom Bruch, Kaderas (Hgg): Wissenschaften und Wissenschaftspolitik, S. 291 - 309

Plessner, Helmuth: Die verspätete Nation. Über die politische Verführbarkeit bürgerlichen Geistes [1935; 1959], in: Ders.: Gesammelte Schriften VI, hg. v. Günter Dux u. a. Frankfurt a. M. 1982

Pöggeler, Otto: Philosophie und Nationalsozialismus – am Beispiel Heideggers: am 31. Mai 1989. Opladen 1990

Polanyi, Michael: Implizites Wissen [1966]. Frankfurt a. M. 1985

Pollak, Michael: Otto Weiningers Antisemitismus – eine gegen sich selbst gerichtete moralische Verurteilung des intellektuellen Spiels, in: Le Rider / Leser (Hg.): Otto Weininger, S. 109 - 122

Preußer, Heinz-Peter: Antisemit aus Kalkül? Über Alfred Schuler, Ludwig Klages und die Instrumentalisierung des rassistischen Ressentiments im Nationalsozialismus, in: Juni. Magazin für Literatur & Politik 30 / 31 (1999), S. 121 - 136

Pulzer, Peter: The Rise of Political Antisemitism in Germany and Austria. London 1988

Puschner, Uwe / Schmitz, Walter / Ulbricht, Justus H. (Hg.): Handbuch der »Völkischen Bewegung« 1871 - 1918. München, New Providence, London, Paris ²1999

Plumpe, Gerhard: Alfred Schuler. Chaos und Neubeginn. Zur Funktion des Mythos in der Moderne. Berlin 1978

Plumpe, Gerhard: Alfred Schuler und die »Kosmische Runde«, in: Manfred Frank (Hg.): Gott im Exil. Vorlesungen über die Neue Mythologie Bd. 2. Frankfurt a. M. 1988, S. S. 212 - 256

Quaritsch, Helmut (Hg.): Complexio oppositorum. Über Carl Schmitt. Berlin 1988

Quaritsch, Helmut: Über den Umgang mit Person und Werk Carl Schmitts, in: Ders. (Hg.): Complexio Oppositorum. Über Carl Schmitt. Berlin 1988, S. 13 - 21

Rabinbach, Anson: Motor Mensch. Kraft, Ermüdung und die Ursprünge der Moderne. Wien 2001

Radkau, Joachim: Max Weber. Die Leidenschaft des Denkens. München 2005

Radkau, Joachim: Das Zeitalter der Nervosität. Deutschland zwischen Bismarck und Hitler. München 1998

Raphael, Lutz: Radikales Ordnungsdenken und die Organisation totalitärer Herrschaft: Weltanschauungseliten und Humanwissenschaftler im NS-Regime, in: Geschichte und Gesellschaft 27 (2001), S. 5 - 40

Raphael, Lutz: Sozialexperten in Deutschland zwischen konservativem Ordnungsdenken und rassistischer Utopie (1918 - 1945), in: Hardtwig (Hg.): Utopie und politische Herrschaft, S. 327 - 346

Raphael, Lutz: Die Verwissenschaftlichung des Sozialen als methodische und konzeptionelle Herausforderung für eine Sozialgeschichte des 20. Jahrhunderts, in: Geschichte und Gesellschaft 22 (1996), S. 165 - 193

Reichardt, Sven: Bourdieu für Historiker? Ein kultursoziologisches Angebot an die Sozialgeschichte, in: Mergel, Welskopp (Hg.): Geschichte zwischen Kultur und Gesellschaft, S. 71 - 94

Reichardt, Sven: Faschistische Kampfbünde. Gewalt und Gemeinschaft im italienischen Squadrismus und in der deutschen SA. Köln 2002

Reimann, Aribert: Heile Welt in Stahlgewittern. Deutsche und englische Feldpost aus dem Ersten Weltkrieg, in: Gerhard Hirschfeld, Gerd Krumeich, Dieter Langewiesche, Hans-Peter Ullmann (Hg.): Kriegserfahrungen. Studien zur Sozial- und Mentalitätsgeschichte des Ersten Weltkriegs. Essen 1997, S. 129 - 145

Rheinberger, Hans-Jörg: Experiment, Differenz, Schrift. Zur Geschichte epistemischer Dinge. Marburg 1992

Ricœur, Paul: Die Interpretation. Ein Versuch über Freud [frz. 1969]. Frankfurt a. M. 1974

Rinn, Gregor: Der Kampf um das Subjekt. Politische Mobilisierung der deutschsprachigen Universitätspsychologie zwischen 1918 und 1933, in: Wolfgang Hardtwig (Hg.): Politische Kulturgeschichte der Zwischenkriegszeit 1918 - 1939. Göttingen 2005, S. 343 - 374

Ritter, Joachim (Hg.): Historisches Wörterbuch der Philosophie. 13 Bde. Darmstadt 1971 - 2007

Römer, Ruth: Sprachwissenschaft und Rassenideologie in Deutschland. München 1985

Rössler, Mechthild: »Wissenschaft und Lebensraum«. Geographische Ostforschung im Nationalsozialismus. Ein Beitrag zur Disziplingeschichte der Geographie. Bonn 1990

Rössler, Mechthild / Schleiermacher, Sabine (Hg.): Der »Generalplan Ost«. Hauptlinien der nationalsozialistischen Planungs- und Vernichtungspolitik. Berlin 1993

Rohkrämer, Thomas: Ludwig Klages und Walter Rathenau, in: Großheim (Hg.): Perspektiven der Lebensphilosophie, S. 217 - 234

Rohkrämer, Thomas: Eine andere Moderne? Zivilisationskritik, Natur und Technik in Deutschland 1880 - 1933. Paderborn 1999

Rose, Paul L.: Richard Wagner und der Antisemitismus. Zürich, München 1999

Roseman, Mark: National Socialism and Modernisation, in Richard Bessel (Hg.): Fascist Italy and Nazi Germany. Comparisons and Contrasts. Cambridge 1996, S. 197 - 229

Ross, Werner: Der ängstliche Adler. Friedrich Nietzsches Leben. Stuttgart 1980

Ross, Werner: Bohemiens und Belle Epoque. Als München leuchtete. Berlin 1997

Ruppel, Sophie: Verbündete Rivalen. Geschwisterbeziehungen im Hochadel des 17. Jahrhunderts. Köln u. a. 2006

Kaufmann, Doris (Hg.): Geschichte der Kaiser-Wilhelm-Gesellschaft im Nationalsozialismus: Bestandsaufnahme und Perspektiven der Forschung. 2 Bde. Göttingen 2000

Safranski, Rüdiger: Nietzsche. Biographie seines Denkens. München 2000

Safranski, Rüdiger: Romantik. Eine deutsche Affäre. München 2007

Safranski, Rüdiger: Schopenhauer und die wilden Jahre der Philosophie. Eine Biographie. München 1987

Said, Edward: Orientalism. New York 1978

Sartre, Jean-Paul: Betrachtungen zur Judenfrage. Psychoanalyse des Antisemitismus. Zürich 1948

Scerri, Eric R.: The Periodic Table. Its Story and its Significance. Oxford 2007

Schäfer, Armin: Lebendes Dispositiv: Hand beim Schreiben, in: Cornelius Borck, Armin Schäfer (Hg.): Psychographien. Zürich, Berlin, S. 241 - 266

Scheerer, Eckart: Persönlichkeitspsychologie im Nationalsozialismus, in: Herrmann, Lantermann (Hg.): Persönlichkeitspsychologie, S. 59 - 70

Schlechta, Karl: Lebens- und Werkchronik, in: Nietzsche: Werke 2 (1955), S. 1269 - 1272

Schlechta, Karl: Nachwort, in: Nietzsche: Werke 2 (1955), S. 1273 - 1292

Schluchter, Wolfgang / Frommer, Sabine: Einleitung, in: Max Weber: Gesamtausgabe. Hg. v. Wolfgang Schluchter Bd I,11. Tübingen 1995, S. 1 - 59

Schmidt, Harald: Temperamentenlehre, in: Gerabek, Haage, Keil, Wagner (Hg.): Enzyklopädie Medizingeschichte, S. 1382 - 1383

Schmidt, Peter: Einführung, in: Goethe, Sämtliche Werke nach Epochen seines Schaffens Bd 10: Zur Farbenlehre. München 1989, S. 993 - 1033

Schmidt, Wolfgang Johann: Editorische Notiz, in: Hirschfeld: Jahrbuch für sexuelle Zwischenstufen, S. 1 - 3

Schmölders, Claudia: Das Vorurteil im Leibe. Eine Einführung in die Physiognomik. Berlin ²1997

Schmölders, Claudia / Gilman, Sander L. (Hg.): Gesichter der Weimarer Republik. Eine physiognomische Kulturgeschichte. Köln 2000

Schmuhl, Hans-Werner (Hg.): Rassenforschung an Kaiser-Wilhelm-Instituten vor und nach 1933. Göttingen 2003

Schmuhl, Hans-Walter: Rassenhygiene, Nationalsozialismus, Euthanasie. Von der Verhütung zur Vernichtung »unwerten Lebens« 1890 - 1945. Göttingen 1897

Schnädelbach, Herbert: Philosophie in Deutschland 1831 - 1933. Frankfurt a. M. 1983

Schneider, Tobias: Der Philosoph Ludwig Klages und der Nationalsozialismus 1933 - 1938, in: Vierteljahreshefte für Zeitgeschichte 49 (2001), S. 275 - 294

Schneider, Wolfgang (Hg.): »Vernichtungspolitik«. Eine Debatte über den Zusammenhang von Sozialpolitik und Genozid im nationalsozialistischen Deutschland. Hamburg 1991

Schon, Lothar: »Wie nationalsozialistisch waren die Deutschen?«, Bericht über die Tagung gleichen Titels an der Evangelischen Akademie Tutzing v. 9.12. - 11.12.2011. URL: http://hsozkult.geschichte.hu-berlin.de/tagungsberichte/id=4083 [letzter Zugriff: 24.02.2012]

Schott, Heinz: Zur Biologisierung des Menschen, in: vom Bruch, Kaderas (Hg.): Wissenschaften und Wissenschaftspolitik, S. 99 - 108

Schrage, Dominik: Psychotechnik und Radiophonie. Subjektkonstruktionen in artifiziellen Wirklichkeiten 1918 - 1932. München 2001

Schröder, Hans Eggert: Ludwig Klages. Die Geschichte seines Lebens. Erster Teil: Die Jugend. Bonn 1966

Schröder, Hans Eggert: Ludwig Klages. Die Geschichte seines Lebens. Zweiter Teil: Das Werk. 1. Halbband (1905 - 1920). Bonn 1972

Schröder, Hans Eggert: Ludwig Klages. Die Geschichte seines Lebens. Zweiter Teil: Das Werk. 2. Halbband (1921 - 1956). Bonn 1972

Schröder, Hans Eggert (Hg.): Ludwig Klages 1872 - 1956. Centenar-Ausstellung der Klages-Gesellschaft Marbach 1972. Bonn 1972

Schröder, Hans Eggert: Kommentar, in: Ludwig Klages. Sämtliche Werke 8: Graphologie 2. Bonn 1971, S. 711 - 824

Schwanhäußer, Anja: Cooles Indiz. Ein Paradigma der Stadtforschung, in: Arnold Hauser, Gert Dressel (Hg.): Wissenschaftskulturen – Experimentalkulturen – Gelehrtenkulturen. Wien 2004, S. 44 - 52

Schwanhäußer, Anja: Stadtforschung – hart gesotten. Eine kulturanalytische Gegenüberstellung von Krimi und Stadtforschung, in: Bruno Francescini, Carsten Würmann (Hg.): Verbrechen als Passion. Neue Untersuchungen zum Kriminalgenre. Berlin 2004, 269 - 283

Schwarz, Olaf: Das Wirkliche und das Wahre. Probleme der Wahrnehmung in Literatur und Psychologie um 1900. Kiel 2001

Schwarz, Theodor: Irrationalismus und Humanismus. Kritik einer imperialistischen Ideologie. Zürich, New York 1944

Sebeok, Thomas S. / Umiker-Sebeok, Jean: »Sie kennen ja meine Methode«. Ein Vergleich von Charles S. Peirce und Sherlock Holmes, in: Umberto Eco, Thomas A. Sebeok (Hg.): Der Zirkel oder Im Zeichen der Drei. Dupin, Holmes, Peirce. München 1985, S. 28 - 87

Sennett, Richard: Verfall und Ende des öffentlichen Lebens. Die Tyrannei der Intimität [1983]. Frankfurt a. M. [14]2004

Shapin, Steven / Schaffer, Simon: Leviathan and the Air-pump. Hobbes, Boyle, and the Experimental Life. Princeton 1985

Sieferle, Rolf-Peter: Indien und die Arier in der Rassentheorie, in: Zeitschrift für Kulturaustausch 37 (1987), S. 444 - 467

Sieferle, Rolf-Peter: Rassismus, Rassenhygiene, Menschenzuchtideale, in: Puscher, Schmitz, Ulbricht (Hg.): Handbuch zur »Völkischen Bewegung«, S. 436 - 448

Simmel, Georg: Der Brief. Aus einer Soziologie des Geheimnisses [1908], in: Ders.: Gesamtausgabe 8,2. Frankfurt 1993, S. 394 - 397

Simmel, Georg: Goethe und Kant (1906; [3]1916), in: Gesamtausgabe 10. Frankfurt a. M. 1995, S. 119 - 166

Simmel, Georg: Schopenhauer und Nietzsche (1907), in: Ders.: Gesamtausgabe 8,2. Frankfurt a. M. 1993, S. 58 - 68

Simmel, Georg: Schopenhauer und Nietzsche. Ein Vortragszyklus (1907), in: Gesamtausgabe 10. Frankfurt a. M. 1995, S. 167 - 408

Söllner, Alfons: Totalitarismus. Eine Ideengeschichte des 20. Jahrhunderts. Berlin 1997

Solchany, Jean: Vom Antimodernismus zum Antitotalitarismus. Konservative Interpretationen des Nationalsozialismus in Deutschland 1945 - 1949, in: Vierteljahreshefte für Zeitgeschichte 44 (1996), S. 376 - 392

Sombart, Nicolaus: Jugend in Berlin: 1933 - 1943. München 1984

Sonntag, Michael: Die Vermessung der Seele, in: Richard van Dülmen (Hg.): Entdeckung des Ich. Die Geschichte der Individualisierung vom Mittelalter bis zur Gegenwart. Köln, Weimar, Wien 2001, S. 361 - 384

Sontheimer, Kurt: Antidemokratisches Denken in der Weimarer Republik [1962]. München ³1992

Spencer-Brown, George: Laws of Form. New York 1979

Spitz, René: The smiling response: A contribution to the ontogenesis of social relations, in: Genetic Psychology Monographs 34 (1946), S. 57 - 125

Stern, Fritz: The Politics of Cultural Despair. Berkeley 1961

Stoffregen, Malte H.: Endokrinologie, in: Gerabek, Haage, Keil, Wagner (Hg.): Enzyklopädie Medizingeschichte, S. 353 - 354

Strauss, Leo: Natural Right and History. Chicago, London 1965

Supprian, Ulrich: Die Schriften des Graphologen Rudolf Pophal, in: Avé-Lallemant (Hg.), Die vier deutschen Schulen, S. 47 - 78

Tenbruck, Friedrich H.: Die Wissenschaftslehre Max Webers. Voraussetzungen zu ihrem Verständnis, in: Gerhard Wagner, Heinz Zipprian (Hg.): Max Webers Wissenschaftslehre. Interpretation und Kritik. Frankfurt a. M. 1994, S. 367 - 389

Theweleit, Klaus: Männerphantasien. 2 Bde. Reinbek bei Hamburg 1980

Thomé, Hans: Weltanschauungsliteratur. Vorüberlegung zu Funktion und Texttyp, in: L. Danneberg, F. Vollhardt (Hg.): Wissen in Literatur im 19. Jahrhundert. Tübingen 2002, S. 338 - 380

Thomé, Hans: Weltanschauung, in: Historisches Wörterbuch der Philosophie Bd. 12. Darmstadt 2004, Sp. 453 - 460

Thornton, Tamara Plakins: Handwriting in America. A Cultural History. New Haven, London 1996

Tilitzki, Christian: Die deutsche Universitätsphilosophie in der Weimarer Republik und im Dritten Reich. 2 Bd. Berlin 2002

Tuttle, Howard N.: The Crowd is Untruth. The Existential Critique of Mass Society in the Thought of Kierkegaard, Nietzsche, Heidegger, and Ortega y Gasset. New York, Frankfurt a. M. u. a. 1996

Ulrich, Bernd: Die Augenzeugen. Deutsche Feldpostbriefe in Kriegs- und Nachkriegszeit 1914 - 1933. Essen 1997

Van der Loo, Hans / Van Reijen, Willem: Modernisierung. Projekt und Paradox. München 1992

Van Laak, Dirk: Gespräche in der Sicherheit des Schweigens. Carl Schmitt in der politischen Geistesgeschichte der frühen Bundesrepublik. Berlin 1993

Veyne, Paul: Der Eisberg der Geschichte. Foucault revolutioniert die Historie. Berlin 1981

Voegelin, Eric: Die politischen Religionen. München 1996

Volkov, Shulamit: Antisemitismus als kultureller Code, in: Dies.: Jüdisches Leben und Antisemitismus im 19. und 20. Jahrhundert. München 1990, S. 13 - 36

Vom Bruch, Rüdiger: Wilhelminismus – zum Wandel von Milieu und politischer Kultur, in: Puschner, Schmitz, Ulbricht (Hg.): Handbuch zur »Völkischen Bewegung«, S. 3 - 21

Vom Bruch, Rüdiger / Kaderas, Brigitte (Hg.): Wissenschaften und Wissenschaftspolitik. Bestandsaufnahmen zu Formationen, Brüchen und Kontinuitäten im Deutschland des 20. Jahrhunderts. Stuttgart 2002

Voss, Julia: Darwins Bilder. Ansichten der Evolutionstheorie 1837 bis 1874. Frankfurt a. M. 2007

Wacquant, Loïc D.: Auf dem Weg zu einer Sozialpraxeologie. Struktur und Logik der Soziologie Pierre Bourdieus, in: Ders.: Pierre Bourdieu: Reflexive Anthropologie. Frankfurt a. M. 1996, S. 17 - 93

Wagner, Gustav Friedrich: Schopenhauer-Register, neu hg. v. Arthur Hübscher. Stuttgart 1960

Wagner, Nike: Geist und Geschlecht. Karl Kraus und die Erotik der Wiener Moderne. Frankfurt a. M. 1987

Wagner, Patrick: Volksgemeinschaft ohne Verbrecher. Konzeptionen und Praxis der Kriminalpolizei in der Zeit der Weimarer Republik und des Nationalsozialismus. Hamburg 1996

Walther, Peter: Der Berliner Totentanz zu St. Marien. Berlin 1997

Weber, Heiko: Der Monismus als Theorie einer einheitlichen Weltanschauung am Beispiel der Positionen von Ernst Haeckel und August Forel, in: Ziche (Hg.): Monismus um 1900, S. 81 - 128

Wehler, Hans-Ulrich: Deutsche Gesellschaftsgeschichte. Bd. 1: Vom Feudalismus des Alten Reichs bis zur defensiven Modernisierung der Reformära: 1700 - 1815. München ^{2}1989; Bd. 3: Von der »Deutschen Doppelrevolution« bis zum Beginn des Ersten Weltkrieges: 1849 - 1914. München 1995

Weingart, Peter: Doppel-Leben. Ludwig Ferdinand Clauß: zwischen Rassenforschung und Widerstand. Frankfurt a. M., New York 1995

Weingart, Peter: Eugenik. Eine angewandte Wissenschaft, in: Peter Lundgreen (Hg.): Wissenschaft im Dritten Reich. Frankfurt a. M. 1985, S. 314 - 349

Weingart, Peter: Verwissenschaftlichung der Gesellschaft – Politisierung der Wissenschaft, in: Zeitschrift für Soziologie 12 (1983), S. 225 - 241

Weingart, Peter / Jürgen Kroll / Kurt Bayertz: Rasse, Blut und Gene. Geschichte der Eugenik und Rassenhygiene in Deutschland. Frankfurt a. M. 1988

Weizsäcker, Carl Friedrich von: Einige Begriffe aus Goethes Naturwissenschaft, in: Goethe: Werke 13: Naturwissenschaftliche Schriften 1. Hamburg 1988, S. 539 - 555

Weizsäcker, Carl Friedrich von: Zum Weltbild der Physik. Leipzig 1943

Wellberry, David E.: Zur Physiognomik des Genies: Goethe / Lavater. ›Mahomeths Gesang‹, in: Campe, Schneider (Hg.): Geschichten der Physiognomik, S. 331 - 330

Westernhagen, Curt von: Wagner. Zürich, Freiburg i. Br. 1979

Wetzell, Richard F.: Inventing the Criminal. A History of German Criminology, 1880 - 1945. Chapel Hill 2000

Wiedemann, Felix: Der deutsche Scheich, URL: http://einestages. spiegel.de/external/ ShowTopicAlbumBackground/a4338/l0/l0/F. html#featuredEntry [letzter Zugriff: 10.5.2012]

Wiggershaus, Rolf: Nietzsche, in: Buchholz, Latocha, Peckmann, Wolbert (Hg.): Die Lebensreform 2, S. 31 - 35

Wildt, Michael: Die Judenpolitik des SD 1935 - 1938. Eine Dokumentation. München 1995

Wildt, Michael: Generation des Unbedingten. Das Führungskorps des Reichssicherheitshauptamtes. Hamburg 2002

Williams, Raymond: Culture and Society: 1780 - 1950. New York 1983

Williams, Raymond: Keywords. A Vocabulary of Culture and Society. London 1976

Wilpert, Gero von: Goethe-Lexikon. Stuttgart 1998

Wippermann, Wolfgang: Ideologie, in: Benz, Graml, Weiß (Hg.): Enzyklopädie des Nationalsozialismus, S. 11 - 21

Wittgenstein, Ludwig: Philosophische Untersuchungen, in: Ders.: Werkausgabe 1: Tractatus logico-philosophicus. Tagebuecher 1914 - 1916. Philosophische Untersuchungen. Frankfurt a. M. ^{4}1988, S. 225 - 579

Wollstein, Günter: Das »Großdeutschland« der Paulskirche. Nationale Ziele in der bürgerlichen Revolution 1848 / 49. Düsseldorf 1977

Ziche, Paul (Hg.): Monismus um 1900. Wissenschaftskultur und Weltanschauung. Berlin 2000

Ziche, Paul: Die »Scham« der Philosophen und der »Hochmut der Fachgelehrten«. Zur fachphilosophischen Diskussion von Haeckels Monismus, in: Ders. (Hg.): Monismus um 1900, S. 61 - 80

Zimmermann, Michael: Rassenutopie und Genozid. Die nationalsozialistische »Lösung der Zigeunerfrage«. Hamburg 1996

Personenregister

Ackerknecht, Erwin	520, 521, 523, 652, 653
Ackermann, Alfred	605
Adler, Jeremy	256, 257, 616, 622 - 624, 626
Adorno, Theodor W.	27, 590 - 592, 605, 634
Aly, Götz	338, 589, 594, 630, 631, 639, 644, 662
Arendt, Hannah	80 - 83, 85, 602, 603, 660
Aristoteles	119, 200
Ash, Mitchell	605, 606, 608, 613, 641, 647
Bach, Johann Sebastian	276, 278
Bachofen, Johann Jakob	30, 207 - 214, 216 - 218, 272, 618, 624, 655
Bahnsen, Julius	30, 86, 221, 222, 249 - 252, 254, 255, 259, 261 - 266, 268, 269, 278, 287, 288, 290, 308, 310, 317, 564, 565, 578, 605, 610, 619, 621 - 623, 627
Bates, Henry	428
Bauman, Zygmunt	595, 661
Baumgarten, Franziska	103
Bäumler, Alfred	28, 653
Baum, Vicky	76, 601
Baur, Erwin	420, 421, 639, 641
Beard, George M.	43 - 45, 597
Becker, Friedrich	137
Becker, Minna	558, 605, 659
Beethoven, Ludwig van	276, 278, 283, 284, 402, 507
Benjamin, Walter	39, 59, 60, 487, 597, 599, 600, 649
Benn, Gottfried	21, 29, 79, 80, 85, 88 - 95, 99 - 101, 104, 107, 108, 110, 177, 178, 301, 564, 579, 580, 585, 589, 592, 601, 603, 614, 626, 662
Bergmann, Werner	630, 631, 634
Bergman, Torbern Olof	256
Bergson, Henri	606
Berman, Raphael	91, 603
Berthollet, Claude Louis	257
Best, Werner	20, 21, 33, 34, 338, 339, 410, 411, 452, 589, 594, 595, 631, 639, 644
Bethmann Hollweg, Theobald von	467
Binding, Karl	406, 639
Binswanger, Ludwig	548

Birnbaum, Karl	104
Bismarck, Otto von	291, 323, 387, 441, 491, 585, 656, 657
Bizet, Georges	293
Bloch, Ernst	524, 591, 592
Bloch, Iwan	597
Blumenberg, Hans	612, 649, 662
Bode, Rudolf	104
Bonß, Wolfgang	157, 611
Bopp, Franz	355
Borgia, Cesare	291
Borsig, Ernst von	549, 550
Bourdieu, Pierre	33, 147, 155 - 157, 159, 161 - 163, 214, 295, 574, 594, 611, 612, 625, 626, 634, 642
Bracher, Karl-Dietrich	18, 19, 22, 571, 588, 590
Breuer, Stefan	23, 325, 583, 590, 592, 640, 662
Broch, Hermann	304
Bruckmann, Elsa	527, 654
Brunner, Ernst	605, 659
Bühler, Karl	130, 598, 607, 645, 650, 660
Busse, Hans H.	479, 504, 587, 611, 651, 656, 657
Byron, George Gordon	292, 621

Canetti, Elias	304, 598, 627
Carlyle, Henry	441
Carus, Carl Gustav	14, 30, 86, 90, 142, 194 - 202, 211 - 218, 250, 456, 458, 459, 464, 496, 499, 564, 587, 616 - 619, 626, 646, 650
Cäsar, Gaius Julius	145, 199, 293
Cassirer, Ernst	32, 33, 177, 186, 257 - 260, 594, 610 - 612, 615, 621 - 623
Chamberlain, Houston St.	13, 30, 109, 170, 177, 364, 380 - 396, 398, 418, 424, 435, 437, 439, 441, 455, 464, 563, 564, 579 - 581, 583, 635 - 637, 641, 642, 645, 646, 660
Clauß, Ludwig Ferdinand	13, 30, 109, 136, 416, 452 - 459, 461, 462, 464 - 473, 475 - 477, 496, 498, 519, 563, 564, 579, 581, 595, 644 - 647, 650
Cuddihy, John Murray	595

Darré, Walther	13, 626
Darwin, Charles	92, 93, 175, 216, 381, 384, 420, 499, 578, 613, 636, 650
Daumer, Georg Friedrich	528, 653
Delhougne, Arthur	605
de Vries, Hugo	314
Dilthey, Wilhelm	122, 123, 127, 176, 216, 250, 288, 454, 606, 614, 627, 628, 645
Diokletian	323
Disraeli, Benjamin (auch Earl of Beaconsfield)	403, 441, 638
Döblin, Alfred	68, 69, 72, 600, 601
Dostojewski, Fjodor M.	316
Dreyfus, Alfred	337
Drumont, Edouard	595
Du Bois-Reymond, Emil	173, 174, 382, 613, 614
Duchenne, Gauillaume-Benjamin	499, 650
Dühring, Eugen	362, 437, 438
Dürer, Albrecht	459

Eliot, George	293
Engels, Friedrich	392
Erismann, Theodor	103, 106
Essner, Cornelia	446, 449, 573, 631, 635, 638 - 641, 643, 644, 662
Eulenburg, Albert	44, 598
Ewald, Heinrich	356, 633

Feuerbach, Ludwig	206, 320
Fischer, Eugen	407, 408, 414, 416, 420 - 422, 424 - 426, 433, 434, 446, 633, 639 - 641, 643
Flechsig, Paul	90, 603
Fleck, Ludwik	32, 594
Förster-Nietzsche, Elisabeth	285
Foucault, Michel	58, 301, 594, 600, 610, 620
Freisler, Roland	447, 452, 644
Freud, Sigmund	325, 561, 644, 660
Freyer, Hans	573

Freytag, Gustav	354
Frick, Wilhelm	414
Friedell, Egon	304
Friedländer, David	342, 344, 349, 350, 631
Fritsch, Theodor	362, 366
Fritzsche, Peter	587, 659, 662, 663

Galilei, Galileo	259
Gall, Franz Joseph	89, 603
Galton, Francis	135, 422, 427
Gamper, Michael	56 - 58, 598, 599, 646
Gaupp, Robert	104
Geiger, Moritz	122
Geiger, Theodor	598
Geimer, Peter	601, 650
Geoffry, Etienne François	256
George, Stefan	35, 396, 527, 530 - 536, 637, 653 - 656
Gerke, Achim	449, 643
Gerling, Reinhold	105, 604, 605
Geuter, Ulfried	129, 136, 137, 593, 603, 605, 607 - 609, 619
Giesler, Gerd	596, 630
Gobineau, Joseph Arthur de	362, 363, 622, 636
Goebbels, Joseph	20, 84, 160, 338, 602
Goethe, Johann Wolfgang von	5, 13, 14, 30, 86, 90, 93, 135, 139, 145, 147, 170, 172 - 187, 189, 190, 192 - 195, 200, 203 - 205, 207, 212, 219, 221, 226, 244, 255 - 257, 291, 292, 311, 329, 349, 380 - 386, 393 - 395, 397, 403, 424, 425, 437, 455, 486, 489, 505, 564, 578, 579, 582, 583, 587, 601 - 603, 608, 613 - 620, 636, 645, 648, 662
Goethe, Walther Wolfgang von	174
Goldhagen, Daniel	338, 630, 631
Goldscheider, Alfred	492, 649
Gombrich, Ernst H.	618, 619, 645
Gottschaldt, Kurt	475 - 477, 647
Graml, Hermann	380, 587, 632, 633, 636, 643, 644
Gross, Adolf	493 - 495, 649
Gross, Raphael	169, 596, 612
Groß, Walter	472, 475

Günther, Hans F. K.   13, 30, 137, 413 - 420, 424, 426 - 428, 433, 435, 455, 457, 464, 468, 472, 473, 581, 639 - 641, 646, 660

Gürtner, Franz   446 - 448, 450, 451, 643

Habermas, Jürgen   39, 597, 640
Haeckel, Ernst   145, 174 - 177, 406, 578, 582, 613, 638
Hals, Franz   459, 460
Hamann, Richard   49, 50, 598
Hartmann, Eduard von   127, 249, 606
Hartwich, Wolf-Daniel   360, 362, 596, 629, 631, 632, 634
Hederich, Karl-Heinz   654
Hegel, Georg Wilhelm Friedrich   176, 213, 662
Heidegger, Martin   21, 27, 504, 573, 589, 591, 610, 648, 651
Heim, Susanne   338, 589, 630, 631, 639, 644
Heindl, Robert   104
Heisenberg, Werner   177, 181, 614
Hellpach, Willy   45, 598
Helmholtz, Hermann   126, 316, 613
Hennis, Wilhelm   168, 267, 593, 612, 621, 623
Heraklit   179, 626
Herbart, Johann Friedrich   249
Herbert, Ulrich   20, 33, 34, 338, 339, 404, 411, 587, 589, 594, 595, 631, 638, 639, 644
Herder, Johann Gottfried   85, 86, 354, 381, 418, 633
Hertwig, Oscar   314, 628
Herz, Henriette   347
Hessel, Franz   60, 62, 600
Himmler, Heinrich   472
Hirschfeld, Magnus   311, 485, 627, 648
Hitler, Adolf   17, 18, 20, 21, 23, 239, 333, 380, 445, 571, 588, 590, 621, 644, 662
Hoche, Alfred   406, 639
Hölderlin, Friedrich   13
Horkheimer, Max   27, 591, 592
Horn, Eva   481, 482, 592, 648
Humboldt, Alexander von   320, 617

Humboldt, Wilhelm von	85, 86, 156, 206, 602, 611
Husemann, August	261, 622, 623
Hüsmert, Ernst	596, 630
Husserl, Edmund	187, 453, 476, 553, 615

Jaensch, Erich Robert	131, 137, 607 - 609, 615
Jaspers, Karl	80 - 84, 88, 89, 95 - 102, 107, 123, 165, 301, 454, 493, 548, 601, 602, 604, 606, 612, 626, 644, 645
Jensen, Uffa	350, 351, 356, 432, 595, 630 - 634, 644
Jung, Carl Gustav	104, 119, 132, 137
Jünger, Ernst	35, 60 - 63, 69, 74 - 76, 600, 601, 631

Kafka, Franz	304
Kampmann, Niels	103 - 105, 605
Kant, Immanuel	58, 86, 90, 102, 104, 119, 120, 182 - 184, 219, 222, 223, 226, 231, 232, 291, 307, 320, 330, 342, 349, 390, 392, 602, 614, 620
Karlauf, Thomas	637, 653 - 655
Kästner, Erich	65, 600
Katz, David	103
Kern, Hans	520, 523, 525, 647, 653, 654
Kershaw, Ian	18, 588, 590, 621, 631, 662
Keun, Irmgard	485, 648
Keyserling, Hermann	104, 524, 615
Kierkegaard, Sören	26
Kittler, Friedrich A.	482, 592, 648
Klages, Heidi	558
Klages, Helene	537, 542, 558, 657
Klages, Ludwig	5, 13 - 15, 21, 27, 28, 30, 33 - 37, 78, 79, 103 - 109, 129, 141 - 143, 147, 170, 177, 198, 212, 218, 220, 250, 283, 301 - 303, 336, 416, 439, 452, 453, 474 - 481, 488, 495 - 549, 551 - 559, 561, 563 - 565, 572, 573, 576, 577, 579 - 583, 587, 589, 591 - 593, 597, 601, 604, 605, 610, 612, 616 - 619, 621, 623, 626, 630, 646, 647, 649 - 662
Koffka, Kurt	123
Kokoschka, Oskar	304
Köster, Rudolf	500, 648, 651

Kraepelin, Emil	129, 492 - 494, 557, 607, 648, 649, 651, 652, 659
Kraus, Karl	304, 305, 307, 627, 635
Kretschmer, Ernst	92, 104, 106, 107, 131, 132, 137, 607, 608, 660
Kronfeld, Arthur	104
Krueger, Felix	132, 137, 608
Krupp, Alfred	406
Kubin, Alfred	304
Kuhn, Thomas S.	259, 623, 624

Lagarde, Paul de	13, 362, 363
Lamprecht, Karl	45, 381, 604, 636
Landé, Margarete	472, 473
Lassalle, Ferdinand	440, 441
Lassen, Christian	355
Lässig, Simone	612, 632
Lavater, Johann Caspar	14, 56, 197, 199, 200, 587, 592, 598, 599, 617
Le Bon, Gustave	45, 46, 598
Le Brun, Charles	199
Leibniz, Gottfried Wilhelm	376
Lenz, Fritz	30, 420 - 434, 436, 442, 446, 455, 464, 563, 639, 641 - 643, 646, 660
Le Rider, Jacques	305, 311, 372, 623, 626, 627
Lersch, Philipp	133, 134, 608, 649, 654
Lessing, Gotthold Ephraim	349
Lessing, Theodor	104, 108, 147, 171, 172, 177 - 179, 187 - 192, 195, 203, 212, 213, 218, 520, 531, 612 - 617, 619, 635, 655, 656
Lévi-Strauss, Claude	156, 611
Lichtenberg, Georg Christoph	487, 598, 649
Lindenblatt, Kurt	545, 546, 658
Lindner, Martin	74, 601, 631, 640
Lipmann, Otto	103, 659
Lipp, Theodor	122
Lipschütz, Alexander	104
Lombroso, Cesare	487 - 489, 492, 493, 597, 649, 650
Lösener, Bernhard	447, 449, 450, 452, 644
Lotze, Rudolf Hermann	126, 249, 606

Ludwig, Carl	489, 649
Ludwig, Emil	104
Lukács, Georg	27, 591, 592
Lüpke, Hans von	548
Luther, Martin	13, 263, 264, 291, 294, 390, 585
Mach, Ernst	126, 310, 606
Macqeurs, Pierre Joseph	256
Mannheim, Karl	548
Mann, Thomas	27, 76, 104, 524, 591, 601
Marcuse, Ludwig	104, 524
Marey, Etienne-Jules	489
Mark Aurel	323
Marr, Wilhelm	362
Marx, Karl	26, 373, 392, 393, 418, 437, 441, 635
Mauthner, Fritz	108, 605, 610
Mayer-Benz, Lena	558, 657, 659, 660
Mehring, Reinhard	35, 589, 596
Mendeleev, Dmitri	258, 259
Mendel, Gregor	407, 420, 639
Mendels, Friedrich	384
Mendelssohn, Anja	558, 587
Mendelssohn Bartholdy, Felix	353, 358, 440, 632
Merleau-Ponty, Maurice	611
Meyerbeer, Giacomo	353, 354, 358, 633
Meyer, Georg	479 - 481, 494, 495, 498, 500, 502, 504, 647, 650, 651, 660
Meyer, Julius Lothar	258, 259
Michon, Jean-Hippolyte	504, 651
Möbius, Kurt	643
Mommsen, Theodor	356, 357, 589, 631, 633, 644
Moseley, Henry	258, 622
Mosso, Angelo	489, 492
Mühsam, Erich	524
Müller-Maguhn, Andreas	656
Musil, Robert	304

Naegeli, Carl Wilhelm von	314, 628
Napoleon I.	91, 94, 102, 292, 293, 323, 369, 370, 397
Newton, Isaac	180 - 182, 184, 193, 195, 219, 259, 614
Niethammer, Lutz	585, 593, 662
Nietzsche, Friedrich	5, 26, 27, 30, 35, 87, 90, 102, 106, 109, 141, 146, 177, 211, 212, 221, 249, 250, 266 - 280, 282 - 304, 307 - 309, 317, 318, 320, 324 - 326, 335, 364 - 367, 369 - 371, 379, 388, 394, 397, 402, 403, 413, 418, 425, 429, 430, 442, 452, 454, 469, 511 - 514, 516, 517, 519, 524 - 528, 532, 534, 543, 564, 578 - 582, 585, 593, 596, 619, 623 - 626, 632, 634, 635, 640, 642 - 645, 650, 651, 653, 662
Ninck, Martin	520, 526, 533, 537, 605, 652, 654 - 656, 662
Nipperdey, Thomas	333, 594, 630 - 635

Offenbach, Jacques	366, 440
Ostwald, Wilhelm	582

Palágyi, Menyhért	522, 653
Peirce, Charles S.	63 - 65, 69, 600
Pfahler, Gerhard	132, 136, 137
Pfänder, Alexander	42, 104, 191, 597, 608, 616
Platon	119, 320
Plessner, Helmuth	26, 27, 32, 102, 571, 591, 592
Ploetz, Alfred	406, 638
Poe, Edgar Allan	54 - 59, 69, 78, 599
Porta, Giambattista della	199, 200, 617
Pound, Ezra	595
Preetorius, Emil	104
Preyer, William Thierry	480, 504, 647, 648, 657
Prinzhorn, Hans	106, 520, 591, 605, 652, 653, 660
Pulver, Max	521 - 523, 587, 652

Rabinbach, Anson	128, 607
Ramachandran, Vilayanur	647

Ranke, Leopold	13, 397
Raphael, Lutz	22, 25, 575, 584, 590, 600, 610, 640, 662
Ravage, Marcus Eli	527, 654
Reiber, Cornelius	620
Reventlow, Franziska zu	531, 655
Rheinberger, Hans-Jörg	649
Rickert, Heinrich	259, 310, 623
Rinn, Gregor	603, 607, 608, 658
Römer, Siegfried	576, 605, 633, 647, 657, 659
Rosenberg, Alfred	13, 20, 28, 472
Rothschild, Friedrich Salomon	520, 650, 652
Rousseau, Jean-Jacques	145, 291, 292, 294
Rust, Bernhard	566

Sainte-Beuve, Charles-Augustin	290, 292 - 294
Salomon, Ernst von	46, 47, 598
Sander, August	68 - 73, 75, 76, 137, 596, 600, 601
Sander, Hans-Dietrich	596
Sand, George	293
Sartre, Jean-Paul	34, 339, 595, 630, 631
Saucke, Alice	537, 558
Schallmayer, Wilhelm	406, 638
Scheerer, Eckardt	136, 137, 593, 607 - 609
Schelling, Friedrich Wilhelm Joseph	214, 244, 245, 311
Schlegel, Friedrich	347, 602
Schleich, Carl Ludwig	44, 597
Schleiermacher, Friedrich Daniel	85, 320, 341 - 354, 356, 357, 390 - 392, 418, 431, 469, 589, 631, 632
Schmitt, Carl	21, 35, 147 - 153, 164 - 167, 169, 284, 304, 306, 334 - 337, 350, 351, 429, 519, 573, 589, 596, 610, 612, 627, 630, 631, 638, 644, 654
Schmitz, Oscar H.	104
Schneickert, Hans	104, 106
Schneider, Kurt	104, 557, 591, 592, 631, 660
Schoeps, Hans-Joachim	596, 630, 632

Schopenhauer, Arthur	13, 27, 30, 85, 86, 219 - 251, 266 - 270, 278, 279, 286, 287, 292, 311, 317 - 320, 324, 353, 379, 382, 390, 393, 418, 425, 429, 564, 578, 580, 593, 602, 608, 613, 615, 619 - 624, 628, 632, 637, 651, 662
Schröer, Karl Julius	174, 613
Schuler, Alfred	519, 526 - 532, 534 - 536, 650, 654, 655
Schultz, Bruno K.	13, 587
Schwangart, Friedrich	104
Seifert, Friedrich	108, 147, 171, 172, 177 - 179, 187, 203 - 207, 212 - 214, 218, 602, 604, 612 - 614, 617, 618
Sennett, Richard	39, 597, 600
Serner, Walter	76, 601
Shakespeare, William	316, 436
Simmel, Georg	41, 49 - 52, 54, 59, 87, 102, 177, 304, 578, 598, 599, 602 - 604, 614, 623, 632, 648, 662
Simoneit, Max	133, 134, 608
Siodmak, Robert	67, 68, 600
Sokrates	272, 274 - 276, 293, 294, 625
Sombart, Nicolaus	527, 612, 627, 638, 654
Sombart, Werner	46, 420, 432 - 442, 519, 598, 642, 643
Sophie, Großherzogin v. Sachsen-Weimar-Eisenach	174
Speer, Albert	590
Spengler, Oswald	5, 30, 35, 46, 109, 146, 170, 177, 187, 304, 380, 395 - 403, 418, 424, 435, 452, 455, 469, 564, 579 - 583, 598, 615, 637, 638, 644
Spinoza, Baruch de	376
Spranger, Eduard	119, 123, 454, 606
Stahl, Friedrich Julius	441
Steenstrup, Johann Japetus	313 - 315
Steiner, Rudolf	174 - 178, 382, 613 - 615
Steinitzer, Helmut	537, 546, 547
Stein, Lorenz vom	441
Stendhal (eig. Beyle, Henri)	104
Stern, Clara	548, 554 - 556, 657, 659, 660
Stern, William	103, 121, 128, 135, 555, 628, 659
Stöcker, Adolf	362, 363
Strauß, David Friedrich	355
Streicher, Julius	338, 445
Sütterlin, Ludwig	566, 660

Taubes, Jacob	596
Theophrast	119
Theweleit, Klaus	47, 589, 598
Tolstoj, Lew N.	104
Török, Alexander	528
Trakl, Georg	304
Treitschke, Heinrich von	357, 362, 633
Tucholsky, Kurt	54, 56, 66, 599

Utitz, Emil	103, 106 - 109, 116, 118 - 126, 130, 135, 166, 171, 265, 290, 604 - 606

Veit, Dorothea	347
Verschuer, Otmar von	647
Vetter, August	605
Volkov, Shulamit	595, 631, 634

Wagner, Richard   272, 276, 277 - 279, 282 - 284, 289, 292 - 294, 299, 300, 320, 328, 329, 334 - 336, 351 - 354, 357 - 364, 366, 367, 371, 374 - 376, 388, 402, 430, 431, 508, 510, 512 - 515, 534, 585, 624, 625, 629, 630, 633, 634

Wallace, Alfred   428

Weber, Max   98, 102, 128, 129, 147, 151 - 154, 164 - 169, 264, 267, 310, 590, 593, 604, 607, 610, 612, 614, 623, 645

Weingart, Peter   472, 595, 612, 638, 639, 641, 644 - 647, 653

Weininger, Otto   30, 103, 109, 142, 170, 220, 221, 249, 250, 266, 283, 300, 304 - 328, 330, 331, 364, 365, 371 - 377, 379, 380, 388, 399, 418, 429 - 431, 510, 515, 519, 564, 565, 579, 580, 582, 583, 623, 626 - 630, 635

Weismann, August   407, 639

Weizsäcker, Carl Friedrich von   180, 614 - 616, 660

Weizsäcker, Lucy von   558

Wellek, Albert   132, 220, 619

Wernicke, Carl   90, 603

Wertheimer, Max   123

Wieser, Roda	520 - 522, 558, 647, 652, 653
Wildt, Michael	21, 589, 631, 644
Wilhelm I. (König v. Preußen, Deutscher Kaiser)	491
Wittgenstein, Ludwig	304, 611
Wittlich, Bernhard	605
Wölfflin, Heinrich	459 - 461, 548, 619, 645
Wolfskehl, Karl	527, 529 - 534, 618, 655
Wundt, Wilhelm	126, 127, 320, 606

Zelter, Carl Friedrich	173, 613
Ziehen, Theodor	104, 108, 109, 116 - 120, 124 - 126, 166, 171, 265, 290, 606
Zuckmayer, Carl	76, 601
Zuntz, Nathan	490, 491, 649
Zweig, Stefan	104, 106

Dank

Ohne die Hilfe der folgenden Personen und Institutionen gäbe es dieses Buch nicht.

Der Deutschen Forschungsgemeinschaft und der Dr. Egon und Hildegard Diener-Stiftung danke ich für die großzügige Unterstützung meiner Dissertation; Gregor Rinn für seinen Beitrag zur Forschungsidee; Ulrike und Peter Meixner für Denkraum und Schreibtisch; Hartmut und Helga Leo für die Finanzierung der ersten Druckfassung des Manuskripts; der Geschwister Boehringer Ingelheim-Stiftung für Geisteswissenschaften für die Beteiligung an den Druckkosten der Buchfassung.

Wolfgang Hardtwig hat mich in außergewöhnlicher geistiger Freiheit zum Forschen erzogen. Unter allen Voraussetzungen des vorliegenden Buchs war dies die wichtigste. Rüdiger vom Bruch, Lutz Raphael, Bernd Weisbrod und Michael Hagner haben meine Arbeit über einen längeren Zeitraum wohlwollend begleitet; ihnen danke ich für wertvolle Anregungen und die freundliche Aufnahme in ihren Kolloquien. Mathilde Dehnert, William Ennis, Philipp Felsch, Moritz Föllmer, Rüdiger Graf, Uffa Jensen, Jessica Kraatz Magri, Sven Lembke, Martin Mittelmeier, Philipp Müller, Matthias Pohlig, Cornelius Reiber, Sophie Ruppel, Valentin Rauer und Stephan Schlak haben ein geistiges Klima geschaffen, ohne das ich nicht einen Satz hätte schreiben können.

Den Mitarbeitern des Deutschen Literaturarchivs, insbesondere Thomas Kemme, danke ich für ihre kundige Führung im Endlager des deutschen Geistes. Andreas Rötzer fühle ich mich verbunden, weil dieses Buch in einem Verlag erscheinen darf, der auf bewundernswerte Weise Familiarität und handwerkliches Ethos vereint.

Alexa Geisthövel schließlich danke ich dafür, dass sie mich an dieser Stelle nicht in die Verlegenheit bringt, einen Unterschied zwischen »Arbeit« und »Leben« machen zu müssen.

Berlin, im Mai 2012.

Gedruckt mit freundlicher Unterstützung der
»Geschwister Boehringer Ingelheim Stiftung für Geisteswissenschaften«
in Ingelheim am Rhein.

Erste Auflage, Berlin 2013

(Überarbeitete Fassung der im Juli 2009 an der HU Berlin eingereichten, am 03.02.2011 verteidigten Promotionsschrift.)

Copyright © 2013
MSB Matthes & Seitz Berlin Verlagsgesellschaft mbH
Göhrener Str. 7 – 10437 Berlin
info@matthes-seitz-berlin.de

Alle Rechte vorbehalten.

Druck und Bindung: Livonia Print, Riga
Satz: Rainer Tschernay, Berlin

ISBN 978-3-88221-981-4

www.matthes-seitz-berlin.de